北京大学震旦古代文明研究中心学术丛书编辑委员会

主　任：李伯谦
副主任：王天有　　王邦维　　程郁缀　　郭之虞
　　　　徐天进　　赵化成
委　员：（以姓氏笔画为序）
　　　　王天有　　王邦维　　李伯谦　　严文明
　　　　宋豫秦　　赵化成　　赵　辉　　拱玉书
　　　　夏正楷　　徐天进（常务）　　高崇文
　　　　郭之虞　　程郁缀

北京大学震旦古代文明研究中心学术丛书之四十

石器工业与适应行为
澧水流域晚更新世古人类文化研究

李意愿 著

上海古籍出版社

本书得到郑州中华之源与嵩山文明研究会重大项目（课题编号：DZ-7）和国家社会科学基金青年项目（16CKG005）资助

Aurora Centre for the Study of Ancient Civilizations, Peking University

Publication Series, No.40

Lithic Industries and Adaptation Behaviors: The Late Pleistocene Hominin Culture in the Lishui River Valley

Li Yiyuan

Shanghai Chinese Classics Publishing House

序

  20世纪80年代以来，是中国旧石器时代考古快速发展的新阶段。澧水流域旧石器考古正是起步于这一时期。回顾中国旧石器时代考古的发展历程，1980年前后首先在中国南方的南北两端，北面是秦岭南侧的陕西汉中，南边是广西百色盆地，相继在汉水和右江阶地上的露天地点发现旧石器时代的砾石石器。到80年代中期，湖南省的考古学者也先后在湘西、湘西北地区发现砾石石器。如果说前两者开启了中国南方旧石器考古新发现的大门，那么在湖南特别是湘西北地区的发现，则是将整个南方砾石工业的发现联结起来，成为揭示中国旧石器文化南北二元结构认识的关键。

  如上所述，澧水流域旧石器考古从其开始就具有非常重要的意义。进入新世纪以来，特别是最近10多年来，澧水流域旧石器考古调查与发掘工作又有更多新进展。这部专著正是该地区旧石器考古长期积累与最新进展的综合研究成果。从书中既可以看到澧水流域及长江中游地区旧石器时代考古的重要发现，认识该地区与中国南方旧石器时代考古研究的新进展，同时也可以观察到一个具体的研究个案，了解当下青年学者在旧石器时代考古发掘与研究上的实践，以及在理论与方法论方面的探索。

  本书的突出特点是其所用的基本材料，大多直接来自作者本人近年来的田野考古发掘项目，资料新颖，证据可靠。如新发掘的临澧县条头岗遗址、澧县乌鸦山遗址等，石制品丰富，出土层位确切。这些新发现的考古资料不但为本书提供了可靠的证据，也为读者进一步了解澧水流域乃至长江中游地区晚更新世古人类文化发展打开了新窗口。本书关于澧水流域古人类的石器生产技术、栖居形态与石器原料选择等生存适应方式的系统分析总结，对了解澧水流域乃至中国南方晚更新世人类与文化研究的新发展尤为重要。

  本书的另一特点是注重多学科合作与综合研究。在田野考古调查与发掘过程中特别安排古环境与年代学专家共同参与工作，现场考察时直接提取遗址环境与地层年代的测试样品，通过实验室分析获得可靠的古环境与测年数据。在综合研究阶段，更注意收集相关学科的研究成果，将旧石器时代考古学、第四纪古环境、年代学与地层学等最新研究结果整合到一起，通过全面比较来确定澧水流域几个重要遗址地层的相对年代关系，再进一步利用光释光等方法的测年数据，系统建立起该地区晚更新世旧石器文化发展的年代框架，为本地区乃至中国南方晚更新世古人类文化发展研究提供可靠的对比标尺。

  选择特定区域内不同时段的多个旧石器遗存进行综合研究的案例，在中国旧石器时代考古研究实践中尚不多见。因此，这部专著对澧水流域晚更新世的旧石器发现进行系统研究的意义也显得更加重要。对澧水流域的乌鸦山、条头岗、袁家山、十里岗以及八十垱下层等旧石器遗存的分析研究显示，这些遗址的石制品在原料、剥片与修理技术以及石器组合等方面,既有明显的区域传统,也有随着时代发展呈现的阶段性特点。澧水流域晚更新世早期甚至更早,就表现出砾石工业石片化的特点,或者是书中所称的"保留着砾石工业传统的石片工业"。到晚更新世晚期则发展为"小石片石器工业"。这一发展特点的认识尤为重要。长期以来,对于中国境内旧石器技术发展或称旧石器文化传统的认识,多概括为简单石核石片技术或称石器技术模式1,尤其是对中国南方旧石器技术的认识,更是笼统归结为石器技术模式1从早更新世一直持续到旧石器时代的结束。虽然近年来已有越来越多的质疑,认为仅用简单的石器技术模式1并不能全面反映中国旧石器技术发展的复杂性,但仍缺少具体的研究成果或系统的证据来进一步阐释。这部专著对澧水流域晚更新世旧石器文化发展历程的研究成果,则弥补了上述缺憾,更清楚地展示出澧水流域以及中国南方旧石器技术发展的复杂性。

这部专著并不仅局限于石器技术与文化发展的研究,而将澧水流域旧石器工业视作晚更新世人类应对澧水流域及中国南方古环境的适应手段或行为模式。本书的基本内容包括对石器原料、生产技术及工具组合,乃至栖居形态等特点与发展历程的具体分析,并比较这些特点及发展与澧水流域晚更新世环境变迁之间的耦合关系,进而探讨该地区晚更新世人类的适应行为与演化特点,提出对澧水流域及中国南方晚更新世人类文化发展与行为模式的新认识。

从更广阔的空间视角来观察,位于长江中游的澧水流域不仅紧邻中国南北过渡带,同时也居于中国南方东西两区之间,其自然地理区位和气候环境等特点更接近华南到东南亚地区。因此澧水流域晚更新世旧石器文化也是这一广大区域内早期人类及其文化演化发展的重要组成部分。最近30多年来,随着华南砾石工业发现与研究工作的深入,澧水流域旧石器文化的新发现对于认识中国及亚洲东南部远古人类发展演化历程越来越显现出重要意义。这部专著也正是在中国南方乃至东南亚的宏观格局下,展开对澧水流域旧石器文化的研究,系统探讨了该地区晚更新世石器工业发展与古人类生存适应行为特点,为现代人及其文化起源与发展这一国际史前考古学界聚焦的重大课题提供了非常重要的新视角。

这部专著是李意愿在他五年前提交的博士学位论文基础上修改完成的,很高兴看到这本关于湖南澧水流域晚更新世古人类文化研究的专著即将出版。作为论文的指导教师,一直关注着作者从论文选题,到野外考古调查、发掘收集资料,直至整理研究与最后完成论文写作的整个工作过程。也很高兴能够在论文匿名评审与答辩阶段,听到专家们对论文的肯定和好评意见。同时也知道,这本书的出版,既是作者的不懈努力,甘于坚持艰苦枯燥的田野工作,不辞辛苦整理发掘资料,查阅大量文献,进行精心研究的成就,也是参加野外工作团队,多学科研究合作者共同努力的结果。尤其应该感谢的是湖南省文物考古研究所对于旧石器时代考古工作的重视与长期支持,并特别给予专著作者在职攻读博士学位时进行学习与野外考古发掘工作的诸多便利。更要特别感谢的是奠定了澧水流域旧石器时代考古工作基础的袁家荣先生,他也是作者博士论文的合作导师,不但提供了自已发掘的乌鸦山等遗址的田野考古资料,还曾对作者的学习与旧石器工作予以诸多指导和帮助。

  以上是在这部新作即将出版之际的一些感想,以及对澧水流域旧石器时代考古新进展的陋见。很希望能看到湖南旧石器时代考古不断有更重要的新发现,也希望作者继续努力,不断有新成果面世。

王幼平

2020年2月

目 录

序 …………………………………………………………………………………（1）

第一章 绪论 ………………………………………………………………………（1）
  1.1 研究背景 ……………………………………………………………………（1）
    1.1.1 晚更新世古人类文化研究的意义 ……………………………………（1）
    1.1.2 澧水流域的地理区位 …………………………………………………（3）
    1.1.3 考古发现与研究回顾 …………………………………………………（4）
  1.2 研究目标、方法和材料 ……………………………………………………（14）
    1.2.1 研究目标 ………………………………………………………………（14）
    1.2.2 研究理论与方法 ………………………………………………………（15）
    1.2.3 研究材料与本书构架 …………………………………………………（18）
  1.3 石制品分类与观测项目 ……………………………………………………（19）
    1.3.1 石制品分类方案 ………………………………………………………（19）
    1.3.2 石制品定位与观测项目 ………………………………………………（22）

第二章 地质、地层与环境背景 …………………………………………………（24）
  2.1 区域更新世地层研究概述 …………………………………………………（24）
  2.2 地质与地貌 …………………………………………………………………（26）
    2.2.1 地质构造 ………………………………………………………………（26）
    2.2.2 地貌特征 ………………………………………………………………（29）
  2.3 澧水河流阶地发育与堆积 …………………………………………………（30）
  2.4 澧水流域旧石器遗址地层 …………………………………………………（34）
    2.4.1 乌鸦山遗址地层 ………………………………………………………（34）
    2.4.2 条头岗遗址地层 ………………………………………………………（36）
    2.4.3 袁家山遗址地层 ………………………………………………………（37）
    2.4.4 十里岗遗址地层 ………………………………………………………（38）
    2.4.5 八十垱遗址地层 ………………………………………………………（40）
    2.4.6 地层对比与时代 ………………………………………………………（41）
  2.5 澧水流域晚更新世环境 ……………………………………………………（43）

第三章 乌鸦山遗址石制品分析 …………………………………………………（46）
  3.1 发掘和埋藏概况 ……………………………………………………………（46）

3.2	第4文化层石制品		(48)
	3.2.1 剥片		(49)
	3.2.2 工具修理		(54)
	3.2.3 废品		(54)
3.3	第3文化层石制品		(55)
	3.3.1 剥片		(56)
	3.3.2 工具修理		(67)
	3.3.3 打击类		(75)
	3.3.4 废品		(76)
3.4	第2文化层石制品		(77)
	3.4.1 剥片		(78)
	3.4.2 工具修理		(86)
	3.4.3 打击类		(94)
	3.4.4 废品		(94)
3.5	第1文化层石制品		(96)
	3.5.1 剥片		(96)
	3.5.2 工具修理		(97)
	3.5.3 废品		(97)
3.6	本章小结		(98)
第四章	条头岗遗址石制品分析		(99)
4.1	遗址发掘和埋藏概况		(99)
4.2	上文化层石制品		(101)
	4.2.1 剥片		(102)
	4.2.2 工具修理		(118)
	4.2.3 打击类		(127)
	4.2.4 废品		(127)
4.3	下文化层石制品		(128)
	4.3.1 剥片		(129)
	4.3.2 工具修理		(135)
	4.3.3 废品		(138)
4.4	本章小结		(138)
第五章	其他遗址石制品分析		(140)
5.1	袁家山遗址		(140)
	5.1.1 发掘概况		(140)
	5.1.2 第④层石制品		(140)

  5.1.3 第③层石制品 …………………………………………… (151)
 5.2 十里岗遗址 …………………………………………………… (158)
  5.2.1 发掘和埋藏概况 ………………………………………… (158)
  5.2.2 石制品 …………………………………………………… (160)
 5.3 八十垱遗址下层 ……………………………………………… (177)
  5.3.1 发掘概况 ………………………………………………… (177)
  5.3.2 第⑩层石制品 …………………………………………… (178)
  5.3.3 第⑨层石制品 …………………………………………… (180)
  5.3.4 第⑧层石制品 …………………………………………… (183)
 5.4 本章小结 ……………………………………………………… (184)
第六章 石器原料的采备与利用 …………………………………………… (186)
 6.1 原料的开发策略 ……………………………………………… (186)
  6.1.1 原料的基本构成和利用率 ……………………………… (186)
  6.1.2 原料的产地 ……………………………………………… (192)
  6.1.3 原料的获取方式 ………………………………………… (200)
 6.2 原料的利用策略 ……………………………………………… (205)
  6.2.1 石核利用程度 …………………………………………… (205)
  6.2.2 石片与工具利用程度 …………………………………… (207)
 6.3 本章小结 ……………………………………………………… (208)
第七章 石器技术与操作链 ………………………………………………… (209)
 7.1 初级剥片策略 ………………………………………………… (209)
  7.1.1 石核剥片技术模式 ……………………………………… (209)
  7.1.2 遗址间石核剥片技术比较 ……………………………… (214)
  7.1.3 石片分析 ………………………………………………… (216)
  7.1.4 小结 ……………………………………………………… (225)
 7.2 次级剥片策略 ………………………………………………… (225)
  7.2.1 原料与毛坯 ……………………………………………… (225)
  7.2.2 大小与形态 ……………………………………………… (226)
  7.2.3 修理技术 ………………………………………………… (228)
  7.2.4 小结 ……………………………………………………… (229)
 7.3 工具类型与组合 ……………………………………………… (230)
 7.4 石器生产操作链复原 ………………………………………… (231)
第八章 遗址空间结构与功能 ……………………………………………… (235)
 8.1 空间分析方法与实践 ………………………………………… (235)
 8.2 乌鸦山遗址空间分析 ………………………………………… (237)

8.2.1　遗物分布与人类行为 ………………………………………………（237）
　　　8.2.2　拼合研究 ……………………………………………………………（238）
　8.3　条头岗遗址空间分析 ………………………………………………………（242）
　　　8.3.1　遗物分布与人类行为 ………………………………………………（242）
　　　8.3.2　拼合研究 ……………………………………………………………（242）
　8.4　十里岗遗址空间分析 ………………………………………………………（247）
　　　8.4.1　遗物分布与人类行为 ………………………………………………（247）
　　　8.4.2　拼合研究 ……………………………………………………………（249）
　8.5　遗址功能与性质分析 ………………………………………………………（252）
　8.6　澧水流域晚更新世古人类栖居形态 ………………………………………（255）
第九章　澧水流域晚更新世文化发展和行为模式 …………………………………（262）
　9.1　地层年代序列的构建 ………………………………………………………（262）
　　　9.1.1　相关地层剖面分析 …………………………………………………（262）
　　　9.1.2　年代序列认识 ………………………………………………………（265）
　9.2　晚更新世旧石器文化的发展 ………………………………………………（267）
　　　9.2.1　晚更新世旧石器文化的特点 ………………………………………（267）
　　　9.2.2　原料利用模式与旧石器文化发展 …………………………………（270）
　9.3　华南晚更新世旧石器文化的相关问题 ……………………………………（272）
　　　9.3.1　华南"旧石器中期文化"的发现与再认识 ………………………（272）
　　　9.3.2　华南旧石器晚期文化的形成与区域性 ……………………………（276）
　9.4　澧水流域晚更新世古人类的适应策略 ……………………………………（291）
　　　9.4.1　晚更新世生存环境的变化 …………………………………………（291）
　　　9.4.2　晚更新世古人类的适应策略 ………………………………………（298）
　　　9.4.3　晚更新世古人类的行为模式 ………………………………………（301）
第十章　结语 …………………………………………………………………………（303）

参考文献 ………………………………………………………………………………（306）

后记 ……………………………………………………………………………………（328）

插 图 目 录

图 1.1	澧水流域地理区位及旧石器遗址位置图	(5)
图 1.2	石片背面特征及片疤方向示意图	(23)
图 2.1	洞庭盆地第四纪沉积厚度等值线图	(25)
图 2.2	洞庭盆地主要断裂与构造分布图	(28)
图 2.3	澧水流域及洞庭盆地构造—沉积地貌图	(29)
图 2.4	澧水中游河流阶地剖面图	(31)
图 2.5	涔水流域(官亭—洞湾)第四纪地质剖面图	(32)
图 2.6	乌鸦山遗址剖面柱状图和 T3、T11、T12 南壁地层图	(35)
图 2.7	条头岗遗址南壁地层堆积图	(36)
图 2.8	袁家山遗址 T14~T15 东壁地层剖面图	(37)
图 2.9	十里岗遗址剖面柱状图和 T5 北壁地层图	(39)
图 2.10	八十垱遗址 CⅠ区东壁地层及柱状剖面图	(40)
图 2.11	澧水流域旧石器遗址及周邻晚更新世地层对比柱状图	(42)
图 3.1	乌鸦山遗址局部探方石制品平、剖面分布图	(46)
图 3.2	乌鸦山遗址出土器物产状统计	(47)
图 3.3	乌鸦山遗址 CL4 石核	(51)
图 3.4	CL4 石核自然面残余统计图	(51)
图 3.5	乌鸦山遗址各层完整石片类型统计	(53)
图 3.6	乌鸦山遗址 CL4 石片和刮削器	(54)
图 3.7	CL4 废品各类型的原料构成	(55)
图 3.8	CL3 锤击石核各类型原料分类统计	(57)
图 3.9	乌鸦山遗址 CL3 单台面石核	(59)
图 3.10	乌鸦山遗址 CL3 双台面石核	(61)
图 3.11	乌鸦山遗址 CL3 多台面石核和盘状石核	(63)
图 3.12	CL3 石核片疤数量统计	(64)
图 3.13	乌鸦山遗址 CL3 完整石片形态分布图	(65)
图 3.14	乌鸦山遗址 CL3 完整石片的石片角分布图	(66)

图 3.15	CL3 石片主要背脊形态统计	（67）
图 3.16	CL3 石片背面片疤模式分布	（67）
图 3.17	CL3 工具修疤深度和修疤长度分布	（70）
图 3.18	乌鸦山遗址 CL3 出土轻型工具	（73）
图 3.19	乌鸦山遗址 CL3 出土重型工具	（75）
图 3.20	CL3 废品各类型原料构成	（76）
图 3.21	CL2 不同石核类型的原料数量统计	（78）
图 3.22	乌鸦山遗址 CL2 单台面石核	（80）
图 3.23	乌鸦山遗址 CL2 双台面石核	（82）
图 3.24	乌鸦山遗址出土多台面石核和砸击石核	（83）
图 3.25	乌鸦山遗址 CL2 出土刮削器和尖状器	（91）
图 3.26	乌鸦山遗址 CL2 出土重型工具	（93）
图 3.27	各类型废品的原料构成统计	（95）
图 3.28	乌鸦山遗址 CL1 石制品	（97）
图 4.1	条头岗遗址石制品平剖面分布图	（100）
图 4.2	条头岗遗址石制品产状统计雷达图	（100）
图 4.3	条头岗遗址风化和磨蚀程度柱状	（101）
图 4.4	条头岗遗址上文化层石核原料分类统计	（103）
图 4.5	条头岗遗址单台面石核	（105）
图 4.6	条头岗遗址双台面石核剥片模式示意图	（106）
图 4.7	条头岗遗址上文化层双台面石核	（107）
图 4.8	条头岗遗址多台面石核剥片方式示意图	（109）
图 4.9	条头岗遗址上文化层多台面石核	（110）
图 4.10	条头岗遗址上文化层盘状石核	（112）
图 4.11	条头岗遗址上文化层石核台面角统计	（113）
图 4.12	条头岗遗址单个石核所获剥坯序列的数量	（113）
图 4.13	条头岗遗址单一同向剥坯序列的剥片数量	（113）
图 4.14	条头岗遗址上文化层石片	（115）
图 4.15	条头岗遗址上文化层完整石片类型统计	（116）
图 4.16	条头岗遗址上文化层石片背部片疤数量	（116）
图 4.17	条头岗遗址上文化层石片背脊形态	（117）
图 4.18	条头岗遗址上文化层刮削器	（122）

图 4.19	条头岗遗址上文化层出土轻型工具	(124)
图 4.20	条头岗遗址上文化层重型工具	(126)
图 4.21	条头岗遗址上文化层各类型废品原料构成	(128)
图 4.22	条头岗遗址下文化层石核原料统计	(130)
图 4.23	条头岗遗址下文化层石核	(131)
图 4.24	条头岗遗址下文化层完整石片类型统计	(134)
图 4.25	条头岗遗址下文化层工具	(137)
图 5.1	袁家山遗址第④层石制品平剖面分布图	(141)
图 5.2	袁家山遗址第④层石核	(145)
图 5.3	袁家山遗址第④层完整石片类型数量统计	(146)
图 5.4	袁家山遗址第④层出土工具	(149)
图 5.5	袁家山遗址部分探方第③层石制品平面分布	(151)
图 5.6	袁家山遗址第③层石制品重量百分比统计	(153)
图 5.7	袁家山遗址第③层石核	(154)
图 5.8	袁家山遗址第③层石英和燧石完整石片类型	(155)
图 5.9	袁家山遗址第③层工具	(157)
图 5.10	十里岗遗址布方示意图	(158)
图 5.11	十里岗遗址石制品平剖面分布图	(160)
图 5.12	十里岗遗址石核原料分类统计	(162)
图 5.13	十里岗遗址锤击石核	(164)
图 5.14	十里岗遗址砸击石核	(165)
图 5.15	十里岗遗址完整石片类型统计	(167)
图 5.16	十里岗遗址完整石片	(168)
图 5.17	十里岗遗址完整石片的背面片疤数量统计	(170)
图 5.18	十里岗遗址出土工具	(174)
图 5.19	十里岗遗址废品原料统计分布	(176)
图 5.20	八十垱遗址下层石制品平面分布图	(179)
图 5.21	八十垱遗址第⑩层石制品重量统计图	(180)
图 5.22	八十垱遗址第⑨层石核	(182)
图 5.23	八十垱遗址第⑨层工具	(182)
图 6.1	澧水流域不同遗址原料种类构成	(190)
图 6.2	澧水流域不同遗址中燧石原料分布	(192)

图 6.3	澧水流域区域地质图	（193）
图 6.4	澧县许家屋场新开铺组露头剖面	（196）
图 6.5	临澧县白虎山白沙井组露头剖面	（197）
图 6.6	桃源县神仙桥第四纪露头剖面	（198）
图 6.7	澧水流域遗址底砾层石料	（199）
图 6.8	澧水流域晚更新世原料获取模式变化示意图	（204）
图 6.9	澧水流域不同遗址石核残余自然面和剥片疤百分比	（206）
图 7.1	石核剥片技术总模式图	（211）
图 7.2	澧水流域不同遗址石核类型统计	（215）
图 7.3	澧水流域不同遗址石片技术类型比例比较	（220）
图 7.4	澧水流域不同遗址完整石片的形态特征	（221）
图 7.5	澧水流域不同遗址的石片长/宽比分布	（222）
图 7.6	石核剥片与所获石片的对应关系示意图	（224）
图 7.7	澧水流域晚更新世遗址工具毛坯类型统计	（226）
图 7.8	乌鸦山、条头岗遗址工具最大长、宽分布图	（227）
图 7.9	十里岗、袁家山遗址工具最大长、宽分布图	（227）
图 7.10	澧水流域不同遗址完整石片类工具形态	（228）
图 7.11	澧水流域晚更新世遗址工具类型统计	（230）
图 7.12	澧水流域晚更新世遗址非硅质岩原料石器生产操作链	（232）
图 7.13	澧水流域晚更新世遗址硅质岩类原料石器生产操作链	（232）
图 8.1	乌鸦山遗址各类型石制品分布	（237）
图 8.2	乌鸦山遗址拼合组平剖面图	（240）
图 8.3	乌鸦山遗址拼合组	（241）
图 8.4	条头岗遗址拼合组平剖面	（243）
图 8.5	条头岗遗址拼合组	（246）
图 8.6	十里岗遗址拼合标本平剖面图	（248）
图 8.7	宾福德多人围坐模式	（249）
图 8.8	道水流域调查发现的晚更新世遗址群	（259）
图 8.9	道水流域调查采集石制品	（260）
图 9.1	玉成剖面与年代	（263）
图 9.2	黄山剖面地层堆积	（263）
图 9.3	鸡公山遗址地层剖面	（264）

图9.4	打鼓岭遗址地层剖面	(265)
图9.5	华南晚更新世早中期主要遗址石器工业类型	(273)
图9.6	华南晚更新世晚期早段主要遗址及其石料分布	(285)
图9.7	华南晚更新世晚期晚段主要遗址	(286)
图9.8	东南亚旧石器遗址分布	(290)
图9.9	古里雅冰芯与格陵兰GRIP冰芯氧同位素记录	(292)
图9.10	不同地区MIS3以来气候记录对比	(293)
图9.11	中国南方地区距今1.6万年以来亚洲夏季风变化	(294)
图9.12	南海北部钻孔显示的MIS8以来的孢粉带	(295)
图9.13	MIS 6前后大陆架出露面积及植被变化	(296)
图9.14	中国南方现代(a)和末次冰盛期(b)植被分带图	(297)

表 格 目 录

表 1.1	澧水流域旧石器研究历史	（ 6 ）
表 2.1	洞庭盆地及周缘第四纪地层	（ 24 ）
表 2.2	澧水流域阶地比高对比表	（ 31 ）
表 2.3	洞庭盆地（澧水流域）第四纪气候变化	（ 44 ）
表 3.1	乌鸦山遗址石制品分类统计	（ 47 ）
表 3.2	CL4 石制品尺寸大小的分类统计	（ 48 ）
表 3.3	CL4 石制品重量的分类统计	（ 48 ）
表 3.4	乌鸦山遗址各层石核类型统计	（ 49 ）
表 3.5	CL4 不同原料石核长宽和重量的测量统计	（ 50 ）
表 3.6	CL4 石核主要片疤尺寸统计	（ 52 ）
表 3.7	CL4 完整石片大小和重量测量统计	（ 52 ）
表 3.8	CL4 废品各类型的长度与重量统计	（ 55 ）
表 3.9	CL3 石制品尺寸大小的分类统计	（ 56 ）
表 3.10	CL3 石制品重量的分类统计	（ 56 ）
表 3.11	CL3 石核大小、重量的测量统计	（ 58 ）
表 3.12	CL3 不同原料石核厚度和重量的测量统计	（ 58 ）
表 3.13	CL3 石核主要片疤尺寸统计	（ 64 ）
表 3.14	CL3 完整石片大小和重量测量统计	（ 65 ）
表 3.15	CL3 工具类型分类统计	（ 68 ）
表 3.16	CL3 修理类产品原料的分类统计	（ 68 ）
表 3.17	CL3 不同工具类型的大小和重量测量统计	（ 69 ）
表 3.18	CL3 工具毛坯的分类统计	（ 69 ）
表 3.19	CL3 工具修理部位统计	（ 71 ）
表 3.20	CL3 单边工具修理方向统计	（ 72 ）
表 3.21	CL3 废品各类型的长度与重量统计	（ 76 ）
表 3.22	CL2 石制品尺寸大小的分类统计	（ 77 ）
表 3.23	CL2 石制品重量的分类统计	（ 78 ）

表 3.24	CL2 石核大小和重量的测量统计	（79）
表 3.25	CL2 不同原料石核宽度和重量的测量统计	（79）
表 3.26	不同原料石核片疤数统计	（84）
表 3.27	CL2 石核主要片疤尺寸统计	（85）
表 3.28	CL2 完整石片大小和重量测量统计	（85）
表 3.29	CL2 工具类型分类统计	（86）
表 3.30	CL2 修理类产品原料的分类统计	（87）
表 3.31	CL2 不同工具类型的大小和重量测量统计	（87）
表 3.32	CL2 工具毛坯的分类统计	（88）
表 3.33	CL2 工具修理部位统计	（89）
表 3.34	CL2 工具单个刃缘修理方向统计	（90）
表 3.35	CL2 废品各类型的长度与重量统计	（95）
表 3.36	CL1 石制品类型与原料统计	（96）
表 3.37	CL1 石制品大小和重量统计	（96）
表 4.1	条头岗遗址石制品分类统计	（101）
表 4.2	上文化层石制品尺寸的分类统计	（102）
表 4.3	上文化层石制品重量的分类统计	（102）
表 4.4	条头岗遗址上文化层石核分类统计	（103）
表 4.5	上文化层石核大小和重量的测量统计	（103）
表 4.6	上文化层不同原料石核长宽和重量的测量统计	（104）
表 4.7	条头岗遗址上文化层石核主要片疤尺寸统计	（114）
表 4.8	条头岗遗址上文化层完整石片大小和重量测量统计	（114）
表 4.9	上文化层不同原料完整石片长宽和重量的测量统计	（115）
表 4.10	上文化层工具类型分类统计	（118）
表 4.11	上文化层不同工具类型的大小和重量测量统计	（118）
表 4.12	上文化层工具毛坯的分类统计	（119）
表 4.13	条头岗遗址上文化层工具单个刃缘修理方向统计	（120）
表 4.14	条头岗遗址上文化层废品各类型的长度与重量统计	（128）
表 4.15	条头岗遗址下文化层石制品尺寸大小的分类统计	（129）
表 4.16	下文化层石制品重量的分类统计	（129）
表 4.17	条头岗遗址下文化层石核大小和重量的测量统计	（130）
表 4.18	条头岗遗址下文化层石核主要片疤尺寸统计	（133）

表 4.19	条头岗遗址下文化层完整石片大小和重量测量统计	(133)
表 4.20	上文化层工具类型分类统计	(135)
表 4.21	下文化层不同工具类型的大小和重量测量统计	(135)
表 4.22	条头岗遗址下文化层废品各类型的长度与重量统计	(138)
表 5.1	袁家山遗址第④层石制品分类统计	(141)
表 5.2	袁家山遗址第④层石制品尺寸大小的分类统计	(141)
表 5.3	袁家山遗址第④层石制品重量的测量统计	(142)
表 5.4	袁家山遗址第④层石核分类统计	(143)
表 5.5	袁家山遗址第④层石核大小和重量的测量统计	(143)
表 5.6	袁家山遗址第④层石核主要片疤尺寸统计	(145)
表 5.7	袁家山遗址第④层完整石片大小和重量测量统计	(147)
表 5.8	袁家山遗址第④层工具长宽和重量的测量统计	(148)
表 5.9	袁家山遗址第④层废品的长度与重量统计	(151)
表 5.10	袁家山遗址第③层石制品类型与数量统计	(152)
表 5.11	袁家山遗址第③层石制品尺寸分类统计	(152)
表 5.12	十里岗遗址石制品类型与数量统计	(159)
表 5.13	十里岗遗址石制品尺寸大小的分类统计	(161)
表 5.14	十里岗遗址石制品重量的分类统计	(161)
表 5.15	十里岗遗址石核分类统计	(162)
表 5.16	十里岗遗址不同原料石核长宽和重量的测量统计	(163)
表 5.17	十里岗遗址石核主要片疤尺寸统计	(166)
表 5.18	十里岗遗址完整石片大小和重量测量统计	(169)
表 5.19	十里岗遗址不同原料完整石片长宽和重量的测量统计	(169)
表 5.20	十里岗遗址不同工具类型的大小和重量测量统计	(171)
表 5.21	十里岗遗址工具毛坯的分类统计	(171)
表 5.22	十里岗遗址工具单个刃缘修理方向统计	(172)
表 5.23	十里岗遗址废品各类型的长度与重量统计	(176)
表 5.24	十里岗遗址赤铁矿石大小和重量测量统计	(177)
表 5.25	八十垱遗址下层石制品类型与数量统计	(178)
表 5.26	八十垱遗址第⑩层完整石片大小和重量测量统计	(180)
表 5.27	八十垱遗址第⑨层石制品尺寸大小的分类统计	(181)
表 5.28	八十垱遗址第⑨层工具的长宽和重量测量统计	(183)

表5.29	八十垱遗址第⑨层废品各类型的长度与重量统计	(183)
表5.30	八十垱遗址第⑧层石制品尺寸和重量测量	(183)
表6.1	澧水流域晚更新世遗址石制品的岩性鉴定特征	(187)
表6.2	乌鸦山遗址石制品类型与原料种类	(200)
表6.3	条头岗遗址石制品类型与原料种类	(201)
表6.4	十里岗遗址石制品类型与原料种类	(202)
表6.5	袁家山遗址石制品类型与原料种类	(203)
表6.6	澧水流域晚更新世遗址石核剥片效率统计	(205)
表6.7	澧水流域晚更新世遗址石核台面数量和比例及石核平均旋转数	(206)
表6.8	澧水流域不同遗址石片加工频率	(207)
表7.1	条头岗遗址固定台面石核剥片模式统计	(212)
表7.2	条头岗遗址转换台面石核剥片模式统计	(213)
表7.3	乌鸦山遗址石核剥片模式统计	(214)
表7.4	澧水流域不同遗址石片技术类型统计	(216)
表7.5	乌鸦山遗址出土左、右手源石片统计	(222)
表7.6	条头岗遗址出土左、右手源石片统计	(223)
表7.7	十里岗遗址出土左、右手源石片统计	(223)
表7.8	澧水流域旧石器遗址刮削器修理长度和深度指数	(229)
表8.1	乌鸦山遗址石制品拼合结果	(238)
表8.2	条头岗遗址拼合结果	(244)
表8.3	十里岗遗址拼合结果	(250)
表8.4	一般单元分析和行为推断	(252)
表8.5	各遗址相关指标参数比较	(253)
表8.6	澧水流域部分旧石器遗址石制品尺寸和重量比较	(256)
表8.7	道水流域新发现晚更新世遗址概况	(257)
表9.1	澧水流域晚更新世遗址光释光样品年代测定初步结果	(265)
表9.2	澧水流域晚更新世旧石器文化的发展概况	(268)
表9.3	华南晚更新世晚期主要遗址概况	(277)

第一章 绪 论

1.1 研究背景

1.1.1 晚更新世古人类文化研究的意义

晚更新世在人类演化史上是一个具有重要意义的关键阶段。古人类在此阶段完成了从直立人和早期智人向解剖学上现代智人的进化历程,在体质上具有了现代人的生物特征;同时也加速了自身生活方式和文化的转变,在思维心智和生存能力等方面都进入了一个显著发展的时期,在文化和行为上实现了智能和技术的飞跃。这一时期人类活动十分活跃,扩散到了地球可供生存的各个角落,开发了早期人类没有涉足的领地,因而古人类遗址的数量显著增多(Brantingham et al., 2001),不同地区之间的人类迁徙和文化交流日益加强。晚更新世在旧石器考古学的传统分期上相当于旧石器时代中期和晚期,"旧石器晚期革命"(Mellars, 1989; Bar-yosef, 2002)正是这一阶段人类文化呈现喷涌式大发展的注脚。

人类活动与气候环境变化的关联互动在更新世晚期阶段尤为显著。该时段内气候环境的波动起伏与冷暖交替频繁且剧烈,包括万年尺度的末次间冰期与末次冰期的交替,以及若干千年尺度的气候事件。人类的演化经历了严寒气候和冷暖、干湿的持续波动。因此,一些学者提出现代人及其行为的起源与演化、技术发展与行为模式的阶段性变化与当时的生存环境密切相关,尤其是晚更新世的环境变化及不同区域间的差异可能是其中极为重要的因素(Potts, 1996; McDougall et al., 2005)。

有关现代人的起源与扩散一直是国际古人类学界和旧石器时代考古学界在晚更新世人类演化研究中的前沿和焦点问题。自 20 世纪 80 年代以来,"近期非洲起源说"(Recent African Origin)和"多地区进化说"(Multiregional Evolution)两大主要假说的支持者不断开展激烈争论,将对现代人起源和进化的认识引向深入。"近期非洲起源说"也被称为"夏娃假说",源于美国三位分子生物学家对世界不同大陆现代女性胎盘内线粒体 DNA 的研究(Cann et al., 1987),主张现代人类的共同祖先最早生活在 20~14 万年前的非洲,其后裔从非洲走出并到达世界各地,在扩散过程中取代了当地原有的人类,且在取代过程中未发生混血和杂交(Stringer and Andrews, 1988; Stringer, 1990, 2002; Brauer, 1992; Klein, 2008; Poznik et al., 2013)。一些研究者认为最早的现代中国人是在距今大约 6 万年时经由北方路线(northern route)或南方路线(southern route)移民进入的(柯越海等,2001;李辉等,2015;Chu et al., 1998;Jin et al., 2000;Ke, Y. et al., 2001;Forster et al., 2005;Norton and Jin, 2009;Bae et al., 2012;Dennell and Petraglia, 2012;Oppenheimer, 2012;Bar-yosef and Belfer-Cohen, 2013)。因而,这种现代人单一起源于非洲的假说是一种完全替代的学术假设。它的出现产生了非常广泛的影响,至今一直占据着学术界的主流。然而,早在1984年,沃尔波夫(Milford Wolpoff)、吴新智和桑恩(A. Throne)根据对中国、印度尼西亚和澳大利亚出土古人类化石的研究提出了"多地区进化假说",主张现今世界上不同地区现代人的来源都与该地区更古老的人类不可分割,各地人类由当地的早期智人乃至直立人连续演化而来,而基因交流是将不同地区人群维系在一个多型物种内的重要纽带(Wolpoff et al., 1984)。此后,很多研究者开始致力于论证人属生物自从到达亚洲后便在当地持续进化(Brooks, et al., 1990;Wu and Poirier, 1995;Etler, 1996;Wolpoff, 1996;Wu X Z, 2004)。基于对中国乃至东亚地区化石人类及与其他地区基因交流的表现等方面的研究,吴新智(1998, 1999, 2006)将中国现代人起源模式归纳为网状的"连续进化附带杂交"假说。在此基础上,中国学者根据本土考古材料的综合研究,进一步论证了该假说的合理性和意义,并提出世界范围内现代人类演化的"区域性多样化模式"(高星等,2010)。随着近年古人类化石的新发现,尤其是古基因技术的发展,两大假说也都有了新的研究进展。分子生物学家通过对尼安德特人和丹尼索瓦人全基因组数据的研究,显示现代人中有1%~4%的尼安德特人基因组成部分,现代人与尼人非常可能在小范围内发生过基因交流(Green et al., 2010;Reich et al., 2010),从而揭开了绝灭和现生人群间是否杂交的谜题。故而,以前主张单一地区起源的研究者开始支持"同化假说"(Assimilation Hypothesis),承认各地区古老性人类对现代人有基因贡献,但仍主张以非洲移民取代当地原住民为主,当地古老性人类的基因只起附带的作用(Smith et al., 2005)。

在旧石器文化研究方面,现代人行为或行为现代化(Behavioral Modernity)的起源、演化和性质也是当前学界讨论的热点。尽管相关研究已经很多,对人类"行为现代化"的含义、人群归属、出现形式和原因等方面均还存在不同认识(Klein, 1995, 2000, 2008;McBrearty and Brooks, 2000;Wadley, 2001;d'Errico, 2003;Henshilwood and Marean, 2003;Hovers and Belfer-Cohen, 2006;Zilhão, 2006;Nowell, 2010)。不过,在讨论世界范围内不同地区旧石器考古学文化的发展阶段和传播扩散等问题时,由技术、社会经济和象征等构成的一系列"特点清单"(trait/shopping list)被认为能够反映完全"现代"行为认知,它们被研究者广泛用于追溯不同区域现代人的出现和发展(Mellars, 1973, 1989, 2005;Bar-Yosef, 2002, 2007)。事实上,越来越多的证据表明这些"清单"式的特征要素在非洲、欧洲和西亚的旧石器遗址中的确能够得到体现,但是在亚洲和澳洲地区却长期缺乏所谓能够反映现代人行为的考古学证据(Yousuke et al., 2015)。

长期以来,欧洲、近东和非洲等晚更新世旧石器文化遗址中发现了丰富的有关现代人迁徙扩散及其文化和行为特点的考古学材料(Kuhn et al., 2004;Mellars, 2006, 2015;

Svoboda，2015)。西方史前考古学者也开展了大量持续性的研究。目前,旧大陆西部依然是相关前沿和热点问题的主要国际学术舞台,引领着当今学术界的研究发展方向(Mellars，1973；Klein，1989；Bar-Yosef，1998，2002；Cornard，2003，2005；Shea，2006，2013)。与之对应,在全球人类迁徙演化格局研究中居于关键性地位的东亚地区,中国旧石器考古学术界对现代人及其行为起源的研究在很长一段时间内缺席。可喜的是,近年中国晚更新世阶段的研究在不断有人类化石新发现的同时(刘武,2013；Shang et al.，2007，2010；Dennell，2010；Liu et al.，2010，2015),一系列考古遗址的发掘与研究为中国晚更新世时期的物质文化面貌及现代人演化相关问题的探讨提供了重要材料。河南许昌灵井遗址(李占扬等,2008,2012;张双权等,2009)、宁夏水洞沟遗址(关莹等,2012；彭菲等,2012；高星等,2013；Li F. et al.，2014)、陕西蓝田和汉中地区晚更新世遗址(Wang, S.et al.，2014)以及河南郑州嵩山地区 MIS3~MIS2 阶段遗址的发现和发掘(王幼平,2012,2014；Wang, Y., et al.，2014),都为我们展现了中国在这一阶段更加详细和清晰的古人类生活图景。中国旧石器文化不同于旧大陆西方的发展道路也越来越受到国内外研究者的关注和重视(张森水,1985,1990,1999；林圣龙,1996；王幼平,1997,2005；高星,1999,2006,2014；Clark，1993；Schick，1994；Bar-yosef and Wang，2012；Gao，2013)。

在此背景下,中国南方地区与华北地区相比,由于晚更新世考古材料零散而不够系统,且面临诸多有关埋藏学和年代学方面的瓶颈,迄今系统的区域性综合研究还十分罕见,因而长期以来对这一区域的晚更新世旧石器发展过程和文化面貌的认识仍相当模糊,有关遗址的年代序列、古人类技术特点以及人类适应生存方式等学术问题也一直悬而未决。然而,根据对人类化石证据的最新研究(邢松等,2012；刘武等,2016),华南应是中国乃至东亚现代人形成与扩散的中心区域;按分子生物学的认识(Jin et al.，2000；Shi et al.，2005),华南无疑还是"现代人"迁徙和进入中国腹地的门户,是他们在中国最早的驻足地。显然,中国南方在现代人起源和扩散的学术研究中处于十分重要的地位,对这一区域内晚更新世阶段旧石器文化遗存详细的系统研究具有十分重要的意义。

澧水流域是研究华南晚更新世人类及其技术演变和环境关系的理想地区,近三十年的考古工作所积累的田野和研究成果,已成为华南地区旧石器工业研究非常重要的组成部分。近年这里又陆续新调查和发掘了多处晚更新世阶段的旧石器地点,出土了数量丰富的石制品,清晰地揭露出连续性堆积地层。这些新发现将较为完整地展示了湘西北地区旧石器时代中、晚期之交阶段的文化面貌和栖居形态,对于深入探讨当前世界史前考古学与古人类学界关于现代人类起源与发展问题的歧见尤为重要,将为认识中国乃至东亚现代人类的来源与发展特点等问题提供新证据和新视角。

1.1.2 澧水流域的地理区位

澧水流域位于湖南省西北部,地处华南北部洞庭盆地的西部,是长江中游南部支流的核心区域。宏观上,所在区域北接江汉盆地,南邻江南丘陵地带,东连华东低丘,西倚云贵高原,是我国大陆南北与东西方向文化迁徙和交流的重要枢纽。作为中国第二级阶梯到第三级阶梯的过渡地带,该区域具有独特的自然地理条件,为生物多样性的发展和古人类生存、演化提供了丰富多彩的理想生态环境。

澧水蜿蜒于湘西北武陵山脉之中,北以武陵山北支与湖北清江相隔,南以武陵山南支和湖南沅水分野,西部起于湘鄂崇山,东部濒邻洞庭湖尾闾。自西而东地貌景观变化十分明显,穿越武陵山地与澧阳平原两个迥然不同的地貌构造单元。其西、南和北部地势高,东部较低,干流及主要支流均为西北—东南流向。水系源头位于桑植县南岔以上,分北、中、南三个源头。其中北源最长,源于张家界市桑植县五道水镇杉木界;中源水量最大,源于桑植县八大公山东麓;南源较小,源于湘西自治州永顺县龙家寨。三源会合后,往南经桑植县和永顺县,向东流经张家界、慈利、石门、澧县,在津市小渡口汇入洞庭湖。据有关史料,商周秦汉时期,澧水一直东流至岳阳西侧汇入长江,大致从东晋开始,澧水才改变东流直入长江的流向,而折向东南,经安乡附近流入洞庭湖(张石钧,1992)。

澧水自河源至湖区入口全长388 km,流域面积达18 000多 km²,多年平均年径流量为166×10⁸ m³(526 m³/s),平均悬移质含沙量为0.416 kg/m³,年平均侵蚀模数为425 t/km²,平均输沙量为0.075 1×10⁸ t。澧水沿途支流众多,主干水系两侧发育羽状和树枝状次级水系,从上游至下游有溇水、溹水、道水、涔水、澹水等水系,《水经注》中曾有"九澧"之称。其中澹水、涔水和道水是澧水在下游澧阳平原区域最主要的支流,目前澹水故道由于拦坝建库仅存残迹,涔水和道水分别作为澧水北部和南部的两大一级支流现今依然活跃。以张家界后坪和石门县城分别作为流域的分界点,可将澧水大致分为上、中、下游三段:上、中游多为石灰岩沉积地区,喀斯特地貌发育,其中上游群峰叠嶂,峡谷深邃,地势陡峭,多急流险滩,呈现强烈的河流回春地貌,第四纪极不发育;中游河谷时宽时窄,流经红盆开阔地带时有较多第四纪沉积,丘陵地貌发育,间有小型山间盆地;下游则主要为第三纪红砂岩和第四纪主要堆积区,游弋于澧阳平原之中,因地势平坦开阔,水流缓慢,河曲迂回,河流阶地发育,途经众多大小不一的垄状岗地。迄今,澧水流域发现的旧石器遗址主要分布于澧水中下游,因此本书主要以此流域覆盖的范围作为研究区域,行政区划涉及石门县、澧县、临澧县和津市,地理坐标界于北纬29°25′~29°50′和东经111°15′~111°55′之间,面积约1 500 km²(图1.1)。

1.1.3 考古发现与研究回顾

1.1.3.1 发现与发掘

在中国旧石器研究史上华南的旧石器考古工作开展很早,始于20世纪初叶。一个世纪以来的发展历程大致可以分为前后相继的三个阶段。

第一阶段:20世纪初至70年代末,发端和初步发展。

自20世纪初,来华的外国学者就主要在湖北与重庆之间的三峡地区开始寻找旧石器

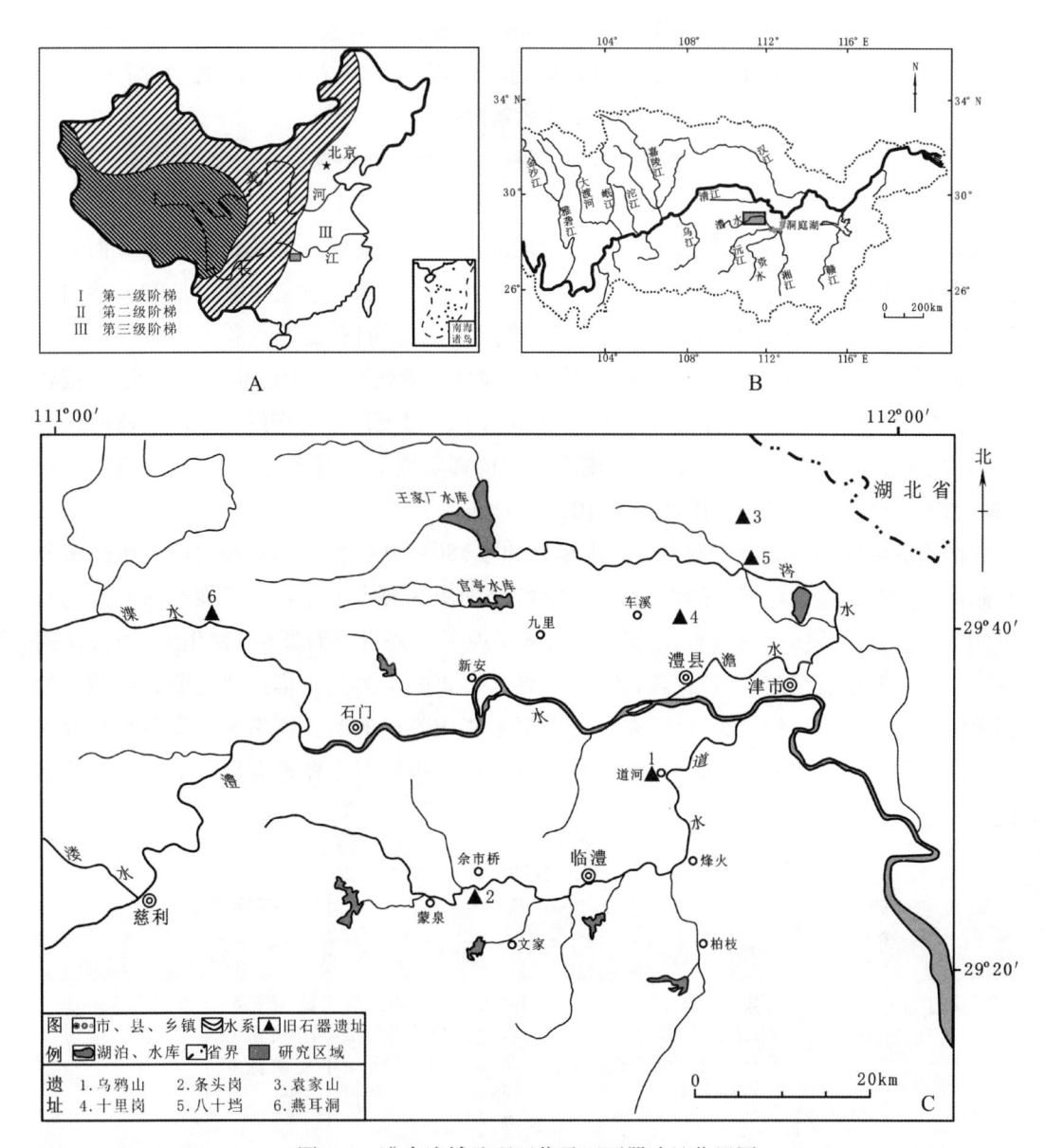

图 1.1 澧水流域地理区位及旧石器遗址位置图

(A. 研究区在中国地势的位置;B. 研究区在长江中游水系的位置;C. 本书研究遗址在澧水流域的位置)

时代的遗物,但其人工性质或文化归属受到怀疑(裴文中,1955;童恩正,1986),多数遗址也被认为缺少坚实的年代学证据(李炎贤,1982)。直至 50 年代,才在华南地区发现了比较确切的属于旧石器时代的文化遗物。60~70 年代,重点工作区域在西南地区并有了很多重要的发现,东南地区的旧石器遗址却寥若晨星。

第二阶段:20 世纪 80 年代至 90 年代末,大发展时期。

自 80 年代的后期开始,中国境内旧石器遗址的分布局面得到了彻底改观。华南进入旧石器考古发现的黄金时代,北自汉中,南至岭南,新发现如雨后春笋接连出现,中国旧石器考古迎来第二次高潮(张森水等,2003)。华南地区的主要旧石器遗址基本上均是在这近20年间所发现,正是通过这个时期大量的田野工作,初步奠定了中国南方地区旧石器考古的格局。

第三阶段:21世纪开始至今,继续发展的新阶段。

进入21世纪,随着基础设施建设的大规模开展和各地文博事业的蓬勃发展,旧石器考古在广度和深度上都有了新的进展,不少地区出现了旧石器考古发现和研究的新亮点。三峡地区、丹江口库区和百色盆地在上一阶段进行的工作此时仍继续得以推进。而一些过去空白或接近空白省份的旧石器考古有了重要突破,如浙江省七里亭遗址和银淀岗遗址(浙江省文物考古研究所等,2009)、江苏南部茅山地区旧石器地点和句容放牛山地点(房迎三等,2002)、福建省三明灵峰洞和船帆洞遗址、漳州莲花池山和黄以垄遗址(福建省文物局等,2006;福建博物院,2013;陈子文等,2008)以及广东省南江流域旧石器时代遗址群的发现(刘锁强,2013,2015)。海南和香港也都实现了旧石器遗址空白的突破(吴伟鸿等,2006;李超荣等,2008;张森水,2010)。

澧水流域的旧石器考古调查也正是在20世纪80~90年代到达高潮阶段。历经多年在湖南寻觅旧石器文化遗存的焦灼之后,1987年湖南的考古工作者终于在湘西地区的新晃侗族自治县大桥溪的网纹红土地层中偶然发现了一些打制石器(吴铭生,2009),从而首次确认了湖南省境内的旧石器时代遗存,更为重要的是为当时华南地区旧石器遗址的埋藏类型提供了重要信息。自此,在长江中下游流域各地的旧石器考古工作者纷纷发现了数量众多的旧石器遗址,澧水流域也成为目前长江中游旧石器地点分布最集中的区域之一(表1.1)。

表1.1　澧水流域旧石器研究历史

遗　址	发现时间	遗　物	简　介	现　状	参考文献
鸡公垱遗址	1987~1988	采集29件,发掘出土200多件石制品。包括手斧1件,另有多件手镐和石球等。	湖南省文物考古研究所首次在澧县进行旧石器发掘。二级阶地,推测为中更新世晚期。	破坏严重。国家重点文物保护单位。	袁家荣,1990
龙山岗、红旗、鲇鱼山、乔家河遗址	1987~1989	分别采集石制品10、6、28、13件。包括手镐8件,石球2件,手斧1件,双面砍砸器2件。	澧县文物管理所先后在澧县彭山东麓调查时发现。二级阶地3处,三级阶地1处,推测为中更新世晚期至晚更新世早期。	基本消失。	澧县文物管理所,1992;湖南省文物考古研究所等,1988
樊家铺、盐井、白莲、金罗、高丛等12处遗址	1989~1991	有9处遗址分别采集石制品13、20、6、5、26、3、4、3、90多件;其余不详。包括手镐8件,石球2件。	澧县文物管理所在澧县北部丘陵区调查发现。三级阶地9处、二级阶地3处,推测为中更新世。	部分保存较好;大部分已消失。	向安强,1992b;向安强,1990

续表

遗　址	发现时间	遗　物	简　介	现　状	参考文献
大圣庙、胡家凸、石家包遗址	1987～1988	前两者分别发掘发现石制品27、2件，后者无石制品。包括手斧1件，手镐1件。	湖南省文物考古研究所在石门县调查发现并发掘400 m²。二级阶地，推测为晚更新世早期。	大圣庙保存较好，其余基本不存。	湖南省文物考古研究所，1989
猴儿坡、多宝寺、万红岭遗址	1989，1990～1991	两次地表分别采集石制品91、42、23件。包括手镐7件，手斧4件，薄刃斧2件，石球8件，重型刮削器6件。	澧县文物管理所曹传松在澧县调查新发现，并进行复查。均为三级阶地，推测为中更新世中晚期。	仅存部分剖面。	湖南省文物考古研究所等，1992；澧县博物馆等，1995
虎爪山遗址	1988，1994～1997，2005	发掘出土7件，采集24件。包括手镐4件，石球4件；北坡采集126件，含手斧1件，手镐8件，薄刃斧1件，石球11件，重型刮削器1件。2005年发掘出土约30件，采集41件。	1988年、2005年湖南省文物考古研究所主持发掘。津市文管所在北坡进行多次调查。四级阶地，推测为中更新世早中期，旧石器早期。	保存较好。国家重点文物保护单位。	袁家荣，2015；津市市文物管理所，1999
钟家岗、沙儿岭、一职中、皇坟山遗址	1987～1988	地表采集石制品34件。包括手镐2件。	津市文物管理所先后发现并采集。一级阶地1处、二级阶地3处，推测为晚更新世。	部分保存较好，部分破坏。	谭远辉，1993
皇山岗遗址	1989、1991	地表采集石制品152件。含手斧3件，手镐6件，石球35(?)件，双面砍砸器13件。	澧县文物管理所向安强两次在澧县澧阳乡调查发现。二级阶地，晚更新世早期至中更新世晚期。	完全破坏。	澧县博物馆，1995
楠竹遗址	1989	采集石制品25件。包括手斧1件，手镐3件和石球3件。	澧县文物管理所在澧县砖厂调查中发现。三级阶地，推测为中更新世。	保存较差。	向安强，1993
张公滩、仙公庙遗址	1989	采集石制品31、14件。包括手镐1件，石球3件。	澧县文物管理所在澧县南部岗地调查发现。二级阶地，推测为晚更新世早期。	保存较差。	澧县博物馆，1992
金台遗址	1991	采集石制品5件。包括手镐1件。	慈利县文管所在慈利县砖瓦厂剖面发现。二级阶地，推测时代为中更新世晚期至晚更新世早期。	保存较差。	慈利县文物保护管理研究所，1999

续表

遗　址	发现时间	遗　物	简　介	现　状	参考文献
包子垴遗址	1988	采集石制品约5件。	桑植县文物管理所在澧源镇朱家台村包子垴调查发现。二级阶地，晚更新世。	保存较差。	袁家荣,1996
金鸭遗址	1990	地表采集石制品73件。含手斧2件,手镐2件。	澧县文物管理所工作人员在澧县南部调查发现。二级阶地,推测为晚更新世。	保存较差。	向安强,1992a
虎山、郑山、朱家山、五指山、乌鸦山遗址	1988, 1992, 2011	乌鸦山遗址1988年采集石制品114件；1992发掘出土约400件；2011年采集356件,发掘出土1 715件。调查采集工具包括手镐3件,手斧1件。	澧县文物管理所封剑平1988年调查发现；1992年湖南省文物考古研究所第一次发掘乌鸦山遗址,2011年第二次发掘。二级阶地,推测为晚更新世。	部分破坏,部分保存较差。	封剑平,1999；袁家荣,1996；发掘资料见本书
燕耳洞遗址	1990~1993	发掘出土石制品13件,骨制品2件,人类牙齿、下颌骨、股骨化石,及大量动物化石。	湖南省文物考古研究所两次发掘石门县该遗址的Ⅰ号和Ⅱ号洞穴。骨碳十四测年为14 000±120BP(未校正)。	被皂市库区淹没。	湖南省文物考古研究所等,1994；袁家荣,2006
竹马遗址	1996	发掘出土石制品34件,揭露一处疑似建筑遗存。	湖南省文物考古研究所在铁路取土场中发现并发掘。推测为晚更新世末期。	基本破坏。	储友信,1997,1998a
群乐、新民、护城、十里村机砖厂遗址	1989~1990	地表分别采集石制品8、12、16、45件。包括双面砍砸器7件,手镐2件。	澧县文物管理所工作人员在澧阳平原机砖厂调查发现。二级阶地,推测为中更新世晚期至晚更新世早期。	新民遗址保存较好,其余破坏严重。	澧县博物馆等,1994
十里岗遗址	1998, 2000	采集石制品182件,发掘出土石制品993件。	1998年澧县文物管理所调查发现,2000年湖南省文物考古研究所进行发掘。晚更新世晚期。	保存较好。国家重点文物保护单位。	封剑平,1999；及本书内容
王家山、胭脂堆、八亩大地等23处遗址(其中4处已发掘)	1987~1989, 2012	采集石制品154件。包括手斧5件,手镐6件和石球5件。	1987~1989调查发现22处,2012年新发现1处。三级阶地1处,二级阶地22处,推测为旧石器早中期。	13处为三普文物点。4处遗址保存较好。	石门县博物馆,1991；2015

续表

遗 址	发现时间	遗 物	简 介	现 状	参考文献
邵家嘴遗址	1988	采集石制品数件。	澧县文物管理所封剑平在澧县新洲嘉山良种厂乡调查发现。一级阶地，晚更新世晚期。	完全破坏。	袁家荣，1996
双荷、云盘和大帮岗遗址	1988	前两者分别采集石制品30多件。	澧县文物管理所封剑平在澧县澧南乡调查发现。二级阶地，晚更新世早期。	完全破坏。	袁家荣，1996；向安强，1990
谢家山等18处遗址	1988，2011	共采集石制品约250件。其中谢家山遗址149件，含手斧1件，手镐6件和石球4件。	临澧县文物管理所于坤林、黎春林在九里、官亭、杉板乡镇调查发现，2011年湖南省文物考古研究所复查和新调查。三、四级阶地，中更新世早中期。	部分保存较好。	湖南省文物考古研究所等，2005
横山岗、华垱等9处遗址	1988，2010	共采集石制品约300件（其中华垱和横山岗遗址数量较多），包括手镐10件。	临澧县文物管理所多次调查发现，一些为近年新发现。三、四级阶地，中更新世。	部分保存较好。	袁家荣，1996；本书作者临澧县博物馆工作人员交流
条头岗遗址	2011	发掘出土石制品7 345件。	湖南省文物考古研究所、临澧县博物馆联合调查并发掘。二级阶地，推测为晚更新世。	保存较好。	本书内容
袁家山遗址	2013	发掘出土石制品约900件。包括手斧1件。	湖南省文物考古研究所、澧县文物处配合基建工程进行发掘。二级阶地，推测为晚更新世。	完全破坏。	本书内容
伞顶盖等28处遗址	2011	共调查采集石制品1 500多件。	湖南省文物考古研究所与临澧县文物局联合专题调查发现。道水二、三级阶地，推测为晚更新世。	保存较好。	本书作者调查
韩家洞地点	2009	发掘出土大量动物化石，石片1件。	湖南省文物考古研究所在临澧县发掘的一处洞穴遗址，晚更新世。	保存较好。	李意愿等，2009

澧水流域旧石器考古最早的发现是1987年澧县文物管理所在澧县澧南乡栗木村砖厂取土场调查时发现的鸡公垱遗址。次年，湖南省文物考古研究所对其进行了考古发掘，在网纹红土中发现200多件石制品，原料包括石英岩、硅质岩、石英和燧石，类型有三棱大

尖状器(手镐)、砍砸器、石球、刮削器及手斧,石器厚大笨重,非常富有地区特征,其时代被推测为旧石器时代中期(袁家荣,1990,1996)。

1988年,为配合津市的基建工程,津市文物管理所在虎爪山调查发现了20多件打制石器,随后湖南省文物考古研究所对其进行抢救性发掘。它是澧水流域最早进行发掘的旧石器遗址。共采集石制品24件,地层中出土7件。原料主要为红色石英砂岩,另有石英岩和硅质岩,类型包括砍砸器、大尖状器(手镐)、石球、刮削器,数量较多的大型石片也有明显特点,年代被估计为旧石器时代早期的晚段(袁家荣,2015)。后来,该遗址的北坡因砖厂取土又新调查发现126件石制品,石器面貌基本相同,但出现了手斧(津市文馆所,1999)。

1988年底,湖南省文物考古研究所配合石门县三江口水电站的修建,对大圣庙、胡家凸和石家包三个旧石器地点进行了抢救性发掘。大圣庙遗址出土石制品26件,采集1件,胡家凸仅出土2件。石制品原料主要为石英砂岩,另有燧石,类型包括石核、石片、砍砸器、三棱大尖状器(手镐)、手斧,石器尺寸多为大中型,风格厚重,时代推定为晚更新世早期(湖南省文物考古研究所,1989)。

1987~1991年,澧水中下游及其支流还有大量旧石器地点发现,这些调查工作主要由当地市县的文物工作者进行,大多数地点采集的标本也随后被报道。这五年也是澧水流域旧石器发现的高峰时期。其中澧县的旧石器工作最为突出,先后调查发现的主要遗址或地点有澧县澧西乡和澧南乡彭山村的龙山岗、红旗、鉢鱼山和乔家河(澧县文物管理所,1992);澧县澧东乡的十里砖厂、涔南乡群乐、车溪乡新民和城关镇护城(澧县博物馆等,1994);澧县澧阳乡的皇山岗旧石器遗址(澧县博物馆,1995);澧县北部湘鄂交界的樊家铺、盐井、白莲、金鸡岗、金罗、高丛、鲁家峪、杨家垱、谭家岭、玉圃、县水泥厂、大堰垱等12处遗址(向安强,1990,1992b);澧县王家厂镇的猴儿坡、垱市镇多宝寺和界岭乡万红岭遗址(湖南省文物考古研究所等,1992;澧县博物馆等,1995);澧县中午乡的楠竹遗址(向安强,1993),澧县道河乡的张家滩、仙公庙遗址(澧县博物馆,1992)、金鸭遗址(向安强,1992a)以及乌鸦山、虎山、郑山、朱家山、五指山等多处地点(封剑平,1999a)。在津市境内,也发现了钟家岗、沙儿岭、一职中和皇坟山遗址四个地点(谭远辉,1993)。石门县博物馆的考古工作者也有很多新发现,先后在易家渡镇和城关镇等地区也调查发现王家山、胭脂堆、八亩大地、项家山和后西溶等旧石器地点23处,采集石制品154件,其中引人注意的是发现有多件手斧(石门县博物馆,1991,2015)。在桑植县调查发现了包子坨旧石器地点(袁家荣,1996),慈利县调查发现了金台旧石器地点(慈利县文物保护管理研究所,1999)。此外,临澧县境内在这一阶段也发现20余处旧石器地点,采集标本超过500件,多数保存于临澧县博物馆库房,其中手镐的数量和形态均比较丰富(湖南省文物考古研究所等,2015)。

1990~1992年及2006年,石门县燕耳洞遗址先后进行了三次考古发掘,是目前澧水流域唯一发现的古人类洞穴遗址,也是湖南仅有的同时存在人类化石和文化遗物的旧石器遗址。据第一次发掘的资料，出土了13件石制品，2件磨制骨器，还有大量动物化石、智人下颌骨和股骨化石，遗址年代推断为旧石器时代晚期的晚一阶段（湖南省文物考古研究所等，1994）。

1992年，湖南省文物考古研究所对澧县道河乡的乌鸦山遗址进行了考古发掘，出土石制品约400件，原料包括硅质岩、砂岩、燧石、石英和石英岩，石器类型有砍砸器、手斧、手镐、尖状器和刮削器等，小型石器占70%以上，发掘者当时推测遗址年代为旧石器时代晚期（袁家荣，1996）。

1996年，为配合襄樊至石门铁路复线的建设，在临澧县官亭乡竹马村的取土场发现并发掘了竹马遗址，出土有较多的打制石器，并揭露出一处被认为是旧石器时代末期的高台式建筑遗迹（储友信，1997，1998a）。

1998年，澧县文物管理所在澧东乡十里村机砖厂取土场调查时，在丘岗堆积的上部发现了182件石制品，经勘查遗址面积近1万 m^2。原料主要为黑色和灰色燧石，另有石英砂岩、石英、硅质岩等。石器尺寸以"细小"为显著特征，类型中刮削器占绝对优势。遗址时代推断为旧石器时代晚期（封剑平，1999b）。2000年，湖南省文物考古研究所对该遗址进行了考古发掘。

从20世纪90年代中期以后，澧水流域的旧石器考古工作逐渐进入沉寂阶段。尤其是2000年以后的第一个十年，由于专业人员的减少和工作重心的转移等原因，除个别遗址进行过考古工作外，本地区旧石器考古的田野调查和发掘基本处于停滞状态。直至2011年，为进一步推动澧水流域旧石器时代考古学的研究，湖南省文物考古研究所组织专业队伍对澧水流域进行了考古调查，复查了临澧县境内发现的部分旧石器遗址，重点在道水流域进行了专题调查，新发现一批晚更新世时期遗址，其中两处遗址即本书将重点进行研究的对象。

据初步统计，迄今为止在澧水流域共发现135处旧石器遗址（图1.1），除2个为洞穴遗址外，其余均为旷野遗址。主要分布在澧县（42处）、临澧县（55处）、石门县（31处）、津市（5处）、慈利县（1处）和桑植县（1处）；以埋藏于二级阶地的居多（74处），三级阶地次之（54处），四级阶地（2处）和一级阶地（3处）最少。这些旧石器地点绝大多数仅做过简单调查，仅12个遗址进行了正式的考古发掘。在这些石制品中，虽然80~90年代调查发现的遗址数量多，但这个时期采集的石制品总量仅1900件左右，大量石器标本系近年发掘所得。共计发现石制品15 314件以上，由于一些采集品并未全部发表，因而实际数量应更多。根据已发表资料的分类统计，其中手镐约80件，石球约77件，手斧约23件，薄刃斧仅3件较为典型。不过，由于各种影响因素，目前对这些石器类型进行统计显然存在一定问题，如据笔者近期的初步观察，这一区域早期的大型切割工具的数量比以往认识的要丰富。

1.1.3.2 考古研究现状

在旧石器考古工作从业人员少、研究力量较为薄弱的情况下，前辈学者筚路蓝缕，澧水流域旧石器的调查与发掘工作多年来仍能够持续开展。他们开创了良好的工作局面，有了很多重要的发现和成果，为今后旧石器考古的进一步研究奠定了坚实基础。主要的研究工作有以下几项：

第一，旧石器遗址发现和研究的阶段性总结。在旧石器田野考古工作迅速发展，大量新资料涌现时，首先需要的就是对它们的总体把握和认识。袁家荣（1992）基于对包括澧水流域在内的湖南地区一批旧石器遗址新发现的思考，就湖南旧石器文化最核心的几个问题作了深入阐述，成为此后这一区域旧石器考古研究的基石。向安强（1990）较为详细地总结和介绍了澧水流域的70余处旧石器遗址的发现，虽然有一些认识还不尽符合事实，但这是第一次专门探讨澧水流域的旧石器文化。此后，亦有少量对研究工作进行回顾的论著（袁家荣，2006，2013）。

第二，遗址埋藏地层和时代的探讨。网纹红土是华南旧石器旷野遗址的埋藏地层，但由于其土壤为酸性，不易保存古生物化石，同时多年来缺乏有效的直接测年手段等，使得年代问题长期成为研究者的困扰。袁家荣（1998）结合多年来在湖南的野外工作和思考，对网纹红土的成因、时代进行了讨论，提出最后间冰期的晚更新世早期是最后一个网纹红土化作用期，甚至在全新世还有一个"网纹化土"阶段（袁家荣，2008）。主要依赖于第四纪地质地貌方法，通过对河流阶地相对形成时代、堆积物性质及其反映环境等方面的分析，研究者对埋藏于澧水不同级别阶地中的旧石器遗址给出了相对时代序列，即一级阶地为晚更新世中晚期、旧石器时代晚期，二级阶地为中更新世晚期至晚更新世早期、旧石器时代中期，三、四级阶地为中更新世早中期、旧石器时代早期。这种方法在多数情况下可以有效地提供一个基本性的年代框架，但其粗疏和不精确也是显然的。由于新构造运动活跃会造成阶地异常，同时也要注意区别河流阶地二元相堆积和阶地上覆的后期堆积。这些都需要谨慎对待，并辅以足够深入的第四纪地质工作（袁家荣，1998）。

第三，文化性质和区域特点的分析。研究者普遍将澧水流域旧石器文化的性质归纳为华南地区砾石石器工业传统，认为其与华北以石片石器为主导的旧石器传统差异明显（袁家荣，1992，1996；王幼平，1997；张森水，1999）。同时，多个研究者提出了这一区域从以典型的砾石石器工业为标志的早期向以石片石器或非典型的砾石石器为标志的晚期转变的发展趋势（袁家荣，1992；王幼平，1997）。据原料、石器组合和形态特征的差异，袁家荣（1992，1996）还指出，湖南境内的旧石器面貌表现出清楚的区域性和时间性差异，至少存在两个独自特点的区域性文化，其中澧水流域的旧石器文化类型可称之为"澧水文化类群"。在华南砾石石器工业北、南两个亚区（袁家荣，1996）或北、中、南三个亚区（王幼平，1997）的空间特点中，澧水流域属于其中的北亚区，以含砾石三棱尖状器和石球为最明显特点；而在欧亚大陆的旧石器文化全球格局中，包括澧水流域在内的华南地区旧石器文化显示出特殊的发展道路（王幼平，1997）。

第四，文化早晚序列的构建尝试。文化谱系的构建是史前研究者一直以来的努力。研究者根据澧水流域旧石器的发现，先后命名了"鸡公垱文化""乌鸦山文化"和"十里岗文化",以它们埋藏地层所反映的相对年代关系,澧水流域旧石器文化的发展序列从早至晚依次为:虎爪山遗存、鸡公垱文化、乌鸦山文化和十里岗文化(袁家荣,1996,2006)。由于此前缺少准确的测年工作,今后这种线性的发展模式也可能随着新的考古发现和研究而有所改变。

旧石器时代向新石器时代过渡阶段的探讨是这一区域的重要课题,也是今后值得进一步挖掘和研究的学术生长点。就过渡时期的年代界定、文化因素的认定、埋藏的黑褐色土层的认识以及细小燧石器等问题,研究者们都有一个不断深入的认识过程(袁家荣,1992,2000,2008;裴安平,2000;尹检顺,2005)。

第五,相关专题的研究。澧水流域旧石器研究中也有一些专题性问题的探讨。如储友信(1998a)就旧石器时代几处旷野居址进行了初步探讨,并结合宾福德基本营地、工作营地和临时营地三种类型的划分,将临澧县竹马遗址的发现归为基本营地类型。他还对包括澧水流域在内的长江中游地区的"似手斧"进行了讨论,认为"似手斧"在长江中游主要属于旧石器时代早中期的石器类型,能够反映古人制作中的"概念型板",也与澧水流域石器组合中的其他器类发生着同步的变化。他认为"似手斧"在中国的出现是一种文化趋同的现象(储友信,1998b)。此外,他也注意到了澧水流域发现的大石片石器,并进行了专门论述,将其分为大石片尖状器、长大石片和宽大石片三大类型,认为大石片主要为锤击法产生,绝大多数有使用痕迹,应是作为一种工具而被制作的;大石片石器有稳定和规范的形态,在澧水文化类群中组合中比例高,是一种具有特色的类型(储友信,1999)。

随着学科的发展、研究视角的拓展和研究问题的深化,也可以看出澧水流域旧石器考古还存在很多不足之处,今后还有很多需进一步完善和推进的研究工作。

1. 田野考古调查、发掘和整理等基础工作应得到加强。近10多年来,各类基础设施建设和工业开发迅猛发展,但旧石器遗址的调查却有所减弱,一些遗址也遭受了破坏。经过考古发掘的遗址太少,而调查的资料在采集、研究和发表上均存在相当的偏颇,不利于全面、具体和深入地了解澧水流域旧石器工业的性质及多样性。资料整理工作也相对滞后,一定程度上影响了学术界对考古材料的使用。

2. 需更加重视遗址信息的多学科提取和科技手段的应用。目前,由于南方红土造成的先天研究困难,澧水流域旧石器遗址的年代测定工作开展得很少,缺少令人信服的科学数据,既不利于学术成果的发表,也不利于对遗址文化遗存的深入研究。此外,对遗址埋藏学、研究区域的第四纪地质地貌和环境的多方面的综合研究工作还需大力开展。

3. 促进向聚落模式、生计策略与人类行为的研究转向。以往的研究多集中于对器物类型、文化特征等传统层面的研究,对有关打制石器背后的人群、技术、行为等方面的解读不够深入。急需更新和采用新的研究理论方法,"让石头说话",揭示器物背后的人类行为和文化多样性,以及文化与环境的互动关联和适应方式。

4. 加强与国际学术界的交流和接轨。由于特殊的学科背景,旧石器时代考古学探讨的很多问题均与世界其他地区密切相关,是一门世界性的学术研究。澧水流域的旧石器考古工作在做好区域考古工作的基础上,只有不断向国际学术界发布研究成果,加强交流合作,才能在理论、方法和研究上得到实质提高,真正解决学科中所关心的某些学术问题。

当然,由于主客观因素,上述问题的解决非一朝一夕之功或一人一域之力,可能还有待新方法和新手段的发展,也与今后整个学科或研究机构的发展趋势密切相关。但是,在已有的良好基础上,围绕这些不足之处进行思考,以期推进澧水流域旧石器考古的相关研究正是本书的追求所在。

1.2 研究目标、方法和材料

1.2.1 研究目标

立足于现代人及其行为的出现、迁徙和扩散以及晚更新世阶段环境变化的宏观背景,本书将以澧水流域晚更新世旧石器遗址材料为基础,进行系统和详细的区域个案研究,旨在探讨区域晚更新世石器工业面貌和古人类的技术与人类行为演变的特点,并结合相关古环境资料,进而阐释这一阶段内古人类的生存适应方式。主要拟就以下几个问题进行分析和探讨。

1) 构建晚更新世旧石器文化发展序列。通过对多处遗址埋藏地层的对比,并结合已有测年数据和最新的第四纪地质、地貌研究成果,对遗址的时代进行讨论,进一步完善和构建澧水流域旧石器晚期的考古地层序列,希冀为今后华南地区晚更新世时期旧石器遗址的地层认识提供参考和讨论的基础。

2) 石制品生产程序分析。旧石器时代考古学研究离不开坚实的材料统计与分析。本书以技术类型学为基础,以操作链思想为指导,系统分析遗址的原料利用、剥片程序、工具修理策略和废品的产生等。从纵、横两个维度对多个遗址的石制品进行详细研究:横向上详细解析每个遗址的石器工业面貌和技术特征,纵向上将早晚不同阶段的遗址进行比较分析,揭示澧水流域石器技术的演变。

3) 生存适应行为的阐释。人类行为是人类对于环境的适应以及自组织发展的长期进化的产物。不同地区的史前人群在面对环境或其他变化时,文化适应会表现出区域特点。本书主要从"文化适应"的角度,探讨澧水流域古人类在资源开发与运输模式、生计策略、栖居形态和流动性等方面的生存适应行为,探究特定区域古人类因适应环境而形成的行为模式对特定文化传统的作用和影响,以及人类在不同时期行为模式的变化。

4) 对现代人及其行为在研究区域内出现与扩散问题的启示。通过对澧水流域晚更新世遗址考古材料的分析,并综合南方地区晚更新世遗址的发现和研究,力图从考古学文化的角度对现代人及其行为在中国南方的出现和发展问题提供一些新的信息和启示。

1.2.2 研究理论与方法

1.2.2.1 中国旧石器考古研究方法简述

自20世纪20年代初至今,在近一个世纪的发展历程中,中国旧石器考古研究从完全由西方学者主导到中国学者独立承担、从学术交流封闭到逐渐走向开放,经过了明显不同的发展阶段,一些学者对此已有深入的总结和思考(高星,2002a,2002b;王幼平,2002,2006a;陈淳,2008)。

20世纪20~30年代,旧石器考古研究从西方传入,其研究方法和思路基本移植于法国。以裴文中为代表的中国学者接受了法国的地层学和类型学,同时在发掘中开创了"水平方格法",确立了石器分析、第四纪地质学、古脊椎动物学和古人类学"四条腿走路"的研究范例,对后来学科的发展产生了深远影响。20世纪40~70年代,中国旧石器考古研究在相对封闭的学术环境中进行自主探索,用文化类型或传统来构建文化发展的时空框架成为中国旧石器时代考古学研究的中心任务(王幼平,2006a)。这一时期提出了华北"两大旧石器传统"理论,使得中国旧石器的研究从编年深化到了区域文化和技术传统的层次,但研究的中心局限于石器的分类和描述,对"石器组合""考古学文化""文化传统"的界定和分析多采取简单而直观的归纳、定性和类比,"典型标本"法仍是判断文化间相互关系的主要方法(高星,2002a)。直线演化和传播迁移常常被用来解释文化的演变,而石料、生态环境、人类的生存适应方式等对石器技术类型的制约因素还未能引起注意。

20世纪80年代以后,中外学术交流日益频繁,中国旧石器考古研究开始走向了一个全新的阶段。定量分析的方法开始被采用,并注重对表述与研究的量化,也尝试建立符合中国考古学材料的统一规范的类型学体系以及学术术语、定位和定性,"动态类型学"是这个时期发生的研究理念的变化。进入90年代,西方的一些现代考古学理论、方法不断被介绍和传入,并得以应用。研究范围也不再局限于对石制品技术与类型的描述和比较,以及年代学、文化属性和发展序列等方面,而是开始关注人类的行为特点和生存适应,提出中国远古人类生存方略的"综合行为模式"(高星等,2006)。研究在很多方面都取得了规范化,一些新的方法如石料分析、拼合研究、微痕观察、模拟实验在旧石器考古中均逐渐得到了研究者的重视和应用(陈淳,2008)。有关埋藏学、实验考古、残留物分析、遗址空间分析等一系列方法都有典型的个案研究,使学科的方法论体系更加发展和完善,行业术语和科研行为也更加规范,大大拓宽了遗址研究的广度和深度(王春雪,2009;周振宇,2013;关莹,2012,2013)。李英华(2018)较系统引入和介绍了法国石器技术研究体系,文化适应理论也更加受到研究者的重视(陈胜前,2006,2013;陈虹,2012)。

从人类学的视角对旧石器文化遗存进行探讨,将旧石器考古学从类型学和工艺技术的研究转向人类行为和适应方式的解读是重要的发展方向。高星(2002a)认为早期人类行为的考古学研究是一项艰巨的任务,过去几十年的旧石器考古发展已实现了从器物向遗址的转变,由遗址到人的转变则是当前旧石器考古界正在进行并努力实现的第二个转变。

1.2.2.2 研究视角和方法

要实现对石器背后的技术、行为、环境等层面信息的获取和阐释,分类、描述、编年序列、区域类型等文化历史主义的模式虽然仍是研究的重要基础,但显然已难以满足全部要求。20世纪60年代起流行于西方考古学的功能观与文化过程分析使考古学开始强调确定和解释文化过程,注重全方位提炼信息。它的很多合理理论内核为我们的研究提供了新的方法与视角。

本书在宏观层面上以文化生态学作为理论背景,适用文化多线进化论,将每个文化变迁都看作是特定行为的适应性反应累积的结果,提供长期文化变迁的更加合理的阐释;在微观层面上,应用"操作链"(Chaine Opertoire)的理念及方法,对遗址石制品进行分析,摆脱静态的描述、排列和对比。"透物见人",尽可能地挖掘器物背后的信息,深入分析和解读考古遗存中的人类行为,揭示晚更新世的区域文化和社会。

(1) 文化生态学与文化适应

在人类学的发展过程中,环境决定论、环境可能论和生态学都曾被用来解释文化的起源和变化。目前,生态学观点已成为人类学解释人类与环境最为流行的方法之一,环境与文化是互为因果概念中固有的两个基本思想,一方面环境和文化是相互界定而不是既定,另一方面环境在人类事务中的作用是积极的,而不仅仅是限制或选择(哈迪斯蒂,2002)。

文化生态学就是研究某一文化群体(或一种与特定物质和象征性习俗有关的生活模式)与所处自然环境相互关系的理论(郑勇,2015)。它最早由美国人类学家朱里安·斯图尔德在20世纪50年代所提出(Steward, 1955)。该理论将生态环境看作是影响文化系统(包括技术经济、社会结构和意识信仰)运转的重要因素,探讨一个社会对所处环境的总体适应性过程以及确定这些适应是否引起内部的社会变迁或进化变革。

以斯图尔德为代表的文化生态学有一系列重要的观点,如认为环境条件不仅会促成也会阻止某些技术特征的采纳和传播,具有相同技术和文化特征的社会可能会因环境的不同而导致不同的适应方式;文化进化是一个多途径的过程,由每个社会的生态适应性决定,特定社会总是按照自身的文化氛围和环境因素决定适应或者变迁(罗伯特·沙雷尔等,2009)。

后来,以罗伯特·凯利(Robert Kelly)为代表的行为生态学者拓展了文化生态学(Kelly, 1983)。行为生态学中,效率最优原理和进化稳定原理是两条基本公理:前者指自然选择使动物行为的效率最优,即动物行为的收益与代价比最大;后者认为增加物种进化适合度的动物行为策略才是进化稳定的。行为生态学在生存策略、社会行为等领域对研究史前人类的生存行为和方式有重要的理论指导意义。生存策略中的觅食行为优化理论或最佳觅食模式认为动物的觅食一般集中在一种或少数几种猎物上即为最佳食谱,这种最佳食谱是那些平均食物收获量与平均食物处理时间比值最大的有利种类。

基于文化生态学(行为生态学)的理论依据,许多考古学家在研究中逐渐关注对"文化适应"的探讨,对人类在不同环境中的"适应策略"(adaptive strategy)的研究成为史前考古学的热点。"适应"是生物界的普遍规律之一,泛指生物对周围的一种应变,尤其是生物与环境的相互作用中,通过改变自身行为、结构或代谢等特征以达到和环境的协调能力。人类学家哈迪斯蒂(2002)认为行为、生理以及遗传和人口统计学是适应过程产生的三个层次,行为层次是对环境中的突然变化的迅速调节,而后两者反应的激发则缓慢,尤其人口统计学需要数代人的时间才能观察得到。其中,在所有行为中有两种被认为是适应性的:一是个性行为,包括个体可能对环境问题所采取的所有独特方式,它属于心理学研究的对象;另一个则是个体和群体通过文化行为方式做出的适应反应,这正是人类学家和考古学家所关注的重点。

文化是人类通过非遗传方式适应环境的主要手段,并在技术、社会和观念三个层面上规范人类行为,即分别为与环境、组织体系和信仰体系的关系(罗伯特·沙雷尔等,2009),其中技术是理解文化适应性的首要方面,人类适应环境的手段本质上是一种文化适应,其最明显的表现形式就是一系列的技术形式(陈胜前,2013)。文化适应通过知识和思想的传播以及技术的创新达到人类适应环境的目的。文化对环境的反应既不是预设,也不是由特殊环境决定的,任何社会都有一定幅度的适应选择;人类适应策略的选择也不完全是被动的,它不仅受制于自然环境,也受制于文化传统本身和人类的"能动性",文化系统的质变需要内部具备资源禀赋结构的积累。

(2)操作链理念

石器生产是一个减核的过程,处于不同生产阶段的石制品具有不同的形态和类型属性,也均是连续、动态的个体,早期研究中将石制品视为"标准化石"的方法目前已基本得到更正。"操作链"的兴起和发展使器物的分析从静态描述发展到动态观察,从石器形态转向古人类技术行为。

操作链概念最早由法国人类学家勒卢瓦古朗(André Leroi-Gourhan)在20世纪60年代提出(李英华等,2008),20世纪80年代中期后得到学术界的广泛接受和应用,并流行于欧美学术界。在世界其他地区的旧石器考古学研究中,也出现有内核相近的一些石器程序分析概念与方法,如美国考古学家Schiffer(1975)提出并发展"行为链"(Behavioral Chain),另外也有"操作程序"(Operational Sequence)、"剥片程序"(Reduction Sequence)等概念。它是一个对石制品技术生命轨迹的动态探讨,考虑全部石制品材料,而非片面地选择所谓的"工具"作为研究对象,将所有石制品置于技术行为序列中,这一序列始自原料阶段,终于工具的"死亡"和废弃阶段(Bar-Yosef,2009)。

操作链在理论上包括三个层面:一是以器物和副产品为对象的基本层面,二是以行为或技术程序为对象的中间层面,主要指剥片方法,三是以工匠拥有的专门技术知识为对象的抽象层面(陈虹等,2009)。作为研究石器技术的一种方法,包括了复制石核剥片程序、石制品拼合分析、石制品片疤形态分析、技术分类等一系列操作序列(彭菲,2015)。目前,在法国操作链分析方法研究石制品组合的应用领域内主要有两大流派:技术—经济学(Techno-economical)和技术—心理(认知)学(Techno-psychological/Techno cognition),它们已经在探讨史前人群剥片行为的思维模式和认知能力,并在古人类经济学和社会学角度的技术行为等方面发挥着重要的影响(李英华,2009a,2011)。

操作链的出现是石器分析的一种思维模式的革新,本书力图以此作为石制品分析的一种理论指导和方法视角,更好地将静态的石制品转化为古人类技术、行为解读的材料载体,促进对人类行为模式的揭示与复原。

1.2.3 研究材料与本书构架

1.2.3.1 研究材料

本书以湘西北地区澧水流域五个晚更新世旧石器遗址为研究对象,遗址中出土的石制品为主要研究材料。

乌鸦山遗址先后于1992、2011年进行过两次考古发掘,本书对2011年度的发掘出土材料进行系统研究,并对1992年发现的石制品作了初步观察。条头岗遗址、袁家山遗址均是近年新发现的遗址,书中对条头岗遗址出土的所有标本进行了全面研究,标本包括发掘中有系统流水编号和三维坐标的器物,也包括仅记录所在探方和层位的收集品。但限于时间因素,袁家山遗址主要研究了部分探方中属于主体文化遗存的第③、④层器物。十里岗遗址的分析标本来自2000年考古发掘的全部出土石制品。在原发掘报告的基础上,文中对八十垱遗址下层出土的石制品也重新进行了分析和研究。

1.2.3.2 全书构架

基于研究目标和对象,本书的主要内容包括五大部分,共十章。

第一部分为绪论(第一章),简要论述研究的意义、方法、材料和目标,对相关研究作简要回顾。

第二部分为地质、地层和环境背景(第二章),介绍研究区的地质地貌、遗址的地层堆积和年代,同时综合论述本区域的晚更新世环境背景。

第三部分为描述与分析,分别对乌鸦山遗址(第三章)、条头岗遗址(第四章)、袁家山遗址、十里岗遗址和八十垱遗址下层(第五章)的石制品生产进行系统分析,构建晚更新世澧水流域石器工业的系统性认识。

第四部分为综合讨论,分别对石制品原料(第六章)、石器技术与操作链(第七章)、遗址空间结构和功能(第八章)、晚更新世文化发展和行为模式(第九章)等进行较深入的研究和阐述。

第五部分为结语(第十章),对本研究的主要收获和问题进行总结。

1.3 石制品分类与观测项目

20世纪60年代,博尔德(F. Bordes)首次根据器物形态的数理关系和石片标志创建的类型学是对当代旧石器考古仍有着深远影响的分类体系,但是至今仍没有一种类似于生物学分类系统一样被全世界所有研究者都普遍接受的标准术语和分类方法。形态类型学(Bordes,1961;Debenath et al.,1994)、技术类型学(Hayashi,1968)、功能类型学(Read et al.,1996)、动态类型学(Toth,1982)等多种分类法都被运用于研究中。

在中国旧石器考古研究中,石制品分类体系的标准和统一性层面并未有效建立。20世纪80年代,盖培在国内首先引入"动态类型学"概念,其后卫奇对美国印第安纳大学人类学系尼古拉斯·托思(Nicholas Toth)的石制品动态系统进行了全面和重点的介绍,同时也创造性地对石制品的观察和相关测量作了讨论和总结(卫奇,2001,2013)。目前在石制品类型学研究中,"技术类型学"(techno-typology)是被多数研究者普遍采用的分类方法。它以石制品的工艺技术特征作为基准进行分类,相较于形态类型学和功能类型学而言,具有更强的客观性,易于反映人类的思维。

本书对石制品的分类体系、不同类型的观测统计项目主要参考 Toth(1985a)、卫奇(2000,2001)、王幼平(2006b)和裴树文(2014)等的相关著述。以下将本书中所应用的主要石制品类型的分类方案和观察项目择要介绍。

1.3.1 石制品分类方案

按技术类型学的石制品分类体系,将出土石制品分为石锤/石砧、石核(锤击和砸击)、完整石片、工具、断裂片、残片、断块、碎屑和砾石。本文所指废品包括断裂片、残片、断块和碎屑。

1.3.1.1 砾石

不见任何使用痕迹的河滩卵石,通体为石皮。多数可能作为搬运石材(manuport)被人类储存在遗址,有的尺寸很小者可能与自然外力的搬运有关,需要进行相关的埋藏学分析予以确定。

1.3.1.2 打击类

石锤和石砧。选用形状和岩性均合适的砾石直接使用,是用于石制品生产的工具。国内有研究者称为第一类工具(张森水,1987),国外称为打击类产品,英文为 Pounded Pieces 或 Percussors(Isaac 1997;Toth 1982,1985)。

1.3.1.3 石核

综合台面数量、关系和打片技术、方向等特点,本文首先将所有石核按技术因素分为锤击和砸击两大类,锤击石核包括普通锤击石核和盘状石核两种。

尽管目前国内对锤击石核的分类未形成一致标准,且存在与国际学术界交流的问题(裴树文,2014),本文暂将普通锤击石核根据台面数量分为单台面、双台面和多台面三种类型,并借用卫奇对石核的划分方案,进一步依据剥片疤数量作如下细分(卫奇,2001):

Ⅰ1 型石核(1 个台面,1 个剥片疤);

Ⅰ2 型石核(1 个台面,2 个剥片疤);

Ⅰ3 型石核(1 个台面,3 个及以上剥片疤);

Ⅱ1 型石核(2 个台面,2 个剥片疤);

Ⅱ2 型石核(2 个台面,2 个以上剥片疤);

Ⅲ型石核(3 个及以上台面,3 个及以上剥片疤)。

同时,本书对澧水流域遗址中以上分类的石核也借用法国旧石器考古研究中常用到的用箭头在正方体或长方体表示出石核上剥片阴疤的示意模式(Jean-François,2001;Odell,2004;李英华,2009b),尽管本书仅作初步尝试,但已显示在石核旋转打片方式的解读上较之静态的描述可以获得更多的信息。

盘状石核:实际上属于Ⅱ2 型石核,但有更为固定的剥片程序,平面呈盘状或饼状,横断面呈不对称的双凸形。它通常具有两个固定的相对工作面,采用向心的剥片方式,但并不进行剥片前的预制,所产生的石片也并无标准化形状。典型的盘状石核应是两个相对的面互为台面和剥片面,称之为两面盘状石核(bifacial discoid)(Boëda,1995;Lenoir and Turq,1995;Grant,2014)。当其中一个面被作为主要台面,另一面则有向心汇聚的剥片疤,且中心部位呈凸起状态时,也被称为单面盘状石核(unifacial discoidal core)(Chauhan,2007),还有研究者称其为不对称盘状石核(asymmetrical discoid)(Shea,2008)、穷尽剥片石核(exhaust-flaked core)(Semaw et al.,2006)。这两类石核尽管在命名上据其形状均称为盘状石核,但在剥片理念和打片程序上还是存在差别的。相对来说,典型双面盘状石核的加工更为复杂,更需要加工者具备较高的剥坯概念型板。

砸击石核:也称为两极石核,根据破裂面特征可分为单端、两端或多端石核。

1.3.1.4 石片

按生产技术分为砸击石片和锤击石片两类。按完整程度分为完整石片和不完整石片。

根据台面和背面特征,完整的锤击石片可分为以下六种类型(Toth,1985a;王幼平,2006b)。

Ⅰ型:自然台面,自然背面;

Ⅱ型：自然台面，部分自然背面和部分石片疤背面；

Ⅲ型：自然台面，石片疤背面；

Ⅳ型：石片疤台面，自然背面；

Ⅴ型：石片疤台面，部分自然背面和部分石片疤背面；

Ⅵ型：石片疤台面，石片疤背面。

砸击石片（两极石片）：根据破裂面特征可分为单端砸击石片和两端砸击石片。

不完整石片包括断裂片和残片。断裂片保留打击点或可识别打击方向但周缘不完整，包括左裂片、右裂片、近端断片和远端断片。残片为打击点无法识别的石片，一般为无法归类的片状石制品。

1.3.1.5　碎屑

石片腹面、打击点、石片侧缘三项标志均不可分辨者。一般指剥片和工具修理过程中崩落的小于 10 mm 的片状石渣。本文结合遗址出土石制品的实际情况，参考相关打制实验和埋藏学研究（Schick，1986，1987；裴树文，2013，2014），将遗址内 20 mm 以下的废品中可辨台面、打击点等特征从而可以明确定为石片、断裂片类型者除外，余者均归入碎屑类。

1.3.1.6　断块

石制品制作过程中崩裂的块体状产品，多按自然节理面破裂，有的保留一定的人工打击痕迹如打击点和不完整阴疤，但又不能将之归入其他类型。形状多不规则，个体变异较大。

1.3.1.7　工具

按照毛坯、形态和加工特征等分为刮削器、锯齿刃器、凹缺器、雕刻器、尖状器、修背小刀、砍砸器和手镐等。其中对砍砸器和重型刮削器的区别标准，不同研究者曾有过讨论。如张森水（1987）认为砍砸器的重量一般超过 250 g，多数由石核或砾石制成，少数用大石片制作；后来又提出根据体积和重量来区分（张森水等，2004）。在对三峡地区石制品研究时，也有与之类似的根据长宽厚相加尺寸进行区分的标准（彭菲等，2009）。西方文献中博尔德（Bordes，1961）最初也将石片远端修理者称为"倒转的砍砸器"。另有研究者将所有石片毛坯修理的工具均归为刮削器，并将其中最大径为 10 cm 以上者分类为重型刮削器（Leakey，1971；王幼平，1997；王社江等，2005）。但目前，国内较多研究者将厚重大型石片加工成的工具分类为砍砸器。

本书赞同以毛坯进行划分的标准，将大石片修理工具分类为重型刮削器（heavy-duty scraper）。同时，鉴于这类工具在本次研究中虽数量不多却具有自身特色，且与轻型刮削器相比有显著差别，因此文中将其单独列为一类与轻型刮削器并列，而轻型刮削器则仍以"刮削器"称之。综合考量本次所研究石制品的尺寸和重量分布，本书将这类厚重石片毛坯大致界定为重量大于 200 g，一般尺寸在 10 cm 以上。

1.3.2 石制品定位与观测项目

1.3.2.1 基本项目

石制品大小：据标本最大长度或宽度，将其划分为5个级别（卫奇 2000，2001），即微型（L<20 mm），小型（20≤L<50 mm），中型（50≤L<100 mm），大型（100≤L<200 mm），巨型（L≥200 mm）。

石制品重量：据标本的实际情况分为8个级别：<1 g，1~20 g，20~50 g，50~100 g，100~200 g，200~500 g，500~1 000 g，≥1 000 g。

石制品风化、磨蚀程度：据标本表面现状分为4个级别。0级（基本未见风化/磨蚀），1级（轻微风化/磨蚀），2级（中等风化/磨蚀），3级（重度风化/磨蚀）。

1.3.2.2 石核

定位：以石核的剥片面为基准，剥片工作面上下的最大距离为石核的长度（高），剥片工作面左右的最大宽度为石核的宽度，剥片工作面前后的最大距离为厚度。

台面：主要包括台面数量、性质、大小等。其中按性质分为自然、打制（素台面和有脊台面）、自然-打制（石皮+片疤）和修理台面。

剥片面：主要包括剥片面数量、大小、关系、剥片方向等。其中剥片方向分为单向、双向和多向。双向打片中，当后一次打片以之前的劈裂面为台面时记为垂直；对向（属于双向）、垂直（属于双向）、向心（属于多向）是其中三个特别的剥片方向。

1.3.2.3 完整石片

定位：打击点朝上，尾段向下，腹面向上（朝向观察者），上为台面近端，下为远端，腹面观左侧即为石片的左侧，右侧即为石片的右侧。

长宽厚：均采用石片的真长度。

台面类型：分自然、打制和修理台面，另有破损台面。自然台面为利用砾石的原来自然面或节理面，包括零台面（球面状自然台面）；打制台面包括素台面，有疤台面（台面上有一些小疤，多为打击台面），棱脊台面（两个以上的片疤面相交形成横脊）和修理台面（意图明确的制造台面的行为）。破损台面包括点状、线状或刃状台面。

腹面特征：打击点、打击泡、锥疤、同心纹、放射线等。

背面特征：背面性质、背脊形态、背疤方向、背面自然面比例等。其中背脊形态（王益人等，1988）包括自然背脊、单正纵背脊、单偏纵背脊、双纵背脊、正"Y"形背脊、倒"Y"形背脊、双"Y"形背脊、横背脊、斜背脊和复杂背脊。石片背面片疤方向以四象限法进行定义（Andrefksy，1998；王益人，2008），即象限Ⅰ为石片的近端，象限Ⅲ为与之相对的石片远端，象限Ⅱ和Ⅳ则分别是石片的左边和右边，记为1~4，代表向圆心的打片（图1.2）。则1

表示背疤于石片破裂面打击方向相同,2~4分别表示与石片破裂面打击方向呈90°、180°和270°交叉,而1′~4′代表从圆心向外的四个打片方向。

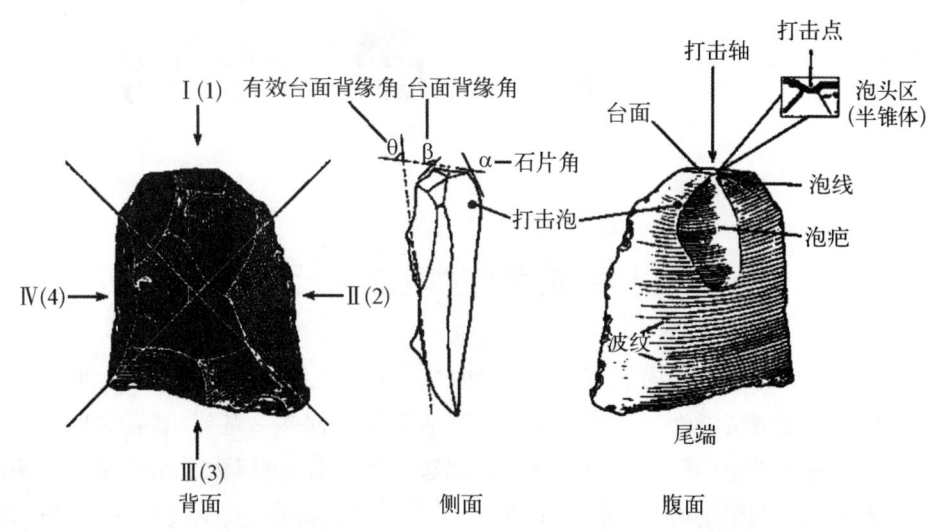

图1.2 石片背面特征及片疤方向示意图(据王益人,2007)

远端形态:包括羽状、内翻、外卷、折断和其他(滚圆状、阶梯等)。

1.3.2.4 工具

毛坯:制作工具的坯材,分为块状毛坯(砾石、石核和断块)和片状毛坯(完整石片、断裂片和残片)。

修理方向:包括正向、反向、转向、复向、交互、错向、两面等,同向和异向适用于两刃及以上者。

修疤长短:修疤长度小于石器最宽处的1/4,为短;修疤长度大于石器宽度的1/4,但小于石器宽度的1/2,则记为中;修疤长度大于石器宽度的1/2,则记为长。

修疤特征:普通状(分布无层次结构)、叠层状(有层次结构,距离较近,修理疤宽大于长)、阶状(有层次结构,修理疤长大于宽或宽大于长,远端多呈阶状)、平行或亚平行状。

修疤分布:连续、分散(不连续)、部分修理。

修疤大小:很大(大于20 mm)、大(12~20 mm)、中(5~12 mm)、小(2~5 mm)、微(小于2 mm)。

刃角或尖角:分三个等级,即锐角(≤45°),钝角(46°~75°)和陡刃(≥76°)。

刃缘长度及有效边长:前者指每条刃缘所修理的长度,后者指毛坯一条边缘上适合加工成刃缘的部分。

修理长度指数:加工出的"刃缘长度"与该刃口所在的"有效边长"的比值。

修理深度指数:修疤终止处最大厚度与毛坯中部最大厚度的比值。度量刃口所在的毛坯在纵向上(即修疤或加工力的延展方向)被剥离下来的材料的数量。

第二章 地质、地层与环境背景

2.1 区域更新世地层研究概述

澧水流域更新世地层属第四纪洞庭盆地中的一个有机组成部分。澧水上游流域在第四纪时因西部隆起区持续性抬升或早期弱沉降后期抬升而多为基岩出露,第四纪时期的沉积主要分布在中下游向洞庭盆地过渡的隆起边缘地带,厚度较大并组成多级基座或镶嵌阶地。本区域第四纪的研究工作始于20世纪30年代,田奇㻪、王晓青等(1933),杨钟健、任美锷(1957),湖南省区域地质测量队(1982)、水文地质二队(1990,1991)和陈长明(1996)等研究者先后进行过讨论。洞庭盆地第四纪地层出露面积广、层序齐全、厚度大。根据丘岗区和平原区出露特征的差异,一般将地层系统分为露头区(抬升区)和覆盖区(凹陷区)两类(表2.1)。其中露头区分布于洞庭周边岗地及河谷平原,沉积物呈现河湖相过渡相特点,沉积物厚度较薄,地层呈现埋藏或基座阶地出露;覆盖区分布于盆地的腹地,沉积物厚度较大。早期普遍被学者接受的划分方案中,露头区早更新世沉积物为汨罗组(洞井铺组),中更新世包括新开铺组、白沙井组和马王堆组,晚更新世为白水江组,其中白沙井组是中更新世分布较广的一套沉积物,马王堆组是中更新世的最后沉积。近年,地质学者在区域地质调查的基础上,识别出区内早更新世砾石层与上覆网纹红土之间的不整合关系,将抬升区的地层重新划定为常德组、白沙井组、马王堆组、白水江和全新世冲

表2.1 洞庭盆地及周缘第四纪地层(据柏道远等,2010)

时代	露头区(抬升区)			覆盖区(凹陷区)		
	名称	代号	厚度 m	名称	代号	厚度 m
全新世	冲积	Qh^{al}	3~10	冲(湖)积	Qh^{al} Qh^l Qh^{lal}	5~40
晚更新世	白水江组	Q_3bs	12	坡头组	Q_3p	5~15
中更新世	马王堆组	Q_2mw	10	洞庭湖组	Q_2d	40~100
	白沙井组	Q_2b	15~40			
	新开铺组	Q_2x	20~45			
早更新世	汨罗组	Q_1m	20~30	汨罗组	Q_1m	20~55
	缺失?			华田组	Q_1ht	30~80

积层等5个地层单元(陈立德等,2016)。本书暂按早期的传统划分方案,但认为近年的新认识值得进一步关注。覆盖区早更新世包括华田组和汨罗组,中更新世为洞庭湖组,晚更新世为坡头组,它们在第四纪时有较大幅度沉降,沉积物随构造沉降运动埋藏于地下,通常无更新世人类活动遗存或不易被发现;一般边缘区厚5~20 m,湖盆中心厚度一般为60~220 m,局部可达300 m(图2.1)。

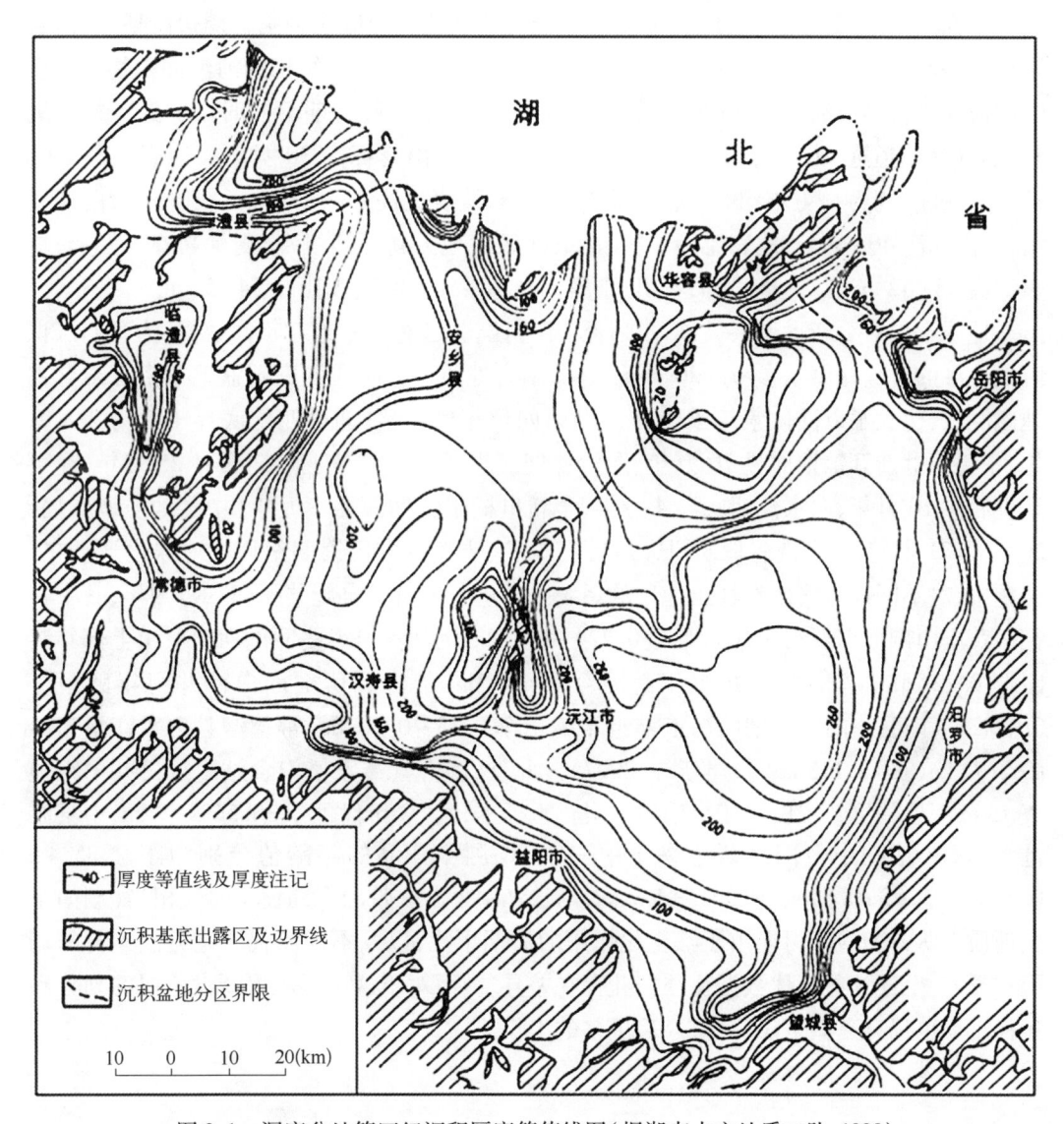

图2.1 洞庭盆地第四纪沉积厚度等值线图(据湖南水文地质二队,1990)

露头区的沉积物经后期湿热气候环境的改造,普遍发生红土化作用,使更新世早中期的上部黏土与砂质黏土产生红土化,具有网纹状构造,通常被称为第四纪网纹红土,这已成为一个具有特定含义的地学概念,专指第四纪红土中具有红(或橙、黄)与白(或浅黄、浅棕)二色斑纹交织的土层,又因网纹常弯曲如蠕虫状,也称之为"蠕虫状红土"。地质学家野外的观察表明,由老到新红土化程度有减弱趋势,网纹清晰度也会降低,越早的沉积物是经受暴露地表后的多次红土化作用的累加,因而早更新世汨罗组的网纹结构清晰明显,结构坚固,颜色为深红、棕红,中更新世马王堆组网纹粗大但界线不清晰,结构较为松散,颜色常为鲜红或褐黄。更新世晚期白水江组沉积物则为不清晰的似网纹状黄褐色黏土或灰黄色砂质黏土,结构紧密,含有较多铁锰质结核。

研究区域内第四纪网纹红土主要分布于构造盆地内的低丘和湖盆周边阶地区、河谷阶地,一般认为其表现为下部砂砾层、上部粉砂质黏土的二元结构的河流冲积物。地质学的研究可将多级河流阶地(实际常发育不全)与各个地质时期不同时段的红土初步地相互对应(柏道远,2011),如:一级阶地为白水江组,出露标高30~35 m,地表比高10~15 m;二级阶地为马王堆组,出露标高35~40 m,地表比高18~25 m;三级阶地为白沙井组,出露标高40~60 m,地表比高30~38 m;四级阶地为新开铺组,出露标高60~75 m,地表比高38~42 m;五级阶地为汨罗组,出露标高70~100 m,地表比高54~57 m。

地质学界对更新世地层尝试过多种测年方法,且已有一些绝对年代数据,为我们认识阶地地层的时代提供了参考。20世纪末,湖南省地质调查院在洞庭湖盆地东南缘结合古地磁测试,建立了以同位素年龄为基础的第四纪年代构架,即第四纪底界年龄为248万年,中更新世新开铺期底界70万年、白沙井期底界42万年、马王堆期底界25万年、晚更新世底界10万年、白水江期底界4万年、全新世橘子洲期底界1万年(中国地质调查局,2003)。21世纪初,湖南省地质研究所等在"湖南省洞庭湖区第四纪环境地球化学研究"课题中,对不同地点第四纪红土地层的系统采样进行了电子自旋共振(ESR)测年;其中常德—黄土山剖面汨罗组年代为距今0.724~1.6 Ma,沅江赤山鸡婆冲剖面汨罗组上部年龄距今0.724 Ma,上部白沙井组年龄距今0.496 Ma,华容石伏剖面白沙井组年龄距今0.421 Ma,南县华阁寄山剖面马王堆组年龄距今0.13~0.20 Ma,常德澧县白水江组年龄距今74 ka、98 ka、113 ka(张建新等,2007)。此外,汉寿县聂家桥肉食站附近民井中距地表12 m深处的更新统白水江组采得一炭化木标本,其^{14}C年代距今30.56±0.7 ka,南县游港乡CK16钻孔中似网纹黄色黏土中三个^{14}C测年样品的年龄值分别为距今35.4±0.75 ka、36.23±0.61 ka和36.5±1.2 ka,与长江中下游一带的下蜀黄土时代相当(湖南水文地质二队,1990)。可能由于红土化作用的后期干扰,以及不同年代测定方法本身的局限和误差,上述这些年代数据往往彼此存在差异,因而对于这一区域更新世地层的划分和年代至今也仍有一些争议,有待今后更多的工作。

2.2 地质与地貌

2.2.1 地质构造

洞庭盆地澧水流域位于江南造山带北缘,中生代以来相继经历了晚三叠世—侏罗纪陆内南北向挤压造山、白垩纪—古近纪伸展断陷、新近纪挤压抬升、第四纪再次沉降沉积的地质发展过程,造就了盆地及周缘地区现今的地表环境面貌(柏道远等,2011)。在大地构造上,属于羌塘—扬子—华南板块的扬子陆块(扬子克拉通)的上扬子地块,区域地壳发展演化经历了地槽、地台、地洼三个大地构造发展阶段。西部扬子地台在构造运动中,以水平挤压为主,褶皱强烈,伴生断裂,但岩浆活动极不强烈。

洞庭盆地是在中、新生代洞庭拗陷的基础上发育而形成的断陷盆地,其东部为幕阜—九岭隆起,西部是武陵隆起,南部是雪峰隆起,北部是华容隆起,华容隆起将洞庭盆地与北部的江汉盆地分隔成两个独立的单元,构成一个向北开口的半封闭的箕状盆地。

洞庭盆地内发生的新构造运动十分强烈,盆地的形态、展布以及沉积严格受断裂控制,主干断裂多出现在拗陷的边缘及凸起与凹陷的衔接部,其主要组合有北北东向断裂、北东向断裂、北西向断裂三种(图2.2),其中北北东向及北东向断裂控制盆地的东西边界,而北西向断裂则控制盆地的南北边界。它们均具有多次活动的特征,断裂延伸长、断距大,且大多具有上盘下降、下盘上升的正断裂性质。断裂间歇性升降运动造成了洞庭盆地由外向内逐渐降低的层状地形。

第四纪期间,洞庭盆地内部具较复杂的隆—凹构造格局,发育有多个隆起和凹陷。自西向东依次分布着北北东向的澧县凹陷、太阳山凸起、常德凹陷、目平湖(赤山)凸起、沅江凹陷、麻河口凸起和湘阴凹陷等次级构造单元(图2.2)。各次级凹陷的构造活动总体为沉降,而周缘隆起区(华容隆起除外,其主要与继承前第四纪隆起有关)及盆地内部的目平湖凸起总体为抬升,这一构造活动差异使凹陷内部和周缘抬升区(包括赤山凸起)的第四纪沉积作用及地层发育状况具显著差异,也深刻影响着早期人类活动遗迹的分布和发现。

澧水流域所在的区域前后经历了武陵、雪峰、加里东、海西期—印支、燕山、喜马拉雅和新构造等多个构造运动期,以印支和燕山运动对境内现代地貌的形成影响最大。印支运动期间,出海成陆,结束内海浸的历史;燕山运动的发生,奠定了现今地层、岩性分布和西北高、东南低,由西北向东南倾斜的地貌基础。白垩纪早期是洞庭盆地形成的初期阶段,最先形成桃源山间盆地,后来盆地扩展至石门一带,其他广大地区仍为隆起剥蚀区。白垩纪晚期时,盆地逐渐发展扩大,此时盆地面积大,拗陷深,洞庭盆地已基本形成,盆地中的凹陷和凸起构造骨架也基本形成。老第三纪时期,以断裂运动为主,伴有基性岩侵入。至新第三纪,整个湖盆隆起成陆。

第四纪早更新世阶段本区域继承了上新世构造格局,盆地继续沉降,在湖盆区开始形成几个独立的小湖盆,如澧县湖盆、临澧湖盆、汉寿湖盆等,之后各凹陷湖盆进一步沉陷,凸起区大大缩小,各湖盆相互连接成为广阔的洞庭湖盆地,湖盆中河流纵横,水系发育,湖中水流分别从华容隆起的东西两侧注入北部的江汉盆地。早更新世晚期,地壳抬升,盆地有所萎缩。中更新世洞庭盆地全面下降,此时新构造运动在盆地中心以拗陷运动为主,盆地中各凹陷基本连为一体,西部太阳山、北部桃花山、明山、大乘寺等地仍为盆地中的低山

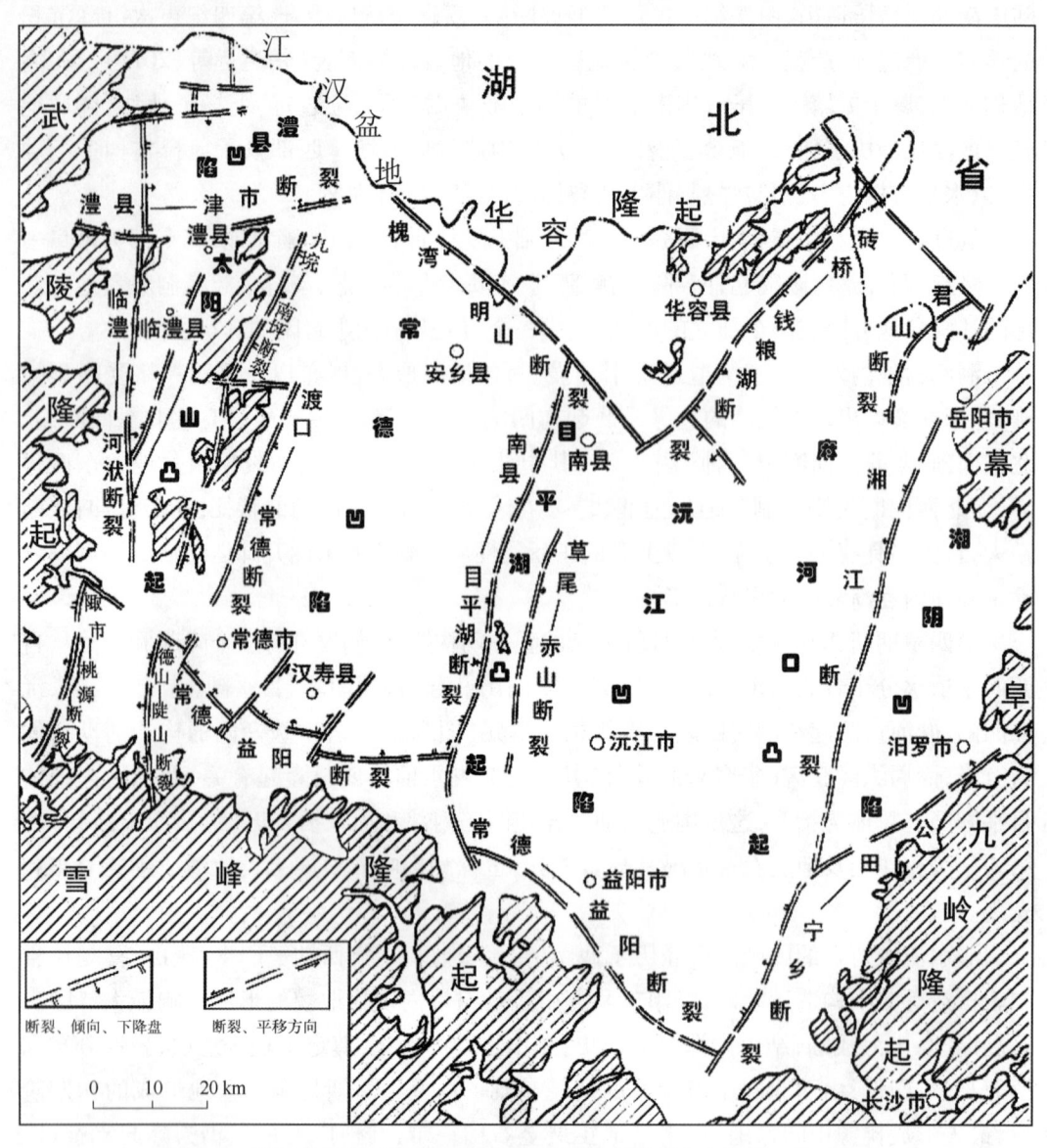

图 2.2　洞庭盆地主要断裂与构造分布图（改自湖南水文地质二队，1990）

丘陵，但其周边均下降接受沉积，盆地边缘特别是西、南、东三面新构造运动以间歇性上升为特征，从而形成了多级阶地。中更新世晚期，地壳抬升，赤山呈地垒式上升成台地，盆地萎缩。晚更新世早期，海平面大幅度下降，区域地面出现不同程度上升和下降变化，接受相对寒冷干旱气候和相对温暖湿润间冰阶时段的褐黄土和砂层沉积，其后区内地壳运动趋于活跃，地面抬升断裂运动也频繁发生，最后整个盆地上升成陆。全新世早期，湖盆上升，整个洞庭盆地呈河网化切割平原景观。澧县凹陷之北部的大部分抬升为台地，临澧凹陷上升成陆，赤山继续抬升。全新世晚期，洞庭盆地新构造运动在局部地方比较强烈，表现为周边隆升，湖盆沉降（湖南省地质矿产局，1988a；来红州，2004；柏道远，2010）。

2.2.2 地貌特征

澧水流域在地势上属我国第三级阶梯中南丘陵区的一部分,西部与第二级阶梯高原区过渡。在新构造运动时期,洞庭盆地主要表现为差异性的、间歇性的构造升降运动,即盆地周边间歇性抬升,而盆地中心则间歇性沉降,加上后期的风化剥蚀作用和流水改造作用,逐渐形成了现在的地貌格局。

其所处洞庭盆地具有从外围向中心呈梯级降低的层状地形地貌特征,整体呈现为由西南和东部向北和北东部倾斜的碟状形。盆地周边被地势较高的中低山区、丘陵、台(岗)地、阶地等地貌景观所环绕,盆地中心则为第四纪沉积物大量堆积的广阔冲湖积平原凹陷区,澧水下游所流经的洞庭湖西部最大的平原——澧阳平原即是其中的一部分。按照地貌形成中所遭受到的主要风化作用类型,来红州(2004)将区域内地貌类型分为侵蚀地貌、堆积侵蚀地貌和堆积地貌三大类,其中侵蚀地貌分为低山丘陵和残丘,堆积侵蚀地貌分为高台地、低台地和阶地,堆积地貌分为扇三角洲和冲湖积平原。柏道远等(2011)厘定出区域内抬升剥蚀中低山、抬升剥蚀丘陵、沉积—抬蚀丘陵、沉积—抬蚀岗状平原、残坡积岗状平原、孤山、沉降沉积—抬蚀岗状平原、沉降沉积—抬升波状平原、稳定沉积低平原、沉降沉积低平原等10种构造—沉积地貌类型(图2.3)。

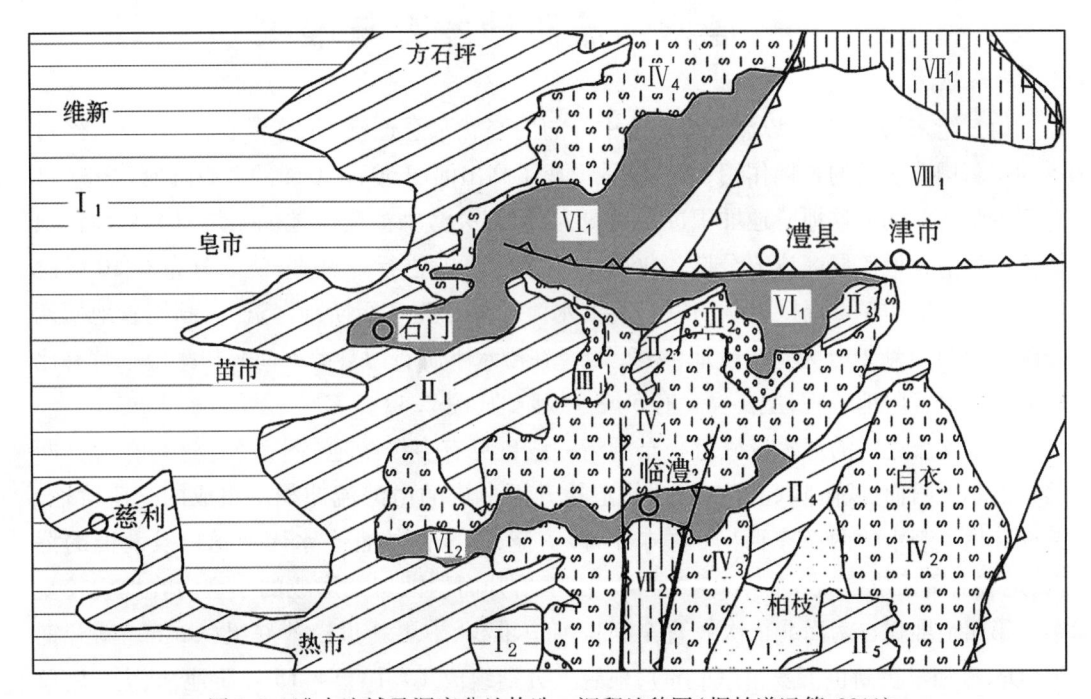

图2.3 澧水流域及洞庭盆地构造—沉积地貌图(据柏道远等,2011)

Ⅰ.抬升剥蚀中低山　Ⅱ.抬升剥蚀丘陵　Ⅲ.沉积—抬蚀丘陵　Ⅳ.沉积—抬蚀岗状平原
Ⅴ.残坡积岗状平原　Ⅵ.稳定沉积低平原　Ⅶ.沉降沉积—抬蚀岗状平原　Ⅷ.沉降沉积低平原

一般而言，中低山海拔500~1 100 m，比高300 m以上，在周边隆起区持续抬升剥蚀；丘陵区海拔100~500 m，比高100~300 m，抬升剥蚀或沉积后再抬蚀；台(岗)地区比高20~100 m，环绕盆地呈条带状广泛分布于洞庭湖周边，是古冲积扇、古三角洲或古冲湖积平原随后期的构造抬升运动逐渐形成，后期受流水切割而成垄岗状，高台(岗)地海拔为60~100 m，低台(岗)地海拔为40~60 m；滨湖阶地海拔50~150 m，在主要河流中下游河谷均有发育，沿河谷呈带状分布，从盆地周边至中心，阶地高程逐渐降低，并由基座阶地向堆积阶地、埋藏阶地转变；冲湖积平原海拔30~39 m，比高小于20 m，在构造沉降区由冲积物和湖积物交替堆积而成，发育着决口扇、洼地、牛轭湖、迂回扇、沙坝、沙堤等自然地貌，以及人工渠道、垸田、堤坝等人工地貌。

台地和阶地是更新世时期古人类遗址现今主要的分布地貌区。台地主要分布于洞庭盆地周边最外缘，高台地一般比低台地形成年代早，是由早更新世或中更新世的冲湖积平原，随后期的构造抬升运动和流水侵蚀切割而形成，它往往具有由网纹红土(上部)和砂砾石层(下部)构成的典型二元结构；受后期水流的侵蚀切割作用，原本相对平坦的沉积地面变成起伏的低丘群、条形垄岗，其间为槽形谷地，切割深度一般为30~50 m。阶地则多分布在湘、资、沅、澧四水河流两侧，沿河谷呈带状分布，从盆地周边至中心，阶地高程逐渐降低，并由基座阶地向堆积阶地、埋藏阶地转变。

2.3　澧水河流阶地发育与堆积

第三纪末第四纪初，以洞庭拗陷为中心的向心状水系逐渐形成(景存义，1982)，经过第四纪新构造运动的长期作用，澧水流域形成了高出河面60~120 m的多级阶地。迄今已有不少学者对洞庭盆地阶地堆积进行过研究，但有关澧水河流阶地的系统研究目前还很缺乏。湖南省地矿局区测五分队(1966)曾对澧水下游进行过调查，认为分布有10级阶地。湖南省地质矿产局区调队(1986)将澧水流域划分为7级阶地。近年，湖南省地质调查院(2017)重新划分为5级阶地(表2.2)。在澧水下游石门县邱家岗—胡家山一带有比较典型的河谷阶地地貌，主要发育有5或6级阶地(图2.4)。

澧水支流之一的涔水流域官亭至洞湾一线也见有多级阶地(图2.5)，这是在澧县凹陷构造单元西面、武陵隆起区东缘因构造抬升而形成的由河流冲积层组成的基座阶地。剖面穿越了澧水的两条东西向(总体方向)支流，即南面的官亭水库河道以及北面的涔水，地貌上属丘陵，地表高程80~200 m。由于抬升而剥蚀切割形成的小型沟岭地貌较复杂。第四纪堆积自南而北依次发育全新世河道堆积、中更新世白沙井组(Qp_2b)、新开铺组(Qp_2x)和早更新世汨罗组(Qp_1m)，地貌上分别组成T0、T3、T4、T5级阶地，缺失T1、T2级阶地(柏道远等，2009)。以汨罗组和白沙井组底面高程差推算，早更新世至中更新世中期该地区构造抬升约110 m。中更新世晚期以来，盆地周缘隆起区也存在幅度不一的

第二章 地质、地层与环境背景

表 2.2 澧水流域阶地比高（m）对比表（据湖南省地质调查院，2017）

阶地 位置	张家界 阶面	张家界 基座	慈利岩泊渡 阶面	慈利岩泊渡 基座	桑植双溪桥 阶面	桑植双溪桥 基座	澧县王家厂 阶面	澧县王家厂 基座	阶地性质和特征
T1	19~25	6~8	25~27	4	20~24				上游基座阶地，下游内叠阶地，由 Qp_3bs 组成。
T2			43~45	27	31~35				不发育，多为基座阶地或内叠阶地，微丘陵化，由 Qp_2m 组成。
T3	65~75	45~65	60~65	50	57~72	50	23~43	10~15	基座阶地，丘陵化明显，由 Qp_2b 组成。
T4	90~95	75	95	85	78~80	67	105~120	60	基座阶地，丘陵化较强，由 Qp_2x 组成。
T5							140~150	125	基座或侵蚀阶地，强丘陵化，局部残留，由 Qp_1d 组成。

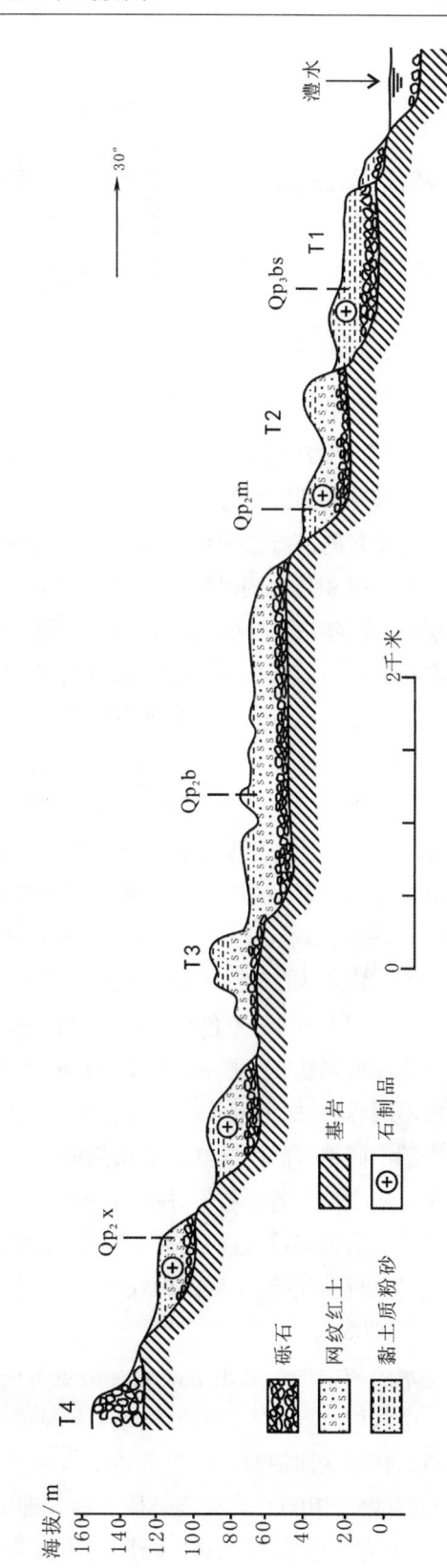

图 2.4 澧水中游河流阶地剖面图（改自湖南省地质调查院，2017）

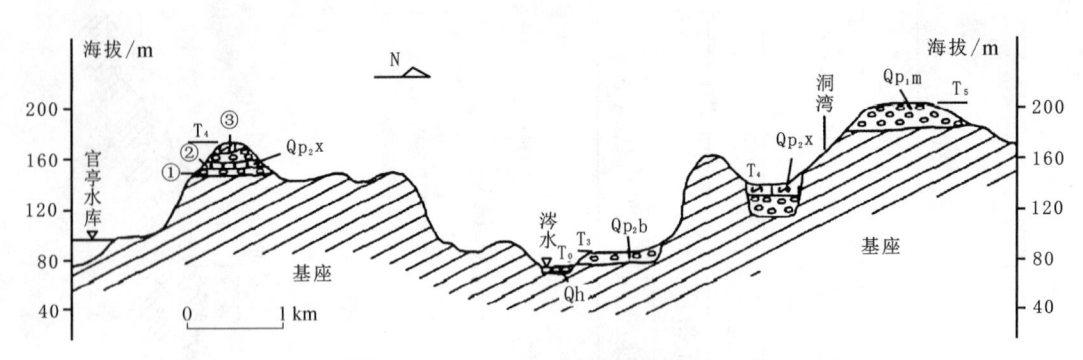

图 2.5 涔水流域(官亭—洞湾)第四纪地质剖面图(据柏道远等,2011)

构造抬升,主要表现在白沙井组因抬升地表高程增加和遭受侵蚀,以及白沙井组和马王堆组形成的基座阶地的发育。

阶地堆积的河流二元相结构在本区域内比较明显(朱显谟,1993;朱景郊,1988;徐馨,1984),上部堆积是不同时期的第四纪红土,下部堆积则为砂砾石层,红土是旧石器遗址的埋藏层位。近年来,越来越多的研究者开始主张长江中下游第四纪红土的成因与北方黄土存在相似性,具有风积成因特性,其物源与第四纪冰期大规模风尘沉积有关,随后在间冰期气候中红土化(毛龙江等,2008b;胡雪峰和沈铭能,2004;郭正堂等,2003;胡雪峰和龚子同,2001;Hu et al., 2010)。也有研究者通过在长江中游湖南、湖北两地区的工作指出,在同一剖面上存在同时显示出剖面上部具有明显风成特性而下部表现出更多的冲积、洪积相特征等多元成因复杂性的情况(魏骥等,2010)。

对澧水流域第四纪红土剖面阶地堆积的具体认识也有多位学者进行过探讨。张建新等(2007)将区域内红土风化剖面自上而下分为四层:第1层为腐殖质层,厚0.1~1 m;第2层为红色层(均质红土、褐黄土),厚0.5~10 m,呈均匀的红或棕红色,与土壤学上所称的"残余积聚层"相同,土色在水分与生物物质影响下,有时偏向棕或黄,有一定变化;第3层为杂色层或网纹红土层,厚1~20 m不等,呈棕、红、黄、紫与白等多种颜色斑块,依母质情况而不同;第4层为母质母岩层、砂砾石层、黏土层、砂层等。来红州等(2005)对比了长江中下游不同地区的网纹红土地层剖面,指出红土地层具有统一的地层发育模式,即剖面由下至上依次堆积着砾石层、网纹红土层、均质红土层和黄土层。这一认识与洞庭盆地红土野外考察认识相符,进一步表明在末次冰期时我国长江中下游地区堆积形成黄土的可能性,也指出在有的红土剖面中在均质红土层与网纹红土层之间还存在一套弱网纹红土(毛龙江,2008)。

澧水流域第四纪红土上面通常覆盖着一层厚度不一的黄棕色土,是近些年来不断明晰的一个认识。事实上,对长江流域下蜀黄土的研究历来颇受关注,杨怀仁(1989)很早就曾指出在末次冰期时长江中下游气候因严寒、干燥而在长江两岸沉积了黄土堆积。胡雪峰等(2005,2010)在广泛调查研究的基础上,进一步推测长江中下游约28°~31°N之间属黄、红土交接地带,认为该区域既是中国黄土周期性"南侵"地带,也是南方红土分布的北缘区。

由于受第四纪红土沉积时间长、风化强烈、存储时间的介质种类保存少等限制,很多第四纪测年手段并不适合用来测定第四纪红土的形成年代(杨立辉等,2005)。近年来,随着 TL、ESR 和古地磁等测年方法的陆续运用,众多研究者对安徽宣城第四纪红土剖面进行了多种方法的测年,综合结果表明我国南方红土序列砾石层、网纹层和均质红土层分别形成于早更新世晚期、中更新世早期和中更新世晚期,形成年龄分别约为大于 800 ka BP,800~400 ka BP,400~100 ka BP 之间(赵其国等,1995;刘良梧和龚子同,2000;乔彦松等,2002)。其中网纹红土和均质红土的年龄是学者们讨论的焦点。蒋复初等(1997)对江西九江地区的研究结果表明,典型网纹红土的沉积底界年龄为 0.869 Ma BP,其中还包括了一部分非风成沉积的网纹红土(含砾石);红色黏土沉积于 391~101 ka BP 前。夏应菲等(1997)对江西余江黎家村的研究表明,均质红土中部的年代为 331.2 ka BP,网纹红土上部的年代为 486.6 ka BP,下部年代为 552.2 ka BP;砾石层年代为 769.4 ka BP。李长安等(1997)认为江西修水地区网纹红土形成于早更新世末(约 0.9 Ma BP)至晚更新世初(约 0.1 Ma BP)。顾延生(1996)对修水地区网纹红土的古地磁测试与热释光年龄分析表明,该区网纹红土形成时代为 800~100 ka BP。黄姜侬等(1988)认为南京老虎山下蜀黄土剖面发现的网纹红土形成时代为 1 000~400 ka BP。上述测年研究结果说明,我国南方网纹红土发育盛期在中更新世,其时代跨度可以从早更新世末一直延续到晚更新世初。

一般认为,下伏砾石层年龄大于 850 ka BP,网纹红土形成于 850~400 ka BP 前,均质红土形成于 400~100 ka BP(杨浩等,1996),这一年代地层学框架已为很多学者接受。不过,对浙江上山文化遗址的红土沉积的研究表明,局部区域中更新世晚期和晚更新世早期也形成网纹红土,17.3 万年前(毛龙江等,2008a)。近年以来,对晚更新世地层的研究也有了不少新的进展和认识。席承藩(1991)曾据第四纪地层学和风化壳发育过程,认为第四纪红色风化壳底部砾石层的时代为早更新世,网纹红土为中更新世,而均质红土为晚更新世。毛龙江等(2008b)通过磁化率、粒度、微量元素等分析,认为均质红土一般为发育于晚更新世的风成堆积。最近,研究者通过对位于长江中下游江西、安徽地区的 4 个第四纪红土剖面的系统考察和研究,认为这些剖面上部均具有黄棕色土—红土二元结构的堆积,且无明显沉积间断,光释光年代显示黄棕色土底部年龄小于 60 ka BP,主体形成于末次冰期,而均质红土的年龄约为 60~80 ka BP,处于末次间冰期向末次冰期过渡时期,因此均质红土和黄土属于晚更新世 MIS4~MIS2 阶段(杜艳,2013;蔡方平等,2012)。

目前,包括澧水流域在内的华南第四纪红土的研究总体还比较薄弱,这既是科学研究中的难点课题,也给未来的研究留下很多空间。近年有了不少新的进展,虽然不同观点也还处于不断地充实论证中,但上述对均质红土和黄土等华南第四纪红土堆积的整体认识为我们研究澧水流域晚更新世的旧石器时代考古学文化提供了非常重要的地层基础。

2.4 澧水流域旧石器遗址地层

基于以往第四纪红土的相关研究和对澧水流域旧石器遗址埋藏地层的认识,下文对澧水流域五个经考古发掘的旧石器遗址的层位和时代进行初步介绍和探讨,一方面借鉴和验证第四纪地质学者的成果,另一方面希望通过文化遗址的发现深化以往地质和考古的相关认识。

以下分别对五个遗址的地层情况予以简要介绍。

2.4.1 乌鸦山遗址地层

乌鸦山遗址位于常德市澧县道河乡高堰村,北距澧县县城约 10 km。地处澧水南岸和道河的北岸,距离道水仅 0.5 km。所处地貌现今为澧阳平原南缘的一座孤丘,海拔 56 m,南北发育长约 1 km,宽约 200~300 m,最高点偏南;周围均为平坦的湖区平地,相对高差约 20 m。山丘的南侧背部和邻侧现为农户民居,北部为缓坡,部分为耕地,部分被作为墓地。遗址文化层埋藏在山丘北部的粉砂黏土堆积中。

据 2011 年的考古发掘,遗址地层从上至下共分为 8 层,其中第 2 层仅在部分探方内(T1、T2)分布。该层为灰黄色黏土质粉砂层,由北向南逐渐变厚,厚 0.5~0.8 m,出土零星石制品。因 T1、T2 未完全发掘至底,现以 T3、T11、T12 南壁剖面为例,地层堆积描述如下(图 2.6):

1 层:浅灰色粉砂质黏土,土质疏松,由西向东呈坡状堆积,其下有少量白蚁扰坑,含近现代陶瓷片。厚 0.05~0.15 m。

3A 层:黄红色粉砂质黏土,较疏松,结构均匀,西部厚、东部薄,由西向东呈坡状堆积,含较多石制品。厚 0.1~0.35 m,距地表 0.05~0.15 m。

3B 层:浅红色粉砂质黏土,较疏松,局部有极少量的铁锰颗粒,含较多石制品。厚 0.15~0.82 m,距地表 0.17~0.52 m。

4A 层:深棕褐色粉砂质黏土,土质较紧密,含有较多灰白色砂质黏土,呈垂直状展开,含大量铁锰颗粒,出土较多石制品。厚 0.05~0.65 m,距地表 0.38~1.45 m。

4B 层:浅棕褐色粉砂质黏土,土质较紧密,含有较多灰白色砂质黏土,呈垂直状展开,铁锰颗粒较少,出土较多石制品。厚 30~45 cm,距地表 55~160 cm。

5A 层:深红褐色粉砂质黏土,土质紧密,局部含有灰白色砂质黏土,呈不规则垂直状展开,含少量铁锰颗粒,出土较多石制品。厚 0.22~0.35 m,距地表 1.35~2.15 m。

5B 层:浅红褐色粉砂质黏土,土质紧密,局部含有灰白色砂质黏土,呈不规则垂直状展开,含少量铁锰颗粒,出土少量石制品。厚 0.2~0.35 m,距地表 1.7~2.5 m。

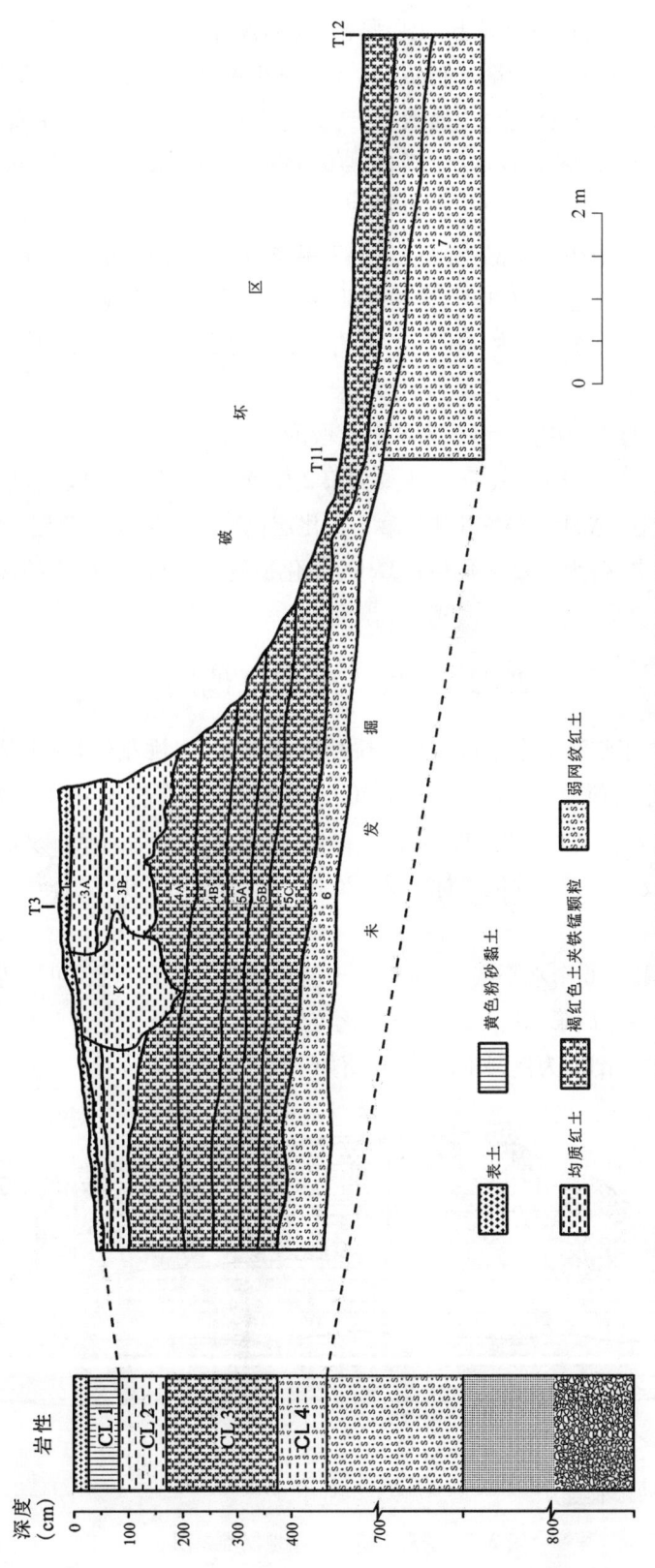

图 2.6 乌鸦山遗址剖面柱状图和 T3、T11、T12 南壁地层图

5C层：浅黄红褐色粉砂质黏土，土质紧密，局部含有灰白色砂质黏土，呈不规则垂直状展开，铁锰颗粒稀少，出土少量石制品。厚0.25~0.46 m，距地表1.9~2.8 m。

6层：似黄褐色弱网纹红土，土质致密，夹少量蠕虫状网纹，呈现向底部阶地网纹红土堆积的过渡性质。出土少量石制品。厚0.2~0.55 m，距地表2.15~3.75 m。

7层：似黄红色弱网纹红土，土质致密，夹较粗大的网纹，呈现向底部阶地网纹红土堆积的过渡性质。出土极少石制品。距地表3.7~4.4 m。发掘至深度约5 m。

第7层以下为深红色网纹红土，含粉砂质黏土，土质紧密、坚硬，有白色粗大网纹，厚约7 m，发掘中归为第8层，层内自上而下具有深红—黄红—浅红—黄红的细微变化。此层底部出露厚约8 m的砂砾石层。

遗址的11个自然地层堆积可分为4个阶段的文化层(Cultural Layer，缩称CL)，编号为CL1~CL4。其中第1文化层(CL1)主要为第2层，第2文化层(CL2)包括3A、3B层，第3文化层(CL3)包括4A、4B、5A~5C层，第4文化层(CL4)包括第6、7层。CL3的文化遗物分布最为集中、丰富，为主要文化层；CL2的文化遗物数量较多；CL4的文化遗物较少；CL1仅零星分布。

2.4.2 条头岗遗址地层

条头岗遗址位于临澧县佘市桥镇佘市桥社区荷花村(原桃花村)三眼桥组，东北距县城约15 km，西距佘市桥镇约3 km，遗址东200 m为渡槽，南有村级公路穿过，西距道水仅500 m左右。遗址现今为丘陵地貌，呈西北—东南长条走向的垄岗状。从底砾层判断，遗址属于道水的二级阶地。经纬度坐标为29°26′08.7″N，111°32′58.2″E，海拔79 m，相对高差约23 m。

遗址堆积共揭露16个水平层，根据土质土色自下至上共有5层，可分为上、下两个文化层，其中上文化层包括第1B、2、3层，下文化层包括第4、5层。

以探方南壁地层剖面为例(图2.7)，介绍如下：

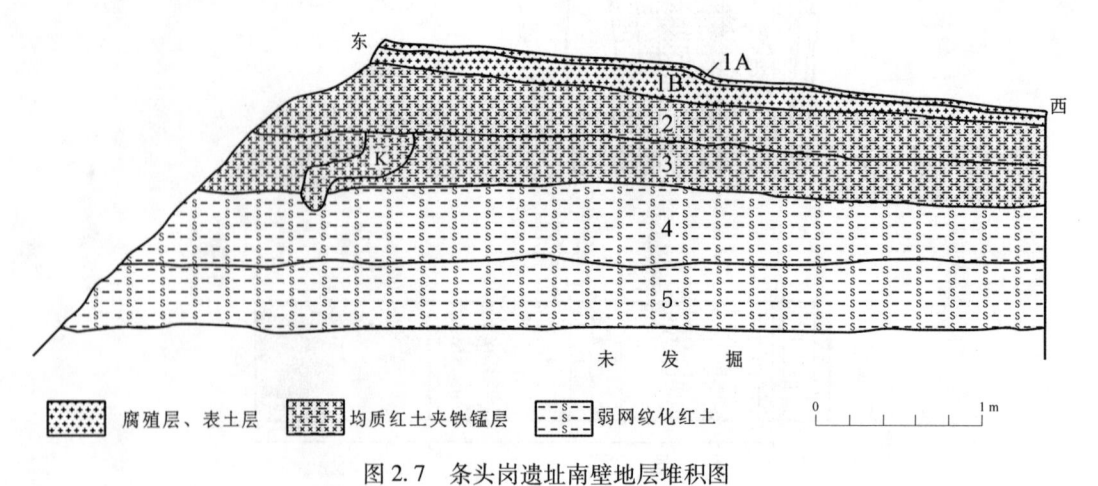

图2.7 条头岗遗址南壁地层堆积图

1A 层：腐殖表土层，堆积为落叶杂草并含有个别晚期瓷片。厚 0.03~0.05 m。

1B 层：黄红色黏土层，堆积由东向西略呈缓坡状，几乎是贴近地表的文化层，含较多石制品。厚 0.05~0.16 m。

2 层：浅红褐色粉砂质黏土层，有少量水平状灰白色条纹，含零星铁锰结核颗粒，土质疏松，堆积由东向西略呈坡状，含大量石制品。厚 0.24~0.40 m，距地表 0.8~0.21 m。

3 层：深红褐色粉砂质黏土层，有少量水平状灰白色条纹，含少量铁锰结核颗粒，土质较疏松，堆积由东向西略呈坡状，含较多石制品。厚 0.26~0.35 cm，距地表 0.55~0.55 m。

4 层：棕红色粉砂质黏土层，夹有较多竖状展开的白色点纹，含较多铁锰结核颗粒，土质较紧密，含少量石制品。厚 0.3~0.42 m，距地表 0.57~0.9 m。

5 层：棕红色粉砂质红土层，有较多白色条纹呈垂直状展开，较上层粗大，局部有少量铁锰结核，土质紧密，似较为接近网纹红土，含少量石制品。厚约 0.7 m，距地表 0.88~1.35 m。底部未继续发掘。

从南部村级公路自然断面观察，此层下约 10 m 处出露有砾石层，露头厚度约 2 m。

2.4.3 袁家山遗址地层

袁家山遗址位于澧县梦溪镇八根松村一组，南距梦溪镇约 2 km。遗址地处澧阳平原北部边缘的丘陵地貌地区，属涔水左岸的二级阶地。经纬度坐标为 29°47′42.9″N，111°50′04.3″E，海拔 67 m。根据发掘情况，该遗址是目前为止本区域晚更新世地层序列比较完整的一处遗址，其重要性在于为不同遗址堆积间的对比和探究地层叠压关系提供了直接证据。

以 T14~T15 东壁剖面为例，自上而下可分为 6 层（图 2.8）：

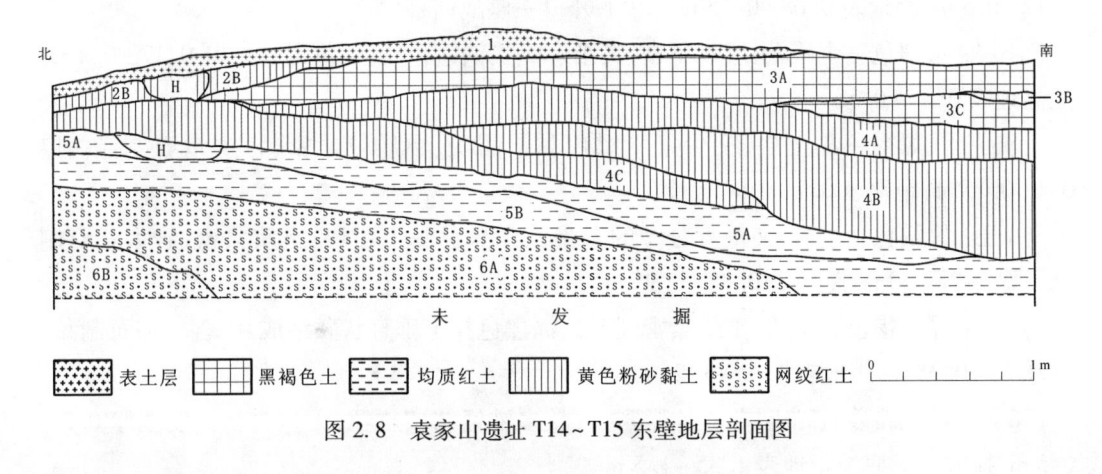

图 2.8 袁家山遗址 T14~T15 东壁地层剖面图

1 层：灰褐色亚黏土层，结构疏松，包含有植物根系和现代垃圾。厚 0.1~0.15 m。
2A 层：灰黄色黏土层，结构疏松，局部分布，本探方内没有分布。
2B 层：黄红色黏土层，结构疏松，局部分布，扰乱层，含少量石制品。厚 0~0.12 m。

3层：黑褐色黏土层，结构较疏松，此层在遗址中属局部地层，主要分布于发掘区的东部和南部，尤其集中在T9内，据黑褐斑块的含量多少和土色的深浅，可将该层细分为三个亚层，含较丰富的白色脉石英和少量黑色燧石石制品。厚0~0.4 m。

4层：黄色粉砂质黏土层，夹杂有铁锰结核褐色斑点，土质较紧密，北部薄，南部厚，由北向南呈坡状堆积，据土色的深浅和夹褐色斑点的含量可细分为三个亚层，含较丰富的石制品。厚0.2~0.8 m。

5层：均质红色粉砂质黏土层，自上至下土色具有从浅红色向褐红色渐变的过程，土质较紧密，可分为两个亚层，含少量石制品。厚0.35~0.5 m。

6层：棕红色网纹红土，土质紧密，含少量石制品，采集原手斧1件。已发掘厚0.7 m，未至底。

2.4.4　十里岗遗址地层

十里岗遗址位于澧县澧东乡十里岗村，西南距县城约10 km，东距新207国道约150 m，南邻澧东十里砖厂取土场。经纬度坐标为29°4′53.3″N，111°46′54.7″E，海拔43 m。遗址埋藏于澧水左岸二级阶地的上部覆盖堆积中，现今地貌为一高出周围平原地面约4 m的狭长形岗地。

遗址堆积可分为8层。以T5北壁剖面为例（图2.9），地层堆积描述如下：

1层：深灰色黏土层，土质疏松，含草根、红烧土粒等。厚0.07~0.25 m。

2层：浅灰色黏土层，土质疏松，内含少量近代瓷片，分布于探方东、南部。厚0~0.26 m，距地表0.08~0.13 m。

3层：褐色黏土层，土质较为疏松，内含较多青灰砖团块，含少量青瓷片和夹炭陶。厚0.12~0.5 m，距地表0.08~0.25 m。其下开口一座战国墓（M7）。

4层：黄褐色黏土层，土质较紧密，夹细麻点状铁锰颗粒，无包含物。厚0.17~0.4 m，距离地表0.45~0.55 m。

5层：浅黑褐色黏土层，夹少量深黑色黏土团块，土质较紧密，含少量石制品。厚0.1~0.15 m，距地表0.7~0.9 m。

6层：黑褐色黏土层，夹垂直分布的条带状深黑色黏土团块，土质紧密，含大量石制品。厚0.2~0.3 m，距地表0.85~0.95 m。

7层：深黑褐色黏土层，土质紧密、胶结，深黑色黏土垂直状联结成片，含较多石制品。厚0.26~0.35 m，距地表1.05~1.25 m。

8层：黄色粉砂质黏土层，土质紧密，含较多铁锰结核颗粒，无包含物。发掘厚0.2~0.5 m，探方未见底。距地表1.35~1.5 m。

据遗址附近自然剖面观察，此层下为厚约3 m的棕红褐色粉砂质黏土，下部铁锰结核颗粒逐渐增多、富集。再往下则为黄红色网纹土，灰白色网纹稀疏、细小，夹少量铁锰结核颗粒，土质紧密。根据以往的调查，在这下部的两层中也曾发现过石制品。

第二章 地质、地层与环境背景

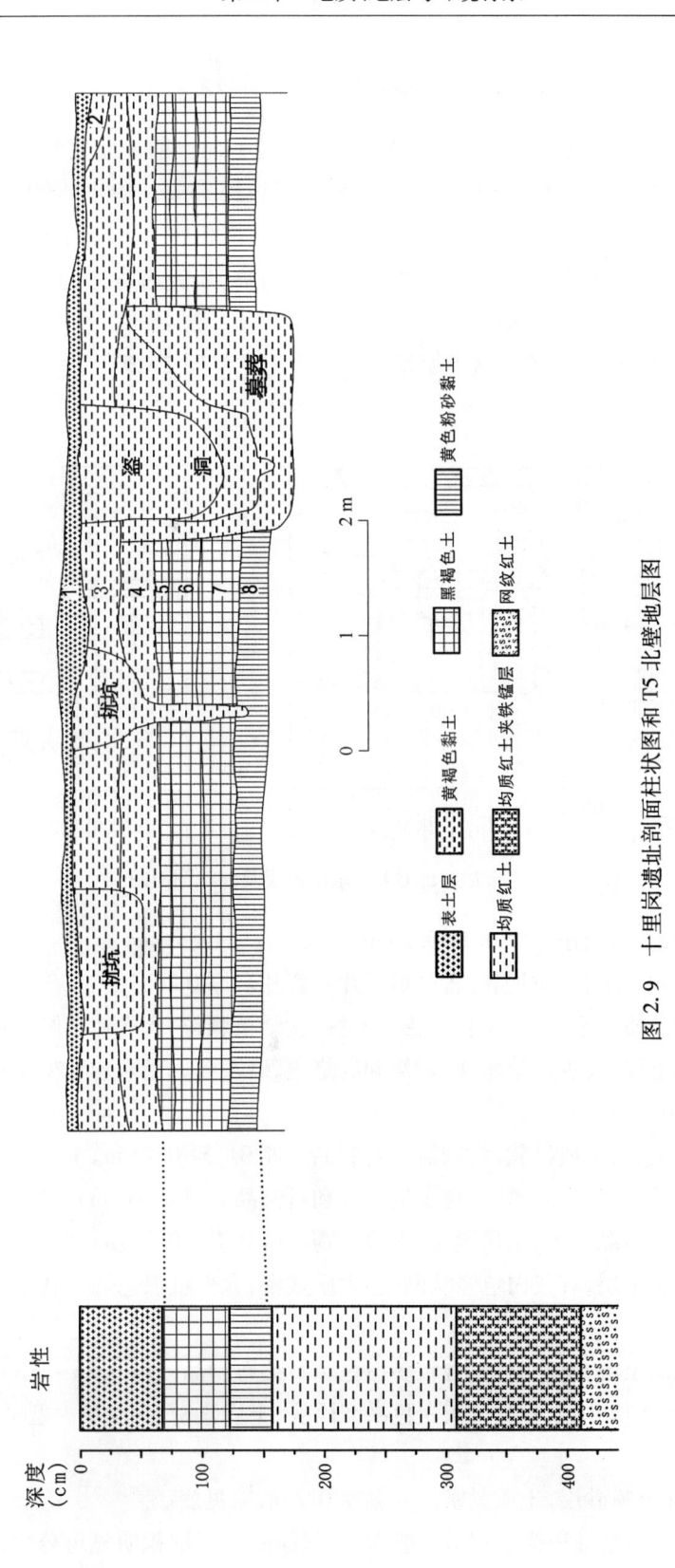

图 2.9 十里岗遗址剖面柱状图和 T5 北壁地层图

2.4.5 八十垱遗址地层

八十垱遗址位于澧县梦溪镇五福村,南距县城约 20 km。遗址地处澧水支流涔水的一级阶地,经纬度坐标为 29°41′35″N,111°50′35″E,海拔约 33 m。1993~1997 年先后进行过五次考古发掘,主要目的为揭露彭头山文化时期的遗存,但在 C I 区的部分探方中意外发现了直接叠压于彭头山文化之下的更早时期文化遗物,研究者称之为"八十垱下层遗存"(湖南省文物考古研究所,2006)。

根据发掘报告描述,遗址 C I 区地层堆积共分为 11 层(图 2.10):

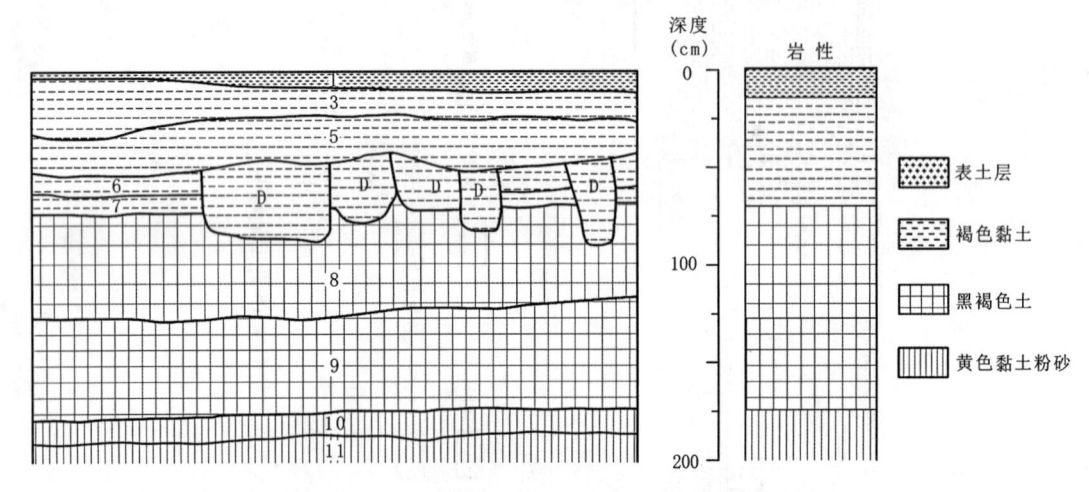

图 2.10 八十垱遗址 C I 区东壁地层及柱状剖面图

1 层:耕土层,土质疏松。厚 0.2~0.25 m。

2 层:灰色淤积土层,土质松软,含少量瓦片和瓷片。厚 0~0.3 m。

3 层:褐色粉砂质黏土层,土质较软,夹少量铁锰结核颗粒,含陶片。厚 0~0.75 m。

4 层:黑褐色土层,夹少量草木灰、木炭和红烧土颗粒,含大量陶器和少量石制品以及稻谷遗存。厚 0~0.2 m。

5 层:黄褐色土层,土质松软,含陶器和石制品。厚 0.15~0.25 m。

6 层:灰褐色黏土层,土质紧密,含少量陶片和石制品。厚 0~0.3 m。

7 层:深灰色粉砂黏土层,土质紧密,无包含物。厚 0.15~0.25 m。

8 层:棕黑色黏土层,有灰白色竖状网纹,土质紧密,含少量黑色燧石制品。厚 0.25~0.35 m。

9 层:黑褐色黏土层,土质紧密,含较多白色脉石英石制品。厚 0.25~0.35 m。

10 层:黄色黏土粉砂层,有少量灰白色淤泥团块,土质紧密,含少量大型砾石石制品。厚 0.15 m。

11 层:黄色黏土粉砂层,土质紧密。发掘厚 0.2 m,未见底。

结合地层现场照片、堆积描述和出土遗物,该剖面的主要堆积明显可分为三组:第一组为上部新石器时代及以后的堆积,包括第 1~6 层;第二组为黑褐色土层文化堆积,包括第 8、9 层,与本区域上述其他黑褐色土层剖面在堆积性质和出土物特征上大致相同;第三组为黄土层堆积,包括第 10 层及以下的部分地层。还值得注意的是,在第一、二组地层之间还存在一个 15~25 cm 的间歇层(第 7 层)。

由此可见,八十垱遗址在本区的地层关系中也是十分重要的,它不仅为我们提供了从晚更新世末到全新世初的可靠堆积序列,更以较为丰富的出土石制品为我们探讨黄土和黑褐色土地层所反映的两个阶段文化发展情况提供了较为翔实的考古材料。

2.4.6 地层对比与时代

综合上述各遗址剖面的地层堆积情况,并对它们进行对比,发现澧水流域区域内的更新世阶段堆积具有较为一致的发育模式,自上而下主要层位具有的普遍规律为:表土→黑褐色土→黄土→均质红土→弱网纹红土→网纹红土(图 2.11),为我们拼接这一区域内晚更新世时期相对较长的年代框架提供了难得的材料,从而也为我们建立相对完整且分辨率较高的地层发展序列提供了可能。当然由于埋藏部位和形成过程等方面的影响,在不同剖面上相同地层的色泽或结构也可能存在细微差别,如均质红土层由于含有铁锰结核颗粒数量的多少而在不同遗址中显示出一定程度的差异。有研究者也注意到黑褐色土层在西洞庭湖平原地区跨越的时间范围可能较长,上自新石器时代前期、下至旧石器时代末的遗存可能都在该地层中有发现(袁家荣,2008)。在一些剖面中均质红土层与网纹红土层间具有过渡性质的地层,还存在有如弱网纹类红土层(毛龙江,2008)或棕黄色粉砂黏土层(成濑敏郎,2007)的不同认识。但这些细节问题并不影响我们对研究区域地层发育的基本判断。

从以上柱状地层图可以看出:黑褐色土层在十里岗、黄山、袁家山和玉成剖面中都有发现,其下部的黄土层除条头岗遗址外也均可见到;褐红色均质红土层是区域内普遍存在的堆积,该层在乌鸦山、十里岗等剖面的下部还可见包含有较多的铁锰结核颗粒或斑块,除袁家山遗址外,在条头岗遗址、玉成剖面和黄山剖面则更多发育这种含铁锰结核的均质红土层。此外,在玉成剖面和黄山剖面中的黑褐色土层之上还分布有一层全新世时期的灰黄色黏土质粉砂层,但可能由于后期剥蚀等原因,在研究区域内并不普遍。

在本书所研究的遗址中,石制品主要出土于黑褐色土、黄土和均质红土的文化层中。其中,乌鸦山遗址包括均质红土层和黄土层两个部分,条头岗遗址的主体堆积为均质红土层,袁家山遗址第③层、第④层分别为黑褐色土层和黄土层,八十垱遗址下层包括下部黄土层和上部黑褐色土层两个部分,十里岗遗址为黑褐色土层。所有这些层位与遗址所在地层剖面的下部网纹红土堆积存在较为明显的区别,故而它们均应属于阶地的上部覆盖堆积。根据对长江中下游流域第四纪红土剖面的相关研究(袁家荣,1998;毛龙江等,2008;蔡方平等,2012;杜艳,2013),可推断其遗址年代均大致属于晚更新世时期。多个不同地点的剖面表明,澧水流域区域内晚更新世以来由均质红土层—黄土层—黑褐色土层构成的地层堆积序列非常清楚且具有规律性。

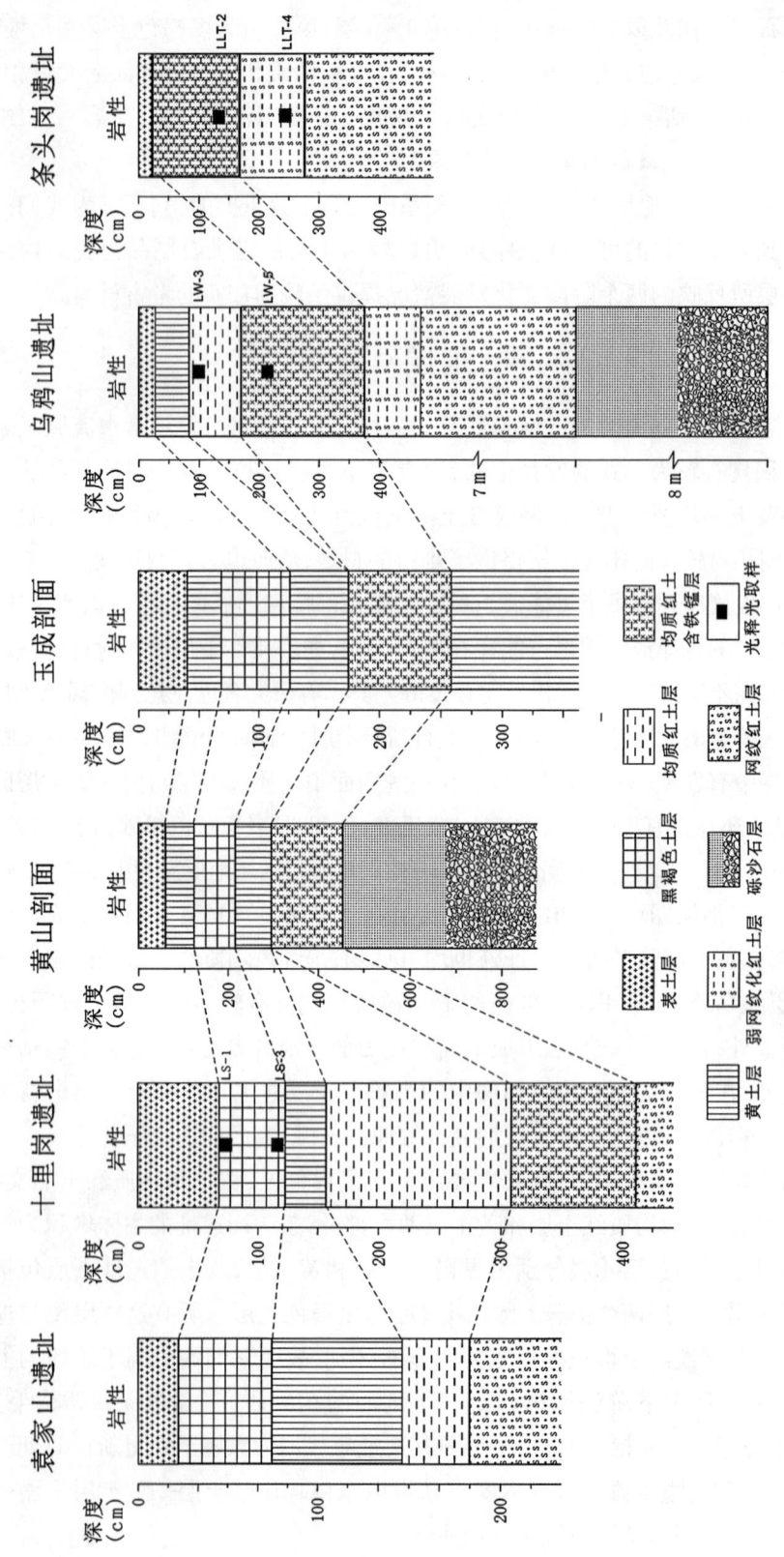

图 2.11 澧水流域旧石器遗址及周邻晚更新世地层对比柱状图

2.5 澧水流域晚更新世环境

澧水流域现今属中亚热带向北亚热带过渡的季风湿热气候区,以大陆性气候为主。四季分明,春秋温和,夏热冬寒,光照充足,雨水充沛,无霜期长,历年平均日照时数1 600小时以上,年平均气温为16.5°左右,年平均降雨量在1 000~1 300 mm。动物资源较为丰富,各类野生动物450多种。植被属中亚热带常绿阔叶林北部亚热带区,但森林植被垂直分布明显,海拔约800 m以上生长灌丛和草丛,800~500 m为落叶针叶、阔叶混交林,500 m以下为常绿针叶、阔叶混交林(澧县地方志编纂办公室,1993;临澧县史志编纂委员会,1992)。

第四纪的研究表明,晚更新世开始于里斯—玉木间冰期气候逐渐回暖、冰川消融之时,与深海氧同位素第5阶段(MIS5)下界和黄土剖面S1的古土壤层相一致(夏正楷,1997)。末次间冰期开始后,全球进入了新一轮暖期,总体特征为气候回暖。约115~75 ka BP,全球气候处于向末次冰期的过渡区,气候不稳定,小周期波动频繁。在75~58 ka BP(MIS4),全球气候进入了末次冰期阶段,持续至更新世末期。末次冰期内的气候被认为具有高度的不稳定性特征,其中包括气候明显转温,降水量充沛的间冰阶,也包括环境严重恶化、气温大幅下降的末次冰期最盛期(Last Glacial Maximum)。全球晚更新世气候变化的总体趋势在中国北方黄土—古土壤系列地层中已有很好反映(刘东生等,1985,1997;Xiao et al.,1995),也能与喜马拉雅冰芯、深海氧芯、洞穴石笋、湖泊沉积等其他第四纪沉积物建立良好的对应关系(Dansgaard et al.,1993;Chen et al.,1999;Hodell et al.,1999;Wang Y.J et al.,2001;Cosfrod et al.,2008)。

中国南方广泛发育的红土,作为古环境信息的载体,同样记录着它形成过程中环境变迁的丰富信息。迄今,有很多学者进行过红土古环境的系统研究。安徽宣城中更新世—晚更新世的典型剖面就是其中之一,通过研究将中更新世以来的沉积物划分为8个沉积旋回,代表了8个大的气候旋回(赵其国等,1995)。朱照宇(1995)也认为多次红土的形成具有多旋回发育的特征,华南多层古红土记录了全球的环境变化,可与深海氧同位素记录相对比,也可与我国北方黄土—古土壤系列联系研究。对洞庭盆地澧水流域红土剖面的元素及比值、磁化率、全氧化铁、有机质谷峰振荡等的研究,显示区域内亦曾发生多次冷暖气候变化旋回,与安徽宣城红土剖面和灵台黄土剖面反映的气候环境的变迁旋回具有明显的可比性,表明区域内气候环境和地球化学环境变化能较好地响应全球的环境演变(张建新等,2007)。胡思辉等(2006)的研究进一步表明,长江中游地区与全球冰期气候具有一致性,同时存在全球气候背景上区域性古环境变化特殊性和更高的分辨率,长江中游末次冰期以来至少发生过10次暖湿—干冷的气候旋回,氧同位素3a阶段末期还有几次快速的气候颤动。

近30年来，多位学者对洞庭盆地的第四纪气候进行过探讨（杨怀仁等，1980；景存义1982；蔡述明等，1984；张人权等，2001；柏道远等，2011），为我们了解澧水流域的更新世时期环境提供了较为详细的背景（表2.3）。虽然可能由于地层划分不统一以及孢粉保存程度差异，不同研究者关于洞庭盆地第四纪气候变化阶段的划分并不完全一致，但其总体反映出洞庭盆地第四纪以来气候变化具以下规律：早更新世、中更新世至晚更新世都存在冷暖、干湿的旋回性变化。早更新世早期，由冷干转为温湿；早更新世中期，为温湿至暖湿；早更新世晚期，由温凉转暖湿。中更新世早期气候干凉，中更新世晚期气候转为湿热；晚更新世早期气候仍保持湿热，到晚更新世晚期则气候转为干凉，具有寒冷—暖湿—寒冷的变化过程；全新世以来洞庭盆地的气候再次转为湿热。

表2.3 洞庭盆地（澧水流域）第四纪气候变化（改自张人权等，2001）

时　代		湖南省水文地质二队（1990）	杨达源（1999）	蔡述明等（1984）	杨怀仁等（1980）	柏道远等（2011）
全新世 Q₄		温和	暖湿	温暖湿热	温凉	复杂，总体温湿—暖湿
					温干	
					暖湿	
					温干	
					冷干	
晚更新世 Q₃	晚期	寒冷	冷偏湿	温	严寒偏干	寒冷
		冷干				
		凉干				
	早期	地层缺失	温和	温热	温湿	温湿
					寒冷	寒冷
中更新世 Q₂	晚期	温湿	湿热	暖	湿热	暖湿
		冷干				
	早期	温干	偏凉	寒温	寒冷	冷干—温湿
		湿热				暖湿
		温干				冷干
早更新世 Q₁	晚期	暖湿	凉湿	温	湿暖	暖湿
		温凉			冷	暖干
	早期	温湿—暖湿	温湿	温热	温暖	暖湿
		冷干—温湿			冷	冷干

迄今，澧水流域较为系统的晚更新世环境研究主要集中在末次冰期晚段至全新世早期阶段。毛龙江通过对澧县玉成剖面粗→变细→细→粗→细的粒度变化分析和年代测

定,认为末次冰期以来澧水流域经历了冷干(56~31.8 ka BP)→相对暖湿(31.8~23.8 ka BP)→冷湿(23.8~10.6 ka BP)→暖湿(10.6~6.96 ka BP)四个气候变化阶段(毛龙江等,2010a,2010b)。同时,对临澧县新安镇的杉龙剖面的稀土、粒度分析,也详细地揭示出了澧阳平原晚冰期千年尺度的气候变化过程,博令事件(14.74~13.82 ka BP)、老新仙女事件(13.82~12.86 ka BP)、阿勒罗德事件(12.86~11.46 ka BP)和新仙女事件(9.9~9 ka BP)均得到了较好的反映(毛龙江等,2010c)。郭媛媛等(2016)研究认为,在距今30~6 ka BP间,澧阳平原由冲沟发育的黄土台地向河湖发育的平原丘岗地貌过渡,气候环境经历了弱暖湿→气候变差→凉湿→波动回暖→暖湿的变化。

澧水流域晚更新世的气候波动起伏与冷暖交替变化构成了古人类在这一区域生活的古环境大背景,为我们探讨旧石器文化发展,古人类技术、行为与环境气候的关系,提供了重要的背景资料。目前,本书所研究诸遗址的化学元素、磁化率、粒度、孢粉等方面的古环境分析也在进一步的合作开展中。

第三章 乌鸦山遗址石制品分析

3.1 发掘和埋藏概况

2011年遗址发掘时按正南北向布 5×5 m 探方13个,探方东、北各留 1×4 m 隔梁,东北角留 1×1 m 关键柱。其中T1、T2保存有较厚的第2层(即遗址第1文化层),发掘完该层未继续往下揭露;T6发掘至第4层则停止;T7、T9、T10位于发掘区斜坡上,受到后期的一些扰动,在揭露完表土层后,因底部直接出露典型网纹红土且受时间限制而未继续往下发掘。因此,在当年的考古工作中,T3~T5、T8、T11~T13等7个探方被完整发掘,但T11~T13上部堆积已被工程车破坏,实际发掘面积约200 m²。遗址共揭露出7个自然层,划分为4个文化层,即CL1~CL4(图3.1)。

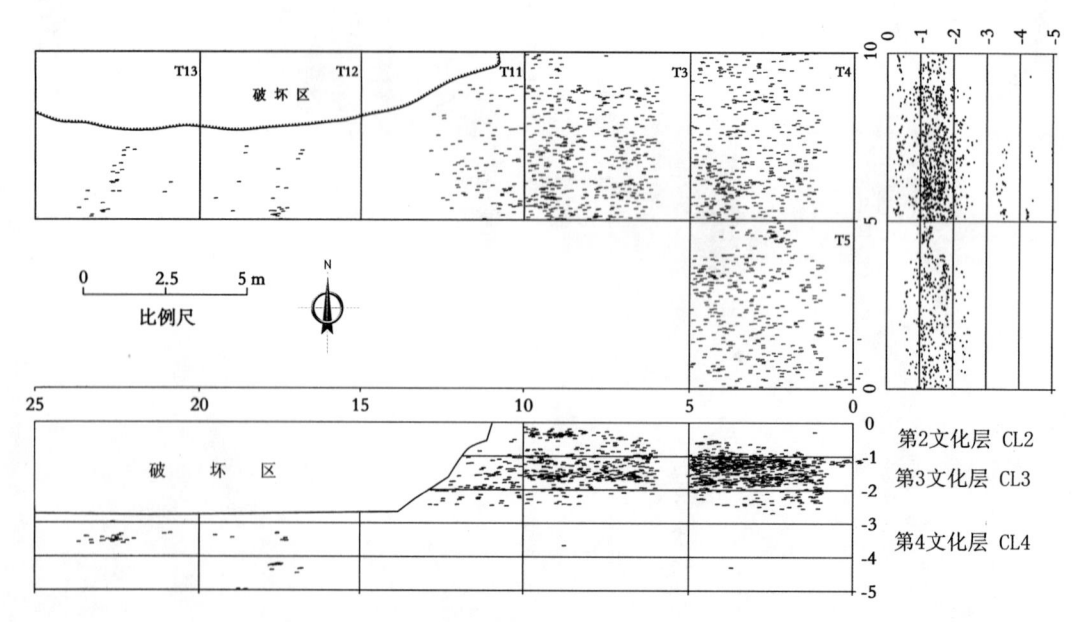

图 3.1 乌鸦山遗址局部探方石制品平、剖面分布图

从石制品平、剖面分布(图3.1)情况观察,遗物集中分布于探方内距地表约 1~2 m 的CL3 层中,其他文化层遗物数量相对较少。根据遗物倾角、倾向和长轴方向的统计(图3.2),石制品长轴方向没有明显集中的趋势,倾向的分布水平居多,其他方向则比较

均匀,倾角以水平和倾斜状态为主,垂直者较少。对标本风化和磨蚀的初步分析显示,石制品鲜有经过磨蚀者,而风化则以无风化和轻微风化居多,但仍有一定数量的中度和重度风化。以上现象表明,遗址中的标本基本没有受到水流等远距离搬运作用的影响,但可能在埋藏前有一定时间暴露于地表。综合石制品的组合、尺寸和拼合研究等考量,遗址各层在埋藏过程中受到自然力作用的影响较小,因而基本上应属原地埋藏。

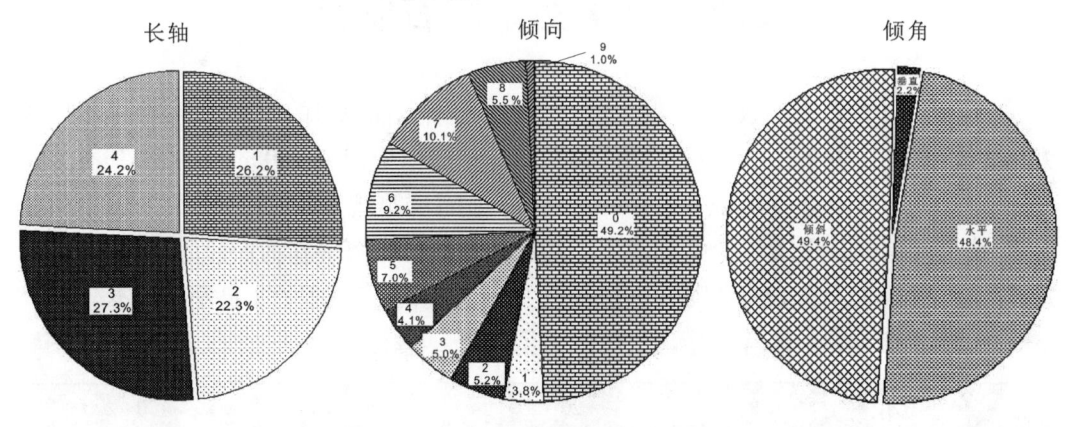

图 3.2 乌鸦山遗址出土器物产状统计

遗址各层共计出土石制品 1 715 件,包括石核、石片、断块、残片、碎屑、砾石和工具等类型,另有 18 件细小石块,其最大径尺寸普遍小于 20 mm,无任何人工痕迹,推测应系埋藏过程中因自然因素混入的,故本研究将其排除在外。

对各文化层石制品类型的统计(表 3.1)表明,总体上以废品为主,比例超过 50%,其次为完整石片,石核除在 CL4 中比例相对较高外(实际数量少),CL2、CL3 的石核数量所占比例均不高,工具的比例各层均较低。此外,CL2~CL4 中均存在一定数量的搬运砾石,可能是备料。

表 3.1 乌鸦山遗址石制品分类统计

文化层 类型		CL1 N	CL1 %	CL2 N	CL2 %	CL3 N	CL3 %	CL4 N	CL4 %	小计 N	小计 %
砾 石				20	3.5	30	2.87	8	8.6	58	3.38
石 核				32	5.59	72	6.88	14	15.05	118	6.88
完整石片		1	25	154	26.92	266	25.43	18	19.36	438	25.54
工 具		1	25	41	7.17	49	4.68	1	1.08	93	5.42
废品	断裂片			127	22.21	241	23.04	23	24.73	391	22.8
	残 片			65	11.36	120	11.47	10	10.75	195	11.37
	断 块	2	50	85	14.86	167	15.97	19	20.43	273	15.92
	碎 屑			47	8.22	97	9.27			144	8.4
石 锤				1	0.17	4	0.38			5	0.29
合 计		4	100	572	100	1 046	100	93	100	1 715	100

为加深对遗址石器工业发展的认识,本章以不同文化层的早晚关系为纵线,以石器剥片程序为重点,通过对出土标本的定性观察和定量分析,对乌鸦山遗址的原料、剥片、工具修理和废品特征等方面逐一进行分类描述。

3.2 第4文化层石制品

CL4层出土的石制品数量少,占乌鸦山遗址各层石制品总量的5.4%。各类标本尺寸大小的统计显示(表3.2),总体以小型(20~50 mm)和中型(50~100 mm)为主,其次为大型标本(100~200 mm)和微型(<20 mm)。结合石制品类型观察,石核和砾石以大、中型者居多,彼此具有对应性,从一个侧面表明搬运至遗址的砾石可能作为剥片的备料;完整石片以中、小型标本居多;废品类则以小型者为主,中型次之;工具仅有1件小型标本。

表3.2 CL4石制品尺寸大小(mm)的分类统计

类型\尺寸大小	<20 N	%	20~50 N	%	50~100 N	%	100~200 N	%
石 核			1	1.08	7	7.53	6	6.45
完整石片	2	2.15	7	7.53	9	9.58		
工 具			1	1.08				
废 品	4	4.3	38	40.86	10	10.75		
砾 石			1	1.08	2	2.15	5	5.38
合 计	6	6.45	48	51.61	28	30.11	11	11.83

从重量的分类统计(表3.3)可知,因废品的数量较多且个体较小,因而重量分布也在较轻范围,总体以50 g以下者居多。石片和修理工具也以1~50 g为主。但石核和砾石普遍较重,多超过200 g,且500 g以上的标本占多数。

表3.3 CL4石制品重量(g)的分类统计

类型\原料种类	<1 N	%	1~20 N	%	20~50 N	%	50~100 N	%	100~200 N	%	200~500 N	%	500~1 000 N	%	≥1 000 N	%
石 核					1	1.08			2	2.15	3	3.22	6	6.45	2	2.15
完整石片	1	1.08	5	5.37	7	7.53	2	2.15	3	3.23						
工 具			1	1.08												
废 品	3	3.22	31	33.33	11	11.82	4	4.3	2	2.15	1	1.08				
砾 石							1	1.08			2	2.15	4	4.3	1	1.08
合 计	4	4.3	37	39.78	19	20.43	7	7.53	7	7.53	6	6.45	10	10.75	3	3.23

3.2.1 剥　　片

3.2.1.1　石核特征的统计与分析

共出土石核 14 件,占该层石制品总数的 15.05%。石核均以砾石为原型,包括单台面和双台面两种普通石核,以Ⅱ2 型数量居多,不见多台面等其他类型(表 3.4)。石核片疤特征显示为锤击法剥片。

表 3.4　乌鸦山遗址各层石核类型统计

文化层	类型	普通石核						盘状石核	砸击石核	合计
		Ⅰ1 型	Ⅰ2 型	Ⅰ3 型	Ⅱ1 型	Ⅱ2 型	Ⅲ型			
CL2	数量(N)	5	6	7	3	4	6	0	1	32
	百分比(%)	15.62	18.75	21.88	9.38	12.5	18.75	0	3.12	100
CL3	数量(N)	9	13	10	6	23	8	3	0	72
	百分比(%)	12.5	18.06	13.89	8.33	31.94	11.11	4.17	0	100
CL4	数量(N)	3	1	3	1	6	0	0	0	14
	百分比(%)	21.43	7.14	21.43	7.14	42.86	0	0	0	100

(1) 原料

石核以石英砂岩(N=7,50%)为主要原料,其次为石英岩(N=4,28.6%),硅质板岩(N=2,14.3%)和燧石(N=1,7.1%)数量少。对比原料与石核类型,发现较为优质的燧石属测试性质的单台面石核,仅打下零星片疤,在该层中并未被有效利用,活动在此的人类似还没有表现出对这种原料剥片性能等有较深入的认识;其余三种原料在利用上呈现出与锤击石核总体相一致的特征,虽然在石英砂岩和石英岩原料中也有个别权宜性石核。

(2) 大小

出土石核的尺寸主要以中型(N=7)和大型(N=6)为主,小型很少(N=1)(表 3.2),未见微型和巨型标本。不同原料石核的大小和重量统计(表 3.5)显示,石核间存在较大的变异性,在每种岩性内部和不同岩性之间标准偏差值均较大,尤以重量变异值最为突出。鉴于原料的比重相差不大,因此反映了石核在体积(大小)上相对较大的变异度。但除 1 件燧石的尺寸为小型外,不同原料的长、宽数据平均值均为中型,最大值和最小值也在中型或大型范围内。

(3) 类型

14 件普通石核中单台面和双台面石核各 7 件。总体特点是未见剥片前对石核进行的预制工作,剥片策略呈现随机性,开发利用程度浅,主要寻求合适的台面和剥片面来生产石片,因而其形态受原型形状的影响大而较为多样。

表 3.5　CL4 不同原料石核长宽(mm)和重量(g)的测量统计

原料 项目	石英砂岩			石英岩			硅质板岩			燧石		
	长度	宽度	重量	长度	宽度	重量	长度	宽度	重量	长度	宽度	重量
最小值	50.04	65.64	176.11	66.32	79.72	472.3	39.42	81.19	145.07	22.32	34.58	44.72
最大值	95.58	132.86	1 432.8	101.65	123.29	1 627.4	73.2	105.6	905.3	22.32	34.58	44.72
平均值	73.5	90.57	646.69	81.02	97.95	832.43	56.31	93.4	525.19			
标准偏差值	19.8	26.75	418.17	14.85	19.22	538.17	23.89	17.26	537.56			

单台面石核：固定台面石核，对石核进行同向剥片，往往容易形成浅度利用的权宜性石核。CL4 石核中Ⅰ1 型、Ⅰ2 型数量较多(28.57%)，打片序列和剥片数量均较少，正是上述的权宜石核或测试石核(test core)。但是，单台面石核也能在同一个剥片面上通过更多次的打片以增加利用深度，片疤数量多数在 3 个以上，不过常常在遗址中由于受到技术、原料数量和质量等影响，最为普遍的情况是石核剥片数量仍然有限，多为 4~5 个有效剥片片疤。

这一类型的石核中代表着更高效率利用的另一种情况是：石核通过轴状旋转方式沿台面一周展开剥片，形成 2 个以上剥片面，经过这样多次利用后的石核有时形态近似漏斗形、圆柱形、楔形等较为规范的形状。CL4 中也发现有个别类似石核，如标本 LWT13⑥：1713，原型为砾石，黄色石英砂岩，形状为漏斗(龟背)形，长宽厚为 88.35×132.86×113.22 mm，重 1 432.8 g。素台面，形状不规则，台面大小为 132.29×107.8 mm，台面角为 60°~88°。3 个剥片面分布于石核的三面，共 10 个片疤。剥片方向为单向，主片疤不规则，长宽为 81.93×60.85 mm；自然面比为 20%(图 3.3，1)。

双台面石核：转向台面石核，剥片过程中调整台面方向，显示出较强的寻求合适台面和剥片面的意图。虽然大部分石核随着台面的增加，剥片深度会相应增加，但如果剥片序列的打片数量少，也会存在不少权宜石核，如Ⅱ1 型石核仅打下 2 个石片。CL4 双台面石核中剥片数多为 5~12 个，有 2 个以上剥片面者共 5 件，占双台面石核的 71.4%，表明剥片过程中台面和剥片面多出现转向。

主要结合台面性质、打片顺序和打片方向观察，CL4 双台面石核在剥片过程中的旋转可以看出三种方式：

第一种方式：转动不同的自然砾面，在同一个剥片面或不同剥片面打片，一般是最简单和常见的方式。如 LWT12⑥：1042，原型为砾石，灰色石英砂岩，形状不规则，长宽厚为 87.83×89.28×89.87 mm，重 898.6 g。2 个相对自然台面，主台面形状不规则，大小为 83.46×75.88 mm，台面角为 95°~110°。1 个剥片面，共 11 个片疤，剥片方向为对向。主片疤形状不规则，长宽为 47.94×40.33 mm。自然面比为 75%(图 3.3，3)。

第二种方式则是以新形成的剥片面为台面，旋转 90°在另一侧或几侧继续打片，原始台面多为自然砾面。如 LWT12⑥：880，原型为砾石，青黑色含碳质硅质板岩，形状不规则，长宽厚为 39.42×81.19×68.51 mm，重 145.07 g。2 个相连台面，1 个自然台面，1 个人工台面。先以砾石自然面为台面在一侧连续打片,然后以此剥片面为台面逆时针转向90度,在石核三侧剥片。主台面为多疤复杂台面,台面形状不规则,大小为81.19×68.51 mm,台面角为77°~82°。4个剥片面,共12个片疤,剥片方向为垂直;主片疤形状为扇形,长宽为26.67×37.14 mm;自然面比为15%(图3.3,2)。

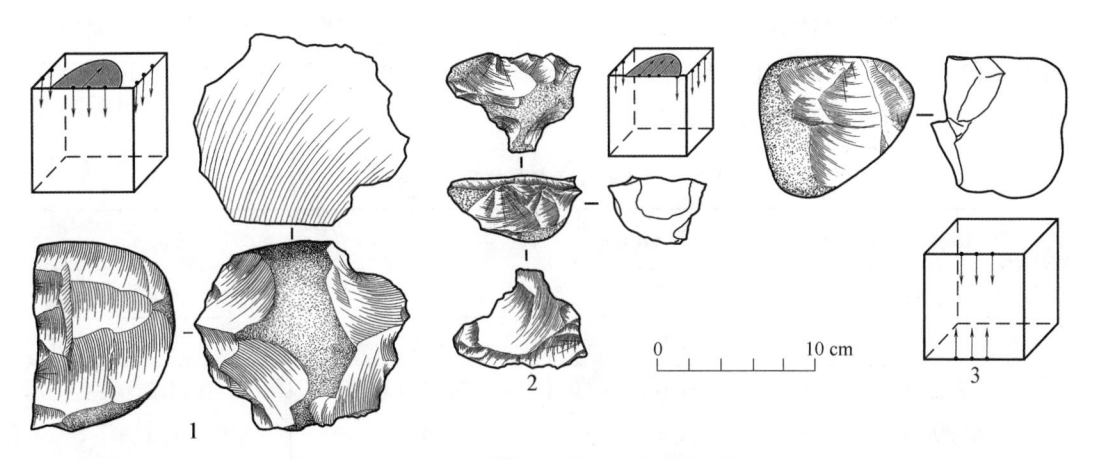

图3.3 乌鸦山遗址CL4石核
1. LWT13⑥:1713 2. LWT12⑥:880 3. LWT12⑥:1042

第三种方式与第二种方式相似,但原始台面已在后续打片中被剥离而不复存在,观察到的现存主台面由剥片面上的一系列片疤组成,以此为台面打片后又以新形成的剥片面垂直打片。它反映了打片过程中经历的2次旋转和反复,但并未显示出明显的固定方向或剥片模式,而只是试图在不断寻求合适的台面。这种石核在CL4中仅有1件,即标本LWT13⑦:1740:原型为砾石,硅质板岩,形状不规则,长宽厚为73.2×105.6×96.25 mm,重905.3 g。2个相连人工台面,在石核周围连续剥片后,同时又以新形成的剥片面向原台面旋转垂直剥片,部分破坏了原台面。主台面形状不规则,大小为102.87×88.95 mm,台面角为82°~110°。4个剥片面,共12个片疤,剥片方向为双向。主片疤形状不规则,长宽为58.81×51.09 mm。自然面比为40%。

(4)其他属性

石核主台面以自然台面(N=10,71.4%)为主,人工台面(N=4,28.6%)中主要利用打片前形成的剥片面,仅个别为有意制造的平坦素台面。不同岩性的石核都保存有较大的台面,台面角数值分布在60°~107°之间,平均值81.85°,标准偏差值13.18。普遍残存有很多的自然砾面(图3.4),石皮面积比在15%~95%之间,平均值65%,标准偏差值24.8%;保留自

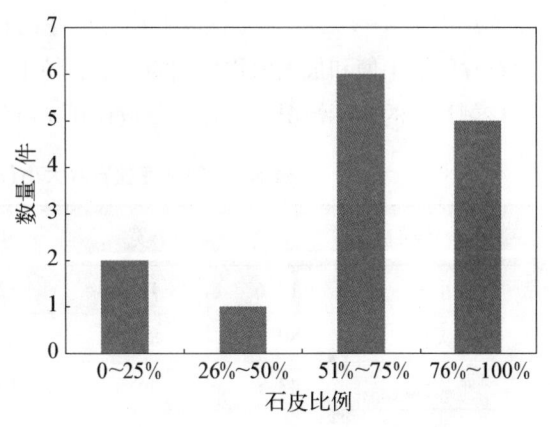

图3.4 CL4石核自然面残余统计图

然石皮比50%以上的标本占大多数,仅14.29%的标本的残余自然面在25%及以下。以上特点共同表明大多数石核的剥片率低,多数石核还可进一步生产石片。

可观察到的石核片疤数量为1~12个,平均为5.6个。对主片疤尺寸的统计(表3.6)表明,石核遗留的主要片疤尺寸平均值为中型,但最大值与最小值之间的差别较大。对石核打片方向的观察统计显示,剥片以单向为主,其次为垂直、对向和双向。虽然一定数量的垂直和对向在一定程度上能反映先民对石核剥片认识初具计划性,但总体上并不存在严格的规律性特点和清晰、系统的剥坯"概念型板"。

表3.6 CL4石核主要片疤尺寸统计

测量统计项目	主片疤长(mm)	主片疤宽(mm)	长宽比
最小值	26.7	22.3	0.7
最大值	81.9	60.9	2.1
平均值	51.6	42.7	1.3
标准偏差	14.4	12.7	0.4

3.2.1.2 完整石片类型与特征分析

共发现完整石片18件,占本层石制品总数的19.36%。原料以石英砂岩(N=6,33.3%)相对较多,其次为石英岩(N=4,22.2%)和燧石(N=4,22.2%),硅质板岩(N=3,16.7%)和脉石英(N=1,5.6%)较少。与该层同出石核相比,原料构成比例基本相当,但石核中未见脉石英,燧石原料的石片也明显多于石核上所遗留的片疤数量。鉴于CL4层石制品主要出自T12、T13两个不完整的探方内,这种差异也有可能与发掘面积有限相关。

石片的尺寸统计(表3.7)显示,长度介于12.6~80.4 mm,平均值43.7 mm,宽度介于11.2~80.9 mm,平均值46.5 mm,厚度介于2.4~27.1 mm,平均值14.3 mm,长、宽平均值均为小型,但标准偏差值较大,总体上石片应以小型和中型为主,且其长宽比趋于接近,宽厚比集中于2~4之间。与石核主片疤尺寸比较(表3.6),两者平均值和长宽比均较接近,而石片的最小值和最大值均分别略小于石核主片疤,除去测量上的误差外,这可能基本符合石核剥片后的实际情况。石片的重量在0.3~155.8 g之间,平均值44.4 g,标准偏差值44.4。

表3.7 CL4完整石片大小(mm)和重量(g)测量统计

测量统计项目	长	宽	厚	重	长宽比	宽厚比
最小值	12.6	11.2	2.4	0.3	0.6	1.7
最大值	80.4	80.9	27.1	155.8	1.6	10.5
平均值	43.7	46.5	14.3	44.4	1.0	3.8
标准偏差值	18.8	19.5	7.4	44.4	0.2	1.9

据前述石制品的分类方案,该层石片类型除Ⅳ型外,其余各型均可见到,以Ⅱ型(N=6)和Ⅴ型(N=6)为主,Ⅲ型(N=3)次之,Ⅰ型(N=2)和Ⅵ型(N=1)最少(图3.5;图3.6,1~3)。石片中自然台面(N=11)多于人工台面(N=7),说明以第一代(first generation)的产品为主,人工台面中除1件为棱脊台面外,余者均为素台面。石片背面无自然面保留的Ⅲ型和Ⅵ型通常被认为处于剥片的次级阶段,CL4中这两类石片所占比例仅为22.2%,而大部分石片属于初级剥片产品,因此,这种模式反映古人类对原料的利用效率较低,这与上文对石核的分析基本一致。

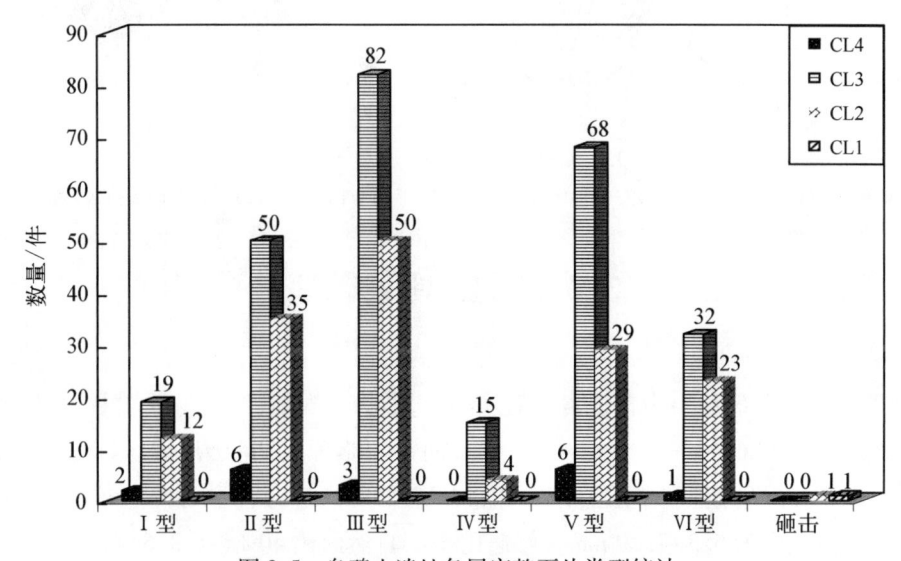

图3.5 乌鸦山遗址各层完整石片类型统计

台面形状不规则者最多(77.8%),另有少量为三角形和透镜形。石片角在77°~135°间均有分布,多集中于80°~120°之间,平均值107°,标准偏差值18°;背缘角介于50°~102°之间,平均值81°,标准偏差值14.7°。石片中一半以上者可见有清晰的打击点,但多数较浅;腹面锥疤、同心纹和放射线特征不明显;部分可见有明显的打击泡(N=7,38.9%),多为平凸,内凹者1件;少数还可见有半锥体(N=5,27.8%)。远端形态以羽状最多,外翻、内卷、滚圆和斜底均有少量标本。这些特点显示出徒手自由剥片的石器打制方法。

石片背面片疤数量0~7个不等,多为1~3个,以2个片疤的石片为主,仅有1件石片背面保留有7个片疤,另有2件背面全为自然面。背脊形态多样,包括斜脊、正纵、单偏纵、L形、C形、U形、复杂背脊或无背脊等,以斜脊相对较多。CL4背脊特征的多样化表明,总体并未显示出强烈的背脊控制行为,但一些较为规范背脊的存在也说明剥片并非是完全随意的,古人已注意到了背脊对石片形态控制的影响。

对背面片疤方向的统计,75%为单向片疤,18.8%为双向片疤,6.2%为对向片疤,表明绝大多数石片的背面片疤方向与石片本身的打片方向相同或相近,未见特殊的打片方式。

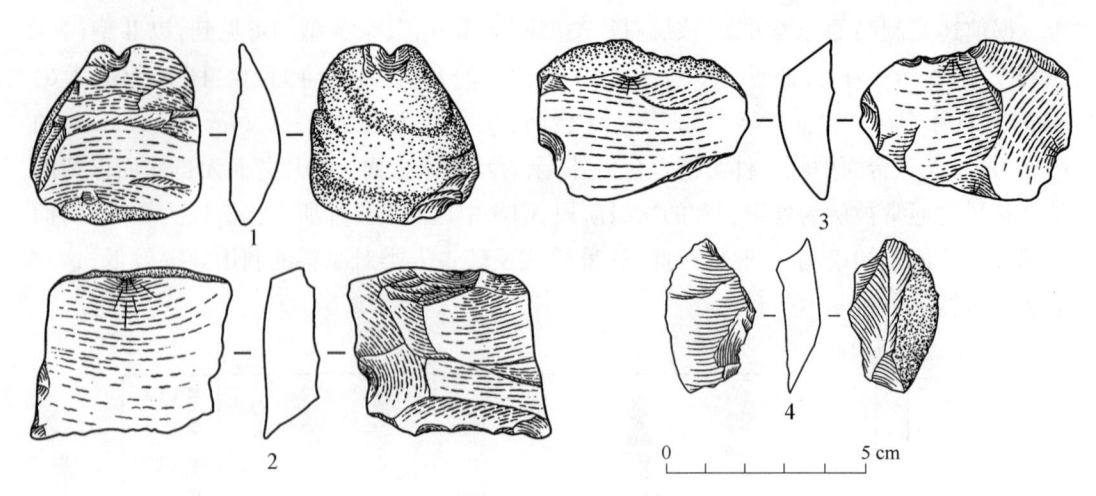

图 3.6　乌鸦山遗址 CL4 石片和刮削器
1、2. Ⅱ型石片(LWT3⑥:1608、LWT3⑥:1639)　3. Ⅲ型石片(LWT3⑥:1711)　4. 刮削器(LWT3⑥:1716)

3.2.2　工具修理

仅发现 1 件刮削器。

LWT13⑥:1716,原料为青色含碳硅质板岩,形状不规则,毛坯为远端断片,长宽厚为 36.39×23.95×9.78 mm,重 7.88 g。在一侧反向锤击修理成凹状刃,刃缘部分加工,修理刃长 16.69 mm,刃角 67°。单层连续分布的不规则形修疤,共 5 个,修疤较深,加工距离短,最大修疤长、宽为 5.3×7.29 mm。修疤比 5%,自然面比 40%(图 3.6,4)。

3.2.3　废　　品

52 件,是数量最多的一类产品,占 CL4 石制品总数的 55.91%。包括断裂片(N=23,44.23%)、残片(N=10,19.23%)和断块(N=19,36.54%)等类型,但没有发现碎屑。

废品的原料以石英岩(N=16)、石英砂岩(N=15)、硅质板岩(N=14)为主,只有少量燧石(N=5)和脉石英(N=2)。从废品中不同类型的原料构成(图 3.7)分析,燧石原料中不见残片类型,脉石英中没有断裂片类型,仅各有 1 件断块和残片,其余三种原料的利用情况总体相差不大,不过断裂片以石英岩和石英砂岩原料居多,而断块以石英砂岩和硅质板岩的原料为主。

根据测量统计结果(表 3.8),断裂片长度平均值为 34.38 mm,标准偏差 13.07 mm;重量在 0.71~75.16 g 之间,平均值 18.89 g,标准偏差 19.37 g。残片以小型为主,长度平均值 32.02 mm,标准偏差 11.68 mm;重量在 0.27~25.51 g 之间,标准偏差 7.84 g。断块个体尺寸差别较大,长度在 18.61~82.44 之间,平均值 40.78 mm;重量在 1.89~225.19 之间,平均值 44.71 g,标准偏差 63.93 g。

图 3.7　CL4 废品各类型的原料构成

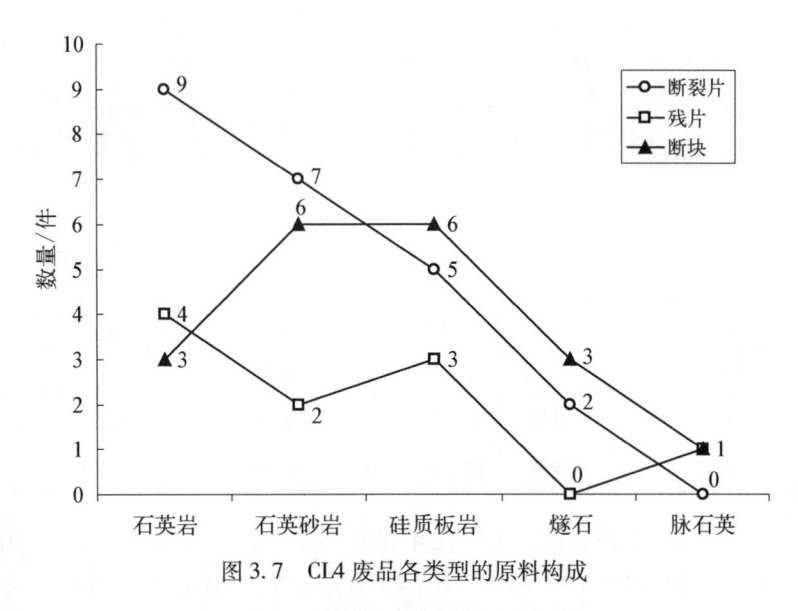

表 3.8　CL4 废品各类型的长度(mm)与重量(g)统计

统计项目 类型	长度 最小	长度 最大	长度 平均	长度 标准偏差	重量 最小	重量 最大	重量 平均	重量 标准偏差
断裂片	14.26	68.34	34.38	13.07	0.71	75.16	18.89	19.37
残　片	12.97	47.74	32.02	11.68	0.27	25.51	9.08	7.84
断　块	18.61	82.44	40.78	17.23	1.89	225.19	44.71	63.93

3.3　第 3 文化层石制品

CL3 中共出土标本 1 046 件,占遗址所有石制品数量的 60.99%,是乌鸦山遗址的主要文化层。标本类型包括砾石、石锤、石核、完整石片、工具和废品,石制品组合统计显示以废品为主体(表 3.1)。

通过对该层石制品尺寸的统计(表 3.9)可以看出,标本总体以小型和中型为主,各占总数的 56.22% 和 29.83%;其次为微型标本,占 11.57%;大型和巨型标本并不多,分别占 2.29% 和 0.09%。具体到不同类型来说,完整石片以小型和中型居多,废品类产品以小型和微型为主,这两者数量多且个体小,因而使得整体石制品尺寸的统计值趋小;砾石、石核则明显以中型和大型为主,小型的石核数量相对较少,显然两者的对应关系表明作为原料的砾石形态结构对乌鸦山遗址石制品的面貌有不可忽视的影响和塑造作用;修理工具以中型居多,小型和大型者较少;打击类产品(石锤)也均为中型。

表 3.9　CL3 石制品尺寸大小(mm)的分类统计

类型＼尺寸大小	<20 N	<20 %	20~50 N	20~50 %	50~100 N	50~100 %	100~200 N	100~200 %	≥200 N	≥200 %
砾石					19	1.82	11	1.05		
石锤					4	0.38				
石核			11	1.05	51	4.88	9	0.86	1	
完整石片	5	0.48	154	14.73	107	10.23				
工具			8	0.76	38	3.63	3	0.29		
废品	116	11.09	415	39.68	93	8.89	1	0.09		
合计	121	11.57	588	56.22	312	29.83	24	2.29	1	0.09

石制品这种尺寸上的差异也反映在重量的统计上。标本总体以 1~20 g 的居多(54.02%),其次为 20~50 g(17.21%),50~100 g、100~200 g、200~500 g 的标本各占 9.27%、5.54% 和 3.54%,小于 1 g 的标本也占 6.98%,大于 500 g 的标本数量相对较少,占 3.44%(表 3.10)。具体到各类型,砾石、石锤和石核均偏重,前两者集中分布在 200 g 以上,后者多集中在 100~500 g 之间;完整石片和废品以 1~20 g 者居多;工具则多介于 20~100 g 间,也有少量超过 200 g 的标本。

表 3.10　CL3 石制品重量(g)的分类统计

类型＼原料种类	<1 N	<1 %	1~20 N	1~20 %	20~50 N	20~50 %	50~100 N	50~100 %	100~200 N	100~200 %	200~500 N	200~500 %	500~1000 N	500~1000 %	≥1000 N	≥1000 %
石核			2	0.19	5	0.49	12	1.15	17	1.63	19	1.82	11	1.05	6	0.57
完整石片	3	0.29	138	13.19	76	7.27	35	3.35	14	1.34						
工具			6	0.57	14	1.34	16	1.53	6	0.57	6	0.57	1	0.09		
废品	70	6.69	419	40.06	85	8.13	33	3.15	17	1.63	1	0.09				
砾石							1	0.09	4	0.38	9	0.86	14	1.34	2	0.19
石锤											2	0.19	2	0.19		
合计	73	6.98	565	54.02	180	17.21	97	9.27	58	5.54	37	3.54	28	2.68	8	0.76

3.3.1　剥　　片

3.3.1.1　石核特征的统计与分析

共出土锤击石核 72 件,占 CL3 层石制品总数的 6.88%。类型可分为普通石核(N=69,95.83%)和盘状石核(N=3,4.17%)(表 3.4)。根据台面和剥片疤数量又可将普通石核进一步分为单台面、双台面和多台面,前者为固定台面石核,后两种为转向台面石核。盘状石核虽然数量较少,但较普通石核有更为固定的剥片程序。遗址中不见具有剥片前进行过修理台面等预制工作的系统剥片策略,因而均属简单剥片石核。

(1) 原料

石核原料以石英砂岩(N=26,36.11%)和石英岩(N=20,27.78%)居多,其次为硅质板岩(N=13,18.06%),燧石(N=8,11.11%)和脉石英(N=5,6.94%)数量相对较少(图3.8)。具体到不同石核类型的原料,普通石核见于所有种类的原料中,而盘状石核主要为石英砂岩和脉石英,但由于标本太少,两者在原料的选择偏向性上不明显。在普通锤击石核中,燧石类的石核以单台面为主,且多为剥片疤少的Ⅰ1型和Ⅰ2型,表明对这种原料的利用率很低;脉石英的利用率则相对要高,主要在双台面(Ⅱ2型)和多台面(Ⅲ型)中被使用;石英砂岩、石英岩、硅质板岩均主要为单台面和双台面石核,相比而言前两者在多台面石核中发现较多,显示这两种原料较其他原料有着相对较高的利用率。

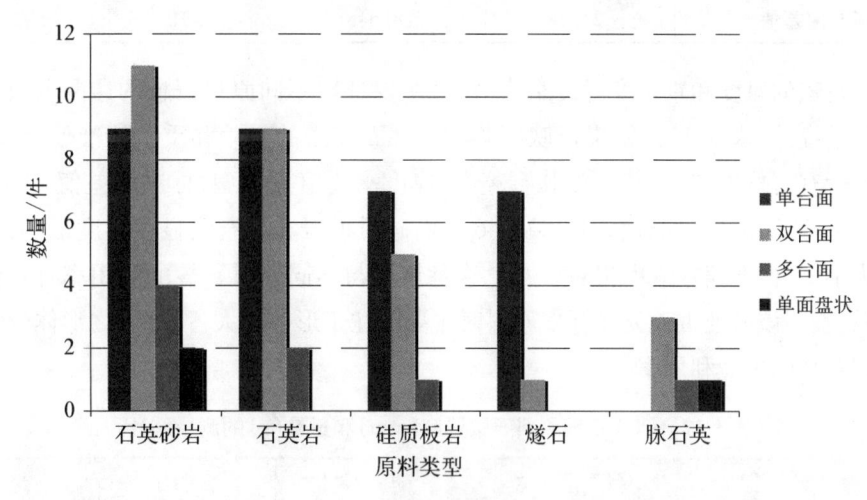

图3.8 CL3锤击石核各类型原料分类统计

以上情况对石核原料的利用分析,尽管未表现出明显的倾向性原料使用策略,但对不同原料的使用效率却有着一些差异,燧石个体相对较小,对内部质地的细微观察也发现内部节理较发育,多属于质量较差的燧石,因而古人获取原料时并未特别关注,在打片过程中可能也并不理想,因而仅尝试性利用;相比来说,石英砂岩、石英岩个体最大,虽然并非优质原料,且不易搬运或携带,也不利于系统技术的运用,但却很容易剥下简单石片,所以在所有原料中利用率最高。硅质板岩一般呈青黑色,是遗址中一种较有特色的原料,部分石料具有均质结构、油脂光泽和一定的韧性和硬度,因而应是较好的一类石料,但CL3层中选择它进行剥片的石核数量较少。

(2) 大小

石核尺寸主要以中型和小型为主,分别为51件和11件,各占总数的70.83%和15.28%;大型标本有9件,占12.5%;巨型标本也有1件,占1.39%,未见微型标本

(表 3.9)。锤击石核总体大小和重量的统计显示(表 3.11),虽然尺寸平均值在中型范围内,重量平均值在 500 g 以下,但石核个体大小和重量的变异均较大,表明石核形态极为多样。具体而言,石核长度在 16.01~141.3 mm 之间,平均值 57.68 mm,标准偏差值 21.18 mm;宽度在 25.72~162.5 mm 之间,平均值 68.01 mm,标准偏差值 28.64 mm;厚度在 15.62~237.7 mm 之间,平均值 56.58 mm,标准偏差值 33.01 mm;尤其是重量分布于 17.27~4464.9 g 两个相差甚大的极值之间,平均值 378.94 g,标准偏差值达 592.42 g。

表 3.11　CL3 石核大小(mm)、重量(g)的测量统计

测量统计项目	长度	宽度	厚度	重量
最小值	16.01	25.72	15.62	17.27
最大值	141.3	162.5	237.7	4 464.9
平均值	57.68	68.01	56.58	378.94
标准偏差值	21.18	28.64	33.01	592.42

鉴于石核的厚度和重量变异度最大,因此主要选取不同原料石核的这两者数值作为指标进行了统计(表 3.12),结果反映石英砂岩和石英岩的尺寸和重量标准偏差值最大,其尺寸在所有石核中较大;其次为脉石英类,厚度平均值为中型,标准偏差值 21.61 mm,重量平均值 314.82 g,标准偏差值 203.46 g;而硅质板岩和燧石明显变异度最小,厚度平均值均为小型,标准偏差值也相对较小。这种情况与不同原料石核的利用率有着清楚的对应关系,表明该遗址古人类在开发原料时主要关注于形体较大者,并较之形体较小的原料有着相对高的剥片利用率。

表 3.12　CL3 不同原料石核厚度(mm)和重量(g)的测量统计

原料 项目	石英砂岩 厚度	石英砂岩 重量	石英岩 厚度	石英岩 重量	硅质板岩 厚度	硅质板岩 重量	燧石 厚度	燧石 重量	脉石英 厚度	脉石英 重量
最小值	23.99	50.14	21.74	24.38	29.16	59.25	15.62	17.27	25.99	95.86
最大值	237.7	4 464.9	127.77	1 804.6	74.93	543.2	89.01	478.91	75.12	542.6
平均值	68.34	597.41	55.49	333.57	46.09	197.94	39.37	124.63	54.61	314.82
标准偏差值	42.06	869.12	30.12	407.22	13.21	154.54	25.32	162.71	21.61	203.46

(3) 类型

包括普通石核(N=69,95.83%)和单面盘状石核(N=3,4.17%)两类。

普通石核　占该层石核总数的绝大多数。不对石核进行预制修理,直接利用合适的台面和剥片面进行打片,受原型的大小和形态影响大,普遍可以看出原始毛坯的形态特征,石核形态较为多样。根据台面和剥片疤数量、转向等特征,可再分为单台面、双台面和多台面三种。

单台面石核：固定台面石核，共32件，占普通石核类产品的46.38%。绝大多数（N=27）直接利用自然面进行剥片，人工台面者少（N=5），多为前一阶段的剥片面或打片时毛坯已具有的片疤面，基本不见有意制造人工台面的行为。综合观察此类石核，仅有1~2个剥离片疤、利用率极低的石核达22件，占了单台面石核总数的2/3以上，一般称为权宜石核或测试石核。

另一部分石核（N=7）也显示了较强的剥片控制性，能够在一个剥片面上连续打片，有效片疤数量以4个居多，但片疤阴痕显示所剥取的石片并无规则形态。如LWT5⑤：695，原型为砾石，黄色砂岩，形状不规则，长宽厚为72.68×102.68×94.53 mm，重1151.3 g。自然台面，略呈椭圆形，台面大小为99.84×90.61 mm，台面角为85°~111°。在砾石一侧连续性单向剥片，1个剥片面，共5个片疤，最大片疤长宽为71.04×52.75 mm。自然面比为70%（图3.9,1）。这类石核多以自然台面为主，类似典型石核还有如标本LWT4⑤：1188。

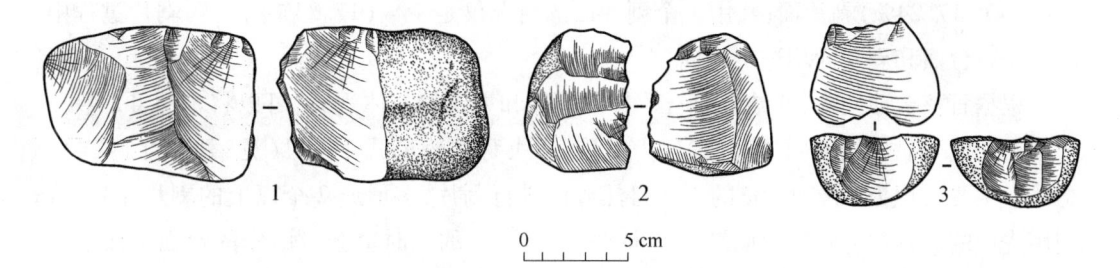

图3.9 乌鸦山遗址CL3单台面石核
1. LWT5⑤：695 2. LWT3⑤：898 3. LWT5⑤：1064

同时，还发现一件以先前剥片面为台面旋转90度之后再继续打片者，它与下文将叙述的双台面石核中的"两面打法"石核剥片理念相似，但打片先后顺序存在差异，造成能观察到的台面数量存在单、双的区别。其已显示剥片具备了一定的计划性。标本LWT3⑤：898，原型为砾石，黄褐色石英砂岩，形状不规则，长宽厚为49.58×63.64×60.86 mm，重233.91 g。棱脊片疤人工台面，由先前剥片面的2个片疤组成，形状不规则，大小为60.06×60.86 mm，台面角为79°~97°。1个剥片面，共6个片疤，主片疤长方形，长宽为41.45×25.53 mm。自然面比为40%（图3.9,2）。

随着利用程度增加，石核的不同侧面会逐渐得到开发，剥片序列和剥片面也会相应增多，这类石核中具有2个剥片面者仅3件，剥片数量也仍较少，均为四五个，因对石核原型改变少，石核形态也不见规范者。石核的台面主要为自然台面，也有个别为素台面。

LWT3④：765，原型为砾石，灰青色燧石，侧面形状呈D型，长宽厚为70.42×74.19×37.76 mm，重244.97 g。自然台面，台面形状略呈弓形，大小为36.91×21.91 mm，台面角为72°~98°。在砾石相邻两侧剥片，2个剥片面，共4个片疤，主片疤形状为不规则长条形,长宽为53.98×40.19 mm。自然面比为60%。

LWT5⑤：1064,原型不确定,棕褐色石英砂岩,形状不规则,长宽厚为29.59×63.64×48.05 mm,重115.63 g。素台面,形状不规则,大小为63.67×48.24 mm,台面角为75°~87°。在相对的两侧剥片,2个剥片面,共5个片疤,主片疤大小为29.67、34.31 mm。自然面比为40%(图3.9,3)。

双台面石核：转向台面石核,共29件,占普通石核总数的42.03%。台面的转向一般是在原台面不太适合继续打片情况下,寻求更合适的新台面以增加剥片数,但很明显遗址该层的双台面石核中也有不少打片相当简单、随意,甚至剥片意图不明确者,不少石核仅有2个片疤(N=6),即被我们归为Ⅱ1型的石核。在Ⅱ2型石核中也有少数(N=3)利用断块的情况,它们在打片序列、片疤数量和大小等方面反映出的特点显示出浓厚的权宜性。尽管如此,多数双台面石核(N=20)仍表明有较高的利用率,剥片片疤数以6~8个居多。对石核剥片面数量的统计显示,大部分双台面石核均有2个(N=19,65.52%)或3个(N=5,17.24%)剥片面,共用1个剥片面的情况仅是少数(17.24%),表明剥片过程中倾向于将台面和剥片面均进行转向。

根据石核台面性质,并结合对石核打片顺序和方向的具体观察,可以将本层Ⅱ2型(3个以上片疤)石核的旋转打片方式分为5种,本书称之为模式Ⅰ~Ⅵ(见第四章图4.4)。总体上主要表现为：转动石核的不同自然砾面进行剥片,多形成2个以上的剥片序列；或利用先前的剥片面为新的台面继续转向垂直打片,有的同时也会对原先的台面造成了部分甚至完全的破坏。在石核台面的处理中并没有投入太多精力,而只是对有合适台面角的既有平坦面加以利用,因此人工有意创造平坦素台面的行为在遗址中很不普遍,仅发现不太典型的2例。

模式Ⅰ：旋转相邻、相对的自然砾面为台面,在同一剥片面(N=5)或不同的2个剥片面(N=6)上打片。这类石核数量最多,共11件,打片多无法分辨出先后顺序,通常是对原料的浅度开发。

如LWT5④：453,原型为砾石,白色石英原料,形状不规则,长宽厚为61.01 mm×58.71×71.56 mm,重393.51 g。2个相邻自然台面,主台面形状为长方形,台面大小50.65×39.58 mm,台面角为102°~104°。2个剥片面,共8个片疤,剥片方向为双向,主片疤形态不规则,长宽为45.57×23.08 mm。自然面比为70%(图3.10,1)。

模式Ⅱ：以自然面为台面剥片后,旋转90°再以新形成的剥片面为台面,向另一面垂直打片。这类石核共8件。新的剥片面可能为单一片疤的素台面,也有可能为多个片疤形成的片疤面。有时初始进行的打片也有可能在事实上相当于为下一阶段剥片而进行的台面修理。但在CL3的这类石核中,并未发现明确的典型修理台面行为,更大程度上是初始剥片疤客观上为下续的剥片创造了较为理想的人工台面。从某种程度意义上说,这种程式的确反映了古人类在打制石器中已初具计划性。

LWT5⑤：1315,原型为砾石,黄色石英砂岩原料,形状不规则,长宽厚为81.89×

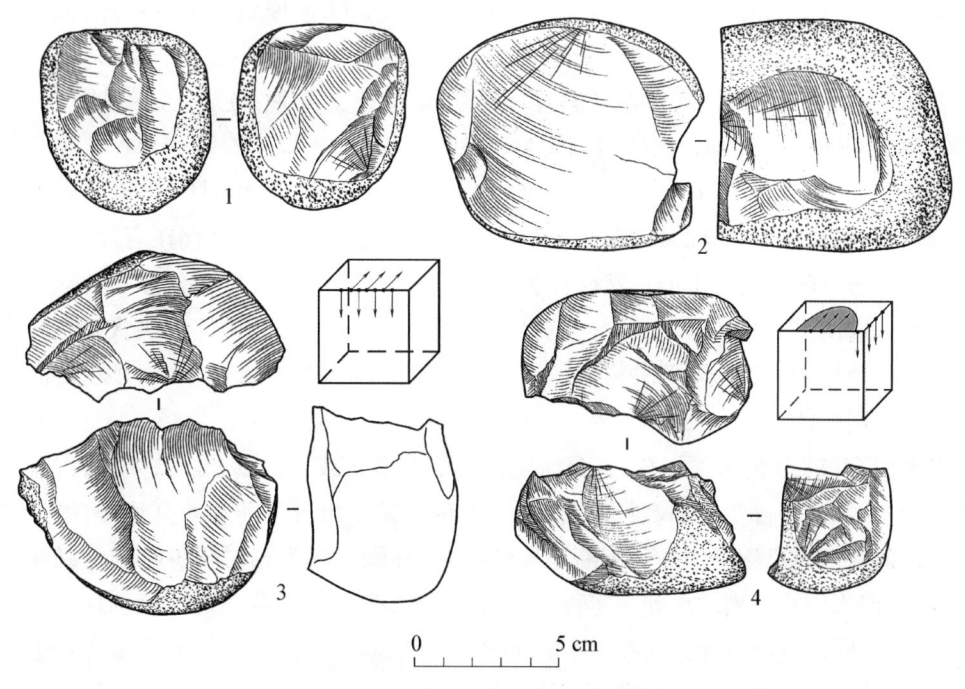

图 3.10　乌鸦山遗址 CL3 双台面石核
1. LWT5⑤：453　2. LWT5⑤：1315　3. LWT4⑤：1662　4. LWT3④：737

80.43×90.89 mm,重 941.8 g。2 个相连台面,素台面和自然台面各一个。在砾石一端打下 1 个石片形成人工台面,转向在另一侧垂直剥片。主台面为素台面,略呈椭圆形,大小为 72.19×90.89 mm,台面角为 82°。2 个剥片面,共 3 个以上片疤,剥片方向为垂直,主片疤不规则,长宽为 66.78×35.41 mm;自然面比为 70%(图 3.10,2)。

LWT3④：737,原型为砾石,浅紫色石英岩原料,形状不规则,长宽厚为 49.67×65.35×45.05 mm,重 229.34 g。2 个相连台面,台面 1 性质为石皮+片疤,台面 2 性质为片疤台面。石核先以自然面为台面在一侧连续剥片,然后以此剥片面为台面转向 90 度继续向另一侧垂直打片,并破坏了部分原台面。主台面大小为 65.35×43.24 mm,台面角为 87°~95°。2 个剥片面,共 9 个以上片疤,剥片方向为垂直,主片疤不规则,长宽为 25.14×26.48 mm;自然面比为 40%(图 3.10,4)。

模式Ⅲ：类似于双面砍砸器,这类石核在坯材的一侧连续两面剥片,一般两个侧面互为台面和剥片面,均可以看到明显的打击点,两工作面的夹角既有钝角也有锐角,有研究者根据这种夹角的差异进而区分为双面陡刃打法(bifacial abrupt method)和双面简单打法(bifacial simple method)(Torre and Mora,2005),更多的研究者将它们统一归于双面打法技术的石核(bifacial core)里面(王佳音,2012;Grant,2014)。这类石核也有 1 件,但仍不太典型,显示这种石核剥片技术程式可能处于运用的初始阶段。

LWT4⑤：1662,原型为砾石,青黄色石英岩原料,形状不规则,长宽厚为 47.09×88.09×70.56 mm,重 332.94 g。2 个相连台面,均为人工台面。先在砾石一侧连续剥片形成由多个片疤所组成的剥片面,再以此为人工台面转向 90°向原台面继续剥片,最后又以新形成的片疤面为台面垂直向初始剥片面打片。主台面形状不规则,台面大小为 58.49×59.49 mm,台面角为 85°～90°;2 个剥片面,共 10 个以上片疤,主片疤不规则,长宽为 33.66×31.18 mm。自然面比为 40%(图 3.10,3)。

模式Ⅳ和模式Ⅵ:与模式Ⅰ大体相似,也是直接旋转相邻、相对的不同台面进行剥片,但有的石核受原型状态的影响(如断块),在剥片之前毛坯表面已存在有片疤面,因此模式Ⅳ往往通过转动毛坯上的自然砾面和片疤面进行打片,模式Ⅵ则全部为转动片疤面进行打片。这两类石核数量均很少,分别为 1 件和 2 件,表明利用破碎的块状坯材作为选材进行的剥片很少发生。这两种模式的石核在该层中的剥片数量也较少,显示出简单和偶尔性的利用方式。

多台面石核:转向台面石核,且台面旋转次数在 2 次或 2 次以上。共 8 件,占普通石核总数的 11.59%。随着台面数量的增多,除少量仍显示出极为随意的打片外,绝大部分剥片利用的深度也已逐渐增加。不断地旋转打片,在剥片序列相对较少时仍可判断出打片的顺序,但当剥片序列增加到一定程度后,很多时候就会影响我们对石核剥片顺序的释读。此外,不同的旋转打片方式在多次转向的连续性剥片后在石核的最终形态上也会逐渐趋同,极致的例子则是近球状的多面体石核。

多台面石核是对双台面石核的进一步利用,因而它的旋转剥片方式可以建立在双台面的几种模式基础之上。CL3 多台面石核中的一种剥片模式是在双台面模式Ⅰ的基础上,旋转第 3 个自然台面或以新形成的剥片面再次打片,这类石核共 3 件。如 LWT3④:632,原型为砾石,青色石英岩原料,形状不规则,长宽厚 54.88×85.21×78.36 mm,重 373.38 g。3 个台面,以相邻两自然砾面为台面向同一侧剥片后,再逆时针转向 90°以此为台面进行下一阶段的剥片。主台面为自然台面,台面形状不规则,大小为 67.56×68.38 mm,台面角为 89°～92°。3 个剥片面,共 8 个片疤,剥片方向为多向,主片疤形状不规则,长宽为 56.03×41.91 mm。自然面比为 50%(图 3.11,4)。

另一种方式则可能是在模式Ⅲ、模式Ⅳ的基础上,再经历 1～2 次旋转打片,剥片常没有固定方向,可观察到的台面以片疤台面居多,这类石核有 2 件。上述的石核若再次旋转横向打片直至最后呈现出多面体形状(N=3),此时台面角往往过大,石核几乎达到了简单剥片的极限,因不再适合打片而废弃。

LWT5④:391,原型为砾石,灰白色石英砂岩原料,形状不规则,长宽厚为 72.55×78.93×59.85 mm,重 377.02 g。3 个台面,其中人工台面 1 个,片疤+石皮台面 2 个。主台面为先前剥片形成的片疤人工台面,在两侧连续性打片,并以新形成的片疤面为台面不断旋转剥片,形成较典型的多面体石核。主台面形状不规则,台面大小为 65.41×44.96 mm,台面角为 85°～115°。5 个剥片面,共 18 个片疤,剥片方向为多向,主片疤形状不规则,长宽为 43.95×42.51 mm;自然面比为 10%(图 3.11,1)。

盘状石核:共 3 件,占石核总数的 4.17%,包括单面盘状石核(N=2)和双面盘状石核

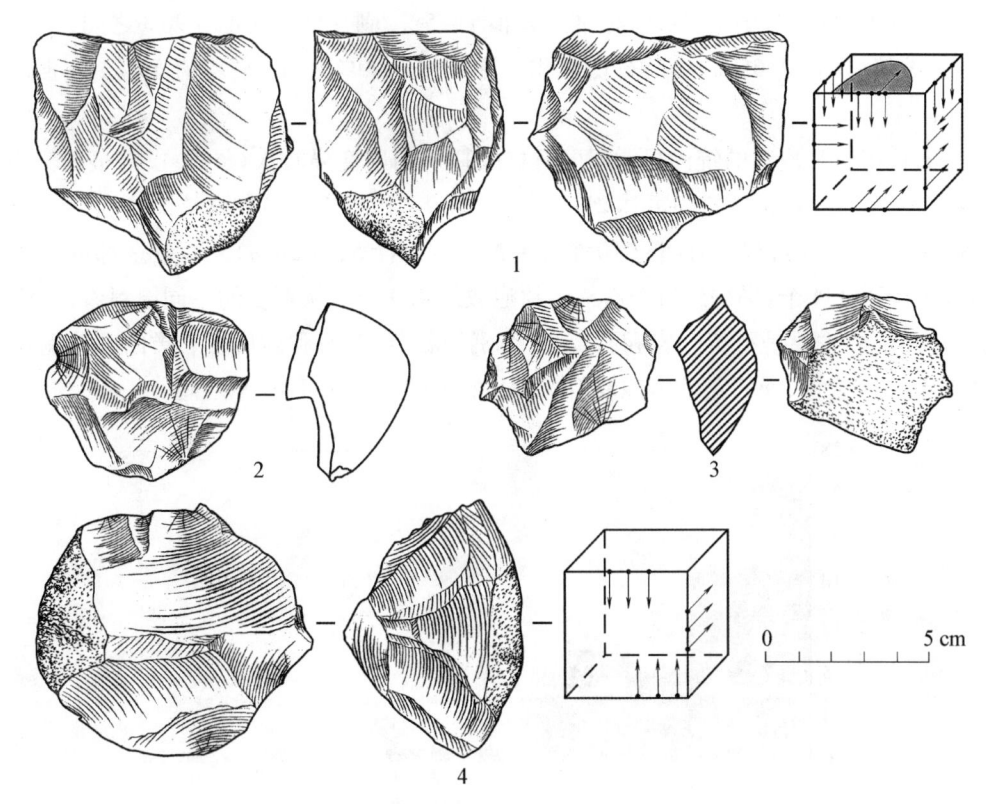

图 3.11 乌鸦山遗址 CL3 多台面石核和盘状石核
1. LWT5④:391 2. LWT5⑤:957 3. LWT3⑤:1409 4. LWT3④:632

(N=1)。采用向心剥片方式进行剥坯,但主要仅在一面剥片并形成明显凸起,另一面或全为自然面,或仅有少量的剥片疤。

LWT5⑤:957,单面盘状石核,原型可能为砾石,青色石英岩原料,略呈椭圆形,长宽厚为 62.97×宽 54.03×37.89 mm,重 104.13 g。1 个自然台面,台面形状为椭圆形,大小为 62.97×54.03 mm,台面角为 85°~89°。1 个剥片面,共 6 个片疤,剥片方向为向心,主片疤形状不规则,长宽为 26.47×32.66 mm。自然面比为 50%(图 3.11,2)。

LWT3⑤:1409,双面盘状石核,原型为砾石,黄色石英砂岩原料,略呈椭圆形,长宽厚为 55.58×43.19×23.99 mm,重 50.14 g。一面为"片疤+石皮",共 4 个片疤,形状为不规则椭圆形,大小为 55.58×43.19 mm,台面角为 75°~85°。另一面为主要剥片面,共 9 个片疤,剥片方向为向心,主片疤形状为倒三角形,长宽为 26.34×35.82 mm。自然面比为 40%(图 3.11,3)。

(4) 其他属性

石核的原型以砾石为主(N=52,72.22%),断块(N=18,25%)和石片(N=2,2.78%)较少。主台面以自然台面(N=53,73.61%)居多,素台面(N=11,15.28%)次之,有少量的多疤台面(N=5,6.94%)和"片疤+石片"台面(N=3,4.17%)。台面角在 54°~120°之间,平均值 84.1°,标准偏差值 14.5°。剥片疤比 10%~90%之间,平均值 36%,标准偏差值 19.6%。残余石皮面积比在 10%~90%之间,平均值 55%,标准偏差值 19.1%。

对石核遗留片疤数的统计显示不同石核的打片利用变异较大(图 3.12),最少只有 1 个片疤(N=8, 11.11%),最多可达 21 个片疤(N=1, 1.39%),多数石核的片疤在 4 个以下(N=35, 48.61%),很少有超过 10 个片疤的情况(N=5, 6.94%)。石核全部可辨片疤的数量不少于 354 个,平均到每个石核的片疤数约 4.9 个。从石核的不同原料看,片疤数量超过 10 个的主要是石英砂岩和石英岩,个别为石英;燧石和硅质板岩类的石核剥片数多数在 1~3 个之间,而石英砂岩原料石核剥片数的峰值介于 4~6 个之间。

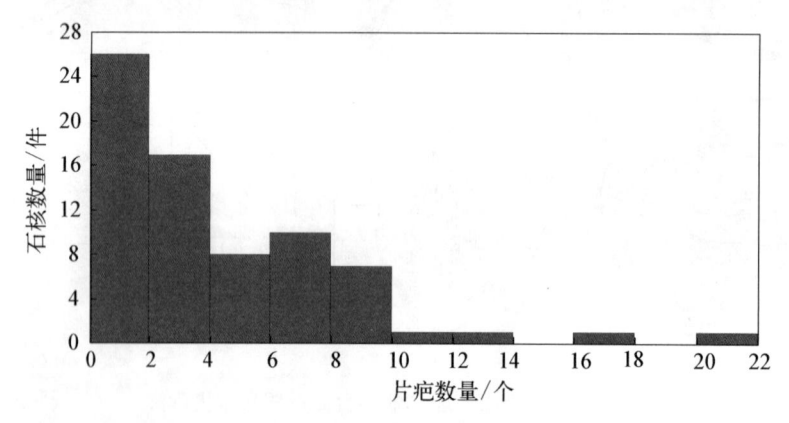

图 3.12 CL3 石核片疤数量统计

据石核主片疤尺寸的统计(表 3.13),表明石核遗留的主要片疤尺寸平均值为小型,但最大值与最小值之间的差别较大;长度分布在 19.82~101.57 mm 之间,平均值 44.44 mm,标准偏差值 16.72 mm;宽分布于 14.01~111.04 mm 之间,平均值 37.09 mm,标准偏差值 17.16 mm;长宽比介于 0.54~2.67 mm,平均值为 1.3 mm,标准偏差值 0.48 mm。

表 3.13 CL3 石核主要片疤尺寸统计

测量统计项目	主片疤长(mm)	主片疤宽(mm)	长宽比
最小值	19.82	14.01	0.54
最大值	101.57	111.04	2.67
平均值	44.44	37.09	1.3
标准偏差值	16.72	17.16	0.48

石核打片方向以单向为主(N=32),其次为双向(N=12)和垂直(N=10),多向(N=8)、对向(N=7)和向心(N=3)也有一定数量,显示石核的剥片并没有固定的程序,且多保持在同一个台面进行连续打片,对向、垂直,尤其是向心等反映一定程度具有计划性的剥片行为在遗址中的比例较低。

3.3.1.2 完整石片类型与特点分析

共 266 件,占该层石制品总数的 25.43%。原料以石英砂岩(N=103,38.72%)居多,其次为硅质板岩(N=65,24.44%)和石英岩(N=56,21.05%),燧石(N=30,11.28%)和脉石英(N=12,4.51%)数量较少。这种原料构成比例大致与石核的情况接近,但硅质板岩与石英岩两者相比,前者在石核数量和利用率上均低于后者,但前者的完整石片数却多于后者,这反映出两种原料在操作链环节中可能存在的一些差异。

石片尺寸总体以小型和中型为主,少量微型,没有大型标本,变异度相对较小,长宽厚的平均值分别为 41.07 mm、40.43 mm、14.14 mm,重量介于 0.41~197.43 g,平均值 30.48 g,标准偏差值 33.47 g。石片长宽比值介于 0.41~2.9 之间,平均值 1.1;长度在宽度 2 倍以上的长石片仅 9 件,可能是偶然性产品;宽厚比在 0.99~8.14 之间,平均值 3.21,标准偏差值 1.26(表 3.14)。因而石片形态以宽薄型占据主要地位,有部分长薄型和长厚型,宽厚型石片数量很少(图 3.13)。其形状多是普通形,可见少量竖长方形和三角形石片。

表 3.14 CL3 完整石片大小(mm)和重量(g)测量统计

测量统计项目	长	宽	厚	重	长宽比	宽厚比
最小值	11.24	9.33	2.77	0.41	0.41	0.99
最大值	99.97	93.83	40.82	197.43	2.9	8.14
平均值	41.07	40.43	14.14	30.48	1.1	3.21
标准偏差值	16.13	14.7	6.62	33.47	0.42	1.26

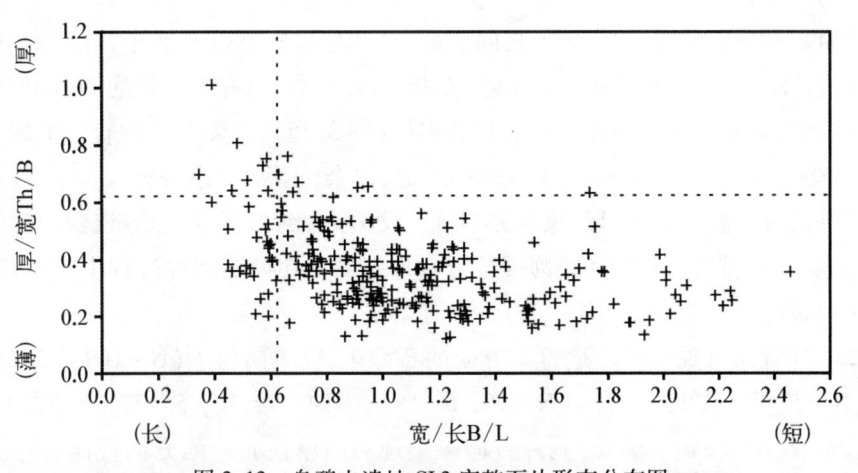

图 3.13 乌鸦山遗址 CL3 完整石片形态分布图

完整石片的类型统计(图 3.4)显示,以自然台面居多(N=150,56.39%),包括零台面 1 件,其中以Ⅲ型和Ⅱ型为主,分别占完整石片的 30.83% 和 18.8%;余下 106 件为人工台面石片(40.6%),其中又以Ⅴ型(N=68,25.56%)和Ⅵ型(N=32,12.03%)为主;另有

8件(3.01%)刃状破损台面。总体上,背面全为石皮的石片达到34件(12.78%),代表剥片处于次级阶段的石片类型(Ⅲ型、Ⅵ型,均为石片疤背面)的数量也较多(42.86%),但仍没有超过总数的一半,表明该地点古人类的石核剥片技术还多处于初级阶段,古人类对原料和石核的利用率虽较CL4似有提高,但对原料和石核的剥片利用率还相对较低。

可辨认出打击点的石片有163件,占总数的61.28%。多数完整石片腹面不见打击泡(N=158,59.40%)和半锥体(N=197,74.06%),同心纹和放射线绝大多数均不显。除去无法测量数据的刃状和零台面外,石片角分布在56°~140°之间,集中于90°~130°,平均值105.8°,标准偏差15.7°(图3.14)。背缘角在46°~132°之间,平均值84°,标准偏差值15.4°。远端形态呈羽状者为主(N=202,75.94%),内卷(N=20)、阶梯(N=19)、平底(N=18)次之,外翻(N=5)和滚圆(N=2)较少。

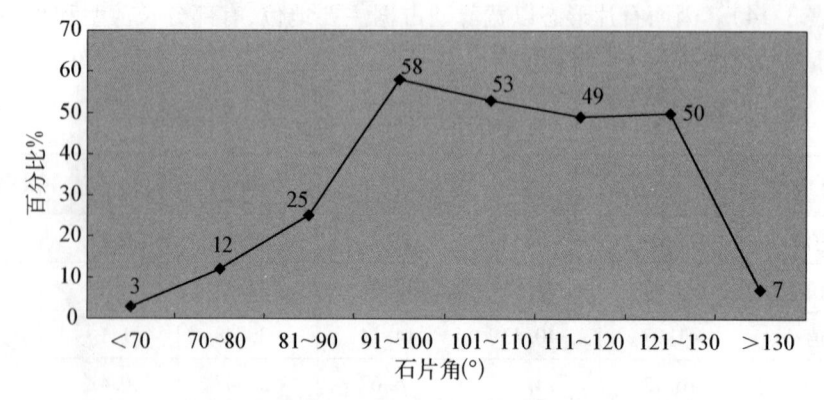

图3.14 乌鸦山遗址CL3完整石片的石片角分布图(N=257)

石片背面片疤数分布在0~9个之间,以2个片疤(29.7%)和3个片疤(22.18%)居多,4个片疤(8.27%)或5个及以上片疤(7.89%)均很少,只有1个片疤者占19.92%,还有12.78%的石片背面全为石皮。背脊形态多样(图3.15),以无明显背脊(26.69%)为主要样式,单偏纵(21.05%)和斜脊(18.05%)次之,复杂、正纵、双纵、横脊、人字形、八字形、Y形等背脊数量不多,也有C形、反C形、L形、反L形、倒T形、U形等较少的其他样式。其中单偏纵、正纵、斜脊、双纵等较为规范背脊形态的存在说明剥片过程中对石核已具有较好的控制技能。

在232件背面可观察到片疤打击方向的石片中,以单向为主(N=169,72.85%),另有双向(N=33,14.22%)、对向(N=16,6.9%)、多向(N=12,5.17%)和向心(N=1,0.43%),发散(N=1,0.43%)。剥片方向多呈现为简单性剥片的方向规律,并无特殊打片方式,1件背面呈向心式和1件发散型的标本,可能系偶然产品。

从石片背面按顺时针方向划分为四个区域,对所有石片背面片疤方向的统计(图3.16)显示,以来自1的片疤方向为主,即以垂直于台面方向进行剥片为主,除了单台面石核无疑属于这种情况外,在双向或多向的剥片石核标本中,背面片疤方向也多为1与

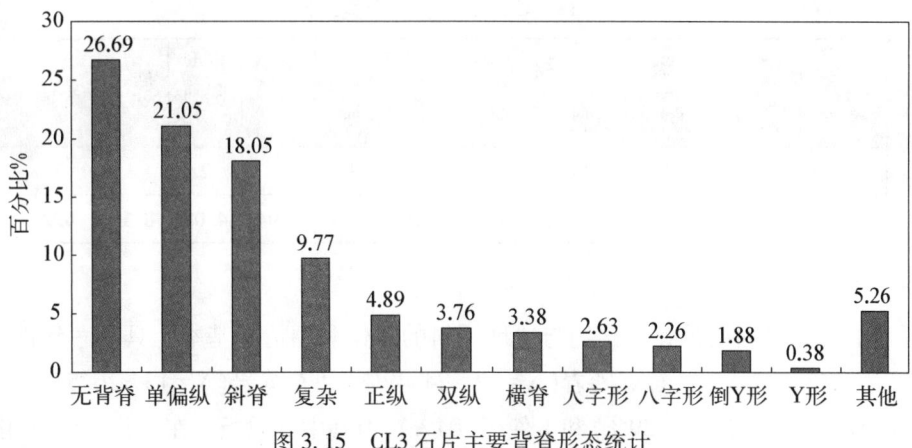

图 3.15 CL3 石片主要背脊形态统计

其他方向的组合。同时,部分石片背面可见特殊的脊向外疤(由背脊向边缘方向打片),多与其他普通方向的片疤组合出现。这种现象表明在石核剥片过程中曾以台面前缘作为主要的剥片对象打下横背脊或纵背脊的石片。其中 1 件石片的背面仅见来自 4′方向的片疤,1 件仅见 2′和 4′组合的"鸡冠状"片疤,后者可能是将石核旋转后,以交互打击的石核台面前缘或棱脊为主要剥片对象产生的石片,有研究者曾将这类脊向外疤石片称为"T"形石片(王益人,2007、2008),它表明在遗址的剥片中存在有台面更新或交换的行为。

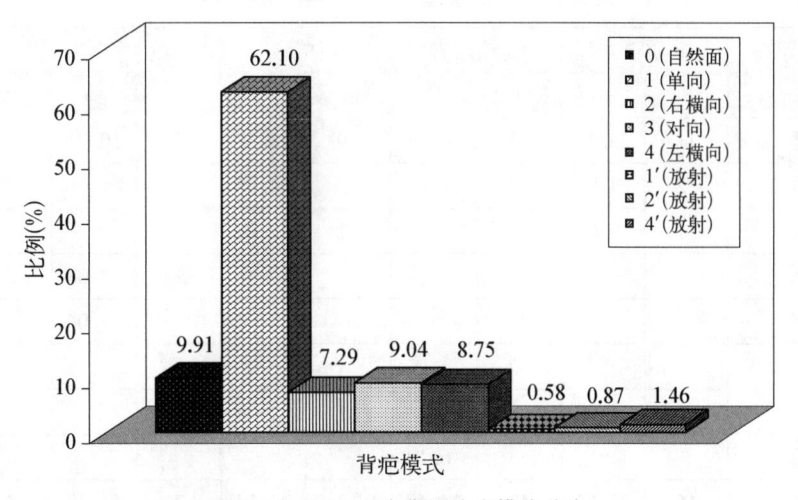

图 3.16 CL3 石片背面片疤模式分布

3.3.2 工具修理

修理类产品(工具)共 49 件,占石制品总数的 4.68%。工具类型较为多样,以刮削器(63.27%)占绝对优势,另有尖状器、凹缺器、锯齿器、雕刻器等轻型工具,以及重型刮削器、砍砸器和手镐等重型工具,但数量均很少(表 3.15)。

表 3.15　CL3 工具类型分类统计

类型	刮削器				尖状器	凹缺器	雕刻器	锯齿器	重型刮削器	砍砸器	手镐	合计
	单边	双刃	多刃	盘状								
N	22	4	3	2	5	2	1	1	2	4	3	49
%	63.27				10.2	4.08	2.04	2.04	4.08	8.16	4.2	100

（1）原料

各类工具原料利用种类及比例与遗址原料的总体利用情况基本上具有一致性，以硅质板岩（N=16,32.65%）、石英砂岩（N=12,24.49%）和石英岩（N=13,26.53%）为主，燧石和脉石英各有 7 件（14.29%）和 1 件（2.04%），但其中硅质板岩在工具中的利用比例较其他石制品类型要高。具体到不同工具类型（表 3.16），刮削器以硅质板岩最多，其次为石英岩，石英砂岩和燧石较少，脉石英仅 1 件；尖状器、凹缺器都以硅质板岩和石英岩居多；锯齿器和雕刻器的原料为燧石；重型刮削器以石英砂岩为原料；砍砸器和手镐中石英砂岩和硅质板岩数量较多。以上特点表明在工具原料的选择过程中并没有显示出很显著的选择倾向，应主要受原料的个体大小、可获性和丰度等影响。不过，雕刻器和锯齿器虽然数量少，但对优质原料的利用倾向已初步显现，表明古人类对原料的认识性已较高，也具备一定的开发能力。

表 3.16　CL3 修理类产品原料的分类统计

原料 类型	硅质板岩		石英砂岩		石英岩		燧 石		脉石英	
	N	%	N	%	N	%	N	%	N	%
刮削器	11	22.45	5	10.21	9	18.37	5	10.21	1	2.04
尖状器	2	4.08	1	2.04	2	4.08				
凹缺器	1	2.04			1	2.04				
锯齿器							1	2.04		
雕刻器							1	2.04		
重型刮削器			2							
砍砸器	2	4.08	1		1	2.04				
手镐			3	6.12						
总计	16	32.65	12	24.49	13	26.53	7	14.29	1	2.04

（2）大小

个体以中型为主（N=38,77.55%），小型（N=8,16.33%）和大型（N=3,6.12%）较少。全部产品长度在 24.11~139.39 mm 之间，平均值 61.74 mm，标准偏差值 22.7 mm；宽度在 29.07~97.58 mm 之间，平均值 52.99 mm，标准偏差值 17.94 mm；厚度在 8.68~51.49 mm 之间，平均值 24.25 mm，标准偏差值 11.27 mm；重量在 7.86~561.4 g 之间，平

均值102.36 g,标准偏差值117.52 g。不同工具类型的尺寸存在差异,砍砸器和手镐受毛坯的影响,其尺寸普遍大于其他类型;同一工具类型的标本间也有较大变异,如刮削器和尖状器重量标准偏差值分别为39.52 g、61.36 g,砍砸器和手镐的重量标准偏差值分别为192 g、111.24 g(表3.17)。

表3.17 CL3不同工具类型的大小(mm)和重量(g)测量统计

测量项目 类型	最小值 长度	最小值 重量	最大值 长度	最大值 重量	平均值 长度	平均值 重量	标准偏差值 长度	标准偏差值 重量
刮削器	24.11	7.86	89.62	171.0	52.66	59.84	14.88	39.52
尖状器	56.45	16.76	86.68	166.41	69.67	71.14	14.06	61.36
凹缺器	45.36	10.25	63.21	25.16	54.29	17.71	12.62	10.54
锯齿器	61.89	26.35						
雕刻器	42.79	24.28						
重型刮削器	92.88	229.5	94.31	278.4	93.6	253.95	1.01	34.58
砍砸器	66.37	139.57	114.23	561.4	88.86	279.48	20.86	192.0
手 镐	88.8	255.7	139.39	478	113.79	364.3	25.3	111.24

(3) 修理策略

工具修理策略的分析主要包括工具毛坯分析、修理方法、修理部位、修理方向和修理程度等修理过程的多个方面。

CL3工具的毛坯类型包括片状毛坯和块状毛坯两大类。以片状毛坯者居多,包括完整石片(N=23,46.94%)、断裂片(N=8,16.33%)和残片(N=3,6.12%);块状毛坯者较少,包括断块(N=5,10.2%)、石核(N=3,6.12%)和砾石(N=7,14.29%)(表3.18)。砾石和石核主要用于加工砍砸器和手镐,其余工具类型则主要选择完整石片、断裂片和断块,但总体上并没有对某些特定形态的毛坯有专门性选择行为,产品坯材的挑选可能多为随机性;从工具的形态看,绝大多数工具的修理也没有大幅度改变毛坯本身的形态。

表3.18 CL3工具毛坯的分类统计

毛坯种类 工具类型	完整石片	断裂片	残 片	断 块	石 核	砾 石	总 计
刮削器	15	7	1	4	2	2	31
尖状器	5						5
凹缺器			2				2
锯齿器		1					1
雕刻器				1			1
重型刮削器	2						2

续表

工具类型\毛坯种类	完整石片	断裂片	残片	断块	石核	砾石	总计
砍砸器					1	3	4
手镐	1					2	3
总计	23	8	3	5	3	7	49
%	46.94	16.33	6.12	10.2	6.12	14.29	100

对修疤特点的观察(图3.17)表明：大部分工具刃缘的修疤深或较深且连续分布，浅平型片疤很少；修疤长度以较短者居多，长形修疤少且主要出现于重型工具中；最大修疤的尺寸以大、中型居多，集中在10~20 mm之间，超过20 mm的也有一定数量；多数修疤为单层不规则状，少量有2~3层略呈叠层状，个别可见较为规整的鱼鳞状。修疤以短而深为主的这些特点显示出硬锤直接加工的特征，不存在软锤或压制法修理的技术。

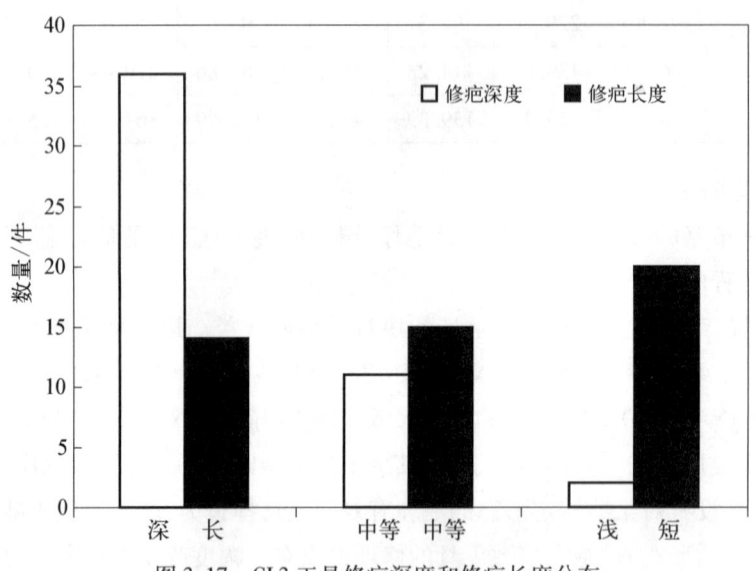

图3.17 CL3工具修疤深度和修疤长度分布

对工具的修理行为还反映在工具刃缘数量的开发层面上，一件毛坯上有效刃缘数越多表明对原料的利用程度越深。CL3出土的工具中以单刃(包括尖刃)为主(N=37，75.51%)，双刃(N=6)和多刃(N=6)较少，因此开发单个刃口是古人类制作工具中的一种倾向性行为，对工具边缘全面利用的情况并不多见。

对工具单个刃缘的利用程度的具体分析，加工长度指数(高星，2001b；Gao，2000)和加工深度指数(Kuhn，1990，1995)等两种指标被广泛应用，它们分别用来衡量工具毛坯边缘在横向和纵向上的加工程度。不过对于毛坯和工具形态不规则、非精致加工类的修理产品来说，这两种定量的测量及统计方法的适用性和有效性还需要更多的检验，相对来说加工长度指数较之加工深度指数对于权宜性的工具可能更具合理性和操作性。对CL3

不同类型工具的加工长度指数的初步统计,加工长度指数在0.31~1之间,除少数标本的边缘利用较低、加工长度指数小于0.5外,加工长度指数为1的标本数量比例达60%,平均值0.86,标准偏差值0.21,表明总体上对有效边缘的大部分均做了修理,横向上对毛坯边缘的利用率相对较高。加工深度指数主要采用较规则的片状毛坯制作的刮削器、凹缺器和锯齿器进行统计以减小误差。统计显示指标值在0.28~0.97之间,平均值0.71,标准偏差值0.16,较高的加工深度指数平均值表面上可能反映了纵向上较高的利用率,但应考虑到大量标本修理片疤的大、小相差较悬殊,而我们所测量的往往是最大片疤终止处的最大厚度值,因此可以想象这里对加工深度指数的统计值应较实际值偏高。由此,标本在毛坯边缘纵向上的利用程度较低,且低于横向上的加工程度。

修理部位的观测统计(表3.19)显示,片状毛坯的修理部位集中于侧缘和远端,块状毛坯工具的修理部位在单端和侧边的概率没有显著差异。

表3.19 CL3工具修理部位统计

部位 类型	片状毛坯						块状毛坯	
	远端	近端+侧缘	侧缘	侧缘+远端	四周	未定	单端	侧边
刮削器	8	1	13	4	2	1	2	
尖状器			3	2				
凹缺器			1			1		
锯齿器			1					
雕刻器							1	
重型刮削器			1					
砍砸器							2	2
手镐			1					2
总 计	8	1	19	8	2	2	5	4
%	16.33	2.04	38.78	16.33	4.08	4.08	10.2	8.16

工具的修理方向较为多样,对它的统计均以单个刃缘进行观测,当工具为双刃或复刃时,则依不同的修理边缘分开描述。CL3中具有单一刃缘的工具(除尖刃工具)共29件,对其修理方向的统计(表3.20)显示,以单向修理为主(N=25,86.21%),其中又以反向修理者(N=12,41.38%)居多,表明古人类着重于工具刃缘的单面开发。双刃及以上刃缘的工具修理方向相对较复杂,总体看同向修理者(N=8,40%)较少,异向修理者(N=12,60%)较多;在同向加工中以反向修理(N=6)为主,正向修理(N=2)较少;而在异向加工中除1件为两面修理外,对11件标本的25条刃缘修理方向的统计也以反向修理最多(N=10),正向(N=5)和复向(N=5)次之,转向(N=3)和交互(N=1)较少。综合以上分析,遗址中工具修理方向以反向为主,正向次之,复向、转向、交互和两面修理均少,显示修理面以毛坯的正面居多。

表 3.20　CL3 单边工具修理方向统计（N=29）

修理方向	正 向	反 向	单向（块状毛坯）	转 向	交 互	合 计
数量（N）	6	12	7	3	1	29
百分比（%）	20.69	41.38	24.14	10.34	3.45	100

上述特征并结合工具不甚规整的刃缘、修疤大小不一、修疤面比低等方面，显示工具的修理程度总体较低，没有很强的规范性，更多地体现了权宜性的修理策略。不过，少量较为精致的工具类型也体现出技术上的进步性，如反向修理的刮削器和尖状器，修理意图明确、刃缘规整，暗示了古人类此时石器技术一定程度上的提高，采取了有限的较为精致化的加工策略。

（4）分类描述

刮削器：31 件，占修理产品的 63.27%。以片状毛坯为主，修理方向以单向为主（N=24，77.42%），且片状毛坯中以反向（N=13）居多，正向（N=5）次之。据刃缘数量可分为单刃（N=22）、双刃（N=4）和复刃（包括盘状）（N=5），依刃缘形态再可分为单凹刃（N=2）、单凸刃（N=6）、单直刃（N=7）、单凹凸刃（N=2）、单不规则刃（N=5）；双刃和复刃中有凹刃、凸刃、直刃等不同形态和组合。多样形式的存在既说明修理的不规范性，古人类并没有表现出对某一类特殊刃缘形态的需求，也表明刃缘形态受毛坯的本身形态影响较大，多数修理程度较弱。

但其中有部分反向修理的单刃刮削器，如标本 LWT4④：526、LWT3⑤：1214、LWT3⑤：1096、LWT8⑤：1546（图 3.18，1~4），均以石片为毛坯从背面向破裂面连续修理，形成不同形态的规整刃缘，也有以小型砾石单向加工而成（如 LWT11⑤：1514），工具修理显示出较好的控制性和统一性。一些双刃刮削器，如 LWT4⑤：1450（图 3.18，5），以及复刃刮削器，如 LWT3④：831（图 3.18，6）、LWT3④：827，LWT3⑤：907，虽修理方向不一，但均显示了对工具修理一定程度的计划性。

LWT3④：827，盘状（复刃）刮削器，原料为灰色燧石，形状呈透镜形，毛坯可能为断块，长宽厚为 61.62×45.18×23.14 mm，重 50.79 g。采用两面修理方式对毛坯进行加工，一面修疤呈向心式，打击点清楚，片疤在近中部交汇呈凸状，另一面修疤主要从左右两侧向中部汇聚，在中部形成纵向凸棱。侧视一面略凸，一面隆起。修疤共计 22 个以上，修疤深，大小不一，覆盖整个石器表面，最大修疤长宽为 17.57×22.13 mm，刃角 60°~67°，未保留自然面。在刃缘可见有一些小于 5 mm 的小型片疤，应属二次修理。工具原料在遗址中十分少见，表明对特殊优质石料可能采用了更加成熟的修理技术（图 3.18，7）。

LWT3⑤：907，盘状（复刃）刮削器，原料为青黑色含碳质硅质板岩，形状不规则，毛坯为石片，长宽厚为 67.83×39.26×16.21 mm，重 36.61 g。向心式反向锤击修理，修疤在中部汇聚略呈棱状，周刃，刃角 50°~63°。修疤共计 9 个以上，覆盖了整个表面，最大修疤长宽为 24.13×28.72 mm。相反面全为自然面。它与单面盘状石核加工方式较为接近，因中

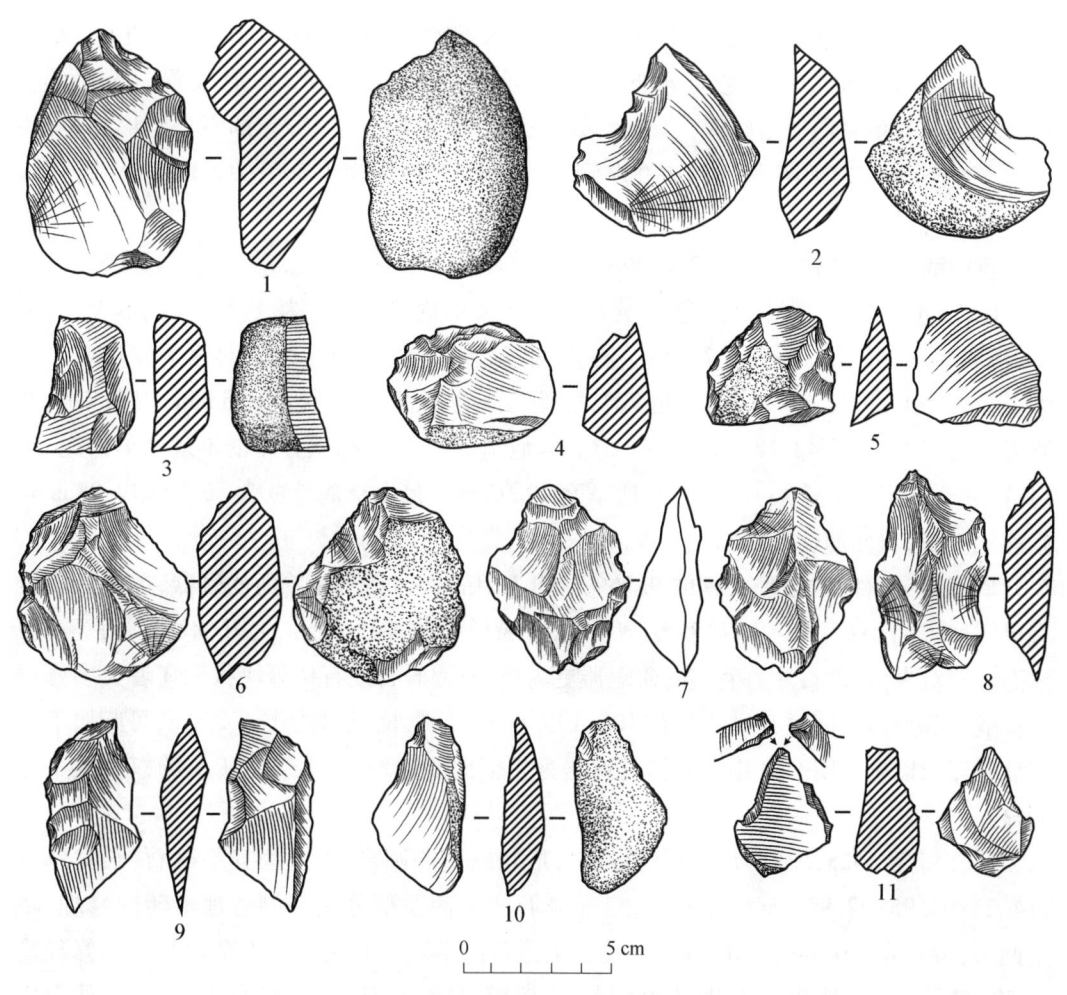

图 3.18　乌鸦山遗址 CL3 出土轻型工具
1~8. 刮削器(LWT4④:526、LWT3⑤:1214、LWT3⑤:1096、
LWT8⑤:1546、LWT4⑤:1450、LWT3④:831、LWT3④:827、LWT3⑤:907)
9~10. 尖状器(LWT4⑤:1178、LWT3⑤:1148)　11. 雕刻器 LWT3④:1705

部交汇处相对较平且形制不太规则而划分为刮削器(图 3.18,8)。

尖状器:5 件,占修理产品的 10.2%。均以石片为毛坯,个别间在尺寸和修理强度方面均差异较大。个体相对较大者修理简单(N=2),加工粗糙;而形体较小者(N=3),则修理意图和性质明确,个别可视为精制品,尖部呈鸟喙状,刃缘修理出较多的细小型片疤。

LWT4⑤:1178,尖状器(钻器),原料为青色石英岩,形状不规则,毛坯为石片,长宽厚为 63.31×29.07×10.33 mm,重 16.76 g。在两侧分别正向锤击修理,一侧修疤约 7 个,修理刃长 17.08 mm,刃角 61°;另一侧修疤约 3 个,修理刃长 15.76 mm,刃角 66°。修理较为精致,修疤浅,修理深度 8.72 mm,加工距离较长,尖部呈喙尖状,尖面角 73°,尖刃角 44°。修疤比 10%,自然面比为 0(图 3.18,9)。

LWT3⑤:1148,原料为青黑色含碳质硅板岩,形状不规则,毛坯为 I 型石片,长宽厚为 56.45×29.27×10.2 mm,重 17.04 g。远端反向锤击法修理,刃缘呈凹凸状,刃长 48.21 mm,刃角 44°;单层连续分布的不规则形修疤,共 3 个,修疤较深,修理厚度 11.58 mm。左侧复向锤击修理,刃缘呈弧凸,刃角 40°;单层连续分布的不规则形修疤,共 5 个,修疤较深,加工距离短。两刃在左侧交汇形成尖状,尖面角 59°,尖刃角 41°。在背面刃口处有使用痕迹。修疤比 50%,自然面比为 50%(图 3.18,10)。

重型刮削器:2 件,占修理产品的 4.08%。均以厚重石片为毛坯,重量超过 200 g。

LWT5④:561,原料为褐色石英砂岩,形状不规则,毛坯为Ⅰ型石片,长宽厚为 60.79×92.88×42.16 mm,重 278.4 g。在左侧、远端、右侧分别连续反向锤击修理成。左侧刃缘为凸刃,刃长 47.8 mm,刃角 72°;远端刃缘略呈直刃,刃长 60.05 mm,刃角 71°;右侧刃缘为直刃,刃长 43.18 mm,刃角 66°。修疤呈 2~3 层阶梯状分布的不规则形修疤,共 14 个,覆盖了几乎整个石片腹面,修理厚度 40.92 mm,最大修疤长宽为 26.53×49.08 mm。修疤比 45%,自然面比 50%(图 3.19,4)。

砍砸器:4 件,占修理工具的 9.16%。CL3 中的砍砸器均为单面砍砸器,按刃缘数量有单刃(N=4)、双刃(N=1)和多刃(N=1),刃缘形态有直刃、凸刃、尖刃、不规则刃等多种形态。相对来说,以石片为毛坯的砍砸器更为典型;而砾石或石核等块状毛坯者大多修理程度弱,规范性差,同时其尺寸多在 10 cm 以下,除个别外,重量均小于 250 g,可归属于轻型砍砸器。以上表明 CL3 中砍砸器已退居为相当次要的地位,大部分工具的权宜性十分明显。

LWT4⑤:1525,原料为红褐色石英岩,形状略呈椭圆形,毛坯为扁平砾石,长宽厚为 114.23×95.95×42.95 mm,重 561.4 g。在砾石的一侧及部分相邻侧边锤击转向修理,略呈凸刃,刃长 83.07 mm,刃角 77°;双层叠压分布的不规则修疤,共 11 个,修疤深,修理厚度 33.87 mm,加工距离较长,最大修疤长宽为 57.77×67.73 mm。修疤比 30%,自然面比 70%(图 3.19,3)。

手镐:3 件,占修理工具的 6.12%。手镐一般作为一种重型工具的分类系统,但 CL3 中划分为该类的器物尺寸在 88.8~139.39 mm 之间,重量在 255.7~478 g 之间,与中更新世遗址中出土的此类典型工具相比,其个体相对较小,属小型化手镐,不过它们的修理总体上具有较好的规范性。

LWT11④:1287,原料为浅紫色石英砂岩,形状不规则,毛坯为石片,长宽厚为 113.17×60.6×42.14 mm,重 255.7 g。在石片右侧正向连续锤击修理出一系列大小不一的片疤,远端反向锤击修理,两者在石片右下部交汇形成尖部。同时石片左侧反向锤击修理形成圆弧刃,作为手镐端部。右侧修理长 65.49 mm,刃角 79°;远端修理长度 107.42 mm,刃角 76°;左侧刃长 52.55 mm,刃角 85°;尖部尖刃角 45°,尖面角 45°。修疤叠层状分布,最大修疤长宽为 34.1×39.12 mm。自然面比为 30%(图 3.19,1)。

LWT3④:1703,原料为深红褐色石英砂岩,长条形扁尖状,毛坯为砾石,长宽厚为 139.39×67.59×51.49 mm,重 478 g。在砾石一端两侧双向锤击修理,先从两自然面同时

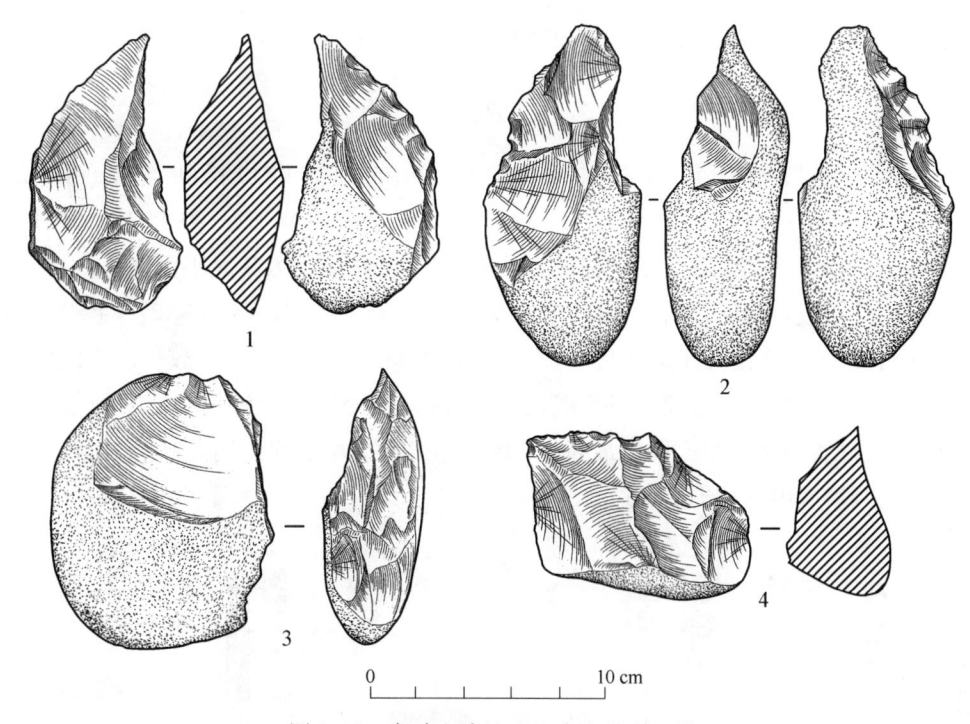

图 3.19 乌鸦山遗址 CL3 出土重型工具
1~2. 手镐(LWT11④：1287、LWT3④：1703)
3. 砍砸器 LWT4⑤：1525　4. 重型刮削器 LWT5④：561

向同一面打片,形成较平整的剥片面,然后以此片疤面为台面转向在尖端部位的两侧分别打片修理,形成舌状扁尖。左侧修理刃长 78.61 mm,刃角 70°;右侧修理刃长 69.6 mm,刃角 75°;远端尖部尖刃角 48°,尖面角 64°。共计修疤 8 个,最大修疤长宽为 47.58×54.02 mm。自然面比为 60%(图 3.19,2)。

其他工具：包括凹缺器、锯齿刃器和雕刻器,数量均十分少,分别占修理工具的 4.08%、2.04% 和 2.04%。凹缺器全为单次打击的克拉克当型,但数量太少,不能排除因其他无意识行为所形成的情况。相对来说,锯齿刃器人工属性身份的确定性要强,同样修理简单,仅在石片一侧正向打下 3 个小型石片疤,不过其数量也很少,也许还不能构成遗址中的一个具有分类意义的单独类型。雕刻器虽然只有 1 件,但它的修理行为明显更为清晰。

LW④：1705,雕刻器,原料为深青色燧石,形状不规则,毛坯为断块,长宽厚为 42.79×34.29×21.38 mm,重 24.28 g。以毛坯一侧的一个平坦片疤面为台面斜向另一侧打下一个片疤,两侧小面形成一个凿形刃口,刃角 77°,属具有雕刻器打法的标本,修疤长宽为 14.39×13.25 mm。自然面比 10%(图 3.18,11)。

3.3.3 打击类

4 件,占 CL3 所有石制品数量的 0.38%。原料全为石英砂岩,多为磨圆度较高的砾石。使用部位通常在砾石的一端或两端,上面清晰可见一些较为密集的细小型凹状坑疤,为打击疤的集中区域,一般通体保留有90%左右的自然石皮。

3.3.4 废 品

出土各类废品 625 件,占石制品总数的 59.75%,其中包括断裂片(N = 241, 38.56%)、残片(N = 120, 19.2%)、断块(N = 167, 26.72%)和碎屑(N = 97, 15.52%)。废品比例过低与遗址发掘没有经系统筛选有关,或者发掘过程中因其太小而遗漏。

原料以硅质板岩(N = 202, 32.32%)较多,其次为石英砂岩(N = 174, 27.84%)和石英岩(N = 148, 23.68%),燧石(N = 61, 9.76%)和脉石英(N = 40, 6.4%)较少。不同废品类型的原料利用情况也大体与此构成相似,燧石和石英在所有类型中比例均是最低的,硅质板岩在残片、碎屑和断块中比例均最高,石英砂岩在断裂片中的比例尤其高,而石英岩在各类型中比例均属中等(图3.20)。

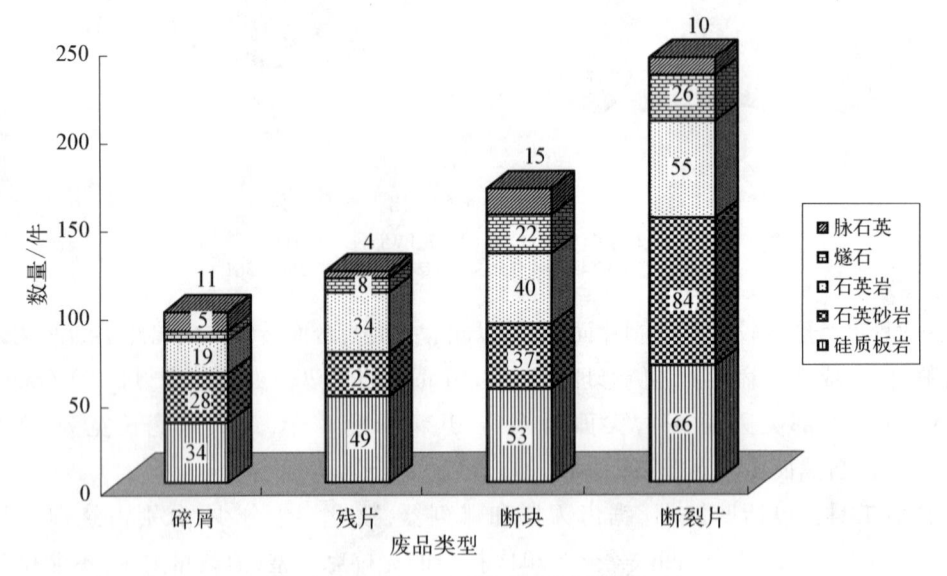

图 3.20 CL3 废品各类型原料构成

废品尺寸总体以小型(N = 415, 66.4%)为主,微型(N = 116, 18.56%)和中型(N = 93, 14.88%)次之,仅个别为大型(N = 1, 0.16%)(表3.9)。对各类型的长度和重量统计(表3.21)显示:除碎屑外,所有类型的尺寸平均值均为小型;碎屑的变异最小,其次为残片,断块的变异最大。

表 3.21 CL3 废品各类型的长度(mm)与重量(g)统计

统计项目 类型	长度				重量			
	最小	最大	平均	标准偏差	最小	最大	平均	标准偏差
断裂片	10.16	87.77	33.31	13.9	0.47	190.93	18.21	26.09
残 片	14.47	70.62	33.05	12.15	0.53	52.95	8.78	10.34

续表

类型 \ 统计项目	长度 最小	长度 最大	长度 平均	长度 标准偏差	重量 最小	重量 最大	重量 平均	重量 标准偏差
断 块	20.04	131.21	40.17	17.47	1.18	394.2	28.78	44.61
碎 屑	7.76	19.91	14.65	2.93	0.14	23.04	1.35	2.40

3.4 第2文化层石制品

572件,占遗址石制品总数的33.35%。类型包括砾石、石锤、石核、完整石片、工具(修理类)和废品。据统计(图3.1),其中废品数量最多(N=324,56.64%),其次为完整石片(N=154,26.92%),石核(5.59%)和工具(7.17%)较少,石锤数量很少(0.17%)。

石制品尺寸总体以小型居多(N=334,58.39%),其次为中型(N=150,26.22%),微型(N=64,11.19%)和大型(N=23,4.02%)较少,仅个别为巨型(N=1,0.17%)(表3.22)。具体从各类型观察,废品和完整石片以小型为主,且微型标本全部来自这两者,但完整石片中也有少量大型标本以及该层中唯一的巨型标本;石核和工具以中型为主,大型和小型标本数量少;砾石则以大型为主,中型次之,个别为小型;打击工具(石锤)为大型。

表 3.22 CL2 石制品尺寸大小(mm)的分类统计

类型 \ 尺寸大小	<20 N	<20 %	20~50 N	20~50 %	50~100 N	50~100 %	100~200 N	100~200 %	≥200 N	≥200 %
石 核			4	0.7	26	4.55	2	0.35		
石 锤							1	0.17		
完整石片	7	1.22	94	16.43	49	8.57	3	0.52	1	0.17
工 具			11	1.92	25	4.37	5	0.87		
废 品	57	9.97	224	39.16	43	7.52				
砾 石			1	0.17	7	1.22	12	2.1		
合 计	64	11.19	334	58.39	150	26.22	23	4.02	1	0.17

对石制品重量的统计(表3.23)显示,总体以1~20 g的轻型为主(N=312,54.55%),除小于1 g的标本外(N=34,5.94%),越重的石制品标本数量不断递减。对应于尺寸情况,并与石制品类型结合观察,石核、砾石和石锤的重量也明显偏于重型;工具的重量以50~100 g为主(N=11,1.92%),其次为20~50 g(N=12,2.1%),但大于500 g(N=2)甚至1 000 g(N=1)的标本也有少数几件。

表 3.23　CL2 石制品重量(g)的分类统计

类型\原料种类	<1 N	<1 %	1~20 N	1~20 %	20~50 N	20~50 %	50~100 N	50~100 %	100~200 N	100~200 %	200~500 N	200~500 %	500~1 000 N	500~1 000 %	≥1 000 N	≥1 000 %
石 核							7	1.22	12	2.1	10		3			
石 锤													1	0.17		
完整石片	4	0.7	84	14.69	36	6.29	16	2.8	9	1.57	4	0.7	1	0.17		
工 具			3	0.52	11	1.92	16	2.8	5	0.87	3	0.52	2	0.35	1	0.17
废 品	30	5.24	225	39.34	47	8.22	11	1.92	9	1.57	2	0.35				
砾 石					1	0.17	1	0.17	2	0.35	4	0.7	8		4	0.7
合 计	34	5.94	312	54.55	95	16.61	51	8.92	37	6.47	23	4.02	15	2.62	5	0.87

3.4.1　剥　片

3.4.1.1　石核特征的统计与分析

32 件,占该层石制品总数的 5.59%。石核类型包括普通锤击石核和砸击石核(表 3.4)。根据台面和剥片疤数量又将普通石核(N=31,96.88%)分为单台面(56.25%)、双台面(21.88%)和多台面(18.75%)三种。砸击石核为两端砸击型,仅出土 1 件(3.12%)。

(1) 原料

石核原料以石英砂岩(N=14,43.75%)居多,石英岩(N=7,21.88%)和脉石英(N=5,15.63%)次之,硅质板岩(N=3,9.38%)和燧石(N=3,9.38%)数量最少。原料种类与 CL3、CL4 相同,但脉石英所占比例有所增加。

对不同石核类型的原料统计(图 3.21)显示,Ⅰ1、Ⅰ2、Ⅱ1 型等权宜石核全部为石英

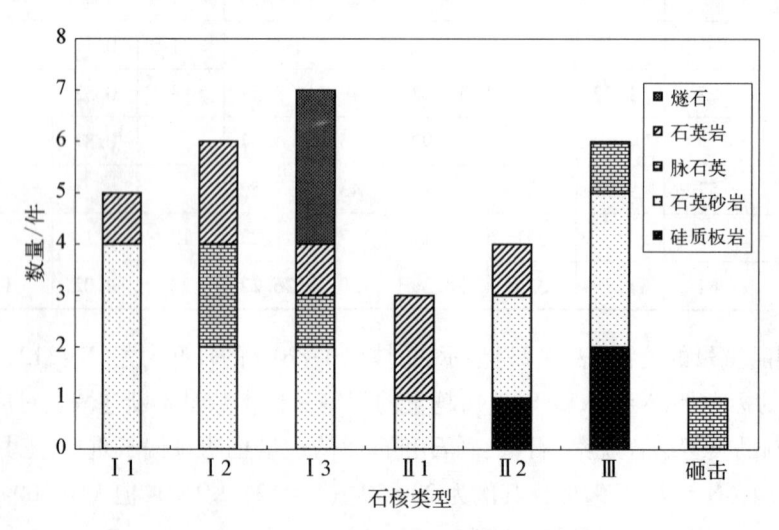

图 3.21　CL2 不同石核类型的原料数量统计

砂岩、石英岩和脉石英原料；Ⅰ3型石核除硅质板岩外，其余原料种类均存在，燧石仅见于此类型石核；Ⅱ2型石核包括硅质板岩、石英砂岩和石英岩；Ⅲ型石核包括硅质板岩、石英砂岩和脉石英。上述情况表明石英砂岩是最常用的原料，硅质板岩主要见于利用率较高的石核类型中，对脉石英的利用程度增加，并运用砸击技法，显示出古人类对原料的灵活多样的利用策略。

（2）大小

石核总体以中型为主(N=26，81.25%)，小型(N=4，12.5%)和大型(N=2，6.25%)均少，未见巨型和微型标本(表3.12)。石核个体间变异较大，以重量为甚。具体而言，长度在25.01~90.83 mm之间，平均值53.17 mm，标准偏差值16.86 mm；宽度在27.71~126.09 mm之间，平均值61.32 mm，标准偏差值20.64 mm；厚度在18.53~99.22 mm，平均值56.35 mm，标准偏差值20.53 mm；重量在58.87~230.95 g之间，平均值230.95 g，标准偏差值190.86 g(表3.24)。

表3.24 CL2石核大小(mm)和重量(g)的测量统计

测量统计项目	长 度	宽 度	厚 度	重 量
最小值	25.01	27.71	18.53	58.87
最大值	90.83	126.09	99.22	821.5
平均值	53.17	61.32	56.35	230.95
标准偏差值	16.86	20.64	20.53	190.86
中位数	53.44	58.02	58.04	171.11
四分位差值	18.53	25.37	30.76	166.91

以极差值和标准偏差值均最大的石核宽度作为尺寸代表值对不同原料的石核进行测量统计(表3.25)，硅质板岩和脉石英个体变异较小，石英岩和燧石变异最大，石英砂岩变异次之。CL2中燧石的尺寸相对较大，可能是它的使用率增高的一个原因。实施砸击技术的脉石英是石核中个体最小者。

表3.25 CL2不同原料石核宽度(mm)和重量(g)的测量统计

原料 项目	石英砂岩		石英岩		硅质板岩		燧 石		脉石英	
	宽度	重量	宽度	重量	宽度	重量	宽度	重量	宽度	重量
最小值	54.57	63.79	46.03	58.87	31.28	132.64	44.34	69.36	41.23	61.77
最大值	74.02	782.8	126.09	821.5	59.72	204.69	108.65	422.15	61.32	292.81
平均值	61.33	283.97	73.21	224.94	49.26	157.1	65.97	186.96	49.12	161.62
标准偏差值	14.54	195.42	28.05	266.11	15.64	41.22	36.96	203.68	8.28	94.51

（3）类型

包括普通锤击石核和砸击石核两类，分别为 31 件和 1 件。

普通石核 占该层石核总数的 96.88%。不对石核进行预制修理，利用合适的台面和角度直接进行锤击打片。因原型的大小、形态各异，石核在打片中对形状的要求也没有严格的控制，因而出土的石核在形态上表现出多样化特征。普通石核可分为单台面、双台面和多台面三类。

单台面石核：固定台面石核，共 18 件。剥片策略非常简单，全部以自然砾面为台面进行剥片，绝大多数仅有 1 个剥片面（N = 15，83.33%），少量有 2 个剥片面（N = 3，16.67%），表明剥坯过程中多不进行旋转。这类石核普遍剥片数量较少，其中仅打下 1、2 个片疤的石核（Ⅰ1 型和 Ⅰ2 型）共 11 件（61.11%），表现为尝试性的利用或极为浅度的开发（测试或权宜石核）。也有一部分石核显示出较好的控制性，剥片意图明确，剥片深度有明显提高，片疤数量在 3~7 个之间，以 5 个片疤数量者居多，但石核形态和剥片疤形态也表明这类石核并没有明显的计划性和系统性。这类型石核的原型既有砾石也有断块。

LWT4②：218，棕褐色石英砂岩砾石，长宽厚为 56.01×76.29×88.59 mm，重 413.22 g。2 个剥片面，各有 2 个和 3 个片疤，最大的片疤长宽为 38.77×39.77 mm，台面角为 84°~105°。自然面比为 80%（图 3.22，1）。

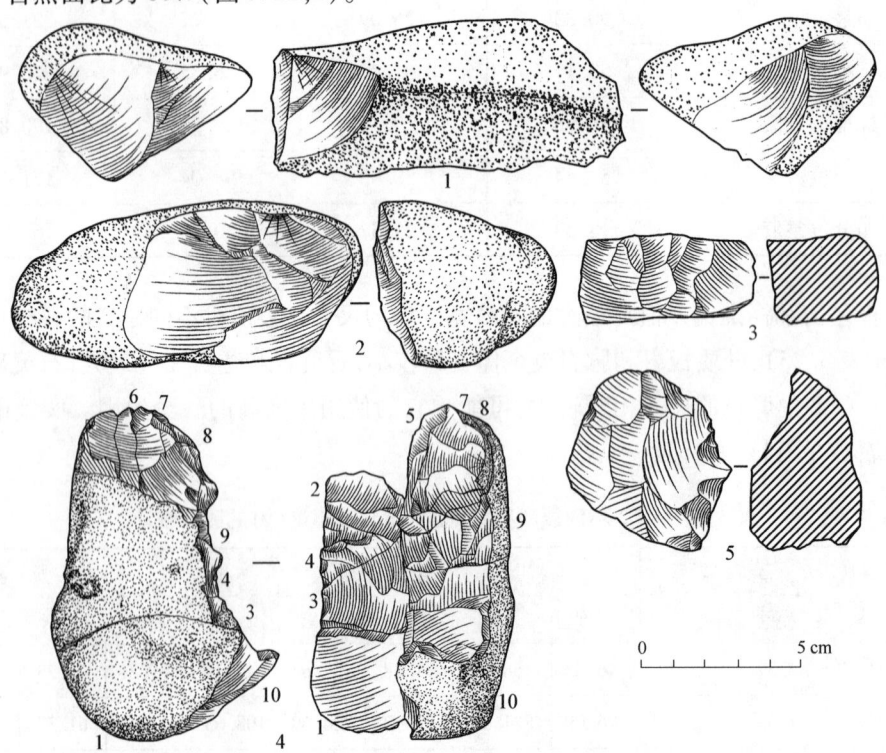

图 3.22　乌鸦山遗址 CL2 单台面石核
1. LWT4②：218　2. LWT4③：1582　3. LWT5②：1492（拼合组 2 号标本）
4. 石核拼合组　5. LWT5②：1476（拼合组 9 号标本）

LWT4③：1582，以砾石为原型，黄色带青色条纹燧石，长宽厚为 50.7×108.65×58.56 mm，重 422.15 g。1 个剥片面，共 4 个片疤，台面角为 80°～107°，最大片疤长宽为 41.27×44.09 mm。自然面比为 80%（图 3.22，2）。

另有 2 件以断块为原型且可拼合的石核标本。根据拼合情况（图 3.24，4）分析，这 2 件石核和 4 件完整石片、2 件断裂片及 2 件断块共 10 件石制品拼合成一件不完整的砾石，棕色燧石，属相对较优质的原料。据此，可推测复原石核剥片的一些过程。古人类在选择这件砾石准备剥片时，可能由于内部存在节理原因，纵向断裂成几件较大的断块。由于该坯材仍属较好的原料，因而仍旧利用其中的一些断块，并在一侧连续剥片。LWT5②：1476，拼合组中的第 9 号标本，长宽厚为 31.11×44.34×42.55 mm，重 69.37 g。1 个剥片面，共 7 个片疤，最大片疤长宽为 30.92×24.41 mm，台面角 69°，剥片疤比 40%（图 3.22，5）。LWT5②：1492，拼合组中的第 2 号标本，长宽厚为 30.99×44.92×42.79 mm，重 69.36 g。1 个剥片面，共 5 个片疤，最大片疤长宽为 21.82×20.82 mm，台面角 79°～85°，剥片疤比 30%（图 3.22，3）。

双台面石核：单次转向台面石核，共 7 件。石核以具有 2 个剥片面（N=5）居多，3 个剥片面（N=1）和 1 个剥片面者（N=1）均较少，表明剥片过程中台面和剥片面均出现转向的情况较为常见。但剥片序列和剥片疤数量均很少，也有部分（N=3，42.86%）具有权宜特征的石核数量，多属于 Ⅱ1 型石核。

对综合剥片效率较高的 Ⅱ2 型石核（N=4，57.14%）的台面性质、打片方向及顺序的分析，依然参照 CL3 中对石核剥片模式的分类，可将此类石核旋转打片分为以下三种方式：

模式 Ⅰ：转动相邻或相对自然砾面在一侧或两侧剥片，共 2 件。如 LWT4②：172，原型为黄色石英砂岩砾石，形状不规则，长宽厚为 84.93×74.02×94.95 mm，重 782.8 g。2 个相连自然台面，在砾石一端剥片。主台面形状不规则，台面大小为 56.9×82.68 mm，台面角为 88°～117°。1 个剥片面，共 7 个片疤，剥片方向为双向，最大片疤长宽为 44.98×36.87 mm。自然比为 70%（图 3.23，1）。

模式 Ⅱ：以自然面为台面剥片后，再以新形成的剥片面为台面旋转 90°后向另一面垂直打片，共 1 件。LWT4②：19，原型为砾石，青黑色含碳质硅板岩，形状不规则，长 74.11×56.77×58.05 mm，重 204.69 g。先以自然面为台面在一侧剥片，然后以此片疤面为台面转向在砾石的两侧继续打片。主台面为素台面，台面形状不规则，台面大小为 55.39×50.72 mm，台面角为 86°。3 个剥片面，共 5 个片疤，剥片方向为垂直，最大片疤长宽为 54.06×37.55 mm。自然面比为 60%（图 3.23，2）。

模式 Ⅴ：与模式 Ⅱ 相似，但初始台面为剥片面，以之前形成的剥片面为台面打片后，再以新形成的片疤面为台面旋转 90°向另一侧打片，有的打片破坏了部分原始台面。共 1 件，如 LWT5③：1566，原型为黄色石英砂岩砾石，形状不规则。长宽厚为 46.63×66.01×58.03 mm，重 221.82 g。2 个相连人工台面，主台面为片疤面，形状不规则，台面大小为

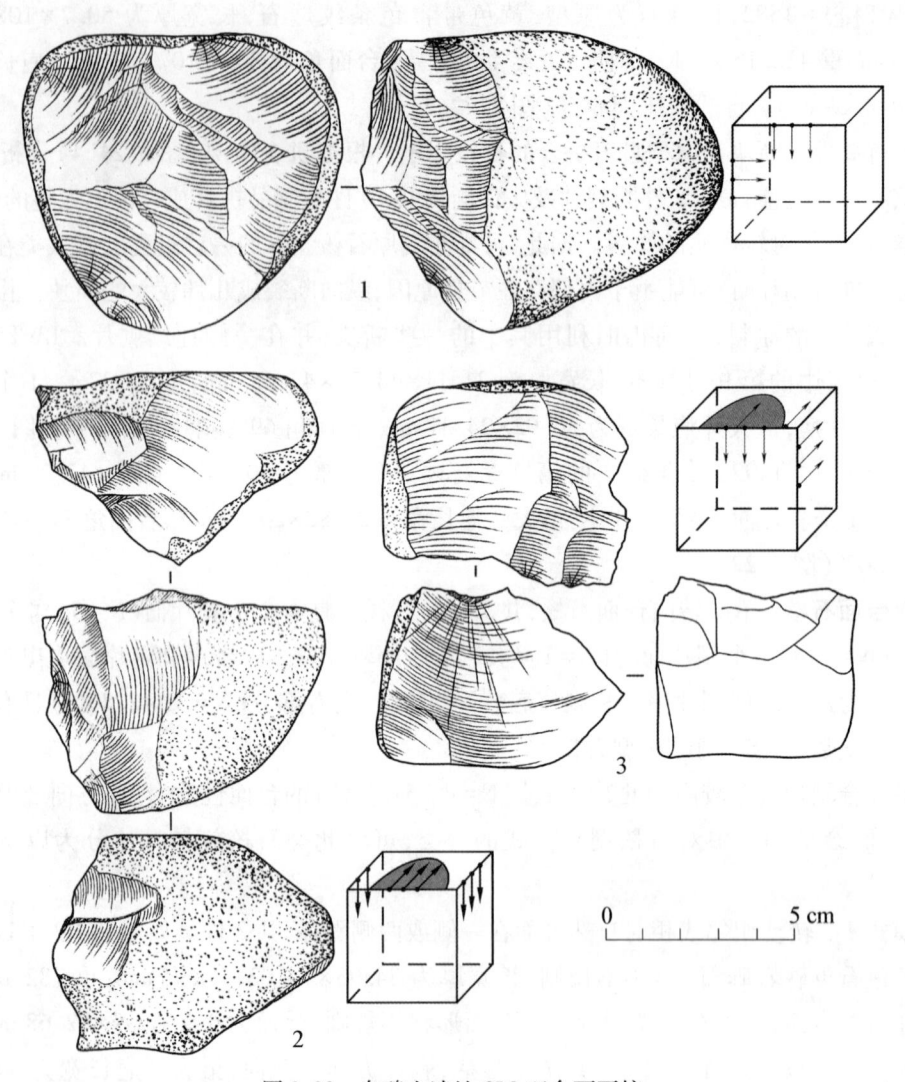

图 3.23　乌鸦山遗址 CL2 双台面石核
1. LWT2②：172　2. LWT4②：19　3. LWT5③：1566

43.79×50.29 mm,台面角为 83°~89°。2 个剥片面,共 6 个片疤,剥片方向为垂直,最大片疤长宽为 42.45×59.84 mm。自然面比为 50%(图 3.23,3)。

多台面石核：2 次及以上转向台面石核,共 6 件。石核在双台面基础上再次经过旋转打片,剥片深度通常会进一步加深,也由于旋转次数的增多,片疤间相互关系复杂,因而对于石核的旋转打片方式仅能做出大致判断。与 CL3 相似,CL2 多台面石核主要也是两种旋转打片方式。从石核的最终形态和剥片疤数量整体观察,不少石核仍然利用率低,呈多面体的高效石核仅 1 件。

剥片的第一种方式是在双台面模式 I 的基础上以新形成的剥片面再次打片,或旋转第 3 个自然台面继续剥片,这类石核在 CL2 中数量最多,共 4 件。如 LWT3②：327,

原型为砾石,棕黄色石英砂岩,形状不规则,长宽厚为 69.41×56.28×64.13 mm,重 351.2 g。3 个相连的自然台面,先后 2 次旋转自然砾面打片。3 个剥片面,共 6 个片疤,剥片方向为多向,最大片疤长宽为 67.87×48.5 mm,台面角为 86°~100°。自然面比为 80%(图 3.24,1)。

LWT11③:1165,原型为白色石英砾石,形状不规则,长宽厚为 50.81×41.23×36.03 mm,重 83.56 g。3 个台面,其中自然台面 2 个,人工台面 1 个。先利用相对的自然砾面为台面对向剥片,并以形成的其中一个片疤面为台面继续转向剥片。3 个剥片面,共 6 个片疤,剥片方向为多向,最大片疤长宽为 44.86×33.48 mm,台面角为 89°~114°。自然比为 40%(图 3.24,2)。

另一种方式可能是在模式Ⅳ或模式Ⅵ的基础上,经历再次旋转打片,或多次旋转横向打片直至最后呈现出多面体石核形状,这类石核共 2 件。如 LWT5②:40,原型为砾石,黄褐色石英砂岩,形状不规则,长宽厚为 56.5×53.7×46.66 mm,重 173.29 g。4 个台面,相连或相邻,其中 3 个为打制台面,1 个台面性质为石皮+片疤。多次旋转打片,石核最后呈现为多面体。主台面为 2 个片疤组成的人工台面,台面形状为不规则多边形,台面大小为 54.99×45.29 mm,台面角为 64°~79°。4 个剥片面,共 11 个片疤,剥片方向为多向,最大片疤长宽为 31.59×36.24 mm。自然比为 10%(图 3.24,3)。

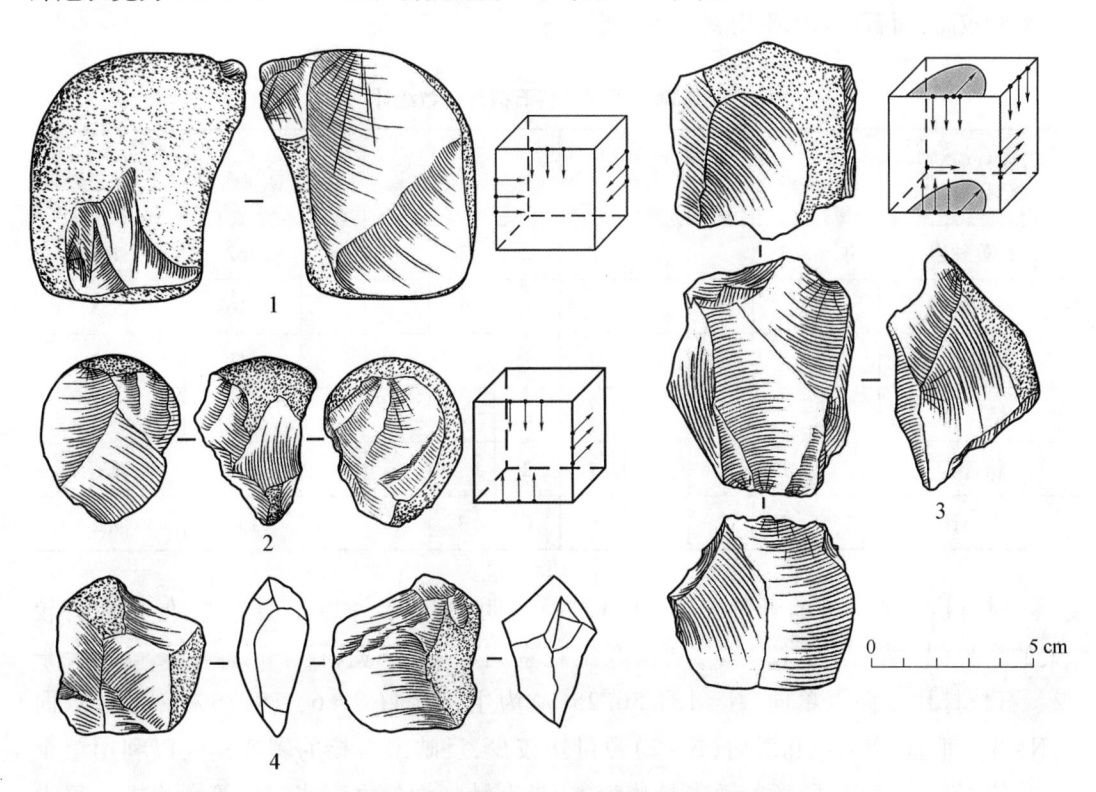

图 3.24 乌鸦山遗址出土多台面石核和砸击石核
1~3. 多台面石核(LWT3②:327、LWT11③:1165、LWT5②:40) 4. 砸击石核 LWT3②:3

砸击石核： 1件，占石核总数的3.12%。

LWT3②：3，原型为砾石，白色石英原料，形状为扁状椭圆形，长宽厚为48.18×48.16×28.21 mm，重61.77 g。受力端为砾石较窄的两端，均呈刃状，有对向产生的裂片疤，打击点深但模糊，同心纹和放射线不清晰。台面角91°~106°。一面片疤为3个，另一面片疤为4个，最大片疤长宽为34.33×25.63 mm。自然面比为40%（图3.24,4）。

（4）其他属性

石核原型以砾石（N=25）为主，断块（N=6）和石片（N=1）均较少。主台面以自然台面（N=26）居多，素台面（N=2）、有疤台面（N=3）和刃状台面（N=1）数量很少。台面角在57°~123°之间，以70°~100°较为集中，平均值81.8°，标准偏差值14.1°。石核通体保留自然石皮较多，剥片疤比介于10%~90%，集中于20%~40%之间，平均值为40%，标准偏差值18.1%；自然石皮比分布于10%~90%之间，主要集中于60%~80%，平均值56%，标准偏差值20.8%。以上台面角和石皮比例情况表明石核剥片率并不高，仍有较大的利用空间。

石核可观察片疤数多在7个片疤以下，平均4.2个，其中1~3个片疤者14件（43.75%），4~6个片疤者13件（40.63%），7个片疤者3件（9.38%），10个以上片疤者仅2件（6.25%）。不同原料石核片疤数的统计（表3.26）显示，硅质板岩和燧石的平均剥片率相对较高，而石英岩的平均剥片率较低。

表3.26 不同原料石核片疤数统计

石核片疤数→ 原料类型↓	1	2	3	4	5	6	7	11	12	总片疤数	平均片疤数
石英砂岩	4	3			2	2	1	1	1	62	4.4
硅质板岩				1	1		1			16	5.3
石英岩	1	3	2		1					18	2.6
燧　石				1	1		1			16	5.3
脉石英		1		1	1	2				23	4.6
合　计	5	7	2	3	6	6	3	1	1	135	4.2

对石核主要片疤的测量统计（表3.27）表明，片疤尺寸以小型为主，但存在有较大的变异（标准偏差值较大）。从长宽比观察，长略大于宽，仅个别标本长宽比大于2。石核打片方向以单向（N=18，56.25%）为主，多向（N=6，18.75%）次之，双向（N=3）、垂直（N=3）和对向（N=2）数量均较少，反映出石核的剥片模式以利用单个台面进行较为简单、随意的锤击打片为主，具有计划性的垂直或对向等剥片模式很少发生。

表 3.27　CL2 石核主要片疤尺寸统计

测量统计项目	主片疤长(mm)	主片疤宽(mm)	长宽比
最小值	21.82	14.69	0.71
最大值	125.48	98.01	2.52
平均值	48.72	39.97	1.27
标准偏差值	19.6	15.27	0.39

3.4.1.2　完整石片类型与特点分析

154 件,占石制品总数的 26.92%。原料包括石英岩(N=39)、石英砂岩(N=37)、燧石(N=34)、硅质板岩(N=33)和脉石英(N=11);除脉石英外,其余几种原料数量相当。对比上文不同原料石核片疤数量的统计(表 3.26),石英砂岩和脉石英的石片数量明显少于同种原料的石核片疤数,而石英岩、燧石和硅质板岩的情况则与此相反。

尺寸总体以小型(N=94,61.04%)和中型(N=49,31.81%)为主,微型(N=7,4.55%)、大型(N=3,1.95%)和巨型(N=1,0.65)者较少(表 3.22)。据统计(表 3.28)显示,石片的长、宽和重量均有一定变异,长度在 12.78~208.54 mm 之间,平均值 41.33 mm,标准偏差值 21.95 mm;宽度在 7.65~119.88 mm 之间,平均值 41.88 mm,平均偏差值 19.98 mm;厚度在 2.9%1~41.15 mm 间,平均值 14.47 mm,标准偏差值 7.4 mm;重量在 0.29~720.2 g 之间,平均值 38.73 g,标准偏差值 73.13 g。不过,与石核片疤尺寸比较,两者较为接近,石核片疤的长宽比值略大于完整石片。完整石片中极少有(N=6,3.9%)长大于宽 2 倍以上的长型石片(长石片),是剥片技术控制性提高的反映,不能完全排除简单或初步的似石叶打片技术存在的可能性。

表 3.28　CL2 完整石片大小(mm)和重量(g)测量统计

测量统计项目	长	宽	厚	重	长宽比	宽厚比
最小值	12.78	7.65	2.91	0.29	0.29	1.3
最大值	208.54	119.88	41.15	720.2	2.7	7.94
平均值	41.33	41.88	14.47	38.73	1.06	3.17
标准偏差值	21.95	19.98	7.4	73.13	0.41	1.26

完整石片类型中锤击石片(N=153)以自然台面石片(Ⅰ~Ⅲ型)为主(N=97,63.4%),其中Ⅲ型(N=50,32.68%)和Ⅱ型(N=35,22.88%)居多;人工台面石片(Ⅳ~Ⅵ型)相对较少(N=56,36.6%),又以Ⅴ型(N=29,18.95%)和Ⅵ型(N=23,15.03%)较多。综合观察,处于剥片次级阶段的石片(Ⅲ型和Ⅵ型)只占锤击石片总数的 47.71%,表明该地点古人类石核剥片仍处于初级阶段,对原料和石核的利用率可能处于中等程度。

砸击石片仅发现1件(0.65%),原料为脉石英,枣核形,受力端为石片一端,呈刃状,另一端呈点状,有裂片疤和放射线,无同心纹,未保留自然面。在遗址中砸击制品的发现极少,可能表明砸击法仅偶尔运用。

石片中可辨打击点的共计104件,占总数的67.53%,约29.41%的石片有明显的打击泡,16.99%的石片可观察到半锥体,3.27%的石片保留有放射线。除部分台面破损或过小无法测量外,石片角最小值63°,最大值130°,集中分布于80°~120°之间,平均值105°,标准偏差值13.8°;背缘角最小值46°,最大值125°,主要集中分布于60°~100°之间,平均值83.8°,标准偏差值14.7°。除砸击石片外,完整石片远端形态以呈羽状者为主(N=108,70.59%),平底(N=18)、阶梯(N=11)、内卷(N=10)、外翻(N=3)和滚圆(N=3)等数量均较少。

石片背面片疤数从0到8个不等,其中无片疤的比例为10.39%,1个片疤的比例为20.13%,2个片疤的比例为30.52%,3个片疤的比例为16.88%,4个片疤的比例为9.09%,5个片疤的比例为7.14%,6~8个片疤的比例为5.84%。除无背脊或不明显者外(N=41),背脊形态以斜脊(N=34)和单偏纵(N=30)较多,复杂背脊(N=17)和正纵(N=12)次之,而双纵(N=3)、横脊(N=4)、人字形(N=2)、Y形(N=2)、倒Y形(N=2)、L形(N=2)、反L(N=1)和其他(N=4)等多种形态均不多。单偏纵、正纵、双纵等背脊形态表明,在一定程度上古人类的剥片已具有利用背脊控制终端产品形状的较高技能。

在可观察到背面片疤的石片中(N=138),打击方向以单向为主(N=95,68.84%)为主,双向(N=25,18.12%)、多向(N=11,7.97%)、对向(N=6,4.35%)和发散(N=1,0.72%)较少。石片背面片疤的打击方向反映出古人类主要以同一台面为基础对剥片面的持续利用为主,其次为对同一剥片面的转向利用,以相对的两个台面为基础对剥片面的持续利用较少,也可能存在台面的更新现象。

3.4.2 工具修理

修理类产品有41件,占石制品总数的7.17%。工具类型包括刮削器、尖状器、凹缺器、雕刻器、重型刮削器、砍砸器和手镐,以刮削器占主要地位(N=25,60.97%),尖状器(N=7,17.07%)和砍砸器(N=4,9.76%)有一定数量,其他种类均很少(表3.29)。

表3.29 CL2工具类型分类统计

类型	刮削器				尖状器	凹缺器	雕刻器	重型刮削器	砍砸器	手镐	合计
	单边	双刃	多刃	盘状							
N	18	3	2	2	7	1	1	2	4	1	41
%	60.97				17.07	2.44	2.44	4.88	9.76	2.44	100

(1) 原料

对各类工具原料的统计(表3.30),总体以硅质板岩(N=20,48.78%)居多,石英岩

(N=10, 24.39%)和石英砂岩(N=8, 19.51%)次之,燧石很少(N=3, 7.32%)。其中刮削器以硅质板岩最多,另有石英岩、石英砂岩和燧石;尖状器以硅质板岩和石英岩为主;砍砸器较多地使用石英砂岩和石英岩;凹缺器、雕刻器和手镐分别以石英岩、燧石和硅质板岩作为原料。虽然优质的燧石原料仅发现用于制作轻型工具,且硅质板岩多用于制作刮削器(包括精致的盘状刮削器),一定程度上显示了古人类对原料的质量、性能等方面的认知和选择能力,但总体而言该地点并没有明显的原料选择倾向。

表3.30 CL2修理类产品原料的分类统计

原料 类型	硅质板岩 N	硅质板岩 %	石英砂岩 N	石英砂岩 %	石英岩 N	石英岩 %	燧石 N	燧石 %
刮削器	14		5	12.2	4	9.76	2	4.88
尖状器	3	7.32	1	2.44	3	7.32		
凹缺器					1	2.44		
雕刻器							1	2.44
重型刮削器	1		1					
砍砸器	1	2.44	1		2	4.87		
手镐	1	2.44						
总计	20	48.78	8	19.51	10	24.39	3	7.32

(2) 大小

个体以中型为主(N=25, 60.97%),小型(N=11, 26.83%)和大型者(N=5, 12.2%)较少,没有微型和巨型产品。全部标本长度在21.93~141.12 mm之间,平均值66.95 mm,标准偏差值28.39 mm;宽度在16.49~122.15 mm之间,平均值50.99 mm,标准偏差值19.88 mm;厚度在6.62~79.38 mm之间,平均值25.14 mm,标准偏差值13.6 mm;重量在2.67~1111.1 g之间,平均值145.16 g,标准偏差值229.24 g。

根据不同工具类型大小和重量的统计(表3.31)显示,重型刮削器、砍砸器和手镐的个体最大;刮削器、尖状器和砍砸器个体间均存在较大的变异;凹缺器和雕刻器个体均为小型。较大的变异显示出工具形态的多样性,也表明在修理过程中对毛坯的选择、对成品的形制等都没有严格要求,加工修理多具有简单、随意性或权宜性。

表3.31 CL2不同工具类型的大小(mm)和重量(g)测量统计

测量项目 类型	最小值 长度	最小值 重量	最大值 长度	最大值 重量	平均值 长度	平均值 重量	标准偏差值 长度	标准偏差值 重量
刮削器	21.93	2.67	80.99	139.34	54.84	55.69	15.12	32.33
尖状器	49.33	31.97	96.69	183.58	68.94	88.28	15.79	55.11

续表

测量项目 类型	最小值 长度	最小值 重量	最大值 长度	最大值 重量	平均值 长度	平均值 重量	标准偏差值 长度	标准偏差值 重量
凹缺器	43.93	36.63						
雕刻器	27.36	3.91						
重型刮削器	109.92	126.23	122.99	647.8	116.46	387.02	9.24	368.81
砍砸器	94.77	365.1	141.12	1111.1	113.59	684.65	21.61	330.71
手镐	133.02	388.0						

(3) 修理技术

工具毛坯类型以片状居多(N=29, 70.73%)，其中又以完整石片(N=13)和断裂片(N=13)为主，残片(N=3)较少；余下的块状毛坯类型(N=12, 29.27%)中以砾石(N=6)居多，断块(N=3)和石核(N=3)毛坯者较少。

具体从各工具类型分析(表3.32)，刮削器的毛坯多样，除砾石外的其余各种毛坯类型均或多或少有发现，但以完整石片和断裂片为主，这也是凹缺器和雕刻器利用的毛坯；尖状器以完整石片居多，其次为砾石，断裂片和残片较少；砍砸器和手镐均为砾石和石核的毛坯类型。

表3.32 CL2工具毛坯的分类统计

毛坯种类 工具类型	完整石片	断裂片	残片	断块	石核	砾石	总计
刮削器	9	9	3	2	2		
尖状器	3	1		1		2	
凹缺器	1						
雕刻器		1					
重型刮削器		2					
砍砸器					1	3	
手镐						1	
总计	13	13	3	3	3	6	41

对其中石片石器平均尺寸的统计显示，其长宽厚平均值为53.12×44.26×18.93 mm，要明显大于完整石片的平均尺寸(表3.28)，暗示古人类倾向于选择尺寸相对较大的石片作为制作工具的毛坯。

修疤形态、大小和分布等特点对认识工具的修理技术、风格特征有较为重要的指示意义。CL2出土工具的修疤深度、修疤长度与上文中CL3的较为相似，修疤深度以片疤深的标本占绝大多数，大部分工具的修疤也都为短型，因而总体表现出短、深的特点。对修疤尺寸的测量，表明刮削器等小型工具的修疤尺寸以大、中型为主，小型较少，最小尺寸小于

5 mm,最大修疤长宽平均值为15.72×22.7 mm;尖状器修疤尺寸相对较大,多为大、中型,最大修疤长宽平均值为32.84×36.37 mm;砍砸器、手镐等重型工具的修疤最大,最大修疤长宽平均值为37.42×45.46 mm。整体而言,该层工具的修理片疤尺寸以大、中型的宽型修疤居多,但也有一定数量的小型片疤,反映其尺寸的变异范围较大,修疤具有明显大小不一的特点。全部工具刃口的修疤分布大多数呈连续形态,绝大多数仅有1层修疤(N=36,87.8%),极少数有2~3层修疤(N=5,12.2%),疤痕形态也以不规则鳞状居多,叠层状和阶梯状者少,不见平行规则者。鳞状修疤的大小、凹陷程度不均等,表现为一种不规整的状态,是锤击法的简单修理特征,而台阶状和准平行修疤被认为与压制法修理有关,因而该地点不存在软锤修理或压制法修理的迹象。

刃缘多不规则,刃口修理缺乏系统性,加工程度总体较低。然而,加工强度和精致度的个体间也存在差异,遗址中少量工具的加工体现出较强的精致性修理策略,如反向修理的复刃刮削器(LWT4②:59),刃缘相对较为规整,修理刃缘数量多,表现出较高的修理强度;个别尖状器(LWT4③:349),尖部两面修理,刃缘规整,形制较为规范,明显具有较高的修理技术和规范性。

工具刃缘的数量反映了古人类对毛坯在平面上的利用程度,从数量较多的刮削器和砍砸器工具刃口数量观察,单刃(N=23)明显多于双刃(N=3)和多刃者(N=6),说明古人类在制作工具时主要倾向于开发单个刃口。刃角以钝角为主(N=30,73.17%),锐角(N=3,7.32%)和陡刃者(N=7,17.07%)均较少。

所有工具的加工长度指数在0.34~1之间,平均值0.82,标准偏差值0.2;其中加工长度指数为1的标本数量占工具总数的38.71%,总体表明加工长度指数较高,古人类在横向上对毛坯边缘有较高的利用率。而以较规则的片状毛坯制作的刮削器统计的加工深度指数显示,指数范围在0.45~0.99之间,平均值0.7,标准偏差值0.16;结合修疤特点观察,多数修疤较大,这可能是加工深度指数较高的原因,但同时因一条边缘上的修疤大小不一,如果以最大修疤的终止处厚度作为统计值就可能掩盖了部分刃缘修疤较小、加工深度指数会较低的情况,因此综合来看,总体的加工深度指数值可能会低于统计值,工具毛坯在纵向上的开发利用率应相对较低。

修理部位的观测统计(表3.33)显示,片状毛坯工具的修理部位集中于侧缘,远端次之,近端和四周很少;块状毛坯工具的修理部位在端部和侧边的数量相当。相对来说,片状毛坯对两侧和远端更具选择倾向性,这也与毛坯本身的形态相关。

表3.33 CL2工具修理部位统计

部位 类型	片 状 毛 坯						块状毛坯	
	远端	近端	侧缘	左侧+右侧	侧缘+远端	四周	单端	侧边
刮削器	4	2	9	3	2	2	2	1
尖状器				4				3

续表

部位 类型	片状毛坯						块状毛坯	
	远端	近端	侧缘	左侧+右侧	侧缘+远端	四周	单端	侧边
凹缺器			1					
雕刻器							1	
重型刮削器			1		1			
砍砸器							2	2
手镐							1	
总　计	4	2	11	7	3	2	6	6
%	9.76	4.88	26.83	17.07	7.32	4.88	14.63	14.63

对工具修理方向的观测统计以单个刃缘为基础,全部标本共58条刃缘的统计表明(表3.34),以单向加工(N=38,65.52%)居多,其中又以反向修理为主(N=22),表明古人类着重于工具刃缘的单面开发;双向加工(N=20,34.48%)中转向修理(N=11)较多,复向(N=5)和两面修理(N=4)较少,说明部分工具的修理方向不稳定,缺少计划性,不过两面修理也说明还存在少量修理程度较高的标本。此外,反向为主的修理方式也反映了这个时期本地区人群对毛坯形态和原料性能进行适应的行为习惯和技术特点。

表3.34　CL2工具单个刃缘修理方向统计

修理方式 工具类型	正向	反向	单向 (块状毛坯)	转向	复向	两面	合计
刮削器	5	16	4	4	3		32
尖状器	1	5	2	3	1	2	14
凹缺器	1						1
雕刻器			1				1
重型刮削器		1		2	1		4
砍砸器			2	1		2	5
手镐				1			1
总　计	7	22	9	11	5	4	58
百分比(%)	12.07	37.93	15.52	18.97	8.62	6.9	100

(4) 分类描述

刮削器:25件,占修理类产品的60.97%。按照刃缘数量可分为单刃(N=18)、双刃(N=3)和复刃(包括盘状)(N=4)。据刃缘形状,单刃又大致分为单直刃(N=7)、单凸刃(N=4)、单凹刃(N=3)、单不规则刃(N=4),双刃或复刃则均为凸刃、直刃、凹刃、不规则刃等各种形状的组合,另有盘状刮削器2件。从刃缘相对于长轴的位置,除1件为不太典型的端刮器外，其余均应属于边刮器。绝大部分刮削器修理相当简单，显示出明显的权宜性风格。

LWT4②：223，原料为青黑色含碳质硅板岩，形状不规则，毛坯为完整石片，长宽厚为65.95×33.19×23.86 mm，重50.11 g。在一侧正向锤击修理，修理较为规范，刃缘略呈凹凸状，长54.32 mm，刃角76°。修理深度13.19 mm，单层连续分布的不规则形修疤，共6个，最大修疤长宽为13.18×17.02 mm。修疤比10%，自然面比40%（图3.25,1）。

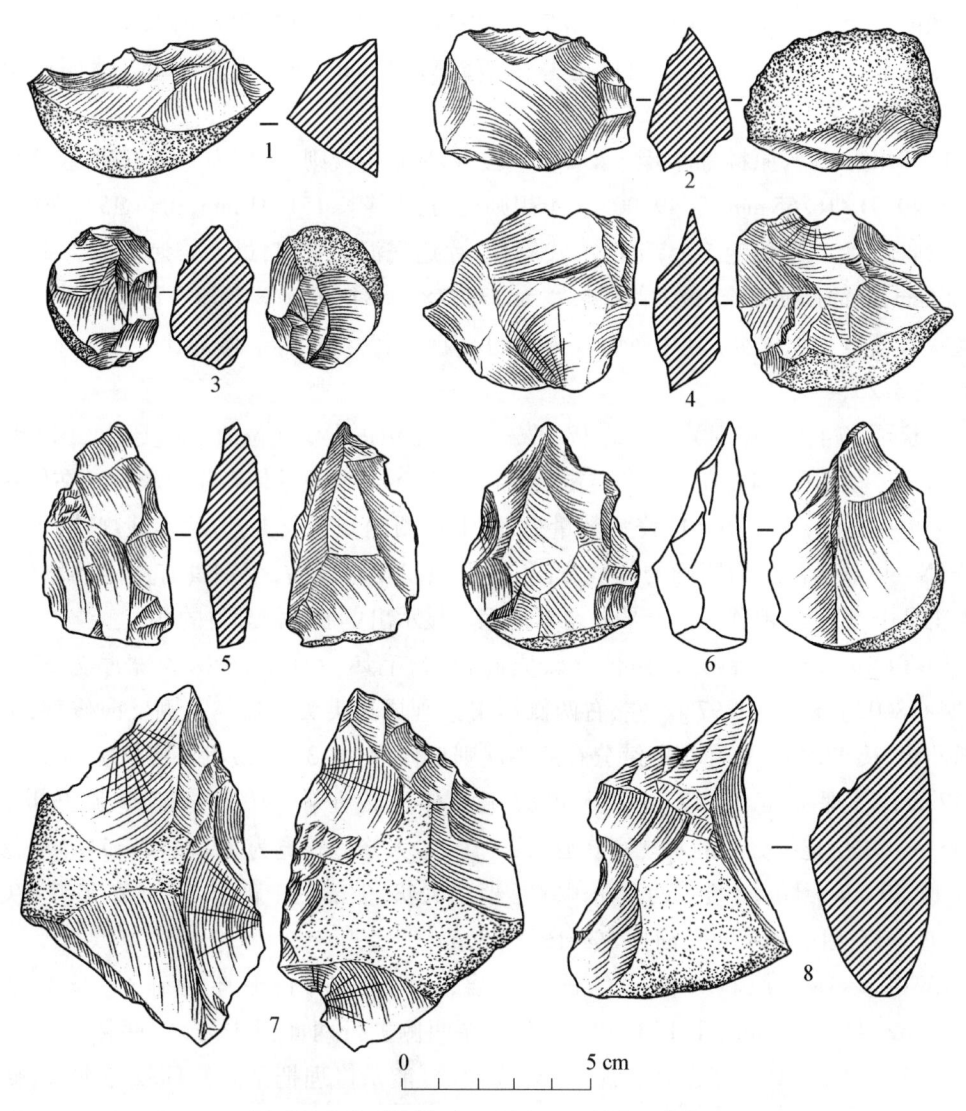

图3.25 乌鸦山遗址CL2出土刮削器和尖状器
1~4. 刮削器（LWT4②：223、LWT8③：771、LWT4②：59、LWT4②：284）
5~8. 尖状器（LWT4②：160、LWT8③：772、LWT4③：349、LWT4②：66）

LWT8③：771，原料为乳白色石英岩，形状不规则，毛坯为远端断片，长宽厚为53.11×33.81×23.08 mm，重45.62 g。远端反向锤击修理，修疤大小较为均一，鱼鳞状片疤沿刃缘连续单层分布,刃缘长 41.55 mm,刃角 73°。修理深度 16.68 mm,修疤共 7 个,最大修疤长宽为 13.27×22.39 mm。修疤比 10%,自然面比为 40%(图 3.25,2)。

相对来说,复刃刮削器虽然数量少,但修理意图最明确,个别修理较为精致,包括 2 件盘状刮削器,显示出较强的统一性和计划性。

LWT4②:59,原料为青黑色含碳质硅板岩,形状呈圆形,毛坯为 II 型石片,长宽厚为 36.09×35.75×20.58 mm,重 26.92 g。左、远、右三侧反向连续锤击修理形成相连成圆弧状的三个刃缘,均呈凸刃状,刃角 71°~80°。修理深度 14.79 mm,双层阶梯叠层状不规则修疤,共 11 个,最大修疤长宽为 12.75×9.51 mm。修疤比 30%,自然面比 40%(图 3.25,3)。

LWT4②:284,原料为青黑色含碳质硅板岩,形状不规则,毛坯为完整石片,长宽厚为 62.06×49.91×16.65 mm,重 49.06 g。不规则周刃,刃缘长 151.31 mm,刃角 45°~70°。锤击法双向修理,一面修疤 5 个,呈向心式剥片,片疤交汇处平坦,最大修疤长宽为 28.37×30.66 mm;一面修疤 2 个,最大修疤长宽为 13.97×30.84 mm。该石器在修理方式上与单面盘状石核有相似之处,但片疤面较为平坦,因此归为刮削器。修疤比 70%,自然面比 20%(图 3.25,4)。

尖状器:7 件,占修理类产品的 17.07%,是遗址中占次要地位的工具类型。因毛坯同时使用石片和砾石,因而在尺寸和重量上存在一些变异,砾石毛坯者相对较大。在修理的强度上也有不同,部分(N=4)修疤数量少,在毛坯两侧修理成尖,形状不甚规范;但也有部分(N=4)显示出更为明确的修理意图,修理强度相对较高,个别具有一定的精致性。这类工具中,用砾石制作的尖状器较之其他毛坯显示出更强的修理目的性。

LWT4②:160,原料为青黑色含碳质硅板岩,毛坯为 III 型石片,长宽厚为 57.21×36.24×18.05 mm,重 31.97 g。左、右两侧锤击修理成正尖尖状器。左侧反向修理,刃缘呈弧凸状,长 43.44 mm,单层断续分布的不规则形修疤,共 3 个,最大修疤长宽为 12.16×22.17 mm,修理深度 14.17 mm,刃角 87 度;右侧转向修理,刃缘略呈弧凸状,长 52.85 mm,单层连续分布的不规则修疤,共 4 个,最大修疤长宽为 25.24×28.71 mm,修理深度 14.29 mm,刃角 53 度。两刃向远端汇聚成尖状,尖部位于正中,尖面角 75 度,尖刃角 65 度。修疤比 40%,自然面比 5%(图 3.25,5)。

LWT4③:349,原料为棕黄色石英砂岩,形状不规则,毛坯为砾石,长宽厚为 96.69×62.4×34.9 mm,重 183.58 g。在一端两侧进行两面锤击修理,两侧刃在中部交汇成正尖状;相对一端也有剥片,似有残断,可能系修理把手。修理较为细致,修疤为单层连续分布的不规则形,共计 19 个,最大修疤长宽为 29.51×48.57 mm。左右两侧刃分别长为 47.99、70.54 mm,侧刃角为 74°、80°,尖刃角 48°,尖面角 70°。自然面比 30%(图 3.25,7)。

LWT4②:66,原料为黄色石英岩,毛坯为砾石,长宽厚为 72.05×58.85×33.74 mm,重 146.16 g。左右两侧锤击法单向修理,左侧为单层连续分布的不规则形修疤,共计 6 个,刃缘曲折不规则,修理刃缘长 85.59 mm,最大片疤长宽为 28.84、26.56 mm,刃角 58 度,修理深度 32.39 mm;右侧 1 个大型修疤,长宽为 30.77、63.68 mm,刃角 89°,修理深度 32.53 mm。两侧刃在一端交汇成角尖,尖面角为 40°,尖刃角为 57°。自然面比 60%(图 3.25,8)。

重型刮削器:共 2 件,占修理类产品的 4.88%。以厚重石片为毛坯,平均长宽厚为 116.46×85.48×34.31 mm,平均重 387.02 g。

一件(LWT4②:361)在毛坯左侧转向锤击修理,刃缘较直,刃角 50°,但修疤仅有 3 个,且修疤尺寸大,最大修疤长宽为 26.08×40.2 mm,修理程度较浅,是石片石核式的刮削器。

另一件(LWT4②:67)原料为黄色石英砂岩,毛坯为右裂片,长宽厚为 109.92×122.15×42.24 mm,重 647.8 g。左侧刃为直刃,反向修理,单层断续分布的不规则修疤,共计 4 个,最大修疤长宽为 29.35×41.76 mm,刃角 75 度;右侧为凹刃,转向修理,主要为反向修疤,最大修疤长宽为 21.07×37.06 mm,刃角 84 度。远端为直刃,复向修理,以反向修疤为主,最大修疤长宽为 20.78×18.38 mm,刃角 74°。修疤比为 10%,自然面比为 50%。大多数修疤较小,修理程度较弱,部分可能为使用微疤(图 3.26,1)。

砍砸器:4 件,占修理类产品的 9.76%。按刃缘的数量多少有单刃(N=4)和多刃(N=1)之分,从修理技术特点观察,可以分为单面砍砸器(N=2)和双面砍砸器(N=2)两类。修疤特点和工具形态均显示出简单锤击、缺乏规范和控制的权宜性特征,个别器物与石核之间存在讨论空间,1 件砍砸器虽然显示出具有两面修理的技术特点,但因石料质地不均、内部节理多,使得刃缘形态不规整,刃角过大而仍显得相当粗陋。

LWT8②:463,原料青色夹红色条纹石英岩,形状不规则,毛坯为砾石,长宽厚为 120.43×92.74×41.16 mm,重 769.8 g。单刃,刃缘不规则状,刃长 74.38 mm,刃角 69°。

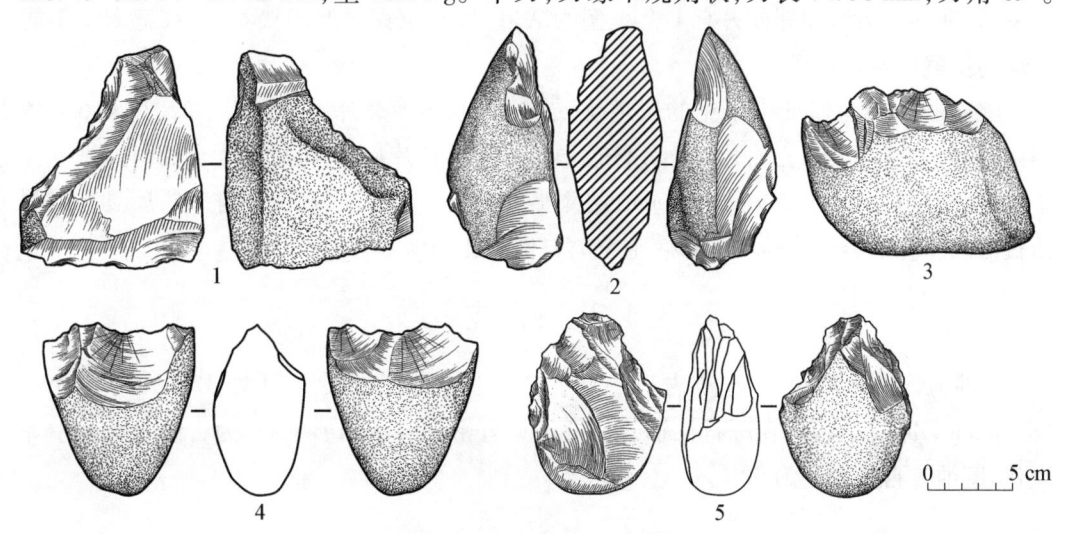

图 3.26 乌鸦山遗址 CL2 出土重型工具
1. 重型刮削器 LWT4②:67 2. 手镐 LWT8③:1738
3、4、5. 砍砸器(LWT8②:463、LWT11②:1030、LWT5②:313)

锤击法单向修理,修理部位为一侧,修理深度38.51 mm,单层连续分布的不规则形修疤,共计5个,最大修疤长宽为42.63×40.93 mm。自然面比85%(图3.26,3)。

LWT11②:1030,原料为黄褐色石英砂岩,形状略呈梯形,毛坯为砾石,长宽厚为98.03×86.67×51.47 mm,重492.6 g。单刃,刃缘曲折不规则状,刃长84.3 mm,刃角75°。锤击法两面修理,修理部位在一端,单层连续分布的不规则形修疤,共计8个,最大修疤长宽为39.19×49.14 mm。从风化、磨蚀观察,其中一个刃面上的1个片疤与其他片疤均有明显差异,应属砾石修理成工具前的原有片疤。自然面比70%(图3.26,4)。

LWT5②:313,原料为青色石英岩,平面形态略呈杏仁状,毛坯为砾石,长宽厚为94.77×75.05×43.16 mm,重365.1 g。锤击法两面修理,左右两侧刃在一端交汇成尖状,端部未加工。一面全部为修理片疤,另一面除尖部外,在中部和端部仍保留有较多石皮。刃缘长124.22 mm,最大修疤长宽为34.61×53.95 mm,刃角为77°～85°,尖刃角75°,尖面角82°。修疤比30%,自然面比50%(图3.26,5)。据器形观察,这件器物也接近于手斧,但不甚典型。

手镐:1件,占修理类工具的2.44%。修理不太典型。其原料为青黑色含碳质硅板岩,形状不规则,毛坯为砾石,长宽厚为133.02×60.46×49.92 mm,重388 g。在砾石一端先向一侧剥下一个大石片,再以此片疤面为台面转向在两侧修理打片,呈舌状扁刃,左右两侧刃长分别为45.63×44.34 mm;修疤为单层断续分布的不规则形,共5个,最大修疤长宽为50.95×79.24 mm,尖面角为62°,尖刃角为46°。与其相对的一端也有修理,锤击法转向加工,修疤连续叠层分布,刃缘呈不规则圆弧状,长67.29 mm,修疤共计9个,最大修疤长宽为51.52×62.38 mm,刃角62°,可能兼具砍砸器的功能。自然面比50%(图3.26,2)。

其他:包括凹缺器和雕刻器各1件。凹缺器以石片为毛坯,正向锤击修理成1个大型缺口,在同一刃缘相邻处另有1个小型的缺口,属克拉克当型凹缺器,因数量太少不能排除为偶然因素所形成。

雕刻器原料为遗址中罕见的黑色优质燧石,毛坯为裂片,长宽厚为27.36×16.49×14.39 mm,重3.91 g。在石片一端先修理形成一个平坦片疤面,再以此为台面斜向剥下一个片疤,削片长宽为11.39×11.01 mm,两侧小面形成一个凿形刃口,刃角77°,属具有雕刻器打法的屋脊形雕刻器标本。修疤比5%,自然面比50%。

3.4.3 打击类

1件,原料为黄色石英砂岩砾石,形状为长椭圆形,长宽厚为123.98×82.49×66.78 mm,重937.4 g。在砾石长轴的一端可见有密集的浅凹形坑疤,为石锤。器体中等风化、磨蚀。自然面比为90%。

3.4.4 废　　品

共出土废品324件,占该层石制品总数的56.64%,类型包括断裂片(N = 127,

22.21%)、残片(N=65,11.36%)、断块(N=85,14.86%)和碎屑(N=47,8.22%)。从比例来说,碎屑所占比重过小,很大程度上应与遗址没有进行筛选有关,根据有关模拟打制实验的结果(Schick,1986,1987),推测实际碎屑数量应远大于此。

废品原料总体以硅质板岩(N=101,31.17%)较多,石英砂岩(N=85,26.23%)和石英岩(N=65,20.06%)次之,燧石(N=43,13.27%)、脉石英(N=30,9.26%)较少。对各类型原料的统计显示(图3.27),断裂片中硅质板岩、石英砂岩和石英岩均较多,断块中以硅质板岩和石英岩较多,残片中硅质板岩居多,碎屑中石英砂岩和燧石居多。

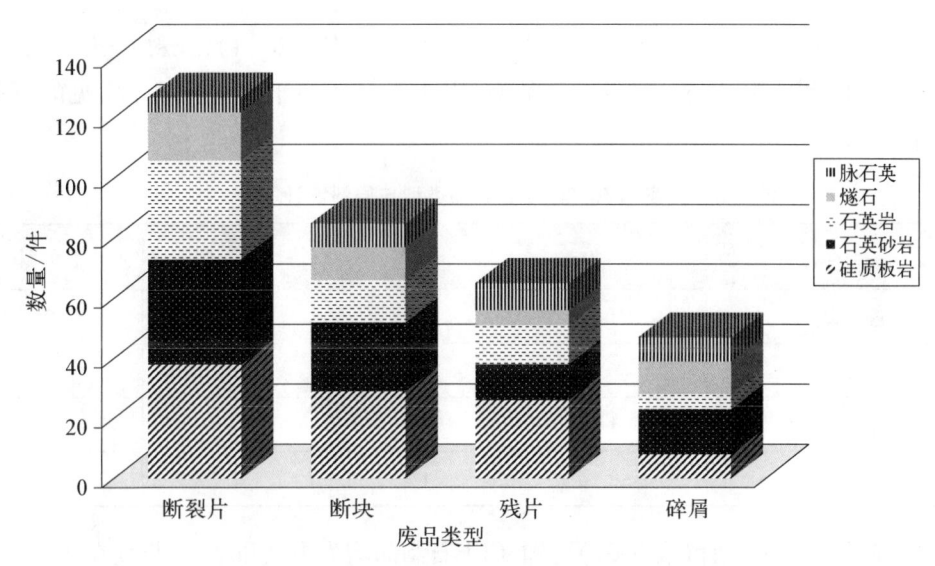

图 3.27 各类型废品的原料构成统计

废品尺寸总体以小型(N=224,69.14%)为主,微型(N=57,17.59%)和中型(N=43,13.27%)次之(表3.22)。对各类型的长度和重量统计显示(表3.35),除碎屑外,所有类型的尺寸平均值均为小型,平均重量小于50 g;碎屑的变异最小,其次为残片,断块的变异最大。

表 3.35 CL2 废品各类型的长度(mm)与重量(g)统计

统计项目 类型	长度 最小	长度 最大	长度 平均	长度 标准偏差	重量 最小	重量 最大	重量 平均	重量 标准偏差
断裂片	11.13	83.21	34.22	13.12	0.47	272.84	17.14	32
残 片	20.27	68.19	34.45	10.64	0.93	46.44	9.13	9.79
断 块	20.06	89.95	39.03	15.85	0.98	329.51	33.24	51.03
碎 屑	7.99	19.92	15.09	3.29	0.2	5.05	1.46	1.18

3.5 第1文化层石制品

因乌鸦山遗址中文化层分布和发掘的限制,CL1 中仅出土有 4 件石制品(图 3.28),占所有遗址石制品总数的 0.23%。但如第二章所述,该层堆积的土质土色与 CL2~CL4 有非常明显的区别,应代表着一个全新的阶段,石制品的特征也能大致有相应的反映。

石制品的类型包括断块(N=2)、石片(N=1)和刮削器(N=1),原料有燧石(N=2)、脉石英(N=1)和硅质岩(N=1)等三种类型(表 3.36),不见下部文化层中常见的石英砂岩和石英岩。

表 3.36 CL1 石制品类型与原料统计

类型 \ 原料	燧石	石英	硅质岩	合计
断块	1	1		2
石片			1	1
刮削器	1			1
总计	2	1	1	4

从石制品的尺寸统计(表 3.37)可知,CL1 石制品均为中型和小型,长度在 40~60 mm 之间,重量多数轻于 50 g。但因没有发现石核,与下部几个文化层之间的比较还缺少更多的数据。

表 3.37 CL1 石制品大小(mm)和重量(g)统计

石制品类型 \ 测量数据	长度	宽度	厚度	重量
断块(燧石)	53.67	37.08	17.23	39.91
断块(石英)	56.92	38.4	22.98	50.64
石片	44.55	22.92	12.05	9.47
刮削器	41.65	36.04	9.81	19.84

3.5.1 剥 片

1 件,青色硅质岩类,略呈倒三角形,长宽厚为 44.55×22.92×12.05 mm,重 9.47 g。背腹两面均有对向的片疤,一端为自然台面,一端为点状台面,推测可能为砸击法形成的砸击石片。自然面比 30%(图 3.28,1)。

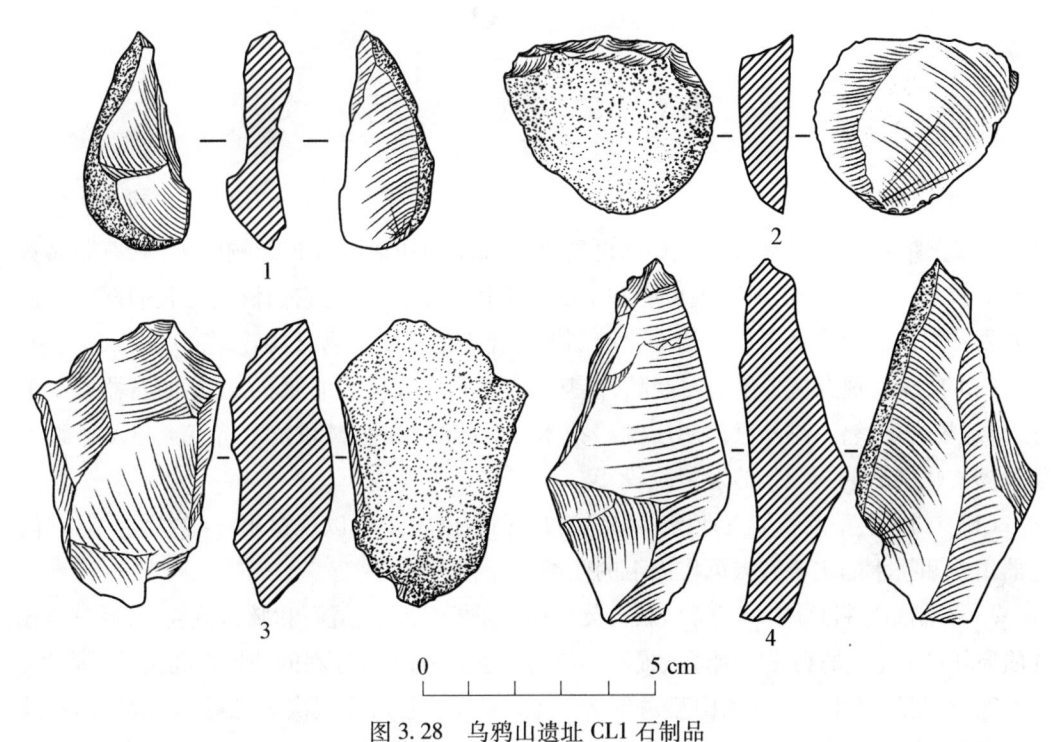

图 3.28 乌鸦山遗址 CL1 石制品
1. LWT1②：3 2. LWT12①：1163 3. LWT1②：1 4. LWT1②：2

3.5.2 工具修理

1件,原料为黑色燧石,形状略呈三角形,毛坯为Ⅰ型石片,长宽厚为 41.65×36.04×9.81 mm,重 19.84 g。石片毛坯打击点集中,锥疤和同心纹明显,打击泡内凹。在石片左侧和部分远端正向连续修理成直刃,刃缘规整,刃长 34.75 mm,刃角 75°。修疤为单层连续分布,略呈平行状,排列较规整,共 16 个,修疤浅平,修理深度 8.39 mm,最大修疤长宽为 5.76×5.78 mm。从修疤的规整程度和平行分布状态推测,可能为压制法修理。修疤比 10%。自然面比 40%(图 3.28,2)。

3.5.3 废 品

2件,石核断块,均可见到明显的人工痕迹。

T1②：1,原料为白色脉石英,形状不规则,长宽厚为 38.4×56.92×22.98 mm,重 50.64 g。一面为自然面,其余三面均为破裂面,器体上可见 2 个不完整的片疤。自然面比 40%(图 3.28,3)。

T1②：2,原料为黑色燧石,形状不规则,长宽厚为 53.67×37.08×17.23 mm,重 39.91 g。周身为多个不规则的破裂面,其中一个破裂面上可见有 1 个石片疤和打击点。自然面比 10%(图 3.28,4)。

3.6 本章小结

乌鸦山遗址共包括 CL1~CL4 四个文化层。其中 CL3 和 CL2 文化层中石制品数量较为丰富，是遗址的主要层位；CL1、CL4 可能受发掘面积和地层分布影响的限制，石制品数量相对较少，其组合和工业面貌可能并不能完全代表该层，但是它们依然为我们探讨该遗址石器技术的演变提供了连续的文化层剖面和伴出的重要实物材料。

CL1 层仅发现有极少量的石制品，但基本全部选择较优质的原料，出土的石器刃缘平齐、修理较为规整，不排除已运用压制法技术，因而此层在原料和技术特点上显示了继下部石器文化期后的一个新的发展阶段。

CL2~CL4 层中的石器工业既有明显的共同特征，也还可以观察出一些差异。对它们石器组合和技术的主要特点可作以下的归纳：

1) 石制品原料总体以石英砂岩、石英岩和硅质板岩为主，燧石和脉石英较少；后三类较优质原料自下至上的利用比例逐渐提高。值得注意的是，工具原料的选择以硅质板岩居多。

2) 石制品尺寸以小型和中型占绝大多数（80%以上），大型次之，巨型和微型标本较少，其中大型和巨型产品多为砾石和石核类型。修理类产品仅有极少数重型工具为大型个体，不见巨型标本。

3) 石制品类型包括砾石（备料）、石锤、石核、完整石片、工具和废品，以废品的数量居多（55%以上），其次为完整石片，工具比例低。可能由于未进行筛选等发掘因素，废品中碎屑的含量远低于实验数据，不利于对遗址成因的深度分析。

4) 工具组合以刮削器占绝对优势（60%以上），另有尖状器、凹缺器、雕刻器、锯齿器等轻型工具，以及部分重型刮削器、砍砸器和手镐等重型工具。总体上以中小型的刮削器等轻型工具为主，所占比例超过 80%。CL4 文化层仅发现刮削器 1 件，因数量太少，可能并不能完全代表该层的石器工业面貌。

5) 石器打制和工具修理方法以锤击法为主，在 CL2、CL1 中有砸击技术（砸击石核和石片）的少量运用。石核类型以普通石核为主，CL3 中存在少量盘状石核。石片类型以自然台面居多，处于初级剥片阶段者占主要优势。以上表明遗址石片的生产是非预制修理的简单剥片策略，多呈现随机性和浅度开发，但也表现出较为固定的剥片程序和技术的灵活适应性。

6) 工具毛坯以片状毛坯为主（约 70%），修理部位主要集中于侧缘和远端，以单向修理为主，其中又以反向修理居多，反映出以工具刃缘单面修理为主的开发策略。总体的加工程度较低，修理策略相对简单，显示了较低的原料利用程度，少量精致加工的刮削器和尖状器的存在表明一定程度上精致化的加工策略，也体现出石器加工技术在晚更新世旧石器时代的发展和进步。

第四章 条头岗遗址石制品分析

4.1 遗址发掘和埋藏概况

条头岗遗址于 2011 年被发现并在同年进行了考古试掘,按正南北向 1×1 m² 规格布设探方,以 N100E100 作为发掘区西南点的起始坐标,依次向北和向东扩展。初期布方 50 个,后重点发掘 N100~N105、E100~E107 范围内探方,东部边缘探方因当地村民取土形成的陡坎而不完整,发掘面积共计约 35 m²。

发掘过程中,按土质土色的自然层划分地层,同时以 5~10 cm 作为一个水平层逐层向下发掘,共揭露 5 个层位,包括 16 个水平层。除部分表层和尺寸较小的标本仅按出土探方和层位进行收集外,余者均进行了逐一编号、测量三维坐标和产状等信息。整理时对收集的标本按流水编号进行了续编,并用字母符号"C"(collected)作相应区别。

遗址出土遗物全为石制品,共计标本 7 345 件,另有 8 件尺寸在 30 cm 以下、重量在 30 g 以下的小型石粒或石块,未见任何人工痕迹,不排除自然因素混入遗址,因此不在本章的研究标本范围内。根据标本的平剖面分布(图 4.1),石制品在平面上于发掘区东南部分布数量较多,剖面上以 N103~N106 等探方处出露位置最高、分布最厚,并逐渐向东、西方向呈缓坡状分布;遗物纵向分布最集中于上部厚约 50 cm 的条带状堆积中,其下的地层内石制品数量较少,呈稀疏状散布,但两者在地层之间并没有明显的间歇层。上、下的石制品分布情况也与遗址土质土色所反映出的文化层相符,这两部分可能代表了两个不同时间段所形成的遗存,因此本文分别称为上文化层和下文化层。

石制品的分类统计(表 4.1)显示,其类型包括砾石、石核、完整石片、工具、废品、石锤和石砧。上文化层以废品(N=4 726, 67.56%)居多,其次为完整石片(N=1 735, 24.8%),其他类型比例较低;下文化层也以废品(N=167, 47.71%)和完整石片(N=107, 30.57%)居多,其他类型数量不多。上文化层可见有石锤、石砧等打击类工具。

由于遗址没有进行筛选,因此小于 2 cm 的产品的比例(上、下文化层分别为 15.22% 和 2%)远低于打制实验 60%~70% 的数据(Schick, 1986)。但石制品的各个类型表明,其是一套比较完整的技术组合产品。根据对遗物倾向、倾角、长轴方向等产状特征的统计(图 4.2),石制品长轴方向分布较为平均且分散,无特定指向;倾向上也没有优势方向,平均分布在 0°~360° 的范围内;倾角以水平或略倾斜于水平面为主,多集中在 0°~40° 区间,

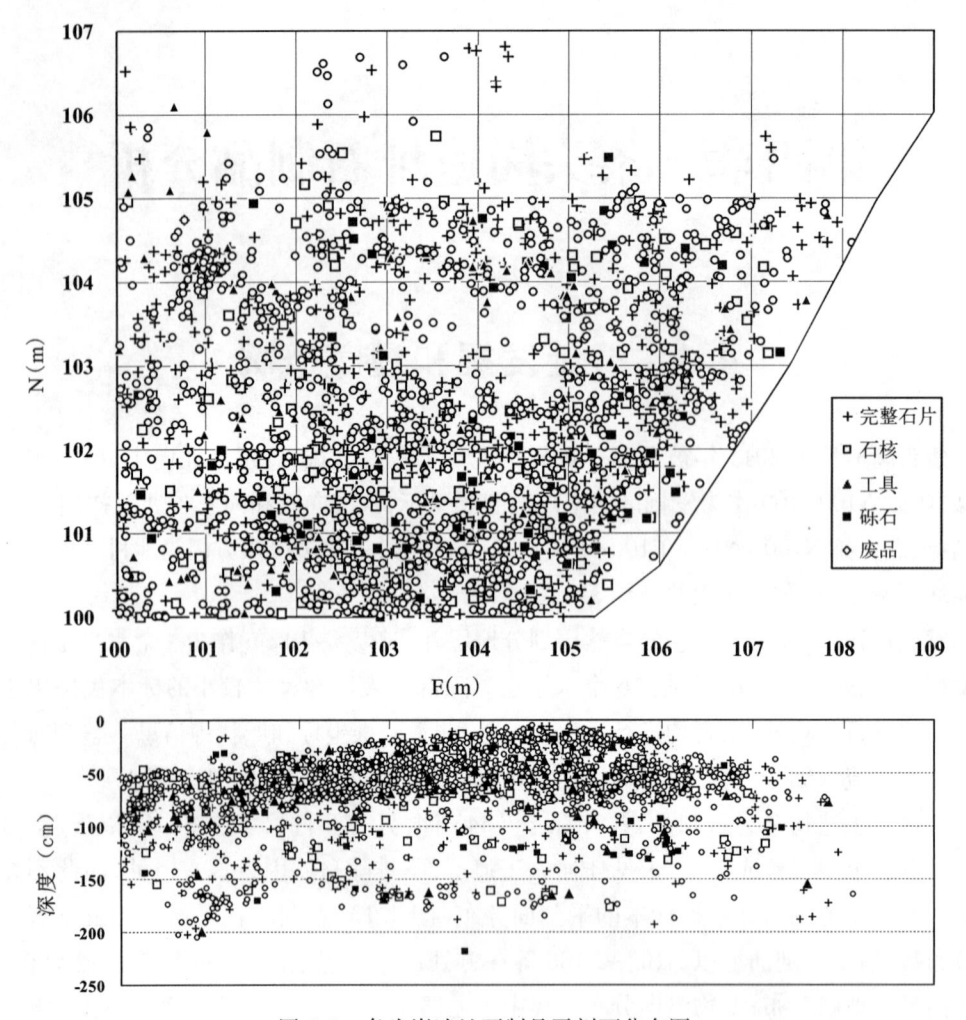

图4.1　条头岗遗址石制品平剖面分布图

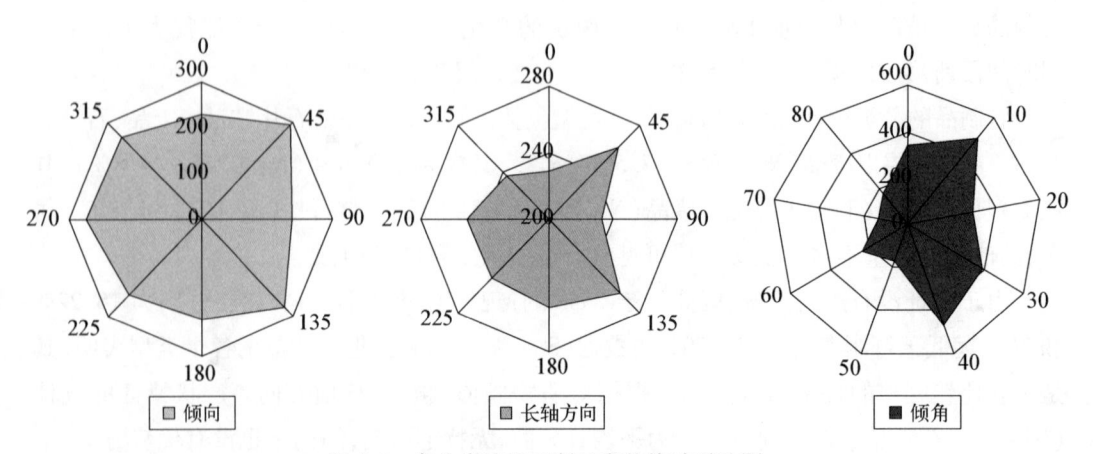

图4.2　条头岗遗址石制品产状统计雷达图

表 4.1　条头岗遗址石制品分类统计

文化层 \ 类型		砾石	石核	完整石片	工具	石锤/石砧	废品 断裂片	废品 残片	废品 断块	废品 碎屑	合计
上文化层	N	110	241	1 735	179	4	1 755	657	1 615	699	6 995
	%	1.57	3.45	24.8	2.56	0.06	67.56				100
下文化层	N	25	36	107	15	0	63	15	84	5	350
	%	7.14	10.29	30.57	4.29	0	47.71				100

倾斜和垂直较少。从石制品的风化和磨蚀等情况观察(图 4.3),除个别外,标本鲜有经过磨蚀者,风化以无风化和轻微风化为主,另有极少数中度和重度风化(主要为砂岩石料产品)。综上表明,石制品在埋藏时并没有经过水流等自然营力的长距离搬运,可能有相对较长的时间被暴露于地表,结合石制品的平剖面分布和下文中的石制品拼合研究,该遗址应基本属于原地埋藏类型,因而是解读遗址中古人类技术行为的重要标本。

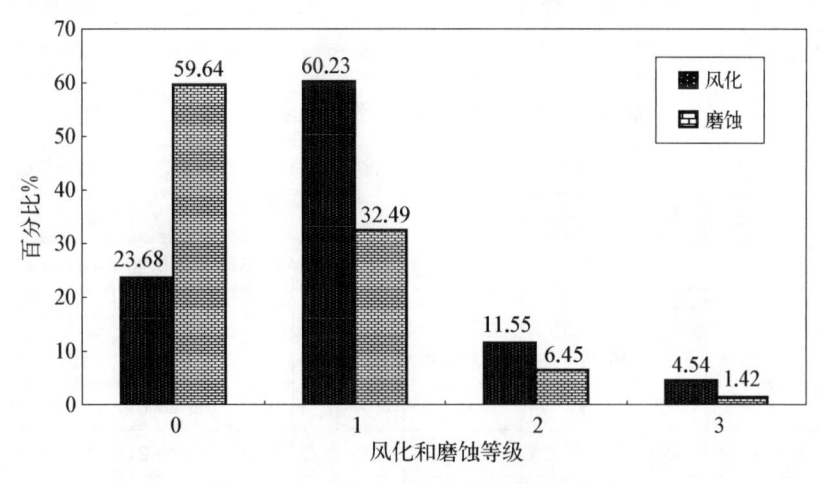

图 4.3　条头岗遗址风化和磨蚀程度柱状

4.2　上文化层石制品

上文化层石制品共 6 995 件,占遗址石制品总数的 95.23%。从所有标本的尺寸测量统计(表 4.2)可以看出,总体以小型居多,其次为中型和微型;小型和微型两者标本合占 81.12%,大型和巨型标本也有一定数量(N = 178,2.55%)。石制品大小混杂、以小型居多的面貌,与乌鸦山遗址石制品的个体分布具有较为相似的特征。结合类型观察,大型和巨型标本主要是砾石、石核、石锤和石砧,也有少量工具、完整石片和废品。

表 4.2　上文化层石制品尺寸(mm)的分类统计

尺寸大小 类型	<20 N	<20 %	20~50 N	20~50 %	50~100 N	50~100 %	100~200 N	100~200 %	≥200 N	≥200 %
石　核			50	0.71	128	1.83	62	0.89	1	0.01
石锤/石砧					1	0.01	3	0.04		
完整石片	140	2.00	1 175	16.80	405	5.79	15	0.22		
工　具			88	1.26	80	1.15	11	0.16		
废　品	925	13.22	3 296	47.12	485	6.93	17	0.24	3	0.04
砾　石			1	0.01	43	0.62	61	0.87	5	0.07
合　计	1 065	15.22	4 610	65.9	1 142	16.33	169	2.42	9	0.13

与石制品大小相对应,重量的分类统计(表 4.3)显示:1~20 g 的标本数量最多,占总数的 66.8%;小于 1 g 和 20~50 g 的标本次之,分别占 7.73%和 14.0%,这个重量范围内的石制品类型主要为废品、完整石片和工具;500 g 以上的标本有一定数量(N=154),同样以砾石和石核居多。

表 4.3　上文化层石制品重量(g)的分类统计

原料种类 类型	<1 N	<1 %	1~20 N	1~20 %	20~50 N	20~50 %	50~100 N	50~100 %	100~200 N	100~200 %	200~500 N	200~500 %	500~1 000 N	500~1 000 %	≥1 000 N	≥1 000 %
石　核			5	0.07	34	0.49	38	0.54	44	0.63	60	0.86	33	0.47	27	0.39
石锤/石砧													3	0.04	1	0.01
完整石片	80	1.14	1 131	16.17	362	5.18	106	1.52	40	0.57	10	0.14	3	0.04	3	0.04
工　具			48	0.69	74	1.06	35	0.50	8	0.11	5	0.07	5	0.07	4	0.06
废　品	461	6.59	3 489	49.88	508	7.26	167	2.39	77	1.11	17	0.24	6	0.08	1	0.01
砾　石					1	0.01	6	0.08	5	0.07	27	0.39	38	0.55	33	0.47
合　计	541	7.73	4 673	66.81	979	14.0	352	5.03	174	2.49	122	1.74	86	1.23	68	0.97

4.2.1　剥　　片

4.2.1.1　石核特征的统计与分析

共出土石核 241 件,占石制品总数的 3.44%。全部为锤击石核,可分为普通石核(N=229,95.02%)和盘状石核(N=12,4.98%)两类,以普通锤击石核为主。根据台面和剥片疤数量又可将普通石核进一步分为单台面(Ⅰ1 型、Ⅰ2 型、Ⅰ3 型)、双台面(Ⅱ1 型、Ⅱ2 型)和多台面(Ⅲ型)类型。盘状石核包括单面和双面类型(表 4.4)。

表 4.4　条头岗遗址上文化层石核分类统计

石核类型	普通石核					盘状石核		合计
	单台面（Ⅰ型）			双台面（Ⅱ型）		多台面（Ⅲ型）	单面	双面	
	Ⅰ1型	Ⅰ2型	Ⅰ3型	Ⅱ1型	Ⅱ2型	Ⅲ型			
数量	28	22	44	16	76	43	5	7	241
百分比%	39.0			38.18		17.84	4.98		100

（1）原料

石核原料较为集中，以燧石（N=155，64.32%）为主，另有石英砂岩（N=56，23.24%）和石英岩（N=30，12.45%）。从石核不同类型原料的分类统计看（图4.4），普通石核中不同类型在原料利用比例上没有明显的倾向性，而盘状石核主要以燧石为原料。

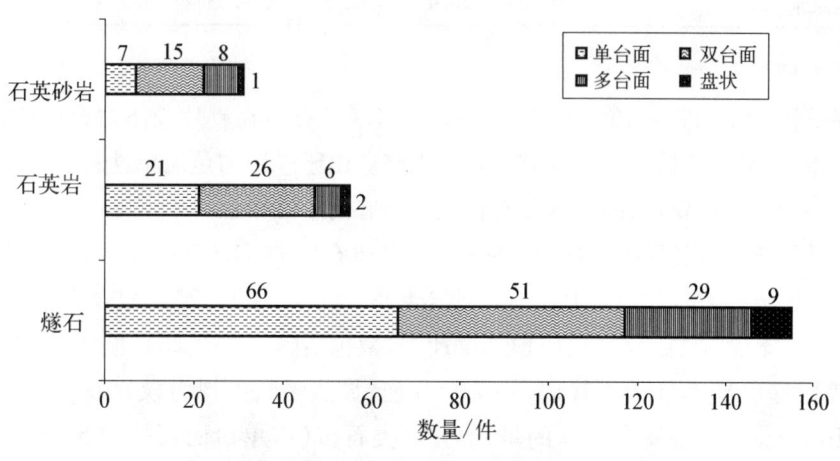

图 4.4　条头岗遗址上文化层石核原料分类统计

（2）大小

石核主要以中型（N=128，53.11%）为主，大型（N=62，25.73%）和小型（N=50，20.75%）次之，巨型标本1件，占0.41%。石核总体大小和重量的测量显示（表4.5），长、宽、厚的平均值均在中型范围内，不过石核的变异很大，尤其体现在重量上，说明遗址中的石核存在十分明显的个体差异。

表 4.5　上文化层石核大小（mm）和重量（g）的测量统计

测量统计项目	长度	宽度	厚度	重量
最小值	14.74	17.45	14.78	10.51
最大值	192.46	210.4	192.6	5 220
平均值	61.11	75.07	58.04	428.22
标准偏差值	28.46	33.22	30.21	611.45

对不同原料石核的测量(表4.6)显示,三种原料的个体大小有不同,一般燧石尺寸最小且整体上小于石英砂岩和石英岩,石英砂岩的尺寸多数偏大。这种原料的原始形态对塑造遗址中石制品面貌有着重要影响,同时也与古人类的剥片没有固定的形态要求以及对原料的开发利用和改造程度处于较浅阶段有关。

表4.6 上文化层不同原料石核长宽(mm)和重量(g)的测量统计

原料 项目	燧石			石英砂岩			石英岩		
	长度	宽度	重量	长度	宽度	重量	长度	宽度	重量
最小值	14.74	17.45	10.51	33.17	54.91	51.97	35.5	53.5	70.86
最大值	156.36	136.19	2 294.2	192.46	201.4	5 220	130.93	180.01	2 340.3
平均值	50.79	60.71	215.76	80.44	102.03	829.6	77.29	97.74	765.96
标准偏差值	22.51	23.94	308.24	28.47	33.06	889.03	29.3	31.61	650.56

(3) 类型

普通石核 229件,占该层石核总数的95.02%。石核在剥片前不对台面或剥片面进行预制工作,不见生产特殊石片的剥片技术策略。由于采用的是简单性打片技术,对石核的形状控制没有严格要求,因而这类石核最终形态的个性很强。

单台面石核：固定台面石核,有94件,占普通石核的41.05%。标本在剥片程度、规范性和系统性方面差异较大。其中Ⅰ1型(N=28)、Ⅰ2型(N=22),以及个别Ⅰ3型石核(N=4),打片较为随意,没有任何预先设计;原型包括砾石(N=26)、断块(N=22)、石片(N=6)等任意形态,仅1个剥片面,1~2个片疤;显然多数可视为权宜石核,砾石原型者可能是测试石核。不能完全排除的是,部分这类石核(占单台面石核的57.45%)的形成可能由于非人为因素或人类无意识的其他行为,尤其是以小型断块为原型的石核。

然而,大部分Ⅰ3型石核的剥片深度明显提高,显示出对剥片原则更深入的了解和对石核形状和剥片规范性的更好控制能力。自然台面居多(N=27),人工台面(N=13)较少;多数只有1个剥片面(N=28),部分有2个(N=10)或3个以上(N=2)剥片面,剥片过程中有少数情况发生旋转。通常情况下,一部分此类石核的形态仍不规则,剥片序列和剥片疤也较少,多以自然台面在石核一侧单向剥片,少见人工台面。

如LT②:1032,原型为砾石,灰白色燧石原料,形状不规则,长宽厚为42.32×83.28×53.59 mm,重193.98 mm。3个片疤构成的人工台面,台面形状不规则,台面角72°~80°。1个剥片面,共8个剥片疤,片疤形状不规则,个别为长条形,主片疤长宽为32.86×33.85 mm。自然面比50%(图4.5,4)。这件石核的剥片程式与双台面石核中的"双面打法"类似,反映出较高的计划性。

最值得关注的是,单台面石核中的一部分石核已显示出较为固定的剥片模式,通常台面和剥片面相对固定,可连续剥片,在打片过程中剥片面上的棱脊趋向一致,随着剥片深度的不断增加,系统性不断增强,一些石核呈现出漏斗形、似楔形等较为规则的形态。这

第四章 条头岗遗址石制品分析

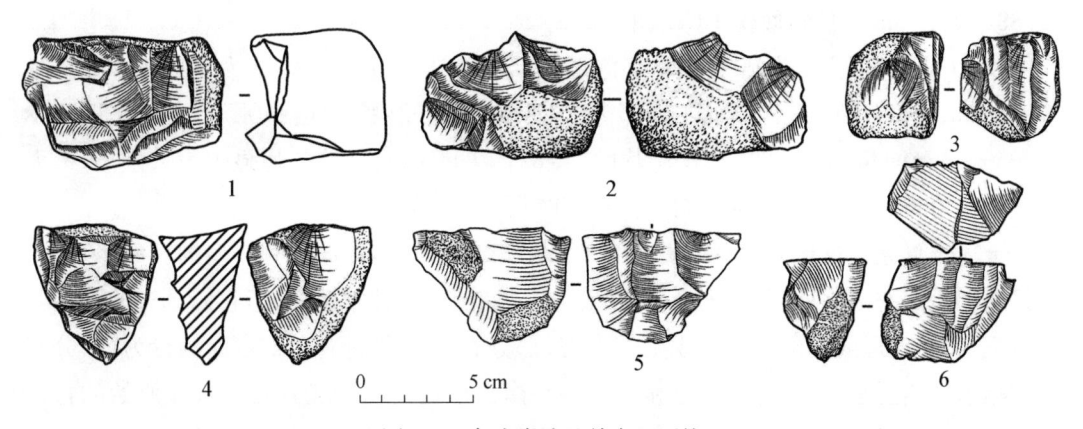

图 4.5 条头岗遗址单台面石核
1. LT①C：75 2. LT①C：1825 3. LT②：1015 4. LT②：1032 5. LT②：1944 6. LT②：621

类石核在继续利用自然台面的同时,剥片已多延伸至两个侧面,因而石核利用深度大大增加。部分阴疤显示,打下的石片呈窄长条状。

如 LT①：343,原型为砾石,棕黄色燧石原料,不典型漏斗状,长宽厚为 43.6×37.43×34.01 mm,重 45.32 g。自然台面,形状不规则,台面长宽为 35.9×33.23 mm,台面角 65°~80°。2 个剥片面,8 个片疤,片疤形状不规则,主片疤长宽为 44.17×38.79 mm。自然面比 40%。

LT①C：1825,原型为砾石,黄色燧石原料,形状似楔形,长宽厚为 59.98×56.19×37.71 mm,重 122.73 g。自然台面,形状不规则,台面长宽为 52.22×37.95 mm,台面角 80°~85°。2 个剥片面,共 10 个片疤,部分片疤为窄长形,最大片疤长宽为 49.46×31.66 mm。自然面比 40%(图 4.5,2)。类似石核另有如 LT①C：1842、LT①C：54 和 LT①：085 等标本。

LT②：1015,原型为砾石,灰色燧石原料,略呈柱状,长宽厚为 46.5×46.62×48.68 mm,重 122.59 g。"片疤+石皮"台面,台面形状不规则,长宽为 40.94×41.81 mm,台面角 86°。1 个剥片面,约 4 个片疤,片疤多为长条形,个别不规则,主片疤长宽为 46.08×13.61 mm。自然面比 60%(图 4.5,3)。

更为普遍的该类规范性较强的石核中,台面多为素台面(包括"片疤+石皮"台面)或以"双面打法"形成的多疤台面,虽然这些与修理台面行为有很大差距,但创造人工素台面或利用先前剥片面客观上也为下一步连续剥片提供了条件,在理念上与预先加工处理有一定相似之处。

当台面角度合适时,也有将打片延伸至石核多个侧面的情形,将石核利用率发挥至更高水平。如 LT②：1944,原型为砾石,浅青色燧石,不典型漏斗形,长宽厚为 46.86×73.14×49.44 mm,重 168.95 g。素台面,台面形状不规则,台面长宽为 73.31×50.03 mm,台面角 75°~103°。4 个相连剥片面,共 8 个以上片疤,片疤形状不规则,主片疤长宽为

37.88×29.81 mm。自然面比10%(图4.5,5)。

LT②：621，原型为砾石，深青色燧石，形状似楔形，长宽厚为49.21×52.77×35.18 mm，重78.05 g。素台面，有部分节理面，台面形状为透镜形，长宽为52.96×35.35 mm，台面角71°～90°。3个剥片面，共8个以上片疤，部分片疤显示为长条形，最大片疤长宽为44.76×53.26 mm。自然面比10%(图4.5,6)。

上述较具系统性的单台面石核约9件，虽然数量并不多，也没有典型的台面修理，尤其是对剥片面的预制处理，因而还没有超出更早期的石器技术范畴，但它们具有的一些共同特征，如漏斗形或楔形等较为规则的形态，部分石核存在创造人工台面的行为，部分剥片疤预示剥离过窄长石片等，却已显示出条头岗遗址古人类的剥片技术远非原始的打片技术可比，而是具有较高的对石核的剥片技能，其剥片行为也具有一定的计划性。一些少量长石片的存在甚至不能排除遗址中原始长石片技术的存在。结合优质原料在遗址中的大量开发应用考虑，表明在具备合适的高质量原料情况下，客观为石器技术的运用提供了更好的条件，古人类也可能存在追求应用某些相对更进步技术的动力。

双台面石核：转向台面石核，剥片过程中出现2次台面的转向。共92件，占普通石核总数的41.48%。这类石核中的Ⅱ1型石核(N=16)尽管有2个台面，但通常剥片数少，对原型也没有讲究，打片简单，随意或权宜特点显著。Ⅱ2型石核中除少数(N=3)外，大部分(N=73)已经有一定程度的剥片率，并以2个及以上剥片面为主(N=66,86.84%)，表明剥片过程中倾向于台面和剥片面均进行转向。

与乌鸦山遗址中的石核分析一样，结合石核台面性质、打片顺序和打片方向，条头岗遗址上文化层中Ⅱ2型石核剥片过程的旋转方式共分为6种形式，可简称为模式Ⅰ～Ⅵ(图4.6)。

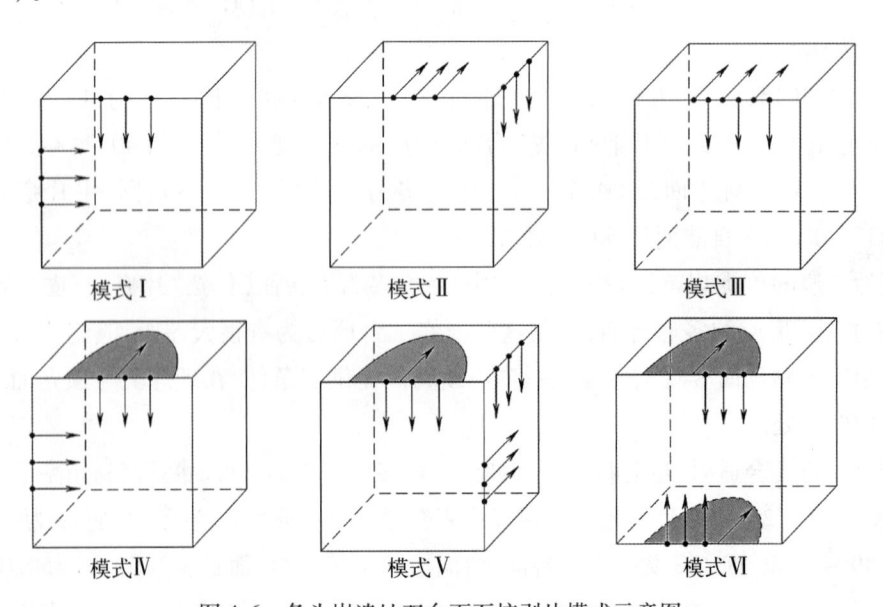

图4.6 条头岗遗址双台面石核剥片模式示意图

模式Ⅰ：共 27 件。利用相邻、相对的两个自然砾面作为台面，在一侧或几侧剥片。剥片面多数为 1~2 个，少数有 3 个及以上剥片面。以双向剥片为主，其次为对向剥片。这类石核剥片程序较为简单，如 LT③：2743，两个相邻自然台面在 1 个剥片面上双向打片（图 4.7,1）。

一些石核个体较小，且所剥石片也不大。如 LT②：657，原型为砾石，棕黄色燧石，形状不规则，长宽厚为 48.78×34.22×29.98 mm，重 57.93 g。2 个相对自然台面，台面角 87°~104°。2 个剥片面，共 6 个以上片疤，剥片方向为双向，片疤形状不规则，最大片疤长宽为 33.41×27.76 mm。自然面比 50%（图 4.7,2）。

个别石核的剥片也具有一定的系统性。如 LT③：2781，原型为砾石，深灰青色燧石，不典型漏斗形，长宽厚为 54.26×49.65×28.83 mm，重 104.13 g。2 个自然台面，台面相对，主台面形状不规则，台面大小为 39.72×28.74 mm，台面角 101°~103°。2 个剥片面，共 8 个以上片疤，剥片方向为对向，少部分片疤呈窄长形，大部分不规则，最大片疤长宽为 43.33×31.01 mm。自然面比 30%（图 4.7,3）。

模式Ⅱ：15 件。先利用自然砾面为台面在一侧打下系列片疤，有时仅打下 1 个石片作为素台面，然后以此片疤面为台面旋转 90°向与原台面相异的另一侧垂直剥片。

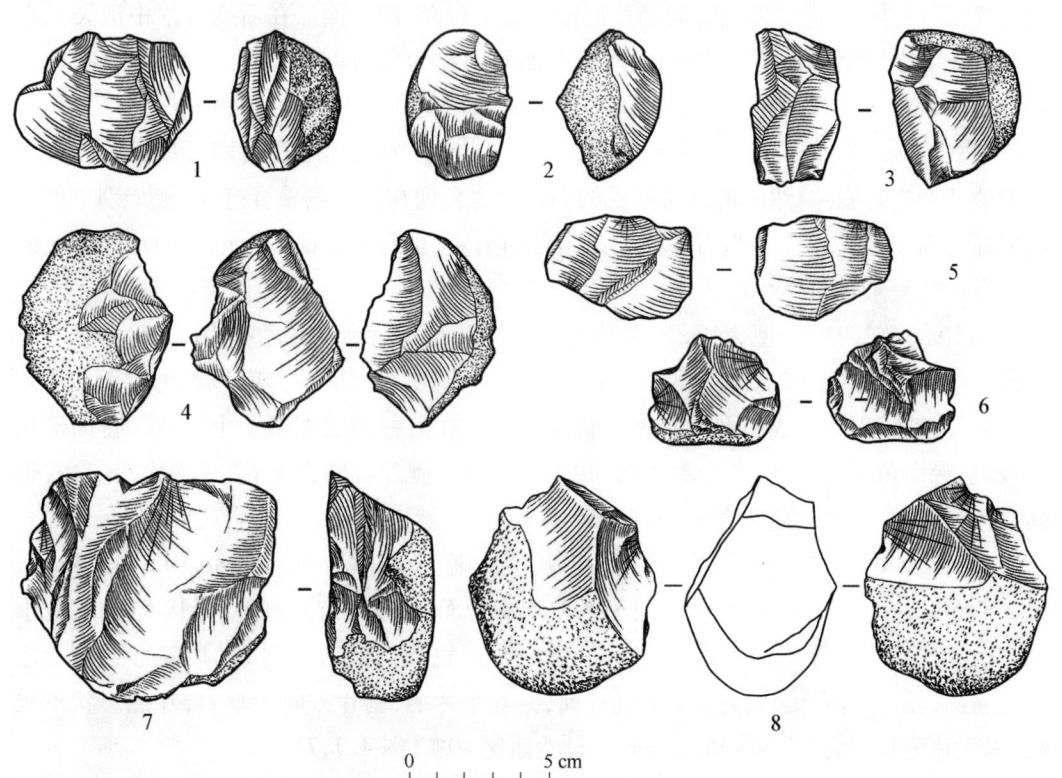

图 4.7 条头岗遗址上文化层双台面石核
1. LT③：2743 2. LT②：657 3. LT③：2781 4. LT①：235
5. LT①：2783 6. LT②：2593 7. LT①：676 8. LT②：847

如 LT①C：1619，原型为砾石，灰褐色石英岩，形状不规则，长宽厚为 65.64×72.86×49.86 mm，重 238.86 g。2 个台面，先以自然砾面为台面，向一侧打片，以该片疤为台面，旋转 90°，向另一侧剥片。台面形状不规则，台面大小为 64.58×48.22 mm，台面角 91°~94°。2 个剥片面，剥片方向为垂直，片疤形状不规则，最大片疤长宽为 41.24×45.38 mm。自然面比 50%。

模式Ⅲ：共 5 件。"双面打法"石核，石核两面互为台面和剥片面，均可以见到部分打击点，通过交互打击或转向打击进行剥片，主要为简单两面打法（夹角为锐角）。这类石核显示出较强的计划性。

如 LT②：2487，原型为砾石，黄色石英砂岩，形状不规则，长宽厚为 76.29×102.54×77.37 mm，重 559.2 g。在一侧以交互打击剥片，两片疤面互为台面和剥片面，台面角 87°，共 9 个片疤，片疤形状不规则，最大片疤长宽为 49.41×49.19 mm。自然面比 40%。

LT②：847，原型为砾石，黄色燧石，形状不规则，长宽厚为 58.96×67.82×62.59 mm，重 268.54 g。在砾石一端分别向两侧打片，两剥片面相交，两者互为台面和剥片面。台面形状不规则，台面角 77°~86°。共 9 个片疤，剥片方向为双向，片疤形状不规则，最大片疤长宽为 46.98×39.3 mm。自然面比 50%（图 4.7,8）。

模式Ⅳ：共 13 件。以先前的剥片疤面作为主台面（原台面已在后期打片中消失），在一侧或几侧进行剥片后，同时也利用其他自然砾面作为台面剥片。人工台面中既有简单剥片形成素台面、"片疤+石皮"台面或多疤台面，如 LT①：235（图 4.7,4）等。

模式Ⅴ：共 8 件。以先前的剥片疤面作为主台面（原台面已在后期打片中消失），在一侧或几侧进行剥片，然后再以新形成的剥片面为台面在另一侧垂直打片，极个别也偶尔朝向原台面剥下 1~2 个小型石片疤。以素台面为主，也有部分由 2 个以上的片疤组成的棱脊台面或复杂台面。

如 LT②：2593，原型为砾石，灰青色燧石，形状不规则，长宽厚为 39.51×45.06×32.2 mm，重 56.02 g。2 个相交人工台面，主台面上有大、小 2 个片疤，以此为台面在一侧连续剥片，然后以新形成的剥片面为台面旋转 90°，在另一侧仅剥下 1 个石片。台面形状不规则，台面角 82°~86°。2 个剥片面，共 13 个片疤，剥片方向为垂直，片疤大小不一，整体以小型为主，最大片疤长宽为 28.6×19.03 mm。自然面比 30%（图 4.7,6）。

LT②：676，原型为砾石，棕色燧石，形状不规则，长宽厚为 76.18×88.91×44.63 mm，重 346.6 g。2 个相交人工台面，主台面为平坦素台面，可能为有意制造，形状不规则，大小为 78.48×50.9 mm，台面角 71°。主台面在一侧连续打片，然后转向 90°以新形成的片疤面为台面，在另一侧垂直打片。2 个剥片面，共 6 个片疤，剥片方向为垂直，片疤形状不规则，最大片疤长宽为 57.63×36.22 mm。自然面比 40%（图 4.7,7）。

模式Ⅵ：共 8 件。以相邻、相对等两个片疤面作为台面，以双向（对向）方式在一侧或几侧剥片。剥片面多为 1~2 个，3 个及以上剥片面者不常见。片疤面以断块等原有的破裂面为主，也有的可能处于剥片的较后期，但因先前的台面在后期受到较大破坏，而仅存两个台面。这类石核多数的打片较为随意,但也有个别较为系统且形状似楔形。

如LT①C：2783,原型不定,长宽厚为32.33×50.08×33.44 mm,重65.93 g。2个相对打制台面,台面角84°~92°。先以一平坦的素台面为主台面,在四周连续剥片,部分石核上的片疤显示为窄长型,同时相对的1个打制台面也对向打下1个石片。4个剥片面,共8个以上片疤,剥片方向为对向。无自然面保留(图4.7,5)。

多台面石核：转向台面石核,剥片过程中台面转向2次以上。共43件,占普通石核总数的18.78%。一般来说,多台面石核是对双台面石核的进一步利用,随着石核的旋转剥片,先前的台面不断因后来的打片而消失,因而当台面个数越多,就有可能形成相似的形态,对石核的旋转方式判断就越难,事实上所有类型的石核多次旋转打片后终极形态均可接近于多面体特征及至最终形成石球。

条头岗遗址上文化层多台面石核的台面多为3个(N=37),4个及以上者(N=6)很少。以双台面石核的6种模式为基础,对它们的旋转打片模式可以分为以下4种方式(图4.8)：

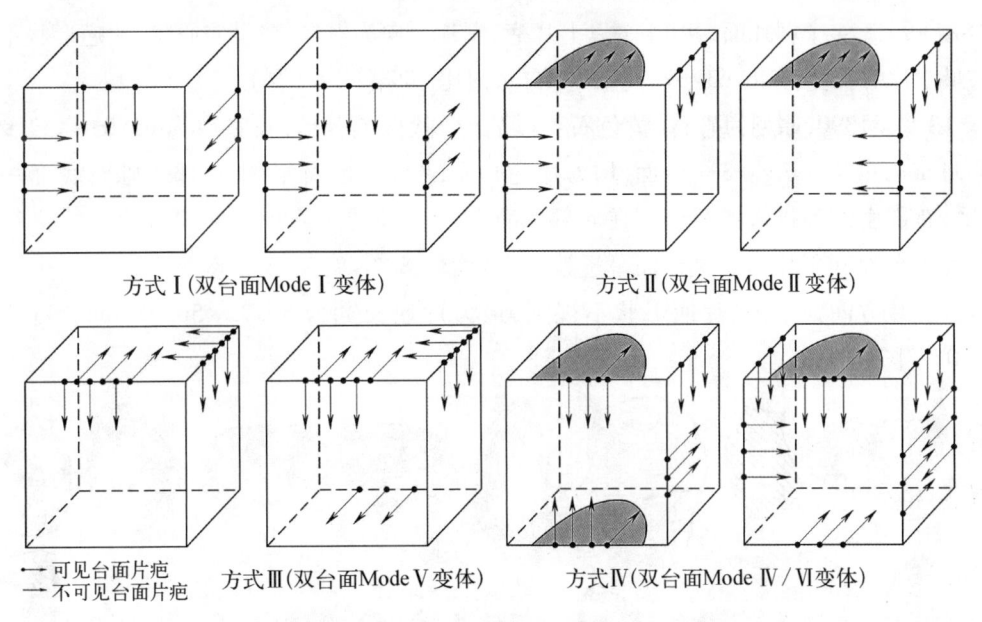

图4.8 条头岗遗址多台面石核剥片方式示意图

第一种方式：在双台面模式Ⅰ的基础上,再次旋转另一自然台面(N=10)或以新形成的剥片面为台面再次旋转90°垂直打片(N=15)。这种方式的剥片石核在多台面石核中数量最多,共计25件。如LT②：1034旋转3个相邻自然台面向同一侧打片,形成1个剥片面,约8个片疤(图4.9,1);LT②：1281则在以3个不同自然台面分别打片后,再以其中的1个剥片面转向90°,垂直向另一侧打片,从而形成4个台面,4个剥片面(图4.9,5)。

第二种方式：在双台面模式Ⅱ的基础上,旋转新形成的剥片面作为台面再次剥片(N=3)或再次旋转其他相邻自然台面增加剥片(N=2)。后者石核的片疤形态有时会与第一种方式相近，但参考片疤间的叠压关系，仍可以区分出打片的早晚关系。这种剥片方式的石核共5件。如LT③：2724，以自然台面剥片后，旋转90°以剥片面为台面打片，然后又以新形成的片疤面为台面，再次旋转90°打片，3个剥片面，共9个片疤，剥片方向为多向（图4.9,3）。

第三种方式：多数情况下为"双面打法"石核（双台面石核模式Ⅴ）从一个侧面向2个以上的侧面延伸和扩展的结果，也有部分石核以新形成的剥片面再次旋转垂直打片或再利用其他相邻、相对的自然砾面作为台面增加打片，但共同点是均以双面打法作为石核最主要的剥片形式。

如LT②：1364，原型为砾石，灰黄色燧石，形状不规则，长宽厚为61.71×89.07×45.55 mm，重281.57 g。3个人工台面，相交或相对。在砾石三侧先连续剥片，形成3个剥片面，然后以此三个剥片面分别为台面，同时向原始台面打片，使原台面消失，新的片疤在一面相交略呈不规则凸起。主台面形状不规则，台面大小为59.09×29.96 mm，台面角为82°~96°。4个剥片面，共14个以上片疤，剥片方向为多向，略呈向心状，片疤形状不规则，最大片疤长宽为46.63×32.75 mm。自然面比30%（图4.9,6）

LT②：1390，原型为砾石，黄色石英砂岩，形状似龟背形，长宽厚为65.03×132.99×86.94 mm，重755.7 g。3个台面，均为片疤+石皮台面，台面相交、相邻。砾石底部一面较平，背部由两面拱起成弧形。在底部和背部相交处的边缘均以两面打片方式进行剥片，互为台面和剥片面。主台面呈透镜形，台面角80°~96°。3个剥片面，约25个以上片疤，剥片方向为多向，片疤形状不规则，最大片疤长宽为56.72×56.28 mm。自然面比20%（图4.9,8）。

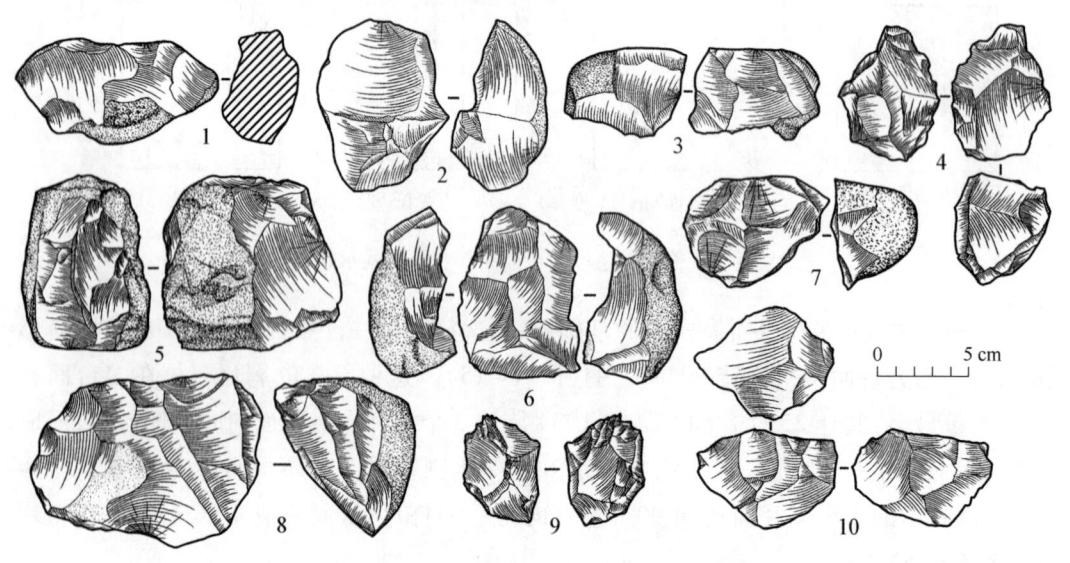

图4.9 条头岗遗址上文化层多台面石核
1. LT②：1034　2. LT③1827　3. LT③：2724　4. LT①C：2269　5. LT②：1281　6. LT②：1364
7. LT③：1826　8. LT②：1390　9. LT②：2780　10. LT③：1792

第四种方式：在双台面中的模式Ⅳ或模式Ⅵ基础上，经过再一轮或几轮剥片。除个别石核外，大部分位于剥片链条的后期，处于剥片的高峰。这种剥片方式的石核共 8 件，其中最后形状呈多面体形态的石核共计 5 件，无自然石皮保留或石皮比小于 5%。

如 LT②：2780，原型为砾石，棕色燧石，形状不规则，长宽厚为 44.68×34.6×35.19 mm，重 80.67 g。3 个人工台面，台面相交或相对。以一个素台面为主台面，沿石核四周连续剥片，然后以形成的不同剥片面为台面旋转打片。主台面形状不规则，台面大小为 33.15×29.16 mm，台面角 87°~89°。5 个剥片面，共 18 个以上片疤，剥片方向为多向，片疤形状不规则，最大片疤长宽为 30.12×29.52 mm。自然面小于 5%（图 4.9,9）。

LT③：1792，原型为砾石，红色石英岩，形状略呈船状，长宽厚为 51.72×58.54×56.7 mm，重 187.82 g。3 个人工台面，台面相对或相交。以一个多疤复杂台面在石核的四侧连续剥片，形成 4 个剥片面；相对的一个素台面也对向少量打片；同时又以新形成的片疤面为台面继续剥片。主台面形状略呈平行四边形，台面大小为 52.85×56.96 mm，台面角 85°~94°。5 个剥片面，共 13 个以上片疤，剥片方向为多向，片疤形状不规则，最大片疤长宽为 38.13×35.14 mm。无自然面保留（图 4.9,10）。

非常值得注意的是，可以见到少量呈现典型船状或龟背状的石核，其剥片具有很明显的系统性或计划性，石核利用率非常高。标本 LT①C：2269，长宽厚为 72.65×43.08×51.38 mm，重 123.32 g；红黄色较优质燧石原料，原型已不确切，但应为砾石，四周通体剥片，无残留自然面；其中一个面应为多个片疤构成的主台面（可能同时也是剥片面），略呈椭圆形且较平坦，与此面相对的另外三个面为主要的剥片面，它们在背部交汇凸起，使得整个石核从侧面看极似船状；核体上大部分打击点不明显，少量打击点清晰可见，显示为硬锤技术，从剥片过程看可能存在修理台面的行为（图 4.9,4）。

盘状石核：共 12 件，占石核总数的 4.98%。与上述普通石核相同的是其在剥片前也不对台面或剥片面进行预制修理，但盘状石核具有相对更为固定的剥片程序，它采用向心方式剥坯，至少在一面形成明显的凸起。条头岗遗址上文化层的盘状石核包括 5 件单面者和 7 件两面者。

LT③：2024，单面盘状石核，原型为砾石，青色燧石原料，呈圆盘状，长宽厚为 50.23×44.38×22.95 mm，重 48.95 g。一面为向心状剥片面；另一面较平，以大部分石皮为主，同时有调整台面的 2 个石片疤。剥片面在中部交汇成棱状，台面形状呈桃形，台面大小为 50.23×44.38 mm，台面角 77°~114°。剥片面共 9 个片疤，片疤形状不规则，最大片疤长宽为 25.51×17.2 mm。自然面比 40%（图 4.10,1）。

LT③：1635，两面盘状石核，原型为砾石，浅棕色燧石原料，形状近圆形，长宽厚为 64.55×50.03×36.45 mm，重 101.23 g。部分采用交互打击方式进行剥片。两面均为向心状剥片，侧视形态呈透镜形。一面为石皮+片疤，5 个片疤和部分石皮在中部交汇呈凸起状，片疤形状不规则，最大片疤长宽为 27.92×25.37 mm；另一面全为片疤，共 8 个片疤，在中部交汇成凸，片疤形状不规则，最大片疤长宽 26.59×29.94 mm。台面角 73°~95°，自然面比 10%(图 4.10,2)。

LT①：64,双面盘状石核,原型为砾石,棕色燧石原料,形状不甚规则,长宽厚为 63.29×52.51×33.87 mm,重 74.16 g。两面均为向心状剥片,剥片面在中部均略有凸起,侧视形态呈透镜形。一面为"石皮+片疤",6 个片疤在中部交汇成凸状,片疤形态不规则,最大片疤长宽为 20.2×33.05 mm；另一面全为片疤面,共 5 个片疤,在中部交汇略有凸起,片疤形状不规则,最大片疤长宽 34.29×27.57 mm。台面长宽为 63.29×52.51 mm,台面角 62°~85°。自然面比约 10%(图 4.10,3)。

LT②：1119,两面盘状石核,原型为砾石,红色夹黄色条纹燧石,形状不规则,长宽厚为 74.68×67.89×39.31 mm,重 202.24 g。两面均为向心状剥片,一面片疤在中部交汇呈凸状,仅中部和边缘残留少许石皮,共 9 个片疤,最大片疤长宽为 41.76×38.76 mm；另一面较平,全部为石片疤,共 7 个,最大片疤长宽为 51.03×27.69 mm。台面长宽为 74.68×67.89 mm,台面角 77°~95°。自然面比 10%(图 4.10,4)。

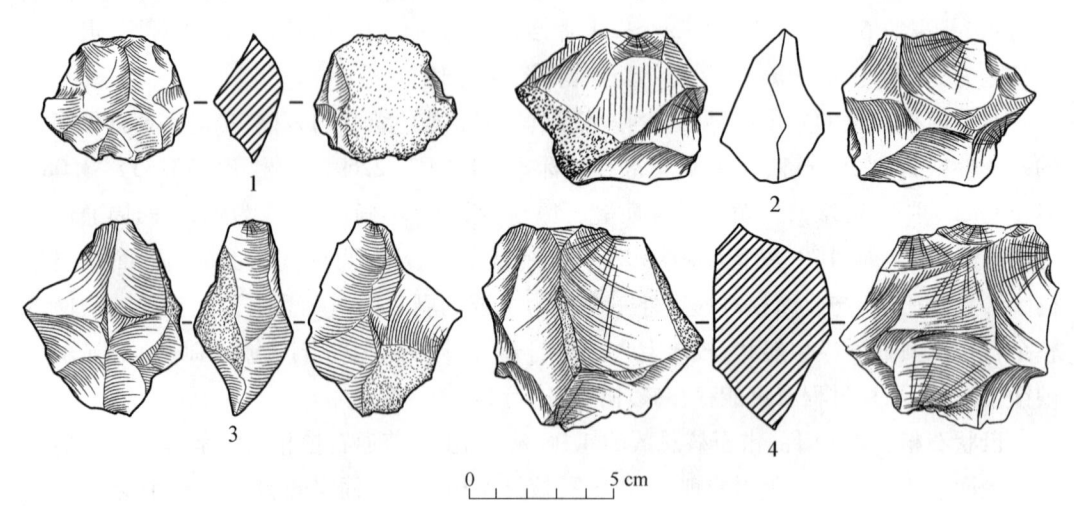

图 4.10 条头岗遗址上文化层盘状石核
1. LT③：2024 2. LT③：1635 3. LT①：064 4. LT②：1119

(4) 其他属性

石核的原型以砾石为主(N=175),断块(N=53)和石片(N=13)较少。主台面以自然台面(N=144)居多,人工台面(N=97)中包括素台面(N=49)、"片疤+石片"台面(N=21)、多疤台面(N=17)和棱脊台面(N=10)。台面角在 52°~117°之间,集中在 70°~100°之间,以 80°~90°居多,平均值 83.5°,标准偏差值 12.5°(图 4.11)。

将所有石核综合起来考虑,其残存石皮的程度属中等,比例介于 0~95%之间,以 40%~50%的数量分布最多,平均值 46%,标准偏差值 24.1%；剥片疤比分布于 5%~100%之间,平均值 43%,标准偏差值 24.1%。这种计算方式可能模糊了遗址中权宜石核和高效石核之间的区分。

石核上可辨的片疤最少为 1 个,最多为 25 个,平均片疤数约 5.9 个。初步统计,2 个片疤的石核数量最多(N=36),4、5、7 个片疤的石核均有一定数量,但当石核上的片疤超

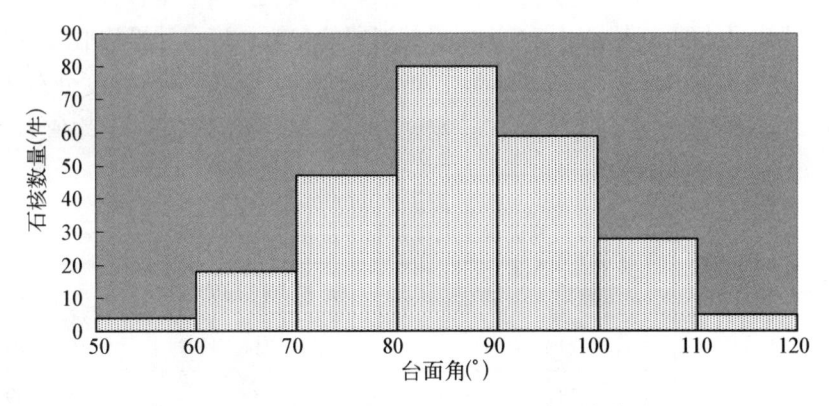

图 4.11　条头岗遗址上文化层石核台面角统计

过 10 个时,其数量开始锐减。

同一个石核上剥片序列的数量存在差异,有的同时存在 3 或 4 个打击台面均不同的剥坯序列,有的只有 1~2 个剥坯序列,如图 4.12 所示,遗址中单个石核的剥坯序列中 1~2 个的数量最多,3 个的数量很少,4 个及以上者则非常罕见。同样,对一个同向的剥片序列的统计(图 4.13)表明,多数也只能获得 1~3 个成功的石片,其次为 4~5 个,很少超过 6 个,最多者有 18 个片疤,但 6 个及以上剥片数量的剥片序列中明显存在不成功的产品。

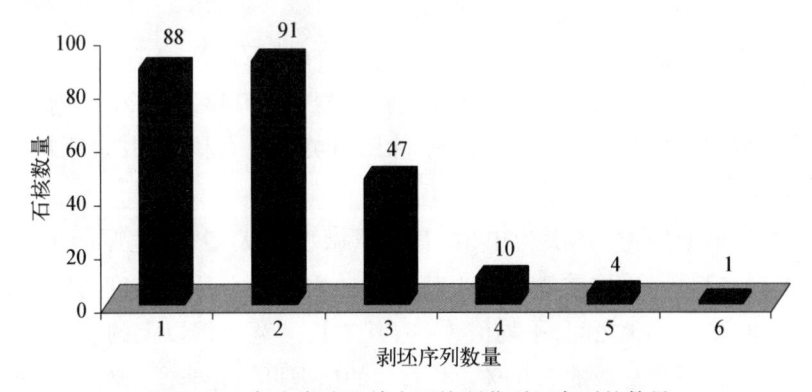

图 4.12　条头岗遗址单个石核所获剥坯序列的数量

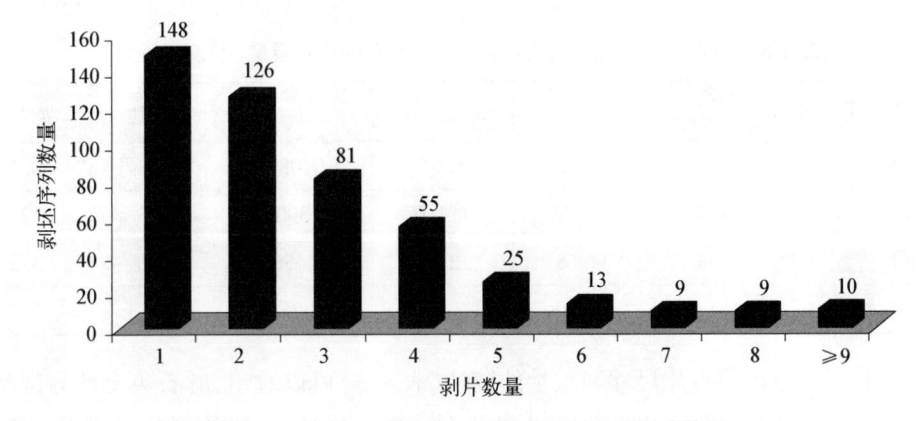

图 4.13　条头岗遗址单一同向剥坯序列的剥片数量

石核主片疤尺寸的统计(表4.7)表明,石核遗留的主要片疤尺寸平均值为小型,存在较大的差异,长度分布于10.59~131.87 mm之间,标准偏差19.81 mm,宽度分布于10.71~106.78 mm之间,标准偏差16.79 mm。长宽比位于0.29~3.39之间,平均值为1.2,标准偏差0.42。

表4.7 条头岗遗址上文化层石核主要片疤尺寸统计

测量统计项目	主片疤长(mm)	主片疤宽(mm)	长宽比
最小值	10.59	10.71	0.29
最大值	131.87	106.78	3.39
平均值	45.07	39.87	1.2
标准偏差	19.81	16.79	0.42

石核剥片方向以单向为主(N=94),其次为双向(N=50)和多向(N=40),垂直(N=29)、对向(N=15)、向心(N=12)也存在一定数量,交互(N=1)很少,表明石核中可以观察出某些带有计划性的剥片行为,但整体上石核剥片策略呈现出随机性特点。

4.2.1.2 完整石片类型与特点分析

共1 735件,占石制品总数的24.8%。石片原料以燧石(N=1 260,72.62%)占绝大多数,其次为石英砂岩(N=324,18.68%)和石英岩(N=148,8.53%),脉石英(N=3,0.17%)仅零星发现。与石核所见原料相比,除脉石英不见石核外,其余原料的结构比例与石核较为接近。

石片总体以小型为主,其次为中型,有少量微型和大型,长宽厚的平均值分别为35.34、34.68、12.17 mm,平均重24.56 g(表4.8)。大部分石片的长度与宽度大致相当,长宽比分布于0.28~3.13之间,平均值1.08,其中长是宽2倍以上的长石片共有53件(图4.14,1~7),占石片总数的3.05%。长石片的出现可能并非预制性产品,但它表明古人类在剥片过程中具有较高的利用石片背脊引导打片方向和对石核形态的控制能力。

表4.8 条头岗遗址上文化层完整石片大小(mm)和重量(g)测量统计

测量统计项目	长	宽	厚	重	长宽比	宽厚比
最小值	7.13	6.43	1.03	0.08	0.28	0.29
最大值	191.8	138.88	114.0	1 390	3.13	12.3
平均值	35.34	34.68	12.17	24.56	1.08	3.26
标准偏差值	17.54	16.30	7.52	71.91	0.4	1.35

通过对不同原料的石片尺寸和重量的统计(表4.9)可以看出,脉石英全部为微型,燧石石片的尺寸和变异均明显小于石英砂岩和石英岩。另外,值得注意的是燧石中仅有1

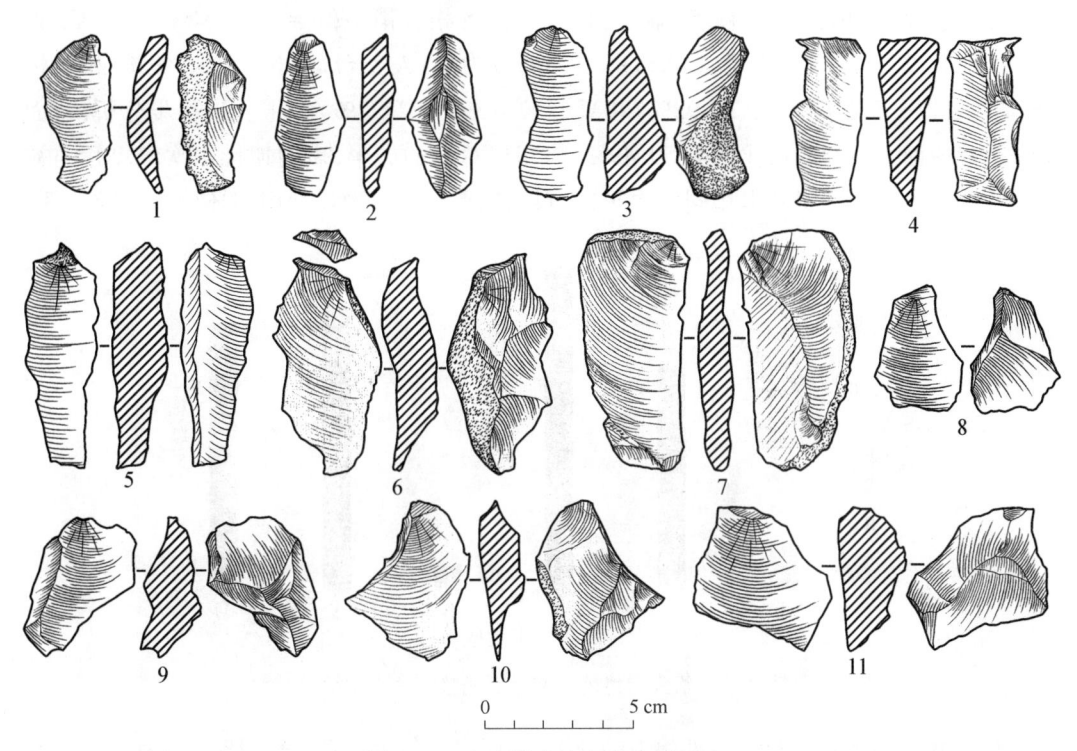

图 4.14 条头岗遗址上文化层石片
1. LT①：270　2. LT①：1386　3. LT②：2792　4. LT①：2418　5. LT②：959　6. LT③：1803
7. LT②：1075　8. LT①：005　9. LT①C：56　10. LT②：962　11. LT②：813

件大型石片,石英砂岩和石英岩大型石片分别有 9 件和 5 件。若将这些大型石片的尺寸和石核上片疤的最大尺寸(表 4.13)相比较,有一些没有相匹配的石核。理论上这种情况存在两种可能,一是这些石片从遗址外(原料开采区)直接输入遗址中,二是由于发掘面积有限,石核存在于发掘区其他区域。笔者根据对部分石片的磨蚀程度的观察,发现个别大型石片磨蚀非常严重,明显与其他众多的石片不同,应是利用先前石片的行为,如 LT②：1502, Ⅰ 型石片,长宽厚为 145.83×134.48×63.61 mm,重 1 389.7 g,通体均存在 3 级磨蚀。因此推测部分大型石片更有可能从遗址外带入。

表 4.9　上文化层不同原料完整石片长宽(mm)和重量(g)的测量统计

原料 项目	燧石			石英砂岩			石英岩			脉石英		
	长度	宽度	重量	长度	宽度	重量	长度	宽度	重量	长度	宽度	重量
最小值	7.13	6.43	0.08	9.59	12.24	0.32	8.7	7.45	0.2	12.43	9.35	0.64
最大值	93.24	126.15	177.6	191.8	138.88	1 390	151.52	122.45	823.5	17.59	15.53	1.82
平均值	32.84	32.22	15.8	42.01	42.07	49.08	42.47	39.89	45.94	15.34	12.47	1.12
标准偏差值	14.52	13.52	21.22	22.22	20.82	141.84	22.95	20.22	102.41	2.64	3.09	0.62

完整石片类型统计(图4.15)显示,自然台面者相对稍多(N=885,51%),其中以Ⅲ型(N=481,27.72%)和Ⅱ型(N=333,19.19%)为主;人工台面(N=850,49%)相对稍少,其中又以Ⅴ型(N=415,23.92%)和Ⅵ型(N=395,22.77%)为主。进一步分析,背面全部为片疤面的石片所占比例为50.49%,略超出总数的一半,表明遗址中次级剥片与初级剥片两者的产品处于基本相同的水平,原料利用率和石核剥片利用率还处于较低阶段。

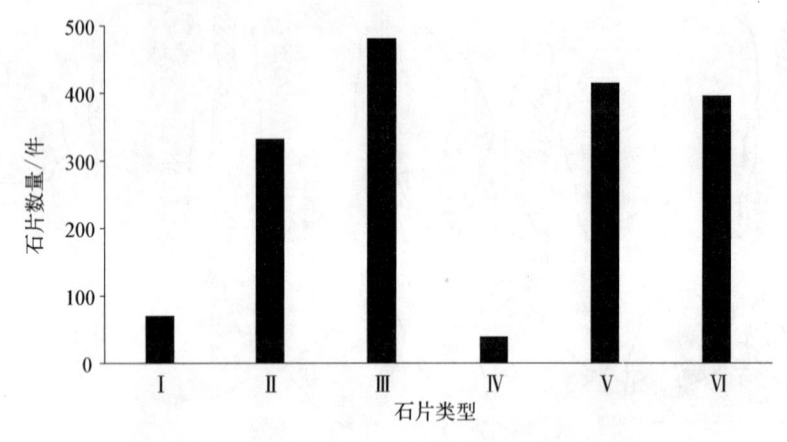

图4.15　条头岗遗址上文化层完整石片类型统计

石片角分布于45°~136°之间,集中在80°~120°之间(N=1 407,81.1%),平均值105°,标准偏差13.5°。背缘角在42°~142°之间,集中分布于60°~110°之间,平均值83°,标准偏差值14.4°。远端形态以羽状为主(N=1 234,71.3%),平底(N=137,7.9%)、内卷(N=133,7.67%)、阶梯(N=103,5.94%)次之,外翻(N=53,3.05%)和滚圆(N=74,4.27%)较少。

石片背部片疤数在0~11个之间,背部全为自然面的石片数量占6.4%,多集中分布在1~5个片疤之间,其中以2个片疤(N=468,26.97%)的石片数量最多(图4.16)。

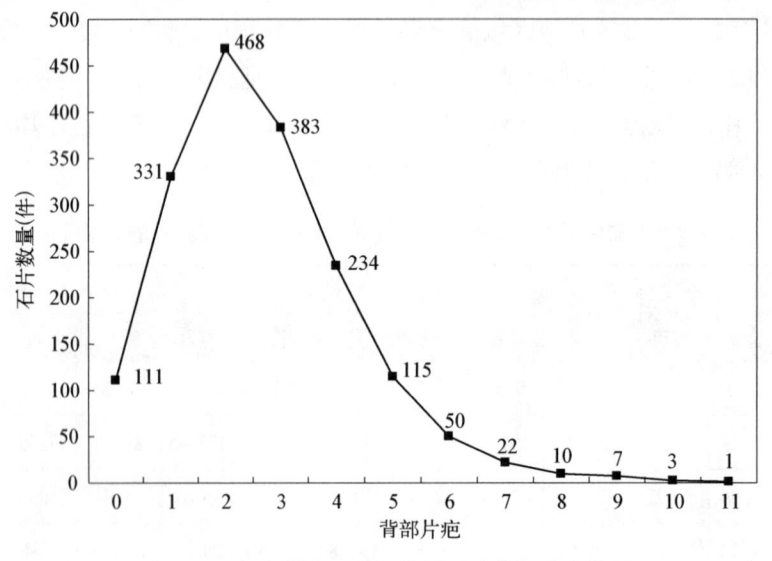

图4.16　条头岗遗址上文化层石片背部片疤数量

背脊形态多样(图4.17),以无背脊居多,但单偏纵和斜脊数量也较多,复杂、正纵、横脊和双纵背脊均有一定数量,Y形、倒Y、C形、反C、人字形、八字形等数量较少。单偏纵、斜脊、正纵和双纵等较规则背脊数量较多,表明古人类对石片背脊控制剥片形状的认识和能力已经较高,因而也能打制出一些相对较为规整的石片。

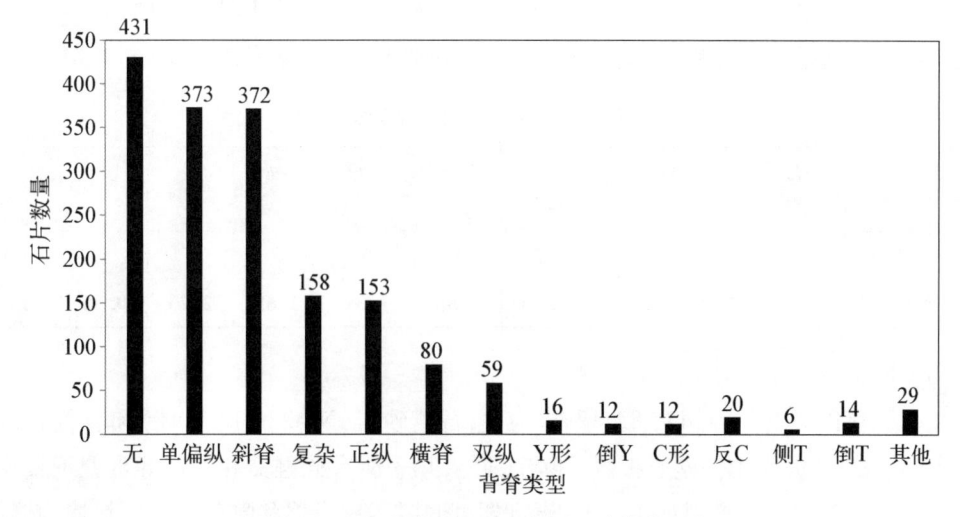

图4.17 条头岗遗址上文化层石片背脊形态

在可观察到片疤打击方向的石片中,剥片以单向为主(N=1 109, 68.29%),另有双向(N=302, 18.6%)、对向(N=108, 6.65%)、多向(N=97, 5.97%)和发散型(N=8, 0.49%),其中发散型片疤指背部片疤全由背脊向外朝2个及以上方向打片,而将背部片疤包含部分脊向外疤的石片归入双向或多向,若背部片疤全为一个方向的脊向外疤则归入单向。

对1 624件石片的背部所有片疤方向的统计表明,几乎所有石片背面均存在方向1的片疤(N=1 465),即垂直于台面方向的剥片,既包括单向性片疤的石片,也包括背面保存双向或多向片疤的标本;方向2(N=235)、方向3(N=203)和方向4(N=261)的分布较为均等。具有脊向外疤的石片数量较多,但多数仍与方向1~4的片疤以组合形式出现(N=53),为双向或多向剥片;部分为单一方向的脊向外疤(N=8),被归为单向剥片;还有一类较为特殊的片疤方向,即从背脊向相反的两个方向的交互打击剥片(方向2′和4′),即我们定义的发散型背疤(N=8)。这些脊向外疤石片的存在表明,石核在旋转打片过程中,曾以台面前缘或交互打击的棱脊作为主要剥片对象,在某种程度上也可以理解为对石核台面的修整打片,尤其是背疤为交互状的石片与鸡冠状石叶的剥片方式有某种技术的相似性,但是对包括这类背面存在交互片疤石片在内的观察显示,其形状均为普通形态(图4.14, 8~11),因此这应是剥片过程中某些技术因素的趋同现象,石核中存在盘状石核和"两面打击"法石核可能是出现这类石片的原因,即石核边缘石片(core-edge-flake)。

4.2.2 工具修理

条头岗遗址上文化层出土修理类产品(工具)179件,占石制品总数的2.56%。工具类型包括刮削器、凹缺器、端刮器、锯齿器、尖状器、雕刻器、重型刮削器、砍砸器、手镐和手斧,以刮削器占绝对优势(N=130,72.63%),凹缺器(N=13)、尖状器(N=12)有一定数量,可见典型的端刮器(N=6)和重型刮削器(N=6),其他工具类型数量均很少(表4.10)。

表4.10 上文化层工具类型分类统计

类型	刮削器	凹缺器	端刮器	锯齿器	尖状器	雕刻器	重型刮削器	砍砸器	手镐	手斧	合计
N	130	13	6	3	12	1	6	3	4	1	179
%	72.63	7.26	3.35	1.68	6.70	0.56	3.35	1.68	2.23	0.56	100

(1) 原料

工具原料以燧石(N=147,82.12%)为主,石英砂岩(N=22,12.29%)和石英岩(N=9,5.03%)较少,另有1件硅质板岩。除个别外,几乎所有砍砸器和手镐等重型工具均由石英砂岩和石英岩两种原料加工而成,端刮器、凹缺器、锯齿器和雕刻器的原料均为燧石,但刮削器的原料利用比较宽泛。可以认为古人类根据原料的性能和个体形态等特征已进行初步的适应性区分利用,其中对燧石这类较优质原料的利用和认识较为显著。

(2) 大小

工具个体以小型(N=88)和中型(N=80)居多,大型标本(N=11)相对较少。全部标本的长度在21.06~182.9 mm之间,平均值52.69 mm,标准偏差值26.22 mm;宽度在13.72~129.7 mm之间,平均值44.78 mm,标准偏差值20.06 mm;厚度在6.48~70.89 mm之间,平均值22.2 mm,标准偏差值12.31 mm;重量在2.43~1 441.1 g之间,平均值89.46 g,标准偏差值203.41 g。

对不同工具类型的大小和重量统计(表4.11)可以看出,重型刮削器、砍砸器、手镐和手斧的尺寸要大于其他类型,其中手镐和手斧的平均值大于前两者,但变异度较小;轻型工具中端刮器的变异程度最小,其次为锯齿器,刮削器、凹缺器和尖状器都存在较大的个体差异。

表4.11 上文化层不同工具类型的大小(mm)和重量(g)测量统计

测量项目 类型	最小值 长度	最小值 重量	最大值 长度	最大值 重量	平均值 长度	平均值 重量	标准偏差值 长度	标准偏差值 重量
刮削器	24.43	4.66	92.48	189.92	47.03	40.52	12.94	33.43
凹缺器	23.56	2.43	67.54	122.72	41.67	35.13	13.68	33.69
端刮器	39.12	15.73	51.53	33.18	45.31	25.45	5.08	6.93
锯齿器	26.65	20.1	62.56	51.5	43.28	32.97	18.1	16.45

续表

类型\测量项目	最小值 长度	最小值 重量	最大值 长度	最大值 重量	平均值 长度	平均值 重量	标准偏差值 长度	标准偏差值 重量
尖状器	21.06	7.69	99.11	115.08	48.49	36.32	19.08	29.05
雕刻器	44.47	13.1						
重型刮削器	84.39	218.5	123.65	801.7	97.75	473.21	14.57	232.84
砍砸器	97.57	288.6	182.9	1 441.1	137.81	776.53	38.01	559.44
手镐	139.87	665.9	171.67	1 037.2	153.39	903.48	13.45	167.91
手斧	150.68	1 066.4						

（3）修理策略

毛坯类型以片状为主（N=134，74.86%），其中完整石片（N=92）居多，断裂片（N=31）和残片（N=11）数量较少；块状毛坯（N=45，25.14%）较少，其中以断块（N=22）为主，其次为石核（N=15），砾石（N=8）不多。结合工具类型分析（表4.12），手镐全由砾石为毛坯；砍砸器以砾石和石核为毛坯；重型刮削器以厚重大型石片为毛坯；刮削器、凹缺器、锯齿器和雕刻器以完整石片居多，其次为断裂片；端刮器主要为断块和石核毛坯；尖状器的毛坯除较多完整石片外，还有不少断块。

表4.12 上文化层工具毛坯的分类统计

工具类型\毛坯种类	完整石片	断裂片	残片	断块	石核	砾石	总计
刮削器	68	26	10	15	10	1	130
凹缺器	10	3					13
端刮器	1			3	2		6
锯齿器	1	1			1		3
尖状器	6		1	4	1		12
雕刻器	1						1
重型刮削器	5	1					
砍砸器					1	2	3
手镐						4	4
手斧						1	1
总计	92	31	11	22	15	8	179

对工具修疤形态、大小和分布等的观察显示，上文化层工具修疤的深度和长度总体上表现为短而深的特点，打击点清晰，刃缘多不太规范和平齐，形态变异较大。刃缘修疤少数情况下较为均一，以微型和小型为主，大部分修疤则表现为大小参差不齐的情形，大型、中型和小型修疤混杂出现，有时在1~2个大型修疤内再叠着分布一些小型片疤。大多数

工具刃口的修疤为连续分布,多数仅见1层修疤,具有2层修疤的较少(N=25,13.97%),修疤形态以不规则者常见,少量呈叠层和阶梯状,极少数的修疤近平行。以上特点表明,条头岗上文化层工具的修理应是硬锤锤击法,不存在软锤或压制技术,加工程度多数较低,大部分工具表现出较浓厚的简单性和权宜性色彩。

尽管如此,在遗址中也有少量工具有着较高的加工程度,尤其是端刮器(如标本LT②:4453,LT①C:1187)。它们较为精致,在以往的遗址中并不常见;也有一些边刮器修理较为规范和细致(如LT①C:1074)。这表明不同工具类型和不同个体在加工和利用程度上存在差异,古人类在大量使用权宜性工具的同时,一定程度上也对少量优质原料采取了较为精致化的加工策略。

对工具刃缘数量的统计显示,上文化层以单刃为主(N=130,72.63%),双刃(N=43)和多刃(N=6)数量相对较少,显示古人类开发合适刃缘修理成工具的比例不高,主要倾向于开发单个刃口。对占绝大部分的单刃刮削器和端刮器工具(N=108)的加工长度的统计显示,其指数范围在0.28~1之间,平均值0.88,标准偏差值0.17,其中加工长度指数为1的标本所占比例为55.56%。而对片状毛坯制作的部分刮削器(N=90)加工深度指数的统计显示,其指数范围在0.16~1之间,平均值0.61,标准偏差值0.21。两者指数表明,古人类对毛坯边缘在横向上的利用率较高,而纵向上的开发利用率较低。这与遗址工具修理简单但存在一定数量的多个刃口的情况相一致。

片状毛坯工具的修理部位集中于左、右两侧缘,远端次之,近端极少;块状毛坯工具的修理部位在侧边的数量也多于端部。以单个刃缘为基础,对全部标本共228条刃缘修理方向的观测统计(表4.13)显示,以单向加工(N=172,75.44%)居多,其中又以正向修理相对较多(N=71,31.14%),表明古人类着重于工具刃缘的单面开发;双向加工(N=56,24.56%)中复向修理(N=27,11.84%)和转向修理(N=26,11.4%)较多,两面修理(N=2)和交互修理(N=1)很少,显示部分工具的修理方向并不稳定。正向修理方式是大多数遗址中较为常见的工具修理方向,条头岗遗址中正向修理略多于反向修理,可能体现了该地点古人类在对毛坯形态和原料性能特点的一种适应,也反映了这个时期本区域人群的行为习惯和特点。

表4.13 条头岗遗址上文化层工具单个刃缘修理方向统计

修理方式 工具类型	正向	反向	单向 (块状毛坯)	转向	复向	两面	交互
刮削器	55	46	20	16	23		
凹缺器	8	5					
端刮器	1	1	4				
锯齿器	1	1	1				
尖状器	4	8	6	2	1		

续表

工具类型 \ 修理方式	正向	反向	单向（块状毛坯）	转向	复向	两面	交互
雕刻器				1			
重型刮削器	2	4		3	2		
砍砸器			3				
手镐			2	4	1		1
手斧						2	
总计	71	65	36	26	27	2	1
%	31.14	28.51	15.79	11.4	11.84	0.88	0.44

（4）分类描述

刮削器：130 件，占修理类产品的 72.63%。按刃缘数量可分为单刃（N=103）、双刃（N=24）和复刃（N=3）三类，根据刃口形态又可大致划分为单直刃（N=19）、单凸刃（N=27）、单凹刃（N=19）、单凹凸刃（N=6）和单不规则刃（N=31），双刃或复刃也同样由这些刃缘形态组合构成。

大多数刮削器的修疤数量少，修理较为简单，由于锤击法修理使修疤打击点深、片疤间衔接性差，因而刃缘往往有轻微齿突，刃缘多不规整。少量加工较好，刃缘平齐，修疤较规则，以凸刃刮削器最明显。

LT③：1815，单直刃，原料为浅青色燧石，形状不规则，毛坯为Ⅱ型石片，长宽厚为 52.28×28.93×16.04 mm，重 22.28 g。右侧正向锤击修理成直刃，刃长 24.57 mm，刃角 57°。单层连续分布的不规则形修疤 5 个，最大修疤长宽为 7.42×12.13 mm。修疤比 10%，自然面比 30%（图 4.18，1）。

LT③：1839，单直刃，原料为浅青色燧石，形状不规则，毛坯为Ⅵ型石片，长宽厚为 30.58×36.17×12.94 mm，重 14.21 g。右侧反向锤击修理成直刃，刃长 25.32 mm，刃角 78°。双层叠压状连续分布的不规则形修疤，共 8 个，修疤浅，最大修疤长宽为 4.15×7.88 mm。修疤比 10%，自然面比为 0（图 4.18，2）。

LT③：1700，单凸刃，原料为黄色石英砂岩，形状不规则，毛坯为左裂片，长宽厚为 87.09×56.5×28.89 mm，重 189.92 g。左侧及远端部分反向锤击修理成凸刃，刃长 87.28 mm，刃角 80°。单层连续分布的不规形修疤，共 7 个，最大修疤长宽为 19.19×31.89 mm。修疤比 10%，自然面比 40%（图 4.18，3）。

LT①C：1074，圆头状刮削器，修理较为精致。原料为深青色燧石，形状不规则，毛坯为断片，长宽厚为 40.9×36.89×15.15 mm，重 13.12 g。在一侧复向连续修理，刃长 35.33 mm，刃角 60°。单层连续分布的鱼鳞形修疤，共 14 个以上，修疤浅平，修理厚度 10.13 mm，修疤主要为微小型，最大修疤长宽为 10.82×13.24 mm。修疤比 10%，自然面比为 0（图 4.18，4）。

LT②：1277，单凹刃，原料为灰白色燧石，形状不规则，毛坯为远端断片，长宽厚为

38.22×28.71×13.57 mm,重 14.07 mm。左侧正向锤击修理,刃长 22.59 mm,刃角 60°。单层连续分布的不规则形修疤,共 5 个,最大修疤长宽为 9.02×10.72 mm。修疤比 10°,自然面比 30%(图 4.18,5)。

LT③:1636,不规则刃,原料为浅绿色燧石,形状不规则,毛坯为 Ⅱ 型石片,长宽厚为 40.05×25.59×21.03 mm,重 24.39 g。右侧正向锤击修理,刃长 23 mm,刃角 70°。单层连续分布的不规则形修疤,共 3 个,修疤深,修理厚度 14.82 mm,最大修疤长宽为 13.44×15.71 mm。修疤比 15%,自然面比 30%(图 4.18,6)。

相较于单刃类刮削器,双刃或复刃刮削器有时因刃缘修理部位的增多而使得整个石器的修理意图更为明确,一些工具的修理也似更为规范。

LT②:1564,原料为青黄色燧石,形状不规则,毛坯为 Ⅴ 型石片,长宽厚为 63.98×47.88×26.03 mm,重 65.74 g。左侧和远端分别采用反向和正向加工方式锤击修理成两刃。左侧直刃,全部修理,刃长 43.16 mm,刃角 61°,单层连续分布的不规则形修疤,共 4 个。远端为凹刃,部分修理,刃长 44.64 m,刃角 58°,单层连续分布的不规则形修疤,共 3 个。标本修理较为规范,细致。修疤比 15%,自然面比 30%(图 4.18,7)。

LT③:1806,原料为青黄色燧石,形状呈弓形,毛坯为近端断片,长宽厚为 26.6×27.05×9.44 mm,重 6.89 g。右侧复向修理,较为细致,刃口成凸状,刃长 25.66 mm,刃角 60°,部分双层连续分布的鱼鳞状修疤,共 9 个,修疤较深,修理厚度 5.95 mm,片疤为小型,最大修疤长宽为 3.91×4.99 mm。远端正向锤击稍做修理,刃口呈直刃,部分修理,刃缘长 23.36 mm,修理长 13.72 mm,刃角 72°,单层连续分布的不规则形修疤 4 个,修疤浅,最大修疤长宽为 4.48×6.17 mm。修疤比 5%,自然面比 30%(图 4.18,8)。

LT③:1916,原料为浅青色燧石,形状不规则,毛坯Ⅱ型石片,长宽厚为 45.35×52.45×24.69 mm,重 77.96 g。远端和左侧均反向锤击修理成两个凸刃。远端刃缘全部修理,刃

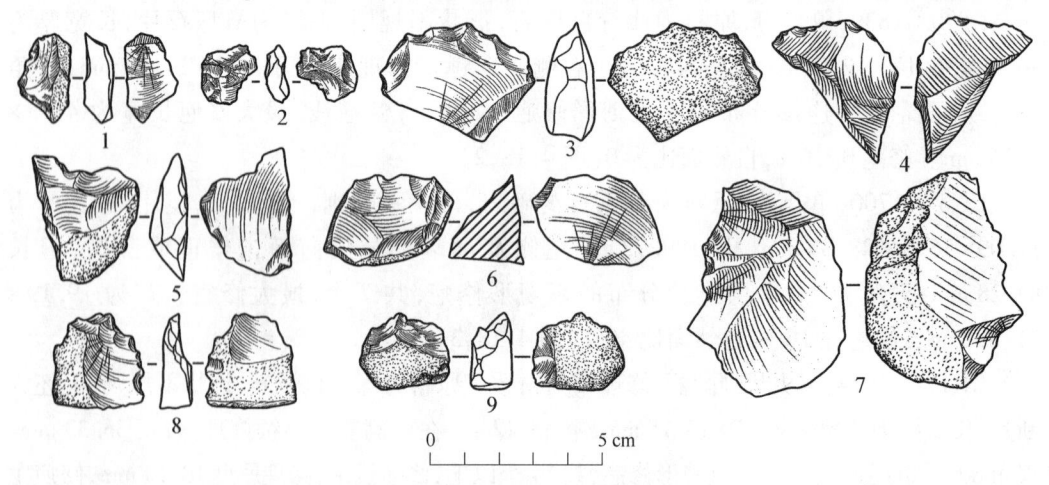

图 4.18 条头岗遗址上文化层刮削器
1. LT③:1815 2. LT③:1839 3. LT③:1700 4. LT①C:1074 5. LT③:1277
6. LT③:1636 7. LT②:1564 8. LT③:1806 9. LT③:1916

长 33.36 mm，刃角 72°，双层叠压连续分布的不规则形修疤，共 7 个以上修疤，最大者长宽为 23.2×16.42 mm。左侧刃长 32.59 mm，刃角 70°，双层叠压连续分布的不规则形修疤，共 8 个，修疤深，加工距离短，修理厚度 20.39 mm，修疤最大者为 16.24×11.9 mm。修疤比 20%，自然面比 50%（图 4.18,9）。

凹缺器：13 件，占修理类产品的 7.26%。根据修理方式的差异，可以分为复杂（普通）凹缺器（N=3）和克拉克当型凹缺器（N=10）两类，前者为由一系列微小型修疤修理而成的凹缺口，后者即一击而成形成的缺口，因此复杂凹缺器的人工属性相对更为明确。

LT③：2737，复杂凹缺器，原料为青色燧石，形状不规则，毛坯为 II 型石片，长宽厚为 36.94×52.95×21.08 mm，重 32.11 g。石片右侧正向锤击修理成凹缺状，缺口宽 17.11×深 7.73 mm，刃角 60°。单层连续分布的 4 个微小型修疤，修疤较深，加工距离短，修理厚度 3.11 mm，最大修疤长宽为 2.66×5.28 mm。修疤比 5%，自然面比 20%（图 4.19,1）。

LT①：74，克拉克当凹缺器，原料为棕黄色燧石，椭圆形，毛坯为 I 型石片，长宽厚为 67.54×46.1×22.89 mm，重 70.76 g。左侧靠近端处反向猛击打下一个大型片疤，形成一个凹缺口，缺口宽 20.53×深 4.35 mm，修疤深，长宽为 18.24×41.51 mm，修理厚度 19.93 mm，刃角 67°。修疤比 5%，自然面比 50%。

端刮器：6 件，占修理类产品的 3.35%。毛坯类型多样，修理部位在毛坯的长轴一端，部分修理并不很典型，但也有修理精致和典型的标本。

LT②：4453，灰白色燧石，形状不规则，毛坯为 VI 型石片，长宽厚为 49.53×38.2×14.12 mm，重 26.88 g。远端正向锤击修理成凸刃，略呈锯齿状，刃部全部修理，刃长 38.79 mm，刃角 77°。单层连续分布的近平行状修疤，共 6 个，修疤深，修理厚度 6.15 mm，加工距离短，修疤为中小型，最大修疤长宽为 6.5×7.97 mm。修疤比 5%，自然面比为 0（图 4.19,2）。

LT①C：1187，青色燧石，形状略呈椭圆形，毛坯为普通石核，长宽厚为 51.53×35.85×19.96 mm，重 33.18 g。在长轴的一端反向连续锤击修理成圆凸刃，刃缘全部修理，刃长 33.79 mm，刃角 74°。单层连续分布的近平行状修疤，共 6 个，修疤较为浅平，修理厚度 11.83 mm，加工距离短，修疤较大，最大修疤长宽为 10.79×13.66 mm。在相对的另一端有正向打击的一个片疤，成凹缺状刃口，属凹缺器，缺口宽 6.08、深 2.89 mm，刃角 60°修疤比 10%，自然面比 40%（图 4.19,3）。

锯齿器：3 件，占修理类产品的 1.68%。如果严格按照刃缘的平齐程度观察，不少被归为边刮器的刃缘有不同程度的齿状，因此可能实际的锯齿器数量会增加。考虑到遗址中的工具多数修理程度不高，锯齿刃缘可能并非全部有意为之。因此本文主要将刃部齿状十分典型者才归入锯齿器工具类型。

如 LT①：83，原料为深灰色燧石，形状不规则，毛坯为石核，长宽厚为 62.56×39.47×21.62 mm，重 51.5 g。在一侧连续单向锤击修理成锯齿状。刃缘全部修理，刃长 50.66 mm，刃角 68°。修疤连续分布，共 9 个以上，部分有 2 层叠疤，修疤为大中型，由 5 个

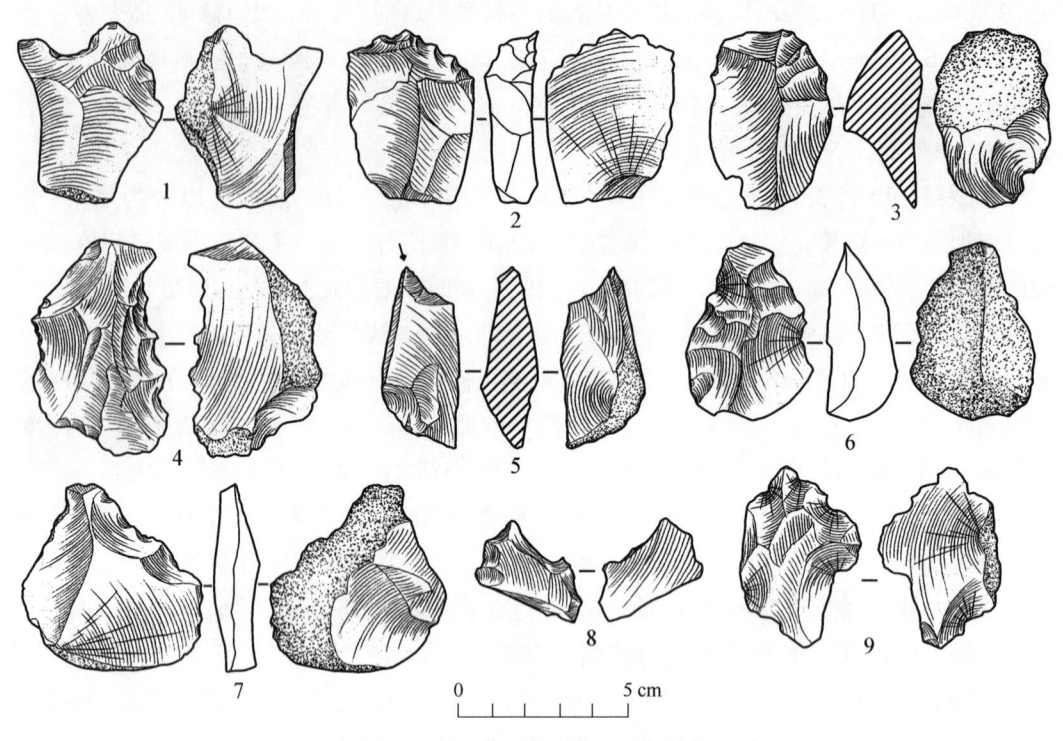

图 4.19 条头岗遗址上文化层出土轻型工具
1. LT③：2737 2. LT②：4453 3. LT①C：1187 4. LT①：083 5. LT③：1166
6. LT①C：2267 7. LT①：515 8. LT①C：688 9. LT①C：286

齿尖构成 4 个缺口，齿间距约 10 mm，最大修疤为 16.34×18.22 mm。器体无风化、磨蚀。修疤比 30%，自然面比 10%(图 4.19,4)。

雕刻器：1 件，占修理类产品的 0.56%。修理较为典型。

LT②：1166，原料为灰色燧石，形状不规则，毛坯为 II 型石片，长宽厚为 44.47×23.26×14.5 mm，重 13.1 g。先在石片右侧从背面向腹面反向锤击打片，形成一个片疤面，然后以此为台面横向剥下一个小型石片，两者交汇形成雕刻器刃部。刃部夹角 54°。修疤比 5%，自然面比 10%(图 4.19,5)。

尖状器：12 件，占修理类产品的 6.7%。与乌鸦山遗址中的尖状器相比，条头岗遗址的尖状器在形制和规范性上较差，尺寸也较小，毛坯中没有使用小型砾石的情况。修理均相当简单，没有发现精致者。有少量或许可归为钻类(N=3)。

LT①C：2267，原料为深青色燧石，略呈三角形，毛坯为完整石片，长宽厚为 52.22×36.87×21.41 mm，重 35.8 g。在两侧均反向修理，左侧刃长 41.39 mm，刃角 62°，部分双层叠压连续分布的鱼鳞形修疤，第 1 层为 4 个大型修疤，第 2 层疤为 2 个小型修疤，修理厚度 16.52 mm，刃缘背面观齿突明显，腹面观则较为整齐。右侧刃长 42.61 mm，刃口不规则，刃角 67°，单层连续分布的修疤 3 个，修疤深，尺寸为大型，最大者为 21.9×28.52 mm。两刃在一端正中相交形成尖状，尖面角 53°，尖刃角 57°。修疤比 40%，自然面比 60%(图

4.19,6)。

LT①C:515,原料为青色燧石,略呈三角形,毛坯为Ⅱ型石片,长宽厚为53.99×54.21×13.51 mm,重37.66 g。远端、右两侧反向锤击修理。远端刃长41.92 mm,刃角68°,单层连续分布的不规则形修疤,共5个,修疤为大中型,最大者11.51×18.47 mm。右侧反向锤击打下一个非常大的片疤,刃口较直,刃长35.19 mm,刃角58°,修疤长宽为19.13×41.95 mm。两刃在远端交汇形成尖状,尖部偏向右侧,尖面角50°,尖刃角65°。尖部略残损。修疤比20%,自然面比40%(图4.19,7)。

LT①C:688,钻,原料为黄色燧石,形状不规则,毛坯为残片,长宽厚为21.06×32.02×10.65 mm,重7.69 g。在一侧的两条刃缘正向锤击修理,相交形成尖状。刃1不规则状,长20.24 mm,刃角52°,单层连续分布的修疤3个,尺寸为中型,最大者长宽为6.12×7.66 mm。刃2呈凹状,长19.23 mm,刃角74°,单层连续分布的修疤3个以上,刃口有大量碎疤,修疤深,尺寸为中型。两刃相交形成粗壮矮状尖,尖夹角76°,尖刃角57°。有残损。修疤比10%,自然面比为0(图4.19,8)。

LT①C:286,钻(?),原料为棕黄色燧石,形状不规则,毛坯为Ⅲ型石片,长宽厚为37.51×53.63×19.45 mm,重27.93 g。左侧先在靠近端处正向打下1个片疤,然后在相邻处又连续正向打下2个片疤,两者在左侧交汇形成粗壮短尖,侧刃角70°~83°,尖夹角为58°,尖刃角52°。右侧错向各打下一个大型片疤,形成一个长形尖状,可能作为尖状器,尖部略有残损,尖部夹角64°,尖刃角45°,最大修疤长宽为12.59×29.19 mm。修疤比20%,自然面比10%(图4.19,9)。

重型刮削器: 6件,占修理类产品的3.35%。均以重量大于200 g的厚重石片为毛坯。

LT②:497,原料为浅黄色石英砂岩,形状不规则,毛坯为Ⅴ型厚石片,长宽厚为85.62×102.97×54.26 mm,重503.8 g。左侧转向修理成凸刃,主要修疤在腹面,背面少量修疤,刃长72.49 mm,刃角78°;远端正向修理成直刃,刃长75.2 mm,刃角76°;右侧正向修理成凸刃,小型连续性修疤,刃长72.66 mm,刃角75°。约14个修疤,大小悬殊,最大修疤长宽43.65×68.7 mm。修疤比20%,自然面比10%(图4.20,1)。

LT②:512,原料为浅黄色石英砂岩,形状不规则,毛坯为Ⅱ型石片,长宽厚为96.5×125.03×70.05 mm,重801.7 g。左侧和远端反向锤击修理成两个刃口,右侧也有1个反向大片疤,可能为去薄。左侧略呈直刃,刃长67.74 mm,刃角77°;远端为凸刃,刃长77.13 mm,刃角68°。部分双层连续分布的不规则形修疤,第1层为片疤非常大,第2层紧邻刃缘位置,尺寸较小,两层片疤大小相差悬殊。约10个修疤,最大修疤长宽为37.4×50.15 mm。修疤比30%,自然面比50%(图4.20,2)。

砍砸器: 3件,占修理类产品的1.68%。均为单面修理。

LT②:828,黄色石英砂岩,略呈梯形,毛坯为砾石,长宽厚为182.9×129.7×69.7 mm,重1 441.1 g。修理部位在长轴的较宽一端,单向修理。刃缘略呈凸刃,刃长133.75 mm,

刃角73°。部分双层连续分布的不规则形修疤,共计10个,最大修疤长宽33.08×51.17 mm。修疤比20%,自然面比60%(图4.20,3)。

手镐: 4件,占修理类产品的2.23%。

LT②:561,黄色石英砂岩,形状不规则,毛坯为砾石,长宽厚为153.7×88.44×70.88 mm,重1 037.2 g。在长轴一端两面锤击修理,刃缘呈不规则尖凸状,左右两侧刃长分别为60.04×54.42 mm,刃角分别为85°、95°。单层连续分布的不规则形修疤,共10个,修疤深,加工距离较长,最大修疤长宽为44.84×54.51 mm。修疤比20%,自然面比80%(图4.20,4)。

LT②:1163,黄色石英砂岩,形状不规则,毛坯为砾石,长宽厚为148.3×83.28×57.04 mm,重665.9 g。修理部位主要在砾石的两侧,左侧先从一个较平坦的自然面向另一面锤击剥片,然后以此片疤面为台面转向修理,修理长度84.12 mm,刃角63°;右侧也采用转向方式锤击修理,修理长度75.12 mm,刃角74°。两侧在中部相交形成扁状正尖,尖面角46°,尖刃角31°。单层连续修理的不规则形修疤,共7个,修疤均为大型,最大修疤长宽为46.05×39.97 mm。尖部略残。修疤比30%,自然面比70%(图4.20,6)。

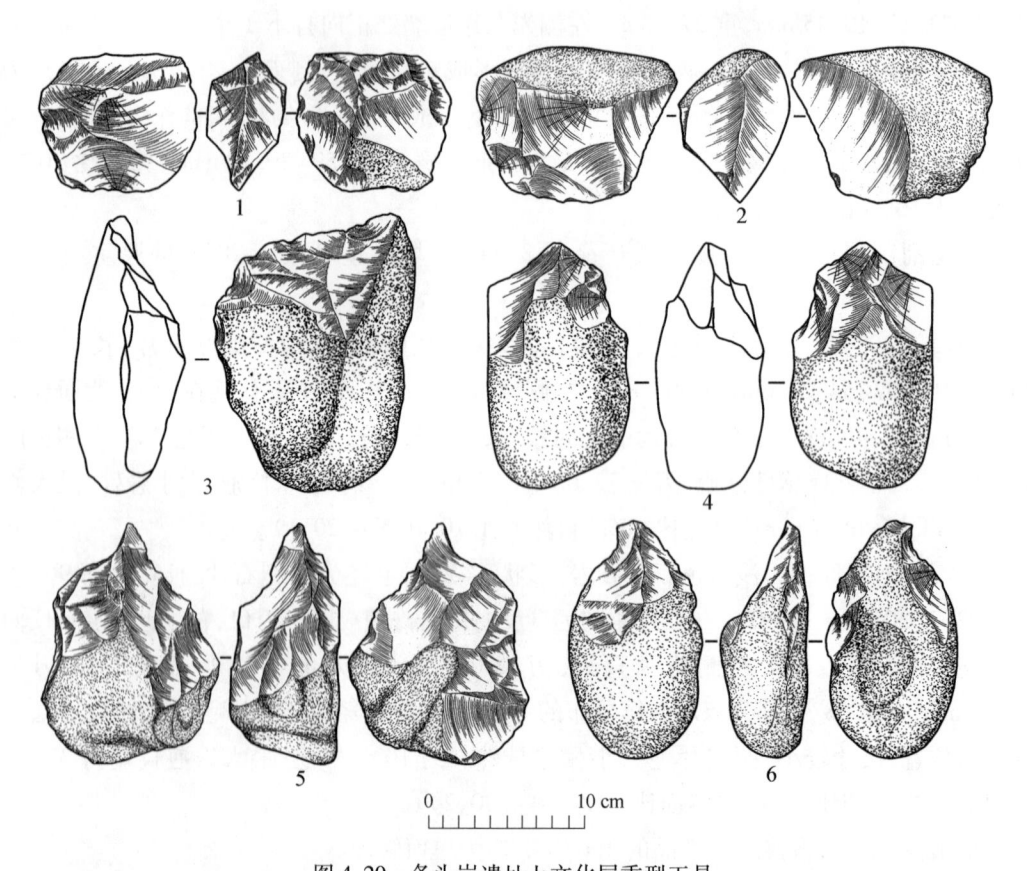

图4.20 条头岗遗址上文化层重型工具
1、2. 重型刮削器(LT②:497、LT②:512) 3. 砍砸器 LT②:828
4、6. 手镐(LT②:561、LT②:1163) 5. 手斧 LT②:660

手斧：1件占修理类产品的0.56%。LT②：660，黄色石英岩原料，平面形状略呈三角形，毛坯为砾石，长宽厚为150.68×120.34×70.89 mm，重1 066.4 g。砾石毛坯一面较平，一面略拱起成背部，在其长轴相对的两侧主要进行两面锤击加工，但尖部有一片疤，可见系由其中一个剥片面向另一侧再次锤击修理形成。两侧刃部在砾石中部交汇形成正尖，尖部横断面呈三角形。右侧整条刃缘均被修理，刃长128.86 mm，刃角82°；左侧修理约4/5有效刃长，刃角80°，刃长105.99 mm。尖面角53°，尖刃角54°。单层连续分布的不规则形修疤，共11个以上片疤，最大修疤长宽为63.42×69.75 mm。自然面比40%（图4.20,5）。

4.2.3 打击类

4件，占石制品总数的0.06%，包括3件石锤和1件石砧。

LT②：2659，石锤，黄色石英砂岩，形状不规则，毛坯为砾石，长宽厚为101.98×100.42×43.31 mm，重352.3 g。砾石为扁状，有3个凸出的端部。利用这三端作为锤击打片的工具，其中较大的一端使用程度最深，可见密集的小坑疤，与石皮的光滑面区别十分明显。器体轻微风化，无磨蚀。保存完整。自然面比90%。

LT①C：1403，石砧，黄色石英砂岩，形状为半圆形（残），长宽厚为142.18×77.99×25.66 mm，重431.2 g。它整体呈片状，其一面为破裂面，相反一面为自然砾面，一端较厚，一端尖灭呈刃状，但不见明显打击点及石片腹面等其他特征，侧部可见从自然面向腹面打击的一个小片疤和从腹面向背部连续打击的3个片疤，不排除因自然碰撞形成。特别的是，在背部自然砾面上存留有一弓形凹坑，推测原来应为圆形。该凹坑低于自然面约6 mm，坑壁边缘为缓坡状，坑底较平坦，初步观察应为长期砸击某类东西而形成的痕迹。推测这件器物在作为砸击工具（如加工坚果）使用后，可能因外力作用而破裂形成片状，它与船帆洞遗址中的一件标本（99FSCHT11⑤B：P11）所描述的砾石上带有凹坑的器物相似（福建省文物局等，2006）。

4.2.4 废　　品

4 726件，占石制品总数的67.56%，包括断裂片（N=1 755, 37.13%）、残片（N=657, 13.9%）、断块（N=1 615, 34.17%）和碎屑（N=699, 14.79%）。废品在遗址石制品各类型中所占比例最高，但其中碎屑比例较低，应与遗址未能有效开展筛选工作有关。

废品原料以燧石为主（N=3 309, 70.02%），其次为石英砂岩（N=1 049, 22.19%），石英岩（N=352, 7.45%）较少，脉石英（N=7, 0.15%）和硅质板岩（N=9, 0.19%）均非常少。不同废品类型的原料利用（图4.21）表明，燧石、石英砂岩和石英岩是废品类型中的三种主要原料，且所占比例均依次递减；在断裂片中没有发现脉石英产品；硅质板岩在各类型中数量均较少。

废品尺寸总体以小型（N=3 296, 69.74%）为主，微型（N=925, 19.57%）和中型（N=485, 10.26%）次之，大型（N=17, 0.36%）和巨型（N=3, 0.07%）均少见（表4.2）。

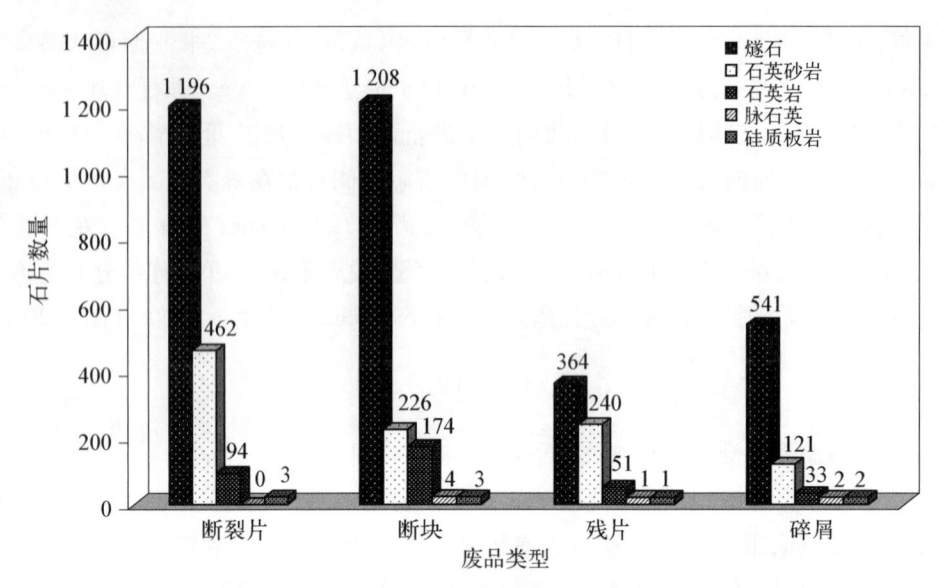

图 4.21 条头岗遗址上文化层各类型废品原料构成

对各类型的长度和重量统计显示(表4.14),碎屑的变异无疑最小,其次为残片,断块和断裂片的变异较大;从长度最大值可以看出,断裂片和断块中均有巨型标本,重量最大值显示断裂片的最大值达3 075 g,两者的重量标准偏差值也分别为79.75 g和44.94 g。

表4.14 条头岗遗址上文化层废品各类型的长度与重量统计

统计项目 类型	长度(mm)				重量(g)			
	最小值	最大值	平均值	标准偏差	最小值	最大值	平均值	标准偏差
断裂片	7.89	201.44	29.58	14.41	0.19	3 075	14.86	79.75
残 片	12.61	96.85	31.85	11.26	0.34	238.17	9.03	17.6
断 块	15.58	210.92	36.57	16.22	0.47	645.2	23.36	44.94
碎 屑	8.17	19.98	16.12	2.69	0.11	8.83	1.41	1.17

4.3 下文化层石制品

遗址下文化层出土石制品350件,占遗址石制品总数的4.77%。石制品类型包括砾石、石核、石片、工具和废品,以废品居多(47.71%),其次为完整石片(30.57%),其他类型比例均较低。标本总体以小型占绝大多数(N = 235,67.14%),中型次之(N = 96,27.43%),大型和微型标本数量很少,没有巨型标本(表4.15)。从对应石制品不同类型情况可知,废品、完整石片和工具的小型标本所占的比例较多;石核和砾石的中型标本数量比例高;而大型标本中,除少量完整石片和废品外,均来自石核和砾石。

表 4.15　条头岗遗址下文化层石制品尺寸大小(mm)的分类统计

类型 \ 尺寸大小	<20 N	%	20~50 N	%	50~100 N	%	100~200 N	%
石　核			10	2.86	22	6.29	4	1.14
完整石片	1	0.29	76	21.71	28	8.00	2	0.57
工　具			11	3.14	4	1.14		
废　品	6	1.71	136	38.86	24	6.86	1	0.29
砾　石			2	0.57	18	5.14	5	1.43
合　计	7	2.0	235	67.14	96	27.43	12	3.43

石制品的重量统计(表 4.16)表明分布范围较大,存在较大的变异,个体差异比较突出。以 1~20 g 的标本数量最多(N=185,52.86%),其次为 20~50 g 的标本(N=83,23.71%),500 g 以上的重型标本也有一定数量(N=13,3.71%),包括石核、砾石和完整石片等。

表 4.16　下文化层石制品重量(g)的分类统计

类型 \ 原料种类	<1 N	%	1~20 N	%	20~50 N	%	50~100 N	%	100~200 N	%	200~500 N	%	500~1 000 N	%	≥1 000 N	%
石　核			1	0.29	6	1.71	9	2.57	6	1.71	7	2.0	5	1.43	2	0.57
完整石片	2	0.57	66	18.86	29	8.29	3	0.86	2	0.57	4	1.14	1	0.29		
工　具			5	1.43	8	2.29					2	0.57				
废　品	2	0.57	113	32.29	39	11.14	10	2.86	1	0.29	1	0.29				
砾　石					1	0.29	1	0.29	7	2.0	11	3.14	4	1.14	1	0.29
合　计	4	1.14	185	52.86	83	23.71	23	6.57	17	4.86	25	7.14	10	2.86	3	0.86

4.3.1　剥　　片

4.3.1.1　石核特征的统计与分析

共 36 件,占石制品总数的 10.29%。全部为锤击普通石核,根据台面和剥片疤数量可进一步分为单台面(Ⅰ型)、双台面(Ⅱ型)和多台面(Ⅲ型)等类型,以单台面数量相对较多,其中Ⅰ1型6件,Ⅰ2型3件,Ⅰ3型7件,Ⅱ1型2件,Ⅱ2型9件,Ⅲ型9件。

(1) 原料

石核原料与上文化层较为相似,以燧石(N=21,58.34%)为主,其次为石英砂岩(N=12,33.33%),石英岩数量很少(N=3,8.33%)。根据对各石核类型原料的分类统计(图 4.22),Ⅰ1型和Ⅱ1型石核中石英砂岩数量居多;Ⅱ2型中各原料比例基本相当;Ⅰ3型和Ⅱ2型石核主要原料为燧石,另有石英岩。

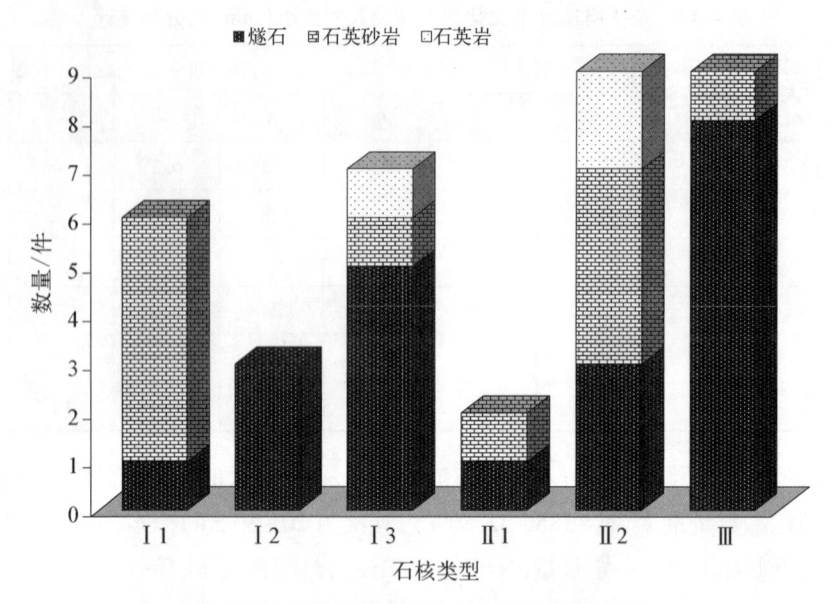

图 4.22 条头岗遗址下文化层石核原料统计

(2) 大小

石核尺寸以中型(N=22,61.11%)居多,小型(N=10,27.78%)次之,大型标本较少(N=4,11.11%)。石核大小和重量的测量显示(表 4.17),不同个体间存在较大差异,长宽厚平均尺寸分别为 51.46×60.86×52.0 mm,标准偏差值均较大,重量的标准偏差值达366.97 g。

表 4.17 条头岗遗址下文化层石核大小(mm)和重量(g)的测量统计

测量统计项目	长 度	宽 度	厚 度	重 量
最小值	23.42	21.24	17.01	19.78
最大值	95.11	121.49	124.64	1 272.3
平均值	51.46	60.86	52.0	283.02
标准偏差值	19.46	25.65	25.03	366.97

从不同原料看,石英砂岩和石英岩石核中大型个体的数量显然要多于燧石原料的石核,这也符合研究区域内石料尺寸的一般规律,燧石等优质原料普遍要较其他种类小和轻。

(3) 类型

均为普通锤击石核,剥片前不进行预制修理,主要寻找合适的台面和剥片面直接打片,且因原料均来自河流卵石,利用程度有限,因此石核的形态较为多样。

单台面石核:固定台面石核,共 16 件,占石核总数的 44.44%。多数只有 1 个剥片面(N=14),少量有 2 个剥片面(N=2),剥片过程中旋转(转向)剥片面的现象仅偶有发生。

从石核剥片数量观察,1~2个不规则片疤的石核(Ⅰ1型和Ⅰ2型)共9件,均应为测试或权宜石核。Ⅰ3型石核(N=7)的片疤数也不多,最多只有6个剥片疤,多数石核打片随意,剥片疤显示尺寸小,或因石料质量不高而剥片控制性差,缺少对石核剥坯的有效控制性和计划性。

LT⑤:2251,原型为砾石,黄色石英砂岩,形状不规则,长宽厚为62.63×121.49×124.64 mm,重1 142.6 g。自然台面,台面形状不规则,台面大小为118.84×121.49 mm,台面角66°。1个剥片面,共6个片疤,片疤形状不规则,最大片疤长宽为34.87×33.37 mm。自然面比40%。

LT④:2117,原型为砾石,黄色燧石,形状不规则,长宽厚为56.31×61.52×34.55 mm,重101.03 g。素台面,台面形状不规则,台面大小为49.05、35.37 mm,台面角89°。1个剥片面,共3个片疤,片疤形状不规则,最大片疤长宽为21.78×34.63 mm。自然面比40%(图4.23,1)。

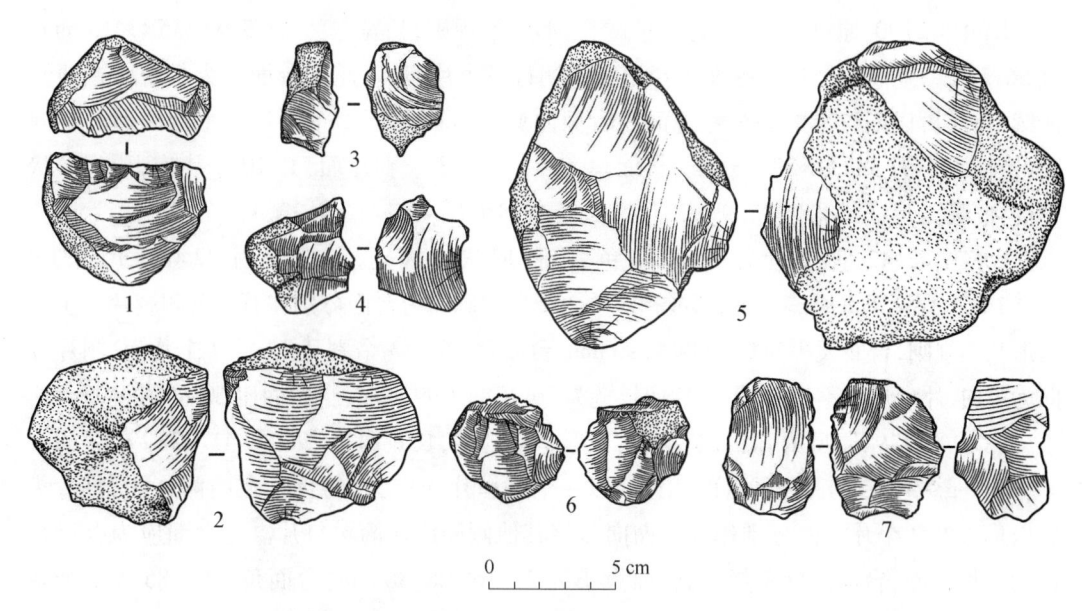

图4.23 条头岗遗址下文化层石核
1. LT④:2117 2. LT④:2178 3. LT④:2194 4. LT④:2190
5. LT④:2142 6. LT④:2119 7. LT④:2095

双台面石核: 转向2次台面石核,共11件,占石核总数的30.56%。除2件为单个剥片面外,其余均为2个或以上剥片面者,显示剥片过程中台面和剥片面倾向于均发生转向。

这类石核除个别仍具有权宜性特征外(N=2),大部分已显示出对石核具有较好的控制,对剥片原则也应有较深的了解,但系统性并不明显。按照上述对上文化层双台面程式的观察,下文化层双台面石核多数属模式Ⅰ(N=7),少量属于模式Ⅱ(N=2)。

LT④:2178,模式Ⅰ石核。原型为砾石,红褐色石英岩,形状不规则,长宽厚为64.52×70.53×41.31 mm,重248.86 g。以相对的两自然面在不同的两侧对向剥片。主台面形状不规则,台面大小为70.17×38.51 mm,台面角80°。2个剥片面,共6个以上片疤,剥片方向为对向,片疤形状不规则,最大片疤长宽为49.04×26.59 mm。自然面比30%(图4.23,2)。

LT⑤:2311,模式Ⅱ石核。原型为砾石,黄色石英砂岩,形状不规则,长宽厚为67.22×119.79×88.47 mm,重716.3 g。先以自然面为台面,在一侧连续剥下3个石片后,再旋转90°,以此片疤面为台面,在另一侧继续剥片。2个台面,台面角为98°,2个剥片面,约4个片疤,剥片方向垂直,最大片疤长宽为38.93×31.38 mm。自然面比60%。

多台面石核:台面转向2次及以上,共9件,占石核总数的25%。大部分标本的剥片面数为3个(N=7),少量标本有4个剥片面(N=2);片疤数量在10个以上的石核共6个,表明多台面石核剥片利用率相对较高。

有三种剥片方式,其中方式Ⅰ石核2件(如标本LT④:2142),方式Ⅱ石核4件(如标本LT④:2190),方式Ⅳ石核3件(如标本LT④:2095、LT④:2119)。

LT④:2190,原型为砾石,青黄色燧石,形状不规则,长宽厚为39.51×46.5×34.3 mm,重56.57 g。先以一个自然砾面为台面在一侧打下个片疤,以此素台面作为主台面在两侧连续打片,再以新形成的一个片疤面为台面向原素台面剥下1个石片。主台面形状不规则,台面大小为38.93×33.73 mm,台面角80°~86°。3个剥片面,共10个片疤,片疤形状不规则,最大片疤长宽为32.99×33.70 mm。自然面比40%(图4.23,4)。

LT④:2142,原型为砾石,棕黄色燧石,形状不规则,长宽厚为92.05×103.31×86.87 mm,厚1 272.3 g。以相邻或相对的3个自然砾面为台面分别在石核三侧剥片。主台面形状不规则,台面大小为96.69×90.93 mm,台面角86°。3个剥片面,共7个片疤,剥片方向为多向,片疤形状不规则,最大片疤长宽为26.19×19.99 mm。自然面比60%(图4.23,5)。

LT④:2119,原型为砾石,黄色燧石,形状不规则,长宽厚为37.66×41.42×29.73 mm,重62.43 g。3个人工台面,台面相连。以一个平坦片疤作为素台面,在两侧连续剥片,然后以形成的2个片疤面分别作为台面向石核其他侧面旋转简单打片。主台面应为有意制造的平坦台面,台面形状不规则,台面大小为28.16×28.88 mm,台面角82°~85°。3个剥片面,共11个片疤,剥片方向为多向,片疤形状不规则,最大片疤长宽为33.53×20.11 mm。自然面比10%(图4.23,6)。

LT④:2095,原型为砾石,青黑色燧石,形状不规则,长宽厚为54.06×46.26×36.79 mm,重92.83 g。4个人工台面,以初始的剥片面为台面,在石核两侧剥片,然后以新形成的剥片面不断旋转打片,趋于多面体。主台面为棱脊状台面,由2个片疤组成,台面形状不规则,台面大小为31.53×29.78 mm,台面角80°~86°。4个剥片面,共10个以上片疤,剥片方向为多向,片疤形状不规则,最大片疤长宽为24.2×40.07 mm。自然面比为0(图4.23,7)。

(4)其他属性

石核原型以砾石占绝大多数(N=32),断块(N=3)和石片(N=1)均很少。主台面以自然台面(N=26,72.22%)为主,人工台面中包括素台面(N=8,22.22%)和多疤台面(N=2,5.56%),多数的人工台面应为剥片过程中形成的剥片面或剥片前原型已具有的破裂面,人为有意制造平坦台面的行为并不多。

台面角分布在 66°~112°之间,集中在 70°~100°之间,平均值 85.8°。自然面残余比例较高,石皮面积比在 0~95% 之间,60% 以上的占 55.56%,平均值 55%,标准偏差值 23.95%,说明石核的剥片利用率总体较低。

可观察到的石核片疤数量最少为 1 个,最多为 17 个,平均数量为 5.3 个。主片疤尺寸的统计显示(表 4.18),石核遗留的主要片疤尺寸平均值为小型,除极少为大型片疤外,应均为小型和中型;片疤长宽比均在 2 以下,即没有发现长型石片阴痕。

表 4.18 条头岗遗址下文化层石核主要片疤尺寸统计

测量统计项目	主片疤长(mm)	主片疤宽(mm)	长宽比
最小值	19.85	11.09	0.57
最大值	65.77	110.11	1.84
平均值	38.62	38.41	1.1
标准偏差值	14.75	19.78	0.37

石核打片方向以单向较多(N=16),其次为多向(N=9),对向(N=5)、垂直(N=3)和双向(N=3)数量相对较少。片疤方向表明石核剥片策略具有随机性特点,计划性的剥片行为很少。

4.3.1.2 完整石片类型与特点分析

共 107 件,占该层石制品总数的 30.57%。石片原料以燧石(N=83, 72.57%)占绝大多数,其次为石英砂岩(N=21, 19.63%),石英岩(N=3, 2.8%)数量很少,原料的结构比例与石核较为接近。

石片总体以小型居多,其次为中型,但也有极少数量的微型和大型。对石片的大小和重量统计(表 4.19)可以看出,石片平均值在小型范围内,但存在较大变异,表现为标准偏差值较大和差别显著的极值。石片与石核片疤阴痕相比较,两者尺寸基本接近,长宽比大于 2 的石片也发现 4 件。对不同原料石片尺寸的观察显示,燧石尺寸均明显小于石英砂岩,2 件大型石片的原料均为石英砂岩。

表 4.19 条头岗遗址下文化层完整石片大小(mm)和重量(g)测量统计

测量统计项目	长	宽	厚	重	长宽比	宽厚比
最小值	11.84	9.85	3.05	0.63	0.45	1.35
最大值	102.03	102.57	51.87	580	2.5	6.7
平均值	39.27	38.52	13.83	34.66	1.09	3.04
标准偏差值	18.33	17.8	7.74	77.64	0.41	1.07

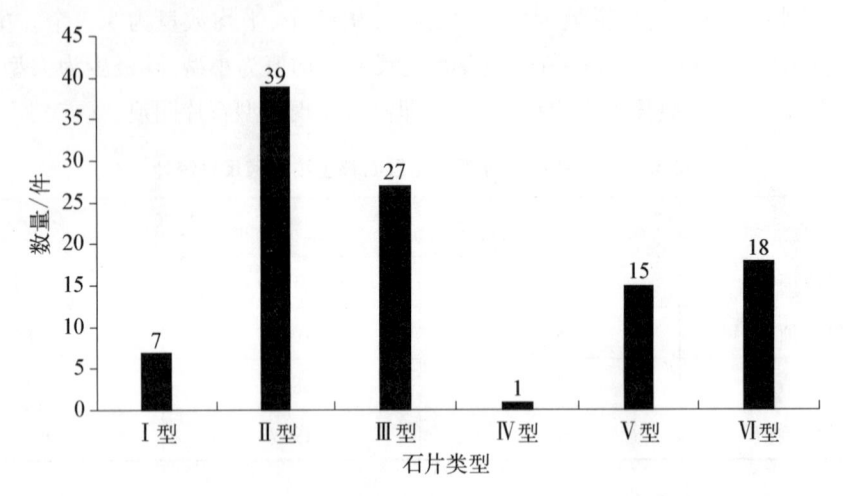

完整石片类型统计(图4.24)显示,自然台面者相对较多(N=73,68.22%),其中以Ⅱ型(N=39,36.45%)、Ⅲ型(N=27,25.23%)为主;人工台面(N=34,31.78%)相对较少,其中又以Ⅴ型(N=15,14.02%)和Ⅵ型(N=18,16.82%)为主。遗址中初级剥片的产品数量大于次级剥片产品,表明古人类对原料的利用率还较低。

图4.24 条头岗遗址下文化层完整石片类型统计

除少量因台面缺失或过小无法测量外,石片角分布于70°~135°之间,集中在80°~120°之间,平均值101°,标准偏差14.4°;背缘角在41°~127°之间,集中分布于70°~100°之间,平均值86°,标准偏差值14.3°。

石片远端形态以呈羽状者为主(N=78,72.9%),平底(N=12,11.21%)、阶梯(N=9,8.41%)、外翻(N=4,3.74%)、内卷(N=3,2.81%)、滚圆(N=1,0.93%)等的数量均较少。

背面片疤数分布于0~9个之间,无片疤的石片数共有8件,主要集中分布于1~4个之间,以3个片疤的石片数量最多(N=26,24.3%)。背脊以无背脊或不明显者(N=29)和单偏纵(N=27)相对较多,复杂背脊(N=18)和斜脊(N=11)数量次之,其他如正纵(N=5)、横脊(N=5)、双纵(N=2)、Y形(N=1)、人字形(N=1)、八字形(N=2)、倒Y(N=4)、反C(N=1)、倒T(N=1)等形态多样但数量均很少。形态各异的背脊总体表明剥坯并无严格控制或较强的计划性,但数量较多的单偏纵和斜脊等背脊仍显示古人类已认识和具有通过对石片背脊的控制进行打片的能力。

在背面可观察到片疤打击方向的石片中,以单向为主(N=65,65.66%),双向(N=21,21.21%)次之,另有对向(N=6,6.06%)、多向(N=6,6.06%)和向心(N=1,1.01%)。对石片背部所有片疤方向按方向1~4进行的统计显示,几乎所有石片背面均存在方向1的片疤,方向2~4的片疤方向分布较为均等,其中有4件石片具有脊向外疤,石片的打片以垂直于台面方向的剥片居绝对主导地位,并以左、右旋转打片作为重要的辅助方式,其他打片的方式如汇聚型较少。

4.3.2 工具修理

修理类产品15件,占石制品总数的4.29%。工具类型简单,包括刮削器、凹缺器、尖状器和砍砸器,以刮削器为主(N=7,46.67%),凹缺器(N=5,33.33%)次之,其他类型数量均较少(表4.20)。

表4.20 上文化层工具类型分类统计

类型	刮削器 单刃	刮削器 双刃	刮削器 复刃	凹缺器	尖状器	砍砸器	合计
N	5	1	1	5	1	2	15
%	46.67			33.33	6.67	13.33	100

(1)原料

原料相当单一,除1件砍砸器为石英岩外,其余均为各类色泽的燧石,包括棕色、黄色、青色、白色和红褐色等。这表明古人类对燧石原料的使用具有比较明显的倾向性。

(2)大小

工具个体以小型(N=11)居多,其次为中型(N=4),没有大型和微型标本。不同工具类型的大小和重量测量(表4.21)表明,整体上各工具类型变异程度均较小,砍砸器和尖状器相对较大,凹缺器个体全为小型,刮削器除个别外也均为小型。

表4.21 下文化层不同工具类型的大小(mm)和重量(g)测量统计

测量项目 类型	最小值 长度	最小值 重量	最大值 长度	最大值 重量	平均值 长度	平均值 重量	标准偏差值 长度	标准偏差值 重量
刮削器	23.21	13.29	64.2	43.22	40.12	24.77	12.85	9.58
凹缺器	25.17	11.72	44.61	37.24	36.67	20.78	7.09	9.99
尖状器	60.34	15.46						
砍砸器	66.42	219.8	75.79	275.21	71.11	247.51	6.63	39.18

(3)修理技术

工具毛坯类型以完整石片(N=8)为主,另有断裂片(N=3)、石核(N=2)和断块(N=2)。其中砍砸器毛坯全为石核,尖状器毛坯为断块,除1件刮削器毛坯为断块外,其余刮削器和凹缺器毛坯全部为片状毛坯。

大多数工具的修疤呈连续状分布,刃缘修理片疤多数短小、深凹,尺寸以中小型者居多,其次为大型、中型,修理技术显示为硬锤锤击法。部分工具的修理刃缘相对较为规整,形制较为典型,显示了一定的规范性。个别边刮器还存在精制品,修疤为微小型,浅平,近平行状分布,刃缘规整。

从工具刃缘的数量看,以单刃为主(N=12),双刃或多刃(N=3)数量很少,说明仍然以开发单个刃口为主。除凹缺器的加工长度指数在 0.26~0.74 之间,平均值为 0.48 外,其余类型的加工长度指数分布在 0.6~1 之间,平均值为 0.89,标准偏差值 0.17。加工深度分布在 0.15~0.88 之间,平均值 0.55,标准偏差值 0.22。这与上述不同遗址或不同文化层的情况也较为相似。

在工具修理部位上,片状毛坯以右侧居多,其次为左侧和远端,块状毛坯在单端和侧边者相当。以单个刃缘为基础,对工具 19 条刃缘的修理方向进行统计,表明工具的修理方向中单向(N=11)略多于双向(N=8),单向中以正向加工(N=7)为主,反向仅 1 件,其他为块状毛坯的单向加工;双向修理中转向(N=4)和复向(N=3)较多,仅有 1 件为两面加工。

(4) 分类描述

刮削器:7 件,包括单刃(N=5)、双刃(N=1)和复刃(N=1),根据刃缘形态又可分为单凹刃(N=2)、单直刃(N=2)、单凸刃(N=1)等,而双刃和复刃刃缘形态多呈不规则形。

LT④:2084,单凹刃,原料为浅青色燧石,形状不规则,毛坯为Ⅲ型石片,长宽厚为 41.58×32.28×13.09 mm,重 13.29 g。右侧下部正向锤击修理,部分修理,刃长 23.48 mm,刃角 53°。单层连续分布的不规则形修疤,共 6 个,修疤较深,修疤厚度为 4.56 mm,修疤为小型,最大修疤长宽为 2.34×4.42 mm。修疤比 5%,自然面比 10%(图 4.25,1)。

LT⑤:2289,单直刃,原料为棕黄色燧石,形状不规则,毛坯为Ⅰ型石片,长宽厚为 37.64×37.95×16.58 mm,重 22.05 g。右侧复向锤击修理刃长 28.55 mm,刃角 52°。修疤为微小型,近平行状连续分布于刃缘,修疤浅,修理厚度 2.43 mm,最大修疤长宽为 2.59×4.92 mm。修疤比 5%,自然面比 60%(图 4.25,2)。

LT⑤:2363,单凸刃,原料为深红色燧石,形状不规则,毛坯为断块,长宽厚为 23.21×37.67×17.65 mm,重 19.98 g。在一侧两面锤击修理,刃长 26.85 mm,刃角 54°。单层连续分布的不规则形修疤,共 9 个,修疤较深,修理厚度 11.6 mm,最大修疤长宽为 8.6×10.99 mm。修疤比 10%,自然面比 30%(图 4.25,3)。

LT②:2258,双刃刮削器,原料为青黄色燧石,毛坯为Ⅴ型石片,长宽厚为 34.35×36.59×18.19 mm,重 30.56 g。左侧转向修理,刃缘不规则,略呈锯齿状,刃长 35.76 mm,刃角 67°,单层连续分布的鱼鳞形修疤,共 4 个,最大修疤长宽为 15.11×11.46 mm。远端反向修理,刃缘不规则,刃长 14.25 mm,刃角 69°,单层连续分布的不规则形修疤 3 个,最大修疤长宽为 15.84×15.26 mm。修疤比 20%,自然面比 30%(图 4.25,4)。

LT⑤:2212,复刃刮削器,棕黄色燧石,毛坯为Ⅲ型石片,长宽厚为 64.2×38.86×27.66 mm,重 43.22 g。左侧复向修理,刃缘不规则,刃长 47.02 mm,刃角 59°,单层连续分布的不规则形修疤共 8 个,修疤大小相差悬殊,最大修疤长宽为 29.09×39.04 mm。远端转向修理,刃缘为凸刃,刃长 29.81 mm,刃角 71°,单层连续分布的不规则形修疤 5 个,最大修疤长宽为 16.01×16.35 mm。右侧转向修理,刃缘呈直刃,刃长 53.59 mm,刃角 60°,单层连续分布的不规则形修疤 7 个,最大修疤长宽为 26.04×39.83 mm。修疤比 60%,自然面比 10%(图 4.25,8)。

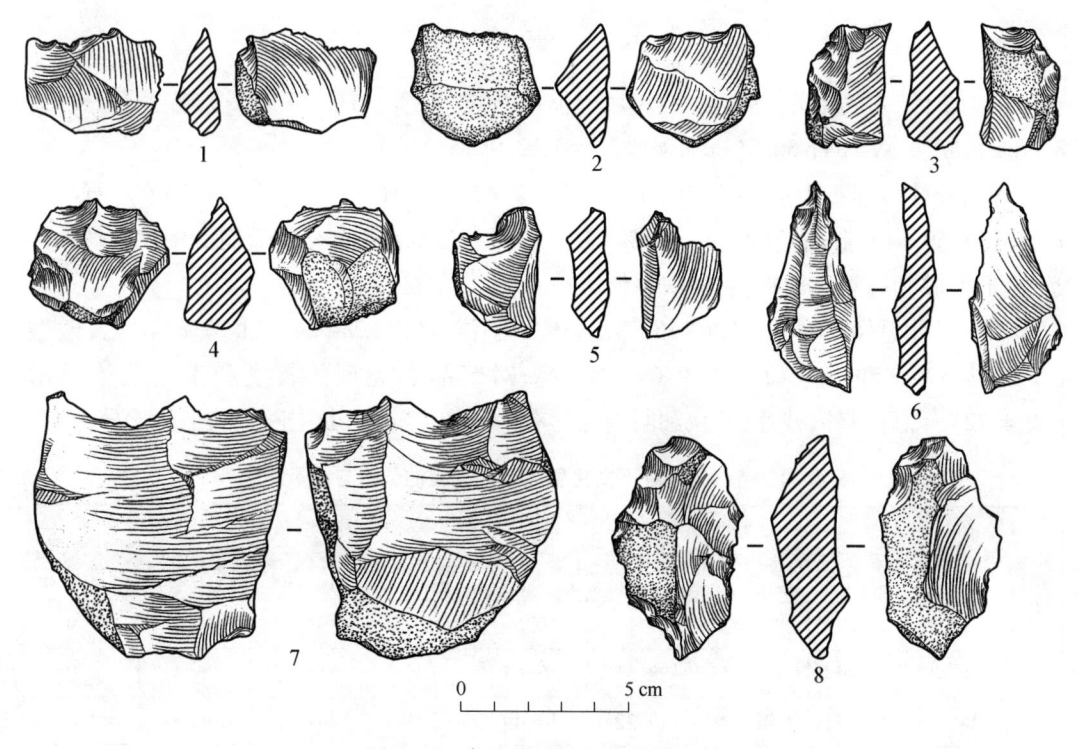

图 4.25 条头岗遗址下文化层工具
1. LT④:2084 2. LT⑤:2289 3. LT⑤:2363 4. LT⑤:2258
5. LT⑤:2282 6. LT⑤:2278 7. LT④:2102 8. LT⑤:2212

凹缺器：5件,均为克拉克当型,因此不能排除偶然的自然力因素。

LT⑤:2282,原料为棕色燧石,形状不规则,毛坯为远端断片,长宽厚为25.17×38.52×11.24 mm,重11.72 g。右侧正向锤击打下一个大型石片,形成凹缺口,缺口宽12.78、深4.4 mm,刃角53°,修疤长宽为7.24×16.01 mm。修疤比10%,自然面比10%(图4.25,5)。

尖状器：1件,修理较为典型。

LT⑤:2278,原料为白色燧石,形状略呈三角形,毛坯为断块,呈片状,长宽厚为60.34×27.21×9.32 mm,重15.46 g。在两侧正向锤击修理,左侧为直刃,局部修理,刃长39.86 mm,刃角65°,单层连续分布的不规则形修疤3个,最大修疤长宽为15.44×22.19 mm。右侧直刃,局部修理,刃长16.6 mm,刃角62°,单层连续分布的不规则形修疤3个,最大修疤长宽为9.18×10.84 mm。两侧刃相交汇聚成正尖,尖部夹角42°,尖刃角53°。修疤比10%,无石皮保留(图4.25,6)。

砍砸器：2件,毛坯均为石核,个体为中型。

LT④:2102,原料为黄色燧石,形状不规则,毛坯为普通石核,长宽厚为75.79×70.11×37.24 mm,重275.21 g。在一侧单向锤击修理,刃口呈不规则状,全部修理,刃长67.33 mm,刃角72°。单层连续分布的不规则形修疤,共4个以上,修疤深,加工距离短,修疤为大型,最大者长宽为20.93×27.33 mm。修疤比10%,自然面比30%(图4.25,7)。

4.3.3 废　　品

共167件，占石制品总数的47.71%，包括断裂片（N=63，37.73%）、残片（N=15，8.98%）、断块（N=84，50.3%）和碎屑（N=5，2.99%）。

原料总体以燧石为主（N=119，71.26%），其次为石英砂岩（N=41，24.55%），石英岩（N=6，3.59%）和脉石英（N=1，0.6%）数量极少。在所有下文化层石制品中仅发现1件远端断片，其为脉石英原料，它的来源值得关注。

废品尺寸总体以小型（N=136，81.44%）为主，中型（N=24，14.37%）次之，微型（N=6，3.59%）和大型（N=1，0.6%）很少。对废品各类型的长度和重量统计显示（表4.22），除碎屑外，残片、断块和断裂片均有一定的变异度，其中断块的个体差异最大。

表4.22　条头岗遗址下文化层废品各类型的长度与重量统计

统计项目 类型	长度（mm）				重量（g）			
	最小值	最大值	平均值	标准偏差	最小值	最大值	平均值	标准偏差
断裂片	7.49	55.43	31.16	10.69	0.92	93.61	15.2	17.97
残　片	2.49	61.95	28.51	12.65	1.41	18.55	6.41	4.91
断　块	20.47	101.84	39.22	14.49	2.46	297.22	30.59	43.4
碎　屑	14.26	18.71	16.9	1.93	0.69	2.69	1.57	0.77

4.4　本　章　小　结

条头岗遗址是在道水流域新近发现的一处旧石器遗址，已发掘面积较小，揭露的文化层也不厚，但出土石制品共7 345件，在平剖面上分布得相当密集，如此丰富的石制品（约210件/m²）集中发现在湖南旧石器考古中尚属首次。据土质土色和遗物分布情况，遗址可分为上、下两个文化层，以上文化层为主，下文化层出土的石制品数量相对较少。

综合上述对遗址石核、石片、工具、废品等石制品类型的详细分析，条头岗遗址上文化层的石器工业特点可以作如下归纳：

1) 石制品组合较为完整，包括搬运砾石、石锤、石核、石片、工具和各类废品，其中废品所占比例甚高（67.56%）。但由于未进行筛选，碎屑的比例低于相关打制实验的正常数值。

2) 原料以棕色、黄色等各种色泽的燧石为主，石英砂岩和石英岩次之，脉石英、硅质板岩数量均非常少。从搬运砾石及石核、石片、工具等类型保存的石皮情况判断，遗址主要从古河滩上就近选择磨圆度较高的河流砾石作为石料。

3) 石制品整体上呈现大小混杂的面貌，大型和巨型标本仍存在一定数量，但以小型居多,其次为中型和微型,小型和微型两者之合占总数的 81.12%。

4) 石核反映的剥坯技术仍是简单性剥片策略,不见预制修理行为,包括单台面、双台面和多台面等普通石核和盘状石核,以前两者较多。在打片过程中,石核的台面和剥片面均倾向于进行转向,其中双台面石核有六种剥片模式,多台面石核有四种剥片方式。少量具有系统性和计划性的似楔形或漏斗状石核和较为固定剥片程序的盘状石核是该遗址中剥片技术发展的新因素,值得进一步关注和研究。

5) 石片类型以Ⅲ型(27.72%)和Ⅱ型(19.19%)居多的自然台面者稍多,Ⅴ型(23.92%)和Ⅵ型(22.77%)为主的人工台面者较少。次级剥片与初级剥片产品大致相当,原料利用率还处于较低阶段。

6) 工具组合包括居主要地位的刮削器、凹缺器、端刮器、锯齿器、尖状器和雕刻器等轻型工具,以及处于次要地位的重型刮削器、砍砸器和手镐等重型工具,且以刮削器占绝对优势(72.63%),出现的端刮器相对较为典型。工具毛坯以片状为主(74.86%),块状毛坯(25.14%)较少。

7) 石核剥片和工具的修理均为硬锤锤击法,不见软锤或压制技术。大部分工具加工程度较低,具有较浓厚的权宜特征;但少量工具修理较为规范和细致,古人类在一定程度上也对少量优质原料采取了较为精致化的加工策略。

条头岗遗址下文化层的石器工业与上文化层具有明显的连续性,难以观察出两者之间存在的显著差异。总体上下文化层也有以下一些特点:① 石制品类型包括砾石、石核、石片、工具和废品,以废品居多。② 总体以小型占绝大多数,中型次之,大型和微型标本数量很少,没有巨型标本。③ 石核较上文化层简单,仅发现单台面、双台面和多台面,以前者居多;石片的初级剥片的产品数量大于次级剥片产品,石核和原料利用率低。④ 工具组合包括刮削器、凹缺器、尖状器和砍砸器,以刮削器为主(46.67%),凹缺器(33.33%)次之,可能由于发掘面积的缘故,上文化层的手镐和重型刮削器在下文化层中没有见到。工具毛坯以完整石片为主,另有断裂片、石核和断块。⑤ 大多数工具的修疤短小、深凹,刃缘不平齐,修理简单,但部分工具形制较为规范,少量还可归为精制品。

第五章 其他遗址石制品分析

本章主要对袁家山遗址和十里岗遗址中出土的石制品进行研究。袁家山遗址中第③、④两个层位是该遗址的主体文化层，代表了晚更新世时期"黄土"层和黑褐色土层两个前后阶段的石器工业发展情况。十里岗遗址和八十垱遗址位于澧阳平原中的高台地之上，是澧水流域非常重要的考古发现，展现了一种新的旧石器文化面貌。

5.1 袁家山遗址

5.1.1 发掘概况

袁家山遗址在澧县烧碱火电厂项目考古调查中发现，其后进行了抢救性考古发掘。按正南北向 5×5 m² 规格布方，东、北各留 1×4 m² 隔梁，东北角留 1×1 m² 关键柱。因受发掘时间的限制，考古工作主要对部分探方作了重点发掘。但遗址揭露的地层堆积、不同文化层的石制品为我们探讨石器技术的发展提供了很重要的材料。其中，T14、T15、T18、T19 和 T23 五个探方第④层中出土的遗物相对集中，而第③层的器物主要出自 T9（包括扩方），T13、T14、T15、T18 等探方内有少量标本，其他探方中基本不见，因此本节以这些探方内发现的石制品为重点研究对象。

5.1.2 第④层石制品

共 292 件，另有 8 件尺寸在 30 mm 以下、重量在 10 g 以下的小石粒，未见任何人工痕迹，应为遗址埋藏过程中因自然因素混入的，本文将其排除在外。从出土遗物的平剖面分布（图 5.1）可以看出，石制品有一定数量，但平面分布没有明显规律，较多集中分布在 T19 内；纵向上由东北向西南略呈缓坡状，与遗址的地层分布和现今地势走向相一致。

根据发掘现场对石制品出土时倾角、倾向和长轴方向等产状特征的统计，其长轴方向和倾向均没有出现优势的集中区，各个方向比较均匀，倾斜状态以水平较多，其次为倾斜和垂直。磨蚀以无或轻度为主，中度磨蚀少，仅个别为重度磨蚀；风化以无风化和轻微风化为主，少量中度和重度风化。据此，该遗址基本为原地埋藏，但在埋藏前有一定时间暴露于地表，一定程度上受到了自然因素的影响。

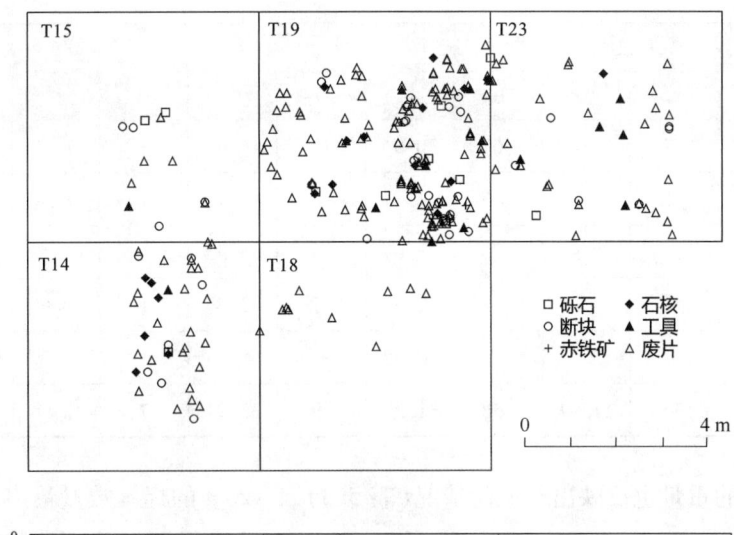

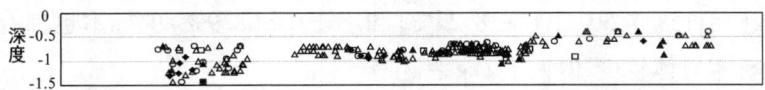

图 5.1 袁家山遗址第④层石制品平剖面分布图

石制品的类型包括砾石、石锤、石核、完整石片、工具、废品和赤铁矿,是一个相对较完整的技术组合,以废品和完整石片的数量最多,其他类型的数量均较少(表 5.1)。

表 5.1 袁家山遗址第④层石制品分类统计

类型→	砾石	石核	完整石片	工具	废品				石锤	赤铁矿	合计
					断裂片	残片	断块	碎屑			
N	13	21	117	13	53	6	42	24	1	2	292
%	4.45	7.19	40.07	4.45	42.82				0.34	0.68	100

石制品的尺寸测量统计(表 5.2)显示出大小混杂的一般特征,总体以小型(N=150, 51.4%)居多,其次为中型(N=99, 33.9%),微型标本有一定数量,大型和巨型标本较少。不过,值得注意的是,尽管大型标本数量少,但它不仅包括石核、石锤和砾石,也在完整石片和工具中可以见到;巨型标本包括石核和工具。此外,遗址中有一些搬运大型砾石,但剥片数量非常少,推测其目的可能不是打片的备料,而另有用途。

表 5.2 袁家山遗址第④层石制品尺寸大小(mm)的分类统计

类型 \ 尺寸大小	<20		20~50		50~100		100~200		≥200	
	N	%	N	%	N	%	N	%	N	%
石核			2	0.68	15	5.14	3	1.04	1	0.34
石锤							1	0.34		

续表

尺寸大小 类型	<20 N	%	20~50 N	%	50~100 N	%	100~200 N	%	≥200 N	%
完整石片	7	2.4	61	20.9	48	16.44	1	0.34		
工 具	1	0.34	5	1.71	5	1.71	1	0.34	1	0.34
废 品	26	8.9	75	25.69	24	8.22				
砾 石			5	1.71	7	2.4	1	0.34		
赤铁矿			2	0.68						
合 计	34	11.64	150	51.37	99	33.91	7	2.4	2	0.68

石制品的重量也反映出相似的情况(表5.3),1~20 g 的标本数量最多(53.43%),其次为 20~50 g(18.15%),50~100 g(8.22%)和小于 1 g(8.9%)的标本也都有一定数量,100 g 以上的标本总体较少,但大于 1kg 者还有 3 件。

表5.3 袁家山遗址第④层石制品重量(g)的测量统计

重量 石制品类型	<1 N	%	1~20 N	%	20~50 N	%	50~100 N	%	100~200 N	%	200~500 N	%	500~1 000 N	%	≥1 000 N	%
石 核					2	0.68	3	1.03	6	2.05	6	2.05	2	0.68	2	0.68
石 锤													1	0.34		
完整石片	7	2.4	65	22.26	27	9.25	13	4.45	4	1.37			1	0.34		
工 具	1	0.34	3	1.03	2	0.68	3	1.03	2	0.68			1	0.34	1	0.34
废 品	18	6.16	85	29.11	15	5.14	3	1.03	4	1.37						
砾 石			2	0.68	6	2.05	2	0.68	2	0.68	1	0.34				
赤铁矿			1	0.34	1	0.34										
合 计	26	8.9	156	53.43	53	18.15	24	8.22	18	6.16	7	2.4	5	1.71	3	1.03

5.1.2.1 剥片

5.1.2.1.1 石核特征的统计与分析

21 件,占石制品总数的 7.19%。全部为锤击石核产品,可分为普通石核(N=20, 95.24%)和盘状石核(N=1,4.76%)两类(表5.4)。根据台面和剥片疤数量又可将普通石核进一步分为单台面(Ⅰ1型、Ⅰ2型、Ⅰ3型)、双台面(Ⅱ2型)和多台面(Ⅲ型)等类型,以双台面石核居多。

表 5.4 袁家山遗址第④层石核分类统计

类　型	普　通　石　核					盘状石核	合计
	单台面（Ⅰ型）			双台面（Ⅱ型）		多台面（Ⅲ型）		
	Ⅰ1型	Ⅰ2型	Ⅰ3型	Ⅱ1型	Ⅱ2型	Ⅲ型		
数　量	2	1	3	0	9	5	1	21
百分比%	28.57			42.86		23.81	4.76	100

(1) 原料

石核原料较集中,以石英砂岩(N=17,80.95%)占绝大多数,石英岩(N=2)、燧石(N=1)和脉石英(N=1)均很少。其中盘状石核的原料为石英砂岩。

(2) 大小

石核尺寸总体以中型较多(N=15),大型(N=3)、小型(N=2)和巨型(N=1)较少。对石核大小和重量的统计(表 5.5)显示,石核个体间的变异较大,长度介于 26.03～123.83 mm 之间,平均值 58.61 mm,标准偏差值 26.06 mm;宽度介于 40.95～184.45 mm,平均值 78.6 mm,标准偏差值 32.76 mm;厚度介于 18.29～236.48 mm,平均值 56.98 mm,标准偏差 48.61 mm;重量介于 34.2～4 890 g 之间,平均值 544.65 g,标准偏差值 1 077 g。

表 5.5 袁家山遗址第④层石核大小(mm)和重量(g)的测量统计

测量统计项目	长　度	宽　度	厚　度	重　量
最小值	26.03	40.95	18.29	34.2
最大值	123.83	184.45	236.48	4 890
平均值	58.61	78.6	56.98	544.65
标准偏差值	26.06	32.76	48.61	1 077

(3) 类型

包括普通石核 20 件和盘状石核 1 件。

普通石核 20 件,占该层石核总数的 95.24%。包括单台面、双台面石核,以后者相对居多。石核的台面或剥片面在剥片前不进行预制修理,剥片技术策略不以生产特殊石片为目标,主要寻找合适的台面和剥片面生产普通石片,仍属简单的剥片技术。

单台面石核:固定台面石核,共 6 件,占石核总数的 28.57%。石核形态多不规则,大部分剥片简单或随意,个别呈不规则漏斗状,显示有较高的控制打片技能。这类石核中有 2 个以上剥片面者共 3 件,表明约一半的石核在同一台面的打片过程中进行过旋转。

LMBT19④:463,原型为砾石,灰青色石英砂岩原料,略呈船形或不规则漏斗形,长宽厚为 38.5×63×46.4 mm,重 144.8 g。片疤台面,由 3 个先前的剥片疤组成,台面形状不规则,大小为 63.6×42.1 mm,台面角 83°～93°。与"双面打法"相似,在一面打片后,转向 90°在相邻两侧垂直打片,部分片疤具有交互打击特征,因原始自然砾面完全破坏,仅剩剥片面台面,因此归为单台面石核。2个剥片面,共8个片疤,剥片方向为单向,片疤形状为普通型,最大片疤长宽为32.3×26.6 mm。自然面比40%(图5.2,2)。

双台面石核:转向台面石核,共9件,占石核总数的42.86%。石核以2~3个剥片面为主(N=5),单个剥片面者较少(N=3),表明剥片过程中台面和剥片面均发生转向的石核较多,石核的利用率相对较高。

按照对乌鸦山遗址和条头岗遗址旋转剥片方式的观察(图4.4),袁家山遗址的双台面石核中包括模式Ⅰ(N=4)、模式Ⅱ(N=1)、模式Ⅳ(N=2)、模式Ⅴ(N=2)的石核,没有发现模式Ⅲ、Ⅵ的石核。以上表明石核剥片过程中以转动相邻或相对的自然砾面打片较为常见,以先前剥片面为台面转体打片也有一定数量,且多见于人工台面石核中。

LMBT19④:820,模式Ⅰ石核,原型为砾石,棕褐色石英砂岩原料,形状不规则,长宽厚为46.3×93.3×64.7 mm,重328.3 g。双自然台面,台面相连,主台面形状不规则,台面大小为70.4×52.1 mm,台面角80°~93°。1个剥片面,共5个片疤,剥片方向为双向,片疤形状为普通型,最大片疤长宽为44.2、35.9 mm。自然面比70%(图5.2,4)。

LMBT23④:511,模式Ⅳ石核,原型为大型砾石,灰褐色石英砂岩原料,形状略呈圆柱状,长宽厚为104.7×123.2×122.5 mm,重1 786.2 g。先将砾石的一端截断形成平坦的宽大素台面,在两侧连续性剥片,再旋转90°,以相邻的1个"石皮+片疤"面为台面在另一侧连续性剥片。主台面为素台面,略呈圆形,台面大小为121×115.6 mm,台面角89°~100°。3个剥片面,共17个片疤,剥片方向为双向,片疤形状为普通型,最大片疤长宽为76.8×57.8 mm。自然面比30%。

多台面石核:转向台面石核,台面转向2次及以上,共5件,占石核总数的23.81%。多数为3个剥片面(N=4),个别只有1个剥片面。

按条头岗遗址多台面剥片方式的分析(图4.6),袁家山遗址多台面石核的打片方式以方式Ⅰ(N=2)和方式Ⅳ(N=2)较多,方式Ⅲ(N=1)较少。

LMBT15④:524,原型为砾石,浅色石英岩原料,形状不规则,长宽厚为54.2×62.5×35.3 mm,重127.2 g。先以两个自然砾面对向剥片,并以新形成的片疤面旋转90°垂直打片,并破坏了部分原自然台面。主台面为自然台面,台面形状不规则,大小为63×35.4 mm,台面角65°~107°。3个剥片面,共13个片疤,剥片方向为多向,片疤形状为普通型,最大片疤长宽为32.8×27.9 mm。自然面比20%(图5.2,1)。

LMBT19④:492,原型为砾石,青褐色石英砂岩原料,形状不规则,长宽厚为50×68.2×46.9 mm,重233.5 g。3个台面,其中1个为人工台面,2个为自然台面。在"双面打法"石核的基础上再次旋转2个相连自然砾面简单打片。主台面由3个相同方向的片疤组成,台面形状不规则,台面大小为63×41.4 mm,台面角86°~106°。3个剥片面,共14个片疤,疤向为多向,最大片疤长宽为49.6×26.8 mm。自然面比20%(图5.2,3)。

盘状石核:与普通石核一样也没有对石核台面或剥片面进行预制修理,但相对具有更为固定的剥片程序。

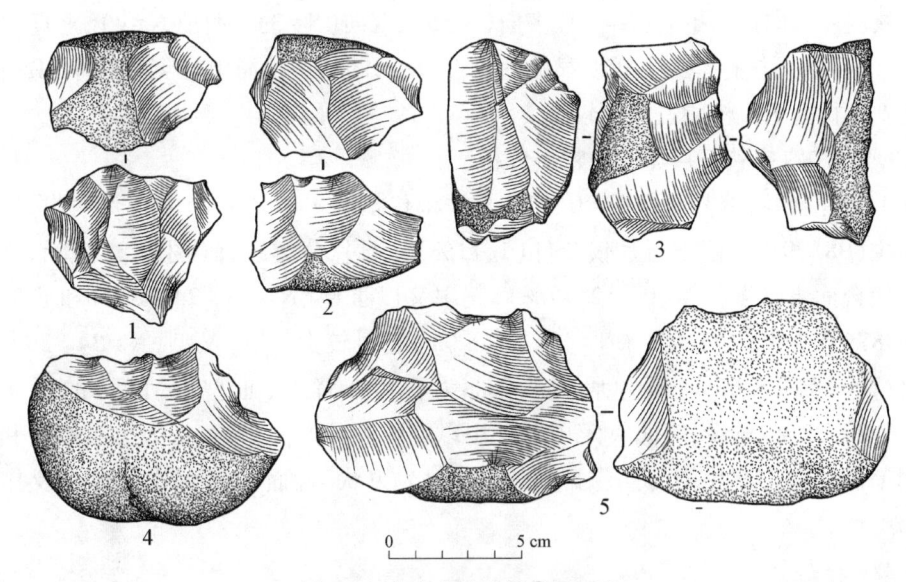

图 5.2　袁家山遗址第④层石核
1. LMBT15④：524　2. LMBT19④：463　3. LMBT19④：492
4. LMBT19④：820　5. LMBT19④：375

LMBT19④：375,部分两面盘状石核,原型为砾石,黄褐色石英砂岩原料,略呈椭圆形,长宽厚为 104.77×59.21×54.07 mm,重 498.7 g。在一面向心式剥片,片疤在中部呈凸起状,剥片疤约 9 个;另一面剥片疤较少,仅 2 个,大部分为自然砾面。剖面略呈透镜形。台面角 85°~97°,最大片疤长宽为 41.26×42.92 mm。自然面比 60%(图 5.2,5)。

（4）其他属性

石核原型除个别为断块(N=1)外,均为砾石(N=20)。台面角分布于 64°~100° 之间,平均值 82°,标准偏差值 9.2°。石核通体保留石皮相对较多,最小 10%,最大 80%,平均值 47%,标准偏差值 22.2%,显示原料的剥片利用率较低。

石核残存片疤数在 1~17 个之间,每件石核平均片疤数为 7.4 个。主片疤尺寸的统计显示(表 5.6),石核遗留的主要片疤尺寸平均值为小型,但反映变异度的标准偏差值较大;长宽比介于 0.29~1.86 之间,平均值为 1.09,标准偏差 0.33,石核上不见长石片的剥片疤。

表 5.6　袁家山遗址第④层石核主要片疤尺寸统计

测量统计项目	主片疤长(mm)	主片疤宽(mm)	长宽比
最小值	19.12	24.3	0.61
最大值	112.77	93.57	1.86
平均值	42.45	39.6	1.09
标准偏差	20.91	15.47	0.33

石核剥片方向包括单向(N=6)、多向(N=5)、双向(N=3)、对向(N=4)、垂直(N=2)和向心(N=1),石核打片具有较明显的随机性,反映的是一种简单性剥片技术,具有一定计划性剥片行为的石核所占比例较小。

5.1.2.1.2 完整石片类型与特点分析

共117件,占石制品总数的40.07%。类型包括锤击石片和砸击石片两类,以锤击石片为主(98.29%),砸击石片仅2件(1.71%)。石片分类统计(图5.3)显示,锤击石片中自然台面者略多(N=60, 52.17%),其中又以Ⅲ型(N=28, 24.35%)和Ⅱ型(N=24, 20.87%)为主;人工台面(N=55, 47.83%)相对较少,其中Ⅴ型(N=34, 29.57%)和Ⅵ型(N=18, 15.65%)石片居多。全部为石片疤背面(Ⅲ型和Ⅵ型)的石片数量(N=46, 39.32%)较少,表明袁家山遗址中以初级剥片产品为主,古人类对原料和石核的利用率低。砸击石片均为两端砸击型,台面为刃状,背面和腹面均可见到反作用力片疤。

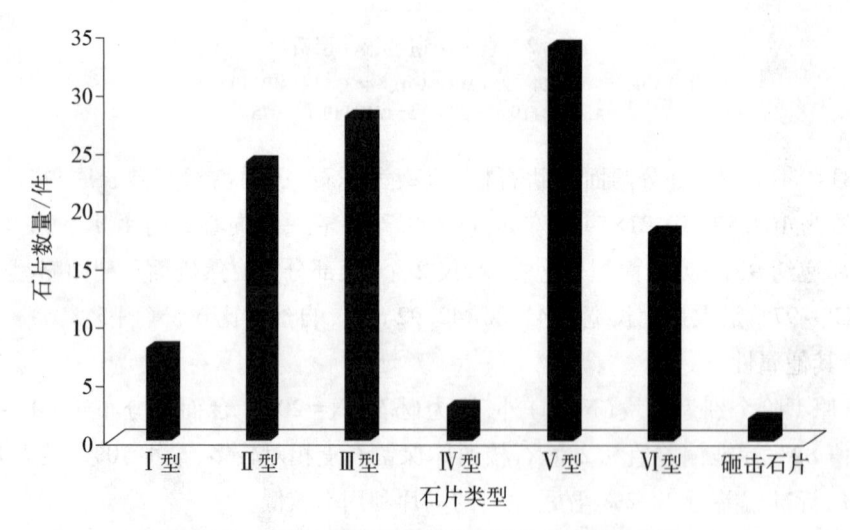

图5.3 袁家山遗址第④层完整石片类型数量统计

石片原料以石英砂岩(N=86)为主,另有脉石英(N=13)、燧石(N=10)和石英岩(N=8)。砸击石片的原料均为脉石英。与石核的原料构成相比,脉石英的石片数量多于相同原料石核上的最多片疤数。据燧石的色泽分析,一些石片没有发现相匹配的石核。

石片总体以小型和中型为主,微型和大型者少,个体存在一定变异(表5.7)。具体来说,长度在16.33~145.06 mm,平均值44.67 mm,标准偏差值20.32 mm;宽度在10.31~91.01 mm,平均值39.54 mm,标准偏差值16.82 mm;厚度在2.98~580.6 mm,平均值15.11 mm,标准偏差值7.65 mm;重量在0.46~580.6 g,平均值29.17 g,标准偏差值58.24 g。石片形态多不规则,极少数呈长石片和三角形等较规则形态,长宽比和宽厚比显示多数石片应处于宽薄型。

表 5.7　袁家山遗址第④层完整石片大小（mm）和重量（g）测量统计

测量统计项目	长	宽	厚	重	长宽比	宽厚比
最小值	16.33	10.31	2.98	0.46	0.57	1.23
最大值	145.06	91.01	51.71	580.6	2.86	6.48
平均值	44.67	39.54	15.11	29.17	1.21	2.81
标准偏差值	20.32	16.82	7.65	58.24	0.44	0.91

除少量石片因台面过小或缺失无法测量外，石片角分布于60°～128°之间（N=108），以80°～120°较多，平均值102°，标准偏差14.7°。背缘角在55°～125°之间，集中分布于70°～110°之间，平均值92°，标准偏差值15.2°。远端形态以呈羽状者为主（N=99），平底（N=8）、内卷（N=7）和外翻（N=3）较少。

石片背面片疤数介于0～10个之间，全为自然面者较少（N=11），多数石片都在4个片疤以下，平均片疤数为3个，其中1个片疤者占17.09%（N=20），2个片疤者占26.5%（N=31），3个片疤者占23.08%（N=27），4个片疤者占15.38%（N=18），5个及以上者仅占8.55%。背脊形态多样，以无背脊居多（N=30），单偏纵（N=23）次之，斜脊（N=11）复杂（N=16）和正纵（N=14）数量也较多，其他还有少量双纵、横脊、Y形、倒Y、C形、反C、人字形、八字形、L形等。纵向背脊的存在表明，古人类在一定程度上已利用石片疤相交形成的背脊来进行打片。

背面片疤打击方向显示，剥片方向以单向为主（N=60，56.6%），另有双向（N=20，18.87%）、对向（N=16，15.09%）、多向（N=9，8.49%）和发散型（N=1，0.94%），无汇聚型片疤。其中脊向外疤石片共6件，包括1件从背脊向相反两个方向打片（方向为2′和4′）所形成的"鸡冠状"石片。

5.1.2.2　工具修理

出土修理类产品共13件，占石制品总数的4.45%。工具类型包括刮削器（N=10）、雕刻器（N=1）和重型刮削器（N=2），刮削器的数量占主要地位。

（1）原料

各类工具的原料以石英砂岩（N=7）居多，其次为燧石（N=4），石英岩和脉石英各1件。其中重型刮削器以石英砂岩和石英岩为石料，雕刻器石料为燧石，刮削器石料包括石英砂岩、燧石和脉石英三种。

（2）大小

工具个体以小型（N=5）和中型（N=5）较多，大型、巨型和微型标本各有1件。全部标本的长度在19.29～203.6 mm之间，平均值69.31 mm，标准偏差值50.18 mm；宽度在13.07～116.9 mm之间，平均值49.03 mm，标准偏差值30.05 mm；厚度在4.02～64.61 mm之间，平均值25.55 mm，标准偏差值18.24 mm；重量在0.7～1547.6 g之间，平均值214.2 g，标准偏差值431.97 g。

表5.8　袁家山遗址第④层工具长宽(mm)和重量(g)的测量统计

类型 项目	刮削器(N=10)			重型刮削器(N=2)			雕刻器(N=1)		
	长度	宽度	重量	长度	宽度	重量	长度	宽度	重量
最小值	24.47	18.26	2.0	114.3	99.12	613.6	19.29	13.07	0.7
最大值	95.91	62.14	151.9	203.6	116.9	1 547.6			
平均值	55.09	40.83	62.28	158.95	108.01	1 080.6			
标准偏差值	25.04	13.95	52.99	63.14	12.57	660.44			

对不同工具类型的大小和重量统计可以看出(表5.8),重型刮削器不仅尺寸均大,而且个体变异也非常明显;刮削器平均值为中型尺寸,也存在一定变异;雕刻器仅有1件,尺寸为微型。

(3) 修理策略

工具毛坯类型以片状毛坯为主,其中主要为完整石片(N=8),另有残片(N=1);块状毛坯较少,包括石核(N=1)和断块(N=3)。对比工具类型与毛坯,不存在特意挑选毛坯的行为。

大多数工具的修疤深凹,形态不规则,尺寸以大型居多,少量为小型或微型,多数刃缘不甚规整,显示其修理技术为硬锤锤击法。一些刮削器的修疤因尺寸较大而不能排除其可能被用作石核进行剥片,而相反也有少量刮削器的边刃修疤却不明显或分布零散,修理片疤微弱,修理意图不甚明确,甚至不能排除是使用或者磕碰所形成。因而,袁家山遗址中的工具修理,尤其是刮削器没有显示出很强的规范性,几无精制品,体现了权宜性的修理策略。

修理刃缘占整个毛坯边刃的比例较高,且刃缘修理绝大多数呈连续分布。从修理刃缘的数量看,以单刃为主(N=11),双刃(N=1)和多刃(N=1)数量极少,表明修理强度不高,倾向于开发单个刃口。

对工具修理部位的统计显示,片状毛坯集中于左侧和右侧等侧缘,也有少量侧缘+远端,近端修理仅个别;块状毛坯的修理部位集中于侧边,个别为单端。以单个刃缘为基础,对所有工具的刃缘修理方向的观测统计表明,袁家山遗址工具的修理方向总体以单向为主,其中反向修理者稍多于正向修理者;双向修理中包括转向修理标本2件和交互修理标本1件。

(4) 分类描述

刮削器:10件,占修理类产品总数的76.92%。按刃缘数量可分为单刃(N=8)、双刃(N=1)和复刃(N=1),据刃部形态又可再分为单直刃(N=2)、单凸刃(N=3)、单不规则刃(N=3),双刃和复刃刮削器刃缘呈锯齿刃、凹刃或不规则形态。

LMBT23④:302,单凸刃,原料为青色石英砂岩,形状不规则,毛坯为片状断块,长宽厚为95.9×47.8×25.9 mm,重151.9 g。锤击法单向修理,修理部位为长轴一侧。刃长95.9 mm,刃角66°~83°。单层连续分布的不规则形修疤,共计7个,修疤深、大,最大修疤长宽为27.1×42.1 mm。修疤比30%,自然面比50%(图5.4,1)。

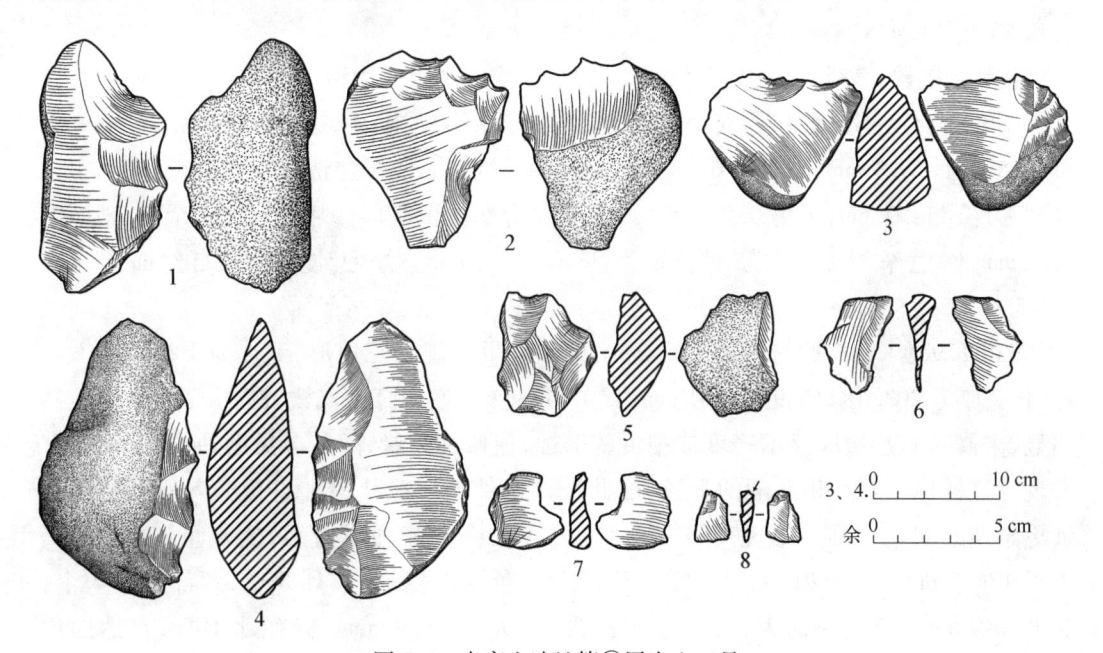

图5.4 袁家山遗址第④层出土工具
1、2、5、6. 刮削器(LMBT23④:302、LMBT23④:829、LMBT19④:401、LMBT23④:219)
3~4. 重型刮削器(LMBT19④:815、LMBT19④:431) 7. LMBT15④:520 8. 雕刻器 LMBT23④:215

LMBT23④:829,双刃刮削器,原料为浅红褐色石英砂岩,形状为不规则三角形,毛坯为石片,长宽厚为72×62.1×24.8 mm,重98 g。近端和右侧均反向锤击修理,修理较为典型。近端刃部呈锯齿状,刃长41.4 mm,刃角73°~82°,双层连续分布的阶梯状修疤,共8个,最大修疤长宽为22.1×21.1 mm。右侧为凹刃,刃长60.8 mm,刃角69°,单层连续分布的不规则形修疤,共计4个,最大修疤长宽为16.8×24.7 mm。远端略残损,修疤比15%,自然面比30%(图5.4,2)。

LMBT19④:401,复刃刮削器,原料为青色石英砂岩,形状不规则,毛坯为断块,长宽厚为44.4×41.6×18.4 mm,重31.7 g。单面向心式锤击修理,片疤在中部交汇略呈凸起状,刃缘均不甚规则,刃角60°~85°。单层连续分布的不规则形修疤,共计7个,最大修疤长宽为19.5×20.2 mm。部分残损,修疤比50%,自然面比50%(图5.4,5)。

LMBT23④:219,单不规则刃,原料为灰黄色燧石,形状不规则,毛坯为Ⅲ型石片,长宽厚为37.5×20.6×13.5 mm,重4.7 g。锤击法正向修理,修理部位为右侧。刃长18.5 mm,刃角41°。单层连续分布的鱼鳞形修疤,共计9个,修疤为微型,最大修疤长宽为1.2×2.5 mm。修疤比小于5%,自然面比为20%(图5.4,6)。

雕刻器:1件,占修理类产品的7.69%。

LMBT23④：215，原料为浅青色燧石，形状略呈梯形，毛坯为残片，长宽厚为19.3×13.07×4.0 mm，重0.7 g。利用残片一端的原有断面，可能略作修理，后以此为台面向残片的左侧斜击，打出雕刻器小面，与原有侧断面形成凿形刃口，削片长宽为10.2×4.6 mm，刃角50°（图5.4,8）。

重型刮削器：2件，占工具总数的15.38%。均以厚重的大型完整石片为毛坯。

LMBT19④：815，原料为灰褐色石英砂岩，形状不规则，毛坯为Ⅱ型石片，长宽厚为114.3×99.1×57.9 mm，重613.6 mm。在石片的远端和右侧锤击法转向修理成凸刃，刃缘锋利，刃长114.7 mm，刃角63°~70°。单层连续分布的鱼鳞形修疤，共计11个，修理厚度25.0 mm，修疤深、大，最大修疤长宽为23.6×33.1 mm。修疤比为5%，自然面比30%（图5.4,3）。

LMBT19④：431，原料为浅色石英岩，形状略呈不规则三角形，毛坯为Ⅰ型厚重大石片，长宽厚为203.6×116.9×64.61 mm，重1 547.6 g。毛坯打击点浅，腹面石片特征不甚明显，未修理石片边缘显示轻度或中度的磨蚀，但修理刃缘锋利、未见磨蚀，遗址中没有发现与这样尺寸石片相匹配的石核，因此推测这件毛坯应从遗址直接输入或利用了遗址更早期的剥坯产品。修理时，在石片右侧交互锤击修理成直刃，侧视呈"之"字形。刃长176.2 mm，刃角70°~78°。单层连续分布鱼鳞形修疤，共计8个，背部片疤3个，腹部片疤5个，修疤深而大，最大修疤长宽为39.7×68.9 mm。修疤比10%，自然面比40%（图5.4,4）。

5.1.2.3 石锤

仅1件，占石制品总数的0.34%。

LMBT19④：817，原料为黄色石英砂岩，椭圆形，毛坯为砾石，长宽厚为106.5×89.8×51.1 mm，重711.7 g。在长轴两端可见密集的坑疤，而周围其他区域则保存有光滑石皮，两个集中疤痕分布区域长、宽分别为77.5×31.8 mm和72.7×29.7 mm。石锤表面自然面比约为80%。

5.1.2.4 废品

共125件，占石制品总数的42.82%，包括断裂片（N=53, 42.4%）、残片（N=6, 4.8%）、断块（N=42, 33.6%）和碎屑（N=24, 19.2%）。

原料总体以石英砂岩（N=82, 65.6%）为主，脉石英（N=34, 27.2%）次之，石英岩（N=4, 3.2%）和燧石（N=5, 4%）数量极少。脉石英原料的废片较之相应石核的数量要多，表明可能有一部分在遗址中的石核或修理后的工具被带离。

废品尺寸以小型（N=75, 60%）居多，其次为微型（N=26, 20.8%）和中型（N=24, 19.2%）。对废品不同类型的长度和重量统计（表5.9）显示，断块和断裂片有较大的变异，残片和碎屑的变异度相对较小。

表 5.9 袁家山遗址第④层废品的长度与重量统计

统计项目 类型	长度(mm) 最小值	最大值	平均值	标准偏差	重量(g) 最小值	最大值	平均值	标准偏差
断裂片	16.39	63.85	34.4	12.59	0.51	95.08	10.34	14.6
残 片	20.31	35.84	25.58	5.94	0.56	3.62	1.92	1.22
断 块	20.67	79.8	45.04	15.68	1.17	150.62	28.89	33.91
碎 屑	5.88	19.84	14.62	3.49	0.05	2.34	0.79	0.64

5.1.3 第③层石制品

袁家山遗址第③层共发现石制品 589 件,集中分布于 T9 西南扩方内,T18 内也有较多数量,但其余探方仅有少数几件(图 5.5)。

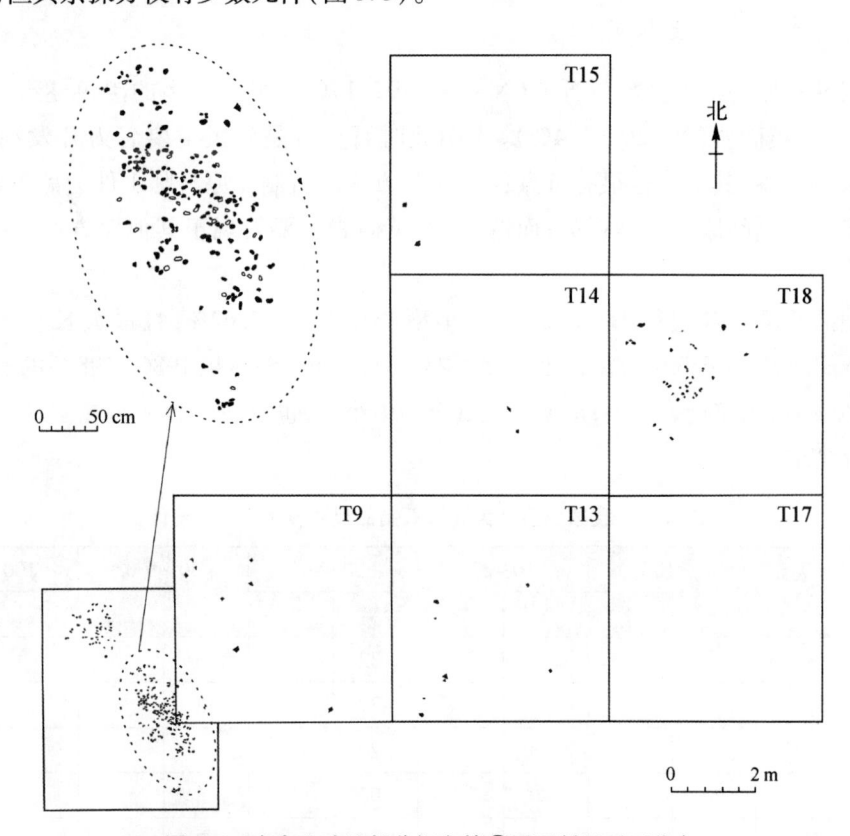

图 5.5 袁家山遗址部分探方第③层石制品平面分布

据不同类型石制品在探方中的数量统计(表 5.10),T9 中石制品组合较为完整,其余探方的石制品类型均不完全,鉴于不同探方的石制品均属同一文化层,本节将它们一起进行分析。所有石制品包括砾石(1.19%)、石核(6.11%)、完整石片(24.28%)、工具(3.91%)和废品(64.51%),其中各类废品的数量居多,基本符合石制品加工场所的特征。

表 5.10　袁家山遗址第③层石制品类型与数量统计

类型\探方	石核	完整石片	工具	废品 断块	废品 断裂片	废品 残片	废品 碎屑	砾石	合计
T9(扩方)	29	125	22	117	75	67	95	3	533
T13	3	2		2		1			8
T14				2					2
T15	1		1						2
T18	3	16		12	8	1		4	44
合计	36	143	23	133	83	69	95	7	589
比例%	6.11	24.28	3.91	22.58	14.09	11.71	16.13	1.19	100

5.1.3.1　原料和大小

石制品的原料绝大多数为石英(N=543, 92.19%),另有不多的黑色燧石(N=26, 4.41%)和石英砂岩(N=20, 3.4%),表明此时石英应是先民主要着力开发利用的石料。据现场观察,其分布也很有特点:T9及扩方中的石制品原料除1件为黑色燧石外,其余大量的石制品原料均是石英;而燧石、石英砂岩主要发现于其他探方内,并与石英共存。

石制品的尺寸普遍很小(表5.11),小型产品占了97.62%,且最大长小于20 mm (SFD: small flaking debris)的标本约占58.23%,与Kathy Schick(1986,1987)的实验数据(60%~70%)较为接近。此外,定型的工具全为中小型,也反映了古人类在工具使用功能上的尺寸需求。

表 5.11　袁家山遗址第③层石制品尺寸(mm)分类统计

石制品类型\尺寸大小	<10 N	<10 %	10~20 N	10~20 %	20~50 N	20~50 %	50~100 N	50~100 %	100~200 N	100~200 %
石核					32		3		1	
完整石片			64		77		2			
工具			3		20					
废品	96		180		98		5		1	
砾石					5		2			
合计	96		247		232		12		2	

石制品重量统计(图5.6)也显示,绝大多数个体较轻,10 g以下的器物占总量的88.96%,而超过100 g者仅占0.68%,表明细小、轻便应是第3层中的石制品一个非常明显的特征。

5.1.3.2 石核特征的统计与分析

36 件,包括普通石核(N=30)、盘状石核(N=4)和砸击石核(N=2)。普通石核中有Ⅰ1型5件,Ⅰ2型7件,Ⅰ3型12件,Ⅱ2型4件,Ⅱ1和Ⅲ型各1件。这些石核的特征反映出这一文化层仍是简单剥片技术,其剥片方向以单向(N=24)居多,对向(N=5)、向心(N=4)次之,另有双向(N=2)和多向(N=1)。

石核原料除4件黑色燧石、2件石英砂岩外,其余均是石英,且前两类原料均出现于普通石核中。从石核的形态和残余石皮等可知,其原型基本上均是磨圆度很高的小型河卵石,也有少数几件再次利用断块或石片进行打片。石核尺寸以小型为主(N=32),中型(N=3)和大型(N=1)仅是少数,平均长宽厚分别为 25.54×33.80×29.57 mm,平均重 42.11 g;而从对应原料来看,其中尺寸稍大的几件是石英砂岩和黑色燧石两种石料的石核。

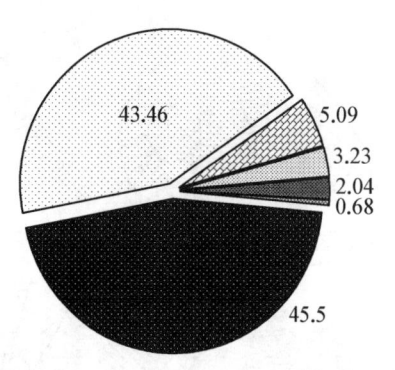

图 5.6 袁家山遗址第③层石制品重量百分比统计

普通石核和盘状石核的台面主要为自然砾面,极少量的素台面或片疤等人工台面情况多见于燧石类石核;砸击石核的台面为刃状。因此,石核中不见任何修理台面的行为。台面角介于 60°~102°间,平均值 79.08°,标准偏差值 11.09°。石核可见片疤数少,多在 5个以下;自然石皮比例在 10%~95%,平均值 57%,标准偏差值 23%。显然多数石核还有很大的进一步剥片的潜能。

以典型石核为例,对第 3 层石核诸类型描述如下:

单台面石核: 24 件,占普通石核的 80%。属固定台面石核,有 2 个剥片面者只有 1件,其余均为 1 个剥片面,打片中几乎不发生旋转。一半的石核仅有 1~2 个剥片疤,另一半的石核连续剥片,片疤数量相对较多,有一定的利用率。

LMBT9③:623,Ⅰ1型。石英砾石原料,在一端以自然面为台面打下一个石片,片疤阴痕内凹,片疤长宽为 24.53×25.45 mm,台面角 70°,石核长宽厚分别为 24.41×40.07×48.06 mm,重 53.79 g(图 5.7,1)。

LMBT9③:590,Ⅰ3型。小型石英砾石原料,以自然砾面为台面在一侧连续打片,部分打击点清晰,片疤数量 5 个以上,台面角 68°,石核长宽厚分别为 21.68×30.02×23.64 mm,重 10.23 g(图 5.7,2)。

LMBT9③:617,Ⅰ3型。小型石英砾石原料,以自然砾面为台面在一侧连续打片,剥片面存在节理,横截面呈 D 形,台面角 93°,石核长宽厚分别为 28.48×40.32×28.04 mm,重 40.64 g(图 5.7,3)。

LMBT9③:681,Ⅰ3型。小型石英砾石原料,自然台面,1 个剥片面,4 个以上片疤,个别打击点清晰可辨,台面角 73°,石核一端略有残损,长宽厚分别为 21.86×33.61×

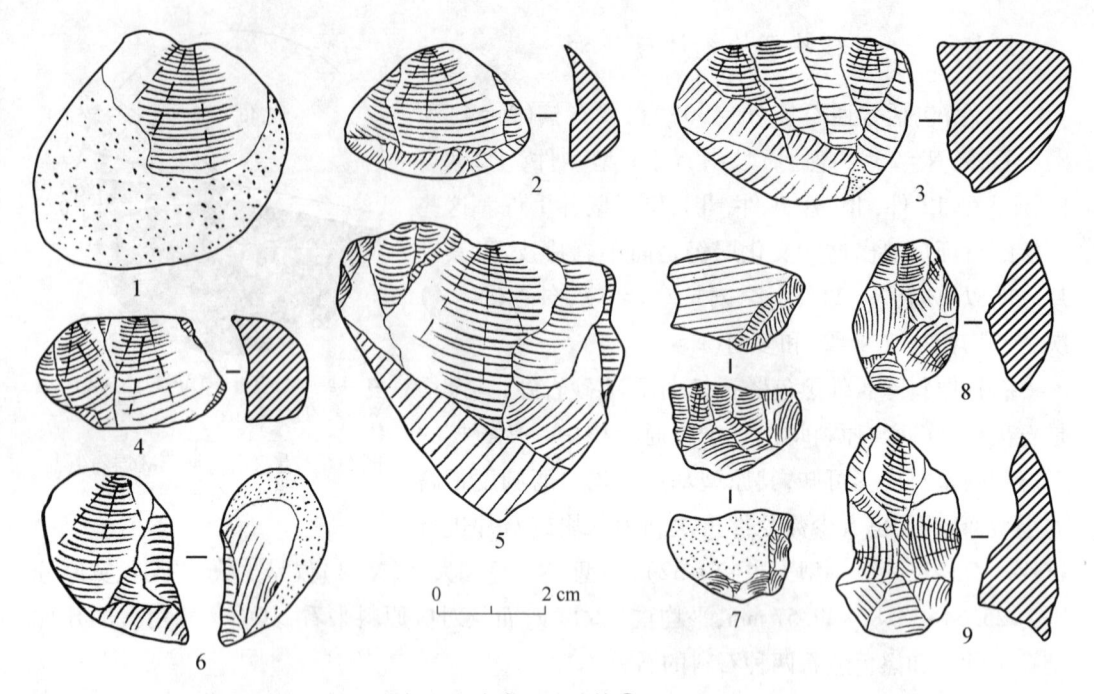

图 5.7　袁家山遗址第③层石核
1. LMBT9③：623　2. LMBT9③：590　3. LMBT9③：617　4. LMBT9③：681　5. LMBT13③：232
6. LMBT9③：27　7. LMBT13③：726　8. LMBT9③：35　9. LMBT9③：683

18.11 mm，重 11.17 g（图 5.7,4）。

LMBT13③：232，Ⅰ3 型。黑色燧石原料，原型为断块，以其中的一个片疤面为台面，在一侧连续打片，可见较大型的剥片疤有 3 个，在另一端有 6 个小型的片疤，不排除是修理所形成的片疤，可能也曾作为工具使用过，石核台面角 69°~71°，长宽厚分别为 43.23、55.68、44.97 mm，重 66.03 g（图 5.7,5）。

双台面石核：5 件，占普通石核的 16.67%。属转向 1 次台面石核，均有 2 个剥片面。原料较杂，包括石英砂岩、燧石和石英。多数剥片数量不多，个别 9 个以上。

LMBT9③：27，Ⅱ2 型。小型石英砾石原料，以相对的两个自然砾面分别为台面对向打片，2 个相连的剥片面，5 个以上片疤，台面角 84°~102°，长宽厚分别为 19.79×27.37×17.28 mm，重 8.38 g（图 5.7,6）。

LMBT9③：726，Ⅱ2 型。石英原料，原型为砾石，一个台面为素台面，在一侧连续性剥片，片疤细小、平行，似有细石叶的某些特征；一个台面为自然砾面对向打片，两者相交形成 2 个剥片面，台面角 76°~90°，长宽厚分别为 17.94×26.46×19.98 mm，重 12.26 g（图 5.7,7）。

多台面石核：1 件，占普通石核的 3.33%。

LMBT13③：233，黑色燧石原料，原型为砾石，3 个台面，3 个剥片面，但剥片疤仅有 3~4 个，石皮比 50%，剥片不甚典型且利用率很低。

盘状石核：4 件，占石核总数的 11.11%。全为单面向心类型，以小型石英砾石为坯材,从一个自然面向相对一面向心剥片,打下的片疤数量较多,石皮比例在40%~50%间。可以看作是一类具有一定计划性和规范性的剥片技术石核。

LMBT9③:35,石英砾石原料,一面为自然面,一面为剥片面,以自然砾石为台面单面向心连续打片,片疤在中部汇聚凸起。石核平面为枣核形,横截面为透镜形。台面角75°~87°,长宽厚分别为27.68×21.15×15.43 mm,重8.16 g(图5.7,8)。

LMBT9③:683,小型石英砾石原料,一面全为自然砾面的台面,一面为剥片面,单面向心连续打片,片疤在一端汇聚凸起。石核形状不规则,台面角60°~81°,长宽厚分别为36.14×21.07×17.47 mm,重9.9 g(图5.7,9)。

砸击石核:2件,占石核总数的5.56%。原型均为石英砾石,均为两端砸击,有对向片疤,呈枣核或柱形,主要为刃状台面,2个剥片面,残余石皮比在20%~30%间。但总体上,这类砸击石核在遗址中数量少且并不太典型。

5.1.3.3 完整石片类型与特点分析

143件,占石制品总数24.28%,是数量最多的一个种类。原料以石英居多(N=126),另有部分黑色燧石(N=13)和少量石英砂岩(N=4)。由于不同原料的完整石片类型显示出明显的差异,因此这里将依原料进行统计分析。

根据对石英和燧石两种原料的完整石片类型统计(图5.8)可以看出:石英质石片类型几乎全为自然台面的初级阶段石片,基本不见人工台面类型,这与其石核的台面情况大致吻合;而燧石质石片则正好与此相反,自然台面类型的石片很少,主要为素台面,且处于剥片次级阶段的石片(Ⅲ型和Ⅵ型)居多。剩下的4件石英砂岩石片则全为Ⅱ型。上述情况可能表明,遗址上的古人类面对不同原料时,存在差异化的生产策略和利用率。

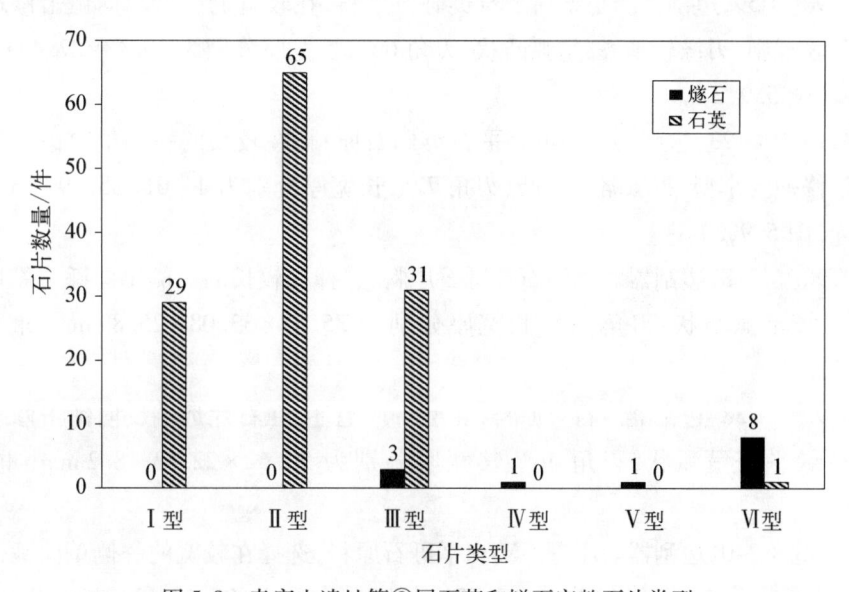

图5.8 袁家山遗址第③层石英和燧石完整石片类型

全部石片的个体为小型和微型,个别为中型,平均长宽厚分别为 19.94×20.04× 6.78 mm,平均重 4.08 g。石片形态均为普通型。石片角在 68°~126°之间,平均值 92°,标准偏差值 12.65°。多数石片远端为羽状,少数为平底、滚圆、内卷。多数石片打击点、半锥体、锥疤不显,同心纹和放射线也多不见,1/3 左右的打击泡可见,但绝大部分石片边缘比较锋利,少数存在轻微风化和磨蚀。

5.1.3.4 工具修理

23 件,原料全为石英,毛坯以小砾石居多(N=14),其次为石片(N=6)和断块(N=3)。工具类型均属轻型产品,包括凹缺器(N=1)、边刮器(N=17)、盘状刮削器(N=1)和尖状器(N=4),可见刮削器的数量最为丰富。值得关注的是,以小于 5 cm、多数 2~3 cm 的小型砾石为毛坯修型而成的刮削器很具特色,它在某种程度上难以完全与石核相区别,因而应是一类石核刮削器,但是从这类砾石毛坯本身相当小的尺寸以及刃缘剥落片疤的大小及形制等综合分析,将它们作为古人有意加工形成的一类工具更为合理,且均主要选择在较长的一侧进行加工以最大化增加刃缘的长度,正是澧水流域这一阶段工具生产的一个非常引人注目的特点。

发现的工具尺寸全为小型和微型,平均长宽厚分别为 28.08×24.53×13.5 mm,平均重 12.11 g。修理较为简单,块状毛坯主要为单向,片状毛坯多为反向。刃缘多较为平齐,以弧刃或弧凸刃居多,多数只有 1 层修疤,个别可见 2 或 3 层修疤。修疤以深凹、短和中小尺寸为特点,显示为硬锤锤击修理技法。

LMBT9③:21,凹缺器。石英原料,毛坯为Ⅰ型石片,在石片右侧反向锤击打下一个石片,刃口呈凹状,刃角 53°,长宽厚分别为 14.3×19.08×6.63 mm,重 1.86 g(图 5.9,1)。

LMBT9③:59,边刮器。小型扁平石英砾石原料,在较宽的一端单向锤击修理,修疤连续,小且较规则,刃缘较平齐,呈弧凸状,刃角 66°,长宽厚分别为 29.43×27.47×14 mm,重 13.23 g(图 5.9,2)。

LMBT15③:123,边刮器。小型扁平石英砾石原料,在较长的一侧单向锤击修理,打击点明显,修疤为小型,刃缘略有凹凸,刃角 77°,长宽厚分别为 46.01×35.39×16.05 mm,重 40.78 g(图 5.9,3)。

LMBT9③:718,边刮器。小型石英砾石原料,选择在较长的一侧单向锤击修理,片疤面规整,刃缘呈弧凸状,刃角 76°,长宽厚分别为 35.53×33.08×25.89 mm,重 35.52 g(图 5.9,4)。

LMBT9③:738,边刮器。石英原料,Ⅱ型石片毛坯,在石片远端反向锤击修理,修疤为小型,刃缘平齐呈弧状,刃角 46°,长宽厚分别为 20.62×22.53×8.2 mm,重 4.05 g(图 5.10,5)。

LMBT9③:740,边刮器。小型石英扁平砾石原料,选择在较宽的一侧单向锤击修理,修疤连续呈鳞状分布,刃缘较直,刃角 68°,长宽厚分别为 28.53×24.45×13.9 mm,重

11.04 g(图 5.9,6)。

LMBT9③:744,边刮器。小型石英扁平砾石原料,较长的一侧单向锤击修理,修疤连续、细小,刃缘大致呈凸状,刃角68°,长宽厚分别为24.33×19.86×9.65 mm,重6.28 g(图5.9,7)。这件边刮器的原型很小,显然不能够用于剥取石片,因此能够非常清楚地反映古人类选择小型扁平砾石进行工具制作的意图。

LMBT9③:754,盘状刮削器。石英原料,一面为自然砾面,一面为片疤面,从自然面向片疤面单面向心状修理,因修理片疤面较平坦而视为刮削器,平面形状略呈三角形,2个凸刃和1个凹刃,刃角66°~86°,长宽厚分别为33.52×27.63×15.69 mm,重13.18 g(图5.9,8)。

LMBT9③:576,尖状器。小型石英扁平砾石原料,在两侧分别单向锤击修理,两刃相交形成扁尖,尖面角89°,尖刃角58°,长宽厚分别为22.44×30.55×12.55 mm,重7.48 g(图5.9,9)。

LMBT9③:647,尖状器。石英原料,毛坯为断块,在一端的两侧同向分别连续修理,修疤细小,两刃相交形成锐尖,尖面角50°,尖刃角45°,长宽厚分别为19.83×12.13×11.06 mm,重2.26 g(图5.9,10)。

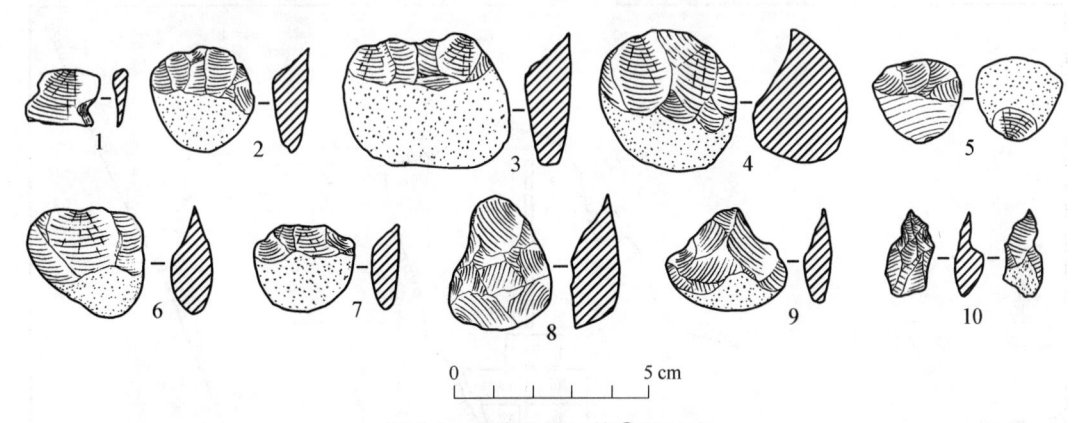

图 5.9 袁家山遗址第③层工具
1. LMBT9③:21 2. LMBT9③:59 3. LMBT15③:123 4. LMBT9③:718 5. LMBT9③:738
6. LMBT9③:740 7. LMBT9③:744 8. LMBT9③:754 9. LMBT9③:576 10. LMBT9③:647

5.1.3.5 砾石

7件,占石制品总数的1.19%。石料包括石英、燧石和石英砂岩,个体为小型和中型。基本均与其他石制品类型共出,应主要作为备料搬运到遗址中来。其中石英小砾石的特征与石核、工具所见的用料完全相同,很好地反映了古人类开发利用特征。如LMBT9③:285,扁平椭圆形石英,长宽厚分别为41.88×28.83×14.09 mm,重26.1 g。这类石英原料的质量较高,在附近的河滩中较燧石丰富,个体小而使得随身搬运或携带方便,因此这应是此时能够大量应用的原因。

5.1.3.6　废品

380件,占了石制品总数的一半以上,包括断块133件,断裂片83件,残片69件和碎屑95件。除少数几件外,基本没有大型产品。碎屑均为石英原料,平均重量为0.16 g,它的数量和比例表明这里存在过石器打制或加工的现场。

5.2　十里岗遗址

5.2.1　发掘和埋藏概况

十里岗遗址位于澧阳平原中心的一个狭长形的岗地上,遗址由当地县文物部门发现于1998年,2000年湖南省所主持进行了考古发掘。发掘区位于遗址所在岗地的东部,按正南北向布设探方8个和探沟10条(图5.10)。其中T4~T7规格均为5×10 m²;T1~T3

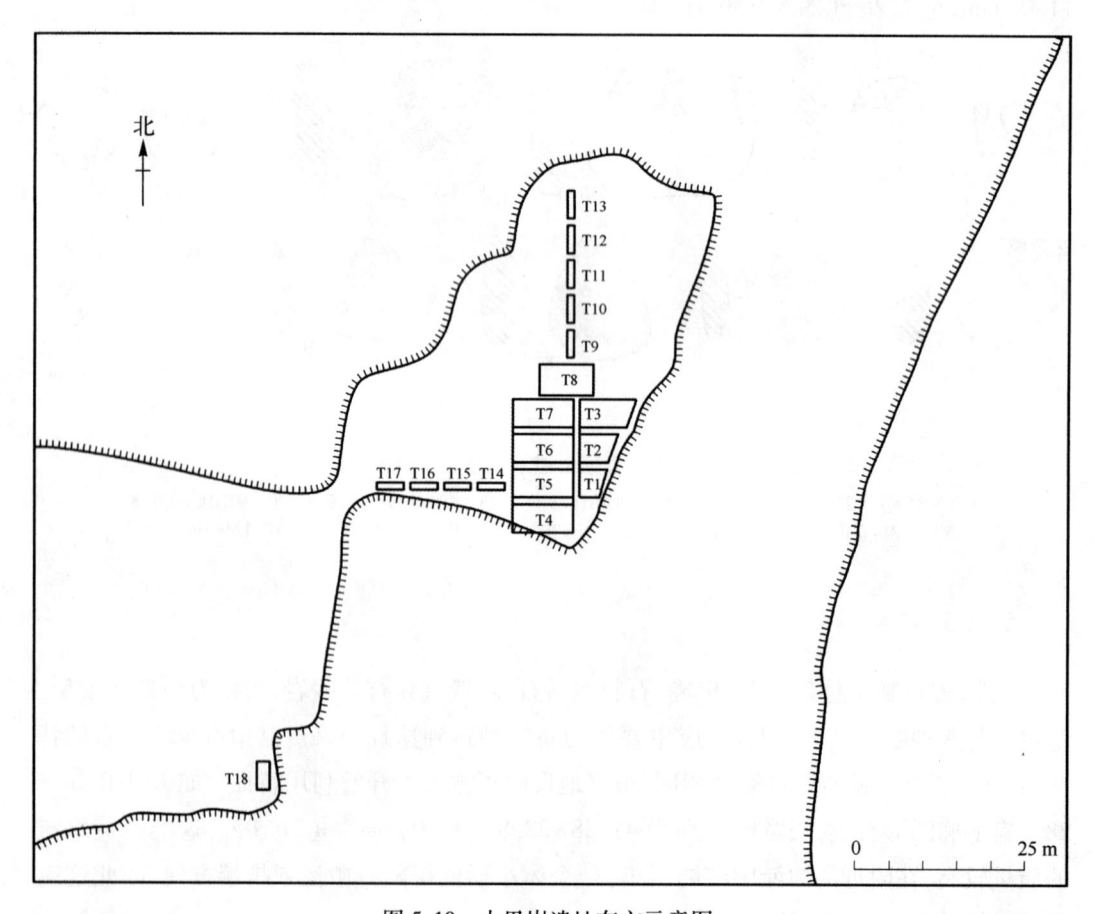

图5.10　十里岗遗址布方示意图

因东部邻近陡坎,受地形影响,探方形状呈梯形,面积大小不一;T8 规格为 $5\times8\ m^2$;探沟(T9~T18)规格均为 $1\times5\ m^2$。实际发掘面积约 $300\ m^2$。发掘过程中,由于探沟主要是为了解遗址的分布范围,文化层刚露头时即停止发掘,T8 也未发掘至文化层底部。因此,此次发现的文化遗存主要出自 T1~T7 等探方。

遗址出土遗物全为石制品,共 993 件标本,另有 10 件小石粒或小砾石,其表面均无打击痕迹,重量在 10 g 以下,半数甚至在 1 g 以下,排除人类行为因素,应是埋藏过程中因自然因素进入的,因此本文不对其进行研究。

出土石制品的地层共被划分为 4 个层位(⑤~⑧层),对各层石制品类型和数量的统计(表 5.10)显示,石制品集中分布于第 6 层和第 7 层,其余两层很少。但从宏观的埋藏地层观察,这些遗物出土地层的土质、土色等岩性基本相同,均为黑褐色土。另外,据遗物的平剖面分布(图 5.11)可以看出,石制品均集中出土于距地表 1~1.5 m 间厚约 50 cm 的堆积中,分布连续,不能区分出明显不同的文化层;整理过程中也发现第⑤层和第⑥层各有一件石制品可相互拼合。因此,本节将这些层位中的石制品合并进行研究。

表 5.12　十里岗遗址石制品类型与数量统计

类型 地层	石核	完整石片	工具	废品				砾石	赤铁矿	石锤	石砧	烧石	合计
				断块	断裂片	残片	碎屑						
⑤	1	18	5	5	6		17	1	3			2	58
⑥	16	147	31	35	94	24	284	8	19	1		4	663
⑦	12	46	2	31	33	5	102	12	20	1	1	4	269
⑧					2	1							3
合计	29	211	38	71	135	30	403	21	42	2	1	10	993
比例%	2.92	21.25	3.83	7.15	13.60	3.02	40.58	2.11	4.23	0.2	0.1	1.01	100

石制品的类型包括砾石、石锤、石砧、石核、完整石片、工具、废品、赤铁矿和烧石,以废品为主(64.35%),其次为完整石片(21.25%),其他类型的比例均较低(表 5.12)。

遗址中小于 2 cm 的标本占比达 64.45%,石核比例仅为 2.92%,与 Schick(1986)的实验数据非常吻合,因而体现的是一种原生埋藏环境。对石制品风化和磨蚀程度的观察显示,多数标本未经磨蚀或磨蚀轻微,基本不见磨蚀中等或较重的石制品;石制品中新鲜未经风化或者风化轻微的标本占绝大多数,而风化程度中等和较重的标本相对较少。结合石制品类型、分布及第八章中的拼合研究,表明出土的石制品未经长距离搬运或长时间的暴露等其他外力影响,在较短时间内即被粉砂状堆积物覆盖和掩埋,遗址属于原地埋藏,人类行为是该地点考古学遗存形成的主要原因。

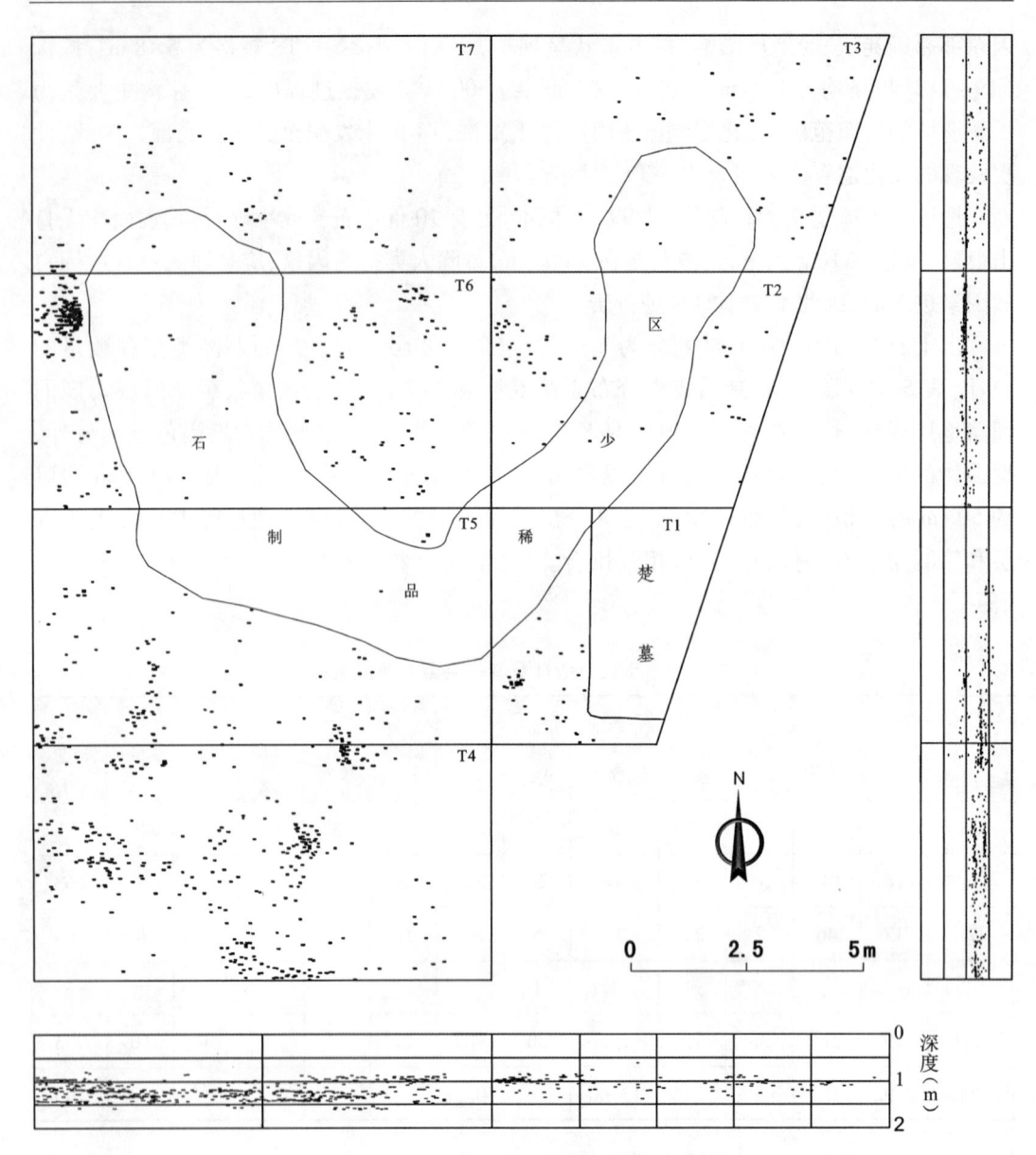

图 5.11　十里岗遗址石制品平剖面分布图

5.2.2　石　制　品

　　石制品中微型(<20 mm)尺寸的标本数量十分突出(64.45%),其中 10 mm 以下的石制品达 14.0%;小型标本的数量也较多(N=283,28.5%);微型和小型两者共占全部标本的近 93%;中型(N=65,6.55%)标本较少,尤其是大型(N=5,0.5%)标本仅有零星几件,在遗址中已处于非常次要的地位(表 5.13)。具体到石制品的类型而言,砾石和打击类产品(石锤/石砧)以中型和大型为主;完整石片和废品类产品以微型数量居多;石核以小型标本较多,但也有少量大型标本;而值得关注的是修理工具中出现较多的微型标本。

第五章 其他遗址石制品分析

表 5.13 十里岗遗址石制品尺寸大小(mm)的分类统计

尺寸大小 石制品类型	<10 N	%	10~20 N	%	20~50 N	%	50~100 N	%	100~200 N	%
石 核					20	2.01	7	0.7	2	0.2
完整石片	10	1.01	106	10.67	75	7.55	20	2.01		
工 具	1	0.1	11	1.11	25	2.52	1	0.1		
废 品	123	12.39	373	37.56	131	13.19	12	1.21		
砾 石					5	0.5	15	1.51	1	0.1
石锤/石砧							1	0.1	2	0.2
烧 石					3	0.3	7	0.7		
赤铁矿	5	0.5	11	1.01	24	2.42	2	0.2		
合 计	139	14.0	501	50.45	283	28.5	65	6.55	5	0.5

石制品重量的分类统计(表 5.14)表明,总体以小于 1 g 的居多(N=570, 57.5%),较轻的标本(1~20 g)也占有很大比例(N=320, 32.2%),中等重量的标本(20~100 g)约占 6.6%,偏重(100~500 g)和较重(≥500 g)的标本分别为 31 件和 6 件,数量均很少。其中较重的标本基本为搬运砾石、打击类产品(percussors)和部分石核。

表 5.14 十里岗遗址石制品重量(g)的分类统计

重量大小 石制品类型	<1 N	%	1~20 N	%	20~50 N	%	50~100 N	%	100~200 N	%	200~500 N	%	500~1 000 N	%
石 核			13	1.31	6	0.6	2	0.2	3	0.3	3	0.3	2	0.2
完整石片	105	10.57	85	8.56	13	1.31	7	0.7	1	0.1				
工 具	8	0.81	26	2.62	3	0.3			1	0.1				
废 品	451	45.42	168	16.92	12	1.21	4	0.4	3	0.3	1	0.1		
砾 石			1	0.1	3	0.3	3	0.3	4	0.4	8	0.6	2	0.2
石锤/石砧											1	0.1	2	0.2
火烧崩片			2	0.2			3	0.3	5	0.5				
赤铁矿	6	0.6	25	2.52	8	0.81	2	0.2	1	0.1				
合 计	570	57.41	320	32.23	45	4.53	21	2.11	18	1.81	13	1.31	6	0.6

5.2.2.1 石核特征的统计与分析

29 件,占石制品总数的 2.92%。按剥片技术的不同,石核可分为普通锤击石核、盘状石核和砸击石核三类(表 5.15)。普通石核中单台面石核数量居多(N=15, 51.72%),双台面(N=7,24.14%)次之,多台面(N=2,6.9%)少见。盘状石核仅发现1件(3.45%),但砸击石核已有一定数量(N=4,13.79%)。

表 5.15 十里岗遗址石核分类统计

石核类型	普通石核					盘状石核	砸击石核	合计
	单台面(Ⅰ型)			双台面(Ⅱ型)		多台面(Ⅲ型)			
	Ⅰ1型	Ⅰ2型	Ⅰ3型	Ⅱ1型	Ⅱ2型	Ⅲ型			
数量	8	2	5	2	5	2	1	4	29
百分比%	51.72			24.14		6.9	3.45	13.79	100

(1) 原料

石核原料以燧石为主(N=16,55.17%),脉石英次之(N=6,20.69%),另有石英砂岩(N=5,17.24%)和石英岩(N=2,6.9%)。石英砂岩和石英岩仅见于单台面石核,双台面和多台面等一般意义上反映剥片率较高类型的石核均以燧石或脉石英为原料,砸击石核的原料全部为燧石,盘状石核原料为脉石英,表明十里岗遗址对不同原料的利用程度已有明显差异,对高质量原料的开发和利用的倾向性较为明显(图5.12)。

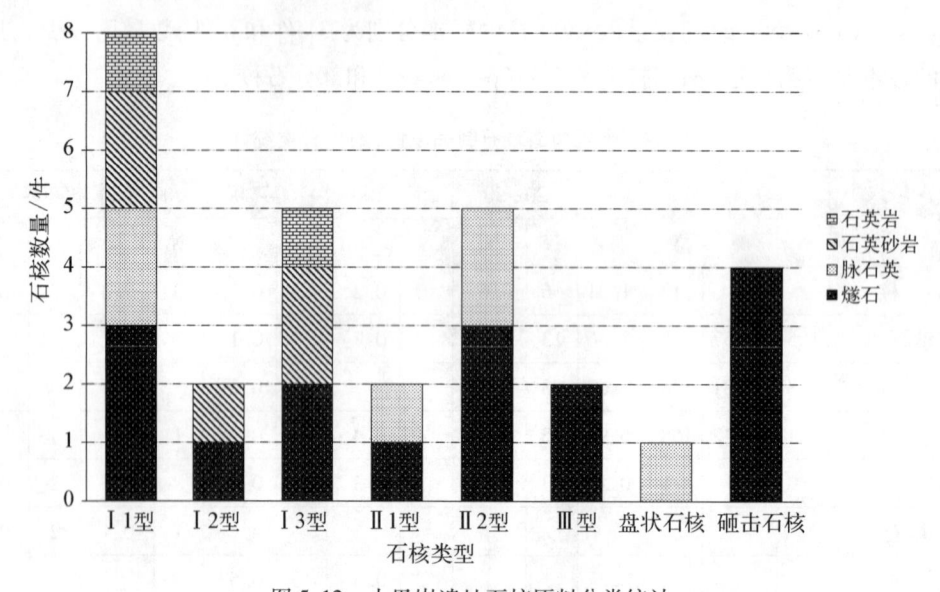

图 5.12 十里岗遗址石核原料分类统计

(2) 大小

石核总体以小型居多(N=20),其次为中型(N=7),大型标本(N=2)较少。从不同原料观察(表5.16),石英砂岩和石英岩的石核尺寸显然大于燧石和脉石英标本,大型标本均来自前类者原料,而燧石和脉石英石核均为中小型且变异较小。砸击石核的平均长宽厚为30.2×23.1×20.5 mm,平均重14.3 g,总体略小于全部燧石标本的平均值,说明砸击方法是对燧石原料中尺寸较小个体的一种适应性技术。

表 5.16　十里岗遗址不同原料石核长宽（mm）和重量（g）的测量统计

原料 项目	石英砂岩(N=5)			石英岩(N=2)			燧石(N=16)			脉石英(N=6)		
	长度	宽度	重量	长度	宽度	重量	长度	宽度	重量	长度	宽度	重量
最小值	35.43	48.53	179.32	48.11	50.84	376.49	16.15	14.41	4.76	17.26	15.68	12.45
最大值	62.71	102.29	807.9	63.11	85.91	526.3	44.82	51.9	137.51	54.98	42.79	56.71
平均值	50.1	72.4	366.4	55.6	68.4	451.4	30.5	30.9	27.3	34.8	29.6	23.5
标准偏差值	11.55	21.08	255.98	10.61	24.8	105.93	9.53	9.17	33.32	13.4	8.88	16.76

（3）类型

遗址出土石核的类型包括普通石核（N=24）、盘状石核（N=1）和砸击石核（N=4），没有发现预制石核。

普通石核　占遗址石核总数的86.21%。简单锤击剥片石核，不进行预制修理，利用合适的台面和剥片面直接打片，打下的石片多不规则。石核原型不固定，形态多样。

单台面石核：固定台面石核，共15件，占石核总数的51.72%。除1件石核有2个剥片面外，余者均只有1个剥片面。绝大多数石核打片很简单，以不规则的小型断块或中小型砾石在一侧剥下1~2个小型的不规则石片，石核形态也不规范，显示打片无章法，属权宜石核。少量剥片疤较多的石核中，有部分也显示石核打片未经仔细安排，随意性较强；仅有不多的部分石核连续性剥片，具有一定的计划性和规范性。

LLST4⑥：148，原型为小型砾石，棕黄色燧石原料，近圆形，长宽厚为39×37.8×14.4 mm，重22.7 g。棱脊台面，形状不规则，台面大小为31.1×13.5 mm，台面角70°~82°，1个剥片面，6个片疤，剥片方向为单向，最大片疤长宽为31.1×13.5 mm。自然面比30%（图5.13，1）。

LLST6⑦：39，原型为砾石，灰色石英岩原料，三角形，长宽厚为63.1×85.9×96.8 mm，重526.3 g。台面为自然砾面，大小为83.6×90.4 mm，台面角95°~116°，1个剥片面，共8个石片疤，片疤形状不规则，最大片疤长宽为34.1×47.6 mm。自然面比70%（图5.13，2）。

双台面石核：转向台面石核，剥片过程中台面出现1次转向。共7件，占石核总数的24.14%。只有1个剥片面者（N=4）居多，2个剥片面者较少（N=3），打片过程中剥片面并不经常转体。剥片仍比较随意，多数可归为权宜石核。一半以上的石核以小型的脉石英砾石（N=3）或燧石断块（N=1）为原型在两个台面上分别打片，剥片序列和数量均少，仅有2~3个片疤。剥片数量略多的石核也均以小型燧石断块（N=2）为原型，简单利用原有自然砾面或破裂面对向或双向打片，剥离的石片多为小型或微型，其中个别石核形态呈楔形（船形），如LLST5⑥：110，显示对原料的穷耗利用。另有个别个体稍大的中型石核（N=1）（LLST4⑦：97）相对更为规范，剥落片疤数量较多。依前文章节中对双台面石核的分析方法，十里岗遗址双台面石核仅有模式Ⅰ、模式Ⅲ、模式Ⅳ等旋转剥片模式。

LLST4⑦：67，原型为断块，浅黄色燧石原料，形状不规则，长宽厚为37.1×34.9×13.5 mm，重16.2 g。以相邻的两个台面在两侧连续锤击剥片，2个台面分别为素台面和自然台面，主台面为自然台面，台面大小为33.8×7.1 mm，台面角71°~75°，1个剥片面，5个以上片疤，剥片方向为双向，最大片疤长宽为22.1×17.3 mm。自然面比40%（图5.13,3）。

LLST5⑥：110，原型为断块，黑色燧石原料，似楔形，长宽厚为18.6×36.1×18.3 mm，重9.8 g。以相对的两个片疤面为台面在同一侧对向锤击剥片，主台面为素台面，略呈梯形，台面大小为34.7×18.1 mm，台面角61°~78°，1个剥片面，4个微、小型片疤，剥片方向为对向，最大片疤长宽为11.6×21.1 mm。剥片面比30%，自然面比5%（图5.13,4）。

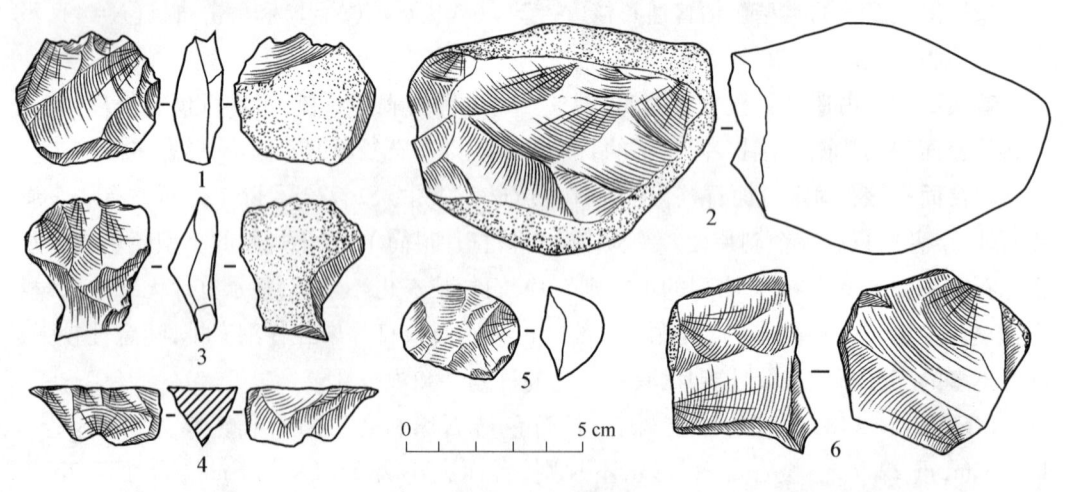

图5.13　十里岗遗址锤击石核
1. LLST4⑥：148　2. LLST6⑦：39　3. LLST4⑦：67　4. LLST5⑥：110　5. LLST4⑥：13　6. LLST4⑥：1

多台面石核：转向台面石核，剥片过程中台面出现2次及以上转向。共2件，占石核总数的6.9%。利用率相对较高，其中1件利用小型断块从3个台面向同一个剥片面打片，剥片疤6个，剥离片疤为小型；另1件标本（LLST4⑥：1）在遗址中作为石核的性质最为确切，显示了较为娴熟的硬锤剥片技术和旋转打片的计划性，但剥片利用率并不太高。

LLST4⑥：1，原型为砾石，黄色燧石原料，形状不规则，长宽厚为40.4×51.9×56.5 mm，重137.5 g。3个台面均为自然台面，台面相交，主台面形状不规则，台面大小为45.7×38.2 mm，台面角89°~104°，3个剥片面，9个以上片疤，剥片方向为多向，最大片疤长宽为31.3×29.1 mm，打击点深，半锥体阴痕凹显。自然面比50%（图5.13,6）。这件石核所用燧石的结构细腻，属较高质量的原料，不过遗址常见的燧石色泽为黑色，这类黄色燧石的产品数量很少。

盘状石核：1件，占石核总数的3.45%。单面盘状石核，一面为剥片面，一面为自然石皮。

LLST4⑥：13，原型为砾石，白色石英原料，椭圆形，长宽厚为24.3×33.0×17.2 mm，重14.6 g,一面全为自然砾面的台面,另一面为向心片疤构成的剥片面,台面为椭圆形,大小为29.8×14.8 mm,台面角85°~98°,5个以上微型片疤,在中部汇聚略凸起,最大片疤长宽为19.2×18.1 mm。自然面比60%(图5.13,5)。这件石核可与一件Ⅲ型石片(标本T5⑥:57)拼合。

砸击石核:4件,占石核总数的13.79%。均为两端砸击石核,包括自然台面和人工台面,台面形状多为刃状或不规则形。

LLST6⑤:24,原型为砾石,黑色燧石原料,侧面呈D型,长宽厚为31.5×14.4×35.5 mm,重17.7 g。在一侧两端砸击,核体有来自上下两端的对向性疤痕,片疤细长,较浅平,2个均为自然台面,主台面大小为13×29.9 mm,1个剥片面,共5个片疤,最大片疤长宽为32.7×10.5 mm。自然面比80%(图5.14,1)。

LLST6⑦:21,原型为断块,黑色燧石原料,形状不规则,长宽厚为33.1×32.9×20.4 mm,重21.7 g。核体两端有明显的对向片疤,前后两个剥片面均存在剥片疤,刃状台面,台面边缘可见较多碎疤,2个剥片面,5个片疤,片疤浅平,最大片疤长宽为28.5×16.2 mm。剥片面比80%,自然面比为0(图5.14,2)。

LLST6 梁⑥:146,原型为砾石,黑色燧石原料,三角形,侧面呈透镜形,长宽厚为25.8×25.9×11.7 mm,重8.1 g,前后两剥片面均可见对向性石片疤,近台面边缘微小片疤较多,一个剥片疤较平,另一个剥片面的上下两端片疤相交呈凸起状,刃状台面,2个剥片面,9个以上片疤,最大片疤长宽为16.9×24 mm。自然面比5%(图5.14,3)。

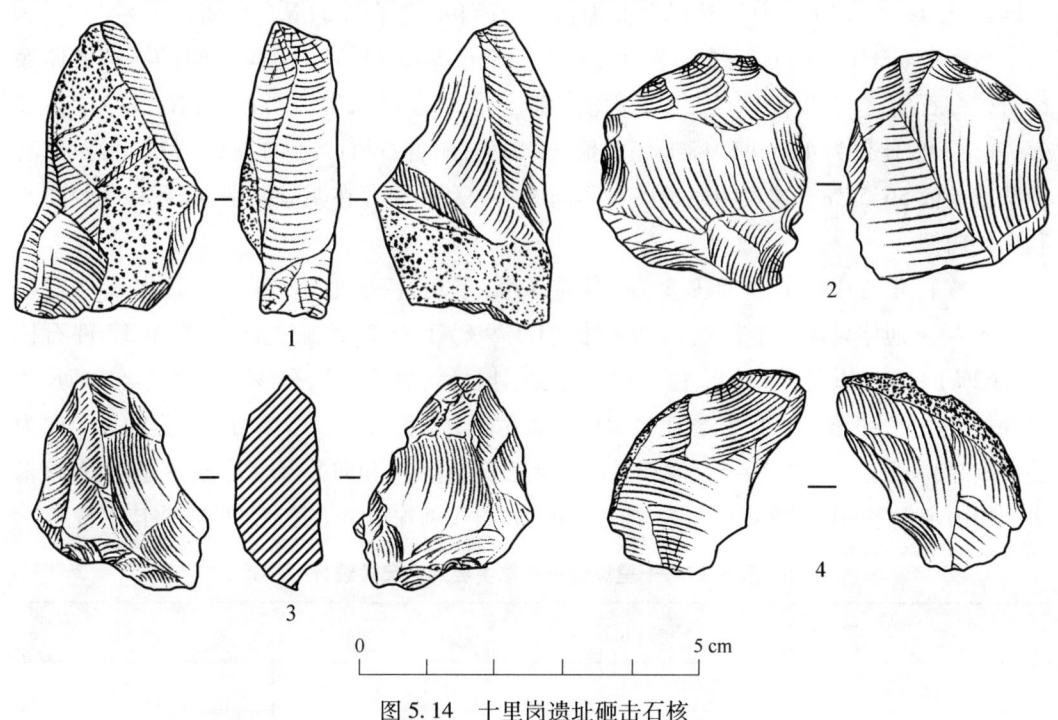

图5.14 十里岗遗址砸击石核

1. LLST6⑤:24 2. LLST7⑥:21 3. LLST6 梁⑥:146 4. LLST6 梁⑥:105

LLST6梁⑥：105，原型为砾石，黑色燧石原料，形状不规则，长宽厚为30.4×19.1×14.6 mm，重9.56 g，石核一面均可见上下两端产生的对向性片疤，边缘有一些碎疤，另一面的片疤可能为先前的剥片疤，一端台面为刃状，另一端为自然面，4个石片疤，最大片疤长宽为15.6×15.1 mm。自然面比20%（图5.14,4）。

(4) 其他属性

遗址石核很有特点，首先表现为石核个体多为小型（燧石和脉石英原料），少量其他石料的石核也以中型居多，剥离的石片也以小型、微型居多。其次，虽然砾石原型（N=18, 62.07%）仍然居多，但利用断块为坯材进行剥片的石核数量多（N=11, 37.93%）。这很少见于澧水流域的其他遗址，特别值得注意的是燧石原料的石核原型多为断块（N=10），换句话说即以断块为原型的石核基本以燧石为原料。这一方面表明遗址对燧石的充分利用，另一方面也可能反映出这类燧石由于不少标本内部存在节理面，且打片过程中易于崩碎，因此遗址中少见保存有完整自然砾面的燧石石核，多是不规整或不典型的以断裂石块继续剥片的小型石核，从而给我们留下了该地点石核利用率低下的表象。再次，脉石英原料均为磨圆度高的小型砾石，重量多在30 g以下，以盘状石核为例的典型石核者利用率较高。砸击石核的存在无疑也印证了对燧石原料的较高利用率。

石核以自然砾面为台面者居多（N=19, 65.52%），包含单自然台面石核（N=13, 44.83%）、双自然台面石核（N=4, 13.79%）和多自然台面石核（N=2, 6.9%）。全为人工台面的石核数量不多，如素台面（N=3, 10.34%）、棱脊台面（N=2, 6.9%）和刃状台面（N=2, 6.9%）。另有3件石核的台面为自然台面和人工台面的混合台面。

台面角介于61°~116°之间，平均值87°，标准偏差值13.5°。各类原料的石核通体保留有较多石皮，介于0~90%之间，平均值50%。但若以燧石类锤击石核（N=12）单独观察，残余石皮比仅为42.69%，标准偏差值24.21%；砸击石核（N=4）残余石皮比为40%，标准偏差值56.57%。这表明遗址中对不同原料的利用率存在明显差别，燧石有着较高的利用倾向性。

石核上可见片疤最少为1个，最多为9个，平均片疤数为3.8个。其中8件石核（27.59%）上通体只有一个片疤，4件石核（13.79%）上有2个剥片疤痕，其余17件石核（58.62%）有3个以上剥片疤。主片疤尺寸的统计显示（表5.17），石核剥下的主要片疤尺寸平均值为小型，变异度很小，长宽比显示也可能存在少量长石片。石核的打片方向以单向为主（N=15），其次为对向（N=6）和双向（N=5），多向（N=2）和向心（N=1）较少，多数石核未表现出固定程序的计划性剥片行为，简单、随意的石核剥片策略仍是遗址的主要技术特点。

表5.17　十里岗遗址石核主要片疤尺寸统计

测量统计项目	主片疤长（mm）	主片疤宽（mm）	长宽比
最小值	10.54	10.45	0.55
最大值	54.5	63.75	3.13

续表

测量统计项目	主片疤长(mm)	主片疤宽(mm)	长宽比
平均值	26.93	25.34	1.17
标准偏差	11.74	13.05	0.54

5.2.2.2 完整石片类型与特点分析

共211件，占石制品总数的21.25%。完整石片类型统计(图5.15)显示：锤击石片(N=191,90.52%)居多，且以Ⅵ型(N=91,43.13,%)为主，Ⅲ型(N=43,20.38%)次之；砸击石片共20件，占完整石片总数的9.48%，已有较高比例。

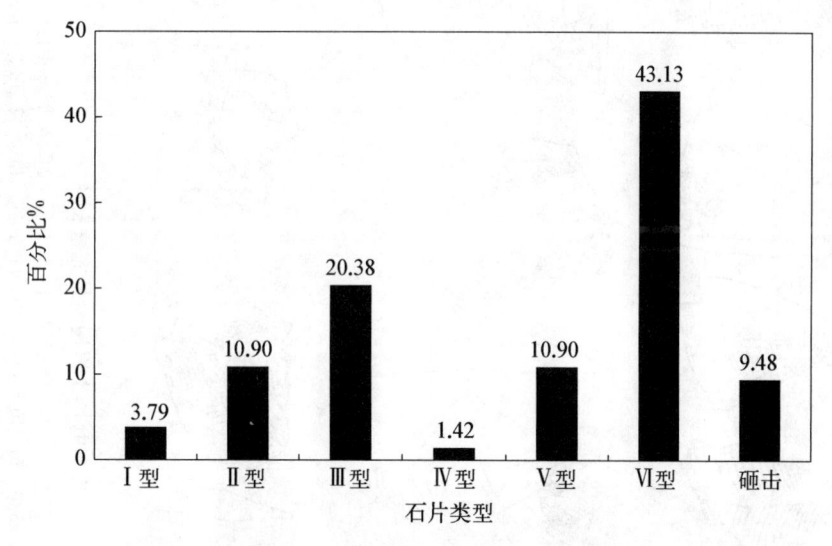

图5.15 十里岗遗址完整石片类型统计

锤击石片(图5.16,1~8)中以人工台面(N=117,61.26%)为主，其中素台面(N=72,37.7%)较多，棱脊台面(N=11,5.76%)较少，个别可见修理台面(N=1,0.52%)，此外还有一定数量的点状(N=4)和刃状(N=29)破损台面。自然台面石片数量较少(N=74,38.74%)，其中发现有少量的零台面石片(N=4,2.09%)。砸击石片(图5.16,9~12)标本均为2个受力端，台面多为刃状(N=16)，少量为素台面(N=4)，以有2个破裂面的石片较多(N=18)，但也有2件石片只有1个破裂面。

综上所述，石片背面全部为片疤面的石片类型占完整石片总量的70.16%，表明遗址中处于次级剥片程度的产品占主要地位，对原料的开发和剥片利用程度显然较高。砸击石片的存在也表明，针对尺寸小的高质量原料业已较稳定地采用了砸击法，古人类对本地石料资源的认知和利用能力已进入了一个新阶段。

石片原料以燧石(N=167,79.14%)为主，石英砂岩(N=22,10.43%)和脉石英(N=22,10.43%)的数量均较少。燧石原料中以黑色(N=144)为主，其他色泽(黄色、红棕色、

图 5.16 十里岗遗址完整石片

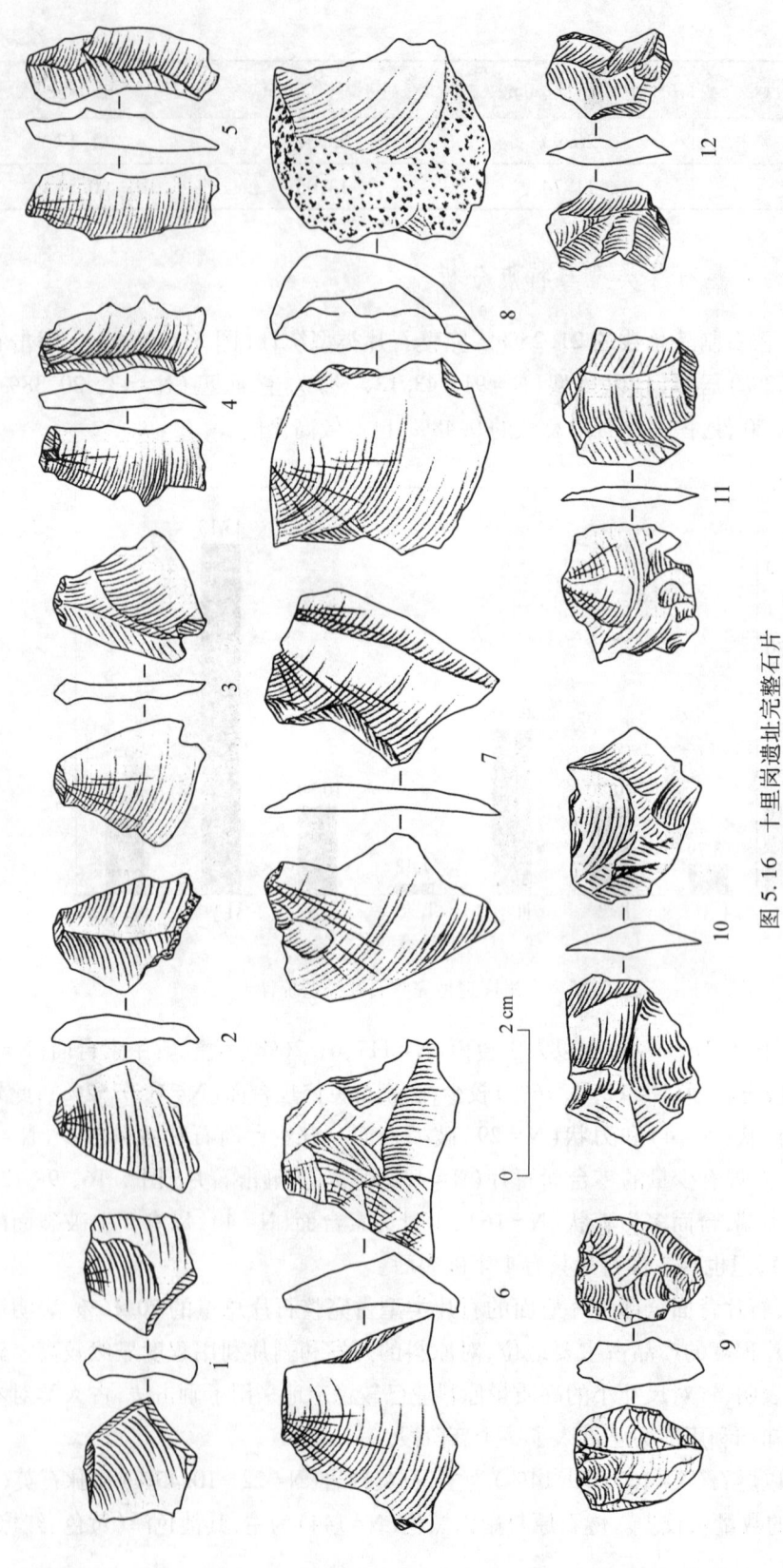

1. T6⑤:25 2. T6⑥:143 3. T2⑥:33 4. T6梁⑥:1 5. T6⑥:21 6. T5⑥:135 7. T6梁⑥:66
8. T4⑤:3 9. T3⑥:26 10. T4⑥:130 11. T4⑥:131 12. T4⑥:143

灰色)的燧石不多。与石核的原料(图 5.12)相比,没有石英岩原料的石片。砸击石片原料以燧石(N=17)为主,另有脉石英(N=3)。

石片尺寸以微型居多(N=116, 54.98%),其次为小型(N=75, 35.55%),另有中型标本(N=20, 9.47%),个体变异度均较小。对全部完整石片的测量统计(表 5.18)显示,长度分布于 6.21~74.01 mm,平均值 20.85 mm,标准偏差值 11.84 mm;宽度分布于 5.84~82.68 mm,平均值 20.17 mm,标准偏差值 14.05 mm;厚度分布于 0.92~44.19 mm,平均值 6.55 mm,标准偏差值 17.51 mm;重量分布于 0.06~127.54 g,平均值 6.86 g,标准偏差值 17.51 g。据石片长宽比,长形石片很少,长宽比超过 2 者仅 12 件,从其侧边形态观察有部分为平行或亚平行,但比例太低,在遗址中的技术意义还有待进一步揭示。

表 5.18　十里岗遗址完整石片大小(mm)和重量(g)测量统计

测量统计项目	长	宽	厚	重	长宽比	宽厚比
最小值	6.21	5.84	0.92	0.06	0.29	1.21
最大值	74.01	82.68	44.19	127.54	2.43	10.62
平均值	20.85	20.17	6.55	6.86	1.15	3.87
标准偏差值	11.84	14.05	6.37	17.51	0.43	1.83

不同原料的石片(表 5.19)表明其尺寸与原料的种类有关,燧石和脉石英完整石片的尺寸均小于石英砂岩,脉石英石片全为微型或小型标本,燧石石片除极少量外,主要为微型和小型,而石英砂岩石片中型标本较多,不见微型标本。

表 5.19　十里岗遗址不同原料完整石片长宽(mm)和重量(g)的测量统计

原料 项目	燧 石				脉 石 英				石 英 砂 岩			
	长度	宽度	厚度	重量	长度	宽度	厚度	重量	长度	宽度	厚度	重量
最小值	6.21	5.84	0.92	0.06	10.15	10.09	2.89	0.12	23.8	20.21	8.46	5.72
最大值	51.82	53.55	44.19	49	43.16	38.35	11.87	16.01	74.01	82.68	36.56	127.54
平均值	17.86	16.06	4.9	2.11	19.06	18.37	5.98	2.89	45.33	53.18	19.66	46.88
标准偏差	7.56	7.37	4.19	5.58	8.98	6.41	2.45	4.31	12.89	15.0	7.65	30.44

石片中可辨认出打击点的共 136 件,占总数的 64.45%,其中打击点深者 23 件,浅者 113 件。腹面部分可见打击泡(N=91, 43.13%)和半锥体(N=84, 39.81%)。石片角介于 60°~130°,集中在 80°~120°之间,平均值 101°,标准偏差 14.1°;背缘角在 50°~122°之间,平均值 85°,标准偏差值 12.1°。远端形态以羽状者占绝大多数(N=143, 67.77%),另有内卷(N=26)、阶梯(N=17)、平底(N=11)、外翻(N=5)和滚圆(N=9)。石片的台面面积普遍不大,部分台面可见突出唇部,台面背部有碎疤,推测可能系使用软锤法所致。

石片背面片疤数分布于 0~13 个之间,以 2~4 个片疤的石片较为集中。其中背面全为石皮的石片共13件,占6.16%;背面片疤数为1~3个者113件,占53.56%;背面为4个片疤的石片数量最多,共43件,占20.38%;背面片疤6个以上者占10.9%(图5.17)。

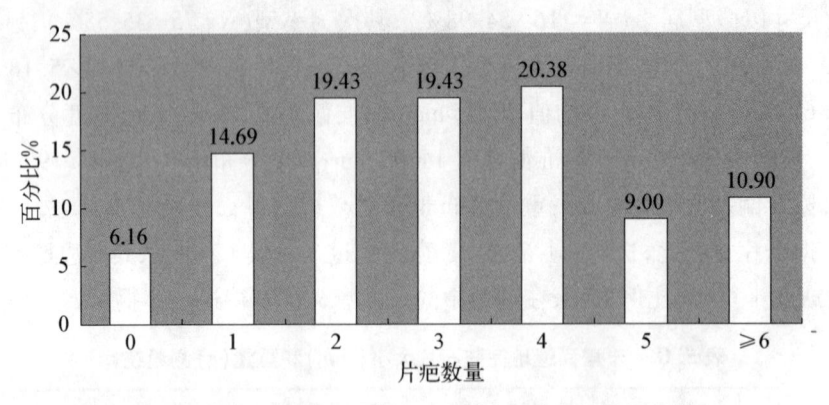

图5.17 十里岗遗址完整石片的背面片疤数量统计

石片背脊以无背脊或不明显者居多(N=70),其次为斜脊(N=36)、单偏纵(N=28)和复杂型(N=25),另有正纵(N=14)、横脊(N=13)、双纵(N=5)、Y形(N=2)、倒Y(N=4)、C形(N=3)、反C(N=4)、人字形(N=2)以及少量其他形态。一定数量纵向背脊的存在反映先民已懂得利用背脊来控制石片的形状,不过仍不存在主动修理的引导纵脊,并寻求在剥片面上将已有棱脊作为剥片时的背脊,因而经常在生产了一个石片后,很难在同一工作面上形成新的纵向背脊再生产出长型石片。

在石片背面可观察到的片疤打击方向中(N=198),单向者(N=135,68.18%)占绝大多数,其次为同向(N=121)、侧向(N=10)、反向(N=1)、脊向外疤(N=3),另有对向(N=27,13.64%)、双向(N=24,12.12%)和多向(N=12,6.06%)等剥片方向,没有发现发散型和汇聚型片疤。同向片疤石片占有较高的比例,体现了以单个台面为基础持续开发工作面的剥片策略,反向和对向背疤的比例相对较低,说明较少对同一剥片面进行对向开发。

5.2.2.3 工具修理

出土修理类产品共38件,占石制品总数的3.83%。工具类型包括刮削器(N=29,76.32%)、凹缺器(N=4,10.53%)、尖状器(N=2,5.26%)、修背小刀(N=2,5.26%)和砍砸器(N=1,2.63%),以刮削器占绝对优势。

(1)原料

以燧石(N=35,92.11%)为主,脉石英(N=2,5.26%)和石英砂岩(N=1,2.63%)很少。其中仅有的1件砍砸器原料为石英砂岩,刮削器除2件为脉石英外,余者及其他类型的工具原料均为燧石。这表明该遗址已经具备区别不同原料性能特点并灵活选择利用于不同类型工具的认知能力,表现出较为明显的原料选择倾向性。

(2)大小

工具以小型(N=25)标本居多,其次为微型(N=12)标本,中型标本数量仅为个别

(N=1)。值得注意的是,微型工具包括刮削器、凹缺器和修背小刀等不同类型,尖状器全为微型,这暗示以微型和小型为主的完整石片是古人类的目的性剥坯产品。不同工具类型个体大小和重量统计(表5.20)显示,砍砸器个体最大,其他类型工具之间的个体差异总体较小,刮削器和修背小刀的变异稍大于凹缺器和尖状器。

表5.20 十里岗遗址不同工具类型的大小和重量测量统计

测量项目 类型	最小值 长度	最小值 宽度	最小值 重量	最大值 长度	最大值 宽度	最大值 重量	平均值 长度	平均值 宽度	平均值 重量	标准偏差值 长度	标准偏差值 宽度	标准偏差值 重量
刮削器	9.03	7.76	0.11	46.63	38.95	32.28	26.7	22.33	9.12	9.82	8.99	8.31
凹缺器	19.01	12.71	0.6	26.06	31.36	6.08	21.81	20.69	3.72	3.02	9.1	2.5
尖状器	14.44	7.83	0.21	18.86	12.37	0.76	16.65	10.1	0.49	3.13	3.21	0.39
修背小刀	19.42	13.48	1.2	39.05	25.08	10.61	29.24	19.28	5.91	13.88	8.2	6.65
砍砸器	77.04	55.97	172.75									

(3) 修理策略

毛坯类型以片状为主(N=24, 63.16%),其中完整石片(N=17, 44.74%)较多,断裂片(N=3, 7.89%)和残片(N=4, 10.53%)较少。块状毛坯(N=14, 36.84%)中以断块(N=7, 18.42%)居多,其次为石核(N=5, 13.16%),砾石(N=2, 5.26%)较少(表5.21)。

表5.21 十里岗遗址工具毛坯的分类统计

毛坯种类 工具类型	完整石片	断裂片	残片	断块	石核	砾石	总计
刮削器	12	2	3	6	5	1	29
凹缺器	2	1		1			4
尖状器	1		1				2
修背小刀	2						2
砍砸器						1	1
总计	17	3	4	7	5	2	38
%	44.74	7.89	10.53	18.42	13.16	5.26	100

工具修疤特征的观测显示:宽深修疤者24件,占63.16%;宽浅疤者8件,占21.05%;浅平细小疤者5件,占13.16%;另有1件疤痕浅平层叠,占2.63%;因此修疤总体多表现为短、深的特点,显示出硬锤打击修理的特征,但有少数标本的修疤细小且浅、平、远,不排除使用软锤修理的可能。

修疤尺寸以小型、微型数量较多,大型和中型者较少,但刃缘修疤均一的情况少,多数修疤大小不一。片疤形态多数连续但不规则,少量呈叠层状和平行状。刃缘形态多不平齐、规整。绝大多数修疤只有1层,仅有3件有2、3层修疤。以上情况表明大部分工具修理程度不高,修理策略较为简单,权宜性的工具占主要地位;遗址中较少有经过仔细和精致加工的精制品,但个别边刮器和修背小刀相对较为规范,修理较为细致,修疤平行、浅远,刃缘较为规整,在一定程度上体现了比较高的石器修理技术。

对工具刃缘数量的统计显示,十里岗遗址以单刃为主(N=29,76.32%),双刃(N=8,21.05%)和多刃(N=1,2.63%)数量较少,毛坯合适的刃缘并没有得到充分利用,古人类主要倾向于开发单个刃口。所有工具类型的加工长度指数分布在0.37~1之间,平均值0.88,标准偏差值0.19;加工深度指数分布在0.3~1之间,平均值0.62,标准偏差值0.19。从修理疤痕比观察,5%的13件(34.21%),10%~20%的20件(52.63%),30%~50%的5件(占13.16%)。遗址中工具在横向上对毛坯边缘的利用率高于纵向上的开发利用率。

在修理部位方面,片状毛坯工具集中于侧缘和远端,块状毛坯工具多数在侧边,少量为单端。对全部标本共45条刃缘修理方向的统计(表5.22)显示,以单向加工(N=33,73.33%)居多,其中片状毛坯的反向修理(N=12)多于正向修理,块状毛坯的单向修理中正向修理较多;双向修理(N=12,26.67%)包括转向(N=6)、复向(N=5)和两面修理(N=1)。遗址以单向为主的修理倾向反映古人类着重于工具刃缘的单面开发,但向腹面或向背面的修理倾向并不稳定,应主要取决于毛坯的具体情况。

表5.22 十里岗遗址工具单个刃缘修理方向统计

修理方式 工具类型	正向	反向	单向 (块状毛坯)	转向	复向	两面
刮削器	8	10	10	5	2	1
凹缺器	1	2	1			
尖状器					2	
修背小刀				1	1	
砍砸器			1			
总 计	9	12	12	6	5	1
%	20.0	26.67	26.67	13.33	11.11	2.22

(4) 分类描述

刮削器:29件,占工具总数的76.32%。按刃缘数量分为单刃(N=22)、双刃(N=6)和复刃(N=1),各类型根据刃口形态也可再划分多种类型,其中单刃包括单直刃(N=7)、单凸刃(N=7)、单凹刃(N=3)和单不规则刃(N=5)等,双刃和复刃也均是这些不同形态刃缘的组合。

LLST4⑥:165,单凸刃,原料为黑色燧石,毛坯为Ⅵ型石片,腹面平坦,背面为略具向心式剥片面,长宽厚为22.9×30.9×19.1 mm,重10.6 g。刃缘长20.4 mm,刃角77°~82°,

锤击法正向修理,修理部位在右侧,单层连续分布的鱼鳞形修疤,共计6个,修疤深,最大修疤长宽为10.3×7.1 mm。修疤比5%。从长轴观察,修理部位位于长轴一端,也可视为端刮削器(图5.18,1)。

LLST3⑥:20,单直刃,原料为棕黄色燧石,略呈长方形,毛坯为断块,长宽厚为39.8×18.8×14.2 mm,重3 g。锤击法单向修理,修理部位为单端,刃缘长32.9 mm,刃角78°~85°,单层连续分布的鱼鳞形修疤,共计6个,修疤深,最大修疤长宽为7.4×8.1 mm。修疤比10%,自然面比50%。

LLST3⑥:27,单凸刃,原料为白色石英,近椭圆形,毛坯为小砾石或石核,长宽厚为31.2×24.1×13.3 mm,重12.1 g。锤击法单向修理,修理部位为单侧,刃缘长21.9 mm,刃角62°~74°,单层连续分布的不规则形修疤,共计4个,修疤深,最大修疤长宽为7.7×11.1 mm。修疤比10%,自然面比50%。

LLST6⑥:50,单凹凸刃,原料为黑色燧石,形状不规则,毛坯为远端断片,长宽厚为26.3×16.6×7.2 mm,重2.5 g。锤击法正向修理,修理部位在远端,刃缘长21.8 mm,刃角57°~61°,修理厚度4.4 mm,单层连续分布的近平行状修疤,共计6个,最大修疤长宽为5.8×7.7 mm,修疤浅、平、较远,修理精致,推测应系软锤修理。修疤比10%(图5.18,2)。

LLST5⑦:14,双刃刮削器,原料为黑色燧石,竖长方形,毛坯为V形石片,长宽厚为43.8×30.1×13.4 mm,重17.1 g。右侧凸刃,反向修理,刃长34.5 mm,刃角64°~73°,双层叠压连续分布的修疤,第一层仅4个大型修疤,第二层11个小型修疤,修疤深,最大修疤长宽为17.2×11.4 mm,远端为凹刃,正向修理,刃长14.1 mm,刃角76°,单层连续分布的不规则形修疤,共4个,最大修疤长宽为9.3×8.2 mm。修疤比20%,自然面比20%(图5.18,3)。

LLST6梁⑥:57,双刃刮削器,原料为黑色燧石,形状不规则,毛坯为Ⅵ型石片,长宽厚为17.3×10.1×2.1 mm,重0.3 g。左侧和右侧均正向锤击修理成两个刃部,左侧齿状刃,应作齿状器使用,刃缘长11.4 mm,刃角36°,修理厚度0.7 mm,3个凹缺口相邻组成,最大修疤长宽为0.9×2.4 mm,右侧为直刃,正向连续修理一系列平行的微疤,刃长13.1 mm,刃角32°,单层修疤共10个。修疤比10%,无自然面保留(图5.18,6)。

凹缺器:4件,占工具总数的10.53%。其中3件是在刃缘一击而成的克拉克当型,1件是将刃缘逐渐修理而成的普通型。

LLST6⑤:28,原料为黑色燧石,略呈三角形,毛坯为V型石片,长宽厚为21.5×25.2×12.9 mm,重5.4 g。锤击法反向修理,修理部位为右侧,猛击形成1个单片疤,刃缘长16.2 mm,修理厚度10.6 mm,刃角79°,修疤长宽为13.4×16.3 mm,刃口有使用微疤。修疤比20%,自然面比20%。

LLST3⑥:5,原料为黑色燧石,形状不规则,毛坯为Ⅵ型石片,长宽厚为19.1×12.7×2.6 mm,重0.6 g。锤击法反向修理,修理部位在左侧,单层连续分布的鱼鳞状修疤,刃缘长6.3 mm,修理厚度1.4 mm,刃角48°,修疤共计4个,最大修疤长宽为1.7×2.8 mm。修

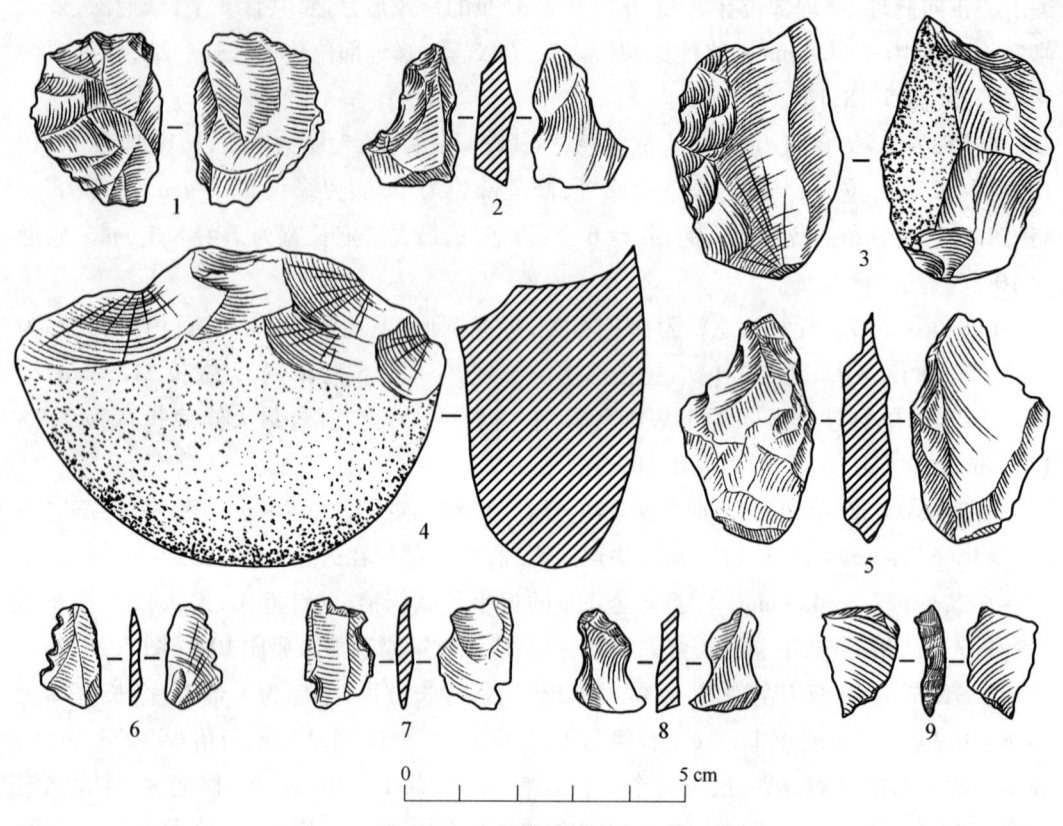

图 5.18　十里岗遗址出土工具

1. LLST4⑥：165　2. LLST6⑥：50　3. LLST5⑦：14　4. LLST1⑥：7　5. LLST6⑥：14
6. LLST6 梁⑥：57　7. LLST3⑥：5　8. LLST6⑥：16　9. LLST4⑥：12

疤比 5%（图 5.18,7）。

尖状器：2 件，占工具总数的 5.26%，均为微型标本。

LLST6⑥：16，原料为黑色燧石，形状不规则，毛坯为残片，长宽厚为 18.9×12.4×4.4 mm，重 0.8 g。左侧凹凸状，反向锤击修理，刃缘长 10.1 mm，刃角 67°~70°，修理深度 2.4 mm，单层连续分布的鱼鳞形修疤，共计 5 个，最大修疤长宽为 2.8×3.5 mm，右侧为凸刃，转向修理，刃缘长 7.5 mm，刃角 46°，单层连续分布的鱼鳞形修疤，共计 4 个，最大修疤长宽为 6.8×3.7 mm，两侧刃在一端交汇成尖状，尖夹角 50°，尖刃角 52°，修疤细小、宽浅，可能为软锤修理。修疤比 5%，无自然面保留（图 5.18,8）。

LLST6⑥：36，原料为黑色燧石，尖镞状，毛坯为Ⅵ型石片，长宽厚为 14.4×7.8×2.4 mm，重 0.2 g。左侧刃部略呈直状，反向修理，刃长 9.4 mm，刃角 50°，单层连续分布的不规则形修疤，共计 4 个，右侧正向修理，刃长 8.1 mm，刃角 54°，单层连续分布的近平行状修疤，共计 10 个，两刃在远端交汇形成尖状，尖夹角 40°，尖刃角 25°，修疤细小、宽浅，可能为软锤修理。修疤比 5%，无自然面保留。

修背小刀：2 件，占工具总数的 5.26%。这类工具一般以石叶为毛坯，用于复合工具。

十里岗遗址中修背小刀的毛坯虽然均为普通石片,但从修理部位观察,修理目的也主要是为了形成一个与使用刃缘相对的厚背,因而亦可归为不典型的修背刀。

LLST4⑥:12,原料为黑色燧石,形状不规则,毛坯为Ⅵ型石片,长宽厚为19.4×13.5×4.8 mm,重1.2 g。修理部位在石片的左侧,复向锤击修理,主要由腹面向背面修理,也有2个由背面向腹面修理片疤,修理部位呈弧形,较为厚钝,应为背部,与此相对的一边为未经修理的锐利边缘,可能作为使用部位。此件石器符合北方小石器工业中定义的修背小刀,修理意图明确。修疤比15%,无自然面保留(图5.18,9)。

LLST6⑥:14,原料为深灰色燧石,形状不规则,毛坯为石片或断块,长宽厚为39.1×25.1×10.8 mm,重10.6 g。毛坯一面似为节理面,一面全覆盖修理疤,在一侧复向修理,修疤数量多,且较为浅、平、远,几乎覆盖了整个腹面,近端处也略作修理,形成一个厚而钝的端部,与此端部相对的一侧从背部反向锤击2个片疤,刃口呈凹刃状,应为主要的使用部位,刃长22.7 mm,刃角63°~73°。修疤比40%,无自然面保留(图5.18,5)。

砍砸器:1件,占工具总数的2.63%,不甚典型。

LLST1⑥:7,毛坯为扁平砾石,原料为灰褐色石英砂岩,形似透镜形,长宽厚为77.1×56×32.9 mm,重172.8 g。单凸刃,刃缘长75.2 mm,刃角79°~86°,锤击法单向修理,修理部位为一侧,修理厚度30.1 mm,单层连续分布的不规则形修疤,共计7个,最大修疤长宽为22.9×24.3 mm。自然面比为70%(图5.18,4)。

5.2.2.4 打击类

出土2件石锤和1件石砧,占遗址石制品总数的0.3%。原料均为石英砂岩,通体保留高比例的自然石皮。

LLST7⑥:10,石锤,原料为黄色石英砂岩砾石,形状略为方形,长宽厚为102.3×98.3×57.5 mm,重922.7 g。主要使用部位在砾石的一侧,上面清晰可见打击疤的集中区域,长宽为72.2×30.8 mm,在另外的两端也有少量使用痕迹。自然面比80%。

LLST1⑦:53,石砧,原料为褐色石英砂岩,扁平长条形,毛坯为砾石,长宽厚为156.1×65.1×41.9 mm,重680.9 g。在砾石一个较宽的平坦面上可以清晰看到砸击疤的集中区,长宽为52.9×56.3 mm。自然面比为90%。

5.2.2.5 废品

639件,占石制品总数的64.35%,包括断裂片(N=135, 13.6%)、残片(N=30, 3.02%)、断块(N=71, 7.15%)和碎屑(N=403, 40.58%)。

原料总体以燧石(N=431, 67.45%)为主,其次为脉石英(N=161, 25.2%),石英砂岩(N=39, 6.1%)和石英岩(N=8, 1.25%)数量都很少。具体到各类型的原料组成来说,碎屑和残片多是燧石和脉石英两种原料,断裂片也主要是燧石,断块则以燧石和石英砂岩较多(图5.19)。

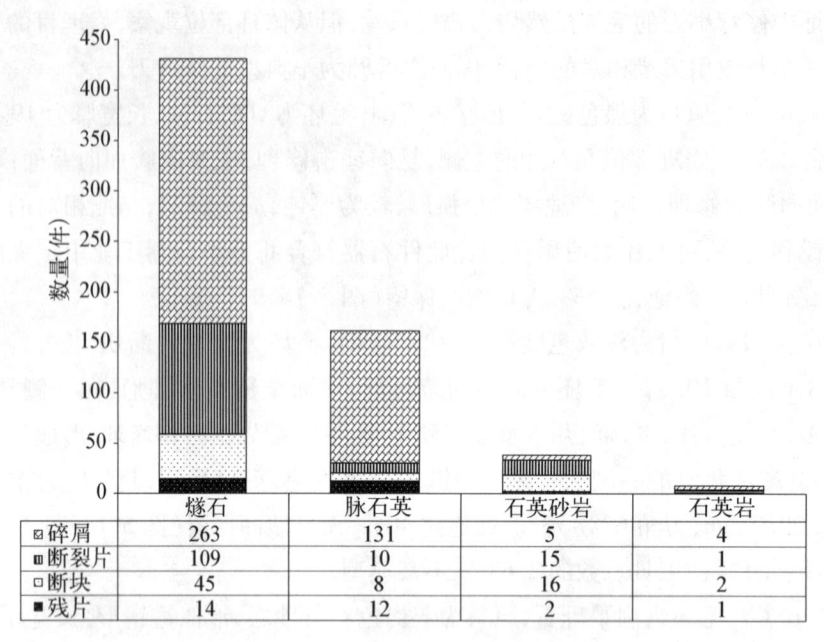

图 5.19 十里岗遗址废品原料统计分布

	燧石	脉石英	石英砂岩	石英岩
碎屑	263	131	5	4
断裂片	109	10	15	1
断块	45	8	16	2
残片	14	12	2	1

尺寸总体以微型(N=496,77.62%)居多,其次为小型(N=131,20.5%),中型(N=12,1.88%)较少。对废品各类型的长度和重量统计显示(表5.23),部分断块和断裂片有中型标本,个体间存在一定变异;残片均为小型标本,变异很小;碎屑变异程度最小。

表 5.23 十里岗遗址废品各类型的长度与重量统计

统计项目 类型	长度(mm) 最小值	最大值	平均值	标准偏差	重量(g) 最小值	最大值	平均值	标准偏差
断裂片	7.94	66.23	17.89	9.68	0.08	108.11	3.25	10.35
残 片	20.07	35.48	24.73	4.09	0.63	16.08	4.27	4.41
断 块	20.06	73.1	31.41	12.95	0.21	255.11	18.56	40.48
碎 屑	5.16	16.62	12.19	3.45	0.03	4.24	0.45	0.49

5.2.2.6 其他遗物

遗址中出土了42件(4.23%)赤铁矿石块、断块或碎屑,从比重、色泽和质地观察,个体间有一些差异,总体以比重较大、颜色偏深者为主。这一类应是风化较轻、保存较好的典型赤铁矿类。个别可以看到有打击点,共有2个分别由2件断块拼接而成的拼合组,表明在遗址内有对赤铁矿石加工利用的行为发生;从遗留在赤铁矿石表面的石皮和磨圆情况观察,其原料也应来自河床砾石中。

赤铁矿石个体以小型、微型为主,中型较少,个体间有一定变异,平均长宽厚为 27.1×19.6×12.2 mm,平均重 15.4 g(表 5.24)。

表 5.24 十里岗遗址赤铁矿石大小和重量测量统计(2 件碎屑未统计)

统 计 项 目	长(mm)	宽(mm)	厚(mm)	重(g)
最小值	8.5	5.5	3.3	0.2
最大值	56.7	55.2	38.5	100.5
平均值	27.1	19.6	12.2	15.4
标准偏差值	13.1	11.6	7.8	21.2

此外,遗址中还发现 10 件因受热而崩裂的断块或石片,原料包括石英砂岩(N=9)和石英岩(N=1)。其中一类呈片状(N=5),多为长条形,一面为自然石皮,一面为破裂面,但看不到打击点、半锥体、锥疤等人工特征,其破裂面往往平坦或稍凹,与火烧砾石实验中崩裂的片状物特征基本相同(个人实验)。另一类呈块状(N=5),断口看不到人工特征,带有部分石皮,但石料颜色明显发生改变,呈灰色,相关实验表明经过火烧后的砾石色泽会变成灰色、红色等,一些在表面还会看到龟裂纹,遗址中发现的这些断块特征与此相同(高星等,2013)。尽管在发掘过程中未发现灰烬堆遗迹,但这些烧石标本暗示这一时期古人类对火的利用行为和控制能力已显著提高。

5.3 八十垱遗址下层

5.3.1 发 掘 概 况

1993~1997 年前后八十垱遗址经过五次较大规模的发掘,分 A、B、C 三区按正南北向布方 50 个,规格为 5×5 m²,揭露面积约 1 200 m²。遗址主体堆积是彭头山文化时期的新石器遗存,但发掘过程中在 C I 区发现了叠压在它下部的旧石器文化层,研究者称之为"八十垱下层遗存(文化)"(裴安平,2000;湖南省文物考古研究所,2006)。旧石器遗存所在发掘区为 C I 区,包括 T39、T40、T41、T44 和 T45 等五个探方,其他探方的情况目前暂不清楚。

出土遗物全为石制品,共计标本 134 件,其中 T39 有 14 件,T40 有 37 件,T41(包括扩方)有 62 件,T44 有 19 件,T45 有 2 件。根据考古发掘地层,石制品出土于第⑧~⑩层中(图 2.10)。依原报告对石制品类型的认识,对各层石制品类型和数量的统计(表 5.25)显示,石制品集中第⑨层,其余两层数量很少;类型包括砾石、石核、完整石片、工具和废品,总体以废品为主(65.67%),其中工具所占比例为14.18%,其较高的比例与原报告的分类有关,经笔者分析其中部分报告中被定为工具者可重新分类为完整石片(或"使用石片")。

表 5.25 八十垱遗址下层石制品类型与数量统计

地层\类型	石核	完整石片	工具	废品 断块	废品 断裂片	废品 碎屑	砾石	合计
⑧			1/1	1		1		3
⑨	8	11	12/4	20	15	48	3	117
⑩			6/6	1	2		5	14
合计	8	11	19/11	22	17	49	8	134
比例%	5.97	8.21	14.18	16.42	12.69	36.56	5.97	100

注:工具一栏内斜线后面的数字表示前面原定为工具类型中可重新归类为完整石片或使用石片的数量。

如第二章所述,八十垱遗址下文化层三个不同层位如袁家山遗址一样,展示了从黄土层至黑褐色土层的连续堆积,在区域地层序列上具有重要意义。因此,本节将按照不同层位对石制品进行分析以更好地观察其石器工业的变化。

石制品平面分布图(图5.20)显示,遗址出土石制品的总数量不多,除个别区域较为集中外,石制品散布于各个探方内。第⑩层石制品仅局限分布于T41西南角处;第⑧层的3件石制品分布于T40的东北部;其余则均为第⑨层石制品。据对石制品纵向分布的分析,第⑩层石制品约分布于170~180 cm之间,而第⑧层虽较靠上部,但与第⑨层石制品之间并没有明显界限,表明两者可能同时形成。

5.3.2 第⑩层石制品

共14件,占下层石制品总数的10.45%。类型包括砾石(N=5)、断裂片(N=2)、断块(N=1)和"使用石片"(工具)(N=6),没有发现石核、碎屑等产品,显示其操作链条并不完整。它的分布范围也相当有限,仅位于T41西南角和T45北部,应代表了古人类偶然途经此处所留下的遗存。

(1) 原料

石制品原料单一,以砂岩或石英砂岩(N=12)占绝对多数,另有2件硅质板岩,分别为1件砾石和1件工具("使用石片")。

(2) 大小

石制品尺寸以中型居多(N=10,71.43%),其中包括砾石(N=5)、工具("使用石片")(N=3)和断裂片(N=2),只有1件(7.14%)断块为小型,3件(21.43%)工具("使用石

第五章 其他遗址石制品分析

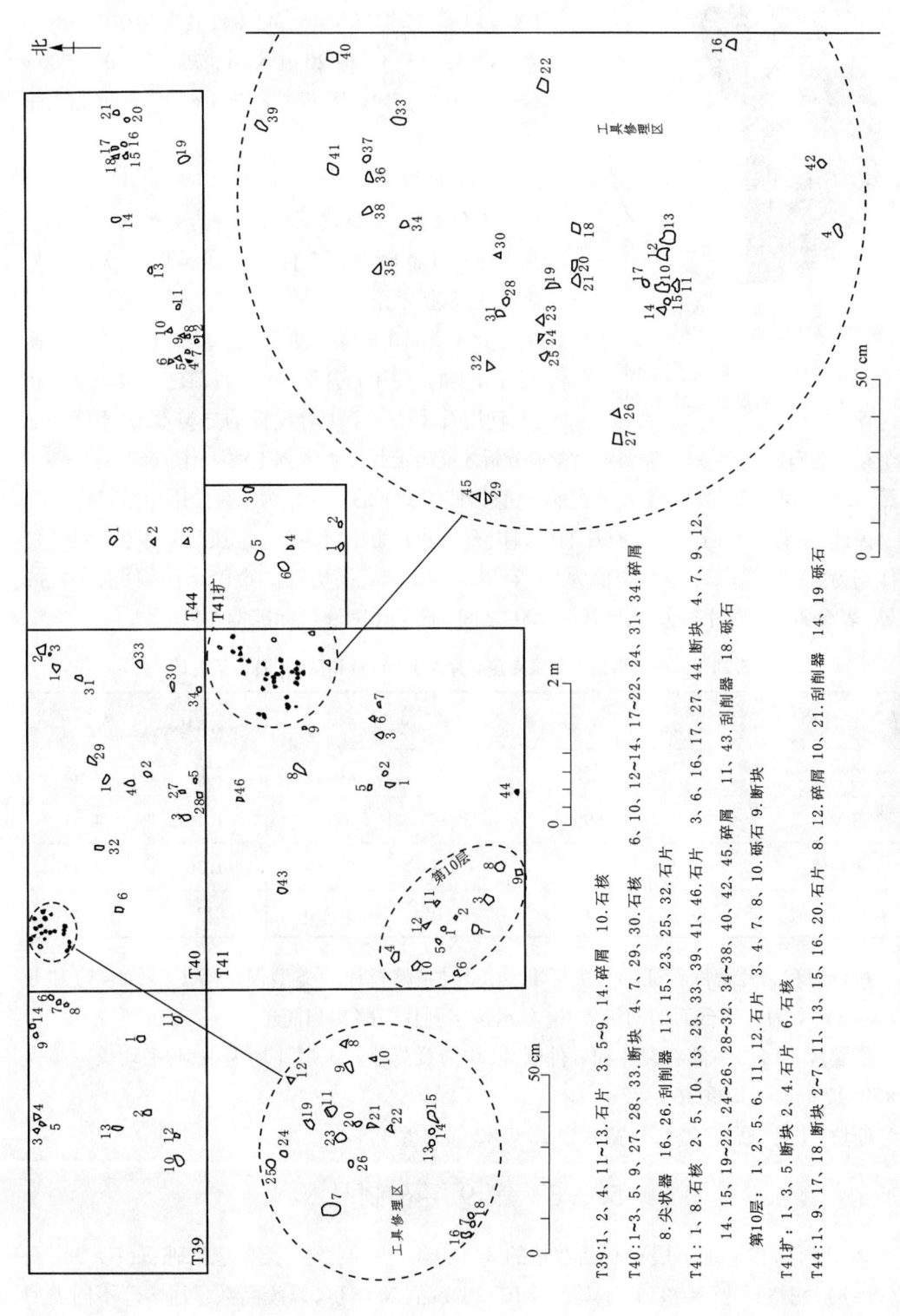

图 5.20 八十垱遗址下层石制品平面分布图（据湖南省考古所，2006）

T39: 1、2、4、11~13. 石片 3、5~9、14. 碎屑 10. 石核
T40: 1~3、5、9、27、28、33. 断块 4、7、29、30. 石核 6、10、12~14、17~22、24、31、34. 碎屑 8. 尖状器 16、26. 刮削器 11、15、23、25、32. 石片
T41: 1、8. 石核 2、5、10、13、23、33、39、41、46. 石片 3、6、16、17、27、44. 断块 11、43. 碎屑 14、15、19~22、24~26、28~32、34~38、40、42、45. 碎屑 18. 砾石
第10层: 1、2、5、6、11、12. 石片 3、4、7、8、10. 砾石 9. 断块
T41扩: 1、3、5. 断块 2、4. 石核
T44: 1、9、17、18. 断块 2~7、11、13、15、16、20. 石片 8、12. 碎屑 10、21. 刮削器 14、19. 砾石

片")为大型。重量分布统计(图5.21)显示,以50~100 g范围者居多(N=6, 43%),其次为100~200 g者(N=5, 36%),1~20 g(N=1, 7%)和200~500 g(N=2, 14%)者较少,没有小于1 g、20~50 g和大于500 g的标本。

（3）类型

完整石片（工具）：6件,原报告分类为工具的包括1件石片砍砸器和5件石片刮削器,因无二次修理,因此从技术角度应分类为完整石片为宜。其中可能部分或全部在刃缘有使用微疤,因此也符合一些研究者分类的"使用石片"。不过目前已有很多学者指出,使用石片是一个十分模糊的分类术语,不能构成一个独立的石制品类型,且需要经过微痕分析才能确定其是否曾真正被使用过(Shen, 1999)。当然,大量的民族考古学和实验考古证明,直接使用剥下的石片作为工具使用相当有效。

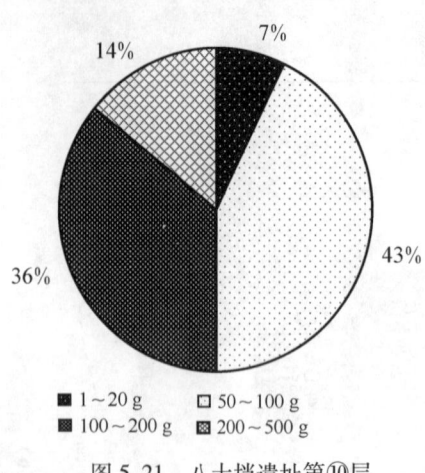

图5.21 八十垱遗址第⑩层石制品重量统计图

因此,重新分类后的完整石片的原料以石英砂岩为主(N=5),硅质板岩很少(N=1)。个体均为大、中型,长宽厚平均值为94.2×70×25.5 mm,平均重216.9 g,个体间有一定的变异(表5.26)。石片角分布于70°~100°之间,平均值84.8°,标准偏差值12°。

表5.26 八十垱遗址第⑩层完整石片大小(mm)和重量(g)测量统计

测量统计项目	长	宽	厚	重	长宽比	宽厚比
最小值	68	55	13	61	1.04	2.05
最大值	122	90	39	479	1.75	4.63
平均值	94.2	70	25.5	216.9	1.36	3.09
标准偏差值	20.7	13.0	11.0	167.0	0.3	1.09

按台面和石片背面特征的分类标准,第⑩层完整石片的类型仅包括Ⅰ型(N=1)和Ⅱ型(N=5),全为自然台面的初级剥片,显示该层剥片策略相当简单。

断裂片：2件,一件右裂片和一件断片,均为石英砂岩。尺寸均为中型,平均长宽厚为54×59×17 mm,平均重46 g。

断块：1件,石英砂岩,长宽厚为25×7×2 mm,重3.5 g。

5.3.3 第⑨层石制品

共117件,占遗址下层石制品数量的87.31%。据原报告,类型包括砾石(N=3)、石核(N=8)、完整石片(N=11)、工具(N=12)和废品(N=83),以废品数量居多。不同类型石制品在平面的分布具有散布和局部相对集中的双重特点,石核、石片和断块分布均较分散。但是,该层中古人类在遗址上的活动已有一定的功能分区,如在 T39、T40 东南部的石核、石片、碎屑共处,反映出此处应是二处剥坯点;T40 西北角范围内碎屑和工具相对聚集,可能主要为工具修理区,T44 中也与之相近;T41 东北部各种类型多杂处,石片和碎屑数量尤多,可能同时进行了剥坯和工具修理等更复杂的行为。

结合下文将具体进行分析的石核、完整石片的类型、数量等情况,古人类在此层的活动主要为简单的剥坯和少量工具的初加工,并可能直接利用了少量石片。虽然没有动物骨骼等有机遗物的存在,但数量不多的石制品以及各种类型的比例表明,古人类在此仅进行了十分短暂的停留,遗址的主要功能并非"石器制造场",而更可能是参与屠宰、分割食物的临时性活动据点。

(1) 原料

石制品原料以脉石英占绝对多数(N = 108, 92.31%),石英砂岩数量很少(N = 9, 7.69%)。以石英砂岩为原料的石制品类型包括石核(N = 2)、石片(N = 1)、断块(N = 3)、断裂片(N = 1)和碎屑(N = 2)等。

(2) 大小

石制品以微型居多(N = 61, 52.14%),其次为小型(N = 49, 41.88%),中型标本很少(N = 7, 5.98%),不见大型标本。中型标本包括石英砂岩、脉石英石核各 2 件,1 件完整石片以及 2 件脉石英砾石(表 5.27)。

表 5.27 八十垱遗址第⑨层石制品尺寸大小(mm)的分类统计

类型\尺寸大小	<20 N	<20 %	20~50 N	20~50 %	50~100 N	50~100 %
砾 石			1	0.85	2	1.71
石 核			4	3.42	4	3.42
完整石片	3	2.56	7	5.98	1	0.85
工 具			12	10.26		
废 品	58	49.58	25	21.37		
合 计	**61**	52.14	49	41.88	7	5.98

全部标本重量以 1~20 g 居多(N = 71, 60.68%),其次为小于 1 g 的标本(N = 40, 34.19%),20~50 g(N = 2)、50~100 g(N = 2)、100~200 g(N = 1)和大于 500 g(N = 1)的标本数量很少。从原料上观察,大于 100 g 的标本均为石英砂岩。

(3) 类型

石核:8 件,占该层石制品总数的 6.84%(图 5.22)。原料包括脉石英(N = 6)和石英砂岩(N = 2),均为锤击法剥片,全为单台面石核,以自然砾面为台面,石核形状多样,属简单剥片策略,不见系统性的剥片行为。

完整石片:11 件,占石制品总数的 9.4%,实际比例应更高,因为有部分工具可以重新分类为完整石片。原报告没有对全部标本进行描述,因此有关石片的各个类型的数量和

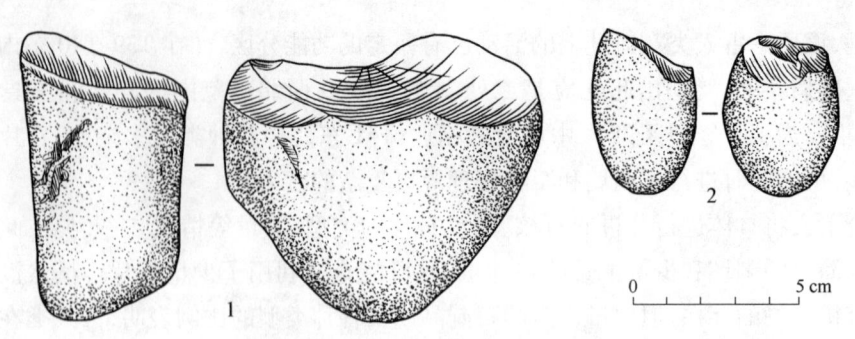

图 5.22 八十垱遗址第⑨层石核
1. T39⑨：10 2. T40⑨：4

比例并不清楚。根据已描述的7件标本，以自然台面居多(N=5)，其中Ⅱ型石片1件，Ⅲ型石片4件；人工台面石片共2件，均为Ⅵ型。从这些石片标本观察，以背面全为片疤的处于次级剥片程度的石片为主，可能暗示石核有较高的利用率，这也可能与遗址中较多以小砾石直接加工工具有关。

石片均为锤击法产品。以小型和微型为主，个别为中型，平均长宽厚为27.2×20.5×7.8 mm，平均重7.3 g；与第⑩层相比尺寸和重量有明显减小。石片角分布于70°~120°，平均值93.5°，标准偏差值16.2°。

工具：原报告中分类为工具的标本共12件，占石制品总数的10.26%，包括石核刮削器(N=3)、石片刮削器(N=4)和尖状器(N=5)。根据报告的描述，笔者初步分析认为：石片刮削器中有3件并未进行二次修理，仅可能有使用微疤，宜归入完整石片；尖状器中以石片为毛坯的2件仅在一侧进行修理，而另一侧未予修理，因此应分类为刮削器，另有1件未进行修理，也应归入完整石片。据此，第⑨层真正的修理类产品共计8件(图5.23)，包括刮削器6件和尖状器2件，主要分布于T40西北角、T41东北角和T44西部。

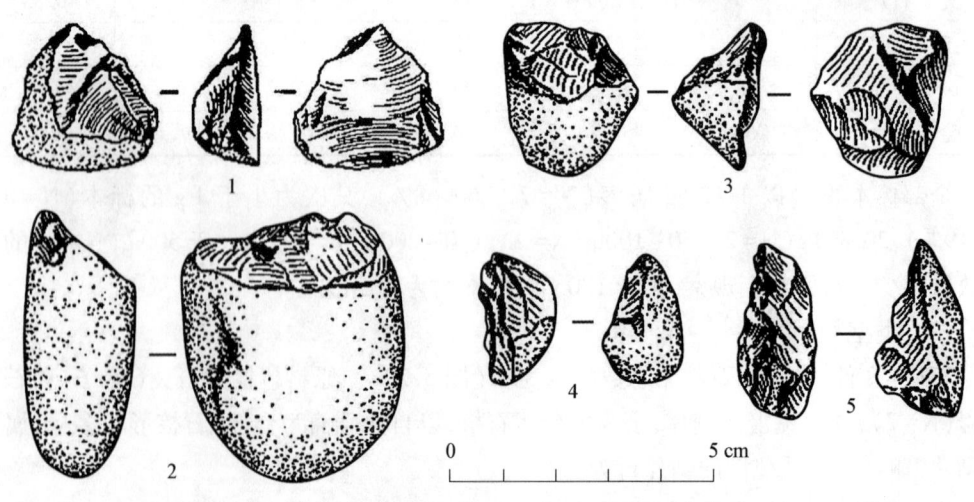

图 5.23 八十垱遗址第⑨层工具(改自湖南考古所，2006)
1~3. 刮削器(T40⑨：16、T41⑨：43、T44⑨：10) 4~5. 尖状器(T44⑨：13、T40⑨：8)

刮削器毛坯包括石核(N=3)和完整石片(N=3),全为单向修理,其中石片毛坯为正向修理。尺寸均为小型,长宽厚平均值分别为 30.8×24.8×13 mm,平均重 13.8 g,变异较小。刃缘不太规整,修疤以宽深型片疤为主,修疤尺寸大小不一、分布不规则,修理粗糙,显示了以硬锤法加工的特点。从刃缘数量和形态观察,均为单刃,包括直刃、凸刃、不规则刃。尖状器以小型砾石为毛坯,硬锤锤击法修理而成,修理相对较为明确,但不规范,修理方向为复向;尺寸小,平均长宽为 30.5×16 mm,平均重 6 g,变异很小(表 5.28)。

表 5.28 八十垱遗址第⑨层工具的长宽(mm)和重量(g)测量统计

项目 类型	最小值			最大值			平均值			标准偏差		
	长度	宽度	重量	长度	宽度	重量	长度	宽度	重量	长度	宽度	重量
刮削器	22	17	2.5	48	42	57.5	30.8	24.8	13.8	9.3	9.0	21.7
尖状器	26	15	5.4	35	17	6.5	30.5	16	6	6.4	1.4	0.7

废品:83 件,占石制品总数的 70.94%。类型包括断裂片(N=15, 18.07%)、断块(N=20, 24.1%)和碎屑(N=48, 57.83%)。

除极少为石英砂岩(N=6, 7.22%)外,其余均为脉石英(N=77, 92.78%)。尺寸总体以微型(N=58, 69.88%)居多,且碎屑产品数量较多,小型(N=25, 30.12%)相对较少,两者的变异均很小(表 5.29)。

表 5.29 八十垱遗址第⑨层废品各类型的长度与重量统计

统计 项目 类型	长度(mm)				重量(g)			
	最小值	最大值	平均值	标准偏差	最小值	最大值	平均值	标准偏差
断裂片	12	45	22.5	10.5	1	3.5	1.9	0.8
断块	13	45	28.7	9.6	0.3	1.2	0.7	0.2
碎屑	5	20	12.0	3.6	<1	1.5	/	/

5.3.4 第⑧层石制品

仅 3 件,包括 1 件断块、1 件碎屑和 1 件完整石片(工具),原料均为黑色燧石,尺寸均为微型(表 5.30)。

表 5.30 八十垱遗址第⑧层石制品尺寸(mm)和重量(g)测量

测量数据 类型	长度	宽度	厚度	重量
断块	15	13	5	1.5
石片	17	14	4	1
碎屑	12	8	4	<1

原分类的1件工具因没有进行修理,应改为Ⅵ型完整石片,但可能有使用痕迹。从石制品组合观察,遗址中不见石核的剥坯活动,古人类可能将随身携带的石片使用后废弃于此,或进行过工具的再修理,但石核和工具均被带走。

5.4 本章小结

　　袁家山遗址、十里岗遗址和八十垱遗址下层三个遗址的发现有着很重要的意义,其石器工业各具特色。整体而言,袁家山遗址第④层与八十垱遗址第⑩层的石器工业具有相似性,是在一种"黄土"层中辨识出来的文化遗物;而袁家山遗址第③层和八十垱遗址第⑧、⑨层很接近,十里岗遗址的石器工业也与后两者相近,在地层叠压关系和遗物特点上均显现出明显的发展。某些石器技术因素在不同遗址的重复出现,表明其在澧水流域晚更新世遗址中并不孤立,而是文化发展过程中普遍存在的现象。

　　综合上述对石制品不同类型的观察和统计分析,对不同遗址的石器工业特点可大致概括如下:

(1) 袁家山遗址第④层

　　石制品类型包括砾石、石锤、石核、完整石片、工具和废品,另有赤铁矿石,废品和完整石片的比例较高。原料以石英砂岩居多,石英岩、燧石和石英数量较少。尺寸以小型为主,中型次之,微型、大型和巨型标本很少。石核包括单台面、双台面、多台面及盘状,台面和剥片面均未进行预制修理,剥片策略属传统的简单技术。石片主要为锤击产品,砸击产品很少,处于初级阶段的石片数量居多,显示原料的利用率并不高。工具数量少,以片状毛坯居多,组合包括刮削器、雕刻器和重型刮削器,以刮削器为主,但少量重型工具在形制和加工方式上还值得注意。

　　八十垱遗址第⑩层的石制品虽然数量不多,但在原料、尺寸等方面与袁家山遗址第④层是可比的,大、中型的"使用石片"构成了其主要特点。

(2) 袁家山遗址第③层

　　石制品类型包括砾石、石核、完整石片、工具和废品,完整石片和废品比例居多。其原料构成与第④层相比发生了很大变化,石英占绝大多数,黑色燧石也有一定数量,石英砂岩数量很少。据石核和砾石等观察,一种小型的扁平石英河卵石是古人类此时重点的开发利用对象。尺寸以微型较多,小型次之,碎屑也不少,这三者产品占了总数的97.62%,大中型产品很少。石核包括普通石核、盘状石核和砸击石核,以单台面数量为主。从石核和石片的特征分析,石器技术仍属简单剥片策略,主要以自然砾面为台面进行连续性剥片,但原料的利用率不算太高。同时,还可以看出遗址上的先民在面对黑色燧石时,可能有着较石英原料更高的利用率。工具组合主要为边刮器,还有少数几件盘状器、凹缺器和尖状器,以扁平石英小砾石加工而成的石核刮削器是这一文化层最显著的石器工业特点。

这是古人类对原料的性能、可获性等因素的一种适应策略。

八十垱遗址第⑨层中全为石英产品,第⑧层中出现几件黑色燧石产品,但两者应仍属同一文化阶段的遗物。这两层的石制品也均是微型和小型尺寸占绝对多数,剥片技术和工具修理等方面也与袁家山遗址第③层石器工业如出一辙。

(3) 十里岗遗址

石制品数量较多,类型包括砾石、石锤、石砧、石核、完整石片、工具和废品,另有赤铁矿石和烧石。原料以燧石居多(主要为黑色),其次为石英,有少量石英砂岩和石英岩。尺寸以微型和小型为主,两者占总数的93%,中型和大型产品较少。石核包括普通石核、盘状石核和砸击石核,剥片策略仍为简单技术,但砸击技术在遗址中占有较重要的地位。这是人类对原料灵活利用方式的体现。处于次级阶段的石片类型数量居多,表明对石核和原料的利用率高,优质原料得到较大强度的开发利用。工具组合较为多样化,包括刮削器、凹缺器、尖状器、修背石刀和砍砸器,以刮削器为主。工具以片状毛坯居多,修理策略较为简单,但部分加工较为细致,可能存在精致化的加工策略。此外,遗址中发现的赤铁矿石和烧石现象,对于探讨这一阶段人类的象征和用火行为的价值和意义也不能忽视。

第六章 石器原料的采备与利用

石器原料是旧石器时代人类赖以生存的重要资源。对合适原料选择、获取和运输的决策是石器操作序列中最初始的阶段,也是我们得以理解古人类移动性和聚落模式的一个重要途径。研究石器原料的来源、利用的类型和采备方式,对于了解先民遗址域、领地利用模式具有重要意义(Binford, 1979, 1982; Bailey and Davidson, 1983; Geneste, 1985; Bamforth, 1991; Feblot-Augustins, 1993; Fernandes et al., 2008; Adams and Blades, 2009)。

20 世纪 90 年代以来,原料分析渐已成为中国旧石器考古学研究中的重要内容。石制品原料对旧石器工业面貌的影响作用已引起很多研究者的关注和重视(尹申平,1991;胡松梅,1992;王建等,1994;陈淳,1996;王幼平,1998、2006b;黄慰文,1999;谢光茂,2001a;杜水生,2002)。学界对石制品原料的分类与命名(裴树文,2001)、原料分析的研究方法(王益人,2004)、人类活动范围的复原(杜水生,2003)以及原料的利用方略与经济形态(高星,2001a;裴树文等,2001;李锋等,2011)等多个方面均进行了广泛的探讨。

原料不只是一种静态的资源。我们可以透过人类与它的相互关系,了解古人类行为的特点及其与生存环境的一个动态过程。对特定石料资源的开发策略与利用程度能够揭示人类的石器制作水平和其对所处生态环境的适应能力。

6.1 原料的开发策略

原料开发策略涉及遗址原料的构成、原料的产地分布及获取方式等方面。可用性(availability)和可获性(procurability)是遗址原料分析中的两个重要层面。前者涉及石料的内在性能,包括原料的质量、体积和形状;后者涉及人与资源的互动关系,包括原料的种类和丰富程度、原料产地距人类栖息地的距离以及人类相对原料源地的迁徙运动方式等。

6.1.1 原料的基本构成和利用率

本书对石制品的岩性鉴定同时使用肉眼手持标本鉴定和薄片鉴定法。根据石制品表面的差异,笔者先后三次对澧水流域晚更新世诸遗址中的部分标本进行岩性分析,并将标本分别送至湖南省资源规划勘测院检测中心和河北省地矿局区调查研究所进行切片,并在 Zeiss Scope A1 等偏光显微镜下进行薄片法鉴定(表 6.1)。

表 6.1 澧水流域晚更新世遗址石制品的岩性鉴定特征

切片编号	出土单位	类型	岩性	镜下描述	显微照片
2013HY1	LWT11⑤:1423	断块	细粒石英砂岩	主要由碎屑、副矿物、填隙物共同组成。细粒砂状结构。石英含量93%,硅质岩3%,黏土质填隙物分布均匀,占2%。碎屑粒径约0.04~0.27 mm。多为次圆状和次棱角状。	
2013HY2	LT③L6:2733	断块	细粒石英砂岩	主要由碎屑、副矿物、填隙物共同组成。石英含量95%,硅质岩2%,黏土质填隙物约2%。碎屑粒径约0.045~0.22 mm。分选好,多为次圆状。岩石中多见空隙,约占薄片面积4%。	
2013HY3	LWT4②:299	断块	硅质岩	主要由硅质95%组成,含炭质5%。见较多石英脉交错分布,脉宽约0.01~0.8 mm。硅质为显粒状,大小约0.01 mm;炭质黑色,较均匀分布。微粒结构。	
2013HY4	LWT9①:C56	左裂片	石英岩	由硅质岩重结晶形成。主要为97%石英,含小于2%的炭质,金属矿物1%。石英粒径大小不一,约0.01~0.64 mm。局部见少量原岩物质残余。微粒结构。	
2013HY5	LWT5②:317	断块	石英岩	主要由99%石英组成,见极少量的金属矿物。石英,他形粒状,粒径大小约0.03~0.22 mm,由硅质物重结晶而成,颗粒与颗粒间紧密镶嵌;金属矿物为粉尘状,零星分布。微粒结构。	
2013HY6	LT②:2640	断块	细粒石英砂岩	由碎屑和填隙物组成。碎屑中石英含量97%,硅质岩1%,黏土质填隙物较均匀分布,含量1%。碎屑粒径约0.06~0.26 mm。分选好,以次圆居多。副矿物包括数粒锆石,微量电气石和白钛石。	

续表

切片编号	出土单位	类型	岩性	镜下描述	显微照片
2013HY7	LT②：2690	石片	细粒石英砂岩	由碎屑和填隙物组成。碎屑中石英含量94%，硅质岩2%，填隙物黏土中含少量铁质物，较均匀分布，含量3%。碎屑粒径约0.06~0.3 mm。分选很好，以次圆状居多。副矿物包括数粒锆石和微量电气石。细粒砂状结构。	
2013HY8	LT②：1058	断块	细粒石英砂岩	由碎屑和填隙物组成。碎屑中石英含量97%，硅质岩1%，黏土质填隙物较均匀分布，含量1%。碎屑粒径约0.06~0.34 mm，部分石英颗粒具次生加大边。分选很好。副矿物包括数粒锆石和微量电气石、白钛石。	
2013HY9	LLST2⑥：18	断块	硅质岩（燧石）	主要由99%石英组成，含少量金属矿物和黏土。石英多为隐晶，局部可见结晶稍粗大颗粒，粒径可达0.07 mm；金属矿物不规则状，偶尔可见；黏土质填隙物颜色较浅，分布不太均匀。有圆状、椭圆状轮廓，大小约0.2~0.46 mm。隐晶结构。	
2013HY10	LT③：1678	断块	硅质岩（燧石）	几乎全由玉髓组成，局部可见少量石英和铁泥质。玉髓含量99%，为隐晶质；石英小于1%，结晶自生矿物，粒径大小约0.02 mm；铁泥质含量1%，为粉尘状，不均匀分布。隐晶结构。	
2013HY11	LLST6⑦：38	砾石（断）	鲕状赤铁铁质岩	由91%赤铁矿和9%石英共同组成。赤铁矿为鲕状，鲕粒大小约0.18~0.74 mm，鲕粒核心多已赤铁矿化，包壳呈同心圆状，鲕粒间填隙物有碎屑石英、硅质岩及部分赤铁矿。碎屑粒径大小约0.08~0.84 mm，棱角状。	
2013HY12	LT②：2445	断块	硅质岩	主要为98%石英，含1%黏土和1%铁质物。石英显微粒状，粒径大小约0.007~0.11 mm。黏土浅棕色，不均匀分布。铁质物棕褐色，多分布于空腔壁边缘。微粒结构。	

续表

切片编号	出土单位	类型	岩性	镜下描述	显微照片
2013HY13	LT②：1209	断块	硅质岩（燧石）	镜下岩石见少量空腔，空腔面积约为整个薄片面积的1%，未见物质填充。主要为97%玉髓，含2%黏土和1%铁质物。玉髓多为隐晶结构，部分结晶稍粗；黏土浅棕色，分布不均匀，部分填充在缝合线中；铁质物棕褐色，粉尘状，稀疏分布。	
131972-1	LWT5⑤：697	断块	含炭质硅板岩	由95%硅质和5%炭质组成。硅质主要由隐晶状玉髓构成，粒径一般小于0.05 mm，显定向分布。炭质呈黑色尘点状，星散定向分布，部分呈线状聚集分布。被次生石英呈网状分割似角砾状。似板状构造，变余隐晶状结构。	
131972-2	LT③：1860	断块	细粒岩屑石英砂岩	由陆源砂屑和填隙物组成。石英含量85%~90%，少量钾长石，岩屑5%。次圆、次棱角状，杂乱分布，粒径0.1~0.25 mm。铁质和黏土质杂基为主，硅质胶结物次之。细粒砂状结构。	
131972-3	LWT8⑤：1521	断块	硅质岩	由100%硅质组成。硅质主要由微粒状石英组成，大小一般为0.02~0.15 mm，具波状消光。岩石被次生石英呈网脉状分割。副矿物为不透明矿物。微粒状结构，块状构造。	
131972-4	LT②：3282	断块	细粒岩屑石英砂岩	由陆源砂屑和填隙物组成。石英含量约85%，少量长石，硅质岩岩屑10%。次圆、次棱角状，杂乱分布，粒径0.1~0.25 mm。硅质胶结物5%以上，铁质和黏土质杂基少量。细粒砂状结构，块状构造。	

据薄片鉴定分析结果，细粒石英砂岩和细粒岩屑石英砂岩均为砂岩，成分相差无几，主要是石英含量稍有高低的差异，这类岩石标本表面多呈浅黄色，部分呈灰白色、红褐色、黄褐色等，在遗址中最易识别。大部分燧石的手持标本鉴定也易于判断，不过其镜下的鉴

定结果多采用硅质岩名称。在有的情况下,石英岩和部分硅质岩(燧石)在肉眼和薄片鉴定中易于混淆,遗址中有一类经薄片鉴定为含炭质硅板岩的岩石,表面多呈灰黑色或青黑色,似具有层理,但有少量肉眼观察与此相近的呈青色的标本被鉴定为硅质岩。由于此次送往实验的标本还较少,这一类石制品(主要出土于乌鸦山遗址)的岩性还有待进一步分析,本书中均暂将他们归为硅质板岩石料类别中。脉石英石料虽然没有薄片鉴定样品,但其易于肉眼识别,岩石内部多呈白色,外表面一般有一层黄褐色或米黄色薄皮,应为次生砾石型石英。

总体而言,晚更新世阶段澧水流域先民利用石料的种类比较集中,主要有石英砂岩、石英岩、硅质板岩、燧石、石英、赤铁矿等6种。从岩石成因上看,以沉积岩、变质岩为主,单一矿物也有一定数量,但不见岩浆岩。若以所有遗址出土的共11 068件石制品计算,石器原料比例从多至少依次为:燧石(N=6 040,54.57%)、石英砂岩(N=2 465,22.27%)、石英岩(N=1 014,9.16%)、石英(N=1 014,9.16%)、硅质板岩(N=491,4.44%)、赤铁矿(N=44,0.4%),其中赤铁矿并没有用于制作石器。但是,上述统计不能反映遗址间原料的差异,具体观察每个遗址石制品的原料种类(图6.1),有下几点初步的认识:

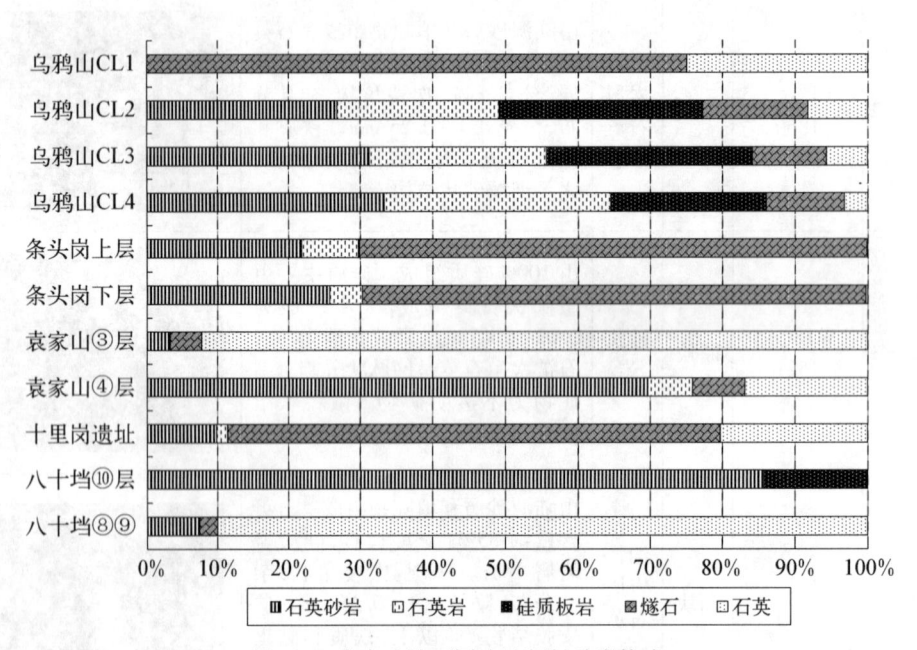

图6.1 澧水流域不同遗址原料种类构成

(1) 不同遗址的原料构成具有明显的区域特点。以乌鸦山、条头岗和十里岗三个遗址反映得最为清楚。乌鸦山遗址石料总体以石英砂岩(29.8%)、硅质板岩(27.93%)、石英岩(24.02%)为主,燧石(11.84%)和石英(6.41%)含量较少,其中硅质板岩呈青黑色,是遗址中最具有特色的一类原料。条头岗遗址以燧石(69.94%)占绝大多数,石英砂岩

(22.01%)次之,石英岩(7.76%)较少,偶见硅质板岩(0.14%)和石英(0.15%),其中多种色泽的燧石原料尤具特点。十里岗遗址以燧石(65.46%)占大宗,石英(19.44%)次之,石英砂岩(9.45%)、石英岩(1.41%)少,也出土有少量赤铁矿料(4.23%),丰富的黑色燧石原料曾引起研究者的重点关注。

(2) 同一区域遗址早期阶段利用的原料种类具有连续性。乌鸦山遗址从CL2至CL4近5 m厚的主要文化层中的原料构成和比例基本相同,硅质板岩含量比例略有增大,石英砂岩和石英岩比例渐小。条头岗遗址自下文化层至上文化层也显示出相近的原料种类利用状况。地层堆积表明两个遗址反映的人类在此生活的时间均有相当长的跨度,也表明资源和人群活动及行为在这段时间内都保持着较高的稳定性。

(3) 晚期阶段遗址的原料利用发生显著变化,袁家山遗址和八十垱遗址下层均有比较清晰地呈现。其中,袁家山遗址第④层以石英砂岩(69.18%)为主,石英(16.78%)、燧石(7.19%)和石英岩(6.16%)数量不多,另有零星赤铁矿;而第③层中石英(92.19%)含量显著增加,燧石(4.41%)不多,石英砂岩(3.4%)少。八十垱遗址第⑩层原料以石英砂岩(85.71%)居多,另有硅质板岩(14.29%),而第⑧、⑨层原料则以石英(90%)占绝大多数,石英砂岩(7.5%)和燧石(2.5%)数量较少。此外,乌鸦山遗址CL1中虽然石制品数量太少,无法反映石器工业的全貌,但也比较明显地转而利用了质地更细腻、质量更高的硅质岩。因此,结合同时期的十里岗遗址考虑,石英和燧石在晚期阶段的遗址中逐渐占到了主要地位。

同时,遗址中的燧石原料具有多种不同的色泽,其分布也有一定的地区性,可能部分反映了它的不同来源。以燧石表面颜色的差异,可将其大致分为A(黑色)、B(棕黄色)、C(青色)、D(红色)、E(灰白色)和F(杂色)等6个类别。从质量上看,这几类燧石相差不大,均存在优质、次优和劣质的个体,但燧石A的优质数量比例相对较高。据初步观察,高质量燧石多为黑色、灰白色、棕色、青色者,质地细腻,断口呈贝壳状,破裂面常发育同心纹,有玻璃光泽;而低质量者多呈黄色、红色和杂色,内部多有裂隙,较粗糙,局部结构细腻,不显或具微弱光泽。在原料的尺寸方面,据对遗址中的备料观察,燧石A的尺寸明显比要其他类的燧石偏小一些。

不同种类燧石的分布情况(图6.2)显示,A类燧石主要见于十里岗(N=598, 92%)、八十垱⑧(N=3, 100%)、袁家山③(N=26, 100%)和乌鸦山CL1(N=2, 66.67%),B类和C类燧石较多发现于条头岗(80.05%)、乌鸦山CL2~CL4(75.12%),而D、E、F类燧石的含量比例均较低,且在多数遗址中或多或少存在。这种分布特征既与遗址位于流域不同的空间位置有关,更与遗址的历时性相关。澧水流域的黑色燧石石器一直是研究区内学者们比较关注的文化遗物。这类原料在晚期的遗址中所占比例愈发增大,显示出先民在选择策略上的倾向,也暗示了对这种石料性能认识能力的提高。这反映了人类对岩石性能的认识在晚更新世不断提高的动态过程。

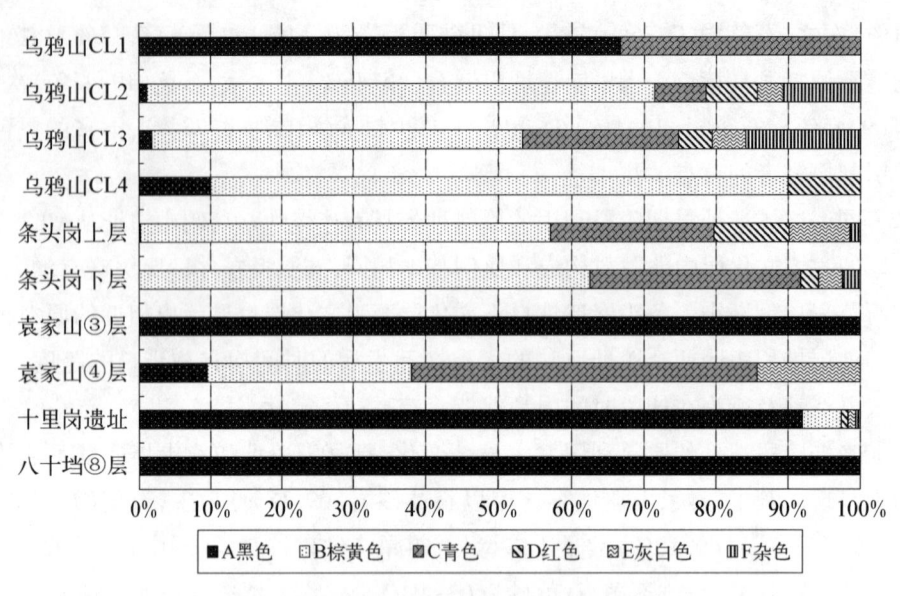

图6.2 澧水流域不同遗址中燧石原料分布

6.1.2 原料的产地

6.1.2.1 区域基岩类型地质分布

对遗址当地的基岩类型和分布及其地质变动过程的了解和认识是石料产地研究的首要基础性问题,有助于解释人类对该地区资源开发利用的行为(Odell,2004)。

澧水流域所在的洞庭盆地西与八面山褶皱带毗邻,南与华南加里东—印支褶皱带相接。研究区构造地层发育基本齐全,岩相较复杂,出露地层从老至新有元古界冷家溪群、板溪群;古生界震旦系、寒武系、奥陶系、志留系、泥盆系、二叠系;中生界三叠系、侏罗系、白垩系;新生界第三系和第四系(图6.3)。前第四纪地层主要分布在湖盆周缘,湖盆内则广布第四纪堆积。区内有不少前第四纪基岩出露,一方面与后期切割剥露有关,另一方面反映出沉积期高低不平的原始地貌景观。

上述各地层的岩性和分布各具特点,主要地层的基本情况如下(湖南水文地质二队,1990、1991):

(1) 冷家溪群(P_{tln})

主要分布于洞庭盆地北部、东部和南部,零星见于洞庭坳陷盆地内,在澧水流域较少见。其岩性主要为板岩、砂质板岩、绢云母板岩、变质石英砂岩、凝灰质板岩、凝灰质砂岩等浅变质岩。

(2) 板溪群(P_{tbn})

主要分布于洞庭盆地南部和西部的常德太阳山等地,在道水下游的烽火山和柏枝一带可见出露。上部五强溪组为灰绿色黏土质板岩、砂质板岩、灰白色厚层状中粗粒变质石

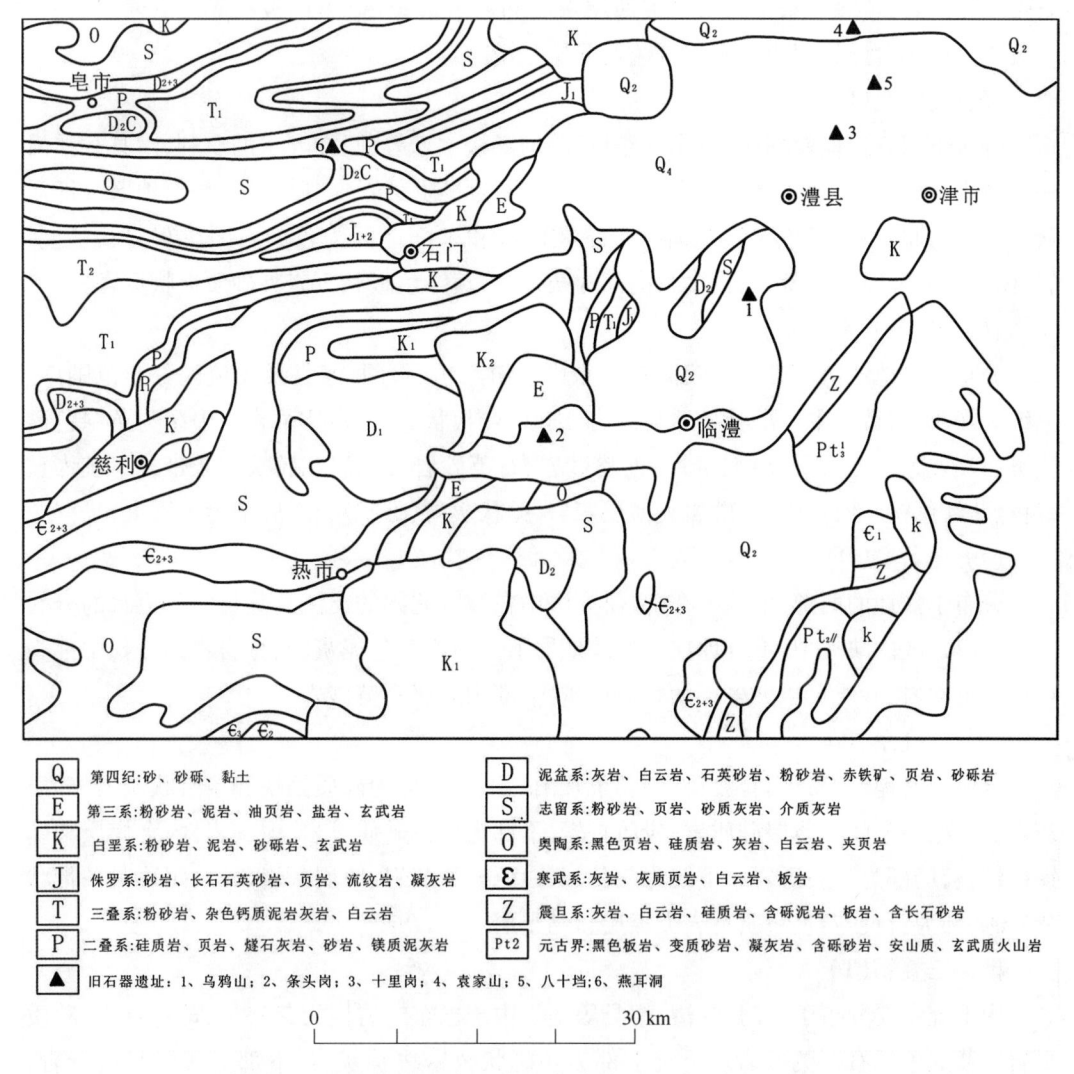

Q	第四纪：砂、砂砾、黏土	D	泥盆系：灰岩、白云岩、石英砂岩、粉砂岩、赤铁矿、页岩、砂砾岩
E	第三系：粉砂岩、泥岩、油页岩、盐岩、玄武岩	S	志留系：粉砂岩、页岩、砂质灰岩、介质灰岩
K	白垩系：粉砂岩、泥岩、砂砾岩、玄武岩	O	奥陶系：黑色页岩、硅质岩、灰岩、白云岩、夹页岩
J	侏罗系：砂岩、长石石英砂岩、页岩、流纹岩、凝灰岩	ϵ	寒武系：灰岩、灰质页岩、白云岩、板岩
T	三叠系：粉砂岩、杂色钙质泥岩灰岩、白云岩	Z	震旦系：灰岩、白云岩、硅质岩、含砾泥岩、板岩、含长石砂岩
P	二叠系：硅质岩、页岩、燧石灰岩、砂岩、镁质泥灰岩	Pt2	元古界：黑色板岩、变质砂岩、凝灰岩、含砾砂岩、安山质、玄武质火山岩
▲	旧石器遗址：1、乌鸦山；2、条头岗；3、十里岗；4、袁家山；5、八十垱；6、燕耳洞		

图 6.3 澧水流域区域地质图（据湖南省地质矿产局，1988b）

英砂岩、长石石英砂岩、砾状砂岩夹变余凝灰岩、变质砂岩等。下部马底驿组为灰黄、灰绿色条带状砂质板岩、紫红色夹灰绿色条带状板岩。底部为灰绿色凝灰质砂岩、变质长石石英砂岩、砂砾岩。

（3）震旦系（Z）

主要分布在道水下游一带，出露范围有限。上统的主要岩性为板状页岩、微粒白云岩、硅质岩夹炭质页岩。下统的主要岩性为变质石英砂岩、长石石英砂岩、冰碛泥砾岩、粉砂岩夹硅质板状页岩。

（4）寒武系（ϵ）

主要分布在澧水上游的慈利和石门杨家坪等地。在湘西北区中上统娄山关群为灰、灰白色中厚层状中粒白云岩夹鲕状白云岩、灰岩、灰质白云岩。下统为灰色薄至中厚层状条带状泥灰岩、黄绿色条带状页岩夹薄层灰岩和灰岩透镜体、黑色板状炭质页岩、间夹含炭页岩。局部含燧石团块及不规则燧石薄层。

(5) 奥陶系(O)

分布于洞庭盆地西部西斋、东部路口铺、南部松木塘等地,在澧水的慈利、澧县甘溪滩一带及支流溇水、漂水的源头区均有出露。上统为炭质页岩、硅质页岩,局部地区为泥质灰。中统为瘤状灰岩、龟裂纹灰岩。下统在西部和东部地区为含燧石团块灰岩、生物灰岩、鲕状灰岩和厚层状灰岩夹页岩,南部为灰绿色、黄绿色板状页岩夹砂质板状页岩。

(6) 志留系(S)

分布于盆地北部、东部和南部,在澧水中上游桑植、石门、澧县及支流区分布范围广。上统为深灰、灰黄色中厚层状变质粉砂岩、细砂岩、板状页岩、炭质页岩。中统为黄绿色砂质页岩、砂岩、含石英管状结核砂岩或粉砂岩、石英砂岩夹泥岩和胶磷矿条带。下统为黄绿色、紫红色粉砂质页岩、粉砂岩夹薄层灰岩、鲕状灰岩、礁状灰岩,底部为炭质页岩。

(7) 泥盆系(D)

分布于盆地的西部、南部及东部,研究区中在澧水北部的支流及其与南部道水的分水岭区出露。区内缺失中、下统地层。上统地层上部为浅灰色泥灰岩、页岩、粉砂岩,中部为细粒石英砂岩、砂质页岩夹多层鲕状赤铁矿,下部为厚层石英砂岩。

(8) 二叠系(P)

分布于盆地西部石门官渡桥,澧县羊耳山。上统上部为硅质团块和条带状灰岩、硅质灰岩、生物灰岩、间夹薄层硅质岩、炭质页岩;下部为黑色砂质页岩、泥灰岩,内含煤层和磷铁矿结核,局部为灰质砾岩。下统为灰色、灰白色硅质灰岩、厚层灰岩、硅质团块和条带状灰岩,底部为石英砂岩、炭质页岩夹煤层和黏土层。

(9) 三叠系(T)

中下统主要分布于石门、临澧、澧县等地。中统巴东组岩性为紫红色、黄色页岩、砂质页岩及紫红色长石石英砂岩。下统上部为角砾状致密块状灰岩,下部为薄层状白云岩、灰岩。

(10) 侏罗系(J)

分布于澧水流域石门县城郊、新铺、澧县大堰等地。缺失上统地层,中统九龙桥组为紫红色泥岩夹棕黄、灰绿色厚层长石石英砂岩。下统香溪组为灰绿色厚层泥质细砂岩、粉砂岩与黄绿色黑色页岩互层,底部为砾岩。

(11) 白垩系(K)

上统广泛分布于湖盆及其边缘地带,在西部和南部以及湖盆内的赤山岛等地均有出露,岩性为红棕色泥岩、粉砂岩、块状砂岩、含砾砂岩,底部为砾岩。下统地层分布在西部桃源、澧县、石门一带及东部长平盆地等地,上部为棕红色砂质泥岩、砂岩、砾岩,中部为棕黄绿色砾岩、砂岩、砂砾岩与紫红色砂质泥岩互层,下部为泥质砂岩、粉砂岩、砾岩。

(12) 下第三系(E)

主要出露于洞庭盆地西部桃源县剪家溪,东部岳阳县中村一带。澧水流域零星可见。渐新统岩性为红棕色夹灰绿色泥岩、泥质粉砂岩。始新统分布较广,上部为汉寿组,岩性为红棕色砂质泥岩、泥岩、膏质泥岩夹灰绿色粉至细砂岩;下部为沅江组,岩性为红棕色泥岩、灰、深灰色泥岩、泥质白云岩、泥灰岩夹薄层油页岩、砂岩等。古新统桃源组为深灰色泥岩、泥质白云岩、红棕色泥岩与砂岩呈等厚互层。

综上可知,研究区内志留系(S)、泥盆系(D)、三叠系(T)和白垩系(K)的基岩地层分布最为广泛,在澧水中上游慈利、石门皂市,涔水上游码头铺、方石坪以及道水上游夏家巷一带均有较大面积出露,客观上能够为人类提供多样岩性的石料资源以开发利用。但作为用于打制石器的原料,对岩性有一定要求,一般需要细腻、坚硬和易于破碎的矿物或岩石,应具备硬度、各向同性和脆性三种物理性质,如要求硬度为摩氏5.5以上、缺乏解理或晶体构造,故而其中一些泥岩、灰岩等由于硬度和内部结构等因素并不适合用于打制石器。因此,史前人类可获石料的特性对于评估原料的最初产地及其潜在功能也至关重要。

6.1.2.2 遗址石料来源

研究区域基岩地质分布表明,澧水流域旧石器遗址存在的石料种类基本能在基岩中找到相应的岩石类型。例如,元古界虽然分布面积不广,但出露有较丰富的各类板岩,特别是在道水南部区域的板溪群较为集中,此外在震旦系中也可见分布有硅质板状页岩;澧水上游的寒武系或奥陶系基岩中含有燧石团块或薄层,在涔水、溇水的源头处也分布有相对较丰富的燧石岩层,同样在道水源头的二叠系(P)地层中也出露有面积较广的夹硅质团块岩层,这些应是遗址中燧石的主要源头;较为常见的石英砂岩以及石英岩类变质岩在多数出露的地层都存在,是一类分布相当广泛的石料,尤其是主要分布于研究区内的三叠系、侏罗系中。石英脉的出露地层还有待进一步实地调查,但志留系地层中有含石英的管状结核砂岩或粉砂岩层,由于岩浆岩在澧水流域不发育,因此这里的石英原料含量可能并不丰富。

遗址中的石料从标本上保留的明显河流砾石外形和表面特征,表明相对于基岩的距离和开采难度来说,古人开发石料时依靠地质运动或河流搬运所形成的岩石在地表的出露和堆积是最主要的方式。这符合先民省时省力的获取资源策略。因而,有研究者认为分布在山区和从山区发源并聚集有砾石的中下游河段是古人类的"最佳原料地带"(陈胜前,2013)。在这一区域内,东西向(西缘)和北西—北北东向(南缘)的多条河流于盆缘形成冲积扇群,其中西缘冲积扇群以西的山区还形成了分布有限的河道砾石堆积,并因幕式抬升形成了多级基座阶地(柏道远等,2009)。众多羽状和树枝状次级支流等水系均从西部、北部、南部山区发源并聚集到澧水河中,由西向东流经澧阳平原,最终汇入洞庭湖。古河道因西高东低的地势形成较大落差,具备足够的水动力和下切力使沿途基岩进行长期的剥蚀、侵蚀、磨圆、分选和搬运,将石料携带至澧水的中下游地区。

对遗址附近砾石层的石料进行对比观察,在认识古人类采集、使用石料的认识过程和思维活动等原料开发行为方面有着重要意义。一些研究者还强调对遗址周围原料的来源作定量的调查和分析,对一个地区各种岩性石料的来源、质地和可获得程度(含量和比例)等"背景参数"应有更深入、系统的了解,并结合遗址中出现的石料进行充分对比,以更好地反映和分析原始人在石料的选择利用、采集运输等方面的信息(Harmand,2009;王益人,2004;中国社会科学院考古研究所等,2003)。这里我们对澧水流域不同地点出露的第四纪古河流阶地中的砾石层(剖面1~剖面4)进行分析,以期对认识遗址石料的来源有一些重要启示。

剖面1:澧水南面澧县澧南镇的许家屋场北部见有高约15 m的人工开挖露头新开铺组剖面(柏道远等,2009)。剖面南北向,长约100 m,沉积层自下而上可分为4层(图6.4,1)。

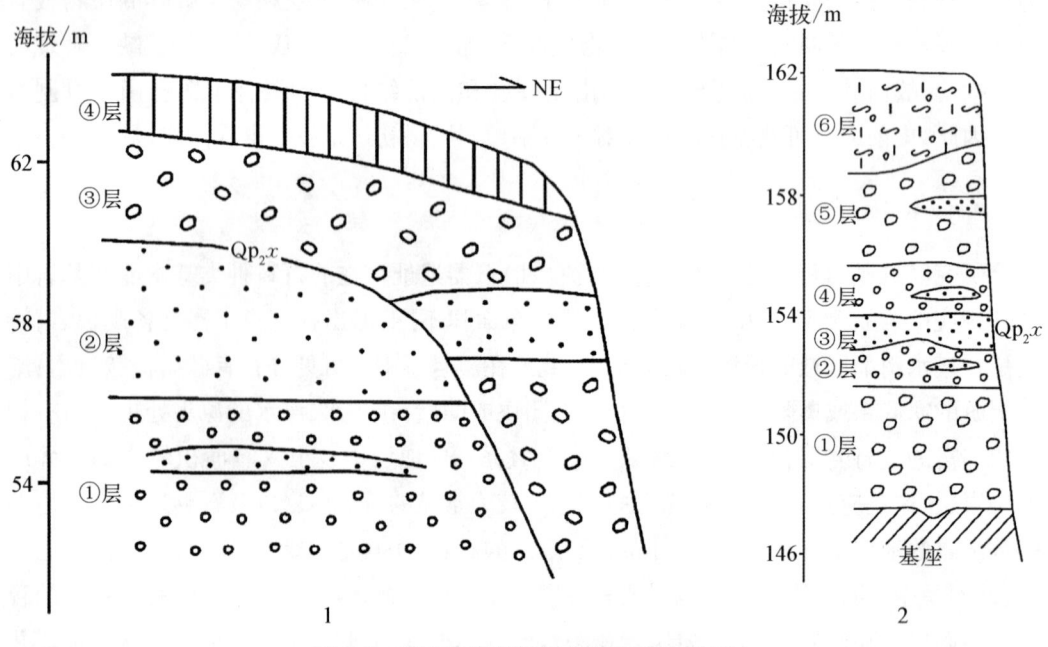

图6.4 澧县许家屋场新开铺组露头剖面
1. 澧县许家屋场剖面 2. 临澧官亭水库北部剖面

①层:黄红色细砾石层,厚5 m以上,未见底。砾石含量约90%,砂质充填。砾石成分复杂,有硅质岩(黑色)、脉石英、石英砂岩、石英岩、灰岩等。分选良好,砾径1~3 cm为主;次圆状—圆状。砾石无明显定向。该层中夹粗砂层,略固结。

②层:紫红色粗—中砂粒层,厚4~5 m左右。

③层:黄红色粗砾石层,新开铺组。砾石含量约90%,砂质充填。砾石成分相对简单,主要为石英砂岩、石英岩,少量脉石英;分选一般,砾径3~20 cm为主;磨圆度高,圆—极圆。局部夹砂土层。

④层:灰黄色砂质黏土,厚约1.5 m。

剖面2:涔水以南的官亭水库北面也有冲积物发育并构成高阶地。阶地因后期切割现显示为大量顶面高程为 165~170 m 的山岭。其中有一个厚度约 14 m 的人工露头剖面（柏道远等，2009），自下而上总体可分为 6 层（图6.4,2）。

①层：黄色粗砾石层，厚 4 m。砾石含量 90% 以上，基质为砂质。砾径多在 4~20 cm，个别可达 30 cm。砾石成分主要为石英砂岩（95% 以上），少量灰岩和硅质岩（小于 5%）。次圆状为主，少量次棱角状和圆状。

②层：黄红色细砾石层，厚 1.2 m 左右。砾石含量 90% 以上，基质为粗砂。砾石成分与 1 层基本相同；分选较好，砾径多为 1~4 cm；次圆状为主，少量圆状。

③层：黄色或黄红色细—中砂层，厚度欠稳定，多为 0.5~1.5 m。可能由于后期淋滤作用，发育白色条带或斑块。

④层：黄褐色细砾石层，厚 1.5 m 左右。中夹砂质透镜体。砾石含量 90% 以上，基质为砂质。砾石成分主要为砂岩，石英岩，少量脉石英和硅质岩（小于 5%）；砾径 1~5 cm 为主；次圆—圆状。

⑤层：黄红色粗砾石层，厚 3.5 m 左右。砾石含量 90% 以上，基质为砂质和黏土。砾石成分主要为砂岩，石英岩；砾径 4~15 cm 为主；次圆状—圆状。局部可见厚近 0.6 m 的砂质透镜体。

⑥层：紫红色含砾网纹红土，厚 2~4 m。在剖面西侧，网纹红土底面倾向西，与山岭坡向一致，反映其可能为后期切割填充产物。含砂质及零散小砾石。

剖面 3：临澧县停弦渡镇白虎山公路边见有白沙井组冲积层良好露头（柏道远等，2009）。堆积自下至上共 3 层（图 6.5）：

①层：风化残积角砾层，岩性为泥盆系石英砂岩。

②层：铁锰质胶结的细砂砾层。

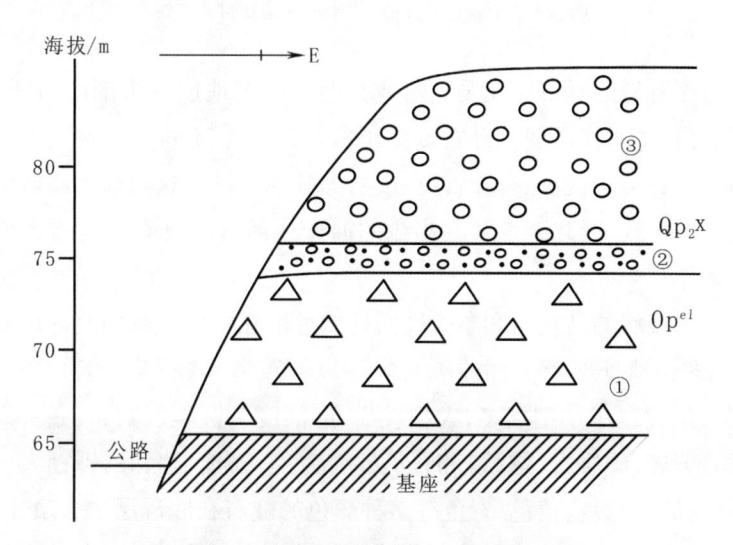

图 6.5　临澧县白虎山白沙井组露头剖面
① 残积角砾层；② 铁质胶结砂砾层；③ 砾石层。Qp^{el} 更新世残积；Qp$_2$b 中更新世白沙井组

③层：白沙井组粗砾石层，砾石成分以硅质岩、砂岩、石英岩为主，少量脉石英、灰岩，砾径4~15 cm，磨圆度多呈圆状，少量极圆状或次圆状。

剖面4： 在道水南部太阳山附近神仙桥东的露头剖面可见到志留系板岩组成的基座和第四纪冲积砾石层(柏道远等，2010)。砾石层自下而上可分为3层(图6.6)：

①层：坡积成因的角砾石层，厚1~2 m，呈上薄下宽的楔状，与基座板岩间为切割接触。角砾成分为板岩、泥质粉砂岩等。

②层：黄红色砾石层，厚度大于4 m，未见底；砾石成分主要为硅质岩，次为脉石英、砂岩、石英岩、板岩等；分选好，砾径多为1~3 cm；磨圆度高，多为次圆—圆状。

③层：紫红色砾石层，厚3.5~4 m；除颜色差异外，砾石含量、成分、特征等与第②层相近；中夹2~3层厚15 cm左右的粗砂层，延伸不稳定。

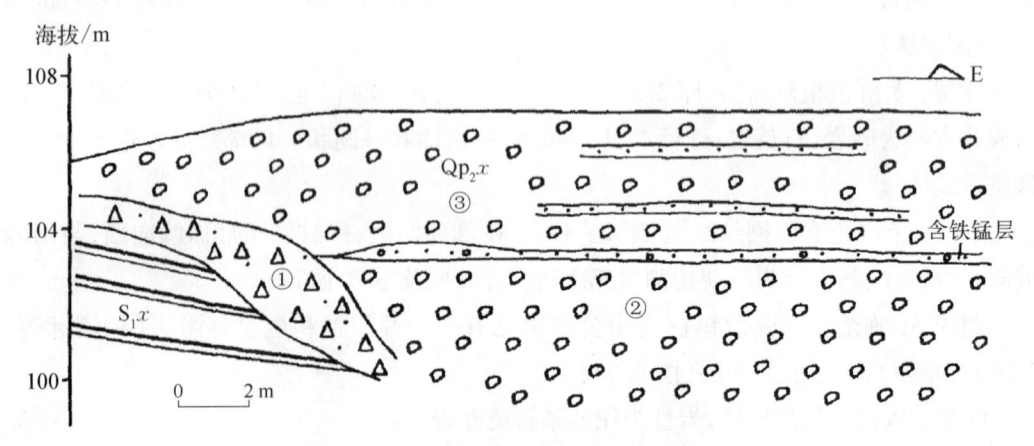

图6.6 桃源县神仙桥第四纪露头剖面
Qp₂x—中更新世新开铺组；S₁x—早志留世新滩组

从以上古河流阶地的砾石层及洞庭盆地其他第四纪地层露头剖面的砾石堆积(来红州，2004)可以看出，澧水流域河流砾石资源丰富且从老至新的地层中最主要的种类均为石英砂岩、硅质岩、石英岩，也见有脉石英、板岩等其他岩性。这与澧水流域旧石器遗址发现的石料情况基本一致，因此澧水及其支流的河床或河漫滩砾石层为古人就近取材提供了良好的资源条件。

据对位于道水流域的乌鸦山和条头岗两处遗址所在的红土剖面底部出露砾石层的观察(图6.7)：乌鸦山遗址剖面下部的砾石岩性以石英砂岩、石英岩、硅质板岩(黑色)居多，见少量石英，砾径以中小型居多，大型较少，磨圆度为圆至次圆状；条头岗遗址底部砾石岩性主要以石英岩、硅质岩(燧石)和石英砂岩为主，分选不太好，砾径大、中型较多，小型较少，值得注意的是棕色、黄色、青色等多种颜色的燧石在底砾层中含量比较丰富，其中不乏质量较优者。可见这两处遗址的石料来源地应是较为便利的，古人可以从当时生活的遗址旁河滩上或附近古老的河流阶地砾石层中获取。

图 6.7 澧水流域遗址底砾层石料
A. 乌鸦山遗址及底部砾石层 B、C. 条头岗遗址底部砾石层(燧石石料)及剥片实验

由于埋藏原因,十里岗遗址和八十垱遗址底部砾石层没有出露,但其石料也应来自涔水或澧水等水系的河卵石,从遗址所处地理位置考虑,可能其采备距离已相对较远。关于黑色燧石和小型石英砾石的准确石料来源处还需进一步的实地调查,总体上应属于一类"低含量、高质量"的原料类型。根据我们对澧水现代河漫滩上的砾石进行的初步调查,砂岩和石英岩是基本岩性类型,也能采集到少量与十里岗遗址中的石料较相似的黑色燧石,但已存在一定程度风化,硬度较大不易开片且内部有些节理。涔水由于现代河床的变迁和后期新的沉积等缘故,目前下游基本上难以观察到河床砾石,不过砾石层在靠近上游河段中分布较广,可见岩性包括石英砂岩、燧石、石英、硅质板岩等,个体较小的脉石英砾石数量相对较多。2018 年 6 月笔者在澧县方石坪镇附近的涔水现代河滩上进行了石料调查,表明采集到黑色燧石并不困难,且其质量及个体形态与十里岗遗址的同类石料十分接近。因而,这里很可能是黑色燧石 A 原料的重要来源地。

原始人类对石器原料的了解和认识,表现在它们对不同地区、不同原料环境(地质条件)下石料性质的认知。一些岩石硬度低,杂质含量高,成分和结构成熟度低,打片极难控制,不适宜打制石器。在遗址中普遍存在的石英砂岩、石英岩原料,虽然均质(各同向性)差,脆性大,打片时也较难控制,但岩石的硬度较大,颗粒粗,内部结构致密,节理不发育,在砾石层中数量丰富,且往往尺寸大小合适,故而是用于制作大型工具的首选石材。而黑色燧石虽然往往个体尺寸不大,但其硬度大,质地细密匀纯,结构致密,尽管一些发育有裂纹,但是本区域最适合生产锋利刃缘的一种原料。

概言之,目前的研究显示,澧水流域古人类开发利用原料在大部分时间内基本遵循因地制宜、就地取材的策略,古人类主要沿河谷活动并于砾石层中采集所需石料资源。

6.1.3 原料的获取方式

原料以何种形态进入遗址,是古人类关于原料运输的一种决策。古人类原料的获取可以从两个方面进行:一是原料进入遗址的形态,二是人类获取原料的行为方式。下面通过考察遗址不同石料在石制品类型中的分布情况以及比较不同岩性的石核和石片尺寸两种方式对此进行探讨。

6.1.3.1 石料输入形态

(1) 乌鸦山遗址

因CL1石制品数量过少,缺乏统计学意义。据对CL2~CL4中不同石制品类型的原料利用率统计(表6.2)可知,除CL4中没有发现与石英相应的石核外,大部分石料的石制品组合基本完整,暗示遗址内存在剥片或修理行为。遗址中较多的搬运砾石表明,可能有储存石料(stockpiling)的行为,原料主要以磨圆度较好的自然砾石形态进入遗址。

表6.2 乌鸦山遗址石制品类型与原料种类

原料 石制品	硅质板岩			石英砂岩			石英岩			燧石			石英		
	CL2	CL3	CL4	CL2	CL3	CL4	CL2	CL3	CL4	CL2	CL3	CL4	CL2	CL3	CL4
石核	3	13	2	14	26	7	7	20	4	3	8	1	5	5	
石片	33	65	3	37	103	6	39	56	4	34	30	4	11	12	1
石锤				1	4										
工具	20	16	1	8	12		10	13		3	7			1	
废品	101	202	14	85	174	15	65	148	16	43	61	5	30	40	2
砾石	4	2		8	8	3	7	18	5		1		1	1	
总计	161	298	20	153	327	31	128	255	29	83	107	10	47	59	3

根据"最小单元分析"(Minimal Nodule Analysis)方法(高星,2001a;Kelly,1985),从不同颜色等特征的燧石在遗址不同石制品类型中的利用观察,CL2层中黑色(A类)、青色(C类)、红色(D类)、灰白色(E类)和CL3中红色(D类)、黄红条纹(F类)等燧石仅发现石片,而没有发现与之相应的石核。相似的,这两层中也有少量乳白色、红色的石英岩石片未见相匹配的石核。如果不是发掘原因造成的话,则表明可能有部分石料应在遗址外

剥片后,再选择部分石片到遗址中利用。

"石片发现率"(Flake Recovery Rate)是分析的另一种方法,通过石片和石核片疤的数量比在一定程度上指示遗址中剥片场所等的生产行为(Kimura,1999;曲彤丽,2009)。经统计,CL2、CL3中硅质板岩的石片发现率分别为3.55和3.49,表明石片数量较石核片疤数量丰富三倍以上,产成这种情况有三种原因:1. 部分石核被随身携带离开遗址;2. 石核上的实际片疤数量多于可辨数;3. 部分石片是从其他活动地点输送至此。作为石料资源丰富且以随意石核为主的遗址,古人随身携带这些石核的可能性很小。石核剥片作为一个减核过程,遗址中石核上可以观察到的残存片疤数量一般来说会少于实际打下的石片数,但另一方面,因为多数石核均为简单石核,剥片利用率低,两者之间实际不会相差过于悬殊。笔者认为,第三种解释相比之下更有可能性,部分石片来自遗址外,如CL2中一件巨型硅质板岩石片(LWT3③:1710)尺寸明显大于该文化层所有同类石料的石核,CL4中的燧石石核仅见1个片疤,但发现多件石片。

(2) 条头岗遗址

石制品类型与原料利用的统计(表6.3)显示,上、下文化层中燧石、石英砂岩、石英岩有基本完整的石制品组合。丰富的石核、石片和各类废品表明,古人类主要是在遗址内生产石片和制作工具。同时,遗址中存在较多磨圆度较高的砾石,与人工制品共存,应为搬运的备料。但硅质板岩和石英两种石料中主要是断裂片、断块、碎屑等废品,均不见石核,石片数量也少。由于这两种石料数量稀少(N=21, 0.29%),且基本不用于工具制作,因而很难认为是人类有意识地从遗址外剥坯后再携带至遗址的,不排除是一种偶然性行为。

表6.3 条头岗遗址石制品类型与原料种类

原料种类 石制品类型	燧石		石英砂岩		石英岩		石英		硅质板岩	
	上层	下层	上层	下层	上层	下层	上层	下层	上层	下层
石 核	155	21	56	12	30	3				
石 片	1 260	83	324	21	148	3	3			
石锤/石砧			4							
工 具	147	14	22	1	9				1	
废 品	3 309	119	1 049	41	352	6	7	1	9	
砾 石	23	6	72	16	15	3				
总 计	4 894	243	1 527	91	554	15	10	1	10	

对比不同种类的燧石石核和石片,上文化层中黑色燧石(A类)仅发现石片、工具和废品,没有相应的石核,表明可能有少量特殊的原料并没有在遗址内直接剥片。另外,上文化层中还有10多件尺寸超过10 cm的大型或巨型的石英砂岩和石英岩石片,在遗址中也未找到匹配石核,很可能在石料产地打片后再将毛坯运回遗址。

(3) 十里岗遗址

不同石制品类型与原料种类的统计(表6.4)显示,遗址中燧石、石英和石英砂岩均存在石核、石片和工具,石英岩未见与石核相应的石片,但从石制品的残剩石皮以及出土砾石观察,原料应均以砾石形态进入遗址并剥片。

表 6.4　十里岗遗址石制品类型与原料种类

原料种类 石制品类型	燧石 N	燧石 %	石英 N	石英 %	石英砂岩 N	石英砂岩 %	石英岩 N	石英岩 %	赤铁矿 N	赤铁矿 %
石　核	16	1.61	6	0.6	5	0.5	2	0.2		
石　片	167	16.82	22	2.22	22	2.22				
石锤/石砧					3	0.3				
工　具	35	3.52	2	0.2	1	0.1				
废　品	431	43.4	161	16.21	39	3.93	8	0.81	42	4.23
砾　石	1	0.1	2	0.2	15	1.51	3	0.3		
烧　石					9	0.91	1	0.1		
合　计	650	65.46	193	19.44	94	9.47	14	1.41	42	4.23

然而,对于燧石原料来说,无论是石核的数量还是石核片疤数均与遗址中石片的数量不能很好对应。石片发现率为2.33,表明石片远多于石核片疤的数量。大多数燧石石核个体小,石核原型多为断块(N=10),剥片策略显示多为简单随意,一方面表明多数石核在打片过程中可能已裂成断块或碎块,对石料已基本物尽其用,但另一方面也说明可能在废弃时一部分工具或石核被随身携带离开。遗址中废品数量比例较高,微片占石片比例达57.71%,是原地打制石器的重要指标,也侧面支持了石器从遗址中被携带离开的可能性。

(4) 袁家山遗址

石制品原料种类利用统计(表6.5)表明:第④层中石英砂岩、石英岩在遗址内的组合比较完整,应是生产石片和制作工具的场所,大多数原料应是直接搬运砾石到遗址内剥片;燧石和石英原料的石核数量及剥片数量少,石片和废品的数量超过石核可能的产量,而且从燧石石片具有多种颜色(黑色、黄色、青色和灰白色)的情况看,理论上应该存在相应的石核,因此推测一些燧石和石英应是从遗址外以毛坯的形式输入,也不排除有部分以工具成品形态直接被古人类携带至此。

从第③层中石英制品的分布和类型观察,这里显然应是一个加工制作点,其表面特征表明原料主要是从外面输入的小型砾石。燧石(全为A类黑色)、石英砂岩原料石制品数量虽然不多,但应也是搬运砾石原料后在遗址内剥片。

表 6.5 袁家山遗址石制品类型与原料种类

石制品类型 \ 原料种类	石英砂岩 ④	石英砂岩 ③	石英岩 ④	石英岩 ③	燧石 ④	燧石 ③	石英 ④	石英 ③	赤铁矿 ④	赤铁矿 ③
石核	17	2	2	0	1	4	1	30	0	0
石片	86	4	8	0	10	13	13	126	0	0
石锤	1	0	0	0	0	0	0	0	0	0
工具	7	0	1	0	4	0	1	23	0	0
废品	82	12	4	0	5	8	34	360	2	0
砾石	9	3	3	0	1	1	0	3	0	0
合计	202	21	18	0	21	26	49	542	2	0

（5）八十垱遗址下层

遗址第⑧层和第⑩层均没有发现石核，且石制品数量较少，可能有从遗址外携带成型坯材或工具的行为；而第⑨层中发现有石核、石片、工具和废品的完整组合，表明大量石英质石制品是原料在遗址内直接生产和加工后留下的遗存。从石制品保存的石皮和出土备料可以推断，原料是以磨圆度较高的砾石形态进入遗址后再投入生产环节。

（6）小结

澧水流域晚更新世遗址中古人类获取石料时主要是直接从河床的原料来源地运输磨圆度较高的完整砾石，而基本不经过打片测试或初步加工等环节。不过，与此同时，一些体积太大或较为优质的特殊石料（如燧石、硅质板岩）也可能在产地剥片后再将毛坯带回遗址，部分遗址还发现将高质量石料剥坯后的石核或修理工具携带离开的行为。因此，古人类对所面临的差异化石料资源条件采取了一种较为灵活多样的应对方略。

6.1.3.2 石料获取行为方式

Haury（1994）曾参照宾福德（Binford）的聚落组织论将古人类对石器原料的获取方式分为四类：1）偶遇式，随遇随采，且不储备原料；2）嵌入式，原料采集作为其他工作的附属；3）后勤移动式，特定人员在特定区域专门采集，并将其运回中心营地；4）间接获取，通过交换或贸易获得原料。

澧水流域河流阶地发育，砾石资源较为丰富，若古人类在一个区域有一定的实践经验积累后，在沿河谷迁徙活动中获取大部分种类的石料（如石英砂岩、石英岩）并非难事，根据岩石的大小、形状、颜色、表面结构和粗糙程度或简单的打击以判定硬度即可以选择合适的石器生产原料，因此采取偶遇或嵌入方式均能很好地应对需求。当然，据多数遗址中存在一定数量作为储备原料的砾石，说明采备行为也还应有一定的计划性（图 6.8，A）。然而，对于一些遗址中如十里岗遗址、袁家山遗址（上层）被大量利用但在石料产地不常见的原料（如黑色燧石、石英）来说，显然获取时间和成本将会明显提高，古人类需要到距离相对更远的河滩处搜寻,因此很有可能石料的开发是作为一项独立工作开展的,群体对人员的安排也应有相对的组织性,因而这更多反映了后勤移动式的原料采集特征(图6.8,B)。上述两种情况反映了澧水流域晚更新世时期古人类原料获取模式的演变。

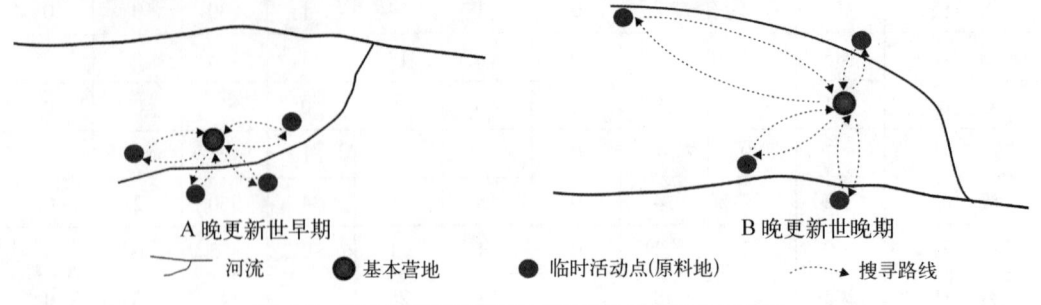

图6.8 澧水流域晚更新世原料获取模式变化示意图

先民获取石料的行为还与石料距离遗址的远近有一定关系。石料是否产自本地影响着晚更新世古人类的活动范围。目前学术界对遗址中狩猎采集者人群的"领地"(territory)范围的认识还没有一个完全一致的划分方案。Geneste(1985)将石料的获取按近距离(0~5 km)、中等距离(5~20 km)和远距离(30~80 km,甚至超过100 km)分为三种地理范围。宾福德(1980)根据对现代狩猎采集者的民族学观察,将近距离的地理范围确定为距遗址6英里(约9.6 km)为活动半径。奥代尔(2004)在研究伊利诺伊州的燧石资源产地时,建议将"本地"定义为发掘区两侧各延伸约8 km。Lee(1968)在对布须曼人的研究中把环绕遗址10 km半径内的范围定为狩猎采集者获取资源的区域。综上,本文采用8~10 km的半径区作为本流域狩猎采集人群"近距离"或"本地"的衡量标准。

如上所述澧水流域乌鸦山和条头岗等多数遗址在活动区附近的当时河床砾石层或古老阶地砾石层中均能比较便利地找到所需的石料,原料的来源地距离遗址应很近,近者可能在数十或数百米,远者可能约在2 km半径区,无疑原料属于本地来源;结合先民在澧水上、下游对石料种类的认知和选择性开发情况,推测当时人群的主要活动范围可能在半径15 km左右。但是,对位于平原岗地上的遗址,如十里岗遗址来说,情况或许有所不同:在遗址5 km以内并没有合适的砾石资源可供开采,最近的石料来源地距离约5~10 km,若考虑到黑色燧石原料分布的不均匀和稀少性,需要获取的范围将会更大,故而此时人群的空间活动范围可能达到数十千米,采备石料的距离至少已属于"半本地"(semi-local)的性质。

概言之,晚更新世前期阶段人类获取石料主要在遗址附近,各个遗址的石料表现出显著的地方性,寻找、获取和运输原料的成本均不大,人类的活动更以本地取向为主,在遗址生活时最大活动半径可能不超过15 km;而从晚更新世后期阶段开始,人类对石料的选择则表现出刻意的追求,有明显的选择倾向性,较为优质的原料来源多在5 km以外或10 km左右的区域,人类的活动更具移动性,活动范围可能达到数十千米。对数量稀少但质量较高原料的强化利用行为,显然反映了人类在原料开发策略和理念上所发生的重要变化。

6.2 原料的利用策略

原料的利用策略是展示原料如何消耗的一个"生命史"动态过程,包括将石料直接打制成工具、从石核上剥离石片、以石核或石片为毛坯加工石器、对石器的使用磨损、对使用过的石器再加工利用及至将使用过(或损坏)的石器最终弃置等过程(高星,2001a)。

澧水流域遗址中不同类型石制品所用的原料已有一定的倾向性,如手镐、砍砸器等大型器类主要利用颗粒结构较粗、个体较大的石英砂岩和石英岩等砾石,而刮削器、尖状器等小型器类则以质地较细腻的硅质岩居多。下面的分析主要集中于对原料利用程度的讨论。

6.2.1 石核利用程度

"高效石核"和"低效石核"是研究者曾用来分析石核利用效率的一个衡量指标(高星,2001b)。本文也借用这两个术语,具体分析中除根据石核类型作为两者区分标准外,如将Ⅰ1型、Ⅰ2型和Ⅱ1型归为低效石核,Ⅲ型和盘状石核归为高效石核,同时结合石核片疤数(本文取石核片疤数平均值6个片疤作为分界值)进一步判断其实际效率。

表6.6 澧水流域晚更新世遗址石核剥片效率统计

项目 遗址	低效石核 数量	低效石核 百分比	高效石核 数量	高效石核 百分比	低效/ 高效比
乌鸦山 CL4	8	57.14	6	42.86	1.33
乌鸦山 CL3	48	66.67	24	33.33	2
乌鸦山 CL2	23	74.19	8	25.71	2.88
条头岗下层	21	58.33	15	41.67	1.4
条头岗上层	131	54.36	110	45.64	1.19
袁家山④层	8	38.1	13	61.9	0.62
袁家山③层	29	85.29	5	14.71	5.8
十里岗	22	75.86	7	24.14	3.14

从石核剥片效率的初步统计(表6.6)可以看出,大多数遗址以低效石核为主,袁家山遗址第④层中高效石核居多是一个例外;乌鸦山遗址石核利用率从下部至上部文化层略有降低,而条头岗遗址上文化层较下文化层的石核利用率略高;十里岗遗址和袁家山遗址③层低效石核比例超过3/4。高效石核比例在所有遗址中较低,又与一些遗址中有大量石片存在矛盾,因而这可能与部分石核被携带离开有关。特别值得指出的是,十里岗遗址中砸击技术及石片类型均表明对原料有最大化利用的尝试,与上述统计中低效石核为主的结论存在矛盾的原因,一方面同样也可能与遗址中部分高效石核被携带离开有关;另一

方面该遗址的表面石核利用率可能并不能代表实际的利用程度,而是反映了古人类对石料的特殊利用和处理方式。

台面的数量尤其是每个石核旋转的次数,也是衡量坯材消耗或利用程度的一种有效方法(Clarkson,2008;裴树文等,2001;Li.F.,2016)。如表6.7所示,乌鸦山CL4、CL2,袁家山③和十里岗遗址中单台面石核比例相当高,而乌鸦山CL3、条头岗、袁家山④层中多台面石核比例要高。不同遗址石核平均旋转次数也显示出与石核类型大致相同的情况,在条头岗上文化层和袁家山第④层中石核的转向次数明显较多。因此,可以推知条头岗上文化层和袁家山第④层中的石核剥片利用率较其他遗址或文化层要高。

表6.7 澧水流域晚更新世遗址石核台面数量和比例及石核平均旋转数

项目\遗址	鸦山 CL4	鸦山 CL3	鸦山 CL2	条头岗 下层	条头岗 上层	袁家山 ④层	袁家山 ③层	十里岗
单台面(N=1)	7(50%)	35(48.6%)	18(58.1%)	16(44.4%)	99(41.1%)	6(28.6%)	28(82.4%)	15(60%)
多台面(N≥2)	7(50%)	37(51.4%)	13(41.9%)	20(55.6%)	142(58.9%)	15(71.4%)	6(17.6%)	10(40%)
石核平均旋转数	1.29	1.44	1.32	1.47	2.06	2.09	0.91	1.04

石制品表面残存石皮和剥片疤比的统计(图6.9)显示,剩余自然砾面的比例平均值多超过50%,而剥片疤比则多为30%~40%,与上述分析的结果基本一致,表明总体上澧水流域晚更新世先民对石核的利用程度偏低。

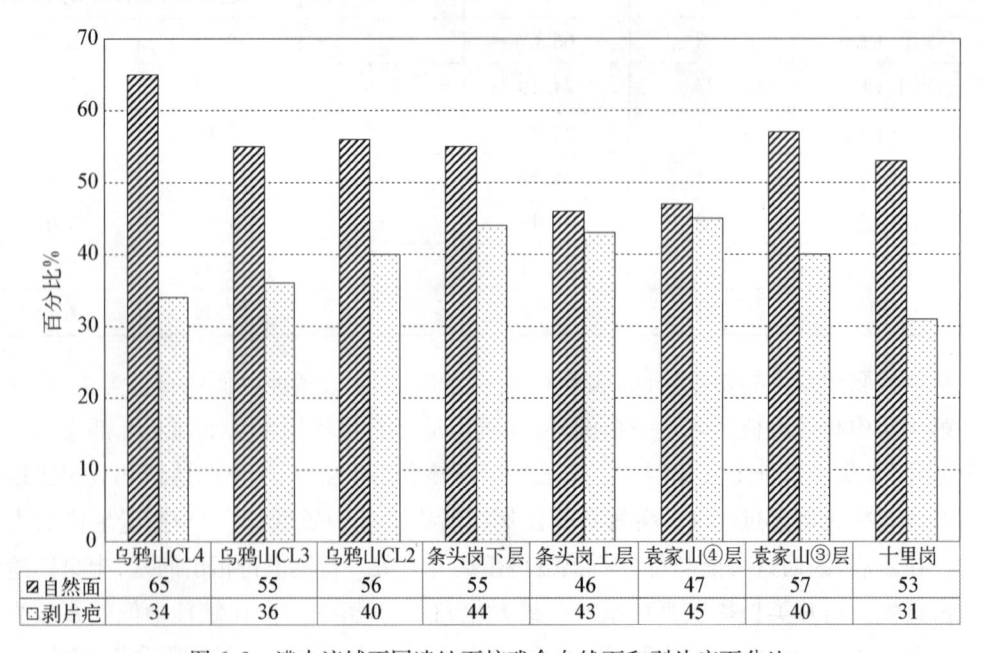

	乌鸦山CL4	乌鸦山CL3	乌鸦山CL2	条头岗下层	条头岗上层	袁家山④层	袁家山③层	十里岗
自然面	65	55	56	55	46	47	57	53
剥片疤	34	36	40	44	43	45	40	31

图6.9 澧水流域不同遗址石核残余自然面和剥片疤百分比

6.2.2 石片与工具利用程度

石片是剥片的目的和结果,不同完整石片的类型和比例可以反映不同台面—剥片面的关系及其转换方式,以及剥片所处的大致阶段(牛东伟,2014)。相关的实验研究(Toth,1982、1985a)表明,Ⅲ、Ⅵ型石片类型是剥片的次级阶段,其他类型则属初级阶段。如前文论述,研究区大部分遗址古人类的石核剥片处于初级阶段,尽管不同遗址不同层位仍可见到缓慢发展态势,如乌鸦山遗址 CL4~CL2 处于次级阶段的石片比例渐次为 22.2%、42.86%、47.71%,条头岗遗址下文化层、上文化层中次级剥片的比例分别为 42.05%、50.49%。但是,十里岗遗址则以人工台面石片为主(61.26%),次级阶段的石片达 70.15%,其中Ⅵ型石片占 47.64%,对原料的利用率明显较高,呈现以台面和剥片面相互转换为主的石核剥片策略。颇为有趣的是袁家山遗址第③层中的石片,观察统计表明石英和燧石两类原料具有完全不同的利用率,前者几乎全为初级阶段产品,而后者次级阶段产品比为 84.62%,表明遗址实际的利用情况是较为复杂的,不同原料、不同时间(层位)等因素可能影响人类的应对策略。

石片加工频率是指加工成工具的石片和未被加工的石片(包括完整石片、断裂片、残片)与工具之间的比率[工具/(石片+工具)],是衡量原料利用程度的一个重要指标(Kuhn,1995)。据表 6.8 的统计可以看出,无论是所有石片还是仅针对完整石片,所有遗址的石片毛坯成器率都很低,人类对石片的改造利用程度相当低。其原因一方面与其中部分石片与工具的修型产生过程有关,另一方面可能由于部分石片未经修理即被直接使用;当然本地原料丰富易得也应是导致古人类"浪费型"消费模式的重要因素。

表 6.8 澧水流域不同遗址石片加工频率

遗 址↓	完整石片	不完整石片	片状毛坯工具	石片加工频率 A	石片加工频率 B
乌鸦山 CL4	18	33	1	1.92%	0
乌鸦山 CL3	266	361	34	5.14%	8.65%
乌鸦山 CL2	154	192	29	7.73%	8.44%
条头岗上层	1 735	2 412	134	3.13%	5.3%
条头岗下层	107	78	11	5.61%	7.48%
袁家山④层	117	59	9	4.86%	6.84%
袁家山③层	143	83	6	2.59%	4.03%
十里岗	211	165	24	6%	8.06%
八十垱⑨层	15	15	3	9.09%	16.67%

注:A 统计全部石片(完整石片+不完整石片);B 仅统计完整石片。

从工具类型与原料种类的关系来考察遗址原料经济的发展。对各个遗址的初步观察有以下认识：1. 乌鸦山遗址（以 CL2、CL3 层为主）对不同类型工具的原料选择没有明显的区分，但少量优质石料（燧石、脉石英）仅用于制作刮削器、锯齿器和雕刻器等轻型工具，显示对原料的选择利用具备较高的认知能力。2. 条头岗遗址（尤其上文化层）根据不同岩性制作不同功能石器的趋向已比较明显，重型工具基本以石英砂岩和石英岩为石料，而轻型工具却基本为燧石原料。3. 袁家山遗址第④层中对不同工具的原料选择倾向性不明显，第③层则显然在原料的采备、工具的石料利用和类型制作方面都具有相当清楚的选择倾向性。4. 十里岗遗址是原料经济更为典型的个例，除一件砍砸器和打击工具选择石英砂岩石料外，其余小型工具主要利用燧石原料，并偶用石英，清楚表明此时人类对不同原料的认知能力和区分利用。以上分析表明随着人类及文化自身的不断演化，古人对原料的认识也不断提高，可以见到比较清楚的原料经济行为，但这并不是线性式的发展，由于原料的可获性、遗址的功能结构和移动模式等因素，同一地区或同一时期的遗址会存在一定的多样性和复杂性。

综合前文中工具毛坯、修理方法、修理部位、加工长度和深度等特征，总体表明澧水流域晚更新世遗址中工具的加工程度较低，修理策略简单，原料利用程度较低，绝大多数具有很明显的权宜性特征。

6.3 本章小结

澧水流域晚更新世人类对不同种类岩石的物理性能和石料特点有较高的认知能力，对石料的开发有选择性。就近取材、因地制宜地在当时或古代河谷的丰富砾石中选择石料是先民的资源获取模式。原料的获取和开发在这一时期存在区域性和历时性的多样性特点，近距离石料来源地资源对早期遗址石料种类有明显影响，后期对更远距离的石料资源的倾向性集中采备行为使得先民原料的选择策略发生了显著的阶段性变化。

古人类在不同类型石制品的原料利用上具有一定的倾向性和选择性。对石核、石片和工具的利用程度分析表明，遗址先民对原料的开发主要采用了高浪费或损耗型的浅度利用策略。但随着对石料认识和开发能力的逐步提高，对优质原料资源的利用强度和加工策略也有相应的发展，少量精致加工的尖状器、边刮器、端刮器等是古人类技术发展和进步的体现，也显示在一定程度上采用了对优质原料工具类型的精致化加工策略。

第七章 石器技术与操作链

石器技术体系或结构是研究工具及其副产品在遗址中的生产、使用和废弃的组织和管理,以及它们被社会和自然环境所构建的过程(Andrefsky,2009,2012;Carr,1994;Ann,1991;Shott,1986)。有学者认为对石器技术的分析,可从三个方面展开,即初级剥片技术(原料获取、石核预制、毛坯生产),次级剥片技术(毛坯修理,工具维护)和成形工具的类型组合(Geobel,2004)。

本章在前文对不同遗址石器工业基本情况介绍的基础上,重点对石核和石片的剥片策略、工具的修理策略、石器的类型组合进行综合讨论,并尝试复原石制品生产的"操作链"技术流程。

7.1 初级剥片策略

7.1.1 石核剥片技术模式

石制品的生产都受一定的打制计划和行为规则的指导,通过运用相关石器制作的知识和技能来实现打制者头脑中的概念,以完成整个生产过程(李英华等,2009a)。因此,最大限度地分析隐藏在石器背后打制者的技术操作模式,可以更好地揭示早期人类的认知行为与特征。其中石核是反映古人类打制知识和技能最重要的信息载体,所能反映出的剥片技术模式成为史前石器技术研究的首要目标。

从不同角度进行的石核研究能够反映不同程度的信息。类型学上,根据台面的数量可以分为单台面、双台面和多台面石核,也可以根据台面特征分为自然或人工台面石核,还可以根据外观形态将石核分为锥形、船形、楔形等;技术层面上,根据不同的打片方法可以分为锤击、砸击、碰砧、摔击等石核,而据台面的预备和剥片面特征,石核剥片又有简单与复杂的区别,可将石核分为非定形(amorphous)石核(即简单剥片石核)和预制石核,后者为特定剥片工艺的产物,按照技术特点包括勒瓦娄哇、石叶和细石叶石核(王幼平,2005),以及处于过渡状态的盘状石核(王幼平,2006b)。

澧水流域晚更新世阶段内不存在预制剥片技术石核,而是以锤击石核为主,偶见砸击石核,且均为简单剥片技术,没有实质意义上的台面或剥片面修理行为。虽然以台面数量对石核进行的分析方法能够给我们提供不少剥片信息,但也可能导致了对剥片技术认识的简单化和格式化,难以完全揭示和真正理解复杂多样的石核剥片程序(刘扬等,2015a)。若从西方学者克拉克提出的石器技术模式1~5(Clark,1969)角度观察,包括澧水流域在内的中国大部分区域的石制品面貌并没有像非洲和欧洲那样出现多次明显变革,而是在漫长的古人类演化历程中大部分区域基本延续模式1技术,局部出现其他模式技术,因此宏观层面的分析也可能会导致模糊长时段内的行为变化。基于上述原因,特别是在类似于华南这样被认为缺少技术创新地区的,对石核剥片技术的微观分析显得十分重要,建立本地区的剥片技术模式,也才能更好地解析人类思维、认知行为的演变。

石核的剥片可以分解为石核预备(initialization)和石核生产(production)两个前后相继并可反复进行的阶段,前者是从毛坯上选择或者有意识地预制出石核剥片所需要的技术特征,后者则是对石核剥片的过程进行组织和管理(李英华,2009a)。有研究者曾开展了石核剥坯模式(李英华等,2009a、2009b)和阶段类型学(刘扬等,2015a)的研究。通过"技术分析图"进行的"技术阅读"是石器技术研究者对石核剥片技术分析的基本方法,是对其表面打击片疤的方向、顺序和数量进行阅读和展示的方式(李英华等,2009a、2009b)。以立方体示意的石核剥片模型图中的箭头和数字能够清晰地呈现石制品的打制方向和顺序。

本文即利用"技术分析图"方法并作适当调整,对研究区内晚更新世遗址中石核的剥片方法和流程进行分析,以揭示其剥片技术模式。通过对石核的观察和研究,石核的整个剥片利用程度加深的过程主要是通过固定台面"旋转"剥片面或转换台面的"转体"技术来实现目的。因此,固定台面和转换台面成为剥片者生产阶段的两种基本应对策略。显然,初次剥片阶段均是不转换台面的石核,但单一台面技术却同样可以通过持续剥片以增加原料利用率,台面的转向则一般意味着新剥片序列的产生而进入石核的持续剥片阶段。在固定台面的石核分析中也应包括对台面和剥片面等预备阶段技术特征的重点观察,前者如自然面和破裂面的区分,后者包括边缘凸度、角度和引导同心波传播的纵脊等因素。此外,由于砸击技术石核无论是在原料、尺寸还是技术上都是一套独立的剥片体系,对它的分析应单独进行,此处着重研究的是占遗址主体的锤击类石核。

总体上,澧水流域晚更新世遗址石制品的剥片技术与序列如图7.1所示。图中以黑色实线为界将固定台面阶段和转换台面阶段进行区分,分别用大写字母F和C表示,其后的数字代表不同剥片过程中所采用的相应的剥片模式;上、下两条虚线分别用以区分出初次剥片和持续剥片阶段以及台面转换次数。

下面以条头岗遗址上层石核为例进行重点介绍,然后再与其余遗址的石核作简要对比和讨论。

7.1.1.1 固定台面阶段模式

初次剥片阶段的石核均为固定的单一台面。由于遗址原料均来自河流砾石,不存在

图 7.1　石核剥片技术总模式图

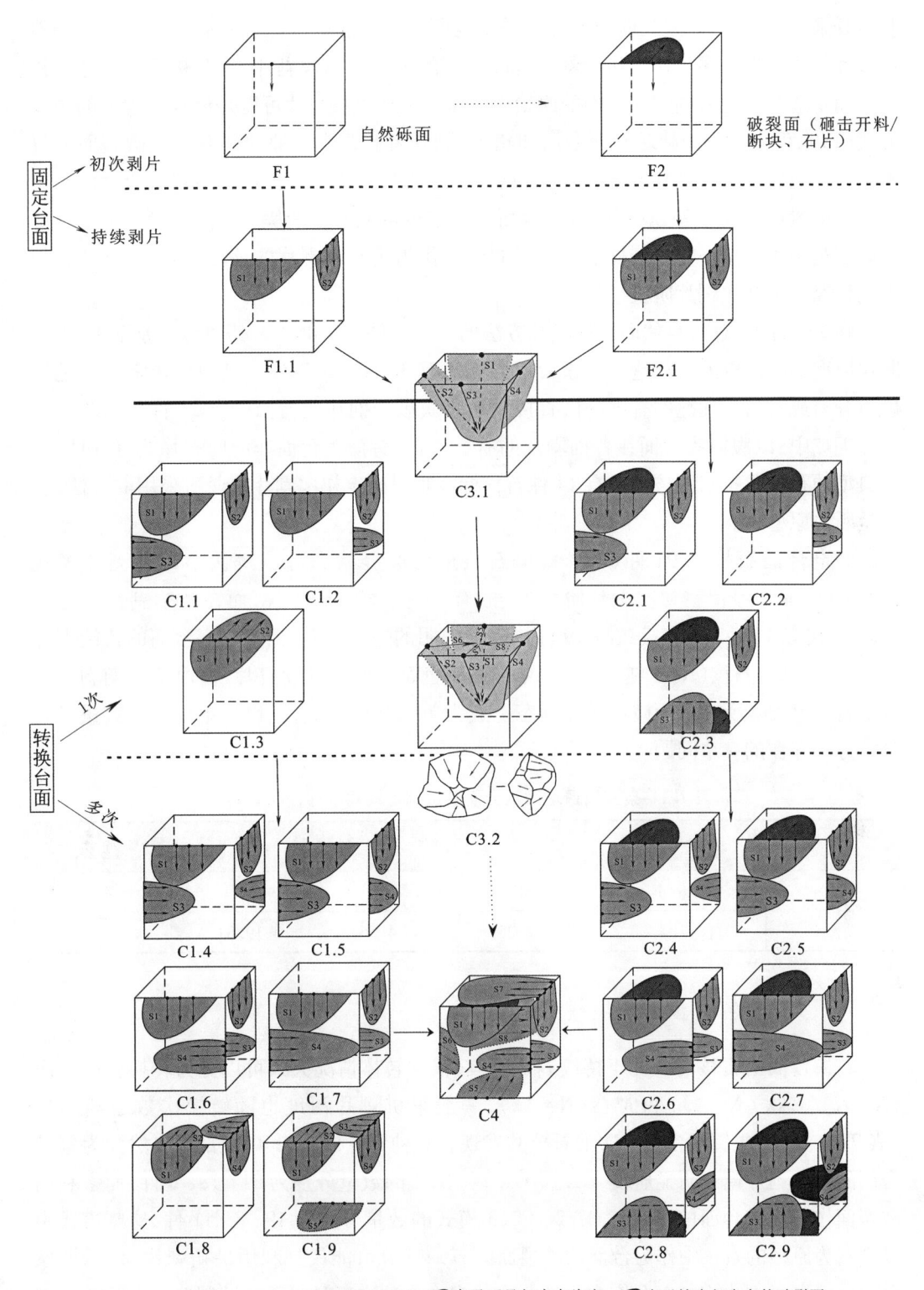

基岩开采等其他形式,因此理论上自然砾面是所有石核能够进一步开展剥片工作的必然选择和首要处理程序。作为初次剥片阶段石核的第一次有效剥片,不对初始毛坯进行预处理而是选择具备有利剥片条件的原始砾面作为台面直接打片可能是最省时省力的主要方式(F1),但有时也因缺乏好的台面和角度,剥片者转而会将原料砸开产生破裂面或打击出大片疤形成有利剥片的核体(F2),这种方法通常能够在石核上观察到一个大而平整破裂面的素台面。此外,具有破裂面台面的石核也可能来自断块、石片等毛坯,虽然这些产品多是利用从前一阶段石核上剥下来的产品作为进一步剥片的核体,但作为石核它们也同样经历了初次剥片阶段过程。

在241件石核中,自然面直接剥片方法的有178件(73.86%),其中砾石原型160件,断块原型18件;以人工制造平坦素台面方法的有38件(15.77%),其中选择将砾石毛坯砸击开料或打击大片疤的有17件,直接利用断块破裂面作为台面的有21件;而在11件石片毛坯中,以腹面为台面在背面剥片的有5件,以背面为台面非同向剥片的有6件,没有典型的孔贝瓦技术石核。另有14件石核标本难以确定初次剥片阶段所采用的方法,主要是断块原型者。

固定台面石核共94件(39%),据石核最后废弃状态可以辨认出四种剥片模式(表7.1),其中停留在初次剥片阶段F1的有17件,F2有11件,而在持续剥片阶段中F1.1模式有47件,F2.1模式有19件。需要说明的是,以破裂面为固定台面的持续剥片石核中,有部分石核(N=9)应是以先前的剥片疤面为台面继续打片,但由于后期剥片已基本将原打击点所在台面破坏而在静态上成为单一台面石核,这也是单以台面数量进行分类方法存在的一个问题。

表7.1 条头岗遗址固定台面石核剥片模式统计(N=241)

模式		F1	F2	F1.1	F2.1
统 计	数量(N)	17	11	47	19
	百分比(%)	7.05	4.56	19.51	7.88

7.1.1.2 转换台面阶段模式

转换台面的石核均已处于持续剥片阶段,根据转体情况大致可以分为转换台面一次(N=92)、多次(N=43)和向心(N=12),一般来讲剥片深度也随转换次数逐渐增加(表7.2)。遗址中转换台面一次的石核共发现有6种剥片模式,其中全部以自然面为基础台面的转体剥片模式明显居多,C1.1、C1.2、C1.3的数量分别为31、18、5件;而多利用破裂面作为基础台面的C2.1、C2.2、C2.3模式的数量分别为19、8、11件,这些模式中以砾石为原型的石核中作为台面的破裂面既有一部分可能仅是利用最初剥片面(后期原台面已消失),但也有一部分客观上的一次或多次打片主要是为了能够制造一个能够有利于持续剥片的平坦台面。

表7.2 条头岗遗址转换台面石核剥片模式统计

统计＼模式	C1.1	C1.2	C1.3	C1.4	C1.5	C1.6	C1.7	C1.8	C1.9	C3.1	C3.2
数量/件	31	18	5	10	15	3	2	3	2	5	7
比例/%	12.86	7.47	2.08	4.15	6.22	1.24	0.83	1.24	0.83	2.08	2.90

统计＼模式	C2.1	C2.2	C2.3	2.4	C2.5	C2.6	C2.7	C2.8	C2.9	C4
数量/件	19	8	11	0	1	0	0	1	1	5
比例/%	7.88	3.32	4.56	0	0.42	0	0	0.42	0.42	2.08

转换台面多次的石核由于旋转方向的选择性增多和剥片数量的增加,一方面使得剥片模式因之趋于复杂,另一方面也增加了判断和辨认剥片顺序、转动方式的难度。初次剥片以自然面直接剥片方法进行的石核,在其持续性剥片阶段有着相对更为清晰的脉络,在第一次转体的基础上共发现6种剥片技术模式,即C1.4(N=10)、C1.5(N=15)、C1.6(N=3)、C1.7(N=2)、C1.8(N=3)、C1.9(N=2),主要表现在第一阶段形成的剥片面基础上,或以之为台面再次剥片,或寻找新的自然面作为继续剥片的台面。对于以破裂面为基础台面的多次转向石核中,可辨剥片模式和石核数量均少,其原因在于原来这类型石核的原型不少数量是断块,但这些石核多数经历二轮剥片后则被废弃,而砾石原型者因为台面的破坏有的难以绝对与其他模式区分,因此共发现3种技术模式,即C2.5(N=1)、C2.8(N=1)和C2.9(N=1),而处于剥片最后的高利用率阶段的多面体石核模式C4共有5件。

向心剥片是一种相对精心设计的方法,包括表现为单个凸面体和两个凸面体的核体,相应分别为C3.1和C3.2剥片技术模式。遗址中这类石核数量不太多,分别为5件、7件,其尺寸、形状均还存在变异,表明技术的规范性也较为有限。

总体来看,澧水流域遗址中绝大部分石片的生产仅在石坯上的一部分进行,严格意义上的石核与未被使用的备用部分是彼此独立的,没有成为一个不可分割的整合结构,不是以从石坯上生产预设产品为目标,这与法国旧石器生产技术体系中的C类型相当(Boëda,2013; Li, YH et al., 2014);其石核的"有用部分"常具有一定凸度、有适合剥坯的自然面,预备阶段即选择合适的台面,不做预制处理即进行打片,它可以生产一个或几个连续的石片,并对其形态、刃口特征和尺寸有一定的控制。在石核剥片时,第一个台面总是自然的平面,可能是石皮或节理面,也会将原型毛坯分成两半,随后利用所获得的平面及其侧边凸面和远端凸面形成的自然凸度进行打片。当一个石块上有多个剥坯序列时,先前的剥片的片疤也被用作台面或剥片面。除此之外,遗址中少量存在的盘状石核相当于法国技术体系中的E类型,其原型石块上的有用部分和备用部分在剥片中不断被整合成一个实体,能够运用循环剥坯的方式连续生产一系列石片,剥片中对剥片面和台面进行有意识控制;打制者对前后相继的剥片的所有动作能够进行计划,以维持整个剥坯序列的完成。

7.1.2 遗址间石核剥片技术比较

为进一步观察研究区内不同遗址间的石核剥片技术情况，这里将在前文基础上对乌鸦山遗址、袁家山遗址、十里岗遗址与条头岗遗址作一个简要的对比。

乌鸦山遗址第2、3文化层是遗址的主体，共出土锤击石核103件，能够较好地代表遗址所反映的剥片技术特点（表7.3）。其石核可以分为固定台面(N=50)、转换台面(N=50)和向心剥片(N=3)三类。其单一台面的石核比例(48.54%)明显较条头岗遗址高，其中F1(N=13)、F1.1(N=33)、F2(N=1)、F2.1(N=3)，利用自然砾面直接剥片的模式占绝对地位(92%)，初次剥片采用砸击开料制造有利台面的行为仅见一例，余则为利用断块坯材已有破裂面。据对转换台面石核的统计分析，与条头岗遗址相似的是，均以台面转换一次的居多(N=36)，而多次转换台面石核数量少(N=14)，且台面转体过程中利用相邻自然砾面的几率也显得更高(23.3%)，而利用剥片面再次旋转剥片的模式相对较少(18.44%)，但不同的是以"双面打法"特征为主的几种模式（如C1.3、C1.8）在乌鸦山遗址中罕见，石核技术模式较之简单。C3.1(N=2)和C3.2(N=1)两种向心剥片技术模式的数量也相对较少，且核体两面均有剥片的典型盘状石核居于次要地位。

表7.3 乌鸦山遗址石核剥片模式统计

统计＼模式	F1	F1.1	F2	F2.1	C1.1	C1.2	C1.3	C1.4	C1.5
数量/件	13	33	1	3	19	11	1	3	4
比例/%	12.62	32.04	0.97	2.91	18.45	10.68	0.97	2.91	3.88
统计＼模式	C2.1	C2.2	C2.3	C2.6	C2.9	C4	C3.1	C3.2	
数量/件	2	1	2	2	1	4	2	1	
比例/%	1.94	0.97	1.94	1.94	0.97	3.88	1.94	0.97	

十里岗遗址和袁家山遗址第③层却与上述两遗址石核呈现出的剥片特征有一定差异性。这两处遗址石核的一个显著特点即是，原料以高成本、高品质的小型石料为主，且剥离小型石片技术发达。十里岗遗址石片技术特征的分析表明对原料的利用率较高，但石核表现出的剥片策略较条头岗遗址和乌鸦山遗址则更为简单。对出土的26件锤击石核的分析表明，以固定台面(N=15)居多，其中F1有7件、F1.1有5件、F2有1件、F2.1有2件，处于持续剥片阶段的石核数量稍少(46.67%)，而条头岗和乌鸦山遗址均达到了70%以上。转动台面石核中(N=10)，仅转动一次者占绝大多数(N=7)，而转动多次者少(N=2)，另有向心剥片C3.1模式1件；也是以自然基础台面直接剥片的模式居多，其中C1.1、C1.2、C1.4、C1.5分别为4、1、1、1件，而以新形成的剥片面作为台面再次转向打片的模式少，也完全不见双面打法的模式，仅发现2件断块坯材的C2.3模式石核。

袁家山遗址第③层出土锤击石核34件，固定台面的石核数量占主体(N=24)，除一件断块为坯材的石核是以大片疤为台面进行剥片外(模式 F2.1),其余均是自然面直接剥片的情况,其中 F1 有 5 件,F1.1 有 18 件。转向台面一次的石核中(N=5)包括模式 C1.1、C2.1、C2.3,数量分别为 3、1、1 件,而转向多次的石核仅有 1 件(模式 C2.5)。向心剥片模式 C3.1(N=4)也均是单个凸体面的石核。

故而,袁家山遗址与十里岗遗址的石核具有基本相近的剥片特点,几乎不对坯材进一步生产石片所需的技术特征进行任何特殊处理,如不人为制造较自然砾面更为有利剥片条件的平坦台面,而是最大程度依靠石料原始的特征面,在剥片过程中也相对少见再次利用剥片面转体打片的行为,并且一些见于条头岗、乌鸦山遗址中带有一定计划性的"双面打法"和盘状双面向心剥片模式均基本不见。这是一个有意思的现象,表面上这两个遗址所展现的石核剥片较前期更为随意、简单的特点似乎与整个石器工业显示的较高利用率和进步性有些矛盾,但是事实上这恰恰体现了古人类对原料个体形态的较高适应能力,由于原料开发策略的变化,先民因繁就简,在小石料上剥离小石片技术的娴熟程度达到新的高度,适应于这些小型石料的砸击技术的应用则主要发现于这个阶段。以上均表明古人类具有根据原料初始特征选择不同剥片技术和方法的较高认知水平和灵活性。

如果以石核台面及片疤数量进行分类,澧水流域不同遗址石核包括六型锤击石核和特殊技术特征的砸击石核,统计结果(图 7.2)显示,仅有 1、2 个片疤的石核均占有比较高的比例,Ⅱ2 型双台面石核比例在大多数遗址中最高,Ⅰ3 型所占的比例在各个遗址中较为接近,代表剥片数较多的Ⅲ型石核在所有遗址中均不占优势。砸击石核主要发现于十里岗遗址中,比例在 10% 以上,这是对原料特征采取的应对技术策略。这些遗址中一些石核虽然未具备石核预制的技术,但亦发展出几种具有较为固定的剥片方式,如漏斗形或似楔形石核、盘状石核、两面打法石核,成为晚更新世阶段剥片技术中出现的一些新因素,有研究者冠之为"系统剥片石核"(徐廷等,2013)。这类石核的所谓系统性是相对的,且在

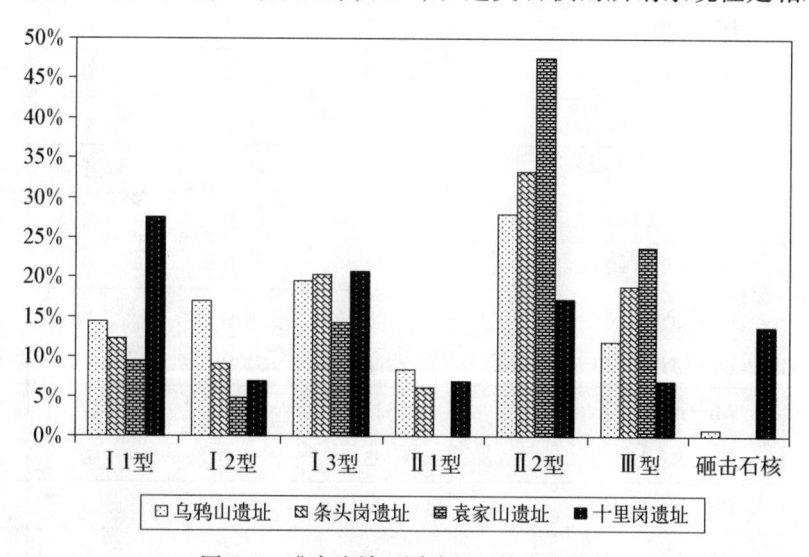

图 7.2 澧水流域不同遗址石核类型统计

石核中的比例很低,澧水流域主要在条头岗遗址中有较高出现频率,究其原因或许与遗址中的优质原料有关,也可能与遗址的功能性质存在联系。

7.1.3 石片分析

石片是石核剥坯形成的重要产品,对其技术要素的分析也是认识遗址先民打片习惯和技术特征的一种途径。本节将从形态、技术及其反应的利手偏好三个方面对石片进行分析,进一步讨论石核的剥片策略和人类行为。

7.1.3.1 石片技术类型

王益人(2007)曾采用台面类型和石片背疤模式相结合的"石片技术类型"对石片进行分析。下文将尝试应用此分析方法(表7.4)。

表7.4 澧水流域不同遗址石片技术类型统计

	类　　型	条头岗	乌鸦山	袁家山	十里岗
Ⅰ	N-N	71	31	29	8
Ⅱ	Aa-N: 1+N	173	51	46	13
	Ba-N: 3+N	11	7	1	0
	Ca-N: 1+3+N	24	5	1	1
	D1a-N: 2+N	20	1	3	4
	D2a-N: 4+N	20	3	10	0
	D3a-N: 2+3+N	1	0	0	0
	D4a-N: 2+4+N	2	1	0	1
	D5a-N: 3+4+N	2	3	0	0
	D6a-N: 2+3+4+N	0	1	0	0
	E1a-N: 1+2+N	22	2	6	1
	E2a-N: 1+4+N	27	5	1	1
	E3a-N: 1+2+3+N	2	0	0	0
	E4a-N: 1+2+4+N	4	0	0	0
	E5a-N: 1+3+4+N	6	0	0	0
	E6a-N: 1+2+3+4+N	2	0	0	0
Ⅲ	Ab-N: 1	322	98	27	35
	Bb-N: 3	3	2	0	0
	Cb-N: 1+3	31	7	3	2
	D1b-N: 2	9	1	0	1

续表

	类　　型	条头岗	乌鸦山	袁家山	十里岗
Ⅲ	D2b－N：4	5	2	0	0
	D3b－N：2+3	1	1	0	0
	D4b－N：2+4	0	0	0	0
	D5b－N：3+4	1	0	0	0
	D6b－N：2+3+4	2	0	0	0
	E1b－N：1+2	33	11	3	2
	E2b－N：1+4	42	4	1	2
	E3b－N：1+2+3	3	1	0	0
	E4b－N：1+2+4	9	1	0	1
	E5b－N：1+3+4	6	1	0	0
	E6b－N：1+2+3+4	2	0	0	0
Ⅳ	N－A	40	19	1	3
Ⅴ	Aa－A：1+N	251	62	0	13
	Ba－A：3+N	6	0	0	1
	Ca－A：1+3+N	30	3	0	1
	D1a－A：2+N	13	5	0	0
	D2a－A：4+N	11	1	0	0
	D3a－A：2+3+N	2	0	0	0
	D4a－A：2+4+N	4	1	0	0
	D5a－A：3+4+N	0	1	1	0
	D6a－A：2+3+4+N	0	0	0	0
	E1a－A：1+2+N	27	5	0	2
	E2a－A：1+4+N	33	8	0	2
	E3a－A：1+2+3+N	5	3	0	1
	E4a－A：1+2+4+N	2	1	0	1
	E5a－A：1+3+4+N	6	1	0	0
	E6a－A：1+2+3+4+N	1	1	0	0
Ⅵ	Ab－A：1	233	30	6	57
	Bb－A：3	3	0	0	0
	Cb－A：1+3	27	4	0	7
	D1b－A：2	9	0	0	4

续表

类型		条头岗	乌鸦山	袁家山	十里岗
VI	D2b－A：4	8	0	0	1
	D3b－A：2+3	0	0	0	0
	D4b－A：2+4	1	0	0	1
	D5b－A：3+4	2	1	0	0
	D6b－A：2+3+4	0	0	0	0
	E1b－A：1+2	32	3	1	6
	E2b－A：1+4	39	7	1	6
	E3b－A：1+2+3	8	1	0	0
	E4b－A：1+2+4	6	2	0	2
	E5b－A：1+3+4	5	2	0	3
	E6b－A：1+2+3+4	3	1	0	1
T	T1	1	2	0	0
	T2	25	4	1	5
	T3	5	1	0	0
	T4	24	7	1	2
	T5	2	0	0	0
	T6	13	4	0	0
其他	孔贝瓦（双阳面）	2	0	0	0
	砸击	0	1	0	20

(1) 条头岗遗址上文化层

共1735件完整石片。根据统计，自然背面石片共111件(6.4%)；与石片破裂面打击轴同一方向的A1+A2型石片共979件(56.43%)；单纯仅将石核翻转180°打片的Ba+Bb型共23件(1.33%)；同向第一轮剥片后再将石核旋转180°之后第二轮或多轮打片或从两个相对的石核台面交替打击的Ca+Cb型共112件(6.46%)；石核转体90°并夹杂着旋转180°打片之后的第一轮打片的D型石片共113件(6.51%)，其中D1有51件(顺时针转体90°的一轮打片)，D2有44件(逆时针转体90°的一轮打片)，D3有4件(顺时针转体90°打片后，再次顺时针转体90°的一轮打片)，D4有7件(翻转180°打片，再顺时针或逆时针90°打片后的一轮打片)，D5有5件(逆时针转体90°打片后，再次逆时针转体90°后的一轮打片)，D6有2件(翻转180°打片后，再转体90°打片，最后翻转180°后的一轮打片)；在石核转体90°并夹杂着旋转180°打片之后的第二轮或更多打片的E型石片共325件(18.73%)，其中E1有114件(顺时针转体90°后的多轮打片)，E2有141件(逆时针转体

90°后的多轮打片),E3 有 18 件(顺时针转体 90°后,再顺时针转体 90 的多轮打片),E4 有 21 件(翻转 180°打片后,再顺时针或逆时针转体 90°后的多轮打片),E5 有 23 件(逆时针转体 90°后,再逆时针转体 90 的多轮打片),E6 有 8 件(翻转 180°打片后,再转体 90°打片,最后翻转 180°后的多轮打片);而经过一系列剥片后,将石核旋转一定角度并将台面前缘作为主要剥片对象打下的石片共 70 件(4.03%)。值得说明的是发现修理台面石片 7 件(0.4%),主要为 D 型和 E 型,数量和比例不高,可能不能代表一个必要的稳定技术因素;另有特殊的孔贝瓦石片 2 件(0.12%)。

以上表明条头岗遗址中人类在剥片时有下面一些行为特点:① 同一台面连续打片是占主要地位的最基础剥片行为,占全部石片的 60%以上;② 翻转 180°的石核剥片发生率不足 10%,也以连续性的打片为主;③ 石核转体 90°的剥片发生率较高,占全部石片的 20%以上,以多轮打片情况居多,且逆时针(N=213)转体要多于顺时针(N=187)旋转;④ 其他一些转动方向剥下的石片数量均不多,特别值得注意的是 T 型石片的存在,占有一定的比例,显示台面更新或交换现象时有发生。

(2) 乌鸦山遗址

以 CL2 和 CL3 中的完整石片为对象进行分析。共 420 件(包括 1 件砸击石片),锤击石片中背面全为自然面的石片共 50 件(11.9%),其中石核第一轮剥片有 31 件;A 型石片共 241 件,占到了石片总数的 57.38%,同一台面连续性的打片占据了主流;B 型石片仅 9 件(2.14%),C 型石片共 19 件(4.52%),显示将石核翻转 180°进行剥片的行为不太常见;D 型石片共 22 件(5.24%),其中 D1 有 7 件,D2 有 6 件,D3 有 1 件,D4 有 2 件,D5 有 5 件,D6 有 1 件,而 E 型石片共 60 件(14.29%),其中 E1 有 21 件,E2 有 24 件,E3 有 5 件,E4 有 4 件,E5 有 4 件,E6 有 2 件,表明石核转体 90°的剥片有较大几率,接近 20%且顺时针转动与逆时针转动基本相近,剥片多数达到二轮以上。同样,也发现 18 件 T 型石片(4.29%),显示石核打片过程中将台面前缘转动后作为剥片面。

(3) 袁家山遗址

遗址第③层完整石片共 143 件。背面全部为自然石皮的石片共 30 件(20.98%),几乎均为第一次剥下的产品。A 型石片 79 件,占总数的 55.24%,同台面连续剥片也是最重要的剥坯行为。B 型石片仅 1 件,C 型石片只有 4 件,几乎不进行翻转。D 型石片共 14 件(9.79%),只有 D1(N=3)、D2(N=10)和 D5(N=1)三种转体方式,显示一轮打片情形中以逆时针转体 90°的行为居多。E 型石片共 13 件(9.09%),也只有 E1(N=10)和 E2(N=3)两种转体情况,表明在有多轮打片的情形下却以顺时针转体 90°的行为居多,总体上石核向左或向右转体的几率基本相等。发现的 T 型石片数量很少(N=2,1.4%),台面更新或交换偶有发生。

(4) 十里岗遗址

共有 211 件完整石片,砸击石片 20 件(9.48%),其余均为锤击石片。背面全为自然面的锤击石片共 11 件(5.21%),所占比例不高。A 型石片共 118 件(55.92%),以打制台面的连续性剥片为主。B 型石片仅 1 件,C 型石片 11 件,石核翻转 180°主要也是为了连续性生产石片。D 型石片共 12 件(5.69%)，主要为 D1(N=9)、D2(N=1)、D4(N=2)。E 型石片共 31 件(14.69%)，包括 E1(N=11)、E2(N=11)、E3(N=1)、E4(N=4)、E5(N=3)、E6(N=1)。石核转体 90°进行剥片的行为亦大约在 20%左右，倾向于进行多轮打片，顺时针转体(N=21)可能稍多于逆时针旋转情形(N=17)。存在 7 件 T 型石片，但只有一个方向的脊向外疤。

比较不同遗址的石片技术类型(图 7.3)，可以比较清楚地看出：以同一台面连续剥片是所有遗址的主要类型且比例相当；转体 90°进行多轮打片是石核次之的剥片行为，这当中条头岗遗址转体率比例最高，袁家山遗址比例最低，而顺时针或逆时针转动的倾向性在不同遗址有所不同；翻转 180°进行一轮或多轮打片的情况均不多，相比来说条头岗和乌鸦山遗址所占比例略高；背面全为自然面的石片中，袁家山遗址所占比例大的现象比较突出，而十里岗遗址所占比例较小；石核台面和前缘被作为剥片面而产生的台面更新石片在所有遗址均可以发现，但所占比例均较小。在两类比较特殊的石片类型中，孔贝瓦石片仅见于条头岗遗址，砸击石片主要发现于十里岗遗址，乌鸦山遗址数量非常少。以上情况表明不同遗址石片反映出的剥片行为的共同性是主要的，但存在的一些差异性也有重要意义，如砸击技术对应原料的小型化和高质量原料的转变，袁家山遗址第③层高比例的自然背面石片和转体方式的简化体现出对小型石料开发的适应，条头岗遗址中一些修理台面和孔贝瓦石片的发现也应与新发展的一些石核类型相关。

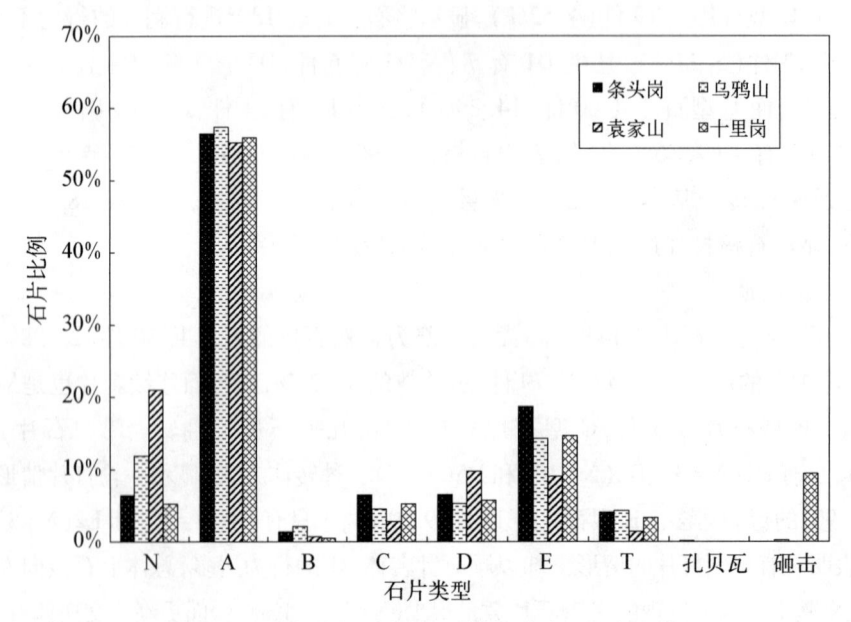

图 7.3 澧水流域不同遗址石片技术类型比例比较

7.1.3.2 石片形态特征

石片的形态特征也是一项重要的属性要素，可以在一定程度上衡量和反映相关的剥片技术特点。卫奇(2000,2001)以标本的长宽指数(宽/长×100)和宽厚指数(厚/宽×100),并应用黄金分割点(0.618)将石制品的形态划分为四种类型,即宽厚型(长宽指数≥61.8,宽厚指数≥61.8)、宽薄型(长宽指数≥61.8,宽厚指数<61.8)、长薄型(长宽指数<61.8,宽厚指数<61.8)和长厚型(长宽指数<61.8,宽厚指数≥61.8)。

澧水流域乌鸦山、条头岗和十里岗三个主要遗址所出土完整石片的形态统计(图7.4)显示,均以宽薄型的石片占主要地位,其次为长薄型,宽厚型和长宽型数量均少。不同遗址的原料构成差异明显,但剥坯后石片产品的形态基本重合,也暗示原料的类型和质量并不完全决定着石器技术的发展。对不同遗址石片长/宽比的统计(图7.5)显示,三个遗址的长宽分布非常接近,L≥2W 或 L≤2W 的石片数量很少,大量的石片趋向集中分布于长宽等比(L=W)的区间。

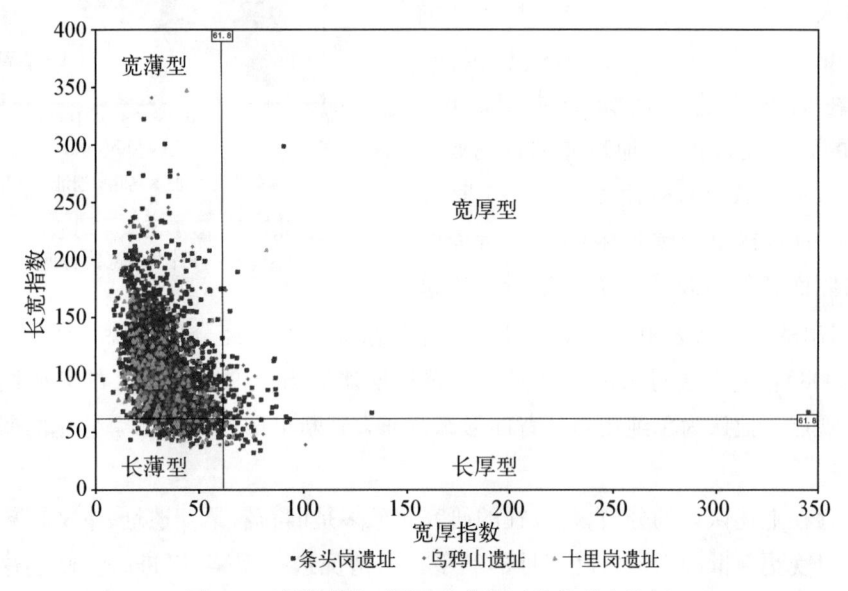

图7.4 澧水流域不同遗址完整石片的形态特征

发掘和整理过程中曾较为关注的似石叶产品从上述的分析统计看显然不是主流,在条头岗遗址(N=55,2.99%)、乌鸦山遗址(N=15,3.42%)、袁家山遗址(N=4,3.42%)、十里岗遗址(N=12,5.69%)中所占比例均很低,关键的是目前均未见剥离的"鸡冠状"石叶和典型的石叶石核,也未见以其作为毛坯的修理工具;石核剥片阶段较低的剥片面凸棱体选择率及打下的长型石片并不是打制者的目的,而主要是为了得到有利于进一步剥片的条件。因此,这类石片在技术角度上可定义为"长石片"(李锋,2012b)。尽管如此,它的出现也有着比较重要的考古学意义:首先,澧水流域中更新世的遗址中基本不见这类长石片,它主要出现于晚更新世遗址中,表明古人类对剥片的控制性和技能的进步和提高,无疑是具有比较娴熟的背脊控制石片形状的剥片技术。其次,我们也注意到这些长石片的出现是与古人类对优质石料的认识和利用存在紧密联系的,燧石、硅质岩是这些长石片的主要原料。再次,尽管不见典型石叶石核,但是值得继续关注的是在道水流域的调查中曾采集到一件剥取似石叶的石核,一端粗一端细,侧面呈 D 形,上下两端均见有对向剥片,主要的台面为打制的素台面,核体一面上遗留有多个竖长的片疤阴痕;实际上在条头岗遗址中的少量石核也有剥取长石片的踪迹可循,这些都为我们今后在这一区域的继续工作指示了方向。

7.1.3.3 利手行为讨论

人类的左或右利手(handedness)行为的发展是古人类学家和史前考古学者所关注的问题(Toth,1985b;王社江,2008;袁俊杰,2013)。在旧石器遗址的研究中,以 Toth(1985b)的研究最为著名,他对非洲肯尼亚库彼福勒(Koobi Fora)和西班牙安布罗那(Ambrona)旧石器早期遗址中的石片背面左侧面或右侧面遗留有自然砾面的数量分别进行统计,得出的结论认为距今约 190~140 万年的早期人类已经分化出现右利手偏好。但王社江(2008)据此方法对洛南龙牙洞旧石器早期遗址出土的大量石片的分析结果却不支持上述观点。他认为单纯用石片背面形态特征去判断早期人类左右手分化的研究方法并不可靠。

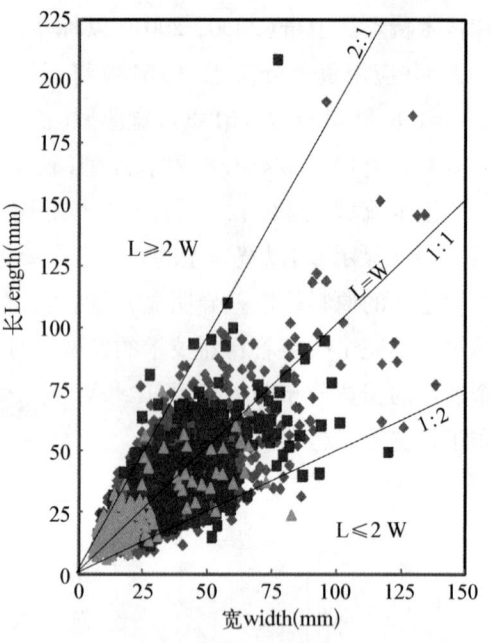

图 7.5 澧水流域不同遗址的石片长/宽比分布

由于存在上述认识的分歧,且以往的研究对象多是旧石器早期遗址,本文期望通过同样的方法对晚更新世旧石器中晚遗址的利手行为情况进行观察,以进一步阐述这方面的问题。

在乌鸦山遗址出土的 420 件完整石片中,能够判断左、右手源特征的石片共 111 件,占所有石片数量的 26.43%。从统计结果看(表 7.5),除石英岩石片外,其他原料石片均显示背面左侧为自然砾面,以左手执握石锤剥片的情况居多,总体上左、右手源石片的比例分别为 54.95%和 45.05%,据 Toth 的观点应以左利手为主。

表 7.5 乌鸦山遗址出土左、右手源石片统计

类别 原料	背面右侧自然面 数量 N	背面右侧自然面 比例%	背面左侧自然面 数量 N	背面左侧自然面 比例%	合计
硅质板岩	10	9.01	12	10.81	22
石英砂岩	19	17.12	24	21.62	42
石英岩	15	13.51	12	10.81	27

续表

类别 / 原料	背面右侧自然面 数量N	比例%	背面左侧自然面 数量N	比例%	合计
燧 石	6	5.41	11	9.91	17
石 英	0	0	2	1.8	2
总 计	50	45.05	61	54.95	111

再看条头岗遗址出土的1 842件完整石片中,有506件石片能够被认为是与右手或左手执握石锤剥片特征相关,占遗址石片总数的27.47%。统计结果(表7.6)表明,除石英岩石片外,石英砂岩和燧石两种原料的石片的背面右侧为自然面,表明以右手执握石锤进行剥片的情况居多,而总体上该遗址中左、右手源的石片比例分别为43.87%和56.13%,据Toth的观点以右利手为主。

表7.6 条头岗遗址出土左、右手源石片统计

类别 / 原料	背面右侧自然面 数量N	比例%	背面左侧自然面 数量N	比例%	合计
石英砂岩	54	10.67	37	7.31	91
石英岩	18	3.56	23	4.54	41
燧 石	212	41.90	162	32.02	374
总 计	284	56.13	222	43.87	506

最后看看十里岗遗址出土的211件完整石片的情况。共有31件石片可判断与右手或左手执握石锤剥片特征相关,占遗址中完整石片总数的14.69%。统计结果(表7.7)显示,除石英原料的石片外,石英砂岩和燧石的石片均是背面左侧自然面的情况居多,以左手执握石锤进行剥片为主。总体上遗址左、右手源石片比例分别为58.06%和41.94%,据Toth的观点以左利手为主。

表7.7 十里岗遗址出土左、右手源石片统计

类别 / 原料	背面右侧自然面 数量N	比例%	背面左侧自然面 数量N	比例%	合计
石英砂岩	2	6.45	6	19.35	8
石 英	2	6.45	2	6.45	4
燧 石	9	29.04	10	32.26	19
总 计	13	41.94	18	58.06	31

对比上述三个遗址的情况,可知在澧水流域较长时间段内并没有表现出一致的利手偏好,且以左利手倾向性居多。这显然与Toth认为人类在100多万年前就已经习惯右手

执握石锤剥片的论点不尽一致。当然,这里也无法完全否定对晚更新世遗址利手分析得出的结果。理论上,统计结果可能有两种解释:第一,该方法仍是可靠的,左利手偏好的遗址本身即是因为左撇子的人群居多;第二,该方法不可靠,不能简单据石片背面形态特征进行推断。对于第1种解释,显然比较牵强,因为无论是洛南盆地旧石器早期,还是澧水流域的旧石器中晚期都显示以左利手的情况为主,这种巧合性很难有说服力。相对来说,第2种认识则有很多的证据予以支持,首先Toth方法的前提是右利手情况下,石核必须是顺时针旋转,但是实际剥片中这不是必然的,剥片者完全可以逆时针旋转石核,若此则石片背面自然面左右所代表的行为完全相反,另外还有其他一些剥片的先后方式(图7.6,A~F);其次,Toth的方法仅针对石核比较简单的剥片方式,没有考虑到剥坯过程中的转体、翻转行为的发生(如图7.6,G~H,实际情况远多于图中所示),如十里岗遗址转体石核中顺时针转动90°进行打片的情况更多,因而也就有了生产背面左侧为自然面的石

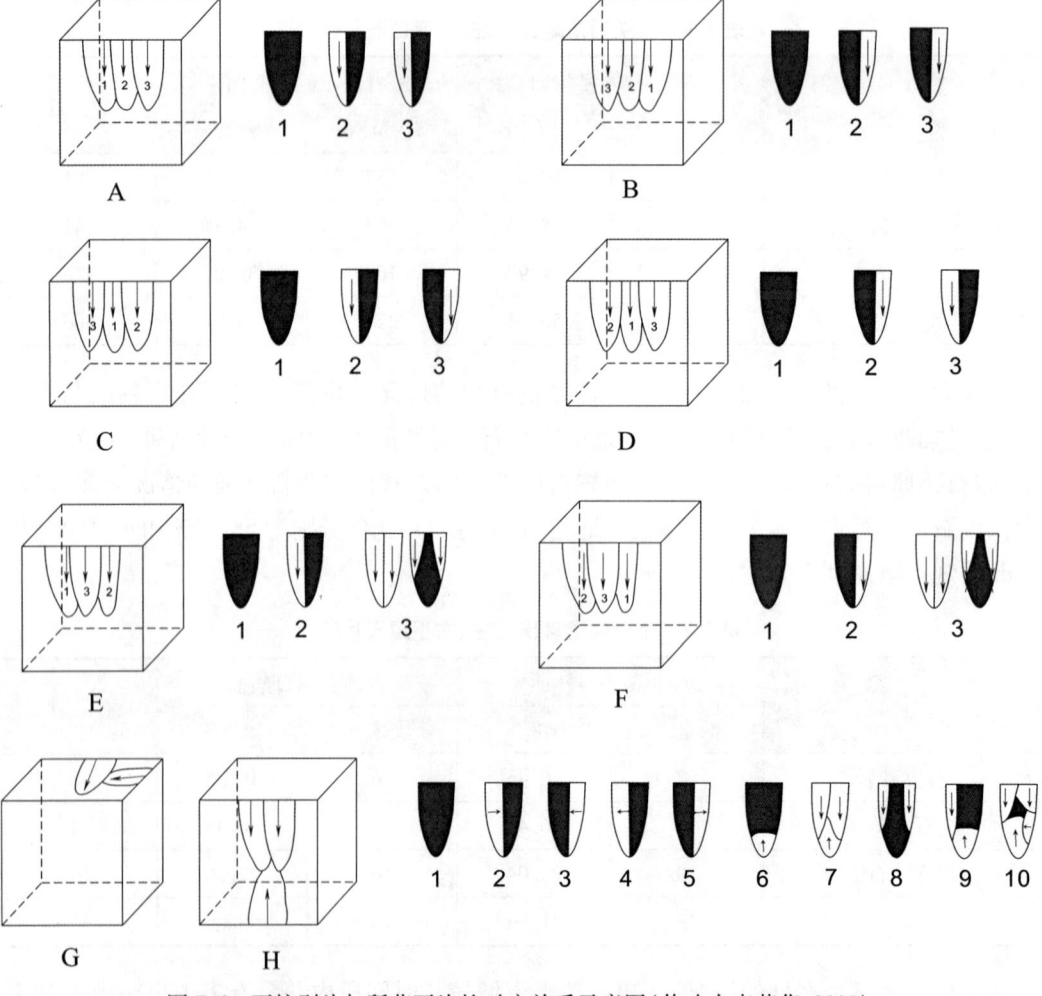

图7.6 石核剥片与所获石片的对应关系示意图(修改自李英华,2008)

A~F. 单一台面同向剥片石核及石片　G~H. 部分转向台面多序列石核及石片

片的更多可能性（其中4件转体产生的T型石片的自然面全位于石片左侧）。因此，我们认为Toth据石片背侧石片位置判定利手行为的方法或许可以适用于某些剥片非常简单的特定遗址，对于大多数旧石器时代遗址来说，单纯根据石片形态特征判断早期人类的利手行为并不是有效的方法。

7.1.4 小　　结

澧水流域晚更新世时期的剥片技术比较娴熟，至少有锤击法、砸击法两种剥片技术被使用。十里岗遗址中石片具有的明显唇面、打击泡浅平、较小的台面、台面外缘有台面处理碎屑片疤等特征还可能表明软锤技术的应用。虽然此阶段石核剥片策略总体属于简单剥片，未见预制技术，但已发展出几种具有较为固定的剥片模式。早期人类的石器生产技能有明显提高，旋转、转体、翻转剥片行为熟练运用并显示出区域性特点。对背脊的认识和控制能力显著进步，能够根据原料形态特征采取不同的剥片方式和技术。石核片疤和石片背疤方向显示以单向或同向打片为主，同时对向打片、交互打片、多向打片、向心打片等其他多种剥片方式也存在，表明古人类具有较高机动灵活性，同时也具备一定的计划性。晚更新世早、晚两个阶段的石核剥片策略也可见较明显差异，这两个阶段的原料尺寸选择倾向不同，早期砾石较大而晚期砾石显著减小，晚期阶段在旋转台面或剥片面的剥片行为减少的同时，砸击方法应用的增加是新的变化。

7.2　次级剥片策略

次级剥片即工具制作及其修理策略的异同，主要从原料与毛坯、大小与形态、修理技术等三个方面进行简要分析。

7.2.1 原料与毛坯

对各个遗址中工具的原料统计表明，其类型比例基本与整个遗址原料种类比例保持一致，即各个遗址中发现的大多数原料都被利用来制作工具且比例基本成正比。与遗址整体原料开发和利用情况类似，晚更新世阶段遗址中的工具原料选择也可以看出前后两个阶段发生的一些变化：在乌鸦山、条头岗及袁家山遗址（④层）中不同类型工具在原料选择上没有表现出太大的差异，基本上不同原料均可在主要的工具类型中见到，相对来说轻型和重型工具在原料利用上有一个大致的分化，即燧石或石英等较优质石料一般不见于重型工具中；而在十里岗遗址以及袁家山遗址（③层）中则对工具原料的人为倾向性选择因素进一步明显，利用特定的原料类型制作某些类型的工具现象突出，如刮削器基本全部用优质的燧石或石英制作，砍砸器或石砧等主要为石英砂岩，表明这些遗址中存在一定程度的原料经济。

从毛坯上看(图7.7),基本均以片状为主,比例在70%左右,其中完整石片居多,其次为断裂片和残片;块状毛坯包括断块、石核和砾石,一般数量均较少。唯一例外和特殊的是在袁家山遗址第③层中砾石毛坯一反常态地占有高比例,但正如前文介绍,这些砾石均是尺寸多在2~4 cm左右的椭圆形扁平石英质小卵石,其尺寸和形态均不适合于生产有效石片但却是制作刮削器的好坯材,因而它与其他遗址中用砾石制作各类重型工具的情况已迥然不同,这反映了这一时期先民在石料选择、工具修理上新的认识和适应行为。

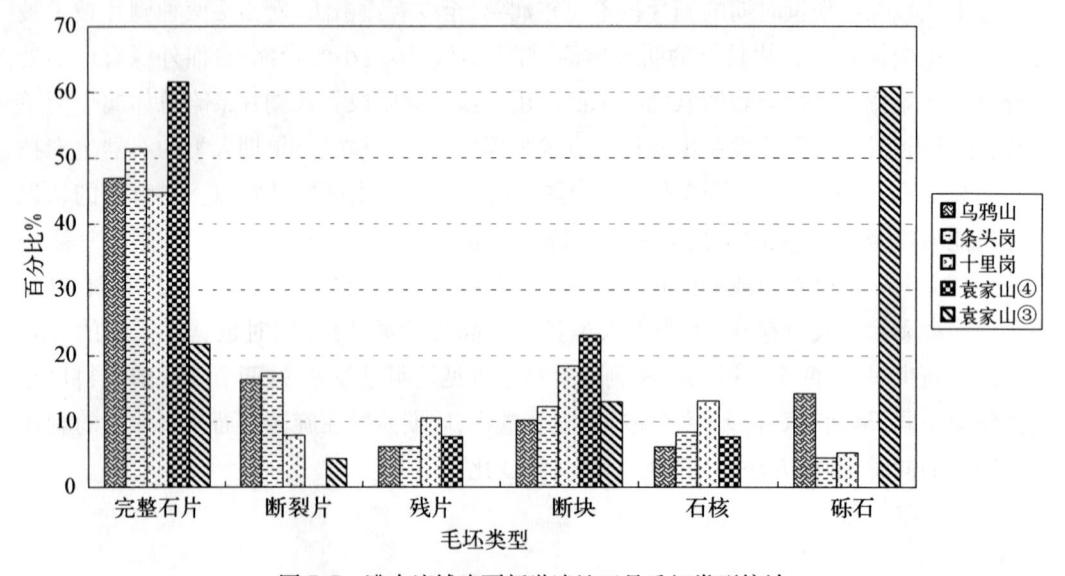

图 7.7 澧水流域晚更新世遗址工具毛坯类型统计

在石片毛坯中,大部分(70%~90%)可以判断石片的具体类型,除受遗址石片本身类型数量影响外,多数情况下各个类型的石片均被用来修理制作成为工具,石片的技术特征并不是先民选择毛坯的主要考虑因素,合适的尺寸及边缘形态可能是能否被作为工具毛坯的重要条件。

7.2.2 大小与形态

通过所有遗址出土工具的最大长和最大宽的分布图(图7.8、7.9)可以看出,乌鸦山、条头岗遗址工具以中小型居多,多数尺寸在20~60 mm之间,尺寸超过100 mm的类型不多。十里岗遗址基本均为小型尺寸,还可见小于20 mm的微型标本。袁家山遗址第③层和第④层(也包括八十垱遗址第⑧~⑩层)则可以清楚地看到上、下文化层中出土工具显著缩小的变化趋势。袁家山遗址第③层和十里岗遗址的工具重叠分布,尺寸较为集中,个体变异范围小。

出土的完整石片类工具形态分布图(图7.10)与遗址中完整石片的形态(图7.4)大体一致,多数工具以宽薄型为主,长薄型和宽厚型次之,长厚型数量最少。据此表明石器的大小、加工程度和毛坯的大小与形态紧密相关,古人类在工具修理过程中对毛坯并没有

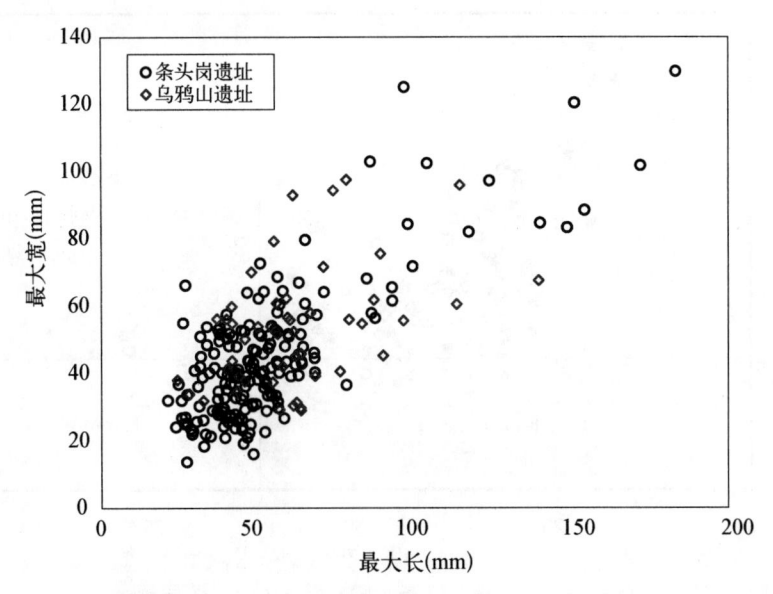

图 7.8 乌鸦山、条头岗遗址工具最大长、宽分布图

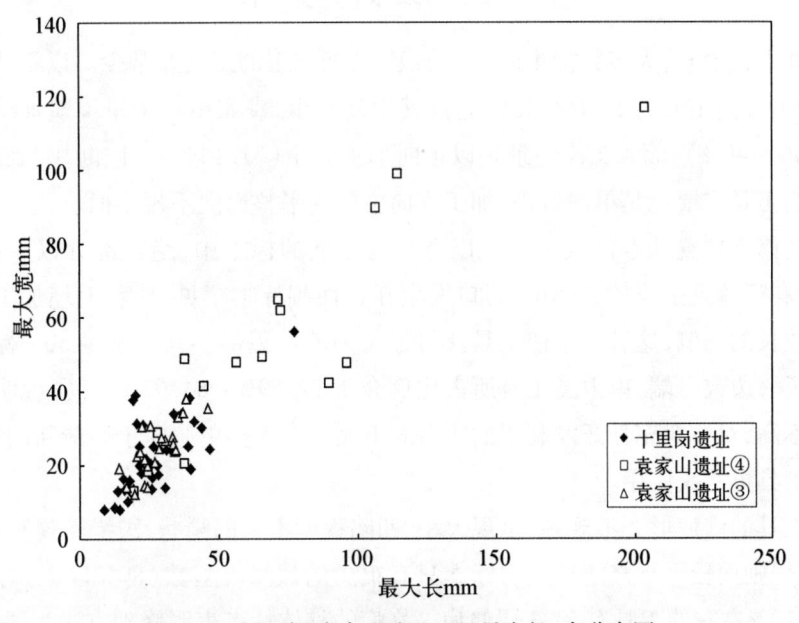

图 7.9 十里岗、袁家山遗址工具最大长、宽分布图

特意的选择行为,成型工具也并未大幅度改变毛坯的本身形态。几件从外部带入遗址的巨型石片基本不用于制作工具,其实际的功用还有待进一步分析。

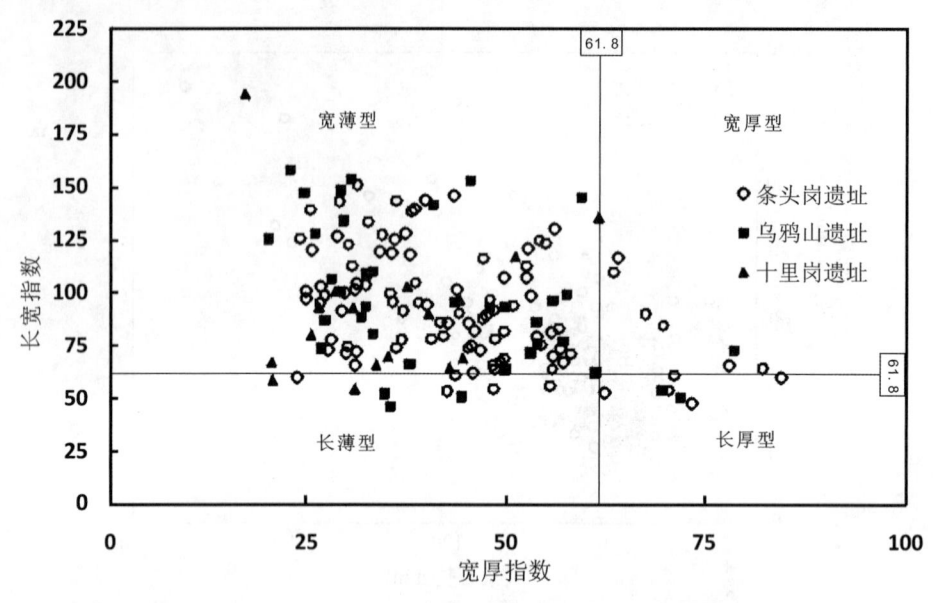

图 7.10　澧水流域不同遗址完整石片类工具形态

7.2.3　修理技术

从修理方式上看,大多数标本向一面加工,两面加工的工具非常少。以石片为毛坯的工具中,加工方向主要为单向(60%以上),其中乌鸦山、袁家山和十里岗遗址均以反向加工居多(20%~40%),而条头岗遗址则以正向加工为主(31.14%)。以断块和砾石等块状毛坯加工的工具主要也是单向修理,加工方向主要由平整面向不规则面。

工具的修理位置基本比较一致。以石片为毛坯的标本中,绝大部分以一边为刃口,左、右侧缘和远端是主要加工部位,刃口发生在台面端标本罕见;块状毛坯加工出的工具刃缘多在较长的一侧,这有利于使工具获得最长的使用刃部。只有不足30%标本的加工部位超越了一边或一端,单刃类工具所占比例介于72.59%~84.62%之间,说明对毛坯的利用程度不高,对原料充分开发利用的压力应不大。古人类更倾向于制造新的工具,而不是对原有工具再修锐使用。

多数工具的修疤形态不规则,呈现大小、凹陷程度不一的鳞状,刃缘不规整状态多见,具有浅平、规则而较平行修疤特点的标本只有很少的数量。多数(80%以上)标本的修疤仅有一层,10%左右的工具有2~3层修疤。修疤的整体特点表明修理方法为硬锤锤击法,极少数工具尺寸小且修疤较规整,是否采用软锤甚至压制法,还有待更多的材料和实验证明。

修理长度和修疤深度是工具修理精细度和原料利用程度的重要标志(高星,2001b)。

以占遗址主体的刮削器为例，对各个遗址这类工具的修理长度和深度指数进行统计（表7.8），可以看出修理长度中有一部分达到了刃部所在边长的总长度，平均值也基本上都在80%以上，标准偏差值变异不大；修理深度指数显示较浅，平均值多在60%（受测量等缘故数值可能高于实际值），基本上均属于边缘修理。总体表明古人类在工具毛坯的横向上利用程度相对较高，单个刃口的开发比较彻底，而在边缘纵向上则还存在更多利用空间，主要追求长型刃缘的工具。

表7.8 澧水流域旧石器遗址刮削器修理长度和深度指数

项目 遗址	最大值		最小值		平均值		标准偏差	
	长度指数	深度指数	长度指数	深度指数	长度指数	深度指数	长度指数	深度指数
条头岗	1	0.98	0.28	0.16	0.88	0.61	0.17	0.21
乌鸦山	1	0.99	0.48	0.45	0.92	0.70	0.14	0.16
袁家山	1	0.98	0.43	0.15	0.85	0.62	0.20	0.29
十里岗	1	0.97	0.75	0.30	0.94	0.62	0.09	0.15

由于浅度的修理程度，也使得工具刃口形态多变，基本没有有意加工出的一致规整样式。因此，有研究者认为一些刮削器刃部的凹、凸和直刃的形态变异是由毛坯的原始边缘形态和修理控制力不高而形成的，不具有功能和形态上的意义（高星，2001b）。对澧水流域晚更新世遗址中出土的大部分刮削器来说，这种认识颇具启示，当然我们并不能排除古人巧妙地利用了毛坯本身的各种形态，部分工具刃缘形态的确存在功能上的指示意义。

7.2.4 小　　结

通过上述分析，澧水流域晚更新世遗址的工具特点可概括如下：

① 工具制作的原料与各个遗址的整体原料种类及比例相近，在轻型和重型工具的原料选择上已有初步的分化。发展到晚更新世后期阶段，对原料的选择偏好和工具原料的利用都发生了显著的变化，表明原料经济行为可能已经存在。

② 工具毛坯基本以剥片产品为主，其中完整石片居多且对各个类型的石片没有明显的定向选择。值得关注的是，在袁家山遗址的晚期文化阶段（第③层）中工具毛坯以一种椭圆形的扁平石英小砾石作为主要原料，以其修理而成的石核刮削器也已经高度规范定型。

③ 工具尺寸以小型、中型为主，大型、巨型标本已经很少。可以观察到前后两个发展阶段，其中乌鸦山、条头岗、袁家山（④层）三个遗址中的工具以中小型标本为主，而十里岗、八十垱下层、袁家山（③层）遗址中的工具明显变小，小型、微型标本占有绝对地位，基本没有大型的修理工具。

④ 修理方式多样，但以单向加工为主，正向或反向加工的偏好在不同遗址并不一样，应主要反映古人类对毛坯平面形态的适应。

⑤ 大多数石片毛坯的工具主要集中在一个侧边进行加工，不足三成标本的加工部位

超越了一边或一端,古人类热衷于开发单个刃缘的工具,这可能与较小的原料压力有关。

⑥ 工具的刃缘修疤常常大小不一,使得刃口不规整者居多,也多数只有一层修疤。呈齿突状的刃缘特点明显,与欧洲旧石器中期盘状石核—锯齿刃器的体系存在一定的相似性。鳞状修疤的特点显示为硬锤锤击法的特征。

⑦ 工具多为边缘修理,修理程度较浅;较高的修理长度则表明较长的工具刃缘是选择毛坯、加工成形的制作着力点。

综上,这一区域先民对原料的利用率偏低,工具修理总体程度较低,修理策略相对简单,具有权宜性特征。不过,遗址中同时包含有少量较为精致的边刮器、端刮器、尖状器等器型,修背小刀还显示修背技术(backing retouch)方式的存在,虽然数量均较为有限,但也暗示着古人类已对一些优质原料在一定范围内采取了较为精致的加工策略,古人类在石器技术上的发展依然有迹可循。

7.3 工具类型与组合

遗址发现的工具组合是石器工业非常重要的部分,也是研究人类技术、生存行为的重要实物资料。澧水流域晚更新世阶段所有遗址的工具类型总体包括刮削器、凹缺器、端刮器、锯齿器、尖状器(钻)、修背小刀、雕刻器、重型刮削器、砍砸器、手镐和手斧等11个类型(图7.11)。数量统计显示,刮削器在遗址中均占绝对多数,且以单刃刮削器居多;其次为尖状器和凹缺器;其余工具类型的数量都不多。

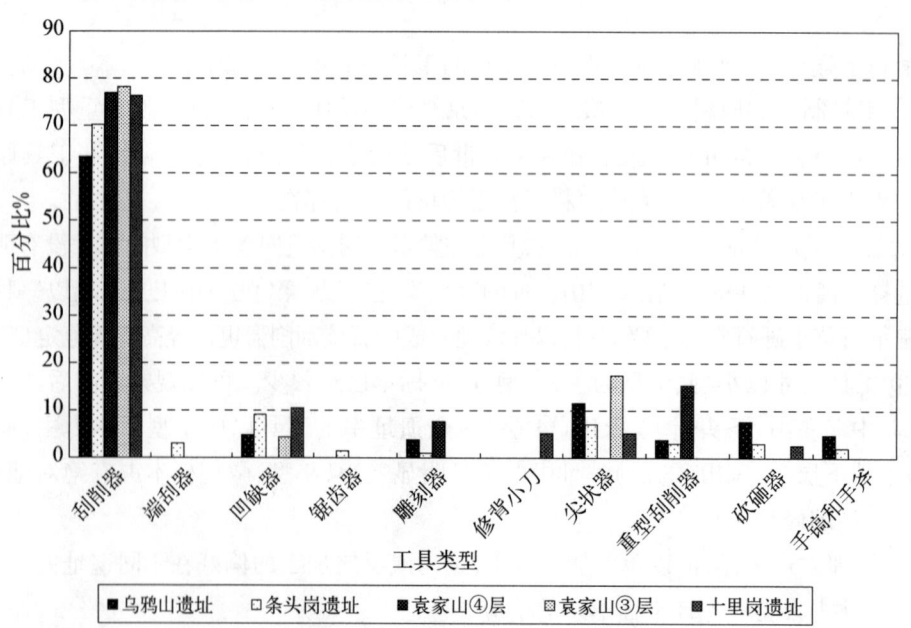

图 7.11 澧水流域晚更新世遗址工具类型统计

就具体遗址而言,有值得注意的以下几点:首先是轻型工具和重型工具的发展趋势,每个遗址总体均以轻型工具为主,最高比例近90%,重型工具在十里岗、袁家山③层、八十垱下层中已经基本不见,且轻型工具的尺寸进一步减小,出现微型石器。其次,有几种类型工具仅出现在某个遗址中,如锯齿器和端刮器仅见于条头岗遗址,修背小刀仅发现于十里岗遗址。第三,遗址中发现的重型工具的形态,与中更新世时期澧水流域同类器物相比较亦已有不同特点,如同样命名为手镐的器物在晚更新世的"风格"已完全不见中更新世时期普遍存在的颇具特色的三棱状形态,此外砍砸器的修理也显得更加权宜。

"剥坯"(débitage)和"修型"(faconnage)是石器工业生产体系中为获得毛坯或工具进行原料处理的两大基本结构(李英华等,2008),前者将石料打片后形成各种形态和大小的毛坯,既可直接利用也可按需再修理成各类工具,而后者则按照预设产品的形态和技术特征,对一块合适的石坯从一开始就进行循序渐进的打制,直到将其制作成所需要的某种形制。这两者的区分反映了古人类在工具生产过程中的两种互有分别的概念、操作和行为,以何种理念指导石器的生产很大程度上体现了史前人群的技术传统。

以此分析,本文研究的澧水流域晚更新世遗址中剥坯和修型的石制品生产体系概念几乎贯穿始终。尤其是早期阶段的乌鸦山、条头岗遗址中修型产品还占有一定的比例,但明显以剥坯为主,工具类型呈现多样化,大型的修型产品(砍砸器、手镐手斧)已经处于相当次要的地位;到晚更新世后期的发展阶段时,早期典型的修型产品已趋于消失(袁家山遗址第③层以小型石核刮削器为主体的石器工业中修型概念与本区域早期的修型产品应有方法或操作程式上的差异),以剥坯产品为主的石制品生产体系最终几乎完全成为独角。

7.4 石器生产操作链复原

通过对各遗址石制品生产的分析,以及石器原料和技术的研究,下面尝试对澧水流域晚更新世时期遗址古人类生产技术行为的操作链进行动态复原(图7.12、图7.13),以了解石制品从原料采办、毛坯生产、工具制作、使用和维修及至废弃的整个生命史流程。

阶段一:原料采办

遗址的原料主要为本地开发,晚期阶段原料的采办距离有所扩大,但可能仍没有达到10公里以外的远距离程度。获取方法可能是在当时河滩或出露的古老阶地砾石层堆积中搜寻。在遗址距离原料来源地2 km范围内的情况下主要通过随遇随采或作为其他工作的附属进行采集,如在食物采集、获取热量来源的过程中,像砾石、木材、竹子等一些资源也顺便可以得到。随着对优质石料的强化利用以及开发距离的增加,则可能采用后勤式移动,专门的任务工作组在原料地采办后再返回遗址。原料进入遗址的形式基本全为形态各异、磨圆度较好的砾石,而且早期阶段主要是尺寸较大的砾石,到晚期阶段时着力

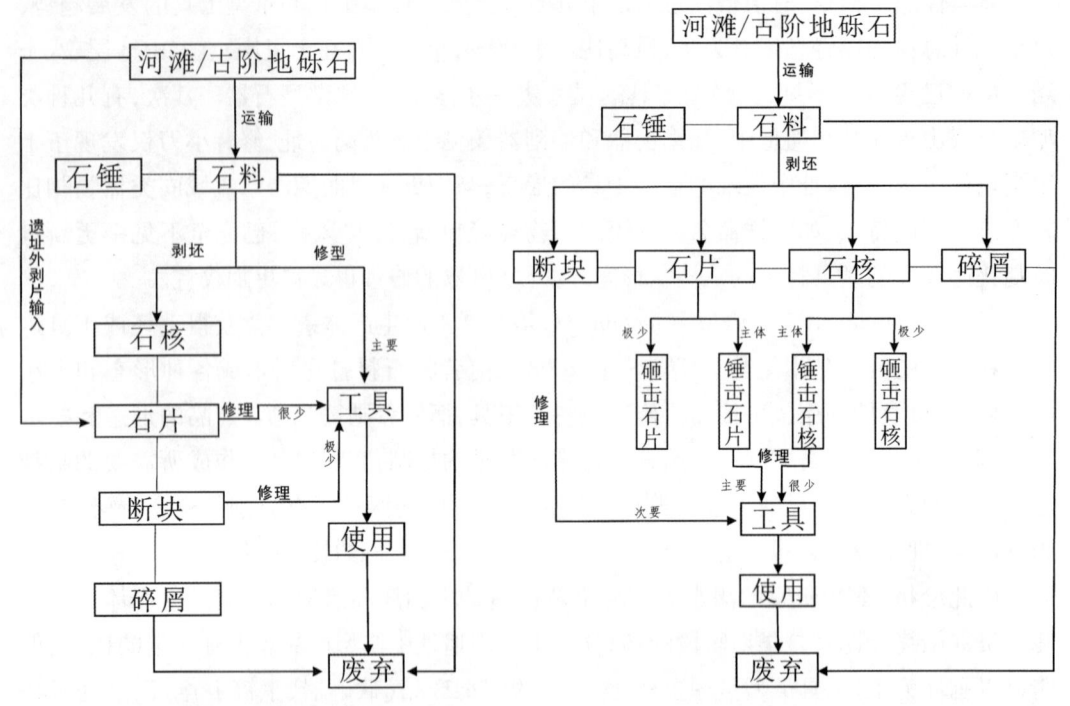

图 7.12　澧水流域晚更新世遗址非硅质岩原料石器生产操作链

图 7.13　澧水流域晚更新世遗址硅质岩类原料石器生产操作链

于开发尺寸较小的细砾。在八十垱遗址下层、袁家山遗址上层中这种行为尤为突出，表明搬运工具制作所需的原材料到营地是这一区域古人类常态化的开发行为，但同时一些遗址还可见到少量可能在遗址外剥坯的石片，这些直接输入到遗址内的石片类似于本区域旧石器早期遗址中常见的大石片。

阶段二：毛坯生产

据遗址中石制品的类型及比例，石核剥片的场所均在遗址原地。硬锤锤击法是主要的剥片方法，砸击法在晚期的一些遗址中被少量运用。石核剥片没有进行过预制，采用的是简单剥片策略，倾向于固定台面旋转打片或者转体90°等方式寻找合适的台面或剥片面。剥片技术比较熟练，剥片方式总体比较随意，以单向为主，同时存在对向打片、交互打片、多向打片、向心打片等其他剥片方式，也形成了一些有某种固定程序的剥片模式，体现了古人类较高的灵活性和一定的计划性。

生产出形态各异的中小型石片是遗址最主要的目的性剥坯产品（砸击石片未见用于工具毛坯），是用于制作各类工具的主要毛坯类型。剥片后产生的石核、断块等也有部分被继续选用为制作工具的毛坯。另外，少数直接输入的大石片也被直接作为下一步二次加工的毛坯。

阶段三：工具生产

从工具使用的毛坯看，其制作的技术链有不同的主线。以占遗址主体的中小型石片

（也包括选用剥坯过程中产生的少量断块）为毛坯修理出各种类型的轻型工具，基本上见于所有遗址。直接以砾石修型制作出各类手镐、砍砸器等重型工具，主要出现于晚更新世早期阶段的遗址中，接近于本区域旧石器早期的技术传统。而少量外部输入的大石片可能未经修理而直接使用，或者经二次加工修理成重型刮削器、手镐等类型，也主要出现于早期。这三条工具制作链条之间的地位在澧水流域晚更新世遗址中有着明显的差别，对应着工具的类型组合和主次及阶段性变化。工具生产操作链与古人类对不同原料的区分利用有密切关系，虽然不能完全将两者严格地对应，但总体上，燧石、硅质板岩等优质原料更倾向于被置于"剥坯"技术环节，以生产出更多中小型石片毛坯，而石英砂岩、石英岩等非硅质岩石料则显著地被用于"修型"技术体系。

总体上，生产的工具多具权宜性，精致加工数量不多。石器主要集中在一个侧边进行加工，以开发单个刃口为主，加工方向主要为单向。工具多为边缘修理，修理程度较浅。刃缘形态多不太规整和平齐，刃缘修疤大小不一，多数只有一层修疤，明显为硬锤锤击法的特征。

阶段四：工具使用和维修

遗址中石片成器率普遍较低，但在一些石片的刃缘肉眼即可观察到细微的崩疤，可能为直接使用所致，即所谓"使用石片"。对十里岗遗址一些出土石片进行的初步的微痕分析结果验证了这种认识。观察的118件石片中有28.8%标本未经修理即被利用。在辨识出的44个功能区中，以切割和刮削功能为主，另有锯和刻划等使用方式，加工对象以偏软性物质为主，也有部分硬性物质。结合加工方式和加工对象推测，该遗址的石制品主要被用于处理动物骨骼和皮革（李意愿，2016）。

此外，一些遗址中的少量工具也表现为残缺状态，从其残断情况分析应为使用过程所致，说明遗址中加工的一些工具在原地被拿来进行过食物消费行为。目前难以在遗址的标本中观察到工具的维修行为，一个重要的原因可能在于原料的丰富性，人类倾向于生产新的工具，绝大多数工具即用即弃而疏于维修。

阶段五：废弃

遗址的文化废弃过程理论上有以下四种可能性（陈胜前，2008b）：（1）有计划的废弃，准备再次返回；（2）有计划的废弃，不再计划返回；（3）因特殊原因，迅速废弃，预期不再返回；（4）原来计划返回，但实际未能达到预期。由于遗址中没有发现相关遗迹，能够指示人类废弃思想行为的遗存难以辨识，因而要对上述的假设进行详细论证是很困难的。对于流动性比较大的晚更新世狩猎采集人群，尤其是研究区内资源、气候总体较为稳定的情况来说，多数遗址的废弃或再利用可能是随机的。不过，有的遗址，如乌鸦山遗址，从厚数米的文化层来看，似可表明人类在此反复地占用，这种季节性重复利用的营地遗址，应该是带有一定计划性的，废弃原因可能是由于发生特殊情况未能达到返回预期。

各遗址均发现有大量石核、石片、断块、未加工砾石，部分遗址还有较多碎屑，每个阶段产生的副产品和工具大都留在了遗址中，迅速的原地废弃是主要的形态。同时，根据石核剥片疤和石片的尺寸、数量等分析，一些遗址中的少量石制品（如工具、石核、石片）在遗址废弃的同时作为个人的技术装备可能被携带离开。

综上所述，石器生产的操作链条表明晚更新世时期古人类在澧水流域从原料、剥片、加工、使用到废弃的一系列技术操作都基本因循着固有的行为模式，"剥坯"或"修型"两个基本的指导技术行为与本区域旧石器早期相比在主次上发生了明显变化。先民对本地的原料和食物资源以及生态环境有着较好的适应能力，日常的工具制作和消费行为一直是人类的中心活动。

第八章 遗址空间结构与功能

8.1 空间分析方法与实践

流动性(mobility)是旧石器时代狩猎采集人群赖以生存的关键策略,随着季节变化、动物每年的迁移、植物的生长周期,一年当中人类在景观中不断迁移,追逐食物,在一个区域里来来回回从一地前往另一地。这些不同的生活地点构成了古人类的一个完整栖居形态。遗址的空间组织和利用方式是探讨古人类生存行为和社会组织构成的重要手段。遗址空间的分析有微观和宏观两个层次:前者指对遗址内部空间利用的分析,也被称为遗址结构(关莹等,2011),是通过对遗迹、人工制品、动物骨骼等遗存的分布状态及其关系的研究,辨识出生活区、工作制作区、垃圾区、休息区等各种功能单元;后者则是从区域的角度探讨不同遗址在某一生活领域的组织和利用,如中心营地、狩猎瞭望点、猎物屠宰点、临时营地等。

有关遗址结构和功能的探讨,国内外研究者提出过一些不同的解读模式。早期的研究,如 Isaac(1971,1978)将遗址视为人类长期连续性使用形成的结果,从而提出"中心地点"(central place)或"家庭营地说"(home base),并从性别劳动分工和食物分享方面进行了阐述。但他的假说其后受到了宾福德(Binford,1980,1983)和 Schick(1987)在埋藏学等角度的批评和修正。他们认为遗物的形成是由于古人类携带必要工具从事各种觅食的过程后在中心地区长时间累积形成,一些工具很有可能在某些特定地点储藏以再次使用。后来 Potts(1992)也提出了"石器储藏地假说"(stone cache hypothesis),认为遗址中的石制品富集是古人类将其储存在某个战略地点并将猎物搬运至此进行处理的缘故。

Price(1978)通过工具、遗迹数量和遗址规模将遗址分为大本营(base camp)和外出开采营地(extraction camp)两个类型,前者是一般日常活动的地点,包括食物处理和工具的生产,后者则是行使特定工作任务的特殊性地点。Shott(1986)将遗址分为长期性和临时性两类,认为前者营地中有更为复杂的器物组合,而后者的工具组合比较简单。这些观点与 Binford(1977,1978,1980)提出的采食者——集食者模式(forager-collector model)有相似之处。在 Binford 的模式中,狩猎采集者在资源开采范围有迁居移动(residential mobility)和后勤移动(logistical mobility)两种不同的移动策略,前者是采食者从一个地方迁移至另一个地方,以不断的迁徙来发现新的资源;后者则是集食者从一个固定营地派出任务小组出去采集和猎获食物。Kelly(1983)结合民族学的研究提出"环状"(circulating)和"放射状"(radiating)两种移动模式,其中环状流动策略有相对较频繁的迁居移动,在这些迁居的遗址装备有日常猎食活动所需的本地资源,而放射状流动策略有着稳定的、通常是多个季节性的居住遗址,所需资源从专门性(常为高度季节性)的地点运输进来。

自20世纪90年代后,空间分析方法在中国也逐渐被应用并取得了重要成果。其中拼合研究是研究者集中的关注点,主要通过对遗址内石制品的拼合情况来重建石器从制作到废弃的整个生命史历程,并以此分析遗址埋藏过程、复原人类的石器技术、推测行为活动内容。对泥河湾岑家湾遗址1986年出土石制品的拼合研究是最早进行并其后有重要影响的范例(谢飞等,1994;谢飞、李珺,1995),通过拼合率高达14.6%的石制品拼合研究,推断出遗址遗物密集区域是当时占有者的主要活动场所,活动内容包括打制石器、敲砸、肢解动物和进餐等。此后,王社江(2005,2007)、冯小波(2008)、马宁(2010)、刘扬(2015 b)、李锋(2015)等陆续开展了石制品拼合研究,并扩展到了骨制品拼合研究(李超荣等,2004)。

近年来,研究者通过遗迹、遗物的相对空间关系更多地探讨遗址的人口规模、人群流动、栖居形态以及反映出的人类复杂行为等方面的问题。关莹等(2011)对水洞沟第2地点的空间分析是其中很有意义的一次尝试。她通过对出土的石制品、动物骨骼、装饰品等各类标本和火塘遗迹等的空间分析,复原出该地点为一处史前人类居住型开放式大本营遗址,古人类在此进行了包括制作维修工具、消费进食、制作衣物和装饰品等行为,显示了以火塘为中心进行各种复杂生存活动的生活模式。李锋等(2016)对水洞沟第2地点的流动模式作了进一步的探讨。他通过对遗址中原料经济的历时性变化推测遗址的栖居模式由早期不规律性的临时性地活动逐渐发展到后期更复杂地反复性占居,以权宜性消费本地原料为主的行为表明这个地点人群的流动模式主要围绕河谷中可获的石料而活动。另外,研究者也更加注重对遗址"活动面"和区域遗址群的栖居形态进行分析。王幼平(2012)通过多年在河南郑州的考古新发现和研究揭示出了中原地区由300多处旧石器地点集中展现的MIS3阶段以多个基本营地为中心、各类临时活动地点所构成的放射状栖居形态特点,以及多个用火遗迹所组成的半环状复杂居住面中心营地和具有象征意义的特殊活动遗迹等标示着现代人类及现代人行为在这一阶段出现的重要文化现象。

在一个比较理想的遗址结构的研究中,我们的分析可以从遗址的位置和规模、保存状况、石制品和骨制品等的组合特征、各类遗物的分布状态及其关联性以及"火塘"等相关遗迹的分布与特点等多个方面进行。但是,由于埋藏环境、发掘面积等很多客观条件的限制,多数遗址都难以获得理想的全部文化遗存。本次研究的澧水流域晚更新世遗址中,受制于南方红土酸性土壤而无动物骨骼等有机质遗物保存,也很难发现火塘等具有代表性意义的结构性遗迹,因而这无疑成为本研究的一个缺憾。

本章的研究将着重以乌鸦山、条头岗和十里岗遗址为例,主要根据各遗址出土石制品的空间分布和拼合研究来分析遗址的内部空间划分、人群规模、遗址占居频率和强度以及遗址功能等问题,并初步探讨晚更新世阶段古人类在澧水流域的流动模式和栖居形态。

8.2 乌鸦山遗址空间分析

8.2.1 遗物分布与人类行为

第三章中对乌鸦山遗址埋藏状况的初步分析表明,该遗址未经历远距离搬运和严重侵蚀,应为原地埋藏。因此,遗址中的出土物基本保持了原生形态,其分布状态可以大致如实地反映古人类在遗址中进行的活动。

该遗址的石制品集中分布在 T3、T4、T5、T11 四个发掘探方,以这些探方中的主要文化层出土的石制品为主,各个类型在探方中的平面分布情况如图 8.1 所示。其中,T5 东部的空白系由于隔梁未发掘,T11 西部的空白是因发掘前人为破坏形成的陡坎而缺失。

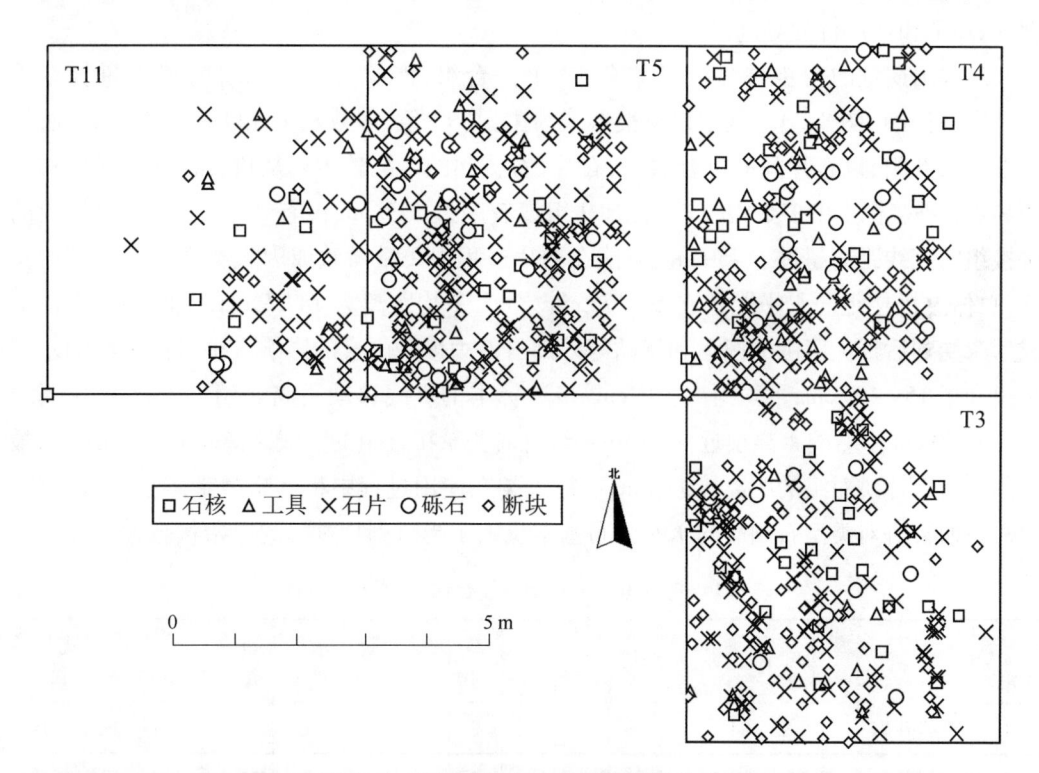

图 8.1 乌鸦山遗址各类型石制品分布

从图 8.1 可以看出,石制品相当均匀地分布在发掘区,没有明显的密集区域。在已发掘的空间内,布满了备料、石核、石片、断块、工具等各个操作链环节中的产品,且各个类型基本上呈现混杂分布状态。完整的石制品生产程序和石工业结构特点指示,遗址上曾发生了石核剥片、工具加工和使用以及原地废弃等人类行为。根据 Binford(1983)的民族学研究,一个遗址中主要的功能结构包括火塘周围、睡眠区、房屋、废弃区、储藏区、外部活动区域等。就此次发掘的情况看,不存在剥片区、加工区、使用区、废弃区等明显的功能分区,没有体现出对遗址活动空间规划利用的意识。但发掘区在遗址中的位置以及文化层的厚度表明,人类活动持续了较长时间。这些遗物处于当时人类集中活动区域的边缘部分,更多、更复杂的活动内容可能在此次发掘区的西部偏南区域。

8.2.2 拼合研究

拼合研究的结果不仅可以对遗址的埋藏成因、石器技术提供重要信息,也能进一步增进对空间组织的认识。根据反映加工技术流程和埋藏学意义的差异,拼合产品可以分为拼接(join)和拼对(conjoin)两种形式。前者为非人力有意形成的破裂产品的拼合,常指断片、裂片、断块等共时性石制品之间的拼合;后者则是打制力控制而产生破裂产品的拼合,常指石核、石片或石器与修理碎片等具有时间先后次序石制品之间的拼合(王社江,2005)。因此,拼接关系更多地反映遗址形成过程方面的信息,拼对关系更多地反映人类剥片、加工和使用行为等过程。

乌鸦山遗址的初步拼合结果共有 17 个拼合组,涉及石制品 42 件,遗址拼合率为 2.45%(表 8.1,图 8.2)。其中以拼接形式为主,共 11 组,多数发生在断片和裂片之间;拼对形式共 6 组,以石片间的拼合居多,石片、石核间的情况较少。从拼合标本的横向移动距离看:拼接标本中多数相距较近,有 9 组没有超过 175 cm,仅有 2 个左、右裂片构成的拼接组的直线距离超过了 450 cm,可能在剥片过程中飞溅所致或因人类活动有一定的位移,总体上拼接组的水平距离在 8~475 cm 之间,平均距离为 144.9 cm,说明遗址主体形成后未受到后期大范围的搬运和扰动等外部自然埋藏因素的影响。拼对标本组的水平距离介于 15~495 cm,平均距离 185 cm,多数标本的直线移动距离要稍大于拼接组,除 2 组只有 20 cm 左右的距离很近外,另外 4 组拼对关系拼合组的直线距离均超过 120 cm,最远的一组石片拼对组的距离接近 5 m,可能人类在使用过程中将其略微带离了原来位置,但总体而言拼对类型石制品的水平分布基本反映了当时剥片过程的原始状态。

表 8.1 乌鸦山遗址石制品拼合结果(单位: cm)

拼合组	原料	标 本 号	工具	石核	石片	断片	裂片	断块	水平距离	垂直距离	拼合形式 拼对→,拼接+
1	石英砂岩	83,84				2			10	2	近端+远端断片
2	石英岩	532,1197				2			170	22.5	近端+远端断片
3	石英砂岩	886,1306					2		475	18	左裂片+右裂片
4	石英砂岩	889,1196					2		455	34	左裂片+右裂片
5	石英砂岩	1057,973				2			55	15.5	近端+远端断片

续表

拼合组	原料	标本号	工具	石核	石片	断片	裂片	断块	水平距离	垂直距离	拼合形式 拼对→,拼接+
6	石英岩	534,537					2		120	6	左裂片+右裂片
7	燧石	478,408			2				15	2.5	Ⅵ→Ⅵ
8	燧石	719,723					2		70	3	左裂片+右裂片
9	石英砂岩	1068,1069					2		8	3	左裂片+右裂片
10	燧石	1330,1331					2		26	1	左裂片+右裂片
11	燧石	586,587					2		30	4	左裂片+右裂片
12	燧石	1481,1489			2				120	2	Ⅲ→Ⅱ
13	燧石	664,462		1	1				260	1	Ⅲ→石核
14	燧石	1490,277,1492,1502,357,1503,1491,1480,1476,1482		2	4		2	2	200	20.4	(Ⅲ→Ⅲ→石核+断块)+[Ⅲ→Ⅲ→(右裂片+左裂片)→石核+断块]
15	石英砂岩	177,178	2						175	4	工具+工具(残)
16	硅质板岩	1312,1329			2				495	4	Ⅱ→Ⅱ
17	硅质板岩	1691,1682			1	1			20	2	Ⅱ→远端断片
小计			2	3	12	7	16	2			

注:第11、13、17拼合组在其他探方内,故未在图8.2中显示。

剖面纵向的垂直距离上,拼接和拼对类型的拼合组垂直位移均较小。前者垂直距离在1~34 cm之间,平均距离10.3 cm;后者垂直距离在1~20.4 cm之间,平均距离5.3 cm。多数拼合组标本集中分布且与遗址石制品密集区展布相吻合,其分布特点表明遗址文化层受扰动较小且比较快速地原地掩埋,石制品分布的形成应主要受人类剥片行为的影响。

几个典型的拼合组举例如下:

第7拼合组(图8.3,B)由2件Ⅵ型石片拼对构成,原料为带黄红色条纹优质燧石。第一件石片(LWT4④:478)的腹面远端和另一件石片(LWT4④:408)的背面远端相互对接,说明石核在打下第一件石片后,经过翻转180°后才对向剥下第二件石片。两件标本平面距离只有15 cm,垂直距离也仅2.5 cm,几乎在同一平面上,表明未受到后期扰动。但由于没有发现它的母体石核和更多同类石片,因此这两件石片的废弃可能有两种行为成因:一是就地剥片后留下,石核等其他产品被带走;二是在他处打片后被携带到这里准备作为毛坯利用。无论哪种情况,推测剥片的位置应该不会距此太远。

第17拼合组(图8.3,A)由一件形状不规则的Ⅱ型石片(T6④:1682)和远端断片(T6④:1691)拼对而成,原料为青黑色含炭质硅板岩。这是两件在石核同一台面连续剥

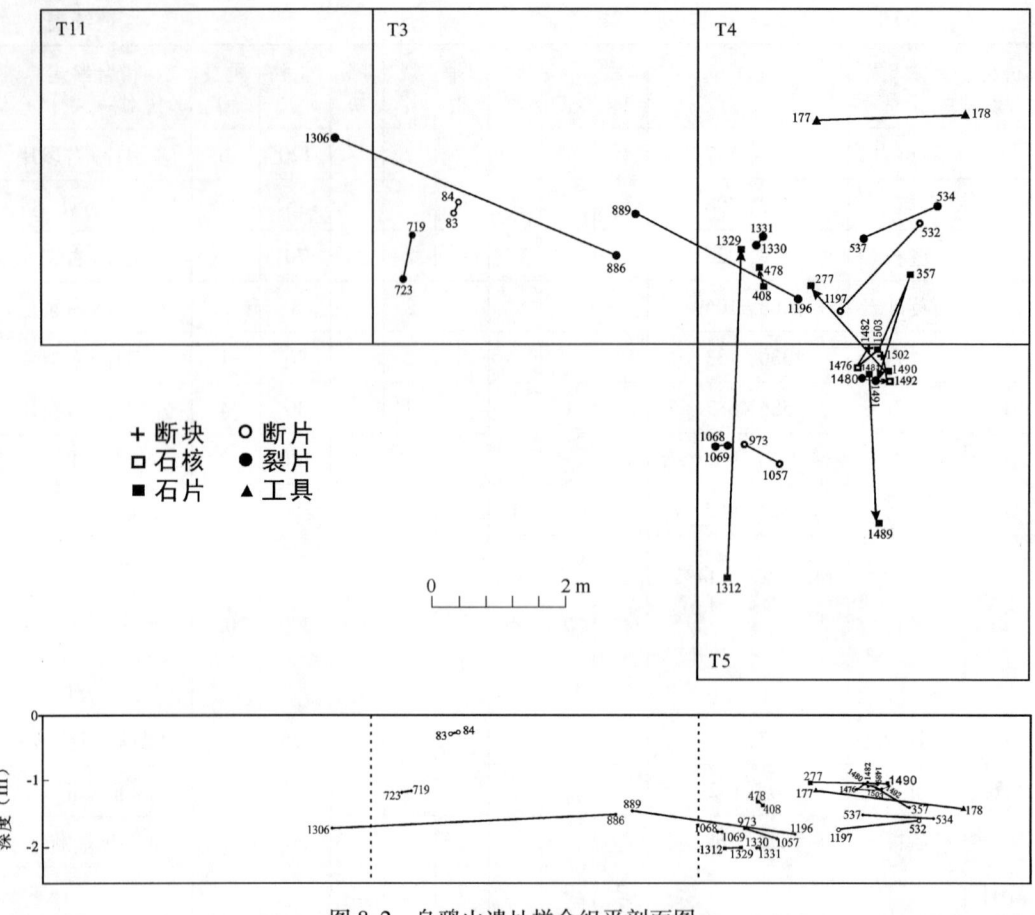

图 8.2 乌鸦山遗址拼合组平剖面图

片形成的石片,其中完整石片最先被剥离,再剥下另一件石片,可能由于打击力或原料节理缘故,第二件石片在剥片过程中横向断裂成上、下两端,但仅发现远端部分,近端部分此次未能识别拼接。从两者平面直线距离仅 20 cm、垂直距离只有 2 cm 来看,石制品几乎没有发生位移,基本保留了原始状态。

第 14 拼合组(图 8.3,C)由多达 10 件标本拼合而成,既有拼对关系,也有拼接关系,所有拼合的标本散落于直径约 2 m 的范围内,上下垂直深度多在 5 cm 以内,个别可达 20 cm。原料为内部结构不均一的质量较差的黄色燧石,从拼合情况看包括 4 件完整石片、2 件断块、2 件石核和 2 件裂片。总体上这个拼合组是由上、下两大的拼合组最后拼接形成的一件完整石核,其中上部分先由 2 件Ⅲ型石片(T5②:1490、T4②:277)拼对,再与一件石核(T5②:1492)进行拼对,最后与一件断块(T5②:1502)拼接构成一件石核;而下部分也是先由 2 件Ⅲ型石片(T4③:357、T5②:1503)拼对,再与由两件左右裂片(T5②:1480、T5②:1491)构成的完整石片进行拼对,然后接着又与另一件石核(T5②:1476)拼对而成,最后又与一件断块(T5②:1482)拼接构成另一件石核。由此可以推知,这件原料进行了较为充分的利用,反映了典型的原地剥片行为,且剥片后未对其进行大范围移动；在剥片初期由于其内部的节理或裂隙缘故被崩裂成几个大的断块，但古人类并没有废弃，而是继续以这些其中较好的砾石断块为坯材持续剥片，打下的石片多数也遗留在原地，一些石片则可能被带到遗址的另外区域进行使用或修理。由此我们也可推知，在本次发掘区外的遗址其他区域很有可能还有其他的活动中心。

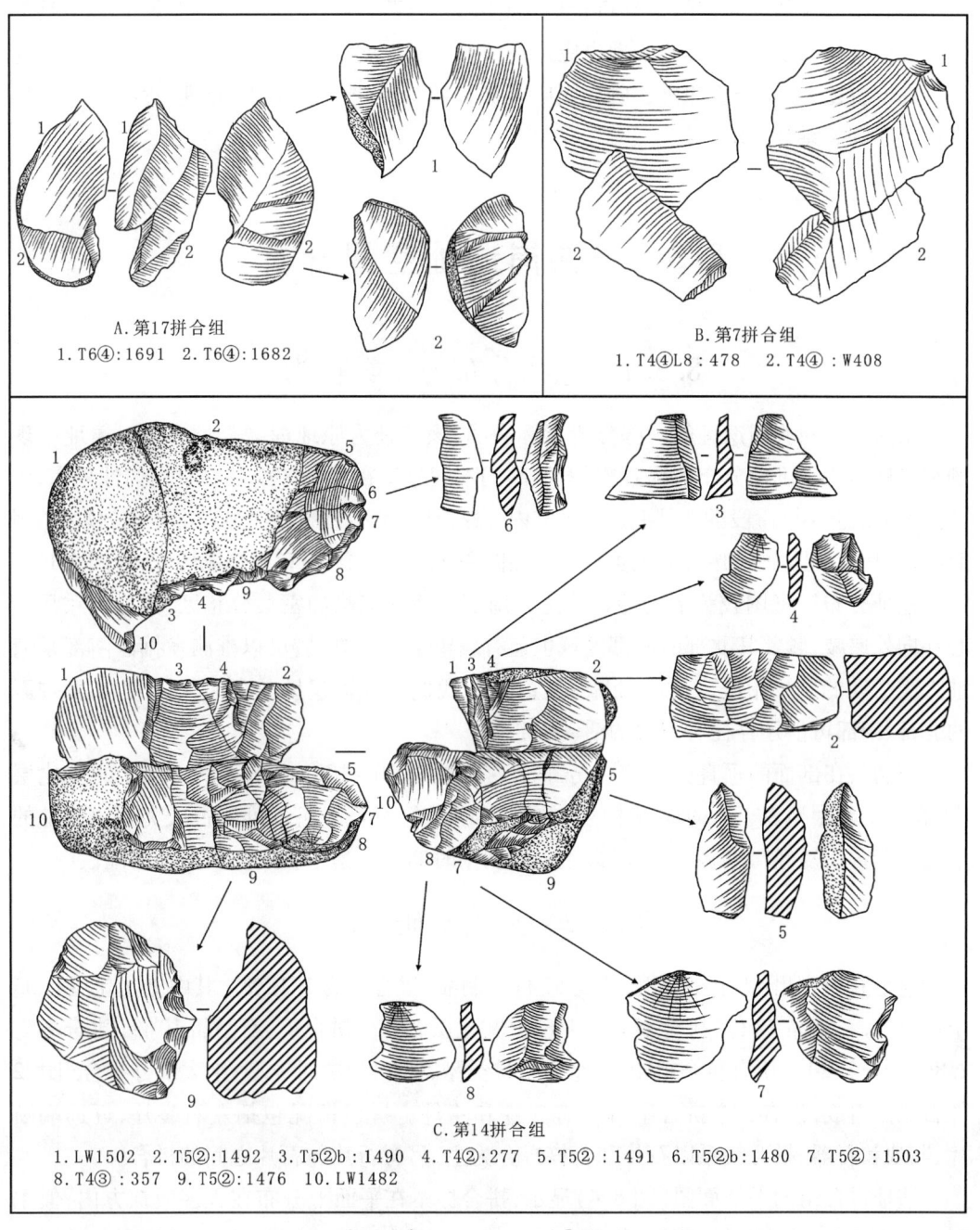

A. 第17拼合组
1. T6④:1691 2. T6④:1682

B. 第7拼合组
1. T4④L8:478 2. T4④:W408

C. 第14拼合组
1. LW1502 2. T5②:1492 3. T5②b:1490 4. T4②:277 5. T5②:1491 6. T5②b:1480 7. T5②:1503
8. T4③:357 9. T5②:1476 10. LW1482

图8.3 乌鸦山遗址拼合组

石制品的拼合研究再次说明该遗址的石器技术特点是一种简单剥片系统,剥片前没有预制,但在剥片过程中多存在转向寻找合适台面或剥片面的技术策略。古人类原地剥片行为是遗址文化层石制品分布状态形成的主要原因。本次研究虽然未发现石器与修理碎片拼合的情况,还无法通过拼合所得信息推断石器的具体加工方式,不过从工具在探方的夹杂分布以及两件断裂的工具拼接标本(T4②:177、T4②:178)看,遗址上有工具的使用和废弃行为发生,工具的修理也应是在遗址中发生的。

综上所述,空间分析和拼合研究表明人类在遗址上进行了剥片、修理、食物加工使用直至废弃等一系列活动。

8.3 条头岗遗址空间分析

8.3.1 遗物分布与人类行为

第四章中条头岗遗址的一些分析指标表明,该遗址为原地埋藏类型。从对遗址中现场编号标本的平剖面分布情况观察,石制品的不同类型在发掘区中基本呈均匀性分布,生产技术链条上不同阶段的产品混杂在探方内,没有某个类型石制品明显局部集中的现象,因此石核剥片、工具加工、废弃等人类行为应在同一场地内完成,不存在功能性分区(图4.1)。

遗址分布密度图较为清楚地显示探方南部是遗址遗物的密集分布区,数量大致呈同心环向外递减,紧邻其北部的局部区域也还有较丰富的石制品,可以推测发掘区南部是遗址人类活动的主要中心。不过,根据勘探调查,我们发现该遗址分布面积较大,在发掘区的北部、南部可能还存在有类似的活动中心区。

石制品在剖面的垂直分布集中分布于约距地表50~100 cm的厚约50 cm的文化层中,在其下至距地表2 m的堆积中的遗物则较为稀疏。因而,可以推测古人类在该遗址的活动可能曾往复经历过多次,同时最主要的利用时期则应集中在一个较短的时间段内。

8.3.2 拼合研究

遗址共识别出42个拼合组,涉及87件石制品,拼合率为1.18%。其中上文化层有35个拼合组,石制品77件,拼合率为1.1%;下文化层有5个拼合组,石制品10件,拼合率为2.86%(表8.2)。所有拼合组中27组为拼接类型,15组为拼对类型;绝大部分拼合组由2件石制品组成,仅有二个拼合组分别有3件和4件。拼接情况包括左右裂片、近远端断片、断块和器;拼对关系以石片和石核拼合为主,另有石片与石片之间的拼合。

遗址拼合组的平剖面图(图8.4)显示,拼合标本在平面上分布在大多数探方内,但主要多在发掘区中南部,与石器密集分布区略有不同;纵向分布集中,与遗址的石制品密集展布区相符合,且大致以距地表1 m为界分为上下两个部分,表明遗址应确实存在上、下两个文化层。根据拼合标本的移动距离统计(表8.2),多数标本的移动距离较近,同时也存在少量拼对类型标本的位移距离较大,最深的水平移动距离超过5 m,最大的垂直距离达40.5 cm。其中个别纵向距离较大的标本可能与后期的踩踏、陷落等因素有关。总体而言,拼接形式标本水平距离在16~362 cm,平均值110.45 cm,垂直距离在0.2~26.7 cm,平均值10 cm;拼对形式标本水平距离在20~502 cm,平均值190.91 cm,垂直距离在1~40.5 cm,平均值11.73 cm。

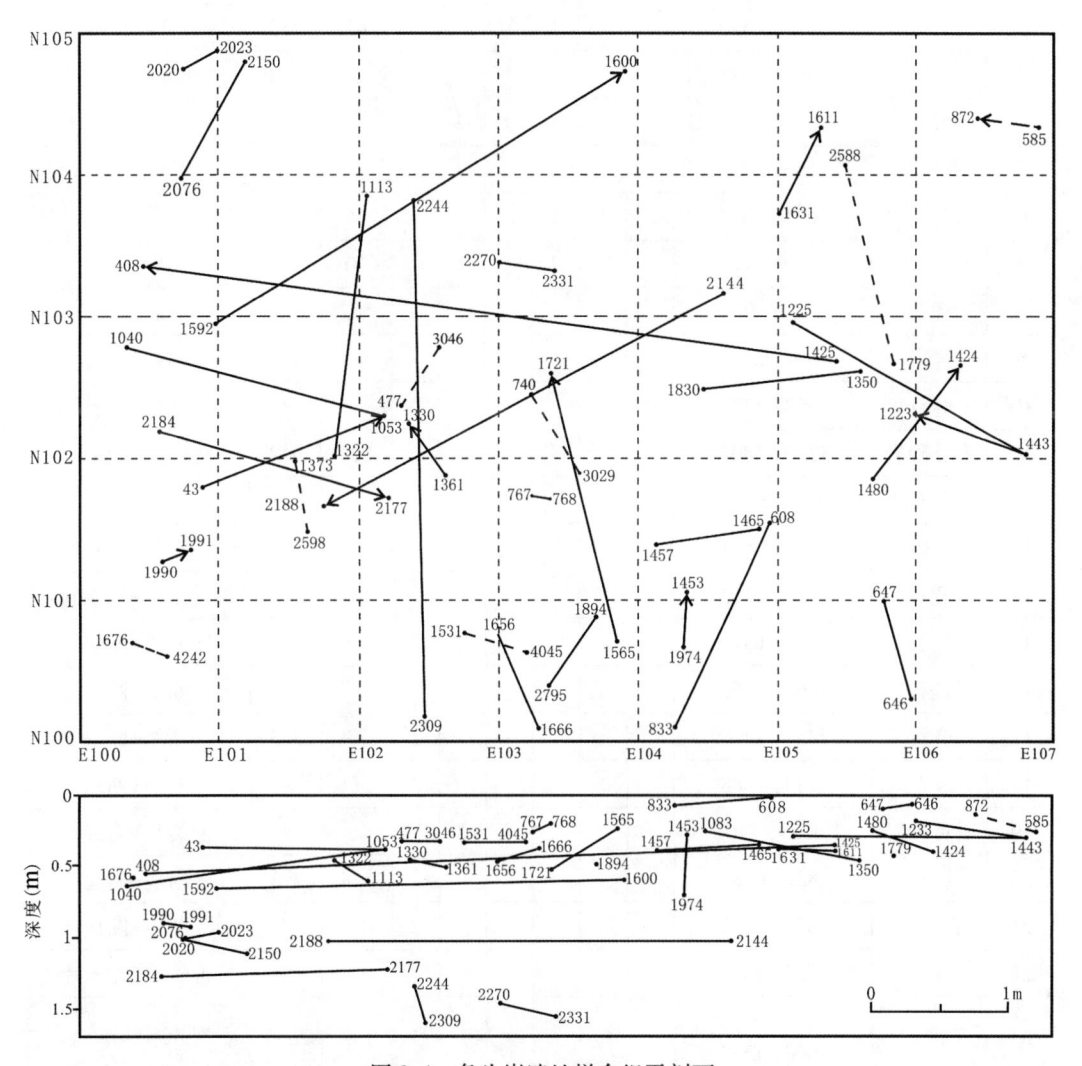

图8.4 条头岗遗址拼合组平剖面

根据Bunn等(1980)的锤击打片实验,产生的石制品最密集的分布范围在以打制者为中心的直径1 m范围内,大多数产品应分布在直径为1.1~1.8 m的区域,最大的分布范围可在1.1~2.7 m之间。条头岗遗址中绝大多数拼合标本的平面距离在2 m以内,因此仍属在打片过程中石制品崩裂的范围,仅有极少数的距离超过实验数据。拼接类型的标本位移距离多要明显小于拼对类型,说明崩落的碎片等废品主要留在原地,而打下的石片等其他类型在剥落后可能曾被有选择地作为毛坯或工具在遗址中流动利用。

表 8.2　条头岗遗址拼合结果(单位:cm)

拼合组	原料	标本号	工具	石核	石片	断片	裂片	断块	水平距离	垂直距离	拼合形式 拼对→,拼接+
1	燧石	1480,1424		1	1				100	14.7	Ⅴ→石核
2	石英砂岩	1361,1330		1	1				42	5.2	Ⅲ→石核
3	石英砂岩	1565,1721				1	1		195	30.8	左裂片→近端断片
4	燧石	1443,1225,1223			1		2		193	1.8	左+右裂片→Ⅴ
5	石英岩	585,872					2		/	/	左裂片→左裂片
6	石英砂岩	1631,1611		1	1				66	2.7	Ⅱ→石核
7	燧石	1990,1991			2				20	2	Ⅴ→Ⅴ
8	燧石	1425,408			2				502	20.8	Ⅲ→Ⅲ
9	燧石	1894,2795	1			1			/	/	残片+工具
10	燧石	2598,1373	2						/	/	工具(残)+工具(残)
11	石英砂岩	1350,1803					2		102	0.2	残片+右裂片
12	石英砂岩	477,3046					2		/	/	左裂片+右裂片
13	石英砂岩	4045,1531					2		/	/	左裂片+右裂片
14	燧石	1322,1113				2			184	13	近端断片+远端断片
15	燧石	646,647						2	72	1.8	断块+断块
16	燧石	1666,1656						2	/	/	断块+断块
17	燧石	1457,1465						2	73	3.3	断块+断块
18	燧石	1779,2588						2	/	/	断块+断块
19	石英砂岩	3029,740					2		/	/	左裂片+右裂片
20	燧石	833,608						2	158	7.5	断块+断块
21	石英岩	1676,4242						2	/	/	断块+断块
22	燧石	767,768				2			13	5	近端+远端断片
23	石英岩	43,1053,1040,1566					1	3	192	26.7	右裂片→断块+断块
24	燧石	1592,1600			2				340	5	Ⅲ→Ⅴ
25	石英砂岩	2442,2484					2		/	/	左裂片+右裂片
26	燧石	3097,2807						2	/	/	断块+断块
27	燧石	①C93,①C1193						2	/	/	断块+断块
28	燧石	3020,4031						2	/	/	断块+断块

续表

拼合组	原料	标 本 号	工具	石核	石片	断片	裂片	断块	水平距离	垂直距离	拼合形式 拼对→,拼接+
29	燧石	2528,4245						2	/	/	断块+断块
30	石英砂岩	①C663,①C940					2		/	/	左裂片+右裂片
31	石英砂岩	①C1042,①C1109					2		/	/	左裂片+右裂片
32	石英砂岩	4247,4249			2				/	/	Ⅲ→Ⅲ
33	燧石	3018,3150					2		/	/	中间裂片+右裂片
34	燧石	1741,4240						2	/	/	断块+断块
35	燧石	2020,2023					2		16	6.5	左裂片+右裂片
36	燧石	1974,1453		1	1				36	40.5	Ⅴ→石核
37	石英砂岩	①C1314,①C519		1	1				/	/	Ⅴ→石核
38	燧石	2144,2118		1	1				440	1	Ⅱ→石核
39	燧石	2177,2184		1				1	166	4.5	断块→石核
40	燧石	2244,2309						2	362	25	断块+断块
41	燧石	2150,2076						2	82	12	断块+断块
42	燧石	2331,2270						2	38	9	断块+断块
小计			3	7	15	6	24	32			

注:/表示因石制品以探方收集缘故而缺失坐标。

几个典型拼合组举例如下:

第 1 拼合组(图 8.5,A)由一件石片和石核拼对而成,原料为青黄色燧石。LT②:1424,Ⅴ型石片,倒三角形,背面共有 2 个片疤,疤向为单向,单偏纵背脊,背缘角 103°,自然面比例为 1%~25%,两侧边汇聚且薄锐,远端羽状,打击点浅,打击泡微凸,同心纹略显,半锥体、锥疤、放射线等缺失,长宽厚为 38.8×33.5×8.3 mm,重 9.2 g。LT②:1480,双台面石核,原型为砾石,在一端两面打片,互为台面和剥片面,台面角 100°~115°,2 个剥片面,共 10 个片疤,打击点深,半锥体阴痕凹,长宽厚为 57.4×80.9×92.3 mm,重 452.1 g。石片远端与石核片疤完全吻合,但石片台面明显要高出现存石核的台面,说明石核在剥离这件石片后,以该石片打下后的阴疤为台面仍继续进行过多次剥片。

两件拼合标本水平距离 1 m,在原地剥片的崩落范围内;垂直距离为 14.7 cm,虽然有一定的高差,但结合发掘区并不平整的活动面考虑,基本应在正常变异值区间。因此,这两件产品基本保持了原始的分布样态。

第 7 拼合组(图 8.5,B)由 2 件石片拼对而成,原料为青色燧石。打下的第一件石片(LT③:1990)为Ⅴ型石片,形状不规则,背面共有 4 个石片疤,疤向为双向,单偏纵背脊,背缘角 87°,两侧边汇聚,左侧边薄锐,右侧边厚钝,远端内卷,打击点浅,半锥体明显,打击

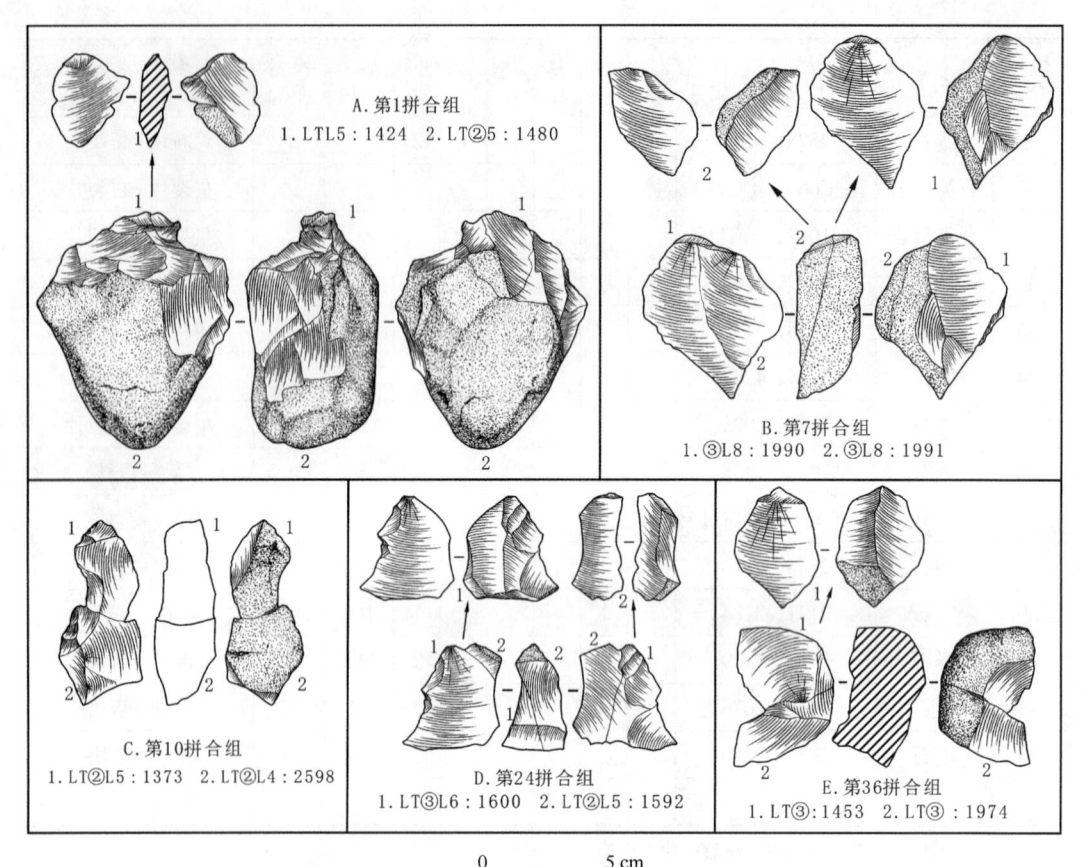

图 8.5　条头岗遗址拼合组

泡凸,同心纹、放射线模糊,长宽厚为 62.3×49.1×18.4 mm,重 55.4 g。另一件石片(LT③:1991)也是 V 型石片,形状不规则,素台面,背面共有 1 个片疤,L 形背脊,背缘角 81°,两侧边汇聚,左侧边薄锐,右侧边厚钝,远端羽状,打击点浅,打击泡微凸,同心纹和放射线略显,半锥体、锥疤缺失,长宽厚为 46.2×28.7×11.8 mm,重 12.3 g。

两件石片是同一石核上先后依次剥下的 2 件产品。在平面上两者相距仅 20 cm,垂直距离也仅 2 cm,很明显是一个连续剥片后原地保存并没有被后期移动的状态。

第 10 拼合组(图 8.5,C)由刮削器的两残断部分拼接而成,原料为黄色燧石。其中一件(LT②:2598)标本为单凸刃刮削器(残),修理部位在右侧和部分近端,反向锤击修理,修疤 4 个,修疤深且大,刃角 80°,修疤比 5%,长宽厚为 35.8×41.7×25 mm,重 39.1 g。另一件(LT②:1373)也为单刃刮削器,刃部不甚规则,反向修理,刃角 53°,长宽厚为 43.5×26.8×21.7 mm,重 20.5 g。两件标本拼接后形成一件完整的刮削器,说明这件工具有可能是使用过程中因断裂而被抛弃的。

两件拼合标本虽然缺失三维坐标数据,但从它们均分布于 N101E101 探方的情况可知,其水平位移距离很近,因而应是就地使用和废弃行为。

第 24 拼合组(图 8.5,D)由 2 件石片拼对而成,原料为白色燧石。从拼对情况分析,其中一件石片在被剥离后,通过翻转 180°,从石核相对方向打下另一件石片。第一件石片(LT②:1592)为 V 型石片,形状为长条形,三角形棱脊台面,石片角 114°,背面共有 3 个片疤,疤向为双向,正纵背脊,背缘角 64°,自然面比为 1%~25%,打击点浅,半锥体、锥疤明显,打击泡凸,同心纹略显,放射线不清楚,两侧边平行,远端内卷,长宽厚为 42.4×20.8×12.5 mm,重 9.1 g。第二件石片(LT③:1600)也是 V 型石片,形状略呈三角形,石片角 114°,背面共有 7 个片疤,疤向为多向,有脊向外疤,倒 T 形背脊,背缘角 105°,自然面比为 1%~25%,打击点浅,打击泡凸显,同心纹略显,半锥体、锥疤、放射线缺失,两侧边扩展,远端内卷,长宽厚为 41.8×40×23.7 mm,重 23.6 g。

两件拼合标本水平距离 340 cm,超过剥片能够掉落的最远距离,但垂直距离仅 2 cm,可能石核剥片后其中的一些石片被古人类转移出原始中心打片区,不过基本还是在较近的距离内利用剥坯产品。

第 36 拼合组(图 8.5,E)由一件石片和石核拼对而成,原料为青黄色燧石。石片的远端与石核台面相拼合,说明石片早在石核剥片之前就被剥离,且为石核创造了一个平坦台面。根据剥片阴疤叠压关系可知该石片被打下后,石核在另一侧打下 2 个石片后才继续利用石片远端处的石核上片疤阴面为台面再次剥片,因此这件石核至少经过了 3 次旋转打片。LT③:1974,V 型石片,形状不规则,石片角 120°,背面共有 3 个石片疤,背缘角为 76°,自然面比为 1%~25%,打击点浅,半锥体明显,打击泡凸,锥疤、同心纹和放射线不清晰,两侧边汇聚,远端羽状,长宽厚为 42.9×36.3×15.2 mm,重 25.9 g。LT②:1453,单台面石核,形状侧面呈 D 形,三角形素台面,台面长宽为 30.1×24.8 mm,台面角 87°,1 个剥片面,共 4 个片疤,剥片方向为单向,片疤为普通型,最大片疤长宽为 24.9×13.3 mm,剥片比 60%,自然面比 40%。打击点深,半锥体阴痕凹,同心纹清晰,放射线不见,石核长宽原为 43.1×38.8×39.6 mm,重 62 g。

据拼对关系的拼合组可知,石核均有多次连续性剥片,并在剥片过程中不断旋转或翻转调整打片角度以充分利用原料,表明古人类掌握了比较娴熟的石器打制技术。遗址中多个拼接类型以及以石片、石核为主的拼对类型,且多数标本的水平、垂直位移较近,总体上人类剥坯行为是遗址石制品分布形成的主要原因,反映了遗址中先民进行的石核剥片、工具加工和使用,并且原地废弃的生存行为。

8.4 十里岗遗址空间分析

8.4.1 遗物分布与人类行为

据遗址石制品平剖面分布特征(图 5.12)及拼合情况,可以较清楚地发现在发掘区中部有一个宽 2~3 m 的半环状空白区域,敞口向北,直径约 10 m。在这个半环区内基本没有石制品,而在其周围尤其是北部和南部则分布着较为密集的器物(图 8.6)。这种呈环状分布的特点,除没有发现明显的火塘遗迹外,与 Binford(1983)的多人围坐露天火塘模式(图 8.7)有着比较一致的特征。在这个模式中,空白区域应为人类蹲坐进行剥片或修理的区域,在其前、后则分别为前掷区和后掷区,也即遗物丰富的集中区域。

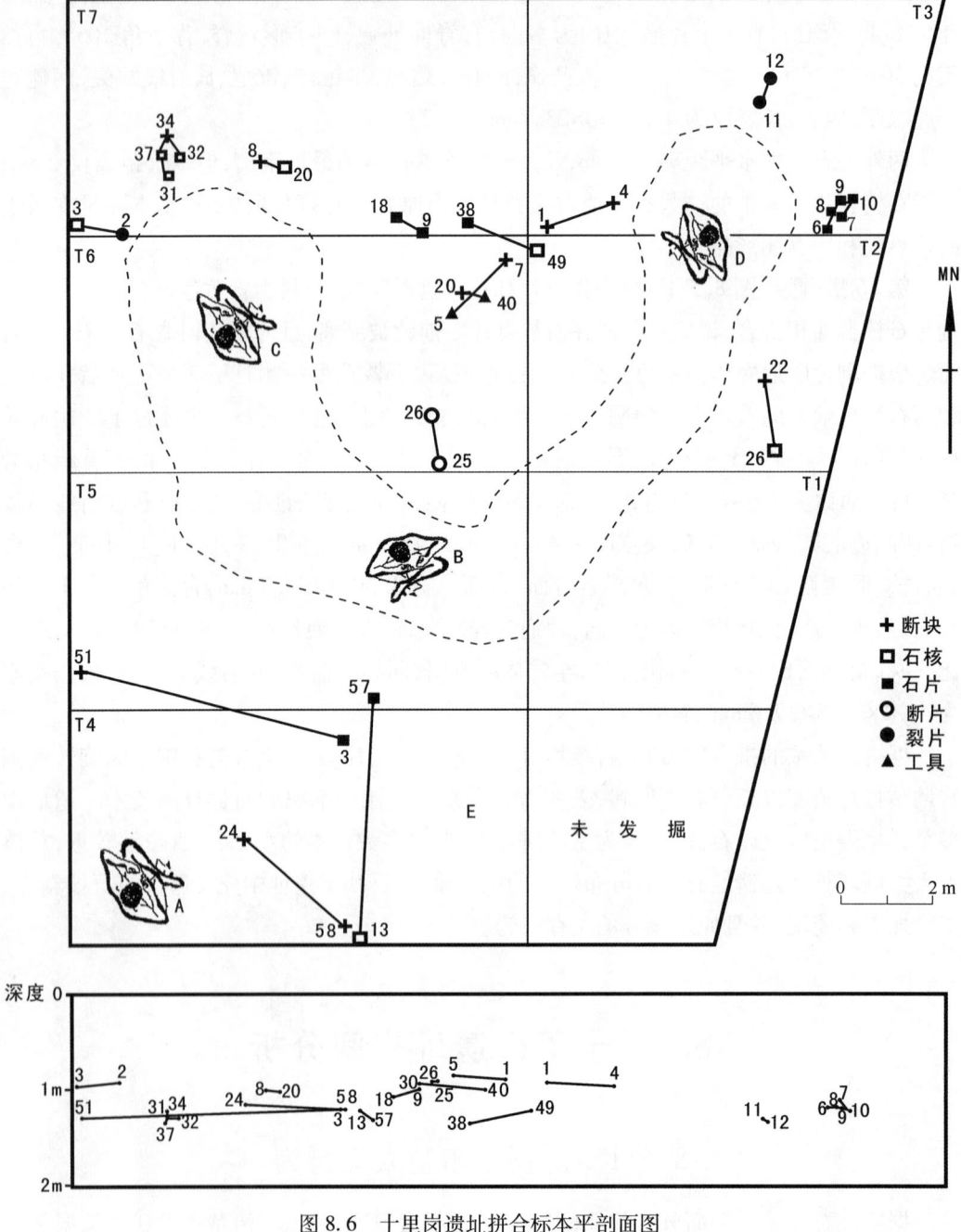

图 8.6 十里岗遗址拼合标本平剖面图

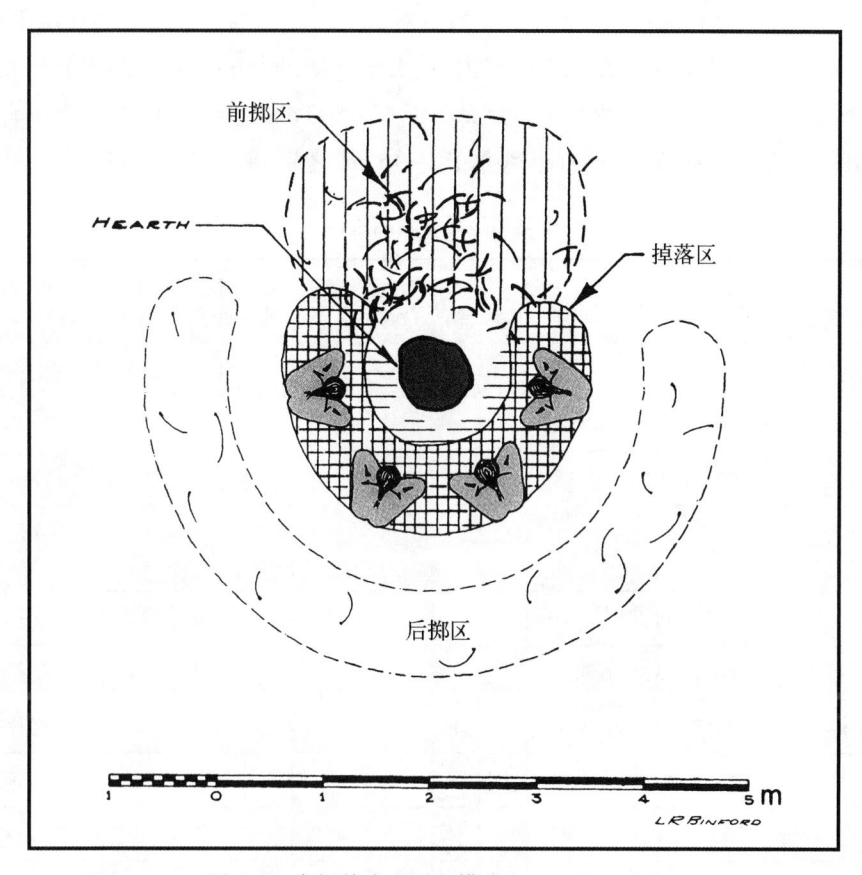

图 8.7 宾福德多人围坐模式(Binford, 1983)

对石制品不同类型在探方中分布的分析,还有以下一些认识:在空白环状区北部的中间位置发现有较多的工具(约占工具的 44.73%),在这里碎屑产品占到石制品总数的 29.53%,推测应是主要的工具修理区。另一处工具较为集中的位置在发掘区的西南角(即 T4 的西部,约占工具的 23.68%),在这里碎屑也占到石制品总数的 34.24%,此外这一位置发现的赤铁矿产品比较集中,占了总量的 58.14%,推测应为处理染料的特殊功能区。在发掘区其余部位,各类型的石制品分布则较为均匀,显示遗址中剥片行为发生在多个区域。上述特点显示遗址已经有了初步的功能分区,石核剥片、工具加工、特殊物质处理等各有工作区,其中工具修理应主要发生在环形区域北部,赤铁矿处理则在发掘区最西南部进行。另外,遗址中还有部分火烧崩块的发现,尽管没有明显的火塘,但指示着遗址应存在露天篝火行为。

8.4.2 拼合研究

遗址共辨认出 16 个拼合组,涉及石制品 37 件,拼合率为 3.7%。从统计表中可以看出(表 8.3),遗址多数为拼接形式,共计 11 组,主要为断块和断裂片之间的拼合,也有一些断块与石核、石片与石核的拼接,可能反映了石料易于碎裂的情况;拼对形式共 5 组,以石片与石片之间的拼合较多,石片和石核的拼对只有2组。拼接标本水平移动距离介于35~600 cm之间,但绝大多数在1.6 m以内,仅1个拼接组为6 m,垂直距离介于0~13 cm之间,平均值5 cm;拼对标本水平移动距离介于65~500 cm之间,也仅有1个拼合组距离为5 m,其余均在1.6 m以内,垂直距离介于1~15 cm之间,平均值6.7 cm。

表8.3 十里岗遗址拼合结果(单位:cm)

拼合组	原料	标本号	工具	石核	石片	断片	裂片	断块	水平距离	垂直距离	拼合形式 拼对→,拼接+
1	燧石	T6⑥:7,T6⑤:5	1					1	160	15	断块→工具
2	燧石	T6⑥:40,T6⑥:20	1					1	30	/	断块+工具
3	石英砂岩	T7⑥:9,T7⑥:18			2				65	1	Ⅲ→Ⅱ
4	石英砂岩	T3⑦:6~10			5				65	3	Ⅲ→Ⅱ→Ⅲ→ Ⅴ→Ⅱ
5	石英砂岩	T7⑦:38,T2⑦:49		1	1				150	13	Ⅱ+石核
6	石英	T4⑥:13,T5⑥:57		1	1				500	11	Ⅲ→石核
7	燧石	T7⑤:2,T7⑤:3		1			1		95	4	左裂片+石核
8	燧石	T6⑥:25,T6⑥:26				2			90	0	近端+远端断片
9	石英砂岩	T3⑦:11,T3⑦:12					2		40	3	左裂片+右裂片
10	石英砂岩	T7⑥:20,T7⑥:8		1				1	35	3	断块+石核
11	赤铁矿	T4⑥:24,T4⑥:58						2	240	3	断块+断块
12	赤铁矿	T3⑥:1,T3⑥:4						2	155	5	断块+断块
13	石英砂岩	T7⑦:1,T7⑦:5		1				1	160	5	断块+有疤砾石
14	石英砂岩	T4⑥:3,T5⑥:51			1			1	600	11	Ⅱ+断块
15	石英砂岩	T2⑥:22,T2⑥:26		1				1	90	3.5	崩块→石核
16	燧石	T7⑦:37、34、31、32		3				1	65	3	断块+3石核
小计			2	9	10	2	3	11			

由此可见,绝大多数标本的坐标值均分布在模拟打制实验石制品散落的最大数据范围之内(Bunn et al.,1980)。因此,该遗址基本为原地埋藏。这些标本均大致保留在原始打片的崩落区域,仅个别标本可能由于人类活动发生了一定的位移。

综合以上器物分布密度和拼合分析的论述,遗址中可以较为清楚地识别出至少四处(图8.6,A~D)打制者蹲坐剥片或加工石器的区域。据Freeman(1978)的观察,通常人类个体活动波及的范围约为2.5~3 m², 相当于直径为1.8~1.94 m的圆形区域。以此度量,从遗址环形空白区直径看,可能相当于4~6人围坐的加工模式。因此,十里岗遗址的遗物应代表了小规模流动人群在此地所开展的剥片、石器加工、使用及至废弃,以及烧火、象征或艺术等一系列行为活动。

几个典型拼合组举例如下:

第二拼合组:原料为黄色燧石,由2件断块拼接而成。利用其中1件断块在一侧单向锤击修理形成单刃刮削器。

第一件T6⑥:20,断块,长宽厚为30.2×18.5×13.2 mm,重5.7 g。自然面比为1%~25%。第二件T6梁⑥:40,单凹刃刮削器,以断块为毛坯,刃长13.4 mm,刃角82°,单向锤击修理,单层连续分布的不规则形修疤,共计4个,修疤深,最大修疤长宽为8.6×7.5 mm,相对一侧也有一个较大片疤,性质未定,长宽厚为28.7×24.5×15 mm,重9.8 g。

第三拼合组:原料为红褐色石英砂岩,由2件石片拼对而成。二者呈叠瓦状排列,台面方向一致。

第一件T7⑥:9,Ⅲ型,自然台面,台面形状不规则,大小为13.4×2.9 mm,石片角106°,背面共有5个石片疤,疤向为单向,背脊不明显,背缘角98°,打击点浅,打击泡平坦,半锥体、锥疤、同心纹、放射线等均缺失,远端折断,石片长宽厚为28.3×52.2×6.9 mm,重9 g。第二件T7⑥:18,Ⅱ型,自然台面,台面形状不规则,大小为41.9×6.8 mm,石片角115°,背面共有2个石片疤,疤向为单向,背脊为L形,背缘角75°,打击点浅,打击泡凸,锥疤明显,半锥体、同心纹、放射线等均缺失,远端内卷,石片长宽厚为36.7×60.3×8.5 mm,重20.3 g。自然面比例为1%~25%。

第四拼合组:原料为灰褐色石英砂岩,由5件石片拼对而成。呈叠瓦状排列,台面方向一致,为连续剥片的产品。

第一件T3⑦:7,Ⅲ型,形状不规则,自然台面,台面透镜形,大小为22.9×8.3 mm,石片角109°,背面共有3个石片疤,疤向为单向,背脊不明显,背缘角76°,打击点浅,打击泡微凸,半锥体、锥疤、同心纹、放射线等均缺失,远端羽状,石片长宽厚为28.9×45.8×8.9 mm,重12.1 g。第二件T3⑦:10,Ⅱ型,梯形,自然台面,形状不规则,大小为10.6×2.0 mm,石片角96°,背面共有4个石片疤,疤向为单向,倒T形背脊,背缘角95°,打击点浅,打击泡凸,半锥体、锥疤、同心纹、放射线等均缺失,远端羽状,石片长宽厚为40.2×56.2×12.1 mm,重22.5 g,自然面比为1%~25%。第三件T3⑦:9,Ⅲ型,形状不规则,自然台面,被破坏,形状不规则,大小为35.9×7.7 mm,石片角105°,背面共有4个石片疤,疤向为单向,斜脊背脊,背缘角88°,打击点深,打击泡微凸,半锥体、锥疤、同心纹、放射线等均缺失,远端羽状,石片长宽厚为40.6×41.7×10.4 mm,重15.6 g。第四件T3⑦:8,Ⅴ型,形状不规则,素台面,有可能为后期破坏,台面形状不规则,大小为53.6×16.5 mm,石片角91°,背面共有3个石片疤,疤向为单向,L形背脊,背缘角94°,打击点深,打击泡微凸,半锥体、锥疤、同心纹、放射线等均缺失,远端羽状,石片长宽厚为41×64.6×22.7 mm,重52.6 g,自然面比为26%~50%。第五件T3⑦:6,Ⅱ型,梯形,自然台面,透镜形,大小为 37×13.8 mm,石片角 118°,背面共有 5 个石片疤,疤向为单向,横脊背脊,背缘角 79°,打击点浅,打击泡微凸、半锥体、锥疤、同心纹、放射线等均缺失,远端羽状,石片长宽厚为 50.9×56.3×15.7 mm,重 42.8 g,自然面比例为 1%~25%。

第六拼合组:原料为白色石英,由一件石片和一件石核拼对形成。

第一件 T5⑥:57,Ⅲ型石片,椭圆形,自然台面,形状不规则,台面大小为 16.7×3.9 mm,石片角 103°,背面共有 3 个片疤,疤向为双向,背脊不明显,背缘角 99°,打击点浅,打击泡微凸、半锥体、锥疤、同心纹、放射线等均缺失,远端羽状,石片长宽厚为 14.9×17.6×5.7 mm,重 1.4 g。

第二件 T4⑥:13,Ⅲ型石核,似单面盘状石核,以小型石英砾石为原型,在一侧以相对的两个自然面为台面,对向连续剥片,各打下 2 个石片,片疤在中部交汇呈凸起状,长、宽、厚为 24.25×33.04×17.23 mm,重 14.59 g。

拼合的情况表明在打片过程中,生产者通常较少反转或旋转石核,而是较多地利用同一台面连续剥片,石核只需稍作调整即可。从这类石核和个别小的单面盘状石核可以看出,生产者已经比较擅于控制石核,剥片效率也较高。另外值得注意的是,拼合显示有不少的拼合组并非人为原因破裂,而是受其他外力而断裂破损,如第 16 拼合组、第 10 拼合组、13 拼合组、15 拼合组以及第 14 拼合组等均反映了这种现象。

8.5 遗址功能与性质分析

为更好地认识遗址中人类的行为活动,下面引入"一般单元分析"(Generalized Nodule Analysis, GNA)的方法(Knell,2004)。该方法通过对遗址石制品的构成,分析遗址上工具、原料等不同产品在不同时间阶段的输入或输出等流动情况,并推断其他可能的行为活动(表 8.4)。其中,"生产单元"类型代表了石核剥片、工具生产和废弃等各种生产环节中的石制品均存在于遗址中,原料一般未经改造直接输入;"运输单元"类型代表遗址中仅存在部分生产环节中的产品,有多种能性的行为,或将先前生产器物、改造的原料输入遗址中,或将在遗址中生产的器物带走。

表 8.4 一般单元分析和行为推断(引自 Knell,2004)

单元类型	石制品构成	输入遗址	遗址上行为	废 弃	输出遗址
生产	石核、工具、废片	运输原料或石核至遗址	石核剥片、毛坯生产、工具制作	全部产品废弃在遗址	
运输 1	工具、废片	运输工具或毛坯(可能为石核)到遗址	工具生产或维护	工具和废片废弃在遗址	可能将石核从遗址带走

续表

单元类型	石制品构成	输入遗址	遗址上行为	废弃	输出遗址
运输2	废片	运输工具、石核或毛坯到遗址	工具的生产或维护	将废片废弃在遗址	将工具或石核从遗址带走
运输3	工具	运输工具到遗址	工具使用	将工具废弃在遗址	
运输4	石核	运输原料或石核到遗址	可能有石核剥片、毛坯生产	将石核废弃在遗址	可能将毛坯或工具从遗址带走
运输5	石核、工具	运输原料、石核或工具到遗址	可能有石核剥片、毛坯生产、工具制作	将石核和工具废弃在遗址	可能将毛坯从遗址带走
运输6	石核、废片	运输原料、石核到遗址	石核剥片、毛坯生产和工具制作	将石核和废片废弃在遗址	将工具从遗址带走

上述拼合分析显示，在遗址的某些或全部层位中均能看到原地剥片行为，具有基本完整的石器生产操作链，因此石器生产和使用应该是这些遗址承担的重要功能。遗址主体应均为生产单元类型。条头岗遗址、乌鸦山遗址CL2~CL4层、十里岗遗址、袁家山遗址、八十垱遗址第⑨层等均属于这种类型。但是，一些遗址的不同原料或层位可能也反映存在运输单元的类型，比如条头岗遗址中一些石英岩和石英砂岩产品可能属运输1单元（无生产大石片的匹配石核），十里岗遗址中一些灰色、棕色燧石可能属运输5单元（无与石核相应的石片），乌鸦山遗址CL1、八十垱遗址第⑧、⑩层的遗存可能主要为运输1或2单元类型（无相应石核）。

此外，从各遗址的石制品总数量、重量、分布密度、文化层厚度等相关指标参数统计看（表8.5），也可以得出以下几点初步认识：

表8.5 各遗址相关指标参数比较

遗址名称	标本数量	标本重量（kg）	标本数/m²	标本数/m³	石核与产品比	文化层厚度（m）
乌鸦山CL1	4	0.12	0.25	0.22	无石核	0~1.15
乌鸦山CL2	572	38.24	5.35	6.73	0.07	0.3~1.1
乌鸦山CL3	1 046	56.43	9.42	4.71	0.09	1.8~2.3
乌鸦山CL4	93	15.86	1.26	1.55	**0.2**	0.5~2
条头岗上层	**6 995**	333.95	**174.88**	**266.48**	0.04	0.6~0.9
条头岗下层	350	27.21	10	9.09	0.13	1~1.12
袁家山④层	292	21.24	3.4	7.4	0.1	0.2~0.8
袁家山③层	589		3.46	5.77		0~0.6

续表

遗址名称	标本数量	标本重量（kg）	标本数/m²	标本数/m³	石核与产品比	文化层厚度（m）
十里岗	993	15.15	3.42	4.89	0.07	0.6~0.8
八十垱⑧层	3	0.01	0.03	0.1	无石核	0.25~0.35
八十垱⑨层	117	1.15	1.21	3.45	**0.16**	0.25~0.35
八十垱⑩层	14	2.05	0.14	0.72	无石核	0.15~0.2

（1）大致来说，晚更新世早期阶段遗址（乌鸦山、条头岗）的石制品分布密度要高于后期的遗址（十里岗、八十垱）。

（2）条头岗遗址上文化层无论石制品数量、重量还是分布密度，统计结果的高数值均非常突出，其次乌鸦山遗址（以 CL2、CL3 层典型）的平面分布密度也相对较高，它们应指示着古人类在遗址上较高的活动强度。

（3）按照流动性相对低的群体会更多在遗址中制作石器，流动性高的群体可能携带半成品或成品的假设，前者中石核与其产品的比例应该低于后者（陈胜前，2013）。乌鸦山遗址 CL4~CL2 和条头岗遗址上、下两文化层的石核与产品比在长时段发展过程中均显示有从大到小的变化，可能反映人类从早至晚流动性从高到低逐渐变化的过程。在十里岗、八十垱等遗址的多个文化层中或有携带石核离开遗址的现象（未发现石核或石核数量不匹配），可能暗示遗址有更强的流动性。

（4）遗址文化层的厚度与占居时间或频率存在关联。乌鸦山遗址在所有遗址中文化层最厚，且有多个阶段人类活动形成的连续堆积，反映古人类在遗址中有长期和持续性的行为活动。条头岗遗址上文化层遗物特别丰富，但文化层集中在一个薄层堆积内，拼合分析也显示应为一次性形成，表明古人类在遗址上的活动时间可能相对较短。十里岗遗址、袁家山遗址、八十垱遗址均为更薄的文化层，则应是人类一次或几次更短时间的临时或偶然性活动的遗迹。

综上所述，乌鸦山遗址的文化堆积厚而连续，古人类对遗址的占有时间长，频繁地在此进行剥片、加工、使用石器，并就地废弃以及从事其他生产、生活等行为活动，因此具备中心营地的性质，也可能具有一定的季节性。条头岗遗址遗物数量多，尤其石片数量异常丰富，结合拼合及分布特点看，上文化层应为一处石器加工场，是人类生产石片毛坯和制作工具的重要场所，同时遗址中也有部分破损或使用痕迹的工具，表明遗址同时兼具临时营地的性质。十里岗遗址、袁家山遗址和八十垱遗址（以第⑨层为主）可能为一种临时营地。更重要的是，十里岗遗址中已可见一定的功能分区，留下了十分清晰的石器打制、加工的遗迹现象，从遗物数量、石器组合、文化层厚度等观察，应是一处多人围坐进行剥片等复杂行为的短期宿营地。据微痕分析显示，工具的主要功能为处理肉食动物及加工皮革（李意愿，2016），因此该遗址可能是古人类外出狩猎等活动的遗存。八十垱遗址第⑨层也反映出一定的功能分区,但相对较少的器物、较薄的文化层、比较简单的石制品组合,表明古人类主要在此剥片,并进行较多的工具修理,还可能未经加工直接使用打下的石片,这里可能是一处具有特殊目的的遗址,比如屠宰猎物的地点。袁家山遗址第③层多个圆形石器剥片、加工制作点,可能与十里岗遗存相似,接近于从大本营外出从事特殊任务小组人群所留下的遗存。

8.6 澧水流域晚更新世古人类栖居形态

流动采食是狩猎采集群全年栖居范围内的活动模式,在热带环境里移动距离大约南北为30 km,高纬度地区要更远。根据Kelly(1983)对现代原始部落的调查,它们中的大多数平均每年迁徙次数在2~60次之间,每次迁徙距离在2.4~69.5 km之间,每年覆盖的领域可介于40~63 700 km^2。

澧水流域晚更新世遗址中石制品的特点表明,这一时期的人群较更早期阶段(中更新世)有着更高的流动性。其中一个比较重要的方面即体现在石制品的尺寸上,根据移动工具套(mobile toolkit)必须使其可运输性(transportability)达到最佳化以利于缓冲不可预见的危机或任务的假设,工具尺寸大小或重量能够大致反映古人类的流动程度。由此,本文选取了澧水流域经过科学发掘且资料较为全面的虎爪山遗址、大圣庙遗址、燕耳洞遗址和谢家山遗址等四处旧石器遗址与本书所研究的晚更新世遗址进行初步比较(表8.6)。

从统计结果可以看出,中更新世时期的三处遗址无论总体重量、尺寸,还是工具的平均尺寸和重量均要明显大于晚更新世遗址。如从大圣庙遗址出土的27件石制品看(湖南省文物考古研究所,1989),尺寸以大中型为主,小型者仅占7.4%,原料为就地开发的石英砂岩、粗砂岩和燧石,硬锤锤击法直接剥片和修理,主要以砾石为毛坯加工石器,类型以大型或巨型的砍砸器、手斧和手镐(三棱尖状器)(N=9,69.23%)为主,中小型刮削器少(N=4,30.77%)。相反,在本书研究的晚更新世遗址虽也能见到一些重量和尺寸均为大型的标本,但其数量已十分少;且在时代更晚的十里岗、八十垱下层中几近消失,从早至晚由大变小、由重变轻的趋势十分明显。石器的细小化是晚更新以来全球史前技术的一个明显变化,澧水流域的石制品生产也契合这一宏观发展趋势。

在澧水流域的考古工作另调查发现数十处同时期的旧石器遗址,为我们更全面地认识这一区域古人类的栖居形态提供了很好的材料。2011年,在乌鸦山遗址和条头岗遗址的发掘过程中,我们先后两次对道水流域河流阶地进行了旧石器考古专题调查,新发现了29处旧石器地点,构成了人类频繁活动的遗址群(表8.7)。而且据此次调查的情况,可推测道水南北两岸丘陵岗地区还分布着更多同时期的遗址,因此这一区域晚更新世阶段遗址的密集程度在华南较为罕见。

表 8.6 澧水流域部分旧石器遗址石制品尺寸和重量比较

遗址	全部标本重量 (g) 最小值	最大值	平均值	全部标本尺寸 (mm) 最小值	最大值	平均值	工具类型	工具重量 (g) 最小值	最大值	平均值	工具尺寸 (mm) 最小值	最大值	平均值
乌鸦山遗址	0.14	4464.9	71.8	7.76	208.54	40.45	刮削器、凹缺器、尖状器、雕刻器、锯齿刃器、砍砸器、手镐	2.67	1111.1	142.73	21.93	141.12	65.2
条头岗遗址	0.08	8565	50	2.49	245.23	34.86	刮削器、凹缺器、雕刻器、锯齿器、尖状器、端刮器、重型刮削器、砍砸器、手镐、手斧	2.43	1441.1	86.6	21.06	182.9	52.05
袁家岗遗址	0.05	4890	72.72	5.88	203.6	42.94	刮削器、雕刻器、重型刮削器	0.7	1547.6	214.2	19.29	203.6	69.31
十里岗遗址	0.03	1090.2	15.38	5.16	156.12	20.52	刮削器、凹缺器、尖状器、修背小刀、砍砸器	0.11	172.75	12.23	9.03	77.04	27.11
八十垱遗址	1	531	14.51	5	94	23.68	刮削器、尖状器	2.5	57.5	11.88	22	48	30.75
燕耳洞遗址	不详	不详	不详	不详	不详	不详	刮削器（部分为使用石片），另有骨器 2 件	不详	不详	不详	23	81	49.67
虎爪山遗址	380	2500	1212.28	90	219	150.16	砍砸器、重型刮削器、石球、刮削器	380	2500	1375.54	90	219	157.54
大圣庙遗址	10	1750	642.31	40	270	108.08	砍砸器、重型刮削器、手镐、刮削器	10	1750	605.67	40	270	110.07
谢家山遗址	75	10000	1194.77	63.4	360.8	129.13	砍砸器、手镐、重型刮削器、石球、手斧、刮削器、尖状器	130	3000	1324.85	65.7	251.8	139.36

注：燕耳洞遗址发掘简报（1994）中无重量统计数据；虎爪山遗址统计石制品为 1988 年的 29 件发掘和采集品（袁家荣，2015）；谢家山遗址为近年在临澧县调查发现的一处旧石器早期地点，共采集 149 件石制品（湖南省文物考古研究所等，2015）。

表 8.7 道水流域新发现晚更新世遗址概况

编号	遗址名称	行 政 区 划	阶地	海拔	采集标本类型	数量
1	枫林岗	石门县夹山镇六组	3	104	石核,石片,断裂片,断块,工具	27
2	梭金山	石门县蒙泉镇梭金山村五组	3	120	石片,断裂片,断块	13
3	蒋家湾	石门县蒙泉镇礼阳山村五组	3	116	石片,断裂片,断块	17
4	后山	石门县蒙泉镇礼阳山村九组	3	114	石片,断裂片,残片,断块	9
5	蒋家山	石门县夹山镇三板村四组	3	100	石核,石片,残片,断块,工具	16
6	杨家湾	石门县蒙泉镇礼阳山村	3	110	石核,石片,断裂片,断块,工具	34
7	白洋湖	石门县白洋湖园艺场第三工区	3	124	石核,石片,断裂片,残片,断块,工具	12
8	石岗村	临澧县高桥村石岗组	2	85	工具	2
9	伞顶盖	临澧县佘市桥镇长湖村顺家组	3	110	石核,石片,断裂片,残片,断块,工具	586
10	溪嘴山	临澧县佘市桥镇双溪村	3	124	石核,石片,断裂片,残片,断块,工具	33
11	刘家岗	临澧县佘市桥镇中心村	3	120	石核,石片,断裂片,断块,工具	29
12	尖峰1（袁家棚）	临澧县佘市桥镇尖峰村	3	105	石核,石片,断块	19
13	尖峰2（黄家台）	临澧县佘市桥镇尖峰村	3	105	石核,石片,工具	14
14	尖峰3	临澧县佘市桥镇尖峰村	3	110	石核,石片,断块,工具	23
15	荆坪	临澧县佘市桥镇荆平村罗家组	3	100	石核,石片,断块,残片,工具	27
16	木目岗	临澧县文家乡丰登村	3	92	石核,石片,断块,残片,工具	43
17	下湾	临澧县文家乡丰登村下湾组	3	90	石核,石片,断块,残片,工具	35
18	打城岗	临澧县文家乡丰登村余家冲	2	75	石片,残片,工具	9
19	庙山	临澧县文家乡丰登村生家组	3	89	石核,石片,断块,工具	19
20	娃娃山	临澧县佘市桥镇桃花村新台组	2	75	石核,石片,断裂片,残片,断块,工具	47

续表

编号	遗址名称	行 政 区 划	阶地	海拔	采集标本类型	数量
21	黑虎山	临澧县望城乡余家村	2	76	石核,石片,断裂片,残片,断块,工具	130
22	栗山岗	临澧县安福镇望城乡周家巷村	2	65	石核,石片,断裂片,断块,工具	38
23	余 丰	临澧县望城乡余丰村泥鳅组砖厂	2	78	石核,石片,断裂片,断块	14
24	看花山	临澧县望城乡看花村	2	87	石核,石片,断裂片,残片,断块,工具	62
25	看花庙	临澧县望城乡看花村谢家坪组	2	89	石核,石片,断裂片,断块,工具	7
26	封包岭	临澧县望城乡临安村	3	90	石核,石片,断裂片,残片,断块,工具	155
27	仙女庙	临澧县杨板乡仙女庙村	3	90	石核,石片,断裂片	11
28	羊叉湾	临澧县杨板乡沔泗村何家仓组	2	60	石核,石片,断裂片,断块,工具	20
29	虎 山	临澧县高堰乡虎山村8组	2	55	石核,石片,断裂片,残片,断块,工具	83

调查共采集石制品标本1 500多件,从各个遗址的数量看,相差较为悬殊,少者仅零星几件,多者则有500多件,虽然采集的数量可能受制于不同遗址地表出露的情况,但这种现象一定程度上也反映了每个地点遗物的实际丰富程度。石制品类型组合的分析显示,一些遗址存在较为完整的石器生产操作链,但也有一些遗址中没有发现石核或仅发现工具与废片组合,表明调查发现的这些遗址存在功能或性质的差异。

从石制品埋藏地层以及石制品的特征看,可将道水流域发现的这些旧石器遗址大致以上游和下游为分布区域划分成两大遗址群。在道水上游发现的遗址(图8.8,1~22)与条头岗遗址的石器工业具有显著的共性:石制品均以灰白色、棕黄色等各种色泽的燧石为主要原料;石核剥片技术没有预制行为,但包括典型盘状石核、似楔形或漏斗形石核等具有较强计划性和系统性的打片技术,少量石核上显示出明显剥取长石片的阴疤;工具组合中包括刮削器、尖状器等轻型工具,同样也存在少量重型刮削器、手镐和砍砸器(图8.9,1~8)。而道水下游发现的遗址(图8.8,23~29),包括20世纪90年代所发现的郑山、朱家山、五指山、金鸭、张家滩和仙公庙等遗址(封剑平,1999;向安强,1992b;澧县博物馆,1992),与乌鸦山遗址的石器工业具有明显的相似性:这些遗址以灰黑色硅质板岩、石英砂岩为主要原料;石核缺少系统性的似楔形等剥片方式;工具中以10 cm左右的中等砾石或石片制作成的手镐多见(图8.9,9~11),其风格与早期的大型三棱尖状器(手镐)完全不同,也不见于上游遗址群所出的遗物中,显然具有区域文化特征。

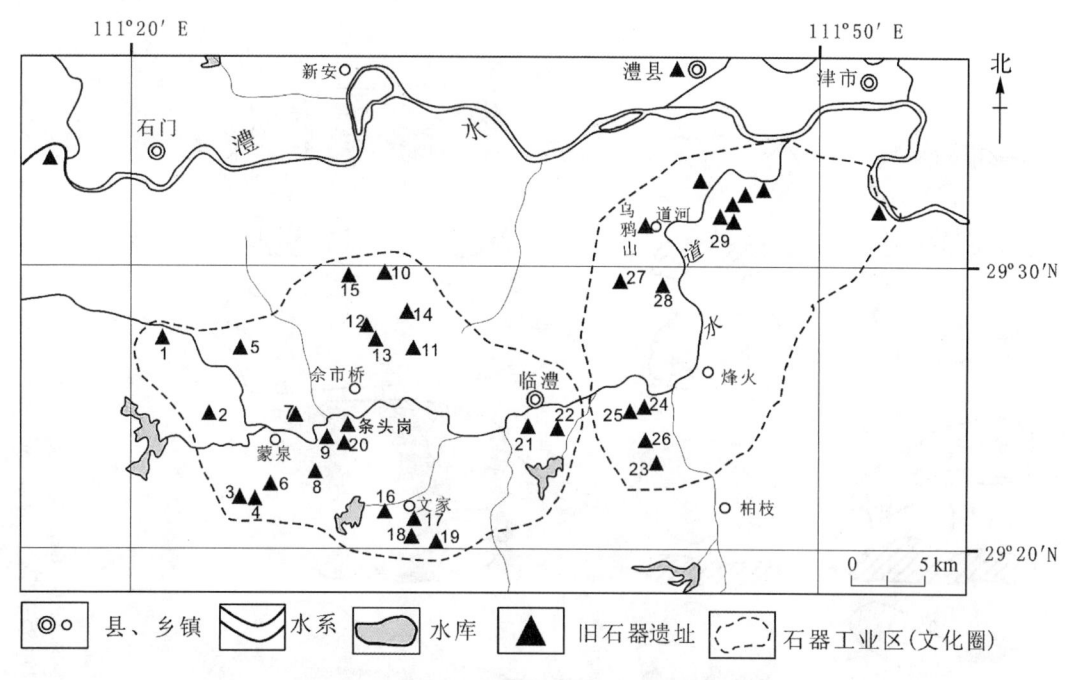

图 8.8 道水流域调查发现的晚更新世遗址群

由于新发现的这些晚更新世遗址多数还未进行发掘,对其文化内涵的详细认识还较为有限,但据初步调查对这些遗址的文化层、石器工业也有一些基本的认识。首先,这些遗址群以河流为纽带成群分布,并在一定的地理范围内形成各自相对独立的遗址群;其次,在这些遗址群内部则分别由具有中心性质的营地、短期活动的临时营地以及其他特殊功能性质的地点(如石器制造场、动物屠宰点)等构成一个完整的古人类栖居系统。其中,在道水上游的区域中,伞顶盖遗址、尖峰遗址(包括第1、2、3地点)的石器类型、数量丰富,人类活动面积大,具有中心营地的性质,如前所述本书研究的条头岗遗址是典型的石器制造场,其他大量的旧石器地点则是环绕周围的临时性活动地点。在道水下游区域的乌鸦山遗址厚达 5 m 的文化层以及丰富的石制品均表明,其也应是这一区域的中心(基本)营地,封包岭遗址也可能具有类似的性质,同样多数临时营地性质的遗址也环绕着这些中心营地。因此,在上游和下游地区直径均约 30 km 的范围内,古人类曾一度频繁往复活动,一些地点留下了连续的大量文化遗存,一些地点由于活动强度较弱而仅有少量遗物,也可能还有一些活动地点并未留下任何迹象。第三,在晚更新世后期阶段的遗址多数具有文化堆积更薄、废弃物更少的特点,表明古人类在外出觅食时较之前更多地采用装备个人策略(Kuhn,1992b),以达到相对更高的流动性。同时,一些不同遗物分布状态还表明这一阶段古人类已具备生存空间复杂的功能性组织行为。后段时期的中心营地可能更多以洞穴遗址为主,如位于石门县境内溇水左岸的燕耳洞遗址即可能是曾被用来作为古人类活动的一处中心营地。该遗址内出土有古人类化石、丰富的哺乳动物化石、石制品和骨制品,动物化石种类包括猕猴、豪猪、熊、虎、东方剑齿象、巨貘、中国犀、猪、鹿、羊、牛等

图 8.9 道水流域调查采集石制品

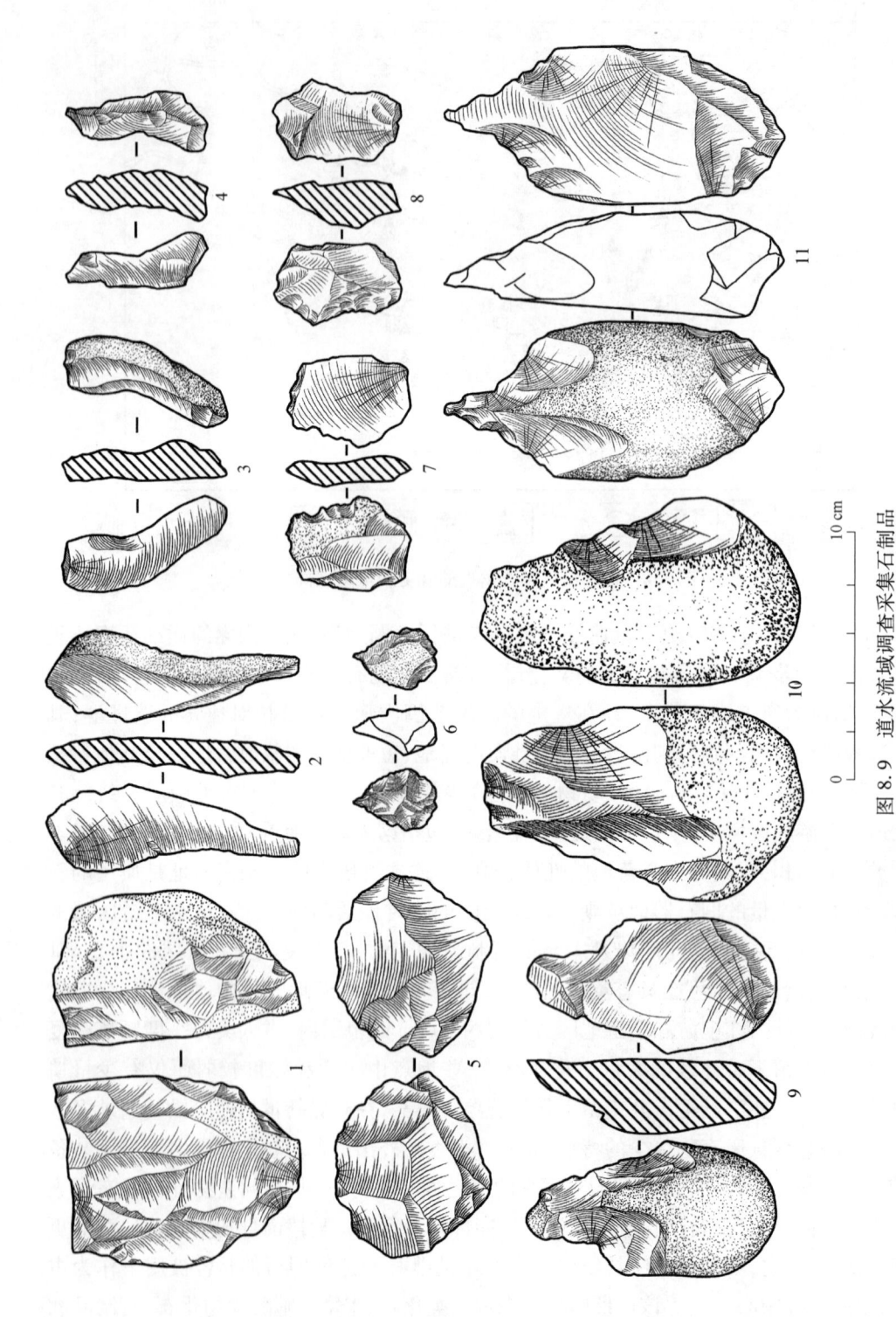

1、5. 石核(LP14:1,LP09:487)　2~4. 石片(LP09:61,LP09:406,LP09:64)　6. 尖状器 LP08:2
7~8. 刮削器(LP08:1,LP08:2)　9~11. 手镐(LP26:95,LP29:1,LP23:6)

二十多种,其中一些鹿、羊等食草类动物骨骼多呈残破状,象、貘、犀、牛等大型动物多见乳齿,且呈集中叠置状分布,反映这些动物遗存应多为洞穴居民在此生活消费所形成的遗存,古人类将在外获取的猎物运回营地后再集中消费(湖南省考古所等,1994)。

根据 Binford(1980)和 Kelly(1983)有关狩猎采集人群流动模式的理论假说,澧水流域晚更新世时期古人类的栖居形态应更接近于后勤移动模式,活动于这一区域的人群更多地采用"放射状"流动策略。显然,这一阶段的古人类栖居形态与更早期(中更新世时期)有着较大区别。中更新世阶段虽然也以河流为中心形成较密集的遗址群,但每个遗址的文化层均较薄,发现的石制品数量也较稀疏,显示遗址之间可能没有明显的功能性分化;古人类更多地以高频迁徙的方式在这一区域活动,采用的流动方式更接近于"环状"策略。因此,澧水流域的旧石器文化遗存生动地展现了古人类由环状向放射状栖居形态的转变,这体现了澧水流域旧石器文化与古人类行为的特点,反映出本地区中更新世湿热环境下的古人类适应策略,以及更新世气候环境变迁背景下古人类适应行为的演进。

从文化发展的角度上看,以上两个石器工业区与古人类的认知和行为习惯不同有关,或许代表了由不同人群所形成的两个文化区。如果这一假设成立,则表明晚更新世时段内已经有了具有不同身份认同的原始群体,他们具有各自的领地范围和技术特征,在"族群"内部有着相对独立的文化传承,社群成员可能存在某些分工,或单独从事某些工作任务,或聚集在一起从事大型的狩猎活动,这一时期人口规模、人群结构的社会网络关系可能已开始趋于复杂化。这种认识的意义在于一方面不仅印证了一些学者认为中国旧石器晚期文化的多样性会远远大于现有认识的判断(Bar-yosef et al., 2012),另一方面也为探索中国现代人行为复杂化提供了一个新视角。

第九章 澧水流域晚更新世文化发展和行为模式

9.1 地层年代序列的构建

近年的野外工作表明,澧水流域晚更新世遗址文化堆积所揭示的地层序列不仅在这一区域,而且在长江中下游、岭南地区都可以见到相似的情况。如浙江长兴县银锭岗遗址(浙江省文物考古研究所等,2009),广西百色田东坡西岭地点(林强,2002)和高岭坡遗址(谢光茂,2014)等都存在相似的地层堆积。尽管对这些不同地区剖面地层的对比,还需更多工作才能得出更准确的认识,但是它们彼此之间的联系为我们探讨华南晚更新世旧石器文化地层堆积提供了相互参照的重要材料。因此,下文将进一步对澧水流域相邻地区的部分典型自然剖面和遗址地层剖面进行观察和分析。

9.1.1 相关地层剖面分析

9.1.1.1 玉成地层剖面

玉成剖面是位于湖南澧县大坪乡玉成村的一个自然剖面。曾有多位研究者对其进行过考察和研究(毛龙江等,2010a;成濑敏郎,2007;Guo et al.,2014)。在调查中,笔者在玉成村一组双堰东部玉成砖场东南(29°39′53.0″N,111°39′55.8″E,海拔44 m)清理了一个自然剖面,并对其进行了详细的观察描述。整个剖面堆积与此前研究的认识基本相同,自上而下可分为6层(图9.1)。

①层:灰褐色至褐黑色黏土质粉砂,土质疏松,厚0.4 m;

②层:灰黄色黏土质粉砂,土质较疏松,厚0.3 m;

③层:黑褐色粉砂质黏土,土质较紧密,局部颗粒状结构,厚0.6 m;

④层:黄色黏土质粉砂,土质紧密,含少量铁锰颗粒和细长不规则灰色水平纹理,厚0.4 m;

⑤层:褐红色粉砂黏土,夹较多铁锰颗粒或斑块,土质紧密,厚0.8 m;

⑥层:橘黄色黏土质粉砂,局部为红黄色,土质紧密、坚硬,出露0.8 m,未见底。

其中第⑤层相当于毛龙江等文中所描述的铁锰结核层,光释光年代约30.2±0.98~

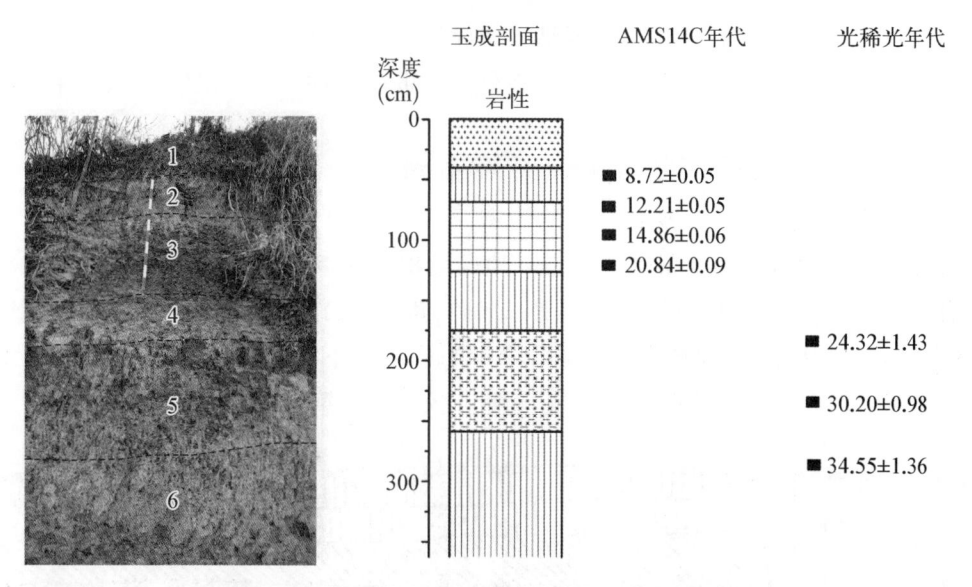

第九章 澧水流域晚更新世文化发展和行为模式 ·263·

图 9.1 玉成剖面与年代(年代参考毛龙江等,2010a)

24.32±1.43 ka BP;而第③层黑褐色土层见于十里岗遗址、八十垱遗址下层和袁家山遗址③层,其^{14}C(泥炭)年代在 20.84±0.09~12.21±0.05 ka BP 之间。

9.1.1.2 黄山地层剖面

北京大学考古文博学院等在发掘湖北荆州鸡公山遗址的过程中,曾较为系统地考察了遗址附近的地层堆积,并重点观察了位于荆州区郢城镇黄山村的一个完整的自然剖面(30°23.75′N,112°14.8′E,海拔 22.1 m)。据王佳音(2012)的描述,该剖面堆积连续,自上而下可分为 6 层(图 9.2):

图 9.2 黄山剖面地层堆积(王幼平教授提供)

①层:褐色松散表土,厚约 0.15 m;
②层:灰黄色粉砂土,含黑色片状锰膜,较致密,厚 0.6 m;

③层：黑褐色亚黏土，局部呈蒜瓣结构，致密、坚硬，厚1.5 m；

④层：灰黄色粉砂土，结构致密、坚硬，上部较纯净，下部铁锰结核颗粒增多，厚0.8 m；

⑤层：红棕色亚黏土，发育灰白色网纹，质地较纯净，结构致密坚硬，厚2 m；

⑥层：红褐色细砂—粉砂土，较纯净致密，厚10 m以上。

黄山剖面与本书研究区域的晚更新世地层堆积基本一致，具有很好的对比性。与鸡公山遗址的地层比较（图9.3）（刘德银等，2001），黄山剖面的第⑤层相当于鸡公山遗址的第③层和④层，但鸡公山遗址中第③层中没有文化遗物，下文化层主要分布在第④A、④B层中；而黄山剖面的第④层相当于鸡公山遗址上文化层的第②层。

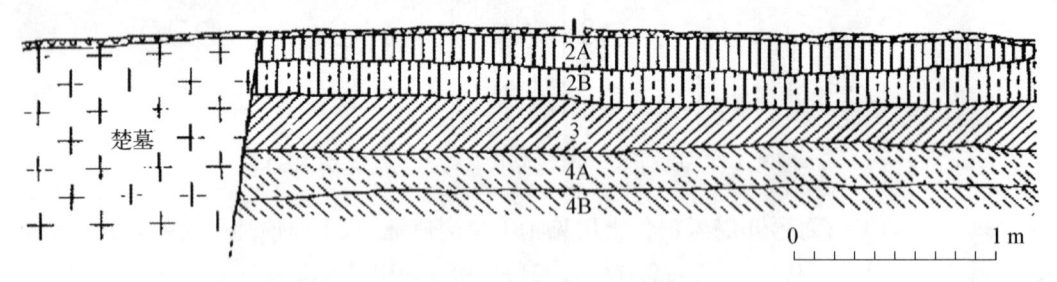

图9.3 鸡公山遗址地层剖面

以上两个地点剖面也有一些光释光测年数据，其中黄山剖面第④层为46±4 ka BP，与鸡公山遗址②层43±2 ka BP的结果吻合，而鸡公山遗址第④层的测年结果约60±4 ka BP，也与黄山剖面⑤层74±9 ka BP的数据大致相符。这些测年的结果与发掘者最初对遗址为晚更新世早期至晚期的时代判断基本一致。

9.1.1.3 打鼓岭遗址地层剖面

打鼓岭旧石器遗址于江西省新余市罗坊镇，地理坐标为北纬27°53′、东经115°09′，埋藏于赣江一级支流袁水左岸的二级阶地中。根据研究者的描述（房迎三等，2003），遗址地层堆积自上至下可分为5层（图9.4）。

①层：表土层，土质疏松，厚约0.5 m；

②层：黄棕色粉砂质黏土，疏松具孔隙，块状结构，厚约1.3 m；

③层：红色粉砂质黏土，含有黑色和暗红色铁锰胶膜，土质较紧密，含石制品，最厚约2 m；

④层：黄色网纹土，块状结构，含稀疏的灰黄色网纹，出土石制品，厚3~4 m；

⑤层：棕红色网纹土，网纹灰白、密集、变粗、长，出露厚度2~3 m，局部含有砂砾层透镜体，厚度小于10 cm。

底部为红色砂岩基岩，出露厚度约1 m。

该遗址是华南地区以往少数进行过绝对年代测定的旧石器旷野遗址之一。其中第③

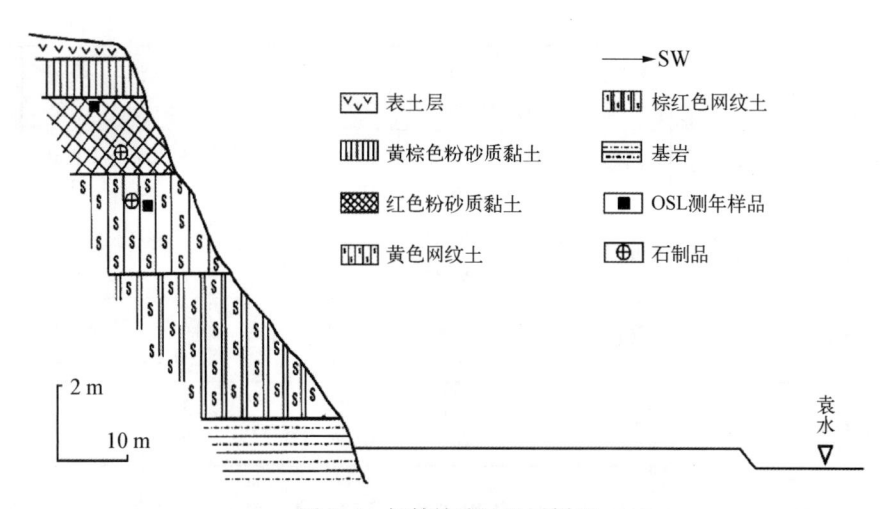

图 9.4 打鼓岭遗址地层剖面

层上部光释光年代为 36.1±2.6 ka BP，第④层上部为 64.2±4.9 ka BP，与澧水流域考古遗址对比，打鼓岭遗址第③层可能为本书讨论的均质红土层，第④层可能相当于乌鸦山遗址中的第④层。

对澧水流域晚更新世旧石器遗址地层，以及与上述几处地层剖面的对比观察，反映出这一区域更新世时期地层堆积具有规律性的发育模式，清楚的地层叠压表明文化层具有明显的连续性，从而为我们拼接这一区域内相对较长的年代框架提供了难得的材料，特别是为我们建立晚更新世阶段相对完整且分辨率较高的旧石器年代序列提供了考古基础。

9.1.2 年代序列认识

为对文化序列尤其是遗址年代有更好的认识，北京大学城市与环境学院张家富教授团队分别在乌鸦山遗址、条头岗遗址和十里岗遗址剖面取了一系列光释光样品，目前仅完成了 6 个样品的测试（取样情况见图 2.11 所示），得到了一些初步的年代测定数据（表 9.1）。从这些光释光年代结果可知，绝对年代学建立的时序框架与考古地层学构建的澧水流域晚更新世遗址文化序列的相对年代相吻合。

表 9.1 澧水流域晚更新世遗址光释光样品年代测定初步结果

遗址	实验号	野外号	深度（cm）	U（ppm）	Th（ppm）	K（%）	含水率	年剂量率	等效剂量	年龄（ka）
条头岗	L2703	LLT-2	61	3.71±0.09	16.30±0.39	1.54±0.04	24.8%	3.67±0.32	386.7±42.0	105.4±14.6
	L2705	LLT-4	122	3.70±0.09	15.80±0.38	1.26±0.03	23.3%	3.44±0.31	694.1±54.4	201.6±24.2

续表

遗址	实验号	野外号	深度(cm)	U(ppm)	Th(ppm)	K(%)	含水率	年剂量率	等效剂量	年龄(ka)
乌鸦山	L2710	LW-3	140	3.68±0.09	15.70±0.38	1.63±0.04	20.8%	3.80±0.32	278.0±13.6	73.1±7.1
	L2712	LW-5	205	3.86±0.10	16.40±0.41	1.88±0.04	21.7%	4.06±0.33	393.0±20.6	96.8±9.4
十里岗	L2718	LS-1	49	3.62±0.10	15.20±0.38	1.66±0.04	21.3%	3.80±0.31	90.5±2.2	23.8±2.0
	L2720	LS-3	86	3.32±0.09	15.00±0.38	1.57±0.04	23.5%	3.51±0.29	129.1±8.9	36.8±4.0

不过,目前在红土地区应用的光释光测年方法还属起始阶段,情况也比较复杂,南方土壤的化学风化作用所导致的样品化学成分变化可能会在一定程度上影响样品的剂量率计算,目前还不能完全解决这个问题,因而还有赖于今后做更多工作(Zhang J F, et al. 2019;黄先可等,2019)。尽管如此,本书结合区域考古地层和测年数据建立的晚更新世文化发展序列为我们详细研究这一阶段的石器工业演变提供了一把重要的时间标尺。具体到遗址文化层的绝对年代,下面有必要结合此前已有的一些测年数据,再作一些补充讨论。

首先是关于黑褐色土的年代。成瀬敏郎(2007)对玉成剖面中该层腐殖物的^{14}C年代测试结果,上部年代数据校正后为13.475 ka BP,下部年代数据为17.54~17.125 ka BP。毛龙江等(2010a)文中该层的AMS^{14}C测年数据大致在23.8~10.6 ka BP之间。北京大学考古文博学院对十里岗遗址AMS^{14}C年代的一个数据为14.525±0.55 ka BP,树轮校正后年代为早于15.1 ka BP(袁家荣,2008)。另外,加拿大多伦多大学AMS^{14}C的年代为18~16 ka BP(裴安平,2000)。可见,这些碳十四的年代与此次我们对十里岗遗址的光释光测年结果有较大的不同。这种原因可能由于以上用于进行碳十四测年的样品仅是堆积中的泥炭,均非地层内的木炭或其他有机质样品,从而影响了测年真实性的缘故。同时考虑到近年在这一区域系统开展释光测年所得到数据之间的可对比性,本书目前认为光释光测年结果代表了这种堆积的真实年代。

其次是黑褐色土之下黄土层及其年代。过去在澧水流域报道发现的旧石器遗址中很少提及,也没有相应的测年。但在湖北江汉平原的黄山剖面和鸡公山遗址该层的光释光年代为46±4或43±2 ka BP。如果从此次十里岗遗址光释光年代测定结果来看,该层年代也应早于距今3.6万年。因此,我们认为"黄土"层位的上述两个光释光测年数据是可以接受的。

再次为褐红色均质红土层(富集铁锰结核层)及其年代。这是这一时期区域内普遍发育的一个地层单元。毛龙江等(2010a)对玉成剖面中大致与该层相当的两个光释光测年数据为 30.203±0.981 ka BP、34.553±1.363 ka BP,打鼓岭旧石器地点与该层相当的光释光年年代数据为 36.1±2.6 ka BP、64.2±4.9 ka BP,两者一定程度上契合,但可能主要代表堆积上部层位的年代。鸡公山遗址该层的两个光释光测年数据分别为 60±4.74±4 ka BP。目前,乌鸦山遗址和条头岗遗址的最新测年结果更接近和支持鸡公山遗址的年代。因而,实际上这一层位的堆积厚,文化层跨度的时间长,可能从距今约 10 万年一直延续至距今 4~5 万年。

综上所述,光释光技术是华南红土区可行和有效的测年手段。在澧水流域进行的光释光初步测年和地层相对关系为我们建立了这一区域晚更新世末次冰期以来的旧石器文化年代序列。条头岗遗址上文化层大致属晚更新世 MIS5 阶段,而下文化层可能要早至中更新世晚期(MIS6~8)。乌鸦山遗址 CL4~CL1 主要文化层相当于 MIS5 阶段,部分可能进入 MIS4 阶段。袁家山遗址④层、八十垱遗址下层⑩层相当于 MIS4 阶段;而袁家山遗址③层、八十垱遗址下层⑧、⑨层以及十里岗遗址的主要文化层则相当于 MIS3 阶段。本研究区域 MIS2 阶段的遗址则可以此前发掘的燕耳洞遗址(14±0.12 ka BP)和竹马遗址(10.7~10.15 ka BP)为代表。

9.2 晚更新世旧石器文化的发展

9.2.1 晚更新世旧石器文化的特点

据上述年代序列,澧水流域晚更新世的旧石器文化可粗略地分为晚更新世早中期和晚更新世晚期两个大的时段。其中前者大致距今 10~4 万年(MIS5~MIS3 早期),后者大致距今 4~1 万年(MIS3 晚期~MIS2)(表 9.2)。

从澧水流域的考古发现看,与中更新世旧石器文化比较,晚更新世早中期的旧石器文化有着新的发展特点。这一阶段的遗址延续了成群沿河流水系分布的规律,但文化遗物(石制品)的数量、文化层厚度有了显著增加。这显然代表着人类活动行为方式所发生的变化。石器工业反映出人类偏向于生产中小型石片并以此加工制作成多类轻型工具,且其中不乏一些用心修理的较精致的器类。与此同时,传统的手镐、石核砍砸器等重型工具仍少部分地被保留下来。还值得注意的是,更早期中具有特点的厚重大石片也有极少量存在。以石器工艺技术特点衡量,这个时期的石器工业更多地呈现出石片石器的特征,整体上在个体尺寸、原料利用、石器技艺、工具类型和组合等方面与早中更新世的石器工业相比已有了比较明显的差异,有学者认为还是一种"保留着砾石工业传统的石片工业"(王幼平,2004),本书从区域发展的角度称之为"早期石片石器工业"。它体现的是这一区域古人类此时以剥坯为主、以修型为辅的石器生产行为特点。

表 9.2 澧水流域晚更新世旧石器文化的发展概况

大致年代（万年）	深海氧同位素阶段	文化阶段	代表遗址	原料开发与利用	剥片技术	工具毛坯	加工方法	器物类型和形态	器 物 大 小
1.5~1.1	MIS2	旧石器晚期后段	燕耳洞，竹马	本地+外来	硬锤锤击直接剥片	片状为主	硬锤锤击法	不定型，刮削器，尖状器	以小型为主
4~2.5	MIS3 晚期	旧石器晚期早段	十里岗，袁家山第③层，八十垱第⑧、⑨层	本地+外来（较远距离开发优质特定石料）	锤击法（硬锤，可能已有软锤），较多运用砸击法	片状为主（63.16%），断块、石核、小砾石较少	硬锤锤击法为主，可能使用软锤法	不定型，以刮削器占绝对优势，有尖状器，回缺器，修背小刀等，有1件尺寸已明显小型化的砍砸器，极个别修理较为精致	以微型和小型为主，中型较少，大型极少（0.5%），工具以小型居多，也有微型者，个别为中型以上
5~4	MIS3 早期	旧石器中晚期过渡	袁家山第④层，八十垱第⑩层，乌鸦山CL1	本地	硬锤锤击直接剥片，极少砸击法	片状为主（69.23%），石核、断块较少	硬锤锤击法，个别可能有压制法	不定型，以刮削器居多，重型工具仅有重型刮削器或大型的"使用石片"，无以砾石直接"修型"的产品	以小中型为主，大型较少（3.1%，21.43%）。工具以小中型居多，大型较少（15.38%）
10~6	MIS5~MIS4（主要在MIS5阶段，部分可能进入MIS4）	旧石器中期	乌鸦山CL2~CL3，条头岗上文化层	本地（硅质板岩或燧石）	硬锤锤击直接剥片，极少砸击法	片状为主（70.73%，69.39%，74.86%），断块、石核、砾石较少	硬锤锤击法	不定型，以刮削器为主，尖状器，砍砸器，重型刮削器，手镐比例较小（16.44%，17.08%，7.81%），条头岗遗址中出现可能用于加工坚果等的"石砧"工具，极少数修理精致（端刮器，边刮器，尖状器）	以小型为主或小中型次之，微型较少，大型较少（2.38%，4.19%，2.55%），工具以小中型为主
>10	MIS6~MIS7（部分进入到中更新世晚期）	旧石器中期	乌鸦山CL4，条头岗下文化层	本地	硬锤锤击直接剥片	片状为主（73.33%），少量断块、石核	硬锤锤击法	不定型，刮削器居多，有尖状器，刮削器，砍砸器，个别修理较精致	以小型、中型为主，大型较少（11.83%，3.42%），工具以小中型为主

就目前已有的材料，晚更新世早中期旧石器文化在具有区域共性的同时，还表现出多样性和复杂性。在这一地区至少存在两个次级区域的人群在原料采办、生产的工艺细节等方面存在一定差异。条头岗遗址代表着这一阶段相对较早人群的文化遗存，燧石是人类开发利用的主要原料，石核剥片技术、工具修理技术等方面构成的文化面貌在澧水流域旧石器文化长时段进程中独树一帜。乌鸦山遗址上生活的人群与条头岗遗址所处时期应有共存的时间段，但在该遗址有着更长的生存繁衍历史。灰黑色的硅质板岩是这一时期人类新认识并大力进行开发的原料种类，石器生产技术和组合的连续性和持续性表明，这里的人群活动相对稳定，大型工具中已小型化的手镐既不同于更早期旧石器文化的工艺传统，也不同于条头岗遗址中器物的形制特点，可能暗示这是一个新人群所形成的文化遗存。

晚更新世晚期阶段的旧石器文化又有了新的发展，展现出与此前旧石器传统几乎完全不同的文化面貌。石器工业最突出的变化就是石制品组合小型化显著，基本不见大型器物，尤其是工具套中颇具特色的大型尖状器等重型工具已消失，个别不典型的石核砍砸器业已居于很次要的地位，在小型的工具外，亦存在微型尺寸的工具。原料开发方式上也有急剧变化，黑色燧石和白色脉石英两类小型河卵石是这一时期人类主要开发利用的新原料，早期阶段使用较多的大中型石英岩、砂岩等石料所占比例较低，对较远距离优质原料的开发程度已达到新的高度，也反映了人类活动范围的扩大。在不同遗址中燧石和脉石英共存，但同时每个遗址的开发重点也因地因时而变，人类更加灵活地利用原料，如十里岗遗址中燧石原料占总数70%以上，而八十垱遗址和袁家山遗址的脉石英则占原料总数的90%以上。这两类原料的利用方式存在两条不同的技术操作链，其中以扁圆形脉石英小砾石直接加工修理各类小型工具的石器生产行为成为华南地区另一种独特的文化现象。除本书详细研究的遗址外，属于这一时期较晚阶段的遗址还有两处。燕耳洞遗址先后进行过三次发掘，发现有智人化石，出土一件残断骨锥和石器。石制品21件，原料包括石英砂岩和黑色燧石，尺寸基本为中小型。工具以石片为毛坯，主要为刮削器，另有尖状器（湖南省文物考古研究所，1994）。竹马遗址出土石制品34件，原料以石英砂岩和燧石为主，类型包括石核、石片、断块、碎屑和工具，工具以小型刮削器和尖状器为主，此外还发现一处椭圆形的疑似土台建筑遗迹（储友信，1998）。

以上这些主要的文化特点表明，晚更新世晚期旧石器文化在原料采办、石器生产和最终产品上与华北同期的发现已很接近，唯在工具的精致和定型程度上可能还有差距。因此，这一时期的石器工业大致可归为"晚期石片石器工业"，或直接称之为"小石片石器工业"传统。剥坯为主的石器生产行为是这一阶段的人类技术特点。这种石器传统主要分布于北方地区，以周口店第一地点、泥河湾盆地许家窑和河南安阳小南海等石器工业为重要代表（张森水，1990；王幼平，2005）。与近年来发掘的水洞沟第7地点（裴树文等，2014）、水洞沟第8地点（王春雪等，2013）、织机洞遗址上层（曲彤丽，2009）、黄帝口遗址（王佳音等，2012）等遗址的石器工业具有较高的相似性。

值得进一步关注的是,袁家山遗址中发现的有明确叠压关系且具有不同石器工业特点的两个文化层,为我们认识这一时期旧石器文化的发展提供了不可多得的可靠材料。这个遗址的第③层属于上述的晚更新世晚期阶段,也与八十垱遗址下层遗存中第⑧、⑨层的文化面貌相同(李意愿等,2016);从地层关系和石器工业情况推断,第④层文化遗存可能处于晚更新世中、晚期(旧石器中晚期过渡)阶段,其呈现的文化面貌有更多早期阶段旧石器文化的一些特征。

9.2.2 原料利用模式与旧石器文化发展

石器原料对于认识一个遗址区域性文化的个性和特点,有着非常突出的作用。史前人类必须面对当地的各种不同石料资源条件,因此对石器技术的发展和石器工业特征会产生相当大的制约。

原料的特点包括外在形态(尺寸、形状)、物理性能(质量)和分布(数量)等方面的内容,其中质量和数量被认为是影响史前工具制作者生产决策的最直接和重要的原因(Bamforth,1986;Andrefsky,1994)。

9.2.2.1 原料形态

研究表明,原料的尺寸是影响史前石器技术类型的一个重要因素(Bar-yosef,1991;Dibble,1991;Kuhn,1992a)。库恩(Kuhn,1991)曾将石核分为以石片尺寸最大化为目的的向心型(centripetal)和以石片数量最大化为目的平行型(parallel)两类,认为选择哪种石核剥片策略即是由可获原料的尺寸和剥坯产品将行使的功能共同决定的。对华北旧石器原料的研究显示,旧石器不同系统或类型的分布与石器原料的岩性特点和形体大小的时空分布特征恰巧重合,即是原料尺寸对石器工业形成影响作用十分明显的一个例子。(王幼平,1998)。

澧水流域晚更新世早中期和晚期石器工业中石制品尺寸的整体分布状态也与采办原料的原始尺寸有关。遗址中的备料清楚地反映晚期"小石片石器工业"中占主体的燧石(黑色)或脉石英砾石原料个体基本均是小型尺寸。以小型尺寸石料生产出的产品必然是更小的个体;也因为这些石料在持续生产阶段的尺寸过小,因此砸击技术的应用在这个时期的应用较为普遍。在石料岩性以及个体尺寸上的选择倾向性是晚更新世晚期与此前阶段的显著差异。在晚更新世早中期时,遗址中的燧石(各种色泽)、硅质板岩、石英砂岩等砾石原料个体主要为大中型,少量为巨型,虽然用这些石料生产的剥坯产品以中小型居多,但由于简单剥片策略导致多数石核利用不充分,对原型改变较小,因此石制品组合大中型尺寸仍占有一定比重。

遗址原料形态对石制品的影响还表现在工具类型与石料种类的对应关系上。这主要体现在重型工具上,古人类多选择与其最终形状和尺寸较为接近的石英砂岩、石英岩等石料制作手镐、手斧等。因为据初步的原料调查,在这些石料中更易于找到形态合适的坯材。显然这是这几类石料产品几乎贯穿使用于整个更新世的重要原因之一。

9.2.2.2 原料数量

人类成本/收益的最佳理论认为：遗址周围原料的缺乏会使得工具被经常使用，从而导致强化利用，或是开发更远距离的原料；而如果原料丰富，对石器的再利用就没有明显的经济优势，就会发生浪费型、不经济型的原料利用行为。

澧水流域晚更新世早中期遗址中石料的可获性（availability）充足，在人类生活地附近的河漫滩、河床或阶地的砾石层中均能较容易地获取到所需要的各类石料。这意味着较低强度的原料开发，更少的时间压力和运输成本。古人在石器生产上可以随用随制并随弃，不必处心积虑地节省原料或重复使用，因而工具的权宜性特征也十分明显。晚期阶段时，由于有对特定优质原料的开发模式，获取相对不易，增加了获取成本，原料开发的距离有明显增加，多属于"半本地"，同时使得人类强化了对该石料的利用程度，如在十里岗遗址中砸击技术的应用以及较高的石片生产率等技术特征就是与之相关的适应策略。

9.2.2.3 原料质量

根据 Andrefsky（1994，1998）的原料与技术模式，古人类在面对数量少的优质原料时生产的工具会较为精致，面对以劣质原料为主时则生产工具的不规范性或随意性较强，而如果有丰富的优质原料时则既可以生产修理精致的工具又可以生产修理相对简单的工具。

与中更新世相比，澧水流域晚更新世原料种类的开发发生了变化，硅质岩等较优质原料的利用比例逐渐得到提高并最终占到多数。优质原料的使用也使得人类石器技术工艺水平的发挥有了明显提高，比较清楚的是反映剥片过程中控制性能力的长石片在晚更新世遗址中均有不同程度地发现，遗址中还存在一些具有计划性或初步定型的石核。多数小型工具（如刮削器）的原料也主要以这些优质石料的石片为毛坯，修理的技艺水平体现了一定程度的进步性。但整体而言，晚更新世阶段的低质量原料在不少遗址仍占有很大比例，一些含有较高质量（如燧石、硅质岩、脉石英）原料的遗址，石料在丰度上较为有利。因此，无论是晚更新世的早中期阶段还是晚期阶段，石器剥片和工具加工的权宜性始终是主要特点，严格意义上的精制品的数量不多，精致技术的应用有限。原料质量在很大程度上会影响人类技术的产生和应用，当然，形成这种文化现象的原因还有人类适应生存环境以及流动性方面的影响因素。

由上可知，晚更新世原料的利用模式反映狩猎采集人群活动于主要河流及其支流，对当地砾石原料进行着权宜性利用，同时也渐趋强化着对较远距离原料的开发，从而影响了人类对原料的利用程度和石器工业面貌的变化。然而，值得思考的是，优质石料在澧水流域并不缺乏，但即使在晚更新世时期人类对高质量石料资源已有认知并大量开发的情况下，石器技术的模式仍没有质的改变。如果从石器生产技术体系的知识包括概念、方法、工艺和流程四个层次考虑(李英华等,2008),人类对优质石料开发利用的认知和能力提高的同时,对石器生产所带来的影响主要体现在浅度层面,制作的工艺得到一定的促进,技术流程的重心发生一定变化,但生产的概念和方法却更多地延续着已有的传统。关于东亚旧石器文化不同于欧亚大陆西部的文化发展特点,以往曾有不少研究者将其归结为优质原料的缺乏(Semonov, 1964; Pope, 1989; Clark, 1993; Schick, 1994),现在已有很多学者认识到了这种观点的片面性(Brantingham et al., 2000; Bar-yosef et al., 2012; Qu et al., 2013)。本书的探讨对澧水流域原料利用和石器工业的研究提供了新的材料。

故而,原料的确在很大程度上影响着澧水流域晚更新世旧石器文化面貌的发展,在某种程度上甚至可以说,技术环节和石器工业面貌的显著改变表现为以原料开发和利用模式的变化为核心。但以上分析同样表明原料的优劣不会是导致一个遗址石器技术传统发生变化的唯一决定因素。石器技术(操作序列)是一种社会授受的文化行为,人类通过模仿、教育的社会学习来习得并代代相传而传承发展(Bar-yosef, 2015),一些精致技术中的某些特殊形制器物还可能具有强烈的社会意义(Sackett, 1982)。因此,石器的生产策略在根本上应是由文化所决定的,工具制造者本身可能决定着石器生产的类型和生产行为。原料的选择和利用代表了人类的适应行为和文化选择,是古人类决策过程的一部分。

9.3 华南晚更新世旧石器文化的相关问题

9.3.1 华南"旧石器中期文化"的发现与再认识

传统意义上,晚更新世早、中期被认为相当于"旧石器时代中期"。诚如有的研究者(高星,1999)所指出的,在中国旧石器时代考古学文化体系中,绝大多数地域范围内不存在可与欧亚大陆西侧文化和技术发展阶段比拟的"石器时代中期文化",本书沿用这一概念主要用以指示相关遗址和文化遗存的时代,同时也结合新的考古发现进一步认识华南地区这一阶段的文化内涵。

关于旧石器文化间比较研究的方法,李炎贤(1993)曾提倡以素材、技术和类型作为文化分期和比较的重要因素,且将标本的大小和类型的组合作为次一级的分类依据。据此,下文检索华南地区与澧水流域这一阶段同时的其他遗址,并进行比较分析。

9.3.1.1 考古发现

目前,华南确切属于这一时期的遗址数量不多,特别是有绝对年代的遗址更少,因而一些遗址的时代主要依据原研究者的认识。此外,还有智人洞、咁前洞、陆那洞和福岩洞等仅发现有早期现代人或现代人化石的古人类遗址(刘武等,2016)。

根据工具毛坯、类型等石器技术特点,可将华南地区遗址分为三个类型(图9.5)。

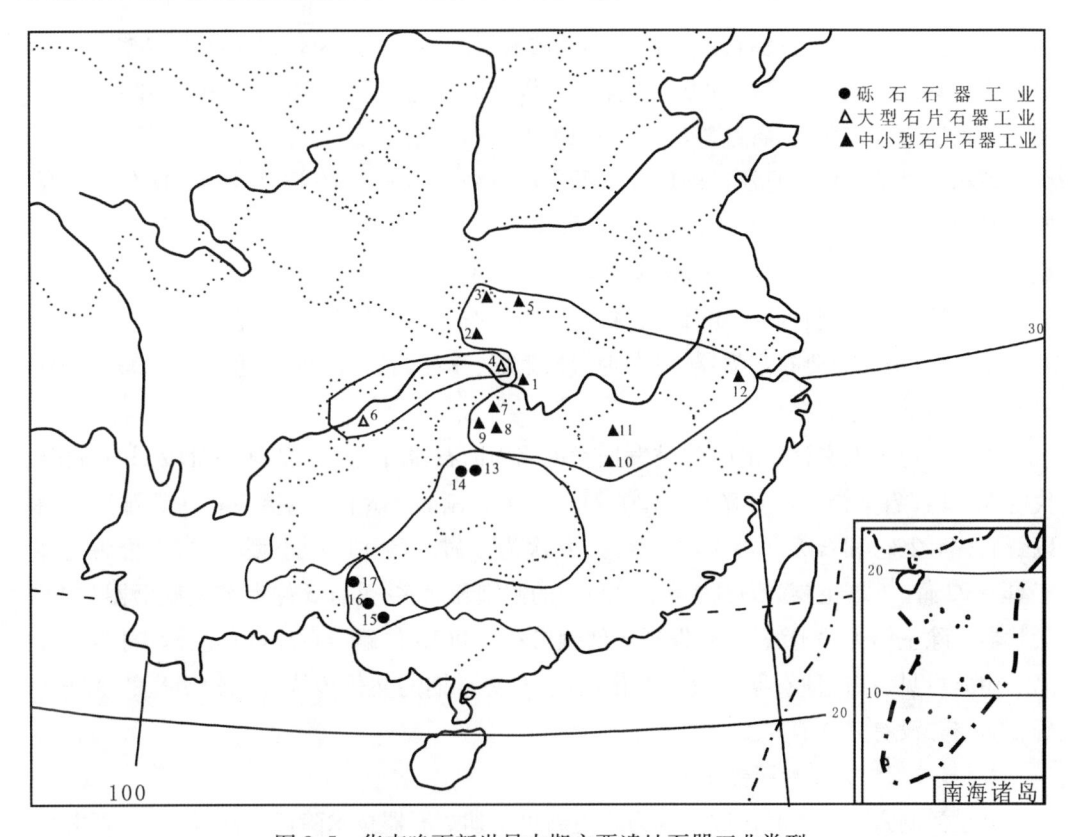

图 9.5 华南晚更新世早中期主要遗址石器工业类型
1. 鸡公山 2. 犀牛洞 3. 黄龙洞 4. 九道河 5. 贾湾1号 6. 井水湾 7. 袁家山 8. 乌鸦山 9. 条头岗
10. 打鼓岭 11. 樟灵岗等 12. 银锭岗 13. 岩屋滩 14. 长乐坪 15. 坡洪 16. 那哈 17. 驼娘江地点群

9.3.1.1.1 中小型石片石器工业

这个石器工业类型的遗址数量最多，主要分布在江汉—洞庭盆地西部边缘区，在江西、浙江等长江中下游其他区域也有发现。

鸡公山遗址下文化层石制品数量丰富，对④A 层 5 000 多件石制品的研究显示，该遗址总体以石片石器工业为主导（王佳音，2012）。原料以石英砂岩、火成岩、石英岩为主。石核和石片的尺寸以中型居多，大型次之，平均值为中、小型；工具也是以中型为主，片状毛坯数量较断块和砾石稍多，刮削器、锯齿器、尖状器和凹缺器等轻型工具占主要地位，重型刮削器、砍砸器和手镐等重型工具约占 20%。不过，目前④B 层生活面上保存的更多石制品还没有详细研究，可能两者存在一定差异，其砾石石器工业的成分比④A 层保留更多（刘德银等，2001；王幼平，1997）。

黄龙洞遗址距今约 10 万年，发现石制品 38 件，原料以脉石英和石英岩为主，锤击法为主要剥片方法，砸击法被少量使用。石制品类型较齐全，尺寸以中小型居多，少量大型；工具多为片状毛坯，种类主要为刮削器，另有手镐、砍砸器、石锥和雕刻器等。研究者认为其石器技术具有南北过渡区的文化特点（裴树文等，2008）。

犀牛洞遗址距今约 10 万年，出土的石制品只有 61 件，其石器工业与黄龙洞遗址有相似之处。但原料基本为燧石,另有砂岩和硅质灰岩。标本尺寸总体以中小型居多,也有部分为大型甚至巨型。工具以片状毛坯较多,其中刮削器较多,其次为砍砸器和重型刮削器,另有尖状器、雕刻器、石锥等(武仙竹,1998)。

贾湾1号地点位于丹江口库区北部的河南省淅川县境内,发掘共获得527件石制品。石制品组合包括石核类、修理类、废片类和石锤等,以废片类为主体。石制品以小型和中型者居多;石器主要以石片为毛坯,刮削器是主要类型(牛东伟等,2014)。

打鼓岭遗址发现石制品42件,原料主要为脉石英和石英岩,工具毛坯以石片为主,尺寸为中小型,类型主要有刮削器,另有少量砍砸器(李超荣等,1994;房迎三等,2003),因而具有石片石器工业的特点。

银锭岗遗址上文化层的时代被发掘者推测为旧石器时代中期的某一阶段到旧石器时代晚期(浙江省文物考古研究所等,2009)。出土石制品518件(包括240件砾石)。原料以燧石(44.2%)和石英砂岩(41%)为主,其次为砂岩。尺寸以中小型为主,少量为大型。工具有23件,毛坯主要为石片,类型以小型的刮削器居多,另有5件大中型砍砸器和1件尖状器。除主体为锤击法外,还发现2件砸击石核和13件砸击石片等反映砸击技术的产品。由此可见,该遗址石器工业小型化明显,与更早期的文化传统有比较明显的区别,但砾石石器并没有完全消失。

9.3.1.1.2　大石片石器工业

九道河洞穴遗址的时代被推测为晚更新世早期。石器技术除锤击法外,偶用砸击法,可见锐棱砸击法。出土石制品约400件,原料以石英岩为主,另有燧石和砂岩;尺寸以大型为主,小型标本很少;工具毛坯以大中型石片居多,另有部分砾石或石核,种类以刮削器居多(50%),重型刮削器次之(33%),砍砸器较少(17%)。发掘者认为该遗址石器工业的特点与早期的砾石工业传统有区别(李天元,1990)。

井水湾遗址的年代距今约8万年。出土石制品900多件,原料以石英砂岩居多,其次为火山岩。尺寸以大中型为主。石核主要为大型和中型,少量巨型;石片以中型和大型为主;工具以大型和中型居多,毛坯以石片居多(76.3%),其次为石核、砾石,主要种类包括砍砸器(部分可分类为重型刮削器)和刮削器,另有尖状器和凹缺器(高星等,2010)。该遗址石器生产中石片毛坯化的特点与该区域普遍存在的砾石工业明显有别,但其石片毛坯中主要为大中型尺寸,工具组合也还保留了比较多的早期特点。

9.3.1.1.3　砾石石器工业

砾石石器工业是中国南方更新世的典型文化特征,晚更新世早期阶段在江南丘陵和岭南地区仍有较广泛的分布。其中在江西安义潦河流域二级阶地红色黏土堆积中调查发现的樟灵岗、凤凰山、上徐村等旧石器地点,采集石制品40件,原料有砂岩和脉石英,工具毛坯以砾石和石块居多,种类包括刮削器(31.6%)、尖状器、砍砸器、手斧和石球等(李超荣等,1991)。但由于这几处遗址仅进行过调查且遗物数量太少,难以全面反映石器工业特征。

在沅水流域一、二级阶地中发现的长乐坪和岩屋滩等遗址,晚更新世出土的石制品仍以砾石石器为主,但砍砸器的修理已显示出较为规范、定型的特征,锐棱砸击技术的较早应用也是这一区域的特点(袁家荣,1998;王幼平,1997)。

目前,百色盆地中确切属于晚更新世早中期的遗址还不是很清楚。坡洪和那哈遗址埋藏于均质红土层,可能属于这个阶段,发现的石制品原料主要为细砂岩和硅质岩砾石,工具均为单面加工,个体相对较小,类型有砍砸器、刮削器、手镐等,不见手斧等器形(谢光茂,2008)。比较集中的发现是在驮娘江流域的调查,发现旧石器遗址34处,根据对采集品的初步整理,工具尺寸多为大中型,类型组合以砍砸器居多,但不见手斧和手镐等(谢光茂,2001b,2011)。显然,这些遗址仍有比较明显的早期砾石工业的主要特点。

9.3.1.2 初步认识

尽管不是截然的区分,晚更新世早中期的华南北部和南部的文化演变有着不同的轨迹。华南北部的绝大多数遗址在这个时期都转变成了以石片石器工业为主体的文化面貌。其中最典型的是长江中下游地区,以中小型石片工具为主导、大型砾石工具退居于次要地位的石器组合特点表明其与更早期文化的差异,成为这一阶段旧石器文化发展的主流。处于长江上游和中游过渡区(如三峡地区)的部分遗址的石器制作虽然已转向依赖片状毛坯,但大中型石片仍占有主要地位,因而其文化面貌还有不少传统的特征。相对地,此时的华南南部仍主要延续了砾石石器工业的传统,不过由于这些遗址大多没有测年,目前这一阶段的发掘工作也较少,更具体的认识还有待今后的工作。从近年重新发掘的高岭坡遗址来看(谢光茂等,2019),岭南百色地区的一些旧石器遗址同样可以分为多个不同时期的文化层,但目前的测年显示上部文化遗存的时代为晚更新世末期阶段。总体而言,新近的发现和研究表明华南地区普遍侧重使用石片毛坯、石器小型化的演变过程比以往的认识要大大提前,至少在晚更新世早期就已开始,甚至可能早至中更新世末期。

如前所述,有关中国"旧石器时代中期"的分期认识还有一些不同观点,高星先生(1999)认为其不是一个严格和有意义的学术概念,在倡导中国旧石器早、晚两期的断代模式的同时,也强调这个分期调整仍然无法完全适用于中国南方的旧石器时代工业体系。因此,怎样认识华南的"旧石器中期文化"实际上是一个非常重要和紧迫的学术课题。在具体讨论中,高星提出"实事求是地依据考古材料的内涵,按照考古学文化分期的原则,以旧石器文化的发展变化为依据",无疑是重要的准则。

那么,华南地区的晚更新世早中期遗址所呈现的旧石器文化是否能够代表一个新的文化时期呢?本文无意于给出一个确切的回答,而是从文化和技术两个方面来纵向探讨与本区域更早期阶段旧石器文化的发展变化,以深化对这个问题的认识。

9.3.1.2.1 技术传统

这一时期的遗址,其原料的采备仍主要是就近取材,普遍缺少远距离(≥ 10 km)的开发证据,原材料的加工也缺乏预制行为,但是优质硅质岩原料的显著增加是很多遗址中开始集中出现的新现象,一些遗址(如条头岗、犀牛洞)中的燧石原料比例甚至占了绝对地位,体现了古人类对资源认知能力的提高和文化行为的转变。

与更早期遗址相比,对原料的利用程度也已经大大提高,遗址中大量石片毛坯的生产是其中的一个体现。石核的剥片更有章法,可见具有某种固定模式的生产程序,如似漏斗状石核、盘状石核以及规整长石片的出现,表明石器技术的进步和发生的一系列变化。

石器生产由以"修型"为主转变成以"剥坯"为主。丰富的中小型剥坯产品以及以片状为加工石器素材(毛坯)的技术特点显示了与早期技术传统的明显差异。器物的形态和尺寸也有了显著不同,工具毛坯石片化和整体小型化成为这一时期的突出特点。石制工具的类型也以形式丰富的中小型刮削器、尖状器、端刮器、凹缺器等为主,且具有一定程度上的加工精致化和规范化;大型的手镐、手斧、砍砸器等砾石工具在遗址中虽还有不能忽视的稳固地位,但已由盛而衰。这些均反映出人类总体技术链和生产行为重心的变化。

9.3.1.2.2 聚落文化

古人类的栖居形态及演变也在本阶段有了新的发展。以澧水流域为例,研究者曾注意到这一区域上百处的中更新世时期遗址中"面积稍大、石器集中的地层很少见"(袁家荣,2013),显然表明中更新世时期人类主要以迁居型的聚落模式进行生产生活。然而,到晚更新世早中期阶段时,如乌鸦山、条头岗、伞顶盖等不少遗址的文化堆积明显增厚,活动区石制品丰富,反映出这些遗址在聚落体系中的中心性作用。这些遗址之外还有相当多的其他遗址承担着不同的功能。

由此,在晚更新世早中期阶段,由中心营地、石器制作场、临时营地等不同性质的遗址群构成了一个完整的栖居系统。这种以后勤移动式为主的模式明显有别于中更新世时期,反映了人类生存活动方式的差异。特别值得注意的是,鸡公山遗址下文化层中近500平方米生活面上,多个由砾石放置而成的圆形石构圈,可能是这个时期的居住遗迹(刘德银等,2001),是这一时期聚落文化新发展的重要证据。

综上所述,以澧水流域的考古材料为视角,在原料开发策略、剥片修理技术、石器组合等方面,晚更新世早中阶段的旧石器文化明显表现出新的发展趋势和进步性。华南地区(尤其是北部)已经蕴含了较多新出现的文化因素,就本区域旧石器时代文化体系来看,这些新的文化特点已经能够表明这一时期的旧石器文化进入了承前启后、持续发展的新阶段,具有一定的区域文化和技术发展阶段的内涵。一定程度上来说,也可以划分成为一个考古学文化时期,反映了华南特别是长江中下游地区古人类文化发展的一段特殊历程。

9.3.2 华南旧石器晚期文化的形成与区域性

9.3.2.1 华南旧石器晚期遗址的考古发现

迄今为止,华南已发现有数量较多的晚更新世晚期即旧石器时代晚期遗址,其中部分遗址有绝对年代(表9.3)。按自然地理区域,下文将这一时期的遗址分长江中下游、江南丘陵、闽浙丘陵和岭南地区等四个区域进行简要介绍。

表 9.3　华南晚更新世晚期主要遗址概况

序号	遗址	石制品	尺寸	工具毛坯	原料	绝对年代	其他	参考文献
1	关庙山中岭	67件,石核,石片,刮削器(近60%),尖状器,雕刻器和石锥	小型为主,少量中型和大型	石片	石英为主,另有石英岩和变质砂岩		偶用砸击法	王社江等,1992
2	兔子洼	50件,工具包括刮削器和尖状器	中小型,工具均为小型	石片为主	石英,燧石			周国兴,1991
3	樟脑洞	2000多件,石核,石片,刮削器,砍砸器(含个别重型刮削器)和尖状器;刮削器居多(82%),尖状器加工较精细	中小型居多,大型标本也较突出	石片为主	脉石英和黑色硅质岩为主,砂岩次之	13 490±150(骨 ^{14}C)	偶用砸击法。有人工打击骨片	黄万波等,1987年;李天元等,1986
4	毛家洼	216件,石核,石片和工具,刮削器居多(68%),另有砍砸器(含个别重型刮削器),尖状器	中小型为主	主要为石片和断块	石英居多,石块次之			祝恒富,2007
5	跑马岭	38件,石核,石片和工具,刮削器,砍砸器	中小型为主	主要为石片和断块	几乎全为燧石			湖北省博物馆,1991
6	张家营(后山坡)	28件,石核,石片工具,以刮削器为主,仅有1件砍砸器	中小型为主,少量为大型	石片为主	燧石为主,另有石英石英岩			湖北省博物馆等,1987
7	杜店(Ⅰ区)	151件,石锤,石核,石片,断块,石器,工具以刮削器为主,占55%,另有尖状器、砍砸器、雕刻器和钻具	中小型为主,大型和微型	石片为主	角岩和石英岩为主,另有石英砂岩等		偶用砸击法	陈全家,2013

续表

序号	遗址	石制品	尺寸	工具毛坯	原料	绝对年代	其他	参考文献
8	肖沟	413件，包括石核、石片和工具。有刮削器和石钻	主要为小型，其次为微、中型，大型少	石片为主	石英砂岩、石英佳质灰岩			赵海龙等，2017
9	龙口（上文化层）	203件，石核、石片、断块和工具，包括砍砸器、刮削器、尖状器、雕刻器等，以刮削器为主，尖状器次之	小型为主，中型次之，微型和巨型	片状为主	脉石英为主，其次为角岩			王欢，2011
10	水牛洼（上文化层）	246件，石核、石片、断块和工具，有刮削器、雕刻器、钻器、砍砸器和研磨器等，其中刮削器占72.7%	主要为小型、中型和微型次之，大型和巨型较少	石片居多	石英为主，其次为角岩			陈全家等，2014
11	鸡公山（上文化层）	646件，石核、石片、断块和工具，包括刮削器（58%）、锯齿器、凹缺器、雕刻器和尖状器	小型为主，中型次之，仅个别为大型	石片、断块	石英砂岩、火成岩为主，另有石英岩、石英和燧石	43 000 ± 2 000（OSL）		刘德银等，2001；王佳音，2012
12	横路	105件，石核、石片、刮削器、尖状器	小型居多	石片	石英岩和燧石为主			高星等，2010
13	仙人洞与吊桶环	仙人洞600多件、吊桶环1000多件。第一期主要为边刮削等小型工具；第二期大中型工具（砍砸器）开始出现并新增；第三期大中型砍砸器和研磨工具成为主体，磨制技术开始出现（砺石、穿孔重石、磨盘等）	第一期小型为主，第二期小型和大中型相近，第三期大中型为主	第一期以片状为主，第二期块状为主，第三期以块状为主	燧石、石英、水晶、片岩、火成岩、石英岩等，由早至晚本地片岩原料逐渐增加并占主体，而燧石和石英等逐渐减少	第一期年代29 200~23 000；第二期年代22 000~17 500；第三期年代约距今14 500~9 000	磨制鹿角角器、刻纹骨锥、穿孔蚌器	彭适凡等，2004；吴小红、张池等，2012；北京大学考古文博学院等，2014
14	三山岛	5 263件，石核、石片和废片碎屑等，工具以刮削器为主，尖状器颇具特色	小型为主	石片	燧石、石髓、玛瑙、流纹质火山岩和变质岩		晚更新世晚期或更晚	陈哲等，1987；房迎三，2004

第九章 澧水流域晚更新世文化发展和行为模式

续表

序号	遗址	石 制 品	尺 寸	工具毛坯	原 料	绝对年代	其 他	参考文献
15	腊树	石核、石片和刮削器	小型	石片	石英岩、玉髓、水晶		偶用砸击法	韩立刚，1993
16	西尤	8件。石核、石片各2件，刮削器3件、尖状器1件	小型	石片	石英岩			韩立刚等，1998
17	小河口、岩坪	工具常见短身尖刃砍砸器，不见二步加工的石片石器	中型、大型为主	砾石为主	石英砂岩、石英岩		应用锐棱砸击技术	袁家荣，1996；袁家荣，2004
18	玉蟾岩	工具包括刮削器、砍砸器、"锄形器"、"亚腰形器"，另有石锤和手镐	中小型尺寸为主，少量大型	片状较多，块状次之	主要为砂岩，另有硅质岩和脉石英	21 000~13 800	出土磨制骨器，穿孔蚌器，装饰品	吴小红，伊丽莎贝塔·博阿雷托等，2012；袁家荣，2013
19	船帆洞	上文化层：79件，石片、断块、刮削器、石核，个别为重型刮削器，砍砸器。下文化层：近400件，石核、石片、断块和工具，包括刮削器（76%）、砍砸器、尖状器和手镐	大中型为主，小型较少	石片为主	砂岩和石英砂岩为主，另有石英岩、硅质岩、燧石等	上文化层：3~2.9万年；下文化层：3.7~3.6万年	骨锥、骨铲各1件偶用锐棱砸击法	福建省文物局等，2006
20	深泸湾	87件，石核、碎片、石片、工具有刮削器、石核和尖状器，以刮削器和尖头状器	中小型为主，个别为大型	石片为毛坯	脉石英、水晶和石英岩	推测1.5~1万年	应用砸击法	范雪春等，2011
21	奇和洞	第一期：器类包括石核、石片和工具，其中刮削器2件、尖状器1件	中型为主	石片、砾石	砂岩、石英岩、石英	17 000~13 000	打削骨针和骨器坯件，个别刃部有磨痕	福建博物院等，2013
22	罗沙岩	②层4件，包括刮削器和石片；③层主要为砍砸器	大中型为主	块状为主	安山岩（②层），石英砂岩（③层）	2.24±0.16万年，4.8±0.5万年		张镇洪等，1994

续表

序号	遗址	石制品	尺寸	工具毛坯	原料	绝对年代	其他	参考文献
23	宝积岩	12件,包括石核7件,砍砸器4件,刮削器1件	大中型为主	均为块状	石英砂岩	35 600±1 500～24 760±900		王令红等,1982
24	白莲洞	500多件,包括石核、石片、断块和工具。第一期工具以刮削器居多,有少量砍砸器、尖状器和雕刻器,1件磨刃切割器;第二期工具包括砍砸器、刮削器、尖状器等,出土穿孔石器3件、研磨器和磨刃石器各1件;第三期出现通体磨光的石制品	第一期以小型占绝对地位,中型次之,个别为大型;第二期以中小型居多,大型标本较少;第三期以大中型为主	第一期以片状为主,第二期块状者较多,第三期以块状为主	第一期以黑色燧石为主,约占86%,另有砂岩;第二期以砂岩为主,占85%,燧石次之;第三期燧石极少	第一期约距今3.6～2.6万年,第二期约距今2.5～1.9万年,第三期约距今2～1.2万年	第一期砸击法较重要;第二期出现磨制鹿角器	周国兴,1994,2007;广西柳州白莲洞穴科学博物馆,2010
25	鲤鱼嘴	第一期工具包括刮削器、尖状器和雕刻器等;第二期与第一期相近,出土有穿孔牙饰品;第三期只见少量磨制石器	第一期和二期以小型为主,中型次之;第三期大中型居多	第一、二期以片状为主,第三期以块状为主	第一、二期以燧石为原料为主	第一期约距今2.3～1.8万年,第二期距今1.2万年,第三期距今8 000年	第二期出陶器和骨角器	傅宪国等,2004;黎国兴等,1985;李珍等,1999
26	庙岩	356件,工具包括砍砸器、刮削器和穿孔器,以砍砸器居多;另有磨制骨锥、蚌壳和陶片	大中型居多	块状居多	砂岩、碳质板岩、硅质岩、石英岩等,以砂岩为主	15 560±500、15 660±260	偶用砸击法	谌世龙,1999
27	大岩	第一期仅见砾石打制石器,第二期砾石打制石器仍占较大比重,有两件烧制的陶土块等,工具以砍砸器为主,另有刮削器	小型居多,有一定数量的中型,大型较少	块状居多	砂岩为主	第一期为旧石器晚期,第二期为旧、新石器过渡时期	第二期有磨制骨锥、穿孔蚌器	傅宪国等,2001

第九章 澧水流域晚更新世文化发展和行为模式 · 281 ·

续表

序号	遗址	石制品	尺寸	工具毛坯	原料	绝对年代	其他	参考文献
28	独石仔	上文化层出土打制石器、磨制石器、穿孔石器、骨器，中文化层出有少量的打制石器和骨器，下文化层出有打制石器、骨器，基本无磨制石器。	大中型为主	块状居多	砂岩为主	11 500（上）、14 260±130、15 350±250（中）、16 680±570（下）	骨锥和骨镞共6件	邱立诚等，1982
29	牛栏洞	第一期出土少量打制石器，包括砍砸器、刮削器（以砾石为毛坯者可归入砍砸器）、砍砸器、石锤等。总体以砍砸器为主，第二期出现穿孔石器和穿孔蚌器	大中型居多，小型标本较少	块状为主	砂岩为主	第一期距今14 000～12 000，第二期距今12 000～10 000年	第一期出土骨蚌器	广东省珠江文化研究会等，2013
30	定模洞	10件，包括石核、石片、砍砸器（2件）、刮削器（3件）	中型	石片和砾石相当	砂岩、燧石和石英			曾祥旺，1989
31	黄岩洞	打制石器包括砍砸器、刮削器、石锤、石核和石片，工具以砍砸器为主，另有穿孔石器、磨制石器	大中型为主	块状为主	粗砂岩为主，次为石英砂岩、石英岩、灰岩、花岗岩和石英岩等	11 930～10 950（¹⁴C）		宋方义等，1983
32	落笔洞	25件，砍砸器、敲砸器、石锤、刮削器、尖状器、石核、石片等，另发现穿孔石器	大中型居多	砾石较多，石片较少	黑耀石、火山岩为主	10 642～10 890±100	骨角器以磨制为主	郝思德等，1994；郝思德，1997
33	钱铁洞下洞	6件，采集100多件，包括石锤、石片、刮削器、砍砸器、手镐、石砧和等	大中型居多	砾石和石块	凝灰岩、砂岩、花岗岩、灰岩			黄兆雪等，2012
34	八仙洞	6 000多件，石片石器居多，砾石石器较少，以锐棱砸击法为主	中小型为主	片状	砂岩、橄榄岩、石英、石英岩、燧石	1.5万年及全新世	骨角器100多件	宋文薰，1977；韩起，1979

9.3.2.1.1 长江中下游

除本书研究的澧水流域外,汉水流域是遗址数量最多的分布区。

鸡公山遗址上文化层距今约4.3万年,出土石制品646件,基本均为中小型,原料以石英砂岩、火成岩为主,但燧石和石英岩种类较下文化层比例增加。工具占比1.3%,毛坯以片状为主,断块次之,类型包括刮削器、锯齿器、凹缺器、雕刻器和尖状器。文化面貌整体接近于小石片石器工业(刘德银等,2001;王佳音,2012)。

其中丹江口库区一直以来是汉水流域发现最为集中的区域,先后发现有张家营遗址(湖北省博物馆等,1987)、跑马岭遗址(湖北省博物馆,1991)、毛家洼遗址(祝恒富,2007)、肖沟遗址(赵海龙等,2017)等。这些遗址的石器工业均具有小石片石器工业的特点。如毛家洼遗址采集石制品216件,以中、小型尺寸为主,原料基本为燧石,工具毛坯以石片居多,小型刮削器数量占68%以上,另有砍砸器和尖状器等。肖沟遗址出土的413件石制品中,小型(50%)和微型(27%)标本占了绝大多数,大型标本仅约10%;工具数量少,但全为小型的边刮器和石钻器类。另外,在杜店遗址Ⅰ区(陈全家等,2013),特别是关庙、中岭(王社江等,1992)、兔子洼(周国兴,1991)、水牛洼(陈全家等,2014)、龙口上层(王欢,2011)等多处遗址的石器工业也具有明显的晚期特征,如均以脉石英为主要原料,石制品尺寸以小型为主,刮削器等轻型工具居绝对地位。这些特点与袁家山遗址第③层、八十垱遗址第⑧、⑨层的石器工业具有显著的相似性。

在汉水流域还有一处樟脑洞洞穴遗址,距今13 490±150年。出土石制品2 000多件,另有1件人工打击骨片可能为骨器。石制品原料以硅质岩和脉石英居多,其次为砂岩;尺寸相差较为悬殊,总体以中小型为主,但存在一定数量的大型石器。石片石器占主要成分,工具种类以刮削器居多,砍砸器和尖状器均较少(黄万波等,1987)。

此外,在重庆横路遗址(高星等,2010)、江苏三山岛遗址(陈淳等,1987)、安徽腊树遗址和西尤遗址(韩立刚,1993;韩立刚等,1998)也都发现有小石片技术传统的石器。

9.3.2.1.2 江南丘陵

这一区域的遗址数量不多,在湘西怀化小河口和岩坪遗址(袁家荣,1996,2004)有过发现,但详细的时代和文化遗存情况还需要更多工作。文化面貌比较清晰的是江西的仙人洞和吊桶环(北京大学考古文博学院等,2014),以及湖南南部的玉蟾岩遗址(袁家荣,2013)。

仙人洞和吊桶环遗址的石器工业可分为三个前后相继的连续发展阶段。距今约2.9~2.3万年(校正后约3万年)为早期,石制品以燧石、水晶和石英等优质原料为主,主要为小石片石器,包括边刮器、端刮器、凹缺器、钻具和雕刻器等小型工具。距今约2.2~1.8万年为中期,燧石仍占重要地位,但本地石英和片岩原料增多,大中型工具如砍砸器的比例增加。晚期又可分为早、晚两段,其中早段距今1.5~1.2万年,片岩原料占据主导地位,以大中型砍砸、切割和研磨工具为主体;晚期后段距今1.2~0.9万年,磨制石器技术开始应用,包括砺石、梭形器、穿孔重石、匕形器、磨盘等,另伴随发现有骨角器。

玉蟾岩遗址主要遗存约距今1.8~1.3万年,最早的年代数据可至距今2.1万年。出土石制品上千件,各文化层石器工业的特征比较一致。原料主要为砂岩,其次为硅质岩、脉石英。工具个体以大、中型居多,工具组合包括常见的刮削器、砍砸器、石锤和石砧,同时出现有特色的锄形器、尖头器、亚腰形器和"苏门答腊式"(和平文化风格)石器。研究者认为该遗址的石器技艺和风格"超出中国旧石器工业的常规传统,接近新石器时代石器风格的趋向"。除石器外,遗址还发现有类型丰富的骨铲、骨锥、骨针、角蚌器等有机质工具和刻槽牙饰等装饰品。

9.3.2.1.3 闽浙丘陵

这一区域的遗址只有三处,分别为船帆洞、奇和洞和深沪湾遗址,均位于福建省。

船帆洞遗址可分为上、下两个文化层。其中下文化层距今3.7~3.6万年,出土石制品近400件,原料主要为砂岩和石英砂岩,尺寸以中、大型为主;但工具毛坯以石片居多(84.85%),主要类型为刮削器,另有尖状器、砍砸器和手镐。上文化层距今3~2.9万年,出土石制品79件,原料和尺寸与下文化层相近,修理工具仍以石片毛坯居多,仅有刮削器(N=5)和砍砸器(N=4),还出土有骨锥、骨铲等少量骨角器(福建省文物局等,2006)。由此可见,该遗址总体仍以石片石器工业为主,但石器小型化特征并不明显。

奇和洞遗址的第一期遗存属于这个阶段,距今约1.7~1.3万年(福建省博物院等,2013)。出土的石制品数量不多,以砂岩和石英岩为主要原料,个体以中型居多。工具以中型刮削器和尖状器占主体,大型砍砸器少。此外,还发现石铺地面和少量骨制品。大致与奇和洞遗址时代相当的深沪湾遗址是一处旷野遗址,发现的石制品小型化趋势则比较明显,工具主要以石片为毛坯,刮削器占类型的主体(范雪春等,2011)。

9.3.2.1.4 岭南地区

这一区域的遗址数量多,且多为洞穴遗址,多数遗址也有确切的年代。海南、台湾的部分遗址也并入这一地区分析。从时代上看,年代比较早的遗址有罗沙岩(张镇洪等,1994)、宝积岩(王令红等,1982)、白莲洞(广西柳州白莲洞洞穴科学博物馆,2009);较晚的则有大岩(傅宪国等,2001)、庙岩(谌世龙,1999)、定模洞(曾祥旺,1989)、独石仔(邱立诚等,1982)、黄岩洞(宋方义等,1983)、牛栏洞(广东省珠江文化研究会岭南考古研究专业委员会等,2013)、鲤鱼嘴(李富强,1990;傅宪国等,2003)、落笔洞(郝思德等,1994)、钱铁洞(黄兆雪等,2012)和八仙洞(宋文熏,1977)等遗址。

其中有一些遗址由于破坏较大或石制品数量不多,或难以反映出石器工业的全貌。也有一些遗址进行过多次的发掘和研究,石器工业特征比较清楚,如白莲洞遗址、牛栏洞遗址、鲤鱼嘴遗址等。

白莲洞遗址文化层堆积厚,可分为五期,前三期属于本节讨论的这个阶段。出土石制品500多件。第一期距今3.6~2.6万年,以燧石原料为主,工具以小型刮削器居多,另有少量砍砸器。第二期距今2.5~1.9万年,以燧石为原料的刮削器、雕刻器、尖状器等小型石片石器仍占主要地位,发现个别磨刃切割器。第三期距今2~1.2万年,大中型的砾石工具占主要地位,燧石等小型石制品较少,工具种类包括砍砸器、刮削器、穿孔器、研磨器、磨刃切割器等,另有少量骨角器。因而,第一、二期为典型的小石片技术占主流的石器工业面貌;第三期开始为砾石工业和小石器工业并存的工业面貌,新出现了有机质工具,人类生产工具的行为更加复杂化。

牛栏洞遗址文化层大致从末次冰消期延续至早全新世,最早的年代距今约1.4~1.2万年。遗址出土有石器和骨、角、蚌器。主要以扁平砂岩砾石为原料,以砾石为毛坯锤击修理成大中型工具,其中砍砸器占主体;较晚时出现穿孔石器、磨刃石器,也有与玉蟾岩遗址相近的斧形器和矛形器。

9.3.2.2 华南旧石器晚期文化的形成

从以上诸遗址的时代及文化面貌观察,华南旧石器晚期文化的年代约从距今4万年一直至距今1.2万年,以研磨器、穿孔器、磨刃石器等石器类型的有无作为标志,可大致以距今2万年为时间节点,将华南旧石器时代晚期的文化遗存再细分为前、后两段,即旧石器晚期早段或晚更新世晚期早段(相当于MIS3阶段晚期)、旧石器晚期晚段或晚更新世晚期晚段(相当于MIS2阶段)。

小石片石器工业是华南晚更新世晚期早段的主要文化特点,根据遗址的原料开发利用的策略,还可分为三种情况(图9.6):第一种情况,遗址石料与早期传统基本保持不变,如鸡公山遗址上文化层、罗沙岩遗址、肖沟遗址、杜店遗址等;第二种情况,遗址中优质原料被普遍性地强化利用,这一时期黑色燧石被大量开发的文化现象十分突出,从十里岗遗址、鲤鱼嘴遗址、张家营遗址、毛家洼遗址、横路遗址、西尤遗址等旷野遗址,到仙人洞、吊桶环、白莲洞等洞穴遗址,都有很明显的原料利用方式的转变轨迹;第三,脉石英的集中开发,主要见于洞庭—江汉盆地区域,如澧水流域的袁家山遗址第③层和八十垱遗址第⑧、⑨层,以及汉水流域的关庙遗址、中岭遗址、兔子洼遗址、水牛洼遗址、龙口遗址上层。由此表明,优质原料的开发策略作为一种文化选择要素可能带动了这一区域文化面貌的变化,是石器工业演变的外在表现方式。

需要注意的是,虽然船帆洞遗址石器工业总体以石片石器为主,但石制品个体仍以大中型居多,因而具有一些晚更新世早期阶段的传统特点。但是,这个遗址最重要的发现是,出土了华南目前最早的骨角器,也可见有铺砌居住面等复杂行为活动,这些都代表了进步的新文化因素。另外,在岭南地区的一些遗址如宝积岩、罗沙岩还保留了砾石石器工业因素(Guangmao Xie, et al., 2018)。

晚更新世晚期晚段的文化遗存则以骨角蚌器、装饰品的涌现,以及研磨器、穿孔器、磨刃石器等石器新类型和陶器的出现为显著特点。这些新的文化因素非常清楚地表明,旧石器文化进入了一个全新的阶段。但这个时期的文化面貌又有一定的区域性,具体来说,大致可分为华南北部和华南南部两个区域(图9.7)。华南北部的遗址,如樟脑洞、燕耳洞、竹马遗址等,总体仍是小石片石器工业,同时伴出有骨角器。而华南南部的诸多遗

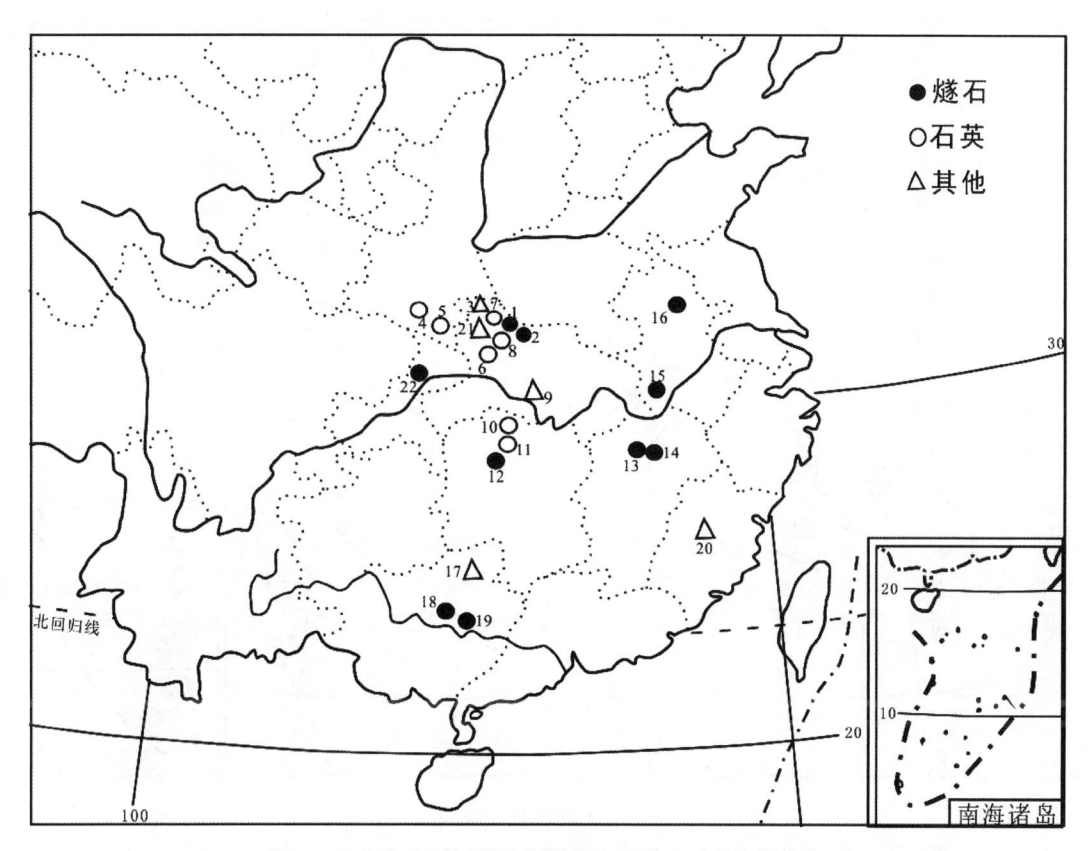

图 9.6 华南晚更新世晚期早段主要遗址及其石料分布
1. 毛家洼 2. 张家营 3. 杜店 4. 关庙 5. 中岭 6. 兔子洼 7. 龙口 8. 水牛洼 9. 鸡公山
10. 袁家山 11. 八十垱 12. 十里岗 13. 吊桶环 14. 仙人洞 15. 腊树 16. 西尤 17. 宝积岩
18. 白莲洞 19. 鲤鱼嘴 20. 船帆洞 21. 肖沟 22. 横路

址,包括仙人洞和吊桶环遗址等,基本是以大中型砾石石器为主的石器工业,不过研磨器、穿孔石器、磨刃石器等新出现的石器类型以及加工技术也表明它们与早期的砾石工业传统存在差异,一些遗址(如玉蟾岩、黄岩洞)的部分石制品可能还具有"和平文化"的特征。

上文粗略地论述了华南旧石器晚期文化的特点和发展,但是若放在全球的视角下,如何认识它出现的标志和文化面貌的特殊性,又是另一个有待解决的重要学术问题。所谓"旧石器晚期革命"是晚更新世古人类文化发展中的一个重要事件。Bar-yosef 教授(2002,2007)曾总结了在全球范围内具有普遍文化意义的旧石器时代晚期文化特征,包括石叶技术的应用、石器类型的标准化和多样化、骨角牙器的广泛使用、磨石和捣杵器的出现、人体装饰品使用的系统化、远距离物品交换行为、弓箭等高级狩猎工具的出现、雕像和壁画等艺术的出现、食物储藏技术的发明、火塘的系统利用、生存空间复杂的功能性组织、营生模式的转变和埋葬行为等,这些特征长期以来被研究人员作为现代人群行为和认知的标识。

据此,结合考古发现,我们进一步从石器技术和非石器物质材料等方面对华南旧石器晚期的文化要素进行分析。

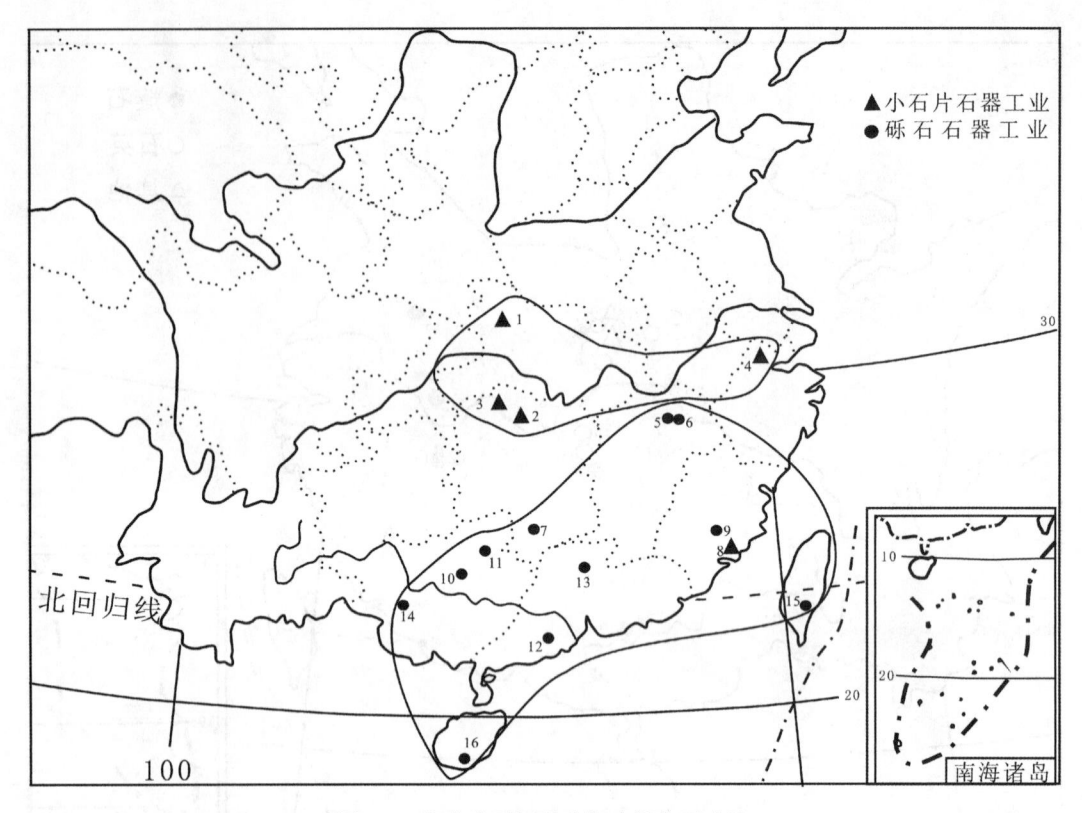

图 9.7　华南晚更新世晚期晚段主要遗址
1. 樟脑洞　2. 竹马　3. 燕耳洞　4. 三山岛　5. 吊桶环　6. 仙人洞　7. 玉蟾岩　8. 深沪湾　9. 奇和洞
10. 白莲洞　11. 庙岩　12. 独石仔　13. 牛栏洞　14. 定模洞　15. 八仙洞　16. 落笔洞

9.3.2.2.1　石器技术

华南旧石器晚期石器工业发生的一个明显变化即是由中小型的早期石片石器工业向典型的小石片石器工业转变，石器"细小化"是这一时期典型的工业特点。多选择小型燧石、石英等优质砾石原料；以加工简单的各类小型工具为主，普遍缺少修理精良的精制品；剥片体系一直为简单剥片策略，没有出现预制技术。这些石片石器组合的技术特点与华南地区中更新世流行的砾石石器工业的生产技术与操作链有很大差别，也与晚更新世早中期的石器工业在原料利用、石器组合、生产程序上有明显不同，而与华北地区同期或更早的小石器工业传统较为一致。

然而，在欧亚大陆西部中几乎等同于旧石器时代晚期文化的石叶、细石叶技术在华南一直没有发现，在中国境内也仅在有限的地理和时间范围内出现，因而单纯从石器技术类型特征来看并没有西方学者所谓的技术性"革命"。

9.3.2.2.2　骨、角、蚌器等有机质工具

目前最早的发现约距今 3 万年，在船帆洞遗址和吊桶环遗址均有发现。船帆洞遗址的上文化层中出土骨锥和角铲各 1 件，其中骨锥选用哺乳动物管状骨，器身大部分磨光，局部保留刮削器留下的痕迹，而角铲由鹿角制成，破裂面为磨制而成。另有 1 件小型鹿角

的一端可见较规则的切割凹槽,槽壁较光滑。江西吊桶环遗址的 K 层中也发现有磨制精美的鹿角斧、角锥及骨镖等。距今约 2 万年时,仙人洞遗址的第二期文化层中发现有数量较多的磨制骨、角器,包括骨针、骨锥、骨镞、骨凿以及鱼镖。

等到了末次冰消期之后,骨角器则呈爆发式涌现,还新出现了穿孔蚌器。几乎所有洞穴遗址均有出土,且集中分布于岭南地区,如庙岩、牛栏洞、仙人洞、玉蟾岩等遗址,数量丰富,包括骨锥、骨针、骨镞、骨铲、骨锛、骨矛、角铲、鱼镖、蚌刀等多种类型。

9.3.2.2.3 个人装饰品和染料

这类器物在华南旧石器晚期遗址中发现较少。江西仙人洞遗址第二期文化层中个别在一端两面穿孔的似坠形小砾石可能是装饰品,第三期文化层中出土有磨制精细的圆形穿孔蚌壳饰品。玉蟾岩遗址中发现的可能用于系戴的装饰品较有特色,以鹿类或小型食肉类犬齿的根端和小型鹿类的冠骨为坯料,使用刻槽技术在它们的根部或近端桡关节面刻一周凹槽。更晚阶段的奇和洞遗址中出土有雕刻和钻孔的砂岩鱼形饰件,鲤鱼嘴遗址出土有穿孔兽牙,庙岩遗址出土有穿孔蚌壳饰品。

白莲洞遗址、仙人洞遗址的研磨器表面残留有赤铁矿粉末痕迹,十里岗遗址中也发现较多赤铁矿块。一般认为赭石具有功用性和仪式性,可用于鞣皮和复合工具装柄,或用于防菌,或器物、身体的装饰,也用于墓葬和岩画中(Wadley,2001)。

9.3.2.2.4 刻划符号

一般认为,刻划符号是古人类象征行为的体现。目前所见,仙人洞遗址第二期文化层中有 2 件刻纹骨锥,其中一件器身断面呈扁圆形,一端锋利、一端圆钝,通体磨光之后再刻划纹道,另一件两端均残,断面呈圆形,器身三面刻划纹道。据报道,在船帆洞遗址上文化层也出土有一些刻划骨片,但详细情况不甚清楚。

另外,在湖南桂阳县的一个洞穴遗址中也曾发现过 1 件磨制形成的骨锥(目前仅保存有复制品)。据描述(张森水,1965),骨锥器身有刻划横道,多两两成对,排列成五行,个别者有三道在一起或只有一道的;两个横道的中间宽窄不一,最大间隔为 3 mm,有一行中间较挤,其间几无间隔,横道刻纹的宽度约 0.5 mm。此外,还有少许不规则的刻线。

综上所述,华南旧石器文化晚期面貌的转变至迟在距今 3 万年时发生,有可能早至距今 4 万年。小石片石器工业传统是这一区域旧石器晚期早段(EUP)的主要文化特征。同时或稍后骨角器和装饰品在一些遗址中出现。此后,尤其是末次冰期最盛期(LGM)过后,距今约 2 万年,旧石器文化面貌又发生了变化,研磨器、穿孔器、磨刃石器以及陶器的出现成为本区域旧石器晚期晚段(LUP)的重要文化现象,骨角蚌器和装饰品等呈喷涌式发展。以往关于中国旧石器晚期文化的起始年代存在 5 万年(张森水,1987;杜水生,2007)、4 万年(邱中郎,1989;李炎贤等,1991)、4~3.5 万年(黄慰文,2000)、3.5~3 万年(Qu et al.,2013)等不同观点。从现有的材料来看,华南地区旧石器晚期的出现时间大致在距今 4~3 万年,这与华南北部旧石器中、晚文化的过渡时间(王幼平,2012)较为接近。

关于中国旧石器晚期文化的开端,学术界较广泛接受的一种观点认为,距今 5~4 万年前在中国北方出现长石片—细石器工业，发展出新的并得以延续下去的石制品类型和制作技术时，即进入旧石器时代晚期(高星，1999)。然而，华南旧石器晚期出现的标志可能并不能以此作为判断标准。也有研究者认为真正能够标志旧石器时代晚期开始的是个人装饰品、刻划符号、仪式活动等代表象征行为的物质的出现(陈胜前，2015)或骨角蚌器和装饰品的制作和使用(Qu et al.，2013)。但是，华南地区旧石器晚期遗址中刻划符号、仪式活动、装饰品这类遗存均很有限，似乎很难作为实物证据使用。相比之下，骨角器的发现较为丰富，可能是反映中国南方旧石器时代晚期开始和现代行为出现的一个非常重要的标志。但同样的困境在于，华南骨角器的发现主要在末次冰消期以后，在此之前的旧石器晚期遗址中仅有零星出现。

由此，华南旧石器晚期文化的表现形式与其他地区相比可能更具复杂性。石器技术是旧石器晚期文化的一个方面，不过它更多的是一种适应，与人类认知、人群关系、行为生态、生计方式等多个方面的影响因素关系密切。现在的研究也表明，石器技术类型与人群属性事实上难以对等。相对来说，骨角蚌器、装饰品等非石器物质文化是华南旧石器晚期人类行为和文化革新更清楚的体现，也是欧亚大陆其他地区这一时期普遍出现的具有共性的文化现象。不过，华南地区的这类遗存在早期数量太少而难以有充分的体现。目前看来，单一的某类文化特征因素都不能很好地作为我们完整认识华南旧石器晚期文化的初始，只有同时将这一时期的石器工业和有机质物质遗存结合起来，我们才能更好地理解华南地区的旧石器晚期文化面貌以及它所反映出的特殊文化演变特征，也才能更好阐释现代人技术行为的多样性。

9.3.2.3 华南旧石器晚期文化的区域性

随着研究的深入，目前不少学者不再生硬地照搬以欧洲考古材料为中心形成的技术标准或文化模式，而是更多地转向对区域多样性的探讨。下文通过与周邻不同地区旧石器文化的简要比较，进一步认识华南地区旧石器晚期文化在空间上的区域性特点。

9.3.2.3.1 与西南地区的比较

目前四川盆地的旧石器晚期文化还没有清晰的发展序列，空间上大致可分为盆地中心和盆地西缘两个区域(王幼平，1997)。盆地中心内的资阳人B地点、铜梁等遗址总体以石片石器为主，刮削器居多，另外还有尖状器、砍砸器等种类，但石制品尺寸以大中型居多，保留的早期砾石石器工业风格特征相对更多，与同时期华南旧石器晚期文化相比个体较大，加工粗糙，传统色彩更为浓厚。盆地西部边缘区的富林遗址为较典型的小石器传统，原料绝大部分为燧石结核，石制品尺寸细小，工具组合是以刮削器为主体的各类小型工具，石器毛坯以块状居多。这个遗址的石器工业与华南小石片石器工业存在共同特点，如石器尺寸细小和石器组合相似，但富林遗址以结核为原料、块状毛坯居多的修理策略与华南地区存在差异。

云贵高原是这一阶段旧石器文化十分繁荣的区域，时代可早至距今约3.7万年(关莹等,2015)。该区域发现有两种主要的文化类型(王幼平,1997)。一种是中小型石片石器工业,如云南呈贡龙潭山遗址、贵州马鞍山上层文化,这是云贵高原旧石器晚期主流的文化面貌,其与本地区早期的旧石器技术传统关系密切。还有一些遗址(如打儿窝遗址上层、穿洞下层、大板桥)中出土的石制品尺寸更小,具有小石片石器特点。另一种是以猫猫洞遗址为代表的"猫猫洞文化",普定白岩脚洞遗址也属于这一性质的遗存,其以锐棱砸击法为特色,丰富的骨角器也是突出特点。这两种技术传统的文化类型大致同时并存发展,但后者相对较晚并在后期占据主导地位。

因而,西南地区旧石器晚期文化的总体特点与华南旧石器晚期文化并不相同,特别体现在旧石器晚期之前的文化面貌和旧石器晚期晚段文化发展两个方面。但是,云贵高原区域石片石器工业的长期存在和流行对华南旧石器晚期文化的发展可能产生过一定的影响。

9.3.2.3.2 与华北地区的比较

华北旧石器晚期文化发展可分为北部和南部两个区域。华北北部地区的旧石器晚期文化包括峙峪文化期和虎头梁文化期两个阶段(杜水生,2007)。前者距今约3.5~2.6万年,以传统的石片—刮削器为特征的旧石器文化仍占主流地位(近年发现有石叶工业遗存),一些遗址中出现大量的骨角器表明该文化进入了一个新的发展阶段。后者距今约2.3~1万年,细石器工业成为这个时期的主流文化面貌,包括虎头梁类型和下川类型。

华北南部的旧石器晚期文化发展的新进展来自近年河南织机洞、赵庄、老奶奶庙、西施、李家沟等一系列遗址的发现。研究显示,该区域旧石器晚期文化经历了三个明显的阶段:距今约4~2.5万年的早期以小型石片工业为主,距今约2.5~2万年的中期出现石叶工业,距今2~1万年的晚期为细石器工业阶段(王幼平,2012)。

可以看出,华北南部和北部旧石器晚期的发展脉络总体相近,华北、华南的旧石器晚期石器技术有着明显不同的发展轨迹。从早更新世开始,华北地区主要流行石片石器工业,是旧石器时代中国本土的重要文化传统。华南晚更新世晚期小石片技术的出现可能与华北地区之间的文化联系密切相关,这一点早已有学者指出(王幼平,2016)。

9.3.2.3.3 与东南亚地区的比较

东南亚的大陆和岛屿晚更新世遗址数量较多(图9.8),两个区域的旧石器文化既有非常明显的一致性,也存在一些差异。

据查尔斯·海厄姆(2017)的研究,大陆东南亚这一阶段的遗址主要分布在越南、泰国和老挝。老挝 Tam PaLing 发现的人类头骨年代在距今6.3—5.6万年,是东南亚已确认的年代最早的晚期智人。在越南北部有三组被认为与早期的晚期智人有关的遗址,分别为 Dieu(距今3万年)、翁文化(Nguom)(早于距今2.3万年)和山韦(Son Vi)文化(约距今2.3—1.3万年)。其中 Dieu 石器工业以 Dieu 洞穴遗址为代表,砸击技术特征的产品突出;Nguom 遗址以小型刮削器和尖状器最具特色,还有少量用砾石加工成的工具;Son Vi 遗址的石器组合以单面加工形成的砾石工具为主,类型主要为横向修理成端刃或纵轴修

图 9.8 东南亚旧石器遗址分布

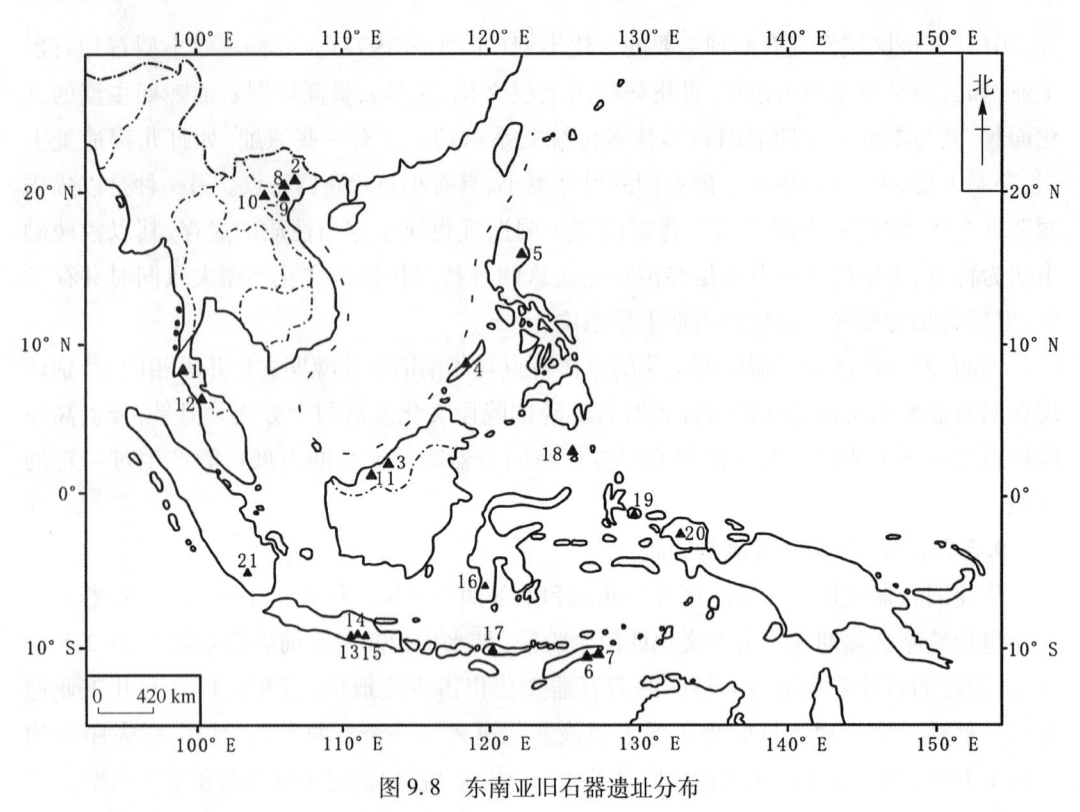

1. Lang Rongrien 2. Nguom 3. Niah 4. Tabon 5. Callao 6. Jenmalai 7. Lene Hara 8. Son Vi 9. Dieu
10. Tam PaLing 11. Gua Sireh 12. Bukit Bunuh 13. Song Terus 14. Song Keplek 15. Tbuhan
16. Leang Burung2 17. Liang Bua 18. Leang Sarru 19. Golo 20. Toe 21. Harimau cave

理成长刃的单边砍砸器以及刮削器。泰国的朗龙连(Lang Rongrien)遗址也是一处重要的洞穴遗址,年代距今 3.8~2.7 万年,发现有多个灶的遗迹,出土有木炭碎块、骨骼碎片和燧石石器;石制品以石片居多,工具主要为石片加工成的刮削器、小刀和其他一些不规则的石器,但基本不见石核和砾石;另外还发现一件经过加工的鹿角。在这些遗址中,Nguom 遗址、Lang Rongrien 遗址都主要属小石片石器工业,与华南旧石器晚期的文化面貌比较接近。

岛屿东南亚地区中,现代人的活动信息可早至距今 6~5 万年,如在菲律宾吕宋岛的 Callao 洞穴遗址中发现的人类化石早于距今 6 万年。考古遗存上,在马来西亚玲珑谷(Lenggong valley)发现的 Bukit Bunuh 遗址为一处规模达 3 平方公里的石器制造场,光释光年代距今约 4 万年,发现有石锤、石砧和碎片,工具多数为石片石器,刃缘锋利,也有少数直接以河卵石修理成的尖状器。在马来西亚还发现 Kota Tampan 遗址,是一处著名的石器加工场遗迹,出土大量以砾石石片为毛坯的石片石器,年代可早至距今 7 万年(Hamid,2006)。位于印尼婆罗洲的尼亚(Niah)洞穴遗址,新的测年显示至少在距今 4.5 万年前已经有现代人在此居住,石制品组合主要也为小石片工具,微痕分析显示很多石片直接用于切割和刮削器,以及装柄使用;另外也出土有一件骨尖状器。菲律宾 Tabon 洞穴遗址距今4.7万年,出土有古人类化石,石制品主要为各种硅质岩原料的小型石片,但只有很少部分进行过修理,类型以端刃器为主。此外,马来西亚距今2.1万年的Gua Sireh遗址、印度尼西亚距今2.4万年的Song Keplek遗址、距今2.7万年的Leang Burung 2遗址、距今3.2万年的Golo洞穴遗址以及距今3.5万年的Leang Sarru遗址也都属于这个时期(Mijares,2015)。现代人在岛屿东南亚地区的石器技术也是简单的小石片石器工业,不少遗址中直接使用石片,同时骨角器也开始利用。

综上所述,大陆东南亚地区在晚更新世时期存在由长期占主体地位的砾石石器工业向小石片石器工业为主体的转变过程,在更新世末期又可见向"和平文化"演变的趋势。岛屿东南亚地区目前的发现则基本上一直为石片石器工业,这种传统可早至6万年前,但对燧石优质原料的强化开发利用以及生产的大量形态各异的小型石片是这一时期东南亚地区石器技术的重要特征。以上反映出的这些石器工业面貌和演变情况与澧水流域及华南地区同时期的旧石器文化遗存较为相似。除此之外,东南亚有机质工具的利用较早,如距今3.2~2.8万年发现有贝壳工具(Szabo et al.,2007),不过娴熟、高超的骨工业也要晚至更新世末至全新世初期。总体而言,迄今的考古发现表明,东南亚地区与中国华南晚更新世阶段的旧石器文化具有较好的可比性。

9.4 澧水流域晚更新世古人类的适应策略

澧水流域晚更新世旧石器文化独特的区域性演化轨迹也是中国甚至东亚大陆大部分地区文化发展的一个缩影。然而,对区域文化变化背后的形成机制的探讨,却一直以来是世界史前考古研究中富有挑战性的课题(王幼平,2003;Gao and Norton,2002;Gao,2013)。下文主要从文化适应的角度,对澧水流域以及华南晚更新世古人类面临的自然和社会等生存环境及其相应的生存策略进行简要分析。

9.4.1 晚更新世生存环境的变化

9.4.1.1 气候波动剧烈

晚更新世是第四纪气候波动最频繁、波动幅度最大的时期。根据古里雅冰芯和格陵兰GRIP冰芯等极地冰芯中稳定同位素($\delta^{18}O$)的研究(姚檀栋等,1997;姚檀栋,1999),末次间冰期以来的气候变化基本被重建起来,获得的这些陆地气候记录也与深海氧同位素记录可以很好对应(图9.9)。

末次间冰期大约发生在125~75 ka BP,相当于MIS 5整个阶段,这个时期气候在轨道时间尺度上的变化相对稳定,但并不是一个持续稳定的温暖时期,在各亚阶段内还存在持续数百年至千年时间的气候突变事件(王有清等,2002;赵井东等,2011)。与此不同的是,

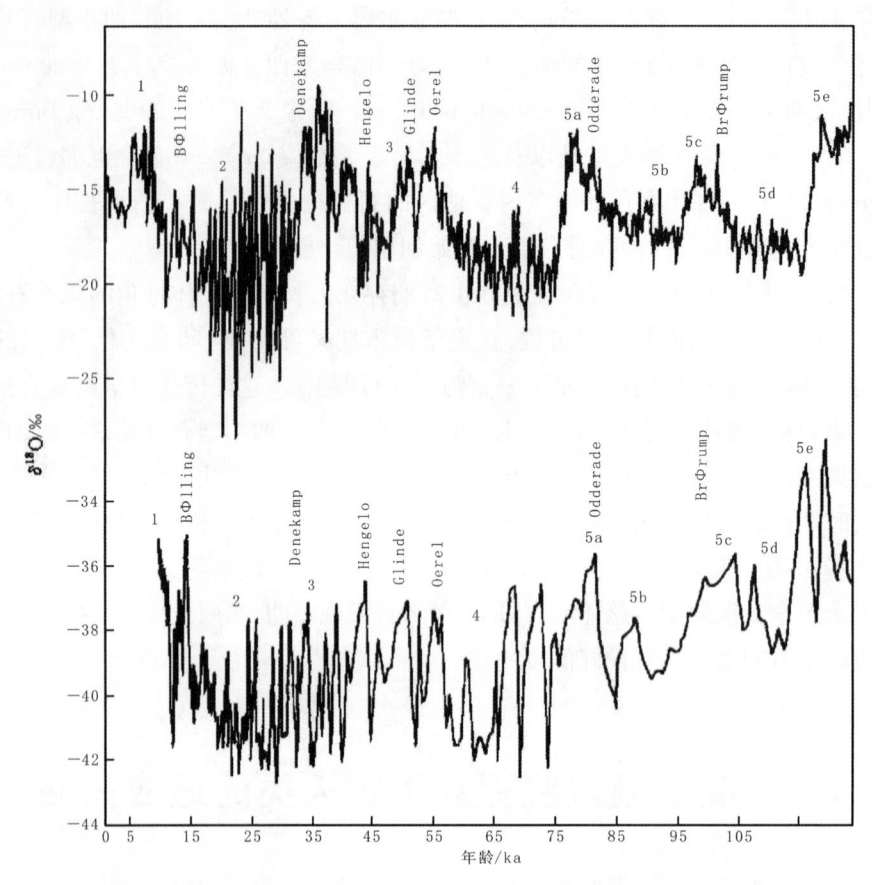

图 9.9 古里雅冰芯与格陵兰 GRIP 冰芯氧同位素记录（据姚檀栋，1999）
注：图中 1~4，5a~5e 分别表示与深海沉积记录对应的气候事件，英文名称为欧洲出现的温暖事件

也有很多研究者认为 MIS 5e 才是真正的间冰期的状况，末次间冰期的结束即氧同位素序列上阶段 5e/5d 的界线，大约在 128±3 ka BP 间，延续时间一万年左右；末次间冰期在 5e 阶段达到温度最高值，随后温度逐渐降低，过渡到末次寒冷期，在 5e/5d 转换时期和 MIS 5 结束时存在两次明显的气候恶化事件，也存在氧同位素阶段 5c 和 5a 另两次明显的气候好转事件（Lowe et al., 2010）。

进入末次冰期（MIS 4~2）的过程以突然降温的气候事件为标志，同时也同样存在一系列持续数百年至几千年时间的快速冷暖交替的气候突变。MIS3 阶段是末次冰期（75~11 ka BP）中气候相对温暖的一段时间，不过整体气候并不稳定，期内发生有一系列千年尺度的 Heinrich 变冷事件和 Dansgaard-Oeschger 升温事件。一般地，MIS3 的中间阶段（47~43 ka BP）较为寒冷，早（58~47 ka BP）、晚（43~28 ka BP）两个阶段表现为弱暖期，但尚不及末次间冰期和冰后期（刘东生等，1996；施雅风等，2002；郑洪波等，2008）。这个阶段气候在不同区域也存在一定的差异（图 9.10），华南季风区在早段和晚段都较为暖湿，中期伴有短尺度的降温事件，气候环境相对较冷且干燥（甄治国等，2008）。

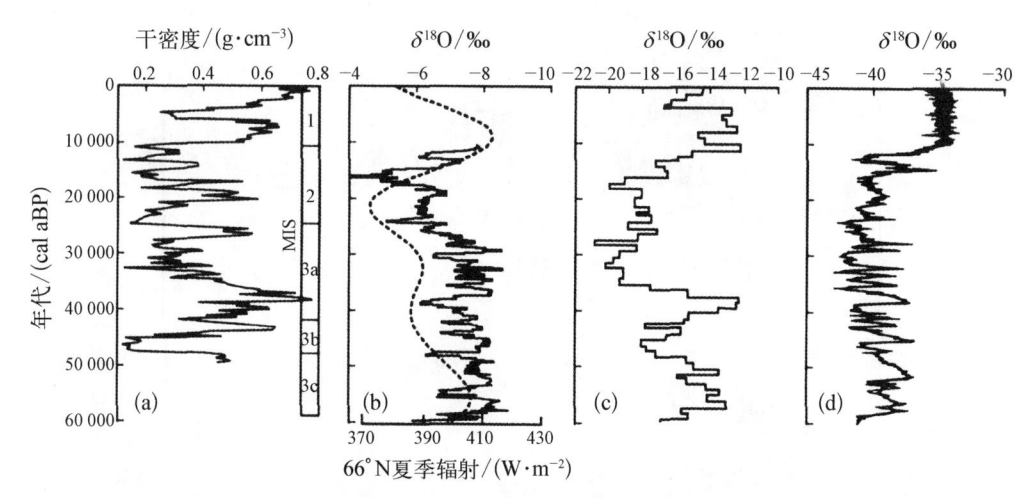

图 9.10　不同地区 MIS3 以来气候记录对比(据甄治国等,2008)
a. 南岭东部大湖沉积物干密度　b. 南京葫芦洞石笋同位素记录
c. 古里雅冰芯氧同位素记录　d. GRIP 冰芯氧同位素记录

大约 24~18 ka BP,夏季风明显减弱,冬季风强劲,南、北方地区气温均大幅度下降,干冷程度达到顶峰,中高纬度地区环境更是严重恶化,气候进入到了 MIS2 的末次冰期最盛期(LGM)。在此期间,多年冻土带及苔原、干草原带比现今向东南推进了 8 个纬度,有效降水在东南季风区显著减少(安芷生等,1991)。中国海岸线轮廓也发生重大改观:黄海、渤海陆架区全部上升成陆,东海仅残存冲绳海槽,中国海古岸线向太平洋方向最大迁移距离超过 1 000 km,南海面积比现在缩小 1/5 左右(谢传礼等,1996)。海平面下降达 120 m,使得东亚、东南亚大陆与大部分海岛连为一体,华南与东南亚间的联系更加紧密。

16/15 ka BP 时,气候又趋于和缓(黄俊华等,2002;覃嘉铭等,2004;邵晓华等,2006)。从湖北神农架大九湖泥炭沉积地层所揭示的中国距今 1.6 万年以来的冷暖波动频繁的气候变化看(图 9.11),大致在 16~12.7 ka BP 温度有波动但整体较温暖,在 12.7~11 ka BP 时存在突然回冷的新仙女木(Younger Dryas)事件(Zhu et al.,2009;朱诚等,2006,2015)。

值得重视的是,近年对长江中下游流域第四纪红土剖面也有了进一步的研究,揭示了剖面上部黄棕色土、红土二元结构所反映的第四纪晚期一次古气候转型事件。研究认为剖面中上部不含有锰斑的黄棕色土,土壤风化作用较弱,气候条件较为干冷,形成年龄为 10~20 ka BP,相当于 MIS 2 阶段;下部含大量铁锰胶膜的黄棕色土,土壤风化作用增强,气候较为湿润,年龄为 20~60 ka BP,可与末次冰期最适期(LGO)相对应,相当于 MIS 3 阶段;均质红土上部年龄大概为 60 ka BP,下部小于 80 ka BP,形成于末次间冰期到末次冰期过渡时期,相当于 MIS 4 阶段;下部网纹红土年龄为 80~134 ka BP,形成于末次间冰期,水热活动强烈,相当于 MIS 5 阶段(蔡方平等,2012;杜艳,2013)。上述认识大体与澧水流域的情况相近,只是本书将下部含铁锰胶膜的黄棕色土进一步划分出"黑褐色土"这个层位,不过两者的堆积序列以及土壤风化程度逐渐减弱,气候呈变干、冷的整体演变趋势是基本一致的。

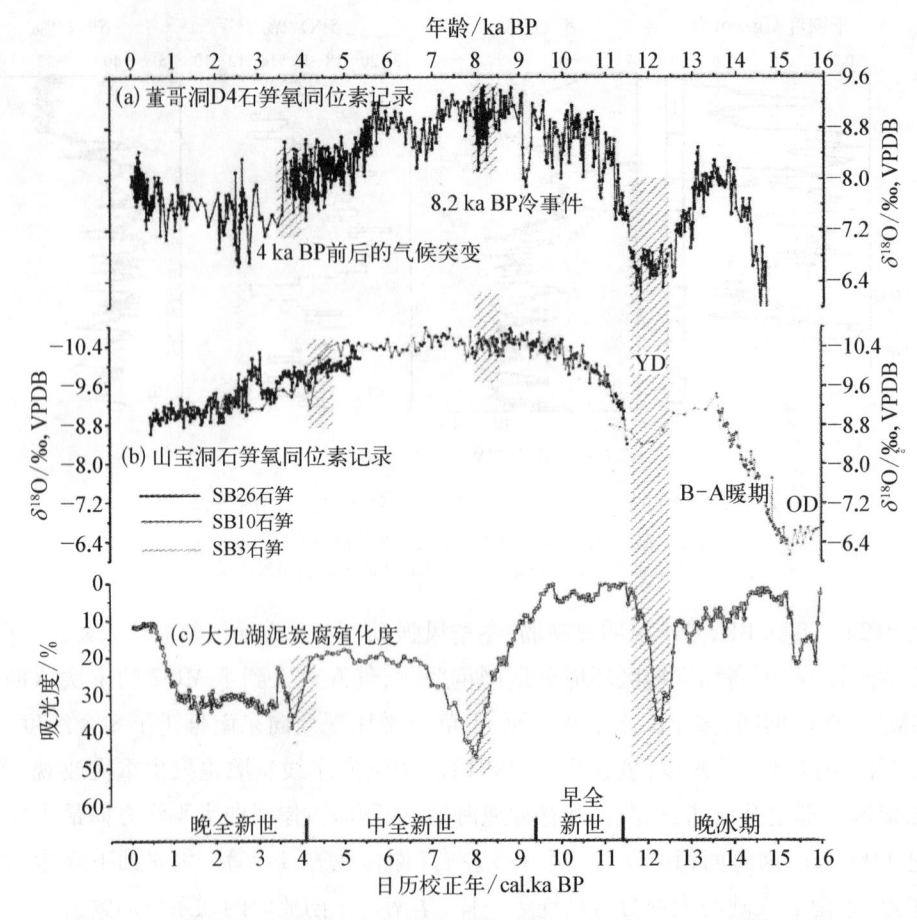

图 9.11　中国南方地区距今 1.6 万年以来亚洲夏季风变化(据朱诚等,2015)

9.4.1.2　资源斑块减缩

晚更新世环境的变化也影响到植被和动物群的演化,这些动植物资源发生的变化势必会影响依赖于此的狩猎采集人群的生存。

迄今有关华南末次冰期以前的高精度、长序列的植被和沉积古环境研究还比较少见。目前,郑卓根据孢粉资料综合讨论了中国热带—亚热带 40 万年以来特别的植被和气候记录(Zheng et al.,1999;郑卓,2000),研究者在部分岩溶洞穴石笋中获得了 MIS6 阶段以来的古气候记录(张美良等,2001;Yuan et al.,2004),但有关植被这方面的工作主要集中在东海(Jiang et al.,2020;郑卓等,2013)、南海(孙湘君等,1999;Sun et al.,2003)大陆架地区。在南海北部近海大陆架的一个钻孔中,研究者通过孢粉分析揭示了 MIS 8 阶段以来近 280 ka BP 以来的植被变化记录;在这个剖面中松属花粉占有极大优势,其次是草本植物花粉,根据这两类花粉的消长,划分了 P1~P8 的 8 个花粉带(图 9.12)。两者交替形成了多个旋回,其中冰期时(与 MIS8,6,4,2 期相当)为草本植物花粉峰值,出露的大陆架上可能覆盖了以草原为主的植被,间冰期(MIS7,5,3,1)则为松属花粉峰值,环境大致与现代接近。同时，在氧同位素 6/5 期的冰期—间冰期过渡阶段，无论草本植物花粉的百分含量还是各类型花粉沉积率都明显下降，表明从倒数第二次冰期向末次间冰期气候转变过程中，低纬度地区气候由冷变暖超前于高纬度地区（罗运利等，2003）。蕨类植物孢粉的百分含量峰值主要出现在间冰阶段，尤其是 MIS 15，MIS 5e 和 MIS 1 晚段，因而 MIS 5 阶段夏季风尤其增强，湿度和温度显著增加（孙湘君等，2001）。

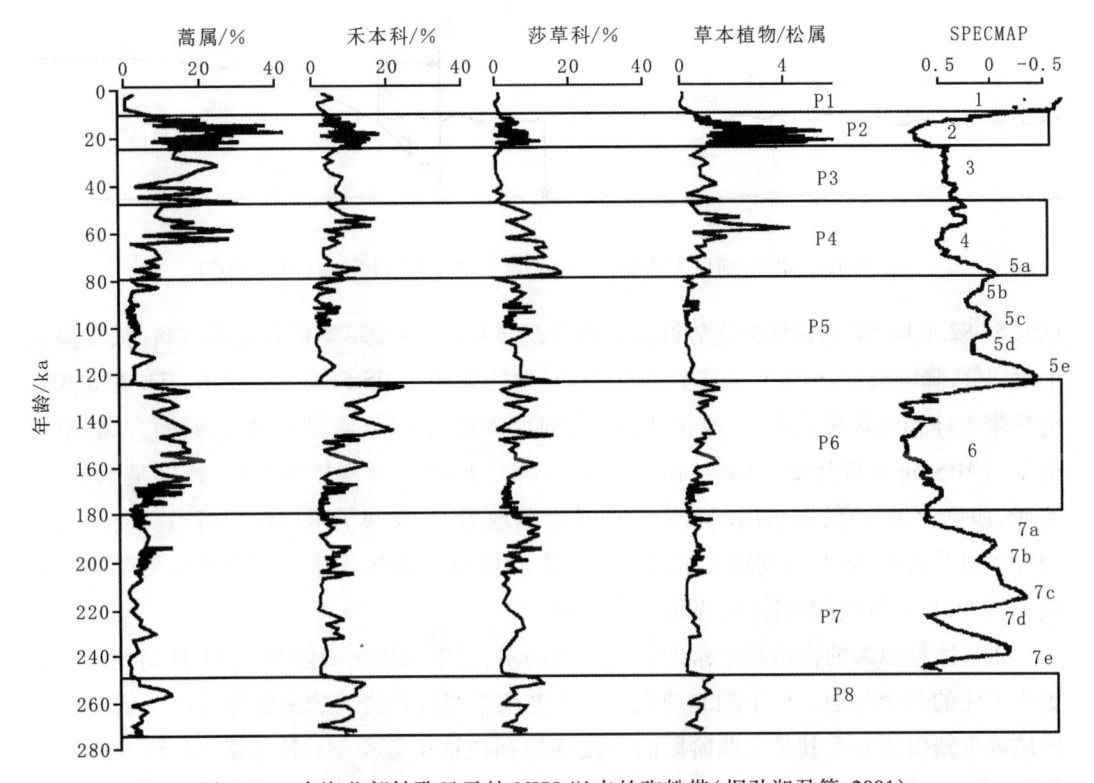

图 9.12　南海北部钻孔显示的 MIS8 以来的孢粉带（据孙湘君等，2001）

在 MIS 6 阶段前后，中国大陆架还发生有一个显著的变化。孙湘君等（2001，2003）根据草本植物花粉（属于近岸低地花粉）与松属花粉（远岸高地花粉）两者之比值的变化所指示的南海北部海侵—海退过程的海岸线距离变化以及我国沿海地区在 MIS 6 期以前缺乏海侵记录的情况，认为在 MIS 6 之前全球海平面升降很少影响到我国沿海，我国现代所见到的广阔陆架可能尚未形成，因而冰期旋回中岸线迁移幅度小，冰期时陆架出露的范围小，其上所生长的草本植物少。而在 MIS 6 之后，随着海岸线的大幅度迁移和三角洲的快速堆积，形成了广阔且相对平坦的大陆，大面积的草地植被生长在大陆架上才出现（图 9.13），尤其是末次盛冰期达到顶峰。这个巨大变化可能与中国大陆新构造运动有关，而陆架上覆盖植被成分的很大变化应是对晚更新世特别是末次冰期阶段气候不断趋于寒冷的响应。

通过雷州半岛玛耳湖的孢粉分析（杨士雄等，2011），显示这一区域 MIS 5c 阶段（101~91.5 ka BP）为热带雨林的植被生态类型，气候温湿、降雨量大。MIS5b 阶段

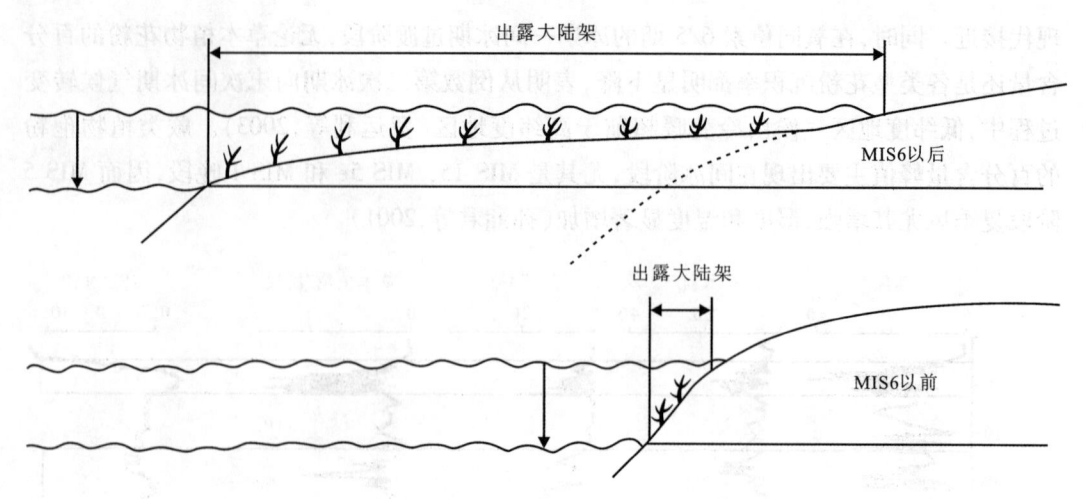

图 9.13　MIS 6 前后大陆架出露面积及植被变化(据 Sun et al., 2003)

(91.5~82.6 ka BP),该区的优势群落为热带疏林草地,典型草本植物是禾本科等,气温较上阶段低,降雨减少,相应的植被主要为稀树草地的景观。MIS 5a 阶段(82.6~73.8 ka BP)为热带雨林和亚热带低山常绿阔叶树种,此时期森林繁茂,气候温暖湿润,湖面升高,植被类型与 MIS 5c 阶段相似。MIS 4 阶段(73.8~58.1 ka BP)草本植物繁盛,特别是禾本科、蒿属、莎草含量较高,显示出湖盆周边植被以草地为主,反映了旱生性的特点。同时落叶阔叶类成分有所增加,并发现大量环纹藻。本阶段热带疏林草地的扩大和喜阴湿环境的蕨类减少,显示气候相对凉干,湖面显著下降。

末次冰期以来的古植被记录的研究逐渐增多,其中 MIS 3 阶段和 LGM 时期是研究者更为关注的两个时期。位于湖北神农架的大九湖连续沉积岩芯的孢粉分析深入揭示了该区域晚更新世以来尤其是冰期阶段的气候环境和植被覆盖类型(李杰等,2013)。该研究指出,末次冰期阶段,大九湖钻孔莎草科及禾本科等草本花粉有较高含量。MIS 3 晚期,42~39 ka BP 之间,气候相对干冷,发育森林草地;39~31 ka BP 之间,气候较为湿润,高山草甸扩张,出现暖温带及亚热带乔木花粉,低海拔阔叶树种发育。MIS 2 阶段,草甸组以莎草科为主,蒿属显著增加,高海拔可能分布有荒漠草地,气候极端干冷。因而,末次冰期阶段大九湖附近主要发育森林草地或草地—草甸植被,其基本可以代表长江中下游地区此时的古环境情况。对位于东南丘陵地区福建省一处岩芯的高分辨率孢粉分析也有类似的结果(Yue et al., 2012),50~30.4 ka BP 末次亚间冰期时,现今东部亚热带区的气温可能与现代相近或略低,但湿度仍保持较高水平,喜温湿的落叶和常绿混交林分布在大部分山地,在 30.4~15 ka BP 间,特别是从 24 ka BP 起,垂直植被带开始有明显的下降。南中国海在盛冰期时海平面大幅度下降,而周边陆地面积增大,加上亚洲大陆冬季风的增强,从而导致中国东南部和印支半岛的平原地带降雨量显著减少,干湿季节分化更为明显,禾本科、黎科、蒿属、芒萁等植被增多,热带稀树草地发育。

总之,在冰期特别是末次盛冰期间,中国热带的纬度地带性分布也与现今差异较大。

亚热带南部、热带北部和中部依次向南推移一个地带,亚热带南部与北部的分界不在现今的 29°N 左右(长江中下游南侧),而是大幅度南移至北回归线上下;长江中下游地区为温带(现为亚热带北部),降温 5~7℃(黄镇国等,2000)。中国南方植被大幅度向东南推移,LGM 时中国大部分区域被草原和荒漠所占据,草原大面积向南扩张,而亚热带常绿阔叶林则退至现代热带区域,热带森林彻底消失,常绿阔叶林区被温带针阔叶混交林取代(图 9.14)(安芷生等,1991;中国第四纪孢粉数据库小组,2000;王伟铭等,2019)。

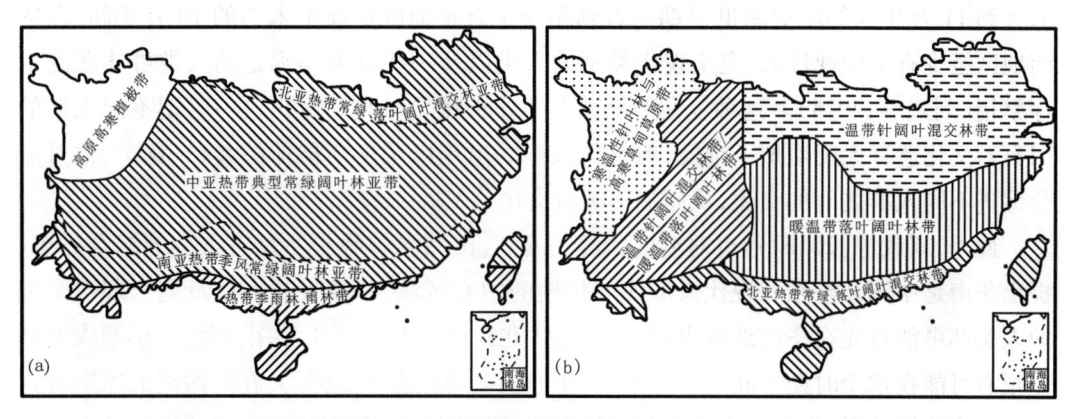

图 9.14 中国南方现代(a)和末次冰盛期(b)植被分带图(改自王伟铭等,2019)

同样地,动物资源也可见一些相应的变化。气候有节奏的变化影响了动物界包括脊椎动物在内的演化分布与迁徙。对中国南方 4 万年以来出土哺乳动物化石的分析,长江中下游地区具有缺乏大熊猫—剑齿象动物群的典型分子、较多存在若干北方型动物的特点(蔡保全,2006)。末次冰期对动物群存在明显影响,如晚更新世早期的福建龙井洞、贵州桐梓、广东封开等动物群均属于典型的大熊猫—剑齿象组合,而晚更新世晚期的福建船帆洞、云南丽江、四川资阳和重庆铜梁等动物群则可见典型的南方型动物明显减少,种群数量和常见的偶蹄类种类数大幅度下降(福建省文物局等,2006)。也有研究者指出,末次盛冰期时,随着寒冷气候向低纬度地区的影响加深,北方动物群出现向南大举侵入的现象(黄万波,1991),长江中下游的动物群具有南北混合的特点。当然,正如一些研究者认识到的,晚更新世绝大部分为森林型动物,草原型动物见于冷期,例如末次冰期、新仙女木期、新冰期,这反映气候有一定的波动;但气候波动的两个主旋回中,末次间冰期、末次亚间冰期、末次冰消期都有热带动物群出现;即使是末次冰期,除台湾海峡澎湖动物群为北方型动物南迁避难者外,广东、广西、云南仍有热带动物群分布(黄镇国等,2006)。

9.4.1.3 人群交流加强

中更新世晚期至晚更新世早中期是现代人起源与演化的关键阶段。近年来,由于中国南方古人类化石的新发现,中国及东亚早期现代人的研究取得了长足进展。

根据湖北黄龙洞(100~77 ka BP)、广西智人洞(110~100 ka BP)、咁前洞(139~

94 ka BP)、陆那洞(126~70 ka BP)等一系列重要古人类化石的发现,表明早期现代人在中国乃至整个东亚的出现时间可追溯至10万年前,比以往的认识至少提早了6万年(刘武,2013)。而对州盘县大洞牙齿化石(300~130 ka BP)的分析,呈现出由古老型智人向早期现代人演化过渡的趋势(Liu et al.,2013)。近年,在湖南道县福岩洞发现的古人类牙齿化石则进一步揭示具有完全现代形态的人类在距今8~12万年前已在华南局部地区出现(Liu et al.,2016)。因而,更新世晚期华南地区人类被认为具有非常复杂的演化多样性,从大约11万年前的晚更新世早期一直到距今1万年前晚更新世末期的10万年间,在华南地区至少有早期现代人、完全现代类型的人类以及一些分类不确定的人类群体在此生存繁衍(刘武等,2016)。这种复杂的早期人类分布状况对我们辨识这一时期不同人群的旧石器文化遗存无疑增加了难度,但是新人群的出现以及多个群体的共存、竞争,很可能会促进不同人群之间的交流,从而加速区域文化的发展。

此外,刘武等(2016)通过对柳江、资阳、丽江、田园洞等晚更新世古人类的综合分析,提出华南是中国乃至东亚现代人形成与扩散的中心区域,早期现代人以及完全现代类型的人类都可能首先在华南地区出现,然后向华北地区扩散。由此,由南而北的早期人类迁徙很有可能在这个时期不断发生。不过,正如很多研究者注意到的,在第四纪的冰期特别是末次盛冰期阶段,生存于高纬度的西伯利亚的狩猎采集者往往南撤,华北地区的先民也很可能依次向南扩散,这可能是因动植物资源发生变化而引起的连锁性效应。众所周知,在中国历史记载上,在气候变冷时也都发现有北方人群南侵的现象。在晚更新世的寒冷期间,由北向南的人群迁徙也应该时有发生。

因此,第四纪中气候变化更为剧烈的更新世晚期,南北方古人类之间的这种人群互动关系对我们认识文化的发展变化也至关重要。

9.4.2 晚更新世古人类的适应策略

9.4.2.1 生计经济重心的调整

根据对最少陆地资源可获性的模拟分析(陈胜前,2006),长江中下游可获得的动物资源相对周边地区较为贫乏,可食用植物量中等,岭南地区同样动物资源不丰富,但可食用植物量较高。因此,长江中下游和岭南在生计多样性上存在一定差异,前者比较低,后者相对较高。

生计多样性的高低就是人类面对资源压力时的弹性,在越低的区域更容易遭遇生计危机的压力。如上所述,晚更新世时期特别是末次冰期时,随着短期内温度的波动和迅速降低,中国南方植被发生了纬度性的南北大变迁,当有效温度低于某个温度值时(12.75℃),即达到陆生植物的利用阈,依赖植物为生的生计策略就会受到严重影响。澧水流域所处的长江中下游地区显然是华南首当其冲的区域,古人类在寒冷期以采集为主的生计经济很可能迫不得已而发生变化。同时,北方动物群向南迁移,部分地区开阔的草原取代了茂密的丛林,新的环境吸引了食草动物的到来,很大程度上也使得狩猎成为这一区域古人类生计经济的重心。另外,不少研究也曾指出,在约距今5万年以来,许多大型动物物种相继灭绝,因此对体型更小动物的获取也成为这一阶段古人类资源利用的特点。

在第四纪冰期—间冰期旋回气候中,长江中下游具有南、北方生态交错带的某些特征,温带和亚热带地带性植被在这一区域交替演化,寒冷时成为北方动物群分布南界的边缘,但是这样也使得在这一地带具有不稳定性的特点,以狩猎为重心的生计具有更高的风险性。当然,相对于地处华南北部的澧水流域来说,处于华南南部的岭南山地受气候变化的影响要弱,且在冰期阶段的植物生长季节仍旧很长,净地表生产力依旧维持很高,因而很大程度上这一区域能够长期维持以植物资源为主的生计模式。

9.4.2.2 生活栖居系统的变化

资源斑块之间的距离扩大,一定面积内所能获得的斑块资源密度缩小,也会影响到古人的生活方式。为了在一个资源斑块内强化利用,狩猎采集人群选择在一个有限的区域内频繁活动,因而在考古学上的证据就是区域内分布密集的地点群。澧水流域晚更新世发现的数量丰富的旧石器遗址,表明这一区域是此时人类活动的活跃区,也是对资源利用方式发展的一个见证。

不仅如此,这一阶段狩猎采集者栖居形态的变化即营地功能的分化更为明显。乌鸦山、条头岗、伞顶盖等遗址的文化层堆积厚,遗物数量丰富,显示古人在单个遗址的活动强度和持续利用时间均与中更新世阶段的遗存有显著差异,反映出中心营地在聚落体系中的地位。由中心营地、石器制作场、临时营地甚至是临时停留活动点等不同性质的遗址构成了澧水流域晚更新世一个完整的栖居系统。这也是古人类流动模式演变的体现。

9.4.2.3 工具技术方式的改变

影响古人类技术决策的因素包括最优化、风险和不确定性(Fithugh, 2001)。从末次间冰期开始,晚更新世的澧水流域外部环境变化产生的生存压力,引起了古人类生计策略的改变。这一阶段狩猎经济的比重增加,在冰期阶段甚至可能占到了主要地位。适应于狩猎动物的扩展,古人类长距离的流动性增强,活动范围扩大,因而需要开发更适宜的工具,产生了方便携行的工具组合。澧水流域以及长江中下游此时的石器工业石片化、小型化的变化趋势正是对此的一种响应。而且,处于末次间冰期的乌鸦山、条头岗等遗址中保留有比较多的用于采集经济的大中型工具,而到末次冰期阶段的十里岗、袁家山、八十垱等遗址时的小石器工具组合基本上发生了完全的更替,也是生计组织由采集、狩猎混合型逐渐过渡到以狩猎为主的反映。

当然,华南地区末次冰期的气候变化受影响的程度要远小于北方地区,此时华北地区石器技术的变化更为明显,石叶技术在少数地点出现,特别是细石叶技术的产生完全革新了文化发展的传统。细石叶技术是石器生产标准化生产的技术顶峰,它的出现被认为是古人类对末次盛冰期背景下森林草原特定环境下高流动性的一种适应(陈胜前,2008a)。由此可见,澧水流域晚更新世古人类的工具组合还没有"特化",流动性与本区域早期比已经显著增加,但总体应仍保持在较低水平。丰富、便利的石料资源,可能也导致人类缺少耗费更多时间掌握和应用这种技术的动力,高消耗、权宜性的石器生存是古人采取的最少耗能策略。

澧水流域石器技术的变化与古环境演变的大背景有比较明显的耦合性联系。研究者亦曾指出华南砾石工业的长期流行以及分布范围恰好与中国热带、亚热带的森林环境一致,而北面的温带地区草原环境分布的则是石片石器,这一分布态势应是早期人类适应各自环境的结果(王幼平,1997)。而当晚更新世阶段时,华南整体气温已较中更新世时期变得更为干、冷,尤其是末次盛冰期时纬度带的大幅南移,热带气候已基本完全退出岭南地区,长江中下游地区完全被温带针阔林或草原植被所替代,石片石器向中国南方的扩展分布与古环境的变化应存在相关性。

不过,岭南山地与长江中下游地区还有所差异,这里以青桐类为主的亚热带常绿阔叶林是MIS2阶段的地带性植被,即使LGM时段大部分区域也生长着常绿落叶、阔叶混交林;而在末次冰消期又很快地恢复到热带性的气候。因此,岭南地区的石器在华南又有一些特殊性,MIS3阶段部分区域也出现有石片石器工业遗存,而冰消期时大型的砾石工具、骨角器则迅速在文化中占据主体。

生态适应是澧水流域及华南地区旧石器文化传统形成及发展演变的一个重要原因。尽管如前所述晚更新世阶段的气候更为波动,在短时间内冷暖变化多次,冰盛期的气温也几乎达到降温的峰值,但是第四纪的冰期—间冰期不断旋回,然而在晚更新世之前的澧水流域旧石器文化并没有发生与之相应的交替性变化,而且典型小石片石器在澧水及华南出现的MIS3阶段的环境为末次冰期中的一个弱暖期,故此这种文化或技术的出现应该有更深层次的内在原因。

我们知道,人类具有能动性,文化适应深受生态环境特征及其变化的影响,但同时也基于自身文化系统的演化机制。人类学中"基因—文化协同进化理论"表明人类同时存在着基因和文化的双重遗传,随着基因的进化,人类逐步获得了储存和传播文化的能力,并通过社会习得不断获得文化的进化(郑勇,2015)。文化作为一个特定社会或民族所特有的一切行为、观念和态度,既是人类适应环境的一种方式和手段,也是由后天习得的。文化进化源于知识积累、发明创造、制度变革和对外来文化的吸收和传播。由此,我们认为澧水流域以至华南晚更新世的文化演变与这一时期人群的演化与扩散也有很大关系。中更新世晚期到晚更新世早期是华南地区早期现代人出现和发展的关键时期,澧水流域晚更新世阶段的考古发现表明当时正处于一个古人类发展的繁荣时期,这可能不是一个简单的巧合,而是表明这一区域旧石器文化的发展动因可能就是新人群的到来或本地人群与外来人群互动交流而导致石器技术的变化。

不同人群间文化交流的存在或缺失、频繁或匮乏对旧石器文化的发展有着重要的影响(张森水,1990;王幼平,1997)。从目前周邻地区的考古发现看,澧水流域及长江中下游地区这种新人群或文化影响的来源,来自其北部或南部方向的因素最值得关注。首先,华北地区自早更新世以来一直为小石片石器工业的技术传统,在泥河湾盆地大量旧石器遗址使用的原料主要为燧石类基岩和河流阶地砾石。当西伯利亚高纬度地区人群向南迁移至此时,可能导致原有华北本地人群连锁性地南移,从而促进了中国南、北人群的接触和交流,因而华北地区的小石器技术文化传统得以向华南传播。其次,东南亚地区具有与华南地区较为相近的石器工业发展轨迹,尤其是石片石器的技术特征。一直有分子生物学家认为存在现代人扩散的"南方路线",但人群如何在这一区域迁徙以及两地的文化交流状况还需要更多的考古证据才能更好的阐释。

9.4.3 晚更新世古人类的行为模式

"旧石器晚期革命"(Mellars,1973,1979;Bar-Yosef,2002,2007)是晚更新世的重要事件,大致发生在旧石器中期向晚期的过渡阶段,研究者普遍认为在这个时间内,有一系列反映"现代人行为"的文化创新出现,比如石叶技术、装饰品、颜料使用、骨角器、艺术、埋葬行为等(Wadley,2001;d'Errico et al.,2005,2009;Bar-Yosef,2002;Henshilwood et al.,2001;Mellars et al.,2007)。对于这些行为特征出现的方式也存在跳跃断裂式的突变模式(Mellars,2007)和逐渐累积而成的渐变模式(McBreaty 和 Brooks,2000)两种认识。不过,这两种观点的研究者均主张这些人类行为特征最早源于非洲,随后而以"包裹(package)"方式持续向外扩散传播至欧洲、西亚等旧大陆其他区域(Henshiwood and Marean,2003;Zilhāo,2006)。华南地区的考古材料是检验这种假说的重要证据,华南地区(澧水流域)的考古遗存中在很大程度上缺失或难以辨识出旧大陆西部文化遗存中的行为现代化的典型因素,这种差异可以认为是现代人演化的不同所致,显然单一的现代人行为起源或表征方式的偏颇认识需要予以修正。晚更新世期间,华南地区应当受到文化交流或小规模人群迁徙的影响,目前的证据显示外来人群的进入或文化影响对本地人类文化可能并不是一种简单的整体"替代",更多的是一种融合的关系。

着眼于中国的旧石器文化遗存,高星等(2006)提出了"综合行为模式",认为中国古人类在生物进化与行为演化上具有连续性、稳定性、高频迁徙性、务实简便性、灵活机动性、因地制宜性和与环境的和谐性,发展出一套非常适合区域环境的行为模式。这在澧水流域更新世期间古人类群体的行为中也有体现,具体到晚更新世阶段,从古人类在原料及资源利用方式(由近距离的开发→较远距离的寻找,对优质燧石原料认知能力不断提高和连续的探索利用过程,高消耗式的利用)、流动性(不断提高,但始终维持在较低程度)、栖居形态(在一个地区连续生存短→较长和连续的生活)、石器制作技术(明显提升,但加工仍主要保持简单、随意、程度浅)和石器类型(由重型→轻型转变,类型不断分化、多样化,部分规范化)等方面分析,澧水流域晚更新世的古人类行为方式主要具有简便、包容、务实、稳进的特点,可以归纳为"本土渐进发展"行为模式。

晚更新世时期,澧水流域的狩猎采集者已能对周围环境和资源的变化采取灵活、积极而有效的适应策略,具备了良好的适应生存能力。这一阶段古人类区域文化的演化发展是内、外因素综合影响作用形成的结果,适应于特定的区域生态环境、人群结构,人类亦经由自身演化而不断吸收与调适,使得这一区域形成了较为连续、稳定的文化传统。

第十章 结 语

分子生物学的研究和古人类化石的证据揭示了一支现代人群自华南进入中国腹地的可能性。中国南方地区在探讨现代人及其行为演化和扩散的重大学术命题中具有的关键性意义已为众多学者所认同。这一区域旧石器文化的丰富性和挑战性也一直吸引着史前考古研究者的学术兴趣和关注。

然而，华南地区有关现代人起源研究的考古基础仍十分薄弱。很长时间以来，由于晚更新世旧石器考古材料的发现分散，系统研究工作开展较少，严重限制了我们对这一阶段的旧石器文化的全面认识，使得其在人类进化和文化演变中的价值和意义一直较为模糊。

近年来，湖南澧水流域数量众多的晚更新世旧石器地点群的发现，为深入探讨湘西北及华南地区古人类石器技术和适应行为提供了重要契机。本书即是对条头岗、乌鸦山、袁家山、十里岗、八十垱等其中五处经过科学发掘的考古遗址进行的综合性研究。全书采用文化适应、技术类型学、操作链等旧石器考古理论和方法，对不同遗址文化层出土的石制品进行详细的数理统计和分析，系统梳理澧水流域晚更新世石器技术的发展演变，深入探讨古人类的原料开发利用、栖居形态、适应策略等相关问题。

本书通过区域个案研究，对澧水流域古人类文化有了新的认识，也促进了华南地区的晚更新世旧石器考古的新进展，主要的结论可以归纳为以下几个方面：

1. 完善了澧水流域晚更新世较高分辨率的文化序列

本书通过对考古地层学和光释光测年方法的应用，并借鉴第四纪红土的地学研究，建立起了澧水流域更新世时期的地层发育基本模式，即自下至上网纹红土→弱网纹红土→均质红土→黄土→黑褐色土的叠压地层堆积。初步的年代测定结果构建了分辨率较高的晚更新世年代框架，从深海氧同位素阶段 MIS 5、MIS 4（条头岗遗址、乌鸦山遗址）、MIS 3（袁家山遗址、十里岗遗址、八十垱遗址）至 MIS 2（燕耳洞遗址、竹马遗址），完善了距今10多万年以来湖南地区旧石器文化的发展序列。

上述研究工作更新了以往对澧水流域古人类文化时序框架的认识，对进一步推动华南地区旧石器时代的分期研究有所助益。澧水流域更新世的文化堆积发育模式对中国南方旧石器时代旷野遗址的研究有着重要的参考价值和标杆意义。

2. 系统总结澧水流域晚更新世古人类的石器技术特征

晚更新世时期，古人类对石料资源的认知和开发能力有显著提高，主要体现在优质硅质岩（燧石）原料的比重增加并逐渐占至主体地位。但原料开发策略仍基本以就地取材为主,人类的活动主要为本地取向,同时原料的获取距离由早至晚也有明显增加。古人因地制宜,沿河谷流动并于河滩砾石中挑拾石料带回遗址。晚期阶段对距离遗址更远的黑色燧石原料具有强化开发行为,是先民开发理念和组织结构发生了阶段性变化的反映。不同种类的原料利用具有一定的倾向性和选择性。人类对原料的使用主要是高浪费或损耗型的浅度利用,不过对优质原料的利用强度在晚期不断提高。

石核剥片没有预制修理行为,仍属于简单剥片技术策略。但似漏斗形或似楔形石核、盘状石核等一些较具有计划性剥片模式的出现,是这一阶段剥片技术的新因素。古人类剥片技能明显提高,旋转、转体、翻转等多种剥片模式被熟练运用,对背脊的控制能力显著进步。砸击法在晚期中较多应用于体积较小的燧石和石英原料,作为锤击法的重要补充,反映了先民对不同原料性能的认知和灵活适应能力。工具修理策略相对简单,修理程度较低,多具权宜性。部分工具为精制品,个别遗址也有软锤法应用的迹象,暗示一定程度上古人类对一些优质原料采取了较为精致的加工策略,是晚更新世石器生产技术进步的体现。

"剥坯"和"修型"两大基本结构贯穿于澧水流域晚更新世的石制品生产,同时阶段性的变化也明显存在于早、晚不同时期。晚更新世早中期以剥坯为主,修型产品仍处于较次要地位;晚更新世晚期典型的修型产品基本消失,剥坯生产体系几乎成为独角。工具小型化、石片化发展趋势明显,类型不断分化,组合趋于多样化,这些表明晚更新世古人类的石器工业既有清晰的连续、渐进发展过程,又有区域的多样性和复杂性,因而并不适宜以简单的"石核—石片石器工业"或"模式1"等来笼统地指代这一阶段的技术面貌。

3. 分析探讨澧水流域晚更新世古人类的栖居形态发展

晚更新世阶段,狩猎采集者的栖居形态发生了变化,营地功能的分化更为明显。其中,如乌鸦山遗址和伞顶盖遗址文化层堆积厚,遗物数量丰富,反映出人类持续利用的中心营地特点。条头岗遗址密集的石制品集中于一个文化层中,显示其兼具石器制造场和季节性营地的功能。十里岗遗址具有功能分区,是一处多人围坐制作、加工石器,从事其他复杂行为的短期宿营地。总之,适应于古人类流动性的变化,由中心营地、石器制作场、临时营地甚至是临时停留活动点等不同性质的遗址构成了澧水流域晚更新世一个完整的栖居系统。

根据狩猎采集人群流动模式的假说,这一时期古人类的栖居形态更接近于后勤移动模式,活动于这一区域的古人类群体更多地采用放射状流动策略。这与中更新世时期人类高频迁徙、"环状"策略的移动模式有着明显区别。古人类由环状向放射状的栖居形态的转变,反映了本地区更新世气候环境变迁背景下早期人类适应行为的演进。

4. 有助于推进对澧水及华南旧石器文化分期的划分

根据工具毛坯、类型等石器技术特点,华南地区晚更新世早中期的旧石器文化大致可划分为中小型石片石器工业、大石片石器工业和砾石石器工业三个类型,其中长江中下游以石片石器工业为主体的文化面貌,成为这一阶段旧石器文化发展的主流。华南旧石器遗址中普遍使用石片作为毛坯、石器显著小型化的转变至少从晚更新世早期阶段开始,可能早至中更新世末期。与中国南方中更新世旧石器文化比较,这一时期的旧石器文化进入了承前启后、持续发展的新阶段,或可作为中国南方的"旧石器时代中期文化",反映了华南特别是长江中下游地区古人类文化发展的一段特殊历程。

华南旧石器晚期文化出现于约距今4~3万年。小石片石器工业是这一区域旧石器晚期早段(EUP)的主要文化特点,小型优质砾石石料的强化开发和利用可能引起了石器工业面貌的变化,同时骨角器和装饰品零星见于一些遗址。距今约2万年,尤其是末次冰消期间,研磨器、穿孔石器、磨刃石器以及陶器的出现成为本区域旧石器晚期晚段(LUP)的显著特点,骨角蚌器和装饰品则呈喷涌式发展。有机质原料技术的应用可作为华南旧石器晚期人类行为和文化革新的重要标识,反映了这一区域与欧亚大陆其他地区此时普遍出现的共同物质文化现象,但目前依靠单一的某类文化特征因素都还不能完整认识华南旧石器晚期文化的肇始,只有综合石器工业和有机质物质遗存,才能更好地阐述华南旧石器晚期文化的独特性和现代人技术行为的多样性。以欧洲为中心的旧石器文化分期模式并不适合包括中国南方地区在内的东亚和东南亚地区。

5. 讨论提出澧水流域古人类的适应策略和行为模式

澧水流域晚更新世旧石器文化的演化发展体现了早期人类对区域生存环境、原料资源、技术传统的文化适应行为。人类技术和行为的发展演变与资源环境的变化和气候的冷暖交替存在一定的相关性,同时也是人类进化和自身能动性作用的结果。旧石器晚期阶段小石片石器工业和骨角蚌器的出现与现代人在这一区域的演化、扩散以及人群间的文化交流应有着密切关系。适应于特定的区域生态环境、人群结构,古人类经由自身演化而不断吸收与调适,形成了较为连续、稳定的区域文化传统。

晚更新世时期,澧水流域的狩猎采集者已能对周围环境和资源的变化采取灵活、积极而有效的适应策略,具备了良好的生存适应能力。古人类行为方式主要具有简便、包容、务实、稳进的特点,可以归纳为"本土渐进发展"行为模式。

澧水流域的考古发现表明,华南以至东亚的现代人演化及其行为表征与欧亚大陆西部可能存在差异,晚更新世人类行为的转变不太可能是由西往东的一种简单的单一性大规模扩散或整体替代的过程。相反地,以澧水流域为代表的华南地区古人类群体有着多样性的适应策略和行为方式,这极大地丰富了我们对世界不同地区现代人文化多样性和行为复杂性的认识。

参 考 文 献

安芷生,吴锡浩,卢演俦,等.1991.最近18 000年中国古环境变迁.自然科学进展—国家重点实验室通讯,2:153~159.

柏道远.2011.化学风化指数和磁化率对洞庭盆地第四纪古气候变化的响应.中国地质,3:779~785.

柏道远,高峰,马铁球,等.2009.洞庭盆地澧县凹陷第四纪沉积特征与古地理演化.沉积与特提斯地质,29(4):10~21.

柏道远,李送文,周柯军,等.2010.1:25万常德市幅构造—沉积地貌类型划分及其对江汉—洞庭盆地第四纪地质与环境研究的启示.中国地质,37(2):280~297.

柏道远,刘波,李长安,等.2010.第四纪洞庭盆地临澧凹陷构造—沉积特征与环境演变.山地学报,28(6):641~652.

柏道远,马铁球,王先辉,等.2011.洞庭盆地第四纪地质研究进展——1:25万常德市幅和岳阳市幅区域地质调查主要成果.华南地质与矿产,27(4)4:273~285.

柏道远,王先辉,李长安,等.2011.洞庭盆地第四纪构造演化特征.地质论评,57(2):261~276.

北京大学考古文博学院,江西省文物考古研究所.2014.仙人洞与吊桶环.文物出版社.

北京大学考古文博学院,郑州市文物考古研究院.2011.中原腹地首次发现石叶工业——河南登封西施遗址旧石器时代考古获重大突破.中国文物报,2月25日第4版.

蔡保全.1996.闽南旧石器的发现与研究.东南考古研究(第一辑),厦门大学出版社,31~37.

蔡保全.2006.华南旧石器时代晚期文化与环境关系.环境考古研究(第三辑),北京出版社:134~142.

蔡方平,胡雪峰,杜艳,冯建伟.2012.安徽郎溪黄棕色土—红土二元结构土壤剖面的成因与长江流域第四纪晚期古气候演变.土壤学报,49(2):220~229.

蔡述明,官子和,孔昭宸,杜乃秋.1984.从岩相特征和孢粉组合探讨洞庭盆地第四纪自然环境的变迁.海洋与湖沼,15(6):527~538.

查尔斯·海厄姆.2017.东南亚大陆早期文化:从最初的人类到吴哥王朝.云南省文物考古研究所译.文物出版社,9~98.

陈长明,谢丙庚.1996.湖南第四纪地层划分及下限.地层学杂志,20(4):271~276.

陈淳.1997.谈旧石器精致加工.人类学学报,16(4):312~318.

陈淳.1999.旧石器研究:原料、技术及其他.人类学学报,15(3):268~275.

陈淳.2001."操作链"与旧石器研究范例的变革.见邓涛等主编.第八届中国古脊椎动物学学术年会论文集.海洋出版社,235~244.

陈淳.2003.最佳觅食模式与农业起源研究.考古学的理论与研究,学林出版社,465~487.

陈淳.2008.新中国旧石器考古学回顾.见高星,石金鸣,冯兴无主编.天道酬勤桃李香——贾兰坡院士百年诞辰纪念文集,科学出版社,136~156.

陈淳,张祖方.1987.三山文化——江苏吴县三山岛旧石器时代晚期遗址发掘报告.南京博物院院刊,1：7~29.

陈虹.2011.华北细石叶工艺的文化适应研究——晋冀地区部分旧石器时代晚期遗址的考古学分析,浙江大学出版社.

陈虹,沈辰.2009.石器研究中"操作链"的概念、内涵及应用.人类学学报,28(2)：201~214.

陈全家.1991.四川汉源狮子山旧石器.人类学学报,10(1)：42~48.

陈全家,陈晓颖,方启.2014.丹江口库区水牛洼旧石器遗址发掘简报.人类学学报,33(1)：29~40.

陈全家,贺存定,方启,王春雪.2013.湖北丹江口市杜店旧石器时代遗址发掘简报.考古,11：9~23.

陈胜前.2006.中国狩猎采集者的模拟研究.人类学学报,25(1)：42~55.

陈胜前.2008a.细石叶工艺的起源——一个生态与理论的视角.考古学研究(七),科学出版社,244~264.

陈胜前.2008b.细石叶工艺产品废弃的文化过程研究.人类学学报,27(3)：210~222.

陈胜前.2013.史前的现代化——中国农业起源过程的文化生态考察.科学出版社.

陈胜前.2015.中国旧石器时代晚期革命：研究范式的问题.北方民族考古(第2辑)：30~45.

谌世龙.1999.桂林庙岩洞穴遗址的发掘与研究.英德市博物馆,中山大学人类学系等编.中石器文化及有关问题研讨会论文集,150~164.

陈一萌,饶志国,张家武,陈兴盛.2004.中国黄土高原西部马兰黄土记录的MIS3气候特征与全球气候记录的对比研究.第四纪研究,24(3)：359~365.

陈子文,李建军.2008.福建永安黄衣垄旧石器遗址发掘报告.人类学学报,27(1)：23~32.

成濑敏郎.2007.澧阳平原的黄土与地形.湖南省文物考古研究所,国际日本文化研究中心编.澧县城头山——中日合作澧阳平原环境考古与有关综合研究,文物出版社,34~35.

杜辉.2009.华南早期岩画中的社群集会.南方文物,3：89~102.

储友信.1997.湖南发现旧石器时代末高台建筑.中国文物报,4月6日第1版.

储友信.1998a.旧石器时代旷野居址初探.江汉考古,1：48~52.

储友信.1998b.长江中游似手斧石器的初步研究.文物季刊,2：35~39.

储友信.1999.湖南澧水流域旧石器文化中大石片石器的初步研究.考古耕耘录：湖南中青年考古学者论文集.岳麓书社：1~10.

杜水生.2002.泥河湾东部早期旧石器文化的石料与文化性质探讨.文物春秋,2：8~15.

杜水生.2003.泥河湾盆地旧石器中晚期石制品原料初步分析.人类学学报,22(2)：121~130.

杜水生.2007.中国北方旧石器时代晚期文化的分期分区及相关问题.考古学报,2：127~152.

杜艳.2013.中国长江流域第四纪红土年代学研究及末次间冰期以来古气候演变.上海大学博士学位论文.

地质矿产部.1994.中国区域地质概论,地质出版社.

范雪春,吴金鹏,黄运明,等.2011.福建晋江深沪湾潮间带旧石器遗址.人类学学报,30(3)：299~306.

房迎三.1990.试论我国旧石器文化中的砍器传统.东南文化,1：197~210.

房迎三,王结华,梁又任,等.2002.江苏句容放牛山发现的旧石器.人类学学报,21(1)：41~49.

房迎三,李徐生,杨达源.2003.江西新余旧石器地点的埋藏环境与时代.人类学学报,22(2)：139~144.

房迎三.2004.长江下游地区的旧石器时代考古.中国考古学研究的世纪回顾——旧石器时代考古卷,科学出版社,392~408.
封剑平.1999a.澧县乌鸦山旧石器遗址调查报告.湖南考古辑刊,7：26~31.
封剑平.1999b.湖南澧县十里岗旧石器时代晚期地点.中石器学术研讨会及相关问题,广东人民出版社,284~291.
冯小波.2008.郧县人遗址石制品的拼合研究.北京大学考古文博学院编.考古学研究(七),科学出版社：77~85.
福建博物院.2013.莲花池山遗址——福建漳州旧石器遗址发掘报告(1990~2007),科学出版社.
福建博物院,龙岩市文化与出版局.福建漳平市奇和洞史前遗址发掘简报.考古,2013(5)：6~19.
福建省文物局,福建博物院,三明市文物管理所.2006.福建三明万寿岩旧石器时代遗址1999~2000年、2004年发掘报告.文物出版社.
傅宪国,蓝日勇,李珍,等.2004.柳州大龙潭鲤鱼嘴遗址再次发掘.中国文物报,8月4日第1版.
盖培.1984.阳原石核的动态类型学研究及其工艺思想分析.人类学学报,3：214~252.
高星.1999.关于"中国旧石器时代中期"的探讨.人类学学报,18(1)：1~16.
高星.2001a.周口店第15地点石器原料开发方略与经济形态研究.人类学学报,20(3)：186~200.
高星.2001b.解析周口店第15地点古人类的技术与行为.见邓涛,王原主编,第八届中国古脊椎动物学术年会论文集,海洋出版社,183~196.
高星.2002a.中国旧石器时代考古学：八十年的辉煌与思考.古代文明研究通讯,13：14~22.
高星.2002b.中国旧石器时代考古学的昨天、今天与明天.高星,侯亚梅主编,中国科学院古脊椎动物与古人类研究所20世纪旧石器时代考古学研究,文物出版社,3~9.
高星.2014.更新世东亚人群连续演化的考古证据及相关问题论述.人类学学报,33(3)：237~253.
高星,裴树文.2006.中国古人类石器技术与生存模式的考古学阐释,第四纪研究,26(6)：504~513.
高星,裴树文.2010.三峡远古人类的足迹：三峡库区旧石器时代考古的发现和研究.巴蜀书社.
高星,王惠民,关莹.2013.水洞沟旧石器考古研究的新进展与新认识,人类学学报,32(2)：121~132.
高星,张晓凌,杨东亚,等.2010.现代中国人起源与人类演化的区域性多样化模式.中国科学(地球科学),40：1287~1300.
顾延生.1996.江西修水第四纪网纹红土的形成时代和古气候学研究.中国地质大学硕士学位论文.
关莹,蔡回阳,王晓敏,等.2015.贵州毕节老鸦洞遗址2013年发掘报告.人类学学报,34(4)：461~477.
关莹,高星,王惠民,等.2011.水洞沟旧石器时代晚期遗址结构的空间利用分析.科学通报,56(33)：2797~2803.
广东省珠江文化研究会岭南考古研究专业委员会,中山大学地球科学系,英德市人民政府,等.2013.英德牛栏洞遗址——稻作起源与环境综合研究.科学出版社.
广西柳州白莲洞洞穴科学博物馆,北京自然博物馆,广西民族学院历史系.1987.广西柳州白莲洞石器时代洞穴遗址发掘报告.南方民族考古(第一辑),四川大学出版社.
广西柳州白莲洞洞穴科学博物馆.2009.柳州白莲洞.科学出版社.
郭媛媛,莫多闻,毛龙江,等.2016.澧阳平原晚更新世晚期至全新世早中期环境演变及其对人类活动的影响.地理科学,36(7)：1091~1097.
郭正堂,刘东生,吴乃琴,等.1996.最后两个冰期黄土中记录的Heinrich型气候节拍.第四纪研究,1：21~30.

韩立刚.1993.安徽旧石器时代考古发现、研究与展望.文物研究,8:4~16.
韩立刚,叶润清,裴锦如等.1998.五河县西尤遗址发掘简报.文物研究(第十一辑),黄山书社.
湖北省博物馆,丹江口市博物馆.1987.丹江口市石鼓后山坡旧石器地点调查简报.江汉考古,4:1~6.
湖北省博物馆.1991.丹江口市石鼓村旧石器地点调查.东南文化,1:183~190.
湖南省地质调查院.2017.中国区域地质志·湖南志.地质出版社.
湖南省地质矿产局.1988a.湖南省区域地质志,地质出版社.
湖南省地质矿产局.1988b.1:50万湖南地质图,地质出版社.
湖南省地质矿产局水文地质工程地质二队.1990.湖南省洞庭湖盆地第四纪地质研究报告.
湖南省地质矿产局水文地质工程地质二队.1991.湖南省洞庭湖平原环境地质问题综合评价报告.
湖南省地质矿产局区调队.1986.湖南地层,地质出版社.
湖南省区域地质测量队.1982.湖南区域地层志.地质出版社,261~278.
湖南省文物考古研究所.1989.石门县大圣庙旧石器遗址发掘报告.湖南考古辑刊,5:1~6.
湖南省文物考古研究所.2006.彭头山与八十垱.科学出版社,275~289.
湖南省文物考古研究所,临澧县文物局.2015.临澧县谢家山遗址发现的旧石器.湖南考古辑刊,11:1~17.
湖南省文物考古研究所,澧县文物管理所.1989.澧县三处石器时代遗址调查报告,5:7~12.
湖南省文物考古研究所,澧县文物管理所.1992.湖南澧水下游三处旧石器遗址调查报告,江汉考古,1:11~18.
湖南省文物考古研究所,石门县博物馆.1994.石门燕耳洞旧石器遗址试掘.湖南考古辑刊,6:1~7.
胡思辉,袁胜元,霍炬,等.2006.长江中游砂山的粒度特征及古气候环境意义.地质科技情报,25(1):35~40.
胡松梅.1992.略谈我国旧石器时代石器原料的选择与岩性的关系.考古与文物,2:40~45.
胡雪峰,龚子同.2001.江西九江泰和第四纪红土成因的比较研究.土壤学报,38(1):1~8.
胡雪峰,沈铭能.2004.皖南网纹红土的粒度分布特征及古环境意义.第四纪研究,24(2):160~166.
胡雪峰,沈铭能.2005.南方网纹红土多元成因的粒度证据.科学通报,50(9):918~925.
怀化地区文物工作队.1992.湖南新晃石器时代文化遗存调查.考古,3:1~10.
怀化地区文物工作队,怀化市文管所.1993.湖南怀化发现的旧石器.考古与文物,2:1~11.
黄春长.2000.环境变迁.科学出版社.
黄姜侬,方家骅,邵家骧,等.1988.南京下蜀黄土沉积时代的研究.地质论评,34(3):240~247.
黄俊华,胡超涌,周群峰,等.2002.长江中游和尚洞石笋的高分辨率同位素、微量元素记录及古气候研究.沉积学报,20(3):442~446.
黄万波.1991.中国晚更新世哺乳动物群.第十三届国际第四纪大会论文集,科学出版社,44~54.
黄万波,徐自强,郑绍华,等.2000.巫山迷宫洞旧石器时代洞穴遗址1999试掘报告.龙骨坡史前文化志,2:7~63.
黄万波,徐晓风,李天元.1987.湖北房县樟脑洞旧石器时代遗址发掘报告.人类学学报,6:298~305.
黄慰文.1989.中国旧石器时代晚期文化.中国远古人类,科学出版社,220~245.
黄慰文.1999.石器时代人类对工具原料的选择和打制.龙骨坡史前文化志,1(1):159~163.
黄先可,罗泊宁,周力平.2019.旧石器遗址强烈化学风化沉积物细粒混合矿物的光释光信号特征及其测年应用.第四纪研究,39(2):438~447.
黄镇国,张伟强.2000.末次冰期盛期中国热带的变迁.地理学报,55(5):587~595.
贾兰坡.1978.中国细石器的特征和它的传统、起源与分布.古脊椎动物学报,16(2):137~143.
加藤真二.2006.中国的石叶.人类学学报,25(4):343~351.
蒋复初,吴锡浩,肖华国,等.1997.九江地区网纹红土的时代.地质力学学报,3(4):27~32.
姜钦华.2000.江西万年县旧石器晚期至新石器石器遗址的孢粉与植硅石分析初步报告.见周昆叔主编.环境考古研究(第二辑),科学出版社,152~158.
蒋志刚,王祖望.1997.行为生态学的起源、发展和前景.自然杂志,1:43~46.
津市市文物管理所.1999.虎爪山北坡旧石器地点调查报告.湖南考古辑刊,7:1~15.
景存义.1982.洞庭湖的形成与演变.南京师院学报自然科学版,19(1):52~60.
柯越海,宿兵,李宏宇,等.2001.Y染色体遗传学证据支持现代中国人起源于非洲.科学通报,46:411~414.
孔昭宸,杜乃秋,宋长青,张佳华.1994.白莲洞遗址孢粉分析及对植被和自然环境的探讨.中日古人类与史前文化渊源关系国际学术研讨会论文集,中国国际广播出版社.
来红州.2004.洞庭盆地环境演变与地貌过程.北京大学博士学位论文.
来红州,莫多闻,李新坡.2005.洞庭盆地第四纪红土地层及古气候研究,沉积学报,23(1):130~137.
李长安,顾延生.1997.江西修水第四系网纹红土的地层学研究.地层学杂志,21(3):226~232.
李超荣,侯远志,王强.1994.江西新余发现的旧石器.人类学学报,13(4):309~313.
李超荣,李钊,王大新.2008.海南省昌江发现旧石器.人类学学报,27(1):66~69.
李超荣,徐常青.1991.江西安义潦河发现的旧石器及其意义.人类学学报,10:34~41.
李超荣,郁金城,冯兴无.2000.北京王府井东方广场旧石器时代遗址发掘报告.考古,9:781~788.
李锋.2012.石叶概念探讨.人类学学报,31(1):41~50.
李锋,王春雪,刘德成,等.2011.周口店第一地点第4~5层脉石英原料产地分析.第四纪研究,31(5):900~908.
李辉,金力.2015.Y染色体与东亚族群演化.上海科学技术出版社.
李杰,郑卓,Racid Cheddadi.等,2013.神农架大九湖四万年以来的植被与气候变化.地理学报.68(1):69~81.
李天元.1983.襄阳山湾发现几件打制石器.江汉考古,1:39~41.
李天元.1990.湖北枝城九道河旧石器时代遗址发掘报告.考古与文物,1:6~20.
李天元,武仙竹.1986.房县樟脑洞发现的旧石器.江汉考古,3:1~4.
澧县博物馆.1992.湖南澧县张家滩、仙公旧石器地点调查简报.华夏考古,4:1~8.
澧县博物馆.1995.湖南澧县皇山岗旧石器遗址调查.华夏考古,2:1~17.
澧县博物馆,澧县文物管理所.1995.湖南澧县猴儿坡、多宝寺旧石器遗址再调查.江汉考古,2:1~6.
澧县地方志编纂办公室.1993.澧县志.社会科学文献出版社.
澧县文物管理所.1992.湖南澧县彭山东麓旧石器地点调查报告.江汉考古,1:1~10.
李炎贤.1993.中国旧石器时代晚期文化的划分.人类学学报,12(3):214~223.
李英华.2009.贵州黔西观音洞遗址石器工业技术研究.中国科学院研究生院博士学位论文.
李英华.2011.大冶石龙头遗址石器的新研究.江汉考古,119(2):45~53.

李意愿.2016.十里岗遗址石制品微痕初步研究.湖南考古辑刊,12:197~215.

李意愿,徐润.2016.八十垱遗址下层遗存及相关问题探讨.湖南省博物馆馆刊,12:471~481.

李英华,包爱丽,侯亚梅.2011.石器研究的新视角:技术—功能分析法.考古,9:58~70.

李英华,侯亚梅,Erika BODIN.2008.法国旧石器技术研究概述.人类学学报,27(1):51~65.

李英华,侯亚梅,Eric Boëda.2009a.观音洞遗址古人类剥坯模式与认知特征.科学通报,54(19):2864~2870.

李英华,侯亚梅,Eric Boëda.2009b.旧石器技术研究法之应用——以观音洞石核为例.人类学学报,28(4):355~362.

李占扬.2009.许昌灵井遗址发现中国最早的立体雕刻鸟化石.寻根,4:52~63.

李占扬.2012.河南许昌灵井旧石器遗址研究思路及最新进展,东方考古(第9集),31~43.

李占扬,沈辰.2010.微痕观察初步确认灵井许昌人遗址旧石器时代骨制工具.科学通报,55(10):895~903.

李珍,李富强.1999.华南地区旧石器时代向新石器时代过渡的探讨.中石器文化及有关问题研讨会论文集,广东人民出版社.

临澧县史志编纂委员会.1992.临澧县志.中国社会科学文献出版社.

林强.2002.广西百色田东坡西岭旧石器时代遗址发掘简报.人类学学报,21(1):59~63.

刘东生等.1985.黄土与环境.科学出版社.

刘东生等编译.1997.第四纪环境.科学出版社.

刘德银,王幼平.2001.鸡公山遗址发掘初步报告.人类学学报,20(2):102~114.

刘金陵.2007.再论华南地区末次盛冰期植被类型.微体古生物学报,24(1):105~112.

刘金陵,王伟铭.2004.关于华南地区末次盛冰期植被类型的讨论.第四纪研究,24(2):213~216.

刘良梧,龚子同.2000.古红土的发育与演变.海洋地质与第四纪地质,20(3):37~42.

刘锁强.2013.广东南江流域旧石器时代考古调查取得重要突破.中国文物报,5月24日第8版.

刘锁强.2015.广东史前考古重大突破,南粤远古文化填补空白.中国文物报,1月30日第5版.

刘武.2013.早期现代人在中国的出现与演化.人类学学报,32(3):233~346.

刘武,吴秀杰,邢松.2016.现代人的出现与扩散——中国的化石证据.人类学学报,35(2):161~171.

刘扬,侯亚梅,杨泽蒙.2015a.鄂尔多斯市乌兰木伦遗址石核剥片技术的阶段类型学研究.考古,6:68~79.

刘扬,侯亚梅,杨泽蒙.2015b.鄂尔多斯乌兰木伦遗址石制品拼合研究及其对遗址成因的指示意义.人类学学报,34(1):41~54.

柳州市博物馆,广西文物考古研究所,田东县博物馆.2010.田东坡洪遗址A区发掘简报.广西考古文集(第四辑),科学出版社.

罗伯特·沙雷尔,温迪·阿什莫尔.2009.考古学:发现我们的过去,余西云等译.世纪出版集团,上海人民出版社.

罗运利,孙湘君.2003.南海北部周边地区倒数第二次冰期—末次间冰期植被演化.海洋地质与第四纪地质,23(1):19~26.

马宁,彭菲,裴树文.2010.三峡地区池坝岭遗址石制品拼合研究.人类学学报,29(2):123~131.

毛龙江.2008.长江中下游地区晚第四纪以来的环境变迁及其对人类活动的影响.北京大学博士后出站报告.

毛龙江,莫多闻,蒋乐平,等.2008.浙江上山遗址剖面记录中更新世以来的环境演变.地理学报,63(3):293~300.

毛龙江,莫多闻,杨兢红,等.2008.环洞庭湖区两种典型红土理化特性比较研究.土壤通报,39(6):1233~1236.

毛龙江,莫多闻,周昆叔,等.2009.湖南澧阳平原黑褐色土的稀土元素地球化学特征及其环境意义.环境科学学报,29(7):1561~1568.

毛龙江,莫多闻,周昆叔,等.2010a.湖南澧阳平原玉成土壤剖面粒度组成及其环境意义.土壤通报,41(1):13~16.

毛龙江,莫多闻,周昆叔,等.2010b.澧阳平原末次冰期—早全新世气候环境演变研究.土壤通报,41(5):1025~1029.

毛龙江,莫多闻,周昆叔,等.2010c.澧阳平原晚冰期短尺度气候变化的风成沉积物稀土元素和粒度记录.中国沙漠,32(2):262~272.

米歇尔·余莲.2002.旧石器时代社会的民族学研究试探——以潘色旺遗址的营地为例,孙建民译,何竞校.华夏考古,3:89~99.

牛东伟.2014.水洞沟遗址第7地点遗址成因与石器技术研究.中国科学院大学博士学位论文.

牛东伟,裴树文,仪明杰,马宁.2014.丹江口库区贾湾1号地点发现的石制品.人类学学报,33(2):149~161.

彭菲.2015.再议操作链.人类学学报,34(1):55~67.

彭菲,范雪春,夏正楷.2001.福建莲花池山旧石器遗址孢粉记录的古环境初步分析.第四纪研究,31(4):705~714.

彭菲,裴树文,马宁,等.2009.三峡库区冉家路口旧石器遗址2007年发掘报告.人类学学报,28(2):130~146.

彭适凡,周广明.2004.江西万年仙人洞与吊桶环遗址——旧石器时代向新石器时代过渡模式的个案研究.农业考古,3:29~39.

裴安平.2000.湘西北澧阳平原新旧石器过渡时期遗存与相关问题.文物,4:24~34.

裴文中.1990.裴文中科学论文集.科学出版社.

裴文中,吴汝康.1957.资阳人.科学出版社.

裴树文.2001.石制品原料的分类命名及相关问题讨论.文物春秋,2:17~23.

裴树文.2014.旧石器时代石制品室内观测项目探讨.见董为主编,第十四届中国古脊椎动物学学术年会文集.海洋出版社,181~194.

裴树文,高星,冯兴无,等.2006.三峡地区更新世人类适应生存方式.第四纪研究,26:534~542.

裴树文,侯亚梅.2001.东谷坨遗址石制品原料利用浅析.人类学学报,20(4):272~281.

裴树文,牛东伟,高星,等.2014.宁夏水洞沟遗址第7地点发掘报告.人类学学报,33(1):1~15.

裴树文,武仙竹,吴秀杰.2008.湖北郧西黄龙洞古人类石器技术与生存行为探讨.第四纪研究,28(6):1007~1013.

乔彦松,郭正堂,郝青振,等.2002.安徽宣城黄土堆积的磁性地层学与古环境意义.地质力学学报,8(4):369~375.

覃嘉铭,袁道先,程海,等.2004.新仙女木及全新世早中期气候突变事件:贵州茂兰石笋氧同位素记录.中国科学(D辑),34(1):69~74.

邱中郎,张银运,胡绍锦.1985.昆明呈贡龙潭山第2地点的人化石和旧石器.人类学学报,4(3):233~241.

邱立诚等.1982.广东阳春独石仔新石器时代洞穴文化遗址发掘.考古,5;456~459.

曲彤丽.2009.织机洞遗址石器工业研究——晚更新世技术和人类行为的演变.北京大学博士学位论文.

邵晓华,汪永进,程海,等.2006.全新世季风气候演化与干旱事件的湖北神农架石笋记录.科学通报,2006,51(1):80~86.

沈冠军,李建冲,吉学平.2004.宜良九乡张口洞的年代:中国40~10 ka间人类活动的证据.科学通报,49(23):2464~2467.

石门县博物馆.2015.湖南石门旧石器遗址调查简报.湖南考古辑刊,11:18~33.

施雅风,贾玉莲,于革,等.2002.40~30 kaBP青藏高原及邻区高温大降水事件的特征、影响及原因探讨.湖泊科学,14(1):1~11.

施雅风,姚檀栋.2002.中低纬度MIS3b(54~44 kaBP)冷期与冰川前进.冰川冻土,24(1):1~9.

施雅风,赵井东.2009.40~30 kaBP中国特殊湿暖气候与环境的发现与研究过程的回顾.冰川冻土,31(1):1~10.

斯图尔德.2007.文化生态学,潘艳,陈洪波译.南方文物,2:107~112.

孙湘君,李逊,罗运利.1999.南海北部深海花粉记录的环境演变.第四纪研究,1:18~26.

孙湘君,罗运利.2001.南海北部280 ka以来深海花粉记录.中国科学(D辑),31(10):846~853.

孙湘君,罗运利.2004.用花粉记录探索古植被——答关于华南地区末次冰盛期植被类型的讨论.第四纪研究,24(2):217~221.

孙湘君,罗运利,陈怀成.2003.中国第四纪深海孢粉研究进展.科学通报,48(15):1613~1621.

王春雪,冯兴无.2013.第8地点.水洞沟:2003~2007年度考古发掘与研究报告.科学出版社,130~145.

王欢.2011.丹江口库区龙口旧石器遗址的石器研究与讨论.吉林大学硕士研究生学位论文.

王建,王益人.1988.石片形制探究——旧石器研究的一种新的理论和方法.考古与文物,2:12~30.

王佳音.2012.荆州鸡公山遗址石制品生产及遗址结构功能研究.北京大学博士研究生学位论文.

王佳音,张松林,汪松枝,等.2012.河南新郑黄帝口遗址2009年发掘简报.人类学学报,31(2):127~136.

王令红,彭书琳,陈远璋.1982.桂林宝积岩发现的古人类化石和石器.人类学学报,1:30~35.

王社江.2005.洛南花石浪龙牙洞1995年出土石制品的拼合研究.人类学学报,24(1):1~13.

王社江.2007.洛南盆地旷野旧石器地点群石制品的拼合观察.考古与文物,5:57~64.

王社江.2008.从研究石制品特征入手可以判定早期人类左右手分化吗?——以洛南花石浪龙牙洞遗址为例.考古学研究(七),科学出版社,69~76.

王社江,李厚志.1992.安康关庙旧石器地点.考古与文物,1992,4:1~10.

王社江,沈辰,胡松梅,等.2005.洛南盆地1995~1999年野外地点发现的石制品.人类学学报,24(2):87~103.

王伟铭,李春海,舒军武,等.2019.中国南方植被的变化.中国科学:地球科学,49(8):1308~1320.

王益人.2004.周口店第1地点和第15地点石器原料分析,见高星,刘武主编.纪念裴文中教授百年诞辰论文集,人类学学报,23(增刊):130~144.

王益人.2007.石片形制再探究——石片研究的一种新的分类分析方法.见北京大学考古文博学院编.考

古学研究(七),科学出版社,44~68.

王益人.2008. 石片类型学新论.见高星,石金鸣,冯兴无主编.天道酬勤桃李香——贾兰坡院士百年诞辰纪念文集,科学出版社,204~220.

汪永进,吴江莹,吴金全,等.2000. 末次冰期南京石笋高分辨率气候记录与GRIP冰芯对比.中国科学(D辑),30(5):533~539.

王幼平.1988. 南召小空山上洞与房县樟脑洞——汉水流域两个晚期旧石器洞穴遗址的比较.华夏考古,4:38~42.

王幼平.1997. 更新世环境与中国南方旧石器文化发展.北京大学出版社.

王幼平.1998. 试论石器原料对华北旧石器工业的影响.见北京大学考古系编.迎接二十一世纪的中国考古国际学术讨论会论文集.北京大学出版社,75~85.

王幼平.2004. 关于中国旧石器的工艺类型.人类学学报,23(增刊):108~117.

王幼平.2005. 中国远古人类文化的源流.科学出版社.

王幼平.2006a.关于旧石器考古研究方法的发展.见宁夏文物考古研究所编.旧石器时代考古论集——纪念水洞沟遗址发现八十周年.文物出版社,1~7.

王幼平.2006b.石器研究:旧石器时代考古方法初探.北京大学出版社.

王幼平.2012. 嵩山东南麓MIS3阶段古人类的栖居形态及相关问题.考古学研究(十).科学出版社,287~295.

王幼平.2016. 华南晚更新世晚期人类行为复杂化的个案——江西万年吊桶环遗址的发现.人类学学报,35(3):397~406.

王幼平,汪松枝.2014. MIS3阶段嵩山东麓旧石器发现与问题.人类学学报,33(3):304~314.

王有清,姚檀栋.2002. 冰芯记录中末次间冰期—冰期旋回气候突变事件的研究进展.冰川冻土,24(5):550~558.

魏骥,胡雪峰,许良峰,等.长江中游地区第四纪红土的二元结构及古环境意义.土壤学报,2010,47(5):826~835.

卫奇.2001. 石制品观察格式探讨.见邓涛主编.第八届中国古脊椎动物学学术年会论文集.海洋出版社,209~218.

卫奇,黄慰文,张兴永.1984. 丽江木家桥新发现的旧石器.人类学学报,3(3):225~233.

吴汝康,吴新智,张森水.1989. 中国远古人类.科学出版社.

吴小红,张弛,保罗·格德伯格,等.2012. 江西仙人洞遗址两万年前陶器的年代研究.南方文物,3:1~6.

吴小红,伊丽莎贝塔·博阿雷托,袁家荣,等.2012. 湖南道县玉蟾岩遗址早期陶器及其地层堆积的碳十四年代研究.南方文物,3:7~16.

武仙竹.1998. 神农架犀牛洞旧石器时代遗址发掘报告.人类学学报,17(2):121~136.

武仙竹,刘武,高星,等.2006. 湖北郧县黄龙洞更新世晚期古人类遗址.科学通报,51(16):1925~1939.

武仙竹,吴秀杰,陈明慧,等.2007. 湖北郧西黄龙洞古人类遗址2006年发掘报告.人类学学报,2007,26(3):193~205.

吴新智.1998. 从中国晚期智人颅牙特征看中国现代人起源.人类学学报,17:276~282.

吴新智.1999. 20世纪的中国人类古生物学研究与展望.人类学学报:18(3):165~175.

吴新智.2006. 现代人起源的多地区进化说在中国的实证.第四纪研究,26:702~709.

席承藩.1991.论华南红色风化壳.第四纪研究,1：1~8.

夏应菲,杨浩.1997.电子自旋共振ESR方法在第四纪红土年代学研究中的应用,江苏地质,21(4)：220~223.

夏正楷.1997.第四纪环境学.北京大学出版社.

夏正楷,刘德成,王幼平,曲彤丽.2008.郑州织机洞遗址MIS3阶段古人类活动的环境背景.第四纪研究,28(1)：96~102.

向安强.1991.洞庭湖区澧水流域发现的旧石器.南方民族考古,3：256~277.

向安强.1992a.湖南澧县金鸭旧石器地点调查.东南文化,1：113~123.

向安强.1992b.湖南澧县北部旧石器遗址调查.南方文物,3：1~13.

向安强.1993.湖南澧县楠竹旧石器遗址调查简报.文物春秋,1：8~13.

谢传礼,蔄知湉,赵泉鸿,汪品先.1996.末次盛冰期中国海古地理轮廓及其气候效应.第四纪研究,1：1~10.

谢飞,凯西·石克,屠尼克,等.1994.岑家湾遗址1986年出土石制品的拼合研究.文物季刊,3：86~102.

谢飞,李珺.1995.拼合研究在岑家湾遗址综合分析中的应用.文物季刊,1：25~38.

谢光茂.2001a.原料对旧石器加工业的影响.广西民族研究,2：99~102.

谢光茂.2001b.右江上游的旧石器.南方文物,2：1~5.

谢光茂.2008.广西百色盆地旧石器时代考古发掘取得重大突破.见中国文物报社编.发现中国2007年：100个重要考古新发现,学苑出版社.

谢光茂.2014.广西百色盆地发现旧石器至新石器时代文化遗存.中国文物报,7月18日第8版.

谢光茂,黄秋艳,胡章华.2011.驮娘江流域发现的旧石器.南方文物,3：31~43.

谢光茂,林强,余明辉,等.2019.广西百色盆地高岭坡遗址的地层及年代.人类学学报,38(e)：DOI：10.16359/j.cnki.cn11-1963/9.2019.0011.

邢松,谢莲妮,吴秀杰,刘武.2012.人类化石.黄慰文,侯亚梅,斯信强主编.盘县大洞：贵州旧石器初期遗址综合研究,科学出版社,54~68.

徐廷,陈福友,汪英华.2013.大窑遗址二道沟地点坡积地层出土的石核及其剥片技术.人类学学报,32(4)：441~453.

徐馨.1984.长江中下游网纹层问题的讨论.第四纪冰川与第四纪地质论文集(第一集).地质出版社,104~112.

严文明,彭适凡.2000.仙人洞与吊桶环——华南史前考古的重大突破.中国文物报,7月5日第3版.

杨达源.1986.晚更新世冰期最盛时长江中下游地区的古环境.地理学报,4：302~310.

杨达源,韩辉友,吴新哲.1999.气候变化对荆江变迁的影响.见杨怀仁,唐日长.长江中游荆江变迁研究.中国水利水电出版社,159~177.

杨浩,赵其国,李小平,等.1996.安徽宣城风成沉积——红土系列剖面ESR年代学研究.土壤学报,33(3)：293~301.

杨怀仁.1989.末次冰期以来的长江.见杨怀仁主编.叶良辅与中国地貌学,浙江大学出版社,314~318.

杨怀仁,徐馨.1980.中国东部第四纪自然环境的演变.南京大学学报(自然科学版),1：121~144.

杨立辉,叶玮,朱丽东,等.2005.中国南方第四纪红土的形成年代.热带地理,25(4)：293~297.

杨士雄,郑卓,宗永强,等.2011.华南热带地区玛珥湖10万年孢粉记录与古环境重建.中国古生物学会孢粉分会第八届二次学术年会:80~81.

姚檀栋.1999.末次冰期青藏高原的气候突变——古里雅冰芯与格陵兰 GRIP 冰芯对比研究.中国科学(D辑),29(2):175~184.

姚檀栋,L. G. Thompson,施雅风,等.1997.古里雅冰芯中末次间冰期以来气候变化记录研究.中国科学(D辑),27(5):447~452.

尹申平.1991.中国旧石器时代晚期人类对环境的适应及其意义.周昆叔主编.环境考古学研究.科学出版社,23~29.

尤玉柱.1992.中国动物群及人类文化的古气候变化记录.中国气候变迁及其影响,海洋出版社,178~190.

尤玉柱.1991.漳州史前文化.福建人民出版社.

于革,赖格英,刘健,施雅风.2003.MIS3 晚期典型阶段气候模拟的初步研究.第四纪研究,23(1):12~24.

袁宝印,夏正楷,李保生,等.2008.中国南方红土年代地层学与地层划分问题.第四纪研究,28(1):1~13.

袁家荣.1992.略谈湖南旧石器文化的几个问题.中国考古学会第七次年会论文集,文物出版社,1~26.

袁家荣.1996.湖南旧石器文化的区域性类型及其地位.长江中游史前文化暨第二届亚洲文明学术讨论会论文集,岳麓书社,20~47.

袁家荣.1998.湖南旧石器的埋藏地层.跋涉集,北京图书馆出版社,13~26.

袁家荣.2004.长江中游地区的旧石器时代考古.中国考古学研究的世纪回顾——旧石器时代考古卷,科学出版社:370~391.

袁家荣.2006.湖南旧石器考古回顾.跋涉续集,文物出版社,27~38.

袁家荣.2008.洞庭湖西部平原旧石器文化向新石器文化过渡的研究.考古学研究(七),科学出版社,317~332.

袁家荣.2013.湖南旧石器时代文化与玉蟾岩遗址,岳麓书社.

袁家荣.2015.湖南津市虎爪山旧石器地点.津市市文物局编.而立集:湖南省津市市文物工作三十周年纪念文集,岳麓书社,2~12.

袁俊杰.2013.旧石器时代早期古人类的利手分析——以百色盆地高岭坡遗址为例.华夏考古,1:21~27.

原思训,陈铁梅,高世君,马力.1990.阳春独石仔和柳州白莲洞遗址的年代测定.纪念北京大学考古专业三十周年论文集,文物出版社.

曾祥旺.1989.广东田东县定模洞人类化石及其文化遗存.考古与文物,4:1~6.

张建新,申志军,顾海滨,等.2007.洞庭湖区第四纪环境地球化学.地质出版社.

张美良,袁道先,林玉石,等.2001.贵州荔波董哥洞3号石笋的同位素年龄及古气候气息.19(3):425~432.

张人权,梁杏,张国梁,等.2001.洞庭湖区第四纪气候变化的初步探讨.地质科技情报,20(2):1~5.

张双权,李占扬,张乐,高星.2009.河南灵井许昌人遗址大型食草类动物死亡年龄分析及东亚现代人类行为的早期出现.科学通报.54(19):2857~2863.

张森水.1965.湖南桂阳发现有刻纹骨锥.古脊椎动物与古人类,9(3):309.

张森水.1983.我国南方旧石器时代晚期文化的若干问题.人类学学报,2(3):218~230.

张森水.1985.我国北方旧石器时代中期文化初探.史前研究,1:8~16.

张森水.1987.中国旧石器文化.天津科学技术出版社.

张森水.1990.中国北方旧石器工业的区域渐进与文化交流.人类学学报,10(4):322~333.

张森水.1999.管窥新中国旧石器考古学的重大发展.人类学学报,18(3):193~214.

张森水.2010.西贡黄地峒旧石器时代晚期遗址.中国评论学术出版社.

张森水,高星,徐新民.2003.浙江旧石器调查报告.人类学学报,22(2):105~119.

张森水,徐新民,邱宏亮,等,2004.浙江安吉上马坎遗址石制品研究.人类学学报,23(4):264~280.

张石钧.1992.洞庭盆地的第四纪构造运动.地震地质,14(1):32~40.

张镇洪,张锋,陈青松.1994.广东封开县罗沙岩洞穴遗址第一期发掘简报.人类学学报,13:300~308.

赵海龙,徐廷,王利,等.2017.湖北郧县肖沟旧石器时代遗址发掘简报.人类学学报:36(1):27~37.

赵井东,施雅风,王杰.2011.中国第四纪冰川演化序列与MIS对比研究的新进展.地理学报,66(7):867~883.

赵其国,杨浩.1995.中国南方红土与第四纪环境变迁的初步研究.第四纪研究,2:107~116.

浙江省文物考古研究所,长兴县文物保护管理所.2009.七里亭与银淀岗.科学出版社.

郑洪波,杨文光,贺娟,等.2008.南海的氧同位素3期.第四纪研究,28(1):68~78.

郑勇.2015.人类生态学原理.科学出版社,1~217.

郑卓.2000.中国热带—亚热带地区晚第四纪植被与气候变化.微体古生物学报,17(2):125~146.

郑卓.2005.中国南部地区第四纪植被与气候变化的主要特点.中国古生物学会第九届全国会员代表大会暨中国古生物学会第二十三次学术年会论文摘要集,113~116.

郑卓,黄康有,邓韫,等.2013.冲绳海槽200 ka的孢粉记录及冰期—间冰期旋回古环境重建.中国科学(地方科学),43(8):1231~1248.

甄治国,钟巍,薛积彬,郑琰明,刘伟.2008.中国不同区域MIS-3时期气候特征研究进展.冰川冻土,3(5):814~824.

中国第四纪孢粉数据库小组.2000.中国中全新世末(6 kaBP)末次盛冰期(18 kaBP)生物群区的重建.植物学报,42(11):1201~1209.

中国地质调查局.2003.二十世纪末中国各省区域地质调查进展.地质出版社,36~251.

周国兴.1991.湖北房县古人类活动遗迹的初步调查.考古与文物,1:1~8.

周国兴.1994.再论白莲洞文化.见中日古代人类与史前文化渊源关系国际学术研讨会论文集,中国国际广播出版社,203~253.

周国兴.2007.白莲洞文化——中石器文化典型个案研究.广西科学技术出版社.

周军.1988.试论小空山下洞旧石器遗址的时代.华夏考古,4:43~49.

周军.1992.小空山下洞旧石器遗址石核的初步研究.中原文物,1:64~70.

祝恒富.2002.湖北旧石器文化初步研究.华夏考古,3:13~23.

祝恒富.2007.湖北丹江口市毛家洼旧石器遗址调查.华夏考古,1:3~19.

朱诚,郑朝贵,吴立,等.2015.长江流域新石器时代以来环境考古.科学出版社,1~665.

朱景郊.1988.网纹红土的成因及其研究意义.地理研究,7(4):12~20.

朱显谟.1993.中国南方的红土与红色风化壳.第四纪研究,(1):75~84.

朱照宇,王俊达,黄宝林,等.1995.红土·黄土·全球变化.第四纪研究,3:268~276.

Adams, B., Blades, B. S. (Eds). 2009. Lithic Materials and Paleolithic Societies. Blackwell Publishing, New

York.

Andrefsky, Jr. William. 1994. Raw Material Availability and the Organization of Technology. American Antiquity, 59(1): 21~34.

Andrefsky, Jr,. William. 1998. *Lithics: Macroscopic Approaches to Analysis*, Cambridge University Press.

Andrefsky, Jr. William. 2009. The Analysis of Stone Tool Procurement, Production, and Maintenance. Journal of Archaeological Research, 17: 65~103.

Andrefsky, Jr,. W. 2012. *Lithic Technology: Measures of Production, Use and Curation*, Cambridge University Press.

Ann Arbor, MI; Nelson, M. 1991. The Study of Technological Organization. In *Archaeological Method and Theory*, edited by M. B. Schiffer, University of Arizona Press, Tucson, 57~100.

Bae Christopher, J.; Kidong Bae. 2012. The nature of the Early to Late Paleolithic transition in Korea: Current perspectives, Quaternary International, 281: 26~35.

Bailey, G. N.; Davidson, I. 1983. Site exploitation of territories and topography: two case studies from Paleolithic Spain. Journal of Archaeological Science, 10: 87~116.

Bamforth, D. B. 1986. Technological Efficiency and Tool Curation. American Antiquity, 51: 38~50.

Bamforth, D. B. 1991. Technological Organization and Hunter-Gatherer Land Use: A California Example. American Antiquity, 56: 216~234.

Bar-Yosef, Ofer. 1991. Raw material Exploitation in the Levantine Epi-Paleolithic. In Raw Material Economies Among prehistoric Hunter-Gatherers, ed. A. Montet-White and S. Holen. University of Kanasa Publications in Anthropology 19, Lawrence, 235~250.

Bar-Yosef O. 1998. On the nature of transitions: the Middle to Upper Paleolithic and the Neolithic revolution. Cambr. Archaeol. J. 8: 141~163.

Bar-Yosef, O. 2002. The Upper Paleolthic revolution. Ann Rec Anthropol, 31: 363~393.

Bar-Yosef, O. 2007. The dispersal of modern humans in Eurasia: a cultural interpretation, in: P. Mellars, B. Katie, B. -Y. Ofer, S. Chris (Eds), Rethinking the human revolution, McDonld Institue for Archaeological Research, Cambridge, 207~218.

Bar-Yosef, O. 2015. Chinese Paleolithic Challages for Interpretation of Paleolithic Archaeology. Anthropologie, LIII/1~2, 77~92.

Bar-Yosef, O., A. Belfer-Cohen. 2013. Following Pleistocene Road Signs of Human Dispersals across Eurisa. Quaternary International 285: 30~43.

Bar-Yosef, O; Kuhn S.. 1999. The big deal about blades: laminar technologies and human evolution. Am. Anthropol, 101: 322~338.

Bar-Yosef, O.; Youping Wang. 2012. Paleolithic Archaeology in China. Annu. Rev. Anthropol, 41: 319~335.

Binford, L. R.. 1979. Organization and formation processes: looking at curated technologies. Journal of Anthropological Research, 35: 255~273.

Binford LR.. 1980. Willow Smoke and Dogs'Tails: Hunter-Gatherer Settlement Systems and Archaeological Site Formation, American Antiquity, 45(1): 4~20.

Binford, L. R. 1982. The archaeology of place. HJournal of Anthropological ArchaeologyH, 1(1): 5~31.

Binford L. R.. 1983. *In pursuit of the past: Decoding the Archaeological Record.* New York: Thames and Hudson Inc.

Boëda, E. 1995. Levallois: a volumetrica construction, Methods, a thecinique. In: Dibble H. L., Bar-Yosef O. (Ed) The Definition and Interpretation of Levallois Technology, Monographs in World Archaeology, 23: 41~68, prehistory Press.

Bordes, F. 1961. typologie du Paleolithique ancient et Moyen. 2 vols. Bordeaux Delmas: Memoires de l'stitut Prehistoriques de l'Universite de Bordeaus 1.

Bower, J. R. F.; Kobusiewiez, M. 2002. A Comparative Study of Prehistoric Foragers in Europe and North America: Cultural Response to the End of the Ice Age. New York: The Edwin Mellen Press.

Brantingham, P. J.; John W. Olsen; Jason A. Rech; et al. 2000. Raw Material Quality and Prepared Core Technologies in Northeast Asia, Journal of Archaeological Science, 27: 255~271.

Brantingham, P. J., Krisvoshapkin A. I., Li, J. Z., et al. 2001. The Initial Upper Paleolithic in Northeast Asia. Current Anthropology, 42: 735~747.

Brauer, G. 1992. Africa's place in the evolution of Homo sapiens. In: Brauer G, Smith F eds., Continuity of replacement? Controversies in Homo sapiens evolution Rotterdam: The Netherlands: Balkema, 83~98.

Brauer, G. 2008. The Origin of Modern Anatomy: By Speciation or Intraspecific Evolution? Evolutionary Anthropology 17: 22~37.

Brooks A S, Wood B. 1990. Paleoanthropology: the Chinese side of the story. Nature, 344: 288~289.

Bunn, H.; Harris, J.; Issac, G.; et al. 1980. Fxji50: an early Pleistocene site in Northern Kenya. World Archaeology, 12: 109~136.

Cann, R; Stoneking, M; Wilson, AC. 1987. Mitochondria DNA and human evolution, Nature, 325: 31~36.

Carr, P. 1994. Technological Organization and Prehistoric Hunter-Gather Mobility: Examination of the Hayes Site. In *The Organization of North American Prehistoric Chipped Stone Tool Technologies*, edited by P. J. Carr. International Monographs in Prehistory: Archaeological Series 7, 35~44.

Chauhan, R. P. 2007. Soanian cores and core-tools from Toka, Northern India: towards a new typo-technological organization, Journal of Anthropological Archaeology, 26: 412~441.

Chen, F. H.; Bloemendal, J; Wang, J. M; et al. 1997. High resolution multi-proxy climate records from Chinese loess: Evidence for rapid climatic changes over the last 75 kyr. Palaeogeography, Palaeoclimatology, Palaeoecology, 130(1~4): 323~335.

Chen, J; An, Z. S.; John, H. 1999. Variation of Rb/Sr rations in the loess-paleosol sequences of central China during the last 130, 000 years and their implications for monsoon paleoclimatology. Quaternary Research, 51: 215~219.

Chu, J.; Huang, W.; Kuang, S.; et al. 1998. Genetic relationship of populations in China. Proc Natl Acad Sci USA, 95: 11763~11768.

Clark, G. 1969. World Prehistory. Second edition. Cambridge University Press.

Clark, J. D. 1993. African and Asian perspective on the origins of modern humans. In M. J. Aitken, C. B. Stringer & P. A. Mellars (Eds) The Origin of Modern Humans and the Impact of Chronometric Dating. Princeton: Princeton University Press, 148~178.

Clarkson, C., 2008. Changing reduction intensity, settlement, and subsistence in Wardaman Country, Northern Australia. In: Andrefsky, W., Jr. (Ed.), Lithic Technology: Measurement of Production, Use, and Curation. Cambridge University Press, Cambridge, 286~316.

Colin Renfrew and Paul Bahn. 2000. *Archaeology: Theories Methods and Practice*. London: Thames&Hudson Ltd. 241~242.

Cornard, N. J. 2003. Paleolithic ivory sclptures from southwestern Germany and the origins of figurative art. Nature 426: 830~832.

Cornard, N. J. 2005. An overview of the patterns of behavioural change in Africa and Eurasia during the Middle and Late Pleistocene. In: francesco d'Errico and Lucinda Backwell(Eds). From tools to symbols: from early hominids to modern humans. Witwatersrand University press, Johanesburg, 294~332.

Cosford, J.; Qing, H.; Yuan, D. Z.; M, Holmden, C.; Patterson, W; Hai, C. 2008. Millenial-scale variability in the Asian monsoon: evidence from oxygen isotope records from stalagmites in southeastern China. Palaeogeography, Paleoclimatology, Paleoecology, 266: 3~12.

Curnoe, D.; Xueping J; Herries, AIR; Kanning B; Tacon PSC; et al. 2012. Human Remains from the Pleistocene-Holocene Transition of Southwest China Suggest a Complex Evolutionary History for East Asians. PLoS ONE, 7(3): 1~28.

Darren C, Ji XP, Liu W, et al. 2015. A hominin femur with archaic affinities from the Late Pleistocene of Southwest China. PLoS ONE, 10: e0143332.

Dansgaard, W.; Johnsen, S. J.; Clausen, H. B.; et al. 1993. Evidence for general instability of past climate from a 250-kyr ice-core record. Nature, 364: 218~220.

Debenath, A. and Dibble, H. L. 1994. Handbook of Paleolithic Typology. Philadelpha: University Museum, Uniersity of Pennsylania.

d'Errico, F. 2003. The invisible frontier. A multiple species model for the origin of behavioral modernity. Evol. Anthropol., 12: 188~202.

d'Errico, F., Henshilwood, C., Vanhaeren, M., et al. 2005. Nassariuskraussianus shell beads from Blombos cave: Evidence for symbolic behavior in the Middle Stone Age. Journal of Human Evolution, 48: 3~24.

d'Errico, F. Vanhaeren, M., Nick, B., et al. 2009. Additional evidence on the use of personal ornaments in the Middle Paleolithic of North Africa. PNAS, 106: 16051~16056.

Dennell, R. 2010. Early Homo sapiens in China. Nature, 468: 512~513.

Dennell, R. and M. D. Petraglia. 2012. The Dispersal of Homo sapiens across Southern Asia: How Early, How Oftern, How Complex? Quaternary Science reviews 47: 15~22.

Dibble, Harold L. 1991. Raw Material Exploitation and Its Effects on Lower and Middle Paleolithic Assemblage Variability. In Raw Material Economies Among prehistoric, Hunter-Gatherers, ed. A. Montet-White and S. Holen. University of Kanasa Publications in Anthropology 19, Lawrence, 33~48.

Dobrres, M. A.; Robb, J. E. 2005. "Doing" Agency: Introductory remarks on methodology. Journal of Archaeological Method andTheory, 12(3): 159~166.

Eren, M.; Greenspan, A.; Sampson, C. G. 2008. Are Upper Paleolithic blade cores more productive than Middle Paleolithic discoidal cores? A replication experiment. Journal of Human Evolution 55, 952~961.

Etler D A. The fossil evidence for human evolution in Asia. Annu Rev Anthropol, 25: 275~301.

Féblot-Augustins, J. 1993. Mobility strategies in the Late Middle Paleolithic of Central Europe and Western Europe: elements of stability and variability. Journal of Anthropological Archaeology, 12: 211~265.

Fernandes, P.; Raynal, J. P.; Moncel, M. H. 2008. Middle Palaeolithic raw material gathering territories and human mobility in the southern Massif Central, France: first results from a petro-archaeological study on flint. Journal of Archaeological Science, 35 (8): 2357~2370.

Fitzugh, B. 2001. Risk and Invention in Human Technological Evolution. Journal of Anthropological Archaeology, 20: 125~167.

Forster, P.; Matsumura, S. 2005. Did early humans go north or south? Science, 308: 965~966.

Freeman, L. 1978. Mousterian worked bone from Cueva Morin (Santander, Spain), a preliminary description. In Freeman L G, (ed). Views of the Past, Essays in Old World Prehistory and Paleoanthropology. Chicago: Aldine, 29~52.

Gao, Xing. 2013. Paleolithic Cultures in China: Uniqueness and Divergence. Current Anthropology, 54 (Supplement 8): 358~370.

Gao, Xing and Christopher J. Norton. 2002. A critique of the Chinese "Middle Paleolithic". Antiquity, 76: 397~412.

Geneste, J. M. 1985. Analyse lithique d'industries mousteriennes Perigord: une approche technologique du comportement des groupes humains au Paleolithique moyen. Thèse Sc. Université de Bordeaux I, tomes, 567.

Guangmao Xie, Qiang Lin, Yan Wu, Zhanghua Hu. 2018. The Late Paleolithic industries of southern China (Linnan region). Quaternary International, DOI: 10.106/j. quaint. 2018. 09. 043.

Guo, Yuanyuan; Duowen Mo; Longjiang Mao; et al. 2014. Settlement distribution and its relationship with environmental changes from the Paleolithic to ShangZhou period in Liyang Plain. China. Quaternary International, 321: 29~36.

Goebel, T. 2004. The early Upper Paleolithic of Siberia, in P. Jeffrey Brantingham, Steven L. Kuhn, and Kristopher W. Kerry (Eds). The Early upper Paleolithic beyond western Europe. University of California Press, 180~185.

Grant, W. G. Cochrane. 2014. The Significance of Levallois and Discoidal Technology in the Arcadia Valley, South Central Queensland. Queensland Archaeological Research, H17 H: 1~19.

Green R E, Krausel J, Briggs A W, et al. 2010. A draft sequence of the Neandertal genome. Science, 328 (5979): 710~722.

Grootes, P. MM; Stulver, J. W. C; White, S; et al. 1993. Comparison of oxygen isotope records from the GRIP 2 and GRIP Greenland ice cores. Nature, 366: 551~554.

Harmand, S. 2009. Raw materials and techno-economic behaviors at Oldowan and acheulean sites in the west Turkana region, Kenya. Brian Adams&Brooke S. Blades (eds). Lithic Materials and Paleolithic societies. Wiley-Blackwell publishing, 6~7.

Haury, C E. 1994. Defining lithic procurement terminology. In Tim Church (ed). Lithic Resource Studies: A Sourcebook for Archeologists, Special Publication#3, Lithic Technology, 26~31.

Hayashi, K. 1968. The Fukui microblade technology and its relationship with Northeast Asia and North America. Artic Anthropology, 5(1): 128~190.

Henshilwood, CS; Marean, C. 2003. The origin of modern human behavior. Curr. Anthropol., 44: 627~651.

Henshilwood, C. S.; d'Errico, F; Marean. C. W.; Milo, R. G; Yates, R. 2001. An early bone tool industry from the Middle Stone Age at Blombos Cave, South Africa: Implications for the origins of modern human behaviour, symbolism and language. Journal of Human Evolution, 41: 631~678.

Hodell, D.; Brenner, M.; Kanfoush, S.; Curtis, J.; Stoner, J.; Song X, Wu, Y; et al. 1999. Paleoclimate of Southwestern China for the past 50,000 yr inferred from Lake sediments records. Quaternary Research, 129~141.

Hovers, E; Belfer-Cohen, A. 2006. Now you see it, now you don't — modern human behavior in the Middle Paleolithic. In Transitions Before The Transition: Evolution and Stability in the Middle Paleolithic and Middle Stone Age, ed E Hovers, SL Kuhn, New York: Springer, 205~304.

Hu, X. F.; Wei, J.; Du, Y.; et al. 2010. Regional distribution of the Quaternary Red Clay with Aeolian dust characteristics in subtropical China and its paleclimatic implications. Geoderma, 159: 317~334.

Issac, G. L. 1971. The diet of early man: Aspects of archaeological evidence from Lower and Middle Pleistocene sites in Africa. World Archaeology, 2: 278~289.

Isaac, G. L. 1978. The food sharing behavior of proto-human hominds. Scientific American, 238: 90~108.

Jin, L; Su, S. 2000. Natives or immigrants: modern human origins in East Asia. Nat Rev Genet, 1: 126~133.

Jouzel, J.; Lorius, J. C.; Petit, J. R.; et al. 1987. Vostok ice core: A continuous isotope temperature record over the last climatic cycle (160,000 years). Nature, 329: 403~408.

Ke, Y.; Su, B.; Song, X.; et al. 2001. African origin of modern humans in East Asia: A tale of 12,000 Y chromosomes. Science, 292: 1151~1153.

Keates, S. G., Hodgins, G. W., Kuzmin, Y. V., Orlova, L. A., 2007. First direct dating of a presumed Pleistocene hominid from China: AMS radiocarbon age of a femur from the Ordos Plateau. Journal of Human Evolution, 53: 1~5.

Kelly, RL. 1983. Hunter-Gatherer Mobility Strategies, Journal of Anthropological Research, 39(3): 277~306.

Kelly, RL. 1985. Hunter-Gatherer Mobility and Sedentism: A Great Basin Study. Ph. D dissertation, University of Michigan.

Kimura, Y. 1999. Tool-using strategies by early hominds at Bed II, Olduvai Gorge, Tanzania. Journal of Human Evolution Press.

Klein, R. G. 1995. Anatomy, behavior, and modern human origins. J. World Prehist, 9: 167~198.

Klein, R. G. 2000. Archaeology and the evolution of human behavior. Evol. Anthropol, 9: 17~36.

Klein, R. G. 2008. Out of Africa and evolution of human behavior. Evolutionary Anthropology, 17: 17~36.

Knell, E. 2004. Coarse Scale Chipped Stone Aggregates and Technological Organization Strategies in the Hell Gap Locality V Cody Complex Component, Wyoming. In Aggregate Analysis in Chipped Stone, edited by C. Hall and M. Larson, The University of Utah Press, Salt Lake City, 156~183.

Kuhn, S. L. 1985. Mousterian Lithic Technology: an ecological perspective. Princeton University press, Princeton, New Jersy.

Kuhn, S. L. 1991. "Unpacking" Reduction: Lithic Raw Material Economy in the Mousterian of West-Central Italy. Journal of Anthropological Archaeology, 10: 76~106.

Kuhn, S. L. 1992a. Blank Form and Reducion as Determinats of Mousterian Scraper Morphology. American Antiquity, 57: 115~128.

Kuhn, S. L. 1992b. On planning and curated technologies in the Middle Palaeolithic. Journal of Anthropological Research, 48: 185~214.

Kuhn, S. L; P. J. Brantingham and K. W. Kerry. 2004. The Early Upper Paleolithic and the Origin of Modern Human Behavior. In P. Jfferey Brantinghm, Steven L. Kuhn, and Kristopher W. Kerry (eds). The Early Upper Paleolithic beyond Western Europe. University of California Press, 242~248.

Kuzmin, Y. V., 2007. Geoarchaeological aspects of the origin and spread of microblade technology in northern and central Asia. In: Kuzmin, Y. V., Keates, S. G., Chen, S. (Eds.), Origin and Spread of Microblade Technology in Northern Asia and North America. Archaeology Press, Simon Fraser University, Burnaby, BC, 115~124.

Leakey, M. D. 1971. Oldovai Gorge, Volume 3, Excavation in Bed I and II, 1960~1963, Cambridge Univerisity Press.

Lee, Richard B. 1968. What hunters do for a living, or how to make out on scarce resources? In Man the Hunter, edited by Richard B. Lee and Irven DeVore, Aldine, Chicago, 30~48.

Lenoir M. &Turq, A. 1995. Recurrent Centripetal Debitage (Leallois and Discoidal): Continuity or Discontinuity? The Definition and Interpretation of Levallois Tecnology, edited by Dibble H. L. &Bar-Yosef O., Prehistory Press, Madison, 249~256.

Li, Feng; Fu-you Chen; Xing Gao. 2014. "Modern behaviors" of ancient populations at Shuidonggou Locality 2 and their implications, Quaternary International, 347: 66~73.

Li, Feng, Steven L. Kuhn, Fu-you Chen, Xing Gao. 2016. Raw material economies and mobility patterns in the Late Paleolithic at Shuidonggou locality 2, north China. Journal of Anthropological Archaeology 43: 83~93.

Li, Yinghua; Xuefeng Sun; Erika Bodin. 2014. A macroscopic technological perspective on lithic production from the Early to Late Pleistocene in the Hanshui River Valley, central China. Quaternary International, 347: 148~162.

Liu W, Schepartz L, Xing S, et al. 2013. Late Middle Pleistocene hominin teeth from Panxian Dadong, South China. Journal of Human Evolution, 2013, 64: 337~355.

Liu, Wu; Chang-Zhu Jin; Ying-Qi Zhang; et al. 2010. Human remains from Zhirendong, South China, and modern human emergence inEast Asia. PNAS, 107(45): 19201~19206.

Liu, Wu; María Martinón-Torres, Yan-jun Cai et al., 2015. The earliest unequivocally modern humans in Southern China, Nature, 526: 696~712.

Lowe, J. J; M. J. C. Walker 著,沈吉,于革,吴敬禄,等译.2010. 第四纪环境演变.科学出版社,1~413.

McBrearty, S; Brooks, AS. 2000. The revolution that wasn't: a new interpretation of the origion of modern human behavior. Journal of Human evolution, 39: 453~563.

McDougall, I., Brown, F. H., Feaggle, J. G. Stratigraphic placement and age of modern humans from Kibish, Ethiopia. Nature, 433: 733~736.

Mellars, P. 1973. The character of the Middle-upper Paleolithic transition in south-west France. In The Explanation of Culture-Change, ed. C Renfrew, London: Duckworth, 255~276.

Mellars, P. 1989. Technological changes at the Middle-Upper Paleolithic transition: economics, social and cognitive perspectives. See Mellars & Stringer, 338~365.

Mellars, P. 2005. The impossible coincidence: a single speciesmodel for the origins of modern human behavior in Europe. Evol. Anthropol., 14: 12~27.

Mellars P. 2006. Going east: new genetic and archaeological perspective on the modern human colonization of Eurasia. Science, 313: 796~800.

Mellars, P. 2007. Rethinking the human revolution: Eurasian and African perspectives. See ee Mellars P, Boyle K, Bar-Yosef O, Stringer C, eds. Rethinking the Human Revolution. Cambridge: MacDonald Institute, 1~14.

Mellars, P. 2015. Some key Issues in the Emgergence and Diversity of "Modern" Human Behavior. In Yousuke Kaifu, Masami lzuho, Tegoebel et al. (eds). Emergence and Diversity of Modern Human Behaviror in Paleolithic Asia, 3~22.

Mijares A. S. 2015. Human Emergence and Adaptation to an Island Environment in the Philippine Paleolithic. In Yousuke Kaifu, Masami lzuho, Tegoebel et al. (eds). Emergence and Diversity of Modern Human Behaviror in Paleolithic Asia, 178~186.

Nian, Xiaomei; Gao, Xing; Xie, Fei; et al. 2014. Chronology of the Youfang site and its implications for the emergence of microblade technology in North China, Quaternary International, 347: 113~121.

Nowell, April. 2010. Defining Behavioral Modernity in the Context of Neandertal and Anatomically. Defining Behavioral Modernity in the Context of Neandertal and Anatomically Modern Human Populations. Annual Review of Anthropology, 39: 437~452.

Norton, C. J; Jin, J. J. 2009. The Evolution of Modern Human Behavior in East Asia: Current Perspectives. Evolutionary Anthropology, 18(6): 247~260.

Odell, G. H. 2004. *Lithic Analysis*, Kluwer Academic/Plenum Publishiers.

Oppenheimer, S. 2012. A Single Southern exit of Modern Humans from Africa: Before or after Toba? Quaternary International 258: 88~99.

Pawlik, A. F. 2012. Behavioral Complexity and Modern Traits in the Philippine Upper Palaeolithic. Asian Perspectives, 51(1): 22~46

Pope, G. B. 1989. bamboo and human evolution. Natural History, 10(89): 49~56.

Potts, R. 1992. Why the Oldowan? Plio-pleistocene tool-making and the transport of resources. Journal of Anthropological Research, 47: 153~176.

Potts, R. 1996. Evolution and Climate variability. Science, 273: 922~923.

Poznik G David, Brenna M Henn, Muhching Yee, et al. 2013. Sequencing Y Chromosomes Resolves Discrepancy in Time to Common Ancestor of Males Versus Females. Science, 341(6145): 562~565.

Price, T. Douglas. 1978. Mesolithic Settlement systems in the Netherlands. In The Early Postgalcial Settlement of Northern Europe, ed. Paul Mellars, Duckworth, London, 81~114.

Qu, Tongli; Ofer Bar-Yosef; Youping Wang; et al. 2013. The Chinese Upper Paleolithic: Geography, Chronology, and Techno-typology. J Archaeol Res, 21: 1~73.

Read, D. and Russell, G. 1996. A method for taxonomic typology construction and an example: Utilized flakes. American Antiquity, 61: 663~684.

Reich D, Green R E, Kircher M, et al. 2010. Genetic history of an archaic homin group from Denisova Cave in Siberia. Nature, 468(7327): 1053~1060.

Sackett J. R. 1982. Approaches to style in lithic archaeology. Jouranl of anthropological archaeology, 1: 59~112.

Schick, K. D. 1986. Stone Age Sites in the Making: experiments in the formation and transformation of archaeological occurrences. Oxford: BAR Internatinal Seires 319.

Schick, K. D. 1987. Modelling the formation of Early stone Age artifact concentrations. Journal of Human Evolution, 16: 789~807.

Schick, K. D. 1994. The Movius Line reconsidered: perspectives on the earlier Paleolithic of eastern Asia. In R. S. Corruccini & R. L. Ciochon(Eds) Integrative Paths to the Past: Paleoanthropological Advances in Honor of F. Clark Howell. Englewood Cliffs: Prentice Hall, 569~596.

Schiffer, M. 1975. Archaeological behavioral scicence. American Anthropologist, 77: 836~848.

Semaw, S. 2006. The oldest stone artifacts from Gona (2.6~2.5 Ma), Afar, Ethiopia: Implications for understanding the earliest stages of stone knapping, The Oldowan: case stuieds into the earliest stone age, edited by Toth N. &Schick, K., Stone Age institute Press.

Semonov, S. A. 1964. Prehistory Technology: An Experimental Study of the Oldest Tools and Artefacts from Traces of Manufacture and Wear. London: Cory, Admas and Mackay.

Shang, Hong; Tong, Haowen; Zhang, Shuangquan; et al. 2007. An early modern human from Tianyuan Cave, Zhoukoudian, China, PNAS, 104: 6575~6578.

Shang, Hong; Erik Trinkaus. 2010. The Early Modern Human from Tianyuan cave, China, Texas A&M University Press, 1~247.

Shea, J. J. 2006. The Middle Paleolithic of the Levant: Recursion and Convergence. In: Hovers E, Kuhn SL eds., Transitions before the Transition: Evolution and Stability in the Middle Paleolithic and Middle Stone Age New York: Spring, 189~212.

Shea, J. J. 2008. The Middle Stone Age archaeology of the Lower Omo Valley Kibish Formation: Excavations, lithic assemblages, and inferred patterns of early Homo sapiens behavior. Journal of Human Evolution, 55: 448~485.

Shea, J. J. 2013. *Stone tools in the Paleolithic and Neolithic Near East: A guide.* Cambridge University Press, 14~15.

Shen, Chen. 1999. Were "Utilized flakes" Utilized? An issue of Lithic Classification in Ontario Archaeology, Ontario Archaeology, 68: 63~73.

Shi, Hong; Yong-li Dong; Bo Wen; et al. 2005. Y-Chromosome Evidence of Southern Origin of the East Asian — Specific Haplogroup O3 - M122, Am. J. Hum. Genet, 77: 408~419.

Shott, Michael J. 1986. Settlement Mobility and Technological Organization: An Ethnographic Examination. Journal of Anthropological Research, 42: 15~31.

Smith, F. H., Jankovic, I., Karavanic, I., 2005. The assimilation model, modern human origins in Europe, and the extinction of Neandertals. Quatern. Int. 137, 7~19.

Steward, J. 1955. Theory of Culture Change: The Methodology of Multi-linear Evolution. Urbana: University of Illinious Press.

Stringer, C. B., Andrew P. 1988. Genetic and fossil for the origin of modern humans. Science, 239: 1263~1268.

Stringer, C. B. 1990. The emergence of Modern Humans. Scientific American, 263(6): 98~104.

Stringer, C. B. 2002. Modern human origins: progress and prospects. Philosophy Transaction Royal Society of London B, 357: 563~579.

Sun XiangJun, Yunli Luo, Fei Huang, et al. 2003. Deep-sea pollen from the South China Sea: Pleistocene indicatiors of East Asian Monsoon. Marine Geology 201: 97~118.

Svoboda Jiri. 2015. Early Modern Human Disperal in Central and Eastern Europe. In Yousuke Kaifu, Masami Izuho, Tegoebel et al. (eds). Emergence and Diversity of Modern Human Behaviror in Paleolithic Asia, 23~33.

Szabo, K., Brumm, A., Bellwood, P. 2007. Shell artifact production at 32,000~28,000 BP in island Southeast Asia-Thinking across media? Current Anthropology, 48: 701~723.

Toth, N. 1982. The stone technologies of early Hominids at Koobi For a, Kenya: an experimental approach. Ph. D dissertation, Berkeley, Uniersity of California.

Toth, N. 1985a. The Oldowan reassessed: A close look at early stone artifacts. Journal of Archaeological science, 12(2): 101~120.

Toth, N. 1985b. Archaeological Evidence for Preferential Right-handedness in the Lower and Middle Pleistocene, and Its Possible Implications. Journal of Human Evolution, 14(6): 607~614.

Wadley, L. 2001. What is cultural modernity? A general view and a South African perspective from Rose Cottage Cave. Cambr. Archaeol. J., 11(2): 201~221.

Wang, S. J.; Lu, H. Y.; Zhang, H. Y.; et al. 2014. Newly discovered Palaeolithic artefacts from loess deposits and their ages in Lantian, central China. Chin. Sci. Bull. 59(7): 651~661.

Wang, Y. J.; Cheng, H.; Edwards, R. L.; et al. 2001. high-resolution absolute-dated Late Pleistocene monsoon record from Hulu Cave, China. Science, 294, 2345~2348.

Wang, Youping; Tongli Qu. 2014. New evidence and perspectives on the Upper Paleolithic of the Central Plain in China. Quaternary International, 347: 176~182.

Wolpoff M H. 1996. Interpretation of multiregional evolution. Science, 274: 704~707.

Wolpoff, M. H.; Wu, X. Z.; Thome, A. 1984. Modern Homo Sapiens origins: A general theory of hominid evolution involving the fossil evidence from East Asia. In: Smith F H, Spencer F, eds. The Origins of Modern Humans, New York: Alan R Liss Inc, 411~483.

Wu, X. Z. 2004. On the origin of modern humans in China, Quaternary International, 117: 131~140.

Wu X Z, Poirier F E. 1995. Human evolution in China. Oxford: Oxford Univerisity Press.

Xiao, J. L.; Porter, S. C.; An, Z. S.; Kumai, H.; Yoshikawa, S. 1995. Grain size of quartz as an indicator of winter monsoon strength on the Loess Plateau of central China during the last 130, 000 yr. Quaternary Research, 43: 22~29.

Yousuke Kaifu, Masami lzuho, Ted Goebel. 2015. Modern Human Dispersal and Behavior in Paleolithic Asia. In Yousuke Kaifu, Masami lzuho, Tegoebel et al. (eds). Emergence and Diversity of Modern Human Behaviror in Paleolithic Asia, 535~565.

Yuan Daoxian, Hai Cheng, R. Lawrence Edwards, et al., 2004. Timing, Duration, and Transitions of the Last Interglacial Asian Monsoon. Science 304, 575~578.

Yue Yuanfu, Zhuo Zheng, Kangyou Huang. et al., 2012. A continuous record of vegetation and climate change over the past 50 000 years in the Fujian province of eastern subtropical China. Palaeography, Palaeoclimatology, Palaeoecology, 365 - 366: 115~123.

Zhang J F. Li Y Y, Han Y S, et al. 2019. Luminescnce dating of weathered sediments frm the Paleolithic site of Fengshuzui in northern Hunan Province, China. Quatenary Geochronology, 49: 211~217.

Zheng Zhuo, Lei Zuo-qi. 1999. A 400 000 year record of vegetational and climatic changes from a volcanic basin, Leizhou peneinsula, Southern China. Paleogeogr Paleoclimat Paleoecol, 145: 339~362.

Zhu, Cheng; Chunmei Ma; Shi-Yong Yu; et al. 2009. A detailed pollen record of vegetation and climate changes in Central China during the past 16 000 years. BOREAS, 69~76.

Zilhão, J. 2006. Neandertals and moderns mixed, and it matters. Evol. Anthropol., 15: 183~195.

后 记

本书是在我的博士论文基础上修改完成的。2014年学位论文答辩通过后,我即有过尽快出版的想法,但经历断断续续的增删过程,直到今天才算告一段落。此刻面对这些我为之付出过很多心血的沉甸甸的文字,我的内心还是充满踌躇,一方面自知还有很多问题有待更深入和更细致的研究,而另一方面囿于自身资质和目前阅历,一时难以圆满。不过,好在学术需要不断学习和探究,权且把这本书当作我过去十年来踏入旧石器考古领域,求学和工作的一个阶段性总结,也是对关心我的师友和关注这一区域研究者的一个汇报。

"经师易求,人师难得"。非常有幸在科研之路上得到北京大学考古文博学院王幼平教授的无私教诲。王老师学问踏实、潜心教学,待人宽厚而谦和,是激励我今后不断努力的榜样。论文写作的过程中,王老师悉心指导,及时解惑,还挤压自己的课题经费用于我研究材料的实验室检测。即使在毕业后的会议、考察等各种场合中,还不忘关心我的生活和科研的成长,每每都会给出一些方向性的建议,可惜很多都还在努力付诸实践的过程中。

在我学业和学术蹒跚前行的道路上,我要感谢以各种方式给我教诲和鼓励的老师们。北京大学考古文博学院黄蕴平教授、吴小红教授、李水城教授、张海教授、何嘉宁副教授、宝文博副教授,北京大学城市与环境学院夏正楷教授、莫多闻教授、张家富教授,中国科学院古脊椎动物与古人类研究所高星研究员、王社江研究员、裴树文研究员、刘武研究员、吴秀杰研究员,以及南京博物院房迎三研究员等等,都曾给予我热情的指导和有益的建议。

感谢湖南省文物考古研究所各位领导和同事在工作中所提供的各种帮助。湖南旧石器考古的开创者袁家荣先生在专业学习上给予的指导,让我深受教益;他还把一些遗址的考古材料给我研究,令我感激。此外,还要感谢在多年野外调查和发掘工作过程中,协助过我收集资料的临澧县文旅局、澧县文旅局、桃源县文旅局、石门县文旅局等市县文博单位的诸多同仁。

我也要衷心地感谢北京大学考古文博学院李伯谦教授、孙庆伟教授、雷兴山教授慨允将本书纳入震旦古代文明研究中心学术丛书,使本书的出版最终得以实现。

最后,我要感谢日益年迈的双亲本着"天下父母心"对我的抚养;感谢妻女多年来的理解和支持;感谢一直给予关爱的各位至亲。"你若安好,便是晴天"。

图书在版编目(CIP)数据

石器工业与适应行为：澧水流域晚更新世古人类文化研究 / 李意愿著. —上海：上海古籍出版社，2020.5
(北京大学震旦古代文明研究中心学术丛书)
ISBN 978-7-5325-9590-7

Ⅰ.①石… Ⅱ.①李… Ⅲ.①旧石器时代文化—研究—湖南 Ⅳ.①K871.114

中国版本图书馆CIP数据核字(2020)第070507号

北京大学震旦古代文明研究中心学术丛书
石器工业与适应行为
——澧水流域晚更新世古人类文化研究
李意愿 著
上海古籍出版社出版发行
(上海瑞金二路272号 邮政编码200020)
(1) 网址：www.guji.com.cn
(2) E-mail：guji1@guji.com.cn
(3) 易文网网址：www.ewen.co
上海展强印刷有限公司印刷
开本787×1092 1/16 印张22.25 字数474,000
2020年5月第1版 2020年5月第1次印刷
ISBN 978-7-5325-9590-7
K·2827 定价：98.00元
如有质量问题，请与承印公司联系
电话：021-66366565